Johann Nepomuk Nestroy, geboren am 7. Dezember 1801 in Wien, ist am 25. Mai 1862 in Graz gestorben.
Johann Nestroy [illegible] und Komödie der deutschen [illegible] der großen österreichischen Schriftsteller des 19. Jahrhunderts [illegible] bis zum heutigen Tage in Kraft. Werk [illegible] [illegible] und Schauspieler, Leser und [illegible] [illegible] von ihm, von seiner [illegible] Sprache, die [illegible] [illegible] [illegible] [illegible] [illegible] [illegible] von der [illegible] [illegible], von der Satire, dem Witz und der Komik, deren Pointe [illegible] [illegible] Schnelligkeit und Schwebe [illegible].
[illegible] [illegible] [illegible] [illegible] [illegible] [illegible] und [illegible] [illegible] [illegible] [illegible] [illegible] [illegible] [illegible] [illegible] [illegible] [illegible] [illegible] [illegible] [illegible] immer wieder [illegible] [illegible] [illegible] [illegible] [illegible] [illegible] [illegible] [illegible] [illegible] [illegible] [illegible] [illegible] [illegible] [illegible] [illegible] [illegible] [illegible] [illegible] auf der Bühne, sondern [illegible] [illegible] [illegible] [illegible] [illegible] [illegible] [illegible] [illegible] [illegible] [illegible] [illegible] [illegible] das Theater [illegible] und [illegible] [illegible] [illegible] [illegible] [illegible] [illegible] [illegible] [illegible] [illegible] über den [illegible] [illegible] [illegible] [illegible] [illegible] in dem [illegible] die Sprache [illegible] [illegible] [illegible] [illegible] die Sprache vom [illegible] [illegible] [illegible] [illegible] [illegible] [illegible] [illegible] Gedanken [illegible]

Johann Nepomuk Nestroy, geboren am 7. Dezember 1801 in Wien, ist am 25. Mai 1862 in Graz gestorben.

Johann Nestroy, nach Grillparzer und Raimund der dritte im Bunde der großen österreichischen Stückeschreiber des 19. Jahrhunderts, ist bis zum heutigen Tage in seinem Werk lebendig geblieben. Zuschauer und Schauspieler, Leser und Schriftsteller, zehrten und zehren von ihm, von seinem entdeckungsfreudigen Spiel mit der Sprache, der scharfsichtigen Betrachtungsweise, mit der er Doppelgesichtiges demonstriert, vom Spielerisch-Arabeskenhaften, von der hintergründigen Ironie, von der Satire, dem Witz und der Komik, deren wehrlos gemachte Objekte Dummheit, Schlechtigkeit und Schwäche sind.

Ob »Lumpazivagabundus« oder »Der Talisman«, »Der Färber und sein Zwillingsbruder« oder »Häuptling Abendwind«, »Einen Jux will er sich machen« oder »Frühere Verhältnisse« – immer wieder ist es einigermaßen verwirrend und beglückend zugleich, wie lebendig-eindringlich Nestroys Gestalten, Nestroys Sprache, nicht nur auf der Bühne, sondern selbst beim bloßen Lesen sind. »In Nestroy«, schreibt Karl Kraus, »ist so viel Literatur, daß sich das Theater sträubt, und er muß für den Schauspieler einspringen. Er kann es, denn es ist geschriebene Schauspielkunst.« Und über den Satiriker bemerkt er: »Nestroy ist der erste deutsche Satiriker, in dem sich die Sprache Gedanken macht über die Dinge. Er erlöst die Sprache vom Starrkrampf, und sie wirft ihm für jede Redensart einen Gedanken ab.«

insel taschenbuch 526

Nestroy

Komödien

Zweiter Band

Johann Nestroy
Komödien

Ausgabe in drei Bänden

Herausgegeben

von Franz H. Mautner

Zweiter Band

Johann Nestroy
Komödien

Das Haus der Temperamente
Die verhängnisvolle Faschingsnacht
Der Färber und sein Zwillingsbruder
Der Talisman
Das Mädl aus der Vorstadt
Einen Jux will er sich machen
Liebesgeschichten und Heiratssachen
Der Zerrissene

Insel Verlag

insel taschenbuch 526
Erste Auflage 1987

Vertrieb durch den Suhrkamp Taschenbuch Verlag
Umschlag nach Entwürfen von Willy Fleckhaus
Druck: Ebner Ulm · Printed in Germany

1 2 3 4 5 6 – 92 91 90 89 88 87

Das Haus der Temperamente

Posse mit Gesang in zwei Akten

Personenverzeichnis

HERR VON BRAUS, ein reicher Privatmann
ROBERT, sein Sohn
WALBURGA, seine Tochter
HERR VON FAD, ein reicher Privatmann
EDMUND, sein Sohn
AGNES, seine Tochter
HUTZIBUTZ, Kleiderputzer
SCHLANKEL, Barbier und Friseur
HERR VON TRÜB, ein reicher Privatmann
GUIDO, sein Sohn
IRENE, seine Tochter
HERR VON FROH, ein reicher Privatmann
FELIX, sein Sohn
MARIE, seine Tochter
ISABELLA, deren Stubenmädchen
HERR VON STURM, | Partikuliers aus Straßburg
HERR VON SCHLAF,
HERR VON SCHMERZ,
HERR VON GLÜCK,
FRAU VON KORBHEIM
HERR VON FINSTER, | Verwandte des Herrn von Schmerz
FRAU VON NACHTSCHATTEN,
JAKOB, Diener des Herrn von Sturm
NANETTE, Stubenmädchen | bei Herrn von Braus
SUSANNE, Köchin
BABETTE, Stubenmädchen | bei Herrn von Fad
GERTRAUD, Köchin
CYPRIAN, Bedienter
LISETTE, Stubenmädchen | bei Herrn von Trüb
BRIGITTE, Haushälterin
MARGARETH, Köchin

Hutzibutz: Hutzenputzel = Der Hintere. Der Schauspieler Scholz, der den Hutziputz spielte, war klein und korpulent.
Kleiderputzer: Kleider und Schuhe wurden in Mietshäusern von *einem* Kleiderputzer für alle Wohnparteien gesäubert (R.).
Schlankel: ein »geriebener« junger Mensch. – Vielleicht zugleich Anspielung auf Nestroys schlanke Figur (R.).

THERES, Köchin
SEPHERL, Küchenmagd } bei Herrn von Froh

NADL, ein Schneider

LEIST, ein Schuster

DOKTOR KRIMS

DOKTOR KRAMS

BLINKER,
WEGER, } Hausfreunde bei Froh
STERN,

VIER NOTARE, BALLGÄSTE, männliche und weibliche DIENERSCHAFT

Das Haus der Temperamente wurde als Benefiz-Vorstellung für Nestroy mit ihm als Barbier Schlankel und Scholz als Kleiderputzer Hutzibutz mit der Musik von Adolf Müller zum ersten Mal am 11. Mai 1837 aufgeführt.

Die Handlung spielt zu gleicher Zeit in zwei Zimmern des ersten und in zwei Zimmern des zweiten Stockes in einem und demselben Hause.

Die Stellung der vier Wohnungen, vom Publikum aus angenommen, ist folgende:

<table>
<tr><td rowspan="2">Seite der großen Loge</td><td>1. Cholerisch
rot</td><td>2. Phlegmatisch
gelb</td><td rowspan="2">Seite der Hof-Loge</td></tr>
<tr><td>3. Melancholisch
grau</td><td>4. Sanguinisch
himmelblau</td></tr>
</table>

Im Verlaufe des Stückes sind alle Links und Rechts vom Schauspieler aus angenommen.

Erster Akt

Cholerisch: *Ein Wohnzimmer des Herrn von Braus im oberen Stockwerke rechts, eine Mittel- und eine Seitentüre. Im Hintergrunde rechts ist ein praktikabler kleiner Ofen. Die Malerei des Zimmers ist hochrot gehalten.*

Phlegmatisch: *Ein Wohnzimmer des Herrn von Fad im oberen Stockwerke links, eine Mittel- und eine Seitentüre. Im Vordergrunde ein Stickrahmen, die Malerei des Zimmers ist lichtgelb gehalten.*

Melancholisch: *Ein Wohnzimmer des Herrn von Trüb im untern Stockwerke rechts, eine Mittel- und eine Seitentüre. Im Vordergrunde rechts eine Staffelei mit einem halbvollendeten Bilde, links ein Tischchen und Stuhl. Die Malerei des Zimmers ist grau mit dunkler Verzierung, so düster als möglich gehalten.*

Sanguinisch: *Ein Wohnzimmer des Herrn von Froh im untern Stockwerke links, eine Mittel- und eine Seitentüre. Im Vordergrunde links ein Tisch mit einem Teppich behangen. Die Malerei des Zimmers ist himmelblau oder rosenrot gehalten.*

Erste Szene

Cholerisch: NANETTE, SUSANNE, *dann* SCHNEIDER NADL *und* SCHUSTER LEIST

Phlegmatisch: BABETTE, GERTRAUD, *dann* CYPRIAN

Melancholisch: LISETTE, MARGARETH, *dann* DOKTOR KRIMS *und* DOKTOR KRAMS

Sanguinisch: SEPHERL, THERES, *dann* BLINKER, WEGER *und* STERN

Introduktion

Cholerisch

NANETTE, SUSANNE (*mit einem Küchenzettel in der Hand*)
Neun Uhr ist's, und man weiß noch nicht,
Was heute wegen dem Speisen g'schicht,
Der Sohn vom Haus trifft heut' noch ein,
Da wird wohl große Tafel sein.

Phlegmatisch

BABETTE, GERTRAUD (*mit einem Küchenzettel in der Hand*)
Neun Uhr ist's usw. usw.

Melancholisch

BABETTE, GERTRAUD (*mit einem Küchenzettel in der Hand*)
Neun Uhr ist's usw. usw.

Sanguinisch

SEPHERL, THERES (*mit einem Küchenzettel in der Hand*)
Neun Uhr ist's usw. usw.

Phlegmatisch

CYPRIAN (*aus der Seitentüre kommend*)
Der gnädige Herr raucht jetzt Tobak,
Ist nicht zu sprechen vormittag.
Was 'kocht wird, ihn nicht kümmern tut,
Es soll nur viel sein und recht gut.

Melancholisch

DOKTOR KRIMS, DOKTOR KRAMS (*aus der Seitentüre kommend*)
Es bleibt dabei, Konsilium,

Der Zustand bringt am End' ihn um,
Wir dringen auf Konsilium.

Sanguinisch

BLINKER, WEGER *und* STERN (*unter der Seitentüre und in dieselbe zurück*)
Adieu, Freund Froh, wir gehn,
Auf fröhlich Wiedersehn!
(*Ganz vortretend.*)
In aller Fruh' Champagner schon
Das bleibt halt schon der schönste Ton!

Cholerisch

NADL, LEIST (*der erste einen neuen Frack, der andere ein Paar neue Stiefel tragend, laufen aus der Seitentüre heraus*)
Heut' is mit dem Herrn wieder gar nix zu reden,
Er fahrt einem an wie der Hund an der Ketten,
Über all's is er gleich in der Höh',
Wir gehn ihm nimmer in d' Näh'.

NANETTE *und* SUSANNE
Das Beste ist für jetzt, Sie gehn,
Adieu, adieu, auf Wiedersehn!

NADL *und* LEIST
Das Beste ist für jetzt, wir gehn,
Adieu, adieu, auf Wiedersehn!
(*Alle zur Mitteltüre ab.*)

Phlegmatisch

BABETTE *und* GERTRAUD
Das Beste ist für jetzt, wir gehn,
Adieu, adieu, auf Wiedersehn!

CYPRIAN
Ich werd' ein wenig schlafen gehn,
Adieu, adieu, auf Wiedersehn!
(*Alle zur Mitteltüre ab.*)

Melancholisch

LISETTE *und* MARGARETH
Die Herren wollen jetzt schon gehn,
Empfehl' mich schön, auf Wiedersehn!

DOKTOR KRIMS *und* DOKTOR KRAMS

Das Beste ist für jetzt, wir gehn,
Adieu, adieu, auf Wiedersehn!

(*Alle zur Mitteltüre ab.*)

Sanguinisch

SEPHERL *und* THERES

Die Herren wollen jetzt schon gehn,
Empfehl' mich schön, auf Wiedersehn!

BLINKER, WEGER, STERN

Jetzt ist es Zeit, wir wollen gehn,
Adieu, adieu, auf Wiedersehn!

(*Alle zur Mitteltüre ab.*)

Zweite Szene

1. BRAUS	2. FAD	3. TRÜB	4. FROH

Melancholisch

TRÜB (*im Schlafrock, mit verschränkten Armen aus der Seitentüre tretend*) Heute also soll ich ihn wiedersehn, meinen Sohn, den Erstgebornen der so früh verblichenen Gattin! (*Stellt sich, tief seufzend, vor das auf der Staffelei befindliche Bild.*)

Sanguinisch

FROH (*kommt, fast tanzend, aus der Seitentüre, ebenfalls im Schlafrock*) Mein Bub kommt z'ruck, das is a Passion. Ein Mordkerl muß er worden sein in die drei Jahr', wenn er seinem Vater nachg'rat't. (*Stellt sich vor den Spiegel und richtet sich die Halsbinde wohlgefällig zurecht.*)

Phlegmatisch

FAD (*im Schlafrock und mit langer Pfeife aus der Seitentüre tretend*) Also heut' kommt er, der Edmund! Wenn er nicht kommt, is's mir auch recht. Wenn sich die Kinder nicht nach Haus sehnen, is es ein Zeichen, daß's ihnen gut geht. (*Setzt sich in den Lehnstuhl und schmaucht.*)

Cholerisch

BRAUS (*im Schlafrock, mit Ungestüm aus der Seite tretend*) Wo er nur so lange bleibt, der Teufelskerl! Um acht Uhr hätt' er schon hier sein können, das Donnerwetter soll so einem Sohn in die Rippen fahren, den das kindliche Herz nicht mit gebührender Eilfertigkeit in die väterlichen Arme treibt! (*Nimmt eine auf dem Tisch befindliche Zeitung und geht, selbe hastig durchblätternd, unruhig auf und ab.*)

Sanguinisch

FROH Einen Rivalen wird er haben an mir, einen tüchtigen, wenn er sich an eine anmacht. Übrigens, das hat Zeit bei ihm. Meine Tochter muß unter die Hauben, ein Mädl kann nie zeitlich genug heiraten; ein junger Springinsfeld hingegen wie mein Sohn, dem kommt 's Hauskreuz immer noch z' früh'. (*Zieht an einer auf dem Tische liegenden Violine eine abgesprungene Saite auf.*)

Phlegmatisch

FAD Wenn nur der Bräutigam meiner Tochter schon da wär', wär' mir lieber, mir g'fallt 's Madl nimmer in der Ledigkeit. (*Schmaucht ruhig fort.*)

Cholerisch

BRAUS Die Galle läuft mir über, so oft ich die Angekommenen lese. Alles kommt an, nur mein verdammter Jugendfreund aus Straßburg nicht. Ein saumseliger Bräutigam verdient, daß man ihm Raketen in die Ohren stecke, die ihm hineinfahren bis ins kalte Herz und seinen morschen Gefühlszunder in Feuer und Flammen setzen.

Melancholisch

TRÜB Bald wird meine Tochter der Ehe Band umschließen. Mögen die Rosen, die es ihr bringt, länger blühen, als sie dieser blühten (*auf das Bild zeigend*), die, selbst noch eine blühende Rose, hinwelken mußte in Grabesnacht! (*Setzt sich an die Staffelei und malt an dem Bilde seiner verstorbenen Frau.*)

Dritte Szene

1.	2.	3.	4.
DER VORIGE; WALBURGA	DER VORIGE	DER VORIGE	DER VORIGE; MARIE

Sanguinisch

MARIE (*aus der Seitentüre rechts in einem eleganten Negligé kommend*) Na, wie g'fall' ich Ihnen in dem Anzug, Papa?

FROH Sauber, bildsauber, bist ganz mein Ebenbild!

Cholerisch

BRAUS (*in die Seitentüre rufend*) Walburga! He! Walburga!

Sanguinisch

MARIE Schöne Mädln sind halt im Negligé am schönsten. Schad', daß die Mode nicht aufkommt, daß man im Negligé auf 'n Ball geht; da sehet man doch, was schön und was wild ist.

Cholerisch

BRAUS (*sehr böse*) Walburga, hörst du nicht –?

WALBURGA (*aus der Seitentüre kommend*) Da bin ich, weiß nicht, warum der Papa gar so schreit!

BRAUS Wenn du ein andermal nicht den Augenblick kommst, wenn ich rufe, so soll –

WALBURGA (*heftig*) Ich war im dritten Zimmer drin, das ist mein Zimmer! Ich bin ohnedem eine rasche Person, aber bis man durch drei Zimmer kommt –

BRAUS Still! (*Geht heftig auf und ab.*)

Sanguinisch

FROH Den Anzug hätt'st du dir aufsparen können zum Empfang deines Bräutigams.

MARIE Was Bräutigam, lassen wir das, Papa!

FROH Nicht mehr lang, in wenigen Tagen is Hochzeit, und dann wird's gehen – (*Spielt einen Straußischen Walzer auf der Violine.*)

Cholerisch

BRAUS Du wirst heiraten!

Sauber: hübsch.
Wild: häßlich.

WALBURGA O ja, das hoff' ich, denn ich bin kein Geschöpf zum Sitzenbleiben.

BRAUS Wirst den heiraten, den ich will!

WALBURGA Wenn er mir aber nicht g'fällt?

BRAUS Er gefällt mir, wiewohl ich ihn so viele Jahre nicht gesehen, denn er ist mein Jugendfreund Sturm.

WALBURGA Der Sturm wird keine Flamme anfachen in meinem Herzen, ich nehm' ihn nicht!

BRAUS Du mußt!

Sanguinisch

FROH Aber wie g'schieht dir denn? Du stehst ja ganz ruhig? Das ist das erste Mal, wenn du einen Deutschen hörst!

MARIE Weil ich ihn mit einem Bräutigam tanzen soll, und wenn's nicht der is, den ich will –

FROH Er is der, den ich will, mein alter Kamerad Glück, den ich seit meinen Studentenjahren nicht mehr zu Gesicht kriegt hab'.

MARIE Nimm sich der Papa in acht, da könnt's geschehn, daß ich mit einem andern davontanz'.

FROH Untersteh dich!

MARIE Da wird's dann gehn – (*Singt denselben Deutschen und tanzt herum.*)

Cholerisch

BRAUS Ich dulde keinen Widerspruch!

WALBURGA Wenn auch mein Mund schweigt, so widerspricht mein Herz!

BRAUS Ich werd' ihm das Maul stopfen, diesem Herzen!

Sanguinisch

FROH Wie das Mädl tanzt, das is eine Pracht! Mir geht's in die Füß'! (*Walzt mit ihr, indem sie den Deutschen singt und er ihr singend akkompagniert, eine Tour herum und in die Seitentüre ab.*)

Cholerisch

WALBURGA Der Zwang ist ungerecht!

BRAUS (*grimmig*) Auf dein Zimmer oder –

WALBURGA Ich gehe, aber –

Deutschen: Vorläufer des Walzers.

BRAUS Marsch, sag' ich!

WALBURGA *(geht, sich gewaltsam unterdrückend, in die Seitentüre ab)*

BRAUS *(folgt ihr grimmig nach)*

Vierte Szene

1.	2.	3.	4.
(Bühne frei)	DER VORIGE; AGNES	DER VORIGE; IRENE	*(Bühne frei)*

Phlegmatisch

FAD *(ist vorher langsam aufgestanden und ruft in die Seitentüre)* Agnes!

AGNES *(nach einer Pause, von innen)* Gleich!

FAD *(wartet an der Türe)*

Melancholisch

TRÜB *(malend)* Nach neunzehn Jahren sind mir ihre Züge noch so frisch im Gedächtnisse, daß ich imstande bin, ihr Bild zu malen. *(Zum Bild.)* Auch deine Wünsche sind mir unvergeßlich, sie sind mir ein heiliger Befehl.

IRENE *(tritt weinend aus der Seitentüre)* O, mein Vater!

TRÜB Du weinst, Irene?

IRENE Wundert Sie das? Sehen Sie mich nicht täglich weinen?

TRÜB Hat dein Schmerz heute einen besonderen Grund?

IRENE Ist nicht der Schmerz der tiefste, welcher grundlos ist?

Phlegmatisch

FAD *(ruft wieder)* Agnes!

AGNES Gleich!

FAD *(wartet an der Türe)*

Melancholisch

TRÜB Laß heute der Freude Sonnenblick durch der Tränen Nebelschleier dringen, dir winkt ein Myrtenkranz.

IRENE Um meinen Sarg zu zieren!

TRÜB Nein, als Brautschmuck schlinget er sich in dein Haar!

IRENE Und wer –?

TRÜB Ein Mann, dem schon mein Wort verpfändet ist, seit du geboren. Mein Jugendfreund, mein lang entbehrter Schmerz.

IRENE Ha, ich Unglückselige! (*Bedeckt mit beiden Händen das Gesicht.*)

Phlegmatisch

FAD (*ruft wieder*) Wenn du jetzt nicht bald kommst, so wart' ich noch a Weil'.

AGNES (*aus der Seitentüre kommend*) Da bin ich schon, Vater!

FAD Was hab' ich dir denn sagen wollen? Ja, richtig, du wirst die Tag' heiraten.

AGNES Warum denn?

FAD Weil's der Brauch is. (*Setzt sich wieder.*)

Melancholisch

TRÜB (*ist aufgestanden*) Du bist überrascht, Irene, das Unerwartete ergreift dich mächtig. Denke, daß es vor mehr als achtzehn Jahren der Wille deiner verblichenen Mutter war; der muß dir heilig sein wie mir.

Phlegmatisch

FAD Ich hab' einmal ein' Spezi g'habt, den Schlaf, der hat mein briefliches Wort.

Melancholisch

IRENE Ich kann nicht, mein Vater!

TRÜB (*nach dem Bilde zeigend*) Sie hat es gewollt, du mußt!

IRENE O Himmel!

TRÜB Von dort aus segnet sie diesen Bund. Komm, meine Tochter!

(*Führt sie langsam in die Seitentüre ab.*)

Phlegmatisch

AGNES Vater, den werd' ich durchaus nicht mögen .

FAD Mußt ihn mögen!

AGNES Hör' der Vater auf! (*Setzt sich zum Stickrahmen.*)

Spezi: Kumpan, enger Freund.

Fünfte Szene

1.	2.	3.	4.
(Bühne frei)	DIE VORIGEN	SCHLANKEL	HUTZIBUTZ

Melancholisch

SCHLANKEL (*tritt während dem Ritornell des folgenden Gesanges zur Mitte ein*)
Kaum hebt sich der Tag aus den Federn der Nacht,
Wird frisch gleich die Rond' bei die Kundschaften g'macht.
Ich balbier' und frisier' nach der Mod', das ist g'wiß,
Der Kopf muß was gleich sehn, wenn auch nix drinnen is.

Sanguinisch

HUTZIBUTZ (*tritt während dem Ritornell des folgenden Gesanges durch die Mitte ein. Er ist mit Ausklopfstaberl und Bürsten versehen und trägt mehrere Paare frisch geglänzte Stiefel*)
Kaum hebt sich der Tag aus den Federn der Nacht,
So heißt's nur g'schwind zu die Kundschaften tracht't.
Die Kleider und Stiefel zu putzen, is g'wiß
Das z'widerste G'schäft, was auf dieser Welt is.

zugleich

Melancholisch

SCHLANKEL
Als Friseur is man fertig, eh' man sich umschaut,
D' jungen Herrn trag'n die Haar' jetzt gar schütter anbaut,
Und man glaubt's nicht, wie leicht ein' Balbierer jetzt g'schiecht,
Bei die Bärt' jetzt balbiert man kaum 's Zehntl vom G'sicht.
Ich nimm jeden bei der Nasen, das will schon was sag'n,
Denn mancher tut d' Nasen entsetzlich hoch trag'n.
Wenn ich z' spät komm' und mich ein Herr ausmachen will,
Da streich' i ihm nur d' Seif' ums Maul, gleich is er still.

Sanguinisch

HUTZIBUTZ
Durch dick und dünn rennen s' den Madln brav nach,
Uns'reins hat hernach mit die Stiefeln die Plag',
Drum denk' ich oft, wenn ich beim Ausklopfen bin,
Warum steckt der Herr in die Kleider nicht drin?

Melancholisch

SCHLANKEL

Der Kopf is das G'wölb' und die Auslag' sind d' Haar',
Drum geht's da auch oft wie bei d' G'wölber, 's is wahr,
Die Auslag' is schön, sie bezaubert den Sinn,
Das is aber auch alles, in G'wölb' is nix drin.
Welcher Stand mit dem meinig'n z' vergleichen wohl ist!
Ich leb' angenehmer als jeder Kapitalist.

Sanguinisch

HUTZIBUTZ

Es gibt keinen Stand, der so unangenehm ist!
Meiner Seel', ich wär' lieber ein Kapitalist.

zugleich

Melancholisch

SCHLANKEL Auskennen muß man sich in der Welt, das ist die Hauptsach'! Lieber andre balbiern, als selbst balbiert werden, lieber andern zu ein' Weib verhelfen, als selber eins nehmen.

Sanguinisch

HUTZIBUTZ Wenn ich vom Stiefelputzen allein leben müßt', wär' es ein reines Elend. Mein Glück is es, daß ich ein extrem pfiffiger Kerl bin, der sich auf andere Art Geld zu verdienen weiß.

Melancholisch

SCHLANKEL Jedes Ding hat zwei Seiten, so auch ein Balbierer und Friseur. Wenn man die Sache materiell betrachtet, so ist es ein gemeines Geschäft. Einseifen, abscheren, Haar' brennen, was is das? Wenn man aber darauf reflektiert, daß wir die privilegierten Boten heimlicher Liebe sind, daß wir es sind, die den kleinen augenverbundenen Bogenschützen seine verschlungenen Wege führen auf Erden – wenn man die Sache von der Seite betracht't, so liegt eine ungeheure Poesie in unserm Metier.

Sanguinisch

HUTZIBUTZ Vier verschiedene Herren in diesem Haus sind in vier verschiedene Fräulein verliebt. Die Herren reisen fort, adressieren die Liebesbriefe an mich, und ich hab' selten einen über acht Tage im Sack tragen, so hat sich die Gelegenheit ergeben, daß die betreffende Fräul'n ganz allein z' Haus war, und ich hab' ihr dann den Brief zug'steckt, das is halt ein Meisterstück von einer Intrig'.

Melancholisch

SCHLANKEL Daß diese Amouren in diesem Haus nicht durch meine Hand gehen, ist ein Mißgriff des Schicksals, der nicht zu ergründen, nicht zu verzeihen ist. Ein Mensch, der in jeder Hand sieben Paar Stiefel tragt, erfrecht sich, Liebesbriefe in Westentaschl zu tragen; ein Mensch, in dessen Kopf es so dunkel ausschaut wie in sein' Wichshäferl, will Intrigen leiten! Der Liebe Zauberstab will er schwingen, statt beim Ausklopfstaberl zu bleiben, schriftliche Herzensgeheimnisse berührt er mit schuhbürstengewohnten Händen, das is ja mehr als ein' Faust auf ein Aug'.

Sanguinisch

HUTZIBUTZ Der Balbierer Schlankel macht mir Kabalen hier im Haus.

Melancholisch

SCHLANKEL Aber die vier Liebhaber samt ihrem saubern Chargé d'affaires sollen mir's entgelten; wer mich nicht zum Freund sucht, der hat mich als Feind.
Mir steigt die Gall' auf, wenn ich ihn nur seh',
dem einen Schur anzutun, das is mir der höchste
Genuß.

Sanguinisch *zugleich*

HUTZIBUTZ Mir steigt die Gall' auf, wenn ich ihn
nur seh', dem einen Schur anzutun, das ist mir
der höchste Genuß.

Sechste Szene

1.	2.	3.	4.
(*Bühne frei*)	DIE VORIGEN	DER VORIGE; BRIGITTE	DER VORIGE; ISABELLA

Sanguinisch

ISABELLA (*aus der Seitentüre kommend*) Was tausend, schon da?

Wichshäferl: Topf mit Schuhcreme.
Schur: Ärger (antun).

Ich wär' gar lieber morgen erst kommen! Das is wahr, Seine Sehnsucht nach mir muß ungeheuer groß sein.

HUTZIBUTZ Bedenk', Bella, das Tratschwetter, und ich hab' neunzehn Paar Stiefel putzt!

ISABELLA Hör' auf mit solchen Gemeinheiten!

HUTZIBUTZ Das war eine Arbeit, ich hab' völlig Kopfweh!

ISABELLA O freilich, so was strengt den Geist weiter nicht an!

Phlegmatisch

AGNES (*am Stickrahmen*) Werden der Papa nicht ausgehen heut'?

FAD (*im Schlafsessel schmauchend*) Nein, ich hab' zu viel zu tun.

Melancholisch

BRIGITTE (*aus der Seitentüre kommend*) O, sind Sie da? Na, ich bin froh, mein lieber Herr Schlankel.

SCHLANKEL Hör'n S' auf, Sie wissen, ich kann das nicht leiden, diese dummen Schmeicheleien.

Sanguinisch

ISABELLA Wenn sich ein Stubenmädl herabläßt, einen Kleiderputzer zu lieben, so muß dieser Überglückliche laufen wie ein Windspiel, um zu zeigen, daß –

HUTZIBUTZ Kind, das tue ich ja so, aber mit neunzehn Paar Stiefel –

ISABELLA Sei still, gemeiner Sklave!

Melancholisch

BRIGITTE Das ist heut' ein Jammer in unserm Haus!

SCHLANKEL Das is alle Tag' der Fall in eurer Tränenbutike.

BRIGITTE Heute besonders! Das Fräulein soll einen Mann heiraten, den sie nicht liebt.

SCHLANKEL Was geht das mich an?

Sanguinisch

HUTZIBUTZ Gemeiner Sklave, hast du g'sagt? Da weiß ich nicht, ob du das Recht hast, mich so zu titulieren. Du bist den ganzen Tag in der Sklaverei, ich nur bis zehne vormittags. Mich hat schon mancher Herr in der Fruh' ein' Dummrian g'heißen,

Tratschwetter: trätschen = »im Nassen herumtreten«.

und auf d' Nacht sein wir zufällig mit einem Nebel z'samm'-kommen, und er hat Bruderschaft trunken mit mir.

Phlegmatisch

FAD Was stickst denn, Agnes?

AGNES Hat's der Papa noch nicht ang'schaut?

FAD Nein, ich hab' noch keine Zeit g'habt.

Melancholisch

BRIGITTE Der Herr von Schlankel is heut' gar kurz angebunden.

SCHLANKEL Ich bin gar nicht angebunden, das wer'n S' gleich sehn, denn ich geh', wenn S' nicht still sein.

Sanguinisch

HUTZIBUTZ (*für sich*) Ich hab' s' bös g'macht. (*Laut.*) Bella?

ISABELLA (*bleibt, das Gesicht abgewandt, unbeweglich stehen*)

HUTZIBUTZ Hast du keinen Blick für mich?

Melancholisch

BRIGITTE Ein' Bitt' wird mir der Herr Schlankel doch erfüllen?

SCHLANKEL Das is die Frag'.

BRIGITTE Diese drei Gulden annehmen und ein gut's Glaserl Wein auf meine G'sundheit trinken.

SCHLANKEL (*das Geld nehmend*) Wir werden sehn, wenn's möglich is.

Sanguinisch

HUTZIBUTZ Du kriegst heute noch ein Präsent von mir.

ISABELLA Von dir? Du Geizhals!

HUTZIBUTZ Sei froh, daß ich sparsam bin, ich werd' 's Geld brauchen, wenn ich dich heirat'.

Melancholisch

BRIGITTE Nicht wahr, dann und wann denkt Er doch ein wenig an mich? (*Schmeichelt ihm.*)

SCHLANKEL Lassen S' mich gehn!

BRIGITTE Der Herr Schlankel is ja gar spröd.

SCHLANKEL Ja, ich bin ein pretioser Kerl.

Nebel: Rausch.

Sanguinisch

HUTZIBUTZ Ich krieg' heut' noch, mußt du wissen, ein nobles Trinkgeld.

ISABELLA Von wem?

HUTZIBUTZ Von die vier Fräulein, wenn ich ihnen die Nachricht bring', daß die vier Herzgeliebten heut' von der Universität zurückkommen.

ISABELLA Das wissen s' so schon!

HUTZIBUTZ Alles eins, ich bring' die Kunde, und mir blüht ein Honorar. Jetzt bring' mir dem Herrn seine Kleider heraus, ich schau' derweil zum Herrn von Braus hinauf.

ISABELLA Gut also, in Erwartung des Präsentes verbleibe ich deine anspruchslose Isabella. Adieu! (*In die Seitentüre ab, nachdem sie sich von Hutzibutz die Hand küssen ließ.*)

Melancholisch

BRIGITTE (*welche früher an der Seitentüre horchte*) D' Fräul'n Irene kommt.

SCHLANKEL Meinetwegen!

BRIGITTE Sprechen S' ihr ein wenig Mut ein!

SCHLANKEL Wüßt' nicht, warum! (*Brigitte geht in die Seitentüre ab.*)

Sanguinisch

HUTZIBUTZ (*Isabellen zärtlich nachblickend*) Mehrere ziehen an deinem Triumphwagen, doch in der zahlreichen Vorspann schaust du mich für den Handigen an, denn mir allein reichst du deine Hand. (*Zur Mitte ab.*)

Siebente Szene

1.	2.	3.	4.
HUTZIBUTZ	DIE VORIGEN	DER VORIGE; IRENE	ISABELLA

Melancholisch

IRENE (*schluchzend aus der Seitentüre kommend*) Der Vater laßt Ihnen sagen, Sie sollen später kommen.

SCHLANKEL Wie's gefällig is, aber was nutzt das? Wenn ich später komm', werd' ich die Fräul'n Irene halt wieder in Tränen

Handige: »Handpferd zur Rechten des Kutschers«.

finden, und wenn ich wen weinen seh', so werden mir gleich die Augendeckeln heiß, ich fang' zum schluchzen an, und es laßt mir keine Ruh', bis ich mitweinen muß.

IRENE Mitgefühl gießt Balsam in ein wundes Herz.

SCHLANKEL Balsam in die Wunden zu träufeln ist nicht nur allgemeine Menschenpflicht, noch mehr, es ist insbesondere Balbiererpflicht.

IRENE Haben Sie nie geliebt?

SCHLANKEL O ja, zwar oft war ich nur in dem Wahn, zu lieben, aber sechzehnmal hab' ich wahrhaft geliebt.

IRENE Ist das möglich? In mir ist nur eine Liebe, und diese eine zersprengt mir das Herz.

SCHLANKEL Die Herzen sein halt nicht gleich, eins fürs andere is dauerhafter, hat mehr Elastizität.

Phlegmatisch

FAD Du, Agnes, kommt dir nicht vor, es zieht, weil die Tür dort offen ist?

AGNES Mir scheint auch; wenn der Cyprian kommt, werd' ich ihm sagen, daß er s' zumachen soll.

Melancholisch

IRENE Wissen Sie, daß ich einem Mann die Hand reichen soll, den mir mein Vater bestimmt?

SCHLANKEL Tun Sie das, nehmen Sie 'n. Sie können den ungetreuen Mussi Felix nicht besser bestrafen.

IRENE Ungetreu, sagen Sie?

SCHLANKEL Ich hab' mich verschnappt, es is heraußt, aber Ihr Ehrenwort, daß Sie mich nicht verraten! Er hat in Prag mit einer eine Liebschaft ang'fangt, ich weiß es von einer Freundin, die diejenige hier hat; ich balbier' ihren Herrn Gemahl, is eine Kundschaft von mir. Na, jetzt wissen S', da hört man halt allerhand reden. Übrigens, ob er deswegen gesonnen is, mit Ihnen zu brechen oder nicht, das kann ich nicht behaupten. Vielleicht handelt er nach dem Grundsatz: unum debet fieri et alterum non omitti, zu deutsch: wenn man eine neue Amour anfangt, so muß man deswegen die alte noch nicht aufgeben.

Fürs andere: verglichen mit dem anderen.
Unum debet . . .: Man muß das eine tun und das andere nicht unterlassen.

IRENE Nun denn, so fließt in Strömen, ihr Tränen gekränkter Liebe, fließt hin, um nie mehr zu vertrocknen! (*Verhüllt mit beiden Händen das Gesicht und sinkt in einen Stuhl.*)

SCHLANKEL (*für sich*) Die weint ein' schön' Fleck her im Jahr!

Cholerisch

HUTZIBUTZ (*tritt zur Mitteltüre ein und sagt im Vorübergehen*) Die Bella is halt mein' Freud', ein Gedanken an sie is immer ein Sonnenstrahl, wenn mich beim Stiefelputzen trübe Wolken umhüllen. (*Geht in die Seitentüre ab.*)

Sanguinisch

ISABELLA (*kommt mit mehreren Kleidungsstücken durch die Seitentüre*) Da sind die Kleider zum Ausputzen! Ich bin doch neugierig, wie er sich einstellen wird, der Hutzibutz. (*Hängt die Kleider über eine Stuhllehne und geht in die Seitentüre ab.*)

Melancholisch

SCHLANKEL (*für sich*) Meine Nachricht ist erlogen, ich hab' das nur g'sagt, um dem Mussi Felix einen üblen Empfang zu bereiten. Das muß so sein; wem ich nicht nutz', dem schad' ich; neutral bleib' ich nicht, um kein G'schloß; ich muß handelnde Person sein, so oder so! (*Zu Irene.*) Sein S' nur nicht bös auf mich!

IRENE Sie haben mir Wahrheit für Täuschung gegeben; war auch die Täuschung süß und ist die Wahrheit bitter, ich bin Ihnen hoch verpflichtet, ich werde Ihnen stets Tränen dankbarer Freundschaft weihn.

SCHLANKEL O, ich bitt', das wär' zu viel, Sie werden Ihre Tränen anderweitig brauchen.

Cholerisch

HUTZIBUTZ (*aus der Seitentüre, mit Kleidungsstücken über den Arm gehangen, zurückkommend, spricht in die Türe zurück*) Gleich, Euer Gnaden, gleich! (*Für sich.*) Wenn der Mann sein' Charakter nur auf ein paar Stund' in' Keller stellet, daß er sich abkühlen tät'. Ich hab' in meinem Leben kein' so hitzigen Menschen g'sehn. (*Geht zur Mitte ab.*)

Fleck: eine Menge Flüssigkeit.
Um kein G'schloß (Schloß): um keinen Preis.

Melancholisch

IRENE Und diese Kleinigkeit nehmen Sie für Ihre zarte Teilnahme! (*Gibt ihm ein Beutelchen mit Geld.*)

SCHLANKEL Das wird jetzt vertrunken auf Ihre G'sundheit.

IRENE O nein, nichts von Gesundheit, ich will nicht gesund sein, nach dem Grabe sehn' ich mich, dort ist das Ende meiner Leiden. Lassen Sie mich jetzt allein mit meinem Schmerz!

SCHLANKEL Zu Befehl! (*Für sich.*) Wenn die so fort weint dreimal vierundzwanzig Stund', so kriegen wir eine Überschwemmung im Haus. (*Zur Mitte ab.*)

Phlegmatisch

FAD Aber schau', Agnes, ich sitz' schon wieder zu viel! Der Doktor hat g'sagt, ich soll Bewegung machen, ich werd' mich drin zum Fenster setzen, daß ich Leut' vorbeigehen seh'! (*Geht langsam in die Seitentüre ab.*)

AGNES Nein, wie der Papa heut' herumschießt von ein' Zimmer ins andere!

Achte Szene

1.	2.	3.	4.
NANETTE	AGNES, SCHLANKEL	IRENE, *dann* HUTZIBUTZ	MARIE

Phlegmatisch

SCHLANKEL (*zur Mitte eintretend*) Gut, daß ich Ihnen allein find', gnädiges Fräulein! Ich hab' Ihnen Sachen von unglaublicher Wichtigkeit mitzuteilen.

AGNES Warten S' ein wenig! (*Stickt fort.*)

SCHLANKEL Ihr Glück, Ihre Ruhe, alles steht auf dem Spiel.

AGNES Warten S' nur, bis ich den Faden vernäht hab'.

Melancholisch

IRENE Er konnte mich täuschen, Felix konnte seine Schwüre brechen? Warum erstaun' ich darüber? Es mußte so kommen, mein Schicksal will es, daß mir auf Erden keine Freude blüht.

Phlegmatisch

SCHLANKEL Man könnt' sogar behaupten, Ihr Leben steht auf dem Spiel.

AGNES Hör'n S' auf, Sie wer'n mich bald neugierig machen.

SCHLANKEL Es ist zwar unschicksam von mir, daß ich mich in fremde Geheimnisse dräng', ohne eingeweiht zu sein, aber die Gefahr ist zu groß, zu dringend.

AGNES Ah, das is stark, jetzt bin ich in einer G'fahr und weiß's nicht.

SCHLANKEL Das Verhältnis, in welchem Sie mit dem jungen Herrn von Braus stehn, ist kein Geheimnis mehr, ich hab' es schon am Ersten voriges Monat erfahren, und in Prag weiß es auch jemand.

AGNES Schau', schau', wird doch alles aus'plauscht!

SCHLANKEL Heut' kommt er an, und, stellen Sie sich vor, eine Geliebte, der er in Prag Versprechungen g'macht hat, reist ihm nach mit dem Vorsatz, Ihnen zu ermorden. Ein guter Freund hat mir das alles geschrieben.

AGNES Hör'n S' auf!

SCHLANKEL Es bleibt Ihnen nichts übrig, als dem Ungetreuen den Laufpaß zu geben, um allen schrecklichen Folgen auszuweichen.

AGNES Warten S', lassen S' mich a bißl nachdenken!

Melancholisch

HUTZIBUTZ (*durch die Mitte eintretend*) Fräul'n Irene, ich sehe eine Träne.

IRENE O, lass' Er mich!

HUTZIBUTZ Machen Sie ein heiteres Gesicht, ich bring' eine gute Botschaft.

IRENE Für mich gibt's keine mehr!

HUTZIBUTZ Er kommt heut'!

IRENE Schweig' Er! (*Für sich.*) Ich muß mich in mein' Zimmer verschließen, um ungestört meinen Tränen freien Lauf zu lassen. (*In die Seitentüre ab.*)

HUTZIBUTZ (*allein*) Aber, Fräul'n! (*Für sich.*) Da bin ich durchg'fall'n mit 'n Trinkgeld, hm, hm – was muß der wieder übers Leberl krochen sein? Sehr unangenehm, wenn der Trübsinn in Trinkgeldverweigerung ausartet. (*Geht kopfschüttelnd zur Mitte ab.*)

Phlegmatisch

SCHLANKEL (*für sich*) Keinen fruchtbareren Boden gibt's in der Welt als das menschliche Herz; wenn man den Samen des Argwohn hineinstreut, das schlägt Wurzeln und wachst und schießt! – Bei der geht alles etwas langsamer, aber deswegen bleibt die Wirkung doch dieselbe.

Cholerisch

(*Es wird in der Seitentüre geläutet.*)

NANETTE (*eilig zur Mitteltüre eintretend*) Ich glaub', der gnädige Herr hat g'läut't; gleich, Euer Gnaden! (*Eilt in die Seitentüre ab.*)

Phlegmatisch

SCHLANKEL Was haben Sie beschlossen, mein Fräulein?

AGNES Ich hab' beschlossen, daß ich jetzt noch nichts beschließ', denn ich muß mir die Sach' noch überlegen. Nehmen Sie das für Ihre gütige Aufmerksamkeit! (*Gibt ihm Geld.*)

Sanguinisch

MARIE (*tritt aus der Seitentüre und sieht zur Mitteltüre hinaus*)

Phlegmatisch

SCHLANKEL O, ich bitt', das is alles zu viel!

AGNES Wenn ich wieder einmal in solcher G'fahr bin, so sag'n S' mir 's halt!

SCHLANKEL Bauen Sie ganz auf Ihren aufrichtigen Schlankel! (*Zur Mitte ab.*)

Neunte Szene

1.	2.	3.	4.
BRAUS, *dann* NANETTE, *dann* WALBURGA	AGNES, *dann* HUTZIBUTZ	(*Bühne frei*)	MARIE, *dann* SCHLANKEL

Sanguinisch

MARIE (*wieder vortretend*) Wo denn der Hutzibutz bleibt? Ich muß ihm ein Geschenk machen für seine treu geleisteten Dienste als Postillon d'Amour. Auch muß er mir die Stunde sagen, wann der Eilwagen eintrifft. Ah, da kommt er – *(Will zur Mitteltüre und erblickt den eintretenden Schlankel.)* Sie sind's? Ich weiß nicht, laßt sich der Papa jetzt frisieren oder nicht.

SCHLANKEL Die Fräul'n haben einen anderen erwartet.

MARIE Na, Sie könnten's so ziemlich erraten haben.

Phlegmatisch

AGNES (*stickend*) Schau', schau', wird mir der untreu! Hm! Hm!

Sanguinisch

SCHLANKEL Zweifle auch nicht, daß Ihnen der andere angenehmer wär', denn der bringt immer gute Nachrichten.

MARIE Was? – Sie wissen doch nicht –?

SCHLANKEL Ihre Amour mit 'n Herrn Guido von Trüb? Nein, so was merk' ich nicht. Ich bitt' Ihnen, zwischen einer heimlichen Liebschaft und einem Balbierer is grad das Verhältnis, als wie zwischen der Trüffel und dem Hund; wir wittern's und schnuppern's, und wenn's noch so tief verborgen wäre.

Phlegmatisch

HUTZIBUTZ (*zur Mitte eintretend*) Gnädiges Fräulein!

AGNES Lass' Er mich ungeschoren!

HUTZIBUTZ Ich muß Ihnen eine frohe Nachricht –

AGNES Geh' der Herr weiter mit seinen Nachrichten!

HUTZIBUTZ Aber der Mussi Robert –

AGNES Still, hab' ich g'sagt!

Sanguinisch

SCHLANKEL Übrigens will ich Ihnen nur sagen – aber das is nur so hingeworfen, ich weiß nichts Gewisses – aber bei Leuten, die immer nur gute Nachrichten bringen, is sehr die Frag', ob es auch wahre Nachrichten sind, das is aber nur so hingeworfen, ich weiß nichts.

MARIE Sie wissen was?

SCHLANKEL Das heißt, wie man's nimmt, es wird nix sein.

MARIE Freund, jetzt reden Sie, ich lass' Ihnen nicht mehr aus.

SCHLANKEL Ich hab' heut' die Fräul'n Zi – o, jetzt hätt' ich bald den Namen g'sagt; nein, Namen nenn' ich kein', das können Sie nicht verlangen von mir.

MARIE Also ohne Namen, nur zur Sache!

SCHLANKEL Ich hab' ihr Locken hin'tragen, und da is auf der Toilett' ein Brief g'leg'n, 's Postzeichen von Prag und die Unterschrift Guido.

MARIE Guido!?

SCHLANKEL Is ein Taufnamen, Guido kann heißen, wer will.

MARIE Aber die Schrift?

SCHLANKEL Die war so g'wiß – so ein eigner Zug.

MARIE Himmel, das ist seine Schrift!

SCHLANKEL Das »o« auf die Letzt' war so g'wiß rund.

MARIE Kein Zweifel mehr, na, wart', du falsches Ungeheuer! (*Geht auf und ab.*)

Phlegmatisch

HUTZIBUTZ Fräul'n Agnes!

AGNES Hinaus! Mach' Er mich nicht bös, ich bin lang gut, aber –

HUTZIBUTZ (*für sich*) Wieder ab'brennt. (*Im Abgehen.*) Kein Trinkgeld schaut heraus, und wenn ich mich auf 'n Kopf stellet. Der Teufel is in die Madeln g'fahr'n. (*Zur Mitteltüre ab.*)

Sanguinisch

SCHLANKEL Ja, was wollen die Fräul'n machen?

MARIE O, das wird sich finden. Zu Tod kränken werd' ich mich in keinem Fall. Das g'fallet dem starken G'schlecht, wenn sich das schöne wegen ihm die Haar' ausreißet. O, davon is keine Spur!

Cholerisch

BRAUS (*mit Nanetten aus der Seitentüre tretend*) Wo steckt er denn aber, der verdammte Hutzibutz?

NANETTE Er hat g'sagt, er kommt gleich.

BRAUS Das Donnerwetter soll –

NANETTE Bürst' halt ich Euer Gnaden g'schwind den Gehrock aus, dann können Euer Gnaden ausgehn.

BRAUS Nein, just nicht! Er soll da sein, er muß da sein – von früh morgens muß man sich ärgern bis in die späte Nacht, in einem fort ärgern! (*Geht hastig auf und nieder.*)

NANETTE (*zur Mitte ab*)

Sanguinisch

MARIE Freund, Sie haben mir eine wichtige Aufklärung gegeben, nehmen Sie diese kleine Erkenntlichkeit! (*Gibt ihm Geld.*)

Ab'brennt: abgewiesen, erfolglos.

SCHLANKEL (*das Geld nehmend*) Bitte aber auf mich keinen Verschmach zu werfen wegen allenfallsiger Störung des diesfälligen Seelenfriedens.

MARIE O, sein Sie ruhig, das is nur ein momentaner Verdruß, das gibt sich, ich geb' Ihnen mein Wort drauf.

Cholerisch

WALBURGA (*aus der Seitentüre kommend*) Was ist denn geschehen, Vater?

BRAUS Red' nichts auf mich, du siehst, ich bin im Zorn, du Geschöpf, du! (*Geht ergrimmt in die Seitentüre ab.*)

Sanguinisch

SCHLANKEL Ich küss' die Hand! (*Für sich.*) Die Liebhaber werden eine Freud' haben, wenn s' hier ankommen; die sollen's empfinden, was das heißt, einen Balbierer zu präterieren und einen Stiefelputzer zum Vertrauten zu machen. (*Zur Mitte ab.*)

Zehnte Szene

1.	2.	3.	4.
WALBURGA, *dann* SCHLANKEL	AGNES	(*Bühne frei*)	MARIE, *dann* HUTZIBUTZ

Cholerisch

WALBURGA (*allein*) Da ist wieder Feuer im Dach! Ich begreif' nicht, wie man so aufbrausend sein kann als wie der Papa.

Sanguinisch

MARIE (*allein*) Das is wahr, wenn ein Mann sechs Schuh hoch is, so sind kaum zwei Linien Aufrichtigkeit dabei, alles andere is Falschheit und Betrug. Doch wozu verwirr' ich mich in mathematische Berechnungen, es ist nicht die Zeit zu Grübeleien, ich muß jetzt als Mann handeln, das heißt: auch eine Falschheit begehen.

keinen Verschmach zu werfen: nichts nachzutragen.
Linie: zwölfter Teil eines Zolls.

Cholerisch

SCHLANKEL (*zur Mitte eintretend*) Ich wünsch' Ihnen ein' recht ein' guten Morgen.

WALBURGA Haben Sie mir meine Locken gebracht?

SCHLANKEL Nein.

WALBURGA Warum nicht, Sie entsetzlicher Mensch?

SCHLANKEL Weil ich erfahren hab', daß heut' der Herzauserwählte zurückkommt, und einen solchen empfangt man im glatten Scheitel oder in eigenen Locken, durchaus aber nicht mit falschen, denn bei einem solchen Wiedersehen soll nichts Falsches sein, weder Locken noch Herz.

Phlegmatisch

AGNES (*stickend*) Nein, das geht mir jetzt erst in Kopf, daß er untreu ist.

Cholerisch

WALBURGA Sie wissen sich immer pfiffig auszureden.

SCHLANKEL Besser, ich red' mich pfiffig aus, als ein anderer red't Ihnen pfiffig was ein.

WALBURGA Wie meinen Sie das?

SCHLANKEL Na, die Männer, die Männer! Es is ihnen halt nicht zu trauen, den Männern! Wie die die Mädeln anlügen, die Männer, das is nicht zum glauben. Ich kenne das, ich war ja selbst Mann in früherer Zeit, das heißt: ein Mann, der Amouren g'habt hat. Und am meisten lügt man die Mädeln an, wenn man von einer Reis' zurückkommt. Da heißt's: »O, Geliebte, die Erinnerung an dich hat mich jeden Augenblick umschwebt, jeder Atemzug seit der Trennung war ein Seufzer um dich, deine Abschiedsworte hallten unaufhörlich wider in meiner Seele tiefstem Grund, keine Zeit, keine Entfernung konnte dein geliebtes Bild aus meinem Herzen reißen!« – das strömt nur so heraus, und derweil hat man ein paaren 's Heiraten versprochen, Liaisonen ang'fangt, auf jeder Station einen Brief zurückexpediert, holt den andern Tag ein halbes Dutzend Posterestante-Briefe ab auf 'm Postamt – o, es sind schreckliche Menschen, die Männer!

WALBURGA (*vom Argwohn ergriffen*) Ich will nicht hoffen –

BRAUS (*ruft von innen*) Walburga!

WALBURGA Gleich! (*Für sich.*) Das ist doch ärgerlich! (*Zu Schlankel.*) Warten Sie noch einen Augenblick, ich bin gleich wieder da. Nehmen Sie das für die Zeitversäumnis, ich komme gleich wieder. (*Gibt ihm Geld und eilt in die Seitentüre ab.*)

SCHLANKEL (*für sich*) Sitzt schon!

Sanguinisch

MARIE (*in den Spiegel sehend*) So schau'n sie nicht aus, die Mädeln, die wegen einem untreuen Mannsbild verzweifeln müssen.

HUTZIBUTZ (*zur Mitte eintretend*) Fräulein Marie, meinen untertänigsten Glückwunsch!

MARIE Das Glück, was Er mir wünscht, brauch' ich nicht, drum is mein Wunsch, daß Er geht, und Sein Glück is es, wenn Er bald geht.

HUTZIBUTZ (*für sich*) Die red't g'schnappig vor lauter Freud'. (*Laut.*) In einer halben Stund' kommt der Separat-Eilwagen an, beschwert mir vier frankierten Jünglingen, einer davon rezepissiert und rekommandiert an Ihr Herz.

MARIE Mach' Er, daß Er weiter kommt, Er sieht, daß ich nicht aufgelegt bin, Sein dummes Geschwätz anzuhören.

HUTZIBUTZ Das holde Paar soll viele Jahr' in Einigkeit, stets so wie heut', des Lebens Lust in froher Brust –

MARIE Halt' Er Sein Maul!

HUTZIBUTZ (*für sich*) Alle Anstrengungen sind vergebens.

MARIE Hinaus, Er sieht, daß ich nicht in der Stimmung bin.

HUTZIBUTZ (*für sich*) Jetzt geht's recht! 's ganze Jahr war s' gut aufg'legt, und jetzt, weil s' zahlen soll, hat s' keine Stimmung.

MARIE Hinaus, sag' ich!

HUTZIBUTZ (*für sich, im Abgehen*) Schicksal, dich klag' ich um Schadenersatz! (*Zur Mitte ab.*)

Cholerisch

WALBURGA (*aus der Seitentüre zurückkommend*) Jetzt reden Sie, Sie wissen etwas über 'n Edmund!

SCHLANKEL Ja, mein Gott, ich kann nichts Bestimmtes sagen.

WALBURGA Die leiseste Andeutung ist hinreichend. Nehmen Sie diese Börse, weit mehr noch wird nachfolgen, aber reden Sie als mein Freund, als Freund der Wahrheit, als Feind der Falschheit und des Verrates!

G'schnappig: schnippisch.

SCHLANKEL Sie werden wissen, daß im Haus da darneben ein Miliweib sitzt. Mit diesem Miliweib haben immer die Dienstboten ihren Plausch, tritschen und tratschen, richten ihre Herrenleute aus, wie das zwischen Dienstboten und Miliweiber schon seit Jahrtausenden der Brauch is.

WALBURGA Weiter! Weiter!

SCHLANKEL Na, da sagt eine von den Dienstmädeln, nachdem s' die längste Zeit räsoniert hat, daß s' z' wenig Lohn, z' viel Arbeit und keine Gelegenheit zum Betrügen hat, sagt sie: »Heut' kommt ja dem Fräul'n Braus ihr Bräutigam z'ruck.« – »So?« sagt 's Miliweib, »so?« und lacht so g'wiß miliweiberisch in ihr' Butten hinein.

WALBURGA Das Miliweib hat g'lacht? Das ist genug! Zuviel schon für ein liebendes Herz!

SCHLANKEL Natürlich, umsonst lacht kein Miliweib.

WALBURGA Ohne Zweifel hat dieses Weib von einem Dienstboten gehört, daß Edmund mit der ihrer Fräulein in einem Verhältnis steht – Briefe wechselt – Versprechungen – Beteuerungen – Zärtlichkeiten – Schwüre – ha, ich durchschaue alles!

Sanguinisch

MARIE Sich nichts draus machen, das ist die erste Regel, wenn einen was verdrießt. (*Hüpft singend in die Seitentüre ab.*)

Cholerisch

SCHLANKEL Wird schon so sein, denn die Männer, die sind einmal alles imstand.

WALBURGA Lassen Sie mich allein, ich arbeite an einem fürchterlichen Racheplan – Rache, Rache muß ich haben!

SCHLANKEL Das Haus der Liebe ist jetzt an allen vier Ecken in Flammen. (*Zur Mitte ab.*)

Phlegmatisch

AGNES (*wie oben*) Ich muß sagen, die Geschichte überrascht mich.

Cholerisch

WALGURGA (*allein*) Der Elende! Der Betrüger! Der Meineidige!

Miliweib: Milchfrau.
Plausch: (oft: inhaltloses) Geplauder.
Richten . . . aus: verklatschen.

Elfte Szene

1.	2.	3.	4.
WALBURGA, HUTZIBUTZ	AGNES (*stickt ruhig fort*)	(*Bühne frei*)	ISABELLA

Sanguinisch

ISABELLA (*eintretend*) Was is denn mit der Fräulein Marie g'schehn? Die singt und die zerreißt die Bänder an ihrem Kleid, lacht und stampft mit den Füßen zugleich, das is mir zu rund!

Cholerisch

HUTZIBUTZ (*zur Mitte eintretend*) Fräulein Walburga!

WALBURGA Ha, der Helfershelfer des Schändlichen! Der wußte ohne Zweifel darum und hat die Hand geboten, mich zu betrügen! (*Nimmt Bücher, welche auf dem Tische liegen und wirft sie wütend nach Hutzibutz.*) Fort, Schurke, ehe dich mein Grimm zermalmt!

HUTZIBUTZ (*eilt schnell zur Mitte ab*)

WALBURGA Tausend Vulkane toben in meiner Brust! Weh dem, der dem Lavastrom begegnet! (*In die Seitentüre ab.*)

Zwölfte Szene

1.	2.	3.	4.
WALBURGA	AGNES	IRENE	DIE VORIGE; MARIE

Phlegmatisch

AGNES Den Tobakbeutel hab' ich für ihn g'stickt, er verdient ihn nicht! Ich sollt' ihn zerreißen in tausend Stück'; weil ich aber schon so viel g'macht hab' dran, so stick' ich ihn halt fertig.

Sanguinisch

MARIE (*eintretend, zu Isabellen*) Du, wie heißt denn der Herr, der alle Tag' sechsmal vorbeireit't und achtmal vorbeifahrt bei mein' Fenster?

ISABELLA Herr von Wetter.

MARIE Du gibst diesem Wetter diese zwei Zeilen, wenn er dir wieder aufpaßt (*gibt ihr ein Billett*), und sagst ihm, in meinem

Zu rund: zu dumm, zu verrückt.

Herzen ist ein Wetter vorgegangen, das ihm Sonnenschein bringt – verstanden?

ISABELLA Aber, Fräul'n Marie –

MARIE Du sagst, was ich gesagt hab'!

Melancholisch

IRENE (*tritt aus der Seitentüre und nimmt ein Kästchen aus einem Wandschrank; nimmt ein Medaillon, welches sie um den Hals trägt, ab*) In diesem Medaillon trug ich seine Haare, sie sind schwarz wie seine Seele, schwarz wie mein Geschick. Ruhe hier verschlossen, dunkle Locke, indes die meinigen der Gram gekränkter Liebe bleicht.

Cholerisch

WALBURGA (*kommt mit einem großen Pack Briefe aus der Seitentüre*) Seine Briefe werf' ich in den Ofen! Werde zu Asche, lügenbesuldetes Papier, du hast den Flammentod verdient! (*Wirft die Briefe mit Heftigkeit in den Ofen.*)

(*Man vernimmt von außen ein Posthorn.*)

Dreizehnte Szene

1.	2.	3.	4.
WALBURGA (*ist am Ofen beschäftigt*)	AGNES (*stickt ruhig fort*)	DIE VORIGE; *dann* TRÜB, *dann* GUIDO	DIE VORIGEN; *dann* FROH, *dann* FELIX

Sanguinisch

ISABELLA Der Eilwagen blast!

MARIE Der Bruder kommt!

ISABELLA Und der Geliebte mit ihm!

MARIE Von dem red' mir kein Wort, es is aus, alles aus auf ewige Zeiten!

ISABELLA Ich muß doch sehn – (*eilt durch die Mitte ab.*)

Melancholisch

TRÜB (*aus der Seitentüre kommend*) Mir schien's, als hört' ich einen Postillon.

IRENE Der Schall drang mir wie eine Leichenposaune durchs Herz.

Sanguinisch

FROH (*kommt, mit dem Munde und der Hand das Posthorn imitierend, aus der Seitentüre gesprungen*) Hast es gehört? Mein Sohn is da!

Melancholisch

GUIDO (*tritt traurig zur Mitteltüre ein*) O, mein Vater!

TRÜB Guido! Mein Guido! O, warum müssen deine Züge mich so schrecklich an die Verblichene mahnen?

GUIDO (*nach dem Bilde blickend*) Meine Mutter! O, warum kann sie nicht die Freude des Wiedersehens teilen? (*Stürzt dem Vater weinend um den Hals.*)

Sanguinisch

ISABELLA (*von Felix verfolgt, zur Mitte eintretend*) Aber was treiben S' denn? (*In die Seitentüre ab.*)

FELIX Papa, Sie haben immer hübsche Stubenmadeln g'habt, aber die ist das Capo.

FROH Na, wart', du, ich werd' dich lernen scharmieren, statt dem Vater an die Brust stürzen! Her da, Felix, laß dich umarmen! (*Umarmt ihn.*)

FELIX Papa, Sie sind ein fideler Papa!

Vierzehnte Szene

1.	2.	3.	4.
DIE VORIGE; *dann* ROBERT, *dann* BRAUS	DIE VORIGE; *dann* FAD, *dann* EDMUND	DIE VORIGEN	DIE VORIGEN

Phlegmatisch

FAD (*aus der Seitentüre kommend*) Du, ich glaub', der Edmund is da.

EDMUND (*zur Mitte eintretend, sehr gelassen in Ton und Manieren*) Papa, ich küss' die Hand. Wie geht's denn dir, Agnes?

AGNES Ich dank' dir, so, so!

Melancholisch

GUIDO (*zu Irene*) Meine Schwester, mit inniger Wehmut erfüllt mich dein Anblick.

Capo: (ital.) Haupt; oberster, erster.

IRENE O, du weißt nicht, was ich leide!

Phlegmatisch

FAD (*sehr ruhig*) Na, mich g'freut's recht, daß ich dich nach drei Jahren so gesund wiederseh'.

AGNES (*zu Fad*) Er ist g'sund, aber Sie werden krank werden, wenn Sie sich so der ungestümen Freud' überlassen.

Melancholisch

TRÜB (*mit tiefem Schmerz*) Guido! (*Eilt, sein Gefühl unterdrückend, in die Seitentüre ab.*)

Sanguinisch

FELIX Wie ist's denn dir immer gegangen, Marie?

MARIE Kann's einem jungen, reichen, hübschen Mädel anders gehn als gut?

FELIX Na, das freut mich!

Cholerisch

ROBERT (*ungestüm zur Mitte eintretend*) Der Teufel hole die Postpferde! An ihre morschen Knochen sind die Wünsche des Passagiers gefesselt. Feuer soll alles treiben, nichts als Dampfwägen sollen sein, aber diesmal hatten bloß die Pferde den Dampf.

WALBURGA (*noch am Ofen*) Robert! Mein Bruder!

ROBERT Grüß dich der Himmel! Was machst du da?

Sanguinisch

FROH Ich muß nur g'schwind schaun, ob ich noch ein' Champagner heroben hab'. (*In die Seite ab.*)

Phlegmatisch

AGNES Papa, solche Szenen greifen Sie zu sehr an, gehen S' hinein!

FAD Du hast recht. (*Geht in die Seitentüre ab.*)

Cholerisch

BRAUS (*aufgebracht aus der Seitentüre tretend, zu Robert*) So? Ist er endlich angekommen, der Herr Sohn? Hübsch langsam

Dampf: Kurzatmigkeit (bei Pferden).

– natürlich! Wozu braucht's da Eile? Ob man den Vater einige Stunden früher oder später sieht, was liegt da dran? Hättest ganz wegbleiben können! Wenn dir an mir nichts liegt, mir liegt gewiß noch weniger an dir.

ROBERT Sie tun mir unrecht, Vater, ich habe auf jeder Station geflucht vor Ungeduld, wie nur der bravste Sohn fluchen kann. Die Postillons, die Pferde –

BRAUS Still! Es ist nicht wahr!

ROBERT Ich lüge nie, Vater! Ich wüßte nicht, warum ich jetzt lügen sollte.

BRAUS Du wagst es, mir zu widersprechen? Aus meinen Augen, ich will nichts mehr wissen von dir.

ROBERT Aber, Vater –

BRAUS Kein Wort, ich werd' dich lernen, den Vater respektieren! (*Geht wütend in die Seitentüre ab.*)

Fünfzehnte Szene

1.	2.	3.	4.
ROBERT, WALBURGA	EDMUND, AGNES	GUIDO, IRENE	FELIX, MARIE

Cholerisch

ROBERT Das ist zu arg – dieser Empfang –

WALBURGA O, es gehört sich wirklich meine Sanftmut dazu, um es auszuhalten mit dem Papa.

Phlegmatisch

EDMUND Agnes!

AGNES Edmund!

EDMUND Wenn der Vater um mich fragen sollte, ich bin gleich wieder hier. (*Geht langsam, jedoch ohne Karikatur, zur Mitteltüre ab.*)

AGNES Schon recht!

Sanguinisch

FELIX Sag du, was du willst; wenn ich ihr auch einen Verdruß bereite, ich kann nicht anders, mir brennt der Boden unter den Füßen, das Herz springt mir aus der Weste heraus, ich muß zu ihr! (*Eilt zur Mitteltüre ab.*)

MARIE Du wirst wieder schöne G'schichten anfangen.

Melancholisch

GUIDO (*für sich*) Wie werd' ich sie wiederfinden? (*Zu Irene.*) Schwester, mir steht ein schwerer Augenblick bevor. Lebe wohl! (*Geht zur Mitteltüre ab.*)

IRENE Lebe wohl!

Cholerisch

ROBERT Ich muß fort.

WALBURGA Wohin?

ROBERT Aber wie kannst du nur so albern fragen?

WALBURGA Sei nur nicht gleich grob!

ROBERT Zu meiner Agnes geh' ich. Weh' ihr, wenn sie mich nicht mehr liebt! (*Zur Mitte ab.*)

Sechzehnte Szene

1.	2.	3.	4.
WALBURGA	AGNES	IRENE	MARIE

Melancholisch

IRENE Nun wäre er da, der mit heißen Tränen ersehnte Augenblick, wie schrecklich ist er mir getrübt!

Sanguinisch

MARIE Kommen wird er auf alle Fäll', der Duckmauser, er wird glauben, ich weiß nix, das gibt noch einen Hauptspaß, und dann adieu, Partie!

Phlegmatisch

AGNES Wenn mir nur der Robert keine Visit' macht, ich könnt' in Zorn kommen, und ich muß das vermeiden wegen meiner Gesundheit.

Cholerisch

WALBURGA Er kommt nicht, der Bösewicht, das ist der klarste Beweis seiner Schuld! Aber zittre! Das Lamm wird zum Tiger, die Taube zum wilden Geier bei solcher Schändlichkeit!

Siebzehnte Szene

1.	2.	3.	4.
WALBURGA, EDMUND	AGNES ROBERT	IRENE, FELIX	MARIE, GUIDO

Melancholisch

FELIX (*zur Mitte hereintretend*) Irene, meine teure Geliebte, angebetete, himmlische, göttliche Irene!

IRENE Felix, du hast mein Herz gebrochen, lebe wohl auf ewig!

FELIX Wie? Was wäre das?! Du sprichst vom ewigen Lebewohl, und ich bin da auf ewiges Wiedersehn im unzertrennlichen Liebesbund.

(*Sprechen durch Pantomime weiter.*)

Phlegmatisch

ROBERT (*zur Mitteltüre hereinstürmend*) Agnes, meine Agnes!

AGNES Aber bin ich jetzt erschrocken! Warum klopfen S' denn nicht an?

ROBERT Du erschrickst über mein Erscheinen? Und »Sie« nennst du mich? Du hast das trauliche »Du« vergessen und äußerst kalte Förmlichkeit gegen den, der mit glühender Liebe für dich brennt, in dessen Herzen die heißeste Flamme in verzehrender Leidenschaft lodert?

AGNES Hören S' auf, Sie sind mir schon der Wahre!

ROBERT Agnes –! (*Kann vor heftiger innerer Bewegung nicht weitersprechen.*)

Sanguinisch

GUIDO (*zur Mitte eintretend, im traurigen Tone*) Marie, meine Marie!

MARIE Ah, Sie sind's? Wegen was lamentieren S' denn? Über das vielleicht, daß Ihre heimlichen Schliche verraten sein? O, es is nichts so fein gesponnen, es kommt doch noch an die Sonnen.

GUIDO Ich verstehe dich nicht. Du sprichst so sonderbar, so fremd, sollte also wirklich die alles verzehrende Zeit auch mein Glück mit unersättlichem Rachen verschlungen haben?

MARIE Das versteh' ich nicht.

GUIDO Wir verstehen uns nicht mehr! Das war's, was ich von dieser unglückseligen Trennung befürchtet.

Cholerisch

EDMUND (*zur Mitte eintretend*) Liebe Walburga!

WALBURGA Ha, Ungeheuer! Auswurf der Menschheit, du wagst es, mir unter die Augen zu treten? Wagst es, den verräterischen Blick zu erheben zu der, die du betrogen, hintergangen, verraten, getäuscht, gemordet?

EDMUND Ich weiß nicht, was du meinst, allein ich glaube, du tust mir unrecht.

WALBURGA Unrecht? Dir, du Abbild des Betruges, du Widerschein der Falschheit, dir, der du das personifizierte Unrecht bist?

EDMUND Ich staune!

BRAUS (*von innen rufend*) Walburga, kommst du nicht, wenn ich zehnmal rufe!

WALBURGA (*ärgerlich*) Zehnmal! Er hat noch nicht ein einzigesmal geruft! Der Papa macht mich rasend heut' mit seinem ewigen Rufen! (*Sehr böse zu Edmund.*) Warte, Elender!

EDMUND (*ruhig*) Ich werde warten.

(*Walburga geht in die Seitentüre ab.*)

Melancholisch

FELIX Also das ist's, meine Irene? Offen und wahr, Aug' in Auge – sieh mich an, bin ich einer Falschheit fähig? Ich habe an nichts gedacht und werde nie an etwas anderes denken, als dich glücklich zu machen und durch dich glücklich zu sein.

IRENE Ist es so? O, dann laß mich Freudentränen weinen an deiner Brust!

FELIX Die Freude lacht, du mein liebes Leben, das beständige Weinen mußt du dir abgewöhnen!

Phlegmatisch

ROBERT Siebentausend Ungeheuer sollen den frei in der Luft zerreißen, der so was über mich gesagt! Zehntausend Eide kann ich dir schwören –

AGNES Das wär' alles recht schön, wenn man's glauben könnt'!

ROBERT Du glaubst mir also nicht?

AGNES Wenn ich einmal in die Zweifel hineinkomm', so komm' ich nicht so leicht wieder heraus.

Sanguinisch

GUIDO Mit tiefem Schmerz seh' ich, daß du mich ganz, ganz verkennst –

MARIE O, man kennt den Vogel an den Federn, die Duckmauser mit düsterm Äußern tragen sehr helle, variable Farben im Herzen.

GUIDO Ich sehe, du willst nicht an meine Treue glauben, sonst könnte dein Verstand unmöglich auf so schwachem Grund ein solches Riesengebäude von Argwohn bauen. Ich gehe – wollte der Himmel, es wäre dies mein letzter Gang! (*Will fort.*)

MARIE Guido!

GUIDO Was willst du noch?

MARIE (*für sich*) Auf die Letzt' tu' ich ihm halt doch unrecht. (*Laut.*) So sei nur nicht gleich gar so desperat! Man wird doch das Recht haben, dann und wann einiges Mißtrauen zu äußern.

Cholerisch

WALBURGA (*aus der Seitentüre zurückkommend*) Na, hat man schon auf Ausreden studiert? Ich war so diskret, Zeit zu lassen, bis die Lügen fertig sind.

EDMUND Wie meinst du das?

WALBURGA Ha, diese kalte Ruhe muß das gelassenste Gemüt aus der Fassung bringen! Ich soll diesen Hohn ertragen von einem Menschen, der mich dem Spott der Milchweiber preisgibt?

EDMUND (*immer ruhig*) Welches Milchweib hat gespottet, und warum hat es gespottet, das Milchweib?

Melancholisch

FELIX Unserer Liebe droht also Gefahr, du sollst einen andern heiraten?

IRENE O, weh' mir!

FELIX Nein, wohl mir und dir! Dem Himmel Dank für diese Gefahr! Ich biete ihr eine kecke Stirne! Gefahr macht rasch handeln, rasch handeln führt zum Ziele, zum Ziele wünsche ich zu gelangen, folglich wird mein Wunsch erfüllt, gerade durch die Gefahr!

Phlegmatisch

ROBERT Wer ist der bestimmte Bräutigam und wo ist er? Ich morde ihn und dich, wenn du ihn begünstigst.

AGNES Na ja, mord' nur die Leut' gleich paarweise! Du hörst ja, daß ich ihn nicht mag, daß ich nur dich mag, wenn ich anders deinen Versicherungen trauen darf.

Sanguinisch

GUIDO Einem andern sollst du angehören? Ich bin verloren! Alles, alles ist verloren!

MARIE Warum nicht gar! Alles is gewonnen, wenn du einen gescheiten Plan ausdenkst, der dir meinen Besitz verschafft.

GUIDO Das will ich, doch ich fürchte, es wird mißlingen.

MARIE Was? Ich hab' dich wieder lieb, will glauben, daß man dich nur verleumdet hat, und du wagst es, etwas zu fürchten?

Cholerisch

WALBURGA (*für sich*) Jetzt fallt's mir wie ein Bleigewicht aufs Herz, er kann unschuldig sein, er ist es gewiß, seine Ruhe ist ja der klarste Beweis. Wer weiß, über was das Milchweib gelacht hat. Die verdient meinen Zorn, die Kreatur, und er meine Liebe, meine heiße, ungeteilte Liebe! (*Laut.*) Edmund, mein Edmund!

EDMUND Überlege alles noch einmal vernünftig und schließe mich dann in deine Arme!

WALBURGA Hinweg mit jeder Überlegung! Blinder Glaube an dich, an deine Treue soll hinfort in meiner Seele leben! (*Umarmt ihn stürmisch.*)

Melancholisch

IRENE Geh jetzt, Felix, schreibe mir; du weißt, mein Vater ist dir nicht gewogen, wenn er käme, das wäre schrecklich.

FELIX Nichts ist schrecklich, Irene, alles ist gut, und was nicht gut ist, muß gut werden.

Sanguinisch

MARIE Ich glaub', ich hör' den Papa!

GUIDO (*traurig*) So muß ich fort!

Phlegmatisch

ROBERT Agnes, bist du entschlossen, der Liebe jedes Opfer zu bringen, sprich, o sprich schnell!

AGNES Geh, du laßt einen gar nicht nachdenken, und schrei nicht so, der Vater hört dich sonst, und dann wär's g'fehlt.

Cholerisch

WALBURGA Du mußt mich befreien von dem verhaßten Nebenbuhler, mit Gewalt, wenn's nicht im Guten geht!

EDMUND Ich werde die Sache reiflich in Erwägung ziehen.

WALBURGA Jetzt geh, eh' dich der Vater sieht, denn der ist heut' grimmig! Leb' wohl!

EDMUND (*im Ton seines Charakters*) Auf Wiedersehen!

(*Edmund zur Mitte, Walburga in die Seitentüre ab.*)

Phlegmatisch

AGNES (*im Tone ihres Charakters*) Leb' wohl!

ROBERT (*im Tone seines Charakters*) Auf Wiedersehn!

(*Robert zur Mitte, Agnes in die Seitentüre ab.*)

Sanguinisch

MARIE (*im Tone ihres Charakters*) Leb' wohl!

GUIDO (*im Tone seines Charakters*) Auf Wiedersehn!

(*Guido zur Mitte, Marie in die Seitentüre ab.*)

Melancholisch

IRENE (*im Tone ihres Charakters*) Lebe wohl!

FELIX (*im Tone seines Charakters*) Auf Wiedersehn!

(*Felix zur Mitte, Irene in die Seitentüre ab.*)

zugleich

Achtzehnte Szene

1.	2.	3.	4.
(*Bühne frei*)	FAD	TRÜB	SCHLANKEL, FELIX, GUIDO, ROBERT, EDMUND, HUTZIBUTZ

Phlegmatisch

FAD (*allein, kommt schmauchend aus der Seitentüre*) Edmund! Edmund! – Is richtig schon wieder fort! Das is doch schrecklich mit dem Buben – hat halt ganz das unruhige Blut von sein' Vatern – muß immer auf den Füßen sein wie ich. (*Setzt sich.*)

Melancholisch

TRÜB (*allein, aus der Seitentüre kommend*) Guido! – Er ist nicht hier! – Er flieht mich – der Sohn flieht seinen Vater in der ersten Stunde des Wiedersehens –? Ich weiß es, für mich gibt es nur eine Freude – die wehmütige Erinnerung an die Unvergeßliche. (*Setzt sich zum Bilde und fängt später daran zu malen an.*)

Sanguinisch

SCHLANKEL (*zur Mitte eintretend*) Die Liebhaber sind im Kaffeehaus drüben und stecken die Köpf' zusammen wie die Schaf', wenn's donnert; es muß schon über jeden das Ungewitter der Eifersucht losgebrochen sein, aber was nutzt das? Auf so ein Donnerwetter folgt ein Regenguß von weiblichen Tränen, ein Sturm von männlichen Beteuerungen, die Wolken des Argwohns werden zerstreut, und die Sonne der Liebe tritt wieder hervor im vollsten Glanz, noch schöner, als wenn 's Donnerwetter gar nicht gewesen wär'. Das wär' g'fehlt! Was hätt' denn ich da erzweckt? Nichts als einige Trinkgelder, auf die, wenn die Liebhaber ins klare kommen, noch immer ein bedeutender numerus retardatus von Prügeln folgen kann. Nix da! Rache ist mein Gewerbe! Rache an Hutzibutz! Die müssen zuschanden werden, die auf den Beistand des Kleiderputzers bauen, ich stürz' ihr Glück in den Staub, daß er's g'wiß nicht mehr ausbürsten kann. (*Man hört vor der Türe Geräusch.*) Sie kommen daher, jetzt werden wir gleich hören, wie die Angelegenheiten stehn. (*Verbirgt sich unter dem Tisch.*)

(*Felix, Guido, Robert und Edmund treten zur Mitte ein.*)

FELIX Nur so kann's gehen. Hier gilt's einen raschen Entschluß. Einen Geniestreich ausgeführt und die Braut heimgeführt, so heißt die Losung.

GUIDO Ja, wenn aber –

ROBERT Geh in die Hölle mit deinem Aber! Du und Edmund, ihr beide seid keines kühnen Gedankens fähig.

EDMUND Aber was hast du denn immer mit mir? Ich tue ja alles, was du willst.

FELIX Unsere Mädchen davon in Kenntnis zu setzen ist jetzt das erste; sie sprechen ist nicht ratsam, denn wir haben jeder die interessante Eigenschaft, dem Vater der Geliebten verhaßt zu sein, also muß zum schriftlichen Verfahren geschritten werden. (*Ordnet Papier auf dem Tische.*)

GUIDO Bei meinem dezidierten Unglück muß die Sache noch eine schreckliche Wendung nehmen.

ROBERT (*zu Guido*) Sag' mir nur, was hat denn dich schon für ein Unglück getroffen?

GUIDO Keines – aber ich habe Ahnungen, fürchterliche Ahnungen, welche noch eintreffen müssen.

ROBERT Ich habe auch eine Ahnung, und die ist schon eingetroffen.

GUIDO Welche?

ROBERT Daß du ein Narr bist.

FELIX Also hurtig, die Feder zur Hand, sämtliche Requisiten sind bereit.

EDMUND Ich tue alles und warte ruhig den Ausgang ab.

(*Alle viere setzen sich zum Tisch und schreiben und sprechen während dem Schreiben das folgende.*)

ROBERT Den Wagen besorge ich.

FELIX Gut.

GUIDO Und wohin geht die gefährliche Fahrt?

FELIX Nach Zittendorf.

SCHLANKEL (*für sich, vorne unter dem Tischteppich hervorsehend und ein Blatt Papier aus der Tasche ziehend*) Die wichtigsten Punkte muß ich mir mit Bleistift notieren. (*Auf dem Boden schreibend.*) Also nach Zittendorf.

FELIX Zittendorf liegt zwei Stunden über der Grenze; mein ehemaliger Hofmeister ist Amtmann dort.

SCHLANKEL (*für sich*) Aha, 's is aufs Durchgehn abg'sehn.

FELIX Bis Abend sind wir wieder zurück, um jeder dem Vater seiner Geliebten ein Märchen von heimlicher Trauung aufzubinden; 's gibt dann einen Sturm, doch ist der vorüber und die Nolens-volens-Einwilligung erhalten, dann gestehen wir die List, fallen noch einmal zu Füßen, erhalten Verzeihung, Segen, stehen auf, wechselseitige Umarmung zwischen Tochter, Vater, Braut, Bräutigam, Schwiegervater; Bouteillen in die Luft geknallt, Gesundheit getrunken, Vivat geschrien, 's wird gelacht, geküßt, gescherzt, und so beschließen wir den Tag als die vier glücklichsten Paare der Stadt.

SCHLANKEL (*für sich*) Ich bin keine verliebte Köchin, aber diese Suppen werd' ich versalzen.

GUIDO Ich sehe Unglück über unsern Häuptern schweben.

SCHLANKEL (*für sich*) Anpumpt! 's Unglück liegt bei eure Füß'.

ROBERT Halt 's Maul, du Rabe, der nichts als Unheil krächzt! (*Stampft unwillig mit dem Fuße; zu Edmund, welcher neben ihm sitzt.*) Verzeih, ich hab' dich auf den Fuß getreten.

SCHLANKEL (*für sich*) Nein, 's war meine Hand.

EDMUND Ich hab' nichts gespürt.

SCHLANKEL Ich glaub's, aber ich! (*Alle viere schreiben fort.*)

Phlegmatisch

FAD Ob mein Sohn was gelernt hat in die drei Jahr'? Wenn er nix g'lernt hat, liegt auch nix dran, viel Wissen macht Kopfweh, und ich hab' zwar in meinem Leben nicht Kopfweh g'habt, 's muß aber ein sehr unangenehmer Zustand sein.

Sanguinisch

HUTZIBUTZ (*tritt zur Mitte ein, die vier Liebhaber betrachtend*) Wie sie das beisammen sitzen und schreiben! Das is halt schön, wenn die Knaben so fleißig sein, da können d'Eltern a Freud' haben.

FELIX Ah, Hutzibutz, gut, daß du da bist, du mußt vier Briefe bestellen.

GUIDO Könnte nicht jeder von uns seiner Schwester das betreffende Billett einhändigen?

FELIX Nichts da, wir müssen gleich fort, wir haben noch Anordnungen genug außer dem Haus zu treffen, und für was bezahlen wir ihn denn? (*Zu Hutzibutz.*) Und du, besieh die Adressen genau, daß du nicht etwa die Briefe verwechselst, 's ist schon einmal geschehen.

HUTZIBUTZ (*halb für sich*) Das wäre auch noch kein Unglück; 's wird schier in ein' jeden 's nämliche drin stehn. Liebesbriefe zu schreiben, das könnt' überhaupt ganz abkommen, und ein Lithograph machet da ein prächtiges G'schäft dabei; man brauchet ja nur vier Formular': eins mit einer Liebeserklärung, eins mit einer Eifersucht, eins mit einer Versöhnung und Bestellung, und eins mit einem gänzlichen Bruch. Wenn man das so 'druckter zu kaufen krieget als wie die Trattawechseln, so brauchet man nur immer Namen und Datum auszufüllen, und

Anpumpt: (»angeschlagen« bei einem Zusammenstoß); »fehlgeschossen!«.
Trattawechseln: Wechselformular (von Tratte).

die verliebte Welt wäre versorgt auf ewige Zeiten. (*Die vier Liebhaber haben die Briefe zusammengelegt.*)

FELIX Jetzt seh' ich erst, keine Oblaten sind da, tut nichts. Vor ihm (*auf Hutzibutz zeigend*) ist ja die Sache kein Geheimnis.

ROBERT So, alles ist fertig. (*Zu Hutzibutz.*) Mache schnell! (*Die vier Liebhaber geben ihm jeder den Brief.*)

HUTZIBUTZ Unter anderm, wissen Sie schon von dem neuen Feind, den wir erst kriegt haben?

ALLE VIER Einen Feind –?

HUTZIBUTZ Den Balbierer Schlankel, dem ist meine Pfiffigkeit ein Dorn im Aug', drum tut er mir in Ihren Angelegenheiten alles zu Fleiß.

FELIX Am Ende hat *der* uns bei unseren Geliebten das böse Spiel bereitet.

GUIDO *und* EDMUND Kein Zweifel!

ROBERT (*aufspringend*) Her mit ihm, daß ich ihn zertrete, zermalme, zerreiße!

SCHLANKEL (*unter dem Tische, für sich*) Meine Situation fängt an, bedenklich zu werden.

ROBERT (*wütend*) Hutzibutz, schaff' mir ihn her, sogleich, die größte Tracht Prügel, die je auf dieser Erde ausgeteilt wurde, soll er von mir erhalten –

Melancholisch

TRÜB (*im Anblick des Bildes versunken*) O süße Erinnerung, du stürmst zu mächtig auf mich ein, mein Herz vergeht in Wehmut.

Sanguinisch

ROBERT Schaff' ihn mir, sechs Dukaten sind dein Lohn.

SCHLANKEL (*unter dem Tisch, für sich*) Man setzt einen Preis auf meinen Buckel.

FELIX Die Rachegedanken sind jetzt zur Unzeit, die Ausführung unseres Planes muß uns das erste sein. Kommt nun mit mir – halt – wo ist denn –? (*In den Taschen suchend.*) Meine Brieftasche mit Irenens Porträt habe ich verloren.

HUTZIBUTZ Sie wird Ihnen beim Schreiben untern Tisch g'fallen sein. (*Geht zum Tisch und will suchen.*)

EDMUND Du hast sie mir ja auf der letzten Station zum Aufheben gegeben; hier ist sie.

FELIX Richtig!

ROBERT Also ans Werk!

EDMUND Wo hab' ich denn meine Handschuhe? (*Sucht in den Taschen.*)

HUTZIBUTZ Sie werden unterm Tisch liegen.

EDMUND Suche sie! (*Hutzibutz geht zum Tisch und will suchen.*) Ich hab' sie schon.

HUTZIBUTZ So? Ich such' alles, was verlorengeht, unterm Tisch, denn man glaubt nicht, was oft alles unter ein' Tisch liegt. Unter diesem Tisch zum Beispiel bin ich selber schon g'legen. (*Zu Guido.*) Es war damals ein Verdacht wegen Ihnen, daß ich Posten trag', der alte Herr kommt nach Haus, und mir ist kein anderer Zufluchtsort übriggeblieben als dieser Tisch. Das hätten Sie sehen sollen! Da ist der Herr von Froh gestanden, da die Fräulein Marie, da 's Stubenmädel und ich bin so da unten g'legen, ich werd's Ihnen gleich zeigen. (*Will unter den Tisch kriechen.*)

FELIX Nun ja, wir haben jetzt gerade Zeit, deine Erzählungen anzuhören! (*Zu seinen Freunden.*) Kommt! (*Alle vier zur Mitte ab.*)

HUTZIBUTZ (*allein*) Die wollen's auch noch nicht recht glauben, daß ich einer der gescheitesten Kerle meines Zeitalters bin. Ich hab' eine Idee, über die sie staunen sollen und die diesen Schlankel zuschanden macht vor mir. Die Brief' abgeben, das wär' jetzt eine leichte Sach', aber nein! In Gegenwart des Vaters und meines Feindes, des Balbierers, will ich den Mädeln die Brief' überbringen und, wenn alles geglückt ist, dem Schlankel sagen: »Siehst du, das hab' ich getan, du Dalk, du!« Darin liegt ein unendlicher Triumph; das muß allgemeine Achtung erwecken vor meinem Rosimi. Wirklich, bei mir is's schad', daß mich das Schicksal nicht auf einen höhern Posten gestellt hat, denn ich bin nicht jung, ich bin nicht schön, ich bin nicht reich, ich bin bloß Verstandesmensch. Bei mir hat die Natur viel vernachlässigt, nur den Geist hat sie so musterhaft gebildet. Sonderbares Mißverhältnis, das! (*Zur Mitteltüre ab.*)

Dalk: ungeschickter, dummer Mensch.
Rosimi: Verstand (aus dem Tschechischen).

Neunzehnte Szene

1.	2.	3.	4.
(*Bühne frei*)	FAD	TRÜB (*allein*)	SCHLANKEL

Sanguinisch

SCHLANKEL (*hervorkriechend*) Ich könnte jetzt die schönste Reisebeschreibung durch die Wildnisse der Todesangst herausgeben. Was der Mench *unterm* Tisch empfinden kann, das denkt sich kein Mensch, der *beim* Tisch sitzt – ich hab' es gefühlt! Kein Wunder, wenn jede Faser in mir, die vor zwei Minuten in Todesangst gezuckt hat, jetzt vor Passion auf Revanche erglüht. Ich war immer Schutzgeist der Liebe, wenigstens sooft was herausg'schaut hat dabei, jetzt muß ich als böser Dämon handeln, als Rachegespenst, als eumenidische Furie! So weit können die Verhältnisse einen Balbierer bringen! (*Zur Mitte ab.*)

Phlegmatisch

FAD (*schmauchend*) Soll mein Sohn jetzt was werden? Ich bedaure ihn! Jedes Amt is eine Plag'. Soll er heiraten? Ledig sein, reich sein und nichts sein, das zusammen bildet den kommodesten Stand. Was hätt' er davon, wenn er eine krieget, so a boshafte Meerkatz'?

Melancholisch

TRÜB (*unverwandt seine Blicke auf das Bild heftend*) Das war sie! Das Abbild eines Engels, wie sie hier vor mir im Bilde steht.

Phlegmatisch

FAD So a Person, so a fade!

Zwanzigste Szene

1.	2.	3.	4.
(*Bühne frei*)	FAD (*allein*)	TRÜB, *dann* SCHLANKEL, *dann* IRENE, *dann* HUTZIBUTZ	(*Bühne frei*)

Melancholisch

SCHLANKEL (*durch die Mitte eintretend*) Untertänigster Diener, Herr von Trüb! Ist es Ihnen angenehm, wenn ich Ihnen jetzt balbier'?

TRÜB Angenehm? Freund, mir ist nichts angenehm auf dieser Welt. Meinetwegen, rasieren Sie mich. (*Setzt sich.*)

SCHLANKEL (*ihm das Tuch umgebend und ihn einseifend*) Es gibt Sachen, denen man nicht ausweichen kann im Leben, darunter gehört das Balbiertwerden; und das is immer noch am erträglichsten, wenn's nur vom Balbierer g'schieht. Wenn einem aber Angehörige balbieren –

TRÜB Sie nehmen die Sachen in metaphorischer Bedeutung. Meine Tochter – die ist noch mein einziges Glück – wohl dem, der eine solche Tochter hat.

SCHLANKEL Die hat Ihnen noch nicht balbiert, aber – (*wie in der Rede abbrechend, aber doch mit pikanter Beziehung*) eing'seift sein S' schon.

TRÜB (*den Sinn fassend*) Wie? – Entsetzlicher –! Wie meinen Sie das?

SCHLANKEL (*das Messer abziehend*) Sie sind schon eing'seift, und ich werd' gleich zum balbieren anfangen.

TRÜB Nein, nein, täuschen Sie mich nicht, Sie haben es anders gemeint.

SCHLANKEL (*rasierend*) Und wenn's auch anders gemeint wär' – trösten Sie sich, es geht mehr Leuten so.

TRÜB In diesem Trost liegt eine Sündflut von Unheil! Sprechen Sie offen, wenn Sie Gefühl haben für das, was sich im Vaterherzen regt.

SCHLANKEL (*rasierend*) Ich hab' für alles Mögliche Gefühl! Ich bitt', den Kopf auf die andere Seiten – ich will Euer Gnaden sagen, ich bin hinter was kommen, und um Ihnen nicht lang leiden zu lassen, will ich's Ihnen auf einmal sagen: die Fräulein Tochter will durchgehn mit 'n liederlichen Mussi Felix da darneben.

TRÜB (*verhüllt sich mit beiden Händen das Gesicht*) Meine Tochter?! – Ist's möglich?

SCHLANKEL Aber, Euer Gnaden, jetzt haben S' die Seife in Händen statt in G'sicht, da kann man wieder von vorn anfangen. (*Repariert die Einseifung.*)

TRÜB Irene, meine gute, sanfte Irene!

Phlegmatisch

FAD (*schmauchend*) Ja, ja, das sein die ärgsten, die fatalsten Verdrießlichkeiten, die häuslichen.

Melancholisch

SCHLANKEL Lassen Sie sich fertig rasieren!

IRENE (*kommt aus der Seitentüre*) Sie haben mich gerufen, o mein Vater?

TRÜB Gerufen?

SCHLANKEL Nur Fassung!

TRÜB (*leise*) Ihr Anblick schneidet mir ins Herz.

SCHLANKEL Wenn S' so z'samm'schnappen mit 'm Kopf, so schneid' ich Ihnen in die Nasen.

IRENE (*zu Trüb*) Wünschen Sie –?

TRÜB Nichts, ich wünsche nichts mehr.

HUTZIBUTZ (*einen Pack Kleider über dem Arm tragend, tritt zur Mitte ein*) Da bring' ich die ausgeputzten Kleider.

TRÜB Leg' Er sie nur dort auf den Stuhl!

HUTZIBUTZ (*tut es, zeigt dabei Irenen einen Brief hinter dem Rücken des Vaters und steckt ihn in die Tasche eines Rockes, den er über die Stuhllehne hängt*).

SCHLANKEL (*einen halben Blick auf Hutzibutz heftend, während dem Rasieren leise zu Trüb*) Euer Gnaden, jetzt hat er ihr ein' Brief zeigt und hat ihn in Ihrem Kaput in Sack g'steckt.

TRÜB Schändlich! Schändlich!

SCHLANKEL Nur Fassung!

HUTZIBUTZ Sonst befehlen Euer Gnaden nichts?

TRÜB (*mit gebrochener Stimme*) Nein, nichts mehr.

HUTZIBUTZ (*für sich*) Der Triumph Nummer eins wäre errungen! (*Zur Mitte ab.*)

SCHLANKEL (*leise zu Trüb*) Jetzt geben Euer Gnaden auf d' Fräulein Tochter acht – sehen S', sie schleicht schon hin.

TRÜB (*laut*) Irene!

IRENE (*welche, um den Brief zu nehmen, im Begriff war, zu dem Stuhl zu schleichen, auf welchem die Kleider hängen, erschrokken*) Mein Vater –?

TRÜB Du weißt, ich liebe die Einsamkeit, gehe auf dein Zimmer!

IRENE Sogleich! (*Für sich.*) Himmel, wenn er den Brief findet –! (*In die Seitentür ab.*)

SCHLANKEL (*das Rasierzeug zusammennehmend*) So, ich hab' Ihr G'sicht in Ordnung gebracht, wenn's Ihnen über dem Brief aus 'n Leim geht, meine Schuld is es nicht. (*Zur Mitte ab.*)

Kaput: Überrock.

Einundzwanzigste Szene

1.	2.	3.	4.
(*Bühne frei*)	FAD, *dann* SCHLANKEL, *dann* AGNES, *dann* HUTZIBUTZ	TRÜB (*allein*)	(*Bühne frei*)

Melancholisch

TRÜB (*allein*) Ha, so muß auch dieser Schlag mich treffen? Jeder Schlag trifft mich, nur der wahre nicht, der dem Leben auf einmal ein Ende macht.

Phlegmatisch

SCHLANKEL (*zur Mitte eintretend*) Euer Gnaden!

FAD Was will der Herr Schlankel?

SCHLANKEL Euer Gnaden frisieren!

FAD Lassen wir das auf morgen!

SCHLANKEL Auf morgen? Wer weiß, ob morgen noch etwas zu frisieren is an Euer Gnaden?

FAD Ich versteh' Ihn nicht, Herr Schlankel.

SCHLANKEL Wenn sich Euer Gnaden heut' noch alle Haar' ausreißen, was soll ich denn morgen frisieren an Ihnen?

Melancholisch

TRÜB (*nimmt den Brief aus der Rocktasche und entfaltet ihn; liest*) »Geliebte Irene! Heut' noch vormittag hole ich dich ab« – Schrecklich!

Phlegmatisch

FAD Ich werd' mir aber in keinem Fall die Haar' ausreißen.

SCHLANKEL Auch nicht, wenn die Fräul'n Tochter mit dem jungen Herrn von Braus heut' echappiert?

FAD Echappiert? Mit dem jungen Herrn von Braus? Hm, hm – hm, hm!

SCHLANKEL Was sagen Euer Gnaden dazu?

FAD Ich sag' gar nichts dazu.

SCHLANKEL Na, dann glückliche Reis'!

FAD Es wird nicht gereist.

SCHLANKEL Ja, wie wollen's Euer Gnaden verhindern? Das is eine schwere Sach'.

FAD Wenn die Sach' schwer ist, so lass' ich's jemand andern tun, denn ich tu' gar nichts Schweres.

Melancholisch

TRÜB (*liest*) »Du mußt eine kleine Fahrt machen mit dem, der gerne bis ans Ende der Welt mit dir führe.«

Phlegmatisch

AGNES (*aus der Seitentüre kommend*) Papa, wird der Edmund zum Speisen nach Haus kommen?

FAD Ja, oder vielleicht auch nein.

SCHLANKEL Darnach soll sich die Köchin richten!

Melancholisch

TRÜB (*liest*) »Die Liebe bestimmt unsere Schritte, Glück, Freude und Jubel winken am Ziel.« (*Geht mit der Hand vor der Stirne auf und nieder.*)

Phlegmatisch

HUTZIBUTZ (*zur Mitte eintretend*) Da bring' ich die Stiefeln.

FAD Ich geh' nicht aus heut', ich bin zu müd.

HUTZIBUTZ Sie sind aufs glänzendste geputzt.

SCHLANKEL (*leise zu Fad*) Ich werd' jetzt tun, als ob ich Euer Gnaden frisieret, werden gleich sehn hernach. (*Nimmt den Kamm und richtet Fad, der in der Mitte sitzt, das Haar zurecht. Agnes steht rechts, Hutzibutz links.*)

HUTZIBUTZ (*für sich*) Sie schaut nicht her auf mich, ich muß was vom Heiraten reden, da sein d' Madln gleich wie elektrisiert. (*Laut.*) Die Stiefeln sein so schön, daß man auf einer Hochzeit tanzen könnt' damit. (*Für sich.*) Aha! Schaut schon herüber! (*Zeigt ihr heimlich den Brief.*)

SCHLANKEL (*leise zu Fad*) Sehn Euer Gnaden, jetzt zeigt er ihr einen Brief.

FAD Hm, hm!

HUTZIBUTZ (*legt, nachdem er sich pantomimisch mit Agnes verständigte, den Brief in Fads Tabakbeutel, welcher offen auf dem Tische liegt*)

SCHLANKEL (*leise zu Fad*) Jetzt hat er 'n in Tabakbeutel g'legt.

FAD Hm, hm!

HUTZIBUTZ Ich küss' die Hand, Euer Gnaden. (*Für sich.*) Triumph Numero zwei! (*Zur Mitte ab.*)

AGNES *(um zum Briefe zu gelangen)* Soll ich Ihnen nicht eine Pfeife stopfen, Papa?

FAD Nein, ich hab' die noch nicht ausg'raucht.

AGNES Ich glaub', Sie haben keinen Tobak mehr da. (*Will zum Tabakbeutel.*)

FAD Ob du gehst oder nicht? In dein Zimmer, marsch!

AGNES Aber der Papa is heut' sekkant!

FAD In meine Tobakangelegenheiten hat sich kein Mensch zu mischen!

AGNES (*für sich*) Wenn der Brief in seine Händ' kommt – was is zu tun? Ich muß es ruhig abwarten. (*In die Seitentüre ab.*)

SCHLANKEL Der Tobakbeutel enthält jetzt alles, stopfen Sie sich Überzeugung in den Kopf der Ungewißheit und zünden Sie die G'schicht' an an den Flammen Ihres natürlichen Zornes. Ich küss' die Hand, Euer Gnaden! (*Zur Mitte ab.*)

Zweiundzwanzigste Szene

1.	2.	3.	4.
(*Bühne frei*)	FAD (*allein*)	TRÜB, *dann* BRIGITTE	FROH, MARIE, *dann* SCHLANKEL, *dann* HUTZIBUTZ

Melancholisch

TRÜB Jetzt will ich den Brief wieder hinstecken.

Phlegmatisch

FAD Ich hol' mir den Brief jetzt.

Melancholisch

TRÜB Ich weiß nun alles.

Phlegmatisch

FAD Ich weiß eigentlich noch gar nix, wenigstens nix G'wisses.

Melancholisch

TRÜB Meine Tochter ist schuldig. (*Steckt den Brief wieder in die Rocktasche und hängt den Rock über die Stuhllehne.*)

Phlegmatisch

FAD 's Madel kann ja unschuldig sein. (*Nimmt den Brief aus dem Tabakbeutel und entfaltet ihn langsam.*)

Sanguinisch

FROH (*kommt mit Marien, welche beschäftigt ist, das Blumenbukett an einer Haube zu richten, aus der Seite*) Das macht alles zusammen vierzehn Personen, das is mir viel zu wenig, du mußt sagen, wer noch eing'laden werden soll.

MARIE Der Felix wird schon Bekannte haben.

FROH Wenn er nur da wär', der Bub, der!

Phlegmatisch

FAD (*liest*) »Seele meiner Seele, Leben meines Lebens!« Das is ein dummer Kerl, der!

Sanguinisch

SCHLANKEL (*zur Mitte eintretend*) Herr von Froh!

FROH Na, Sie lassen sich hübsch Zeit!

SCHLANKEL Bitt' nur Platz zu nehmen, die Frisur wird gleich in der Ordnung sein.

FROH (*sich setzend*) Sie werden so lang meinen Kopf vernachlässigen, bis ich einmal über den Ihrigen komm'.

Melancholisch

TRÜB (*in die Seitentüre rufend*) Brigitte!

Sanguinisch

SCHLANKEL (*hat die Spiritusmaschine hingestellt und das Brenneisen genommen; leise zu Froh*) Schicken S' die Fräul'n Tochter fort!

FROH (*leise*) Warum denn?

HUTZIBUTZ (*mehrere Kleidungsstücke auf dem Arm tragend, tritt zur Mitte ein*)

SCHLANKEL (*Hutzibutz erblickend, leise*) Da haben wir's, jetzt is es schon zu spät! Er is schon da.

FROH (*leise*) Wer?

SCHLANKEL (*ebenso*) Der Helfershelfer!

Melancholisch

BRIGITTE (*aus der Seitentüre kommend*) Was befehlen Euer Gnaden?

TRÜB Meinen Hut!

BRIGITTE (*in die Seitentüre ab*)

Sanguinisch

HUTZIBUTZ So, jetzt is wieder alles sauber g'macht; aber wie Euer Gnaden die Kleider zurichten, das is stark!

FROH Leg alles dorthin! (*Zeigt nach dem Stuhl links im Vordergrunde.*)

Phlegmatisch

FAD (*liest*) »Alles ist bereitet zur Flucht!«

Sanguinisch

HUTZIBUTZ (*für sich*) Das is dumm, sie steht auf der andern Seiten drüben. (*Legt die Kleider auf den Stuhl*)

Phlegmatisch

FAD (*liest*) »Ich hole dich noch heute vormittag.« – – Hm, hm!

Sanguinisch

(*Schlankel und Froh sind in der Mitte, Marie rechts, Hutzibutz links.*)

SCHLANKEL (*während des Frisierens, leise zu Froh*) Jetzt werden Sie gleich was sehen, nur immer ein halbes Aug' auf 'n Hutzibutz, und nix dergleichen tun!

MARIE (*für sich*) Sollte der Hutzibutz keine Nachricht haben an mich?

Phlegmatisch

FAD (*liest*) »Bis ans Ende der Ewigkeit mit heißer Sehnsucht, mit glühendem Verlangen Dein Robert.« (*Den Kopf schüttelnd.*) Hm, hm!

Sanguinisch

HUTZIBUTZ (*zeigt Marien verstohlen den Brief*)

SCHLANKEL (*leise zu Froh*) Haben Sie bemerkt?

FROH (*leise*) O, du Teuxelsg'schicht'! Ein Brief!

SCHLANKEL (*wie früher*) Nur still!

Melancholisch

TRÜB Ich will mich überzeugen, und dann –

Sanguinisch

HUTZIBUTZ (*hängt einen Gehrock an einen Nagel in der Wand*

ganz vorne links auf und steckt den Brief wie einen Haarzopf in den Kragen)

MARIE (*fängt verstohlen drüber zu lachen an*) Nein, was der Hutzibutz treibt!

SCHLANKEL (*während dem Frisieren, leise*) Sehen S', wo der Brief steckt?

FROH (*mit unterdrücktem Lachen*) Als wie ein Haarzopfen.

Phlegmatisch

FAD (*den Kopf schüttelnd*) Hm, hm – hm, hm!

Sanguinisch

HUTZIBUTZ (*laut zu Froh*) Ich empfehl' mich! (*Im Abgehen für sich.*) Nein, wie ich die ganze Welt papierl', das is wirklich einzig! (*Zur Mitte ab.*)

Melancholisch

BRIGITTE (*den Hut bringend*) Da is der Hut. Ich weiß nicht, Euer Gnaden kommen mir so bedenklich vor.

TRÜB Bedenklich? Ich habe alles bedacht.

Sanguinisch

MARIE (*um Gelegenheit zu finden, zum Brief zu kommen*) Der hat aber die Kleider so unordentlich hingelegt –

FROH Laß du s' nur liegen und geh jetzt hinein, ich hab' mit 'n Herrn Schlankel was z' reden.

MARIE Aber –

FROH Hineingehst, hab' ich g'sagt!

MARIE (*für sich*) Jetzt is es unmöglich, dazuzukommen.

Melancholisch

BRIGITTE Wohin gehn Euer Gnaden? Welchen Weg?

TRÜB Gleichviel, alle Wege führen zu den Toten. (*Geht zur Mitte ab.*)

BRIGITTE (*sieht ihm traurig nach und geht in die Seitentüre ab*)

Sanguinisch

MARIE Wenn der Papa die Korrespondenz erwischt, das wird eine schöne Historie! (*Geht, kichernd nach dem Brief sehend, in die Seitentüre ab.*)

Papierl': zum besten halte.

FROH (*zu Schlankel*) Was geht denn da eigentlich vor?

SCHLANKEL Vor geht nichts, aber durch will was gehn.

FROH Mir geht ein Licht auf!

SCHLANKEL Nur lesen! Die Frisur ist fertig, ich mach' mein Kompliment! (*Zur Mitte ab.*)

Dreiundzwanzigste Szene

1.	2.	3.	4.
BRAUS, *dann* SCHLANKEL, *dann* WALBURGA, *dann* HUTZIBUTZ	FAD (*allein*)	(*Bühne frei*)	FROH (*allein*)

Phlegmatisch

FAD (*allein*) Hm, hm! Ich bin am Ende gezwungen, einen Entschluß zu fassen.

Sanguinisch

FROH (*allein*) Wart's, ich komm' euch hinter eure Schlich'! (*Nimmt den Brief.*)

Cholerisch

BRAUS (*aus der Seitentüre kommend*) Robert! Robert! – Was zögert denn der Pursche, wenn ich rufe? Er bringt mich noch in Wut. (*Man hört jemand an der Mitteltüre.*) Und wie langsam er schleicht! (*Packt den a tempo eintretenden Schlankel an der Brust und schleudert ihn vor.*) Wart', Pursche, dir will ich Füße machen!

SCHLANKEL Aber, Herr von Braus –

BRAUS Sie sind's? Ich habe geglaubt, 's ist mein Sohn.

SCHLANKEL Ich dank' für diese väterliche Gesinnung! Reißen Euer Gnaden an Ihrem Herrn Sohn herum, wie S' wollen, aber –

BRAUS Ihnen schadet's auch nicht, warum kommen Sie nicht pünktlicher? Rasieren Sie mich! (*Setzt sich.*)

SCHLANKEL Gleich! (*Richtet das Barbierzeug.*)

Sanguinisch

FROH (*rasch lesend*) »Meine Angebetete, du mußt fliehen mit mir, wenn auch nur auf kurze Zeit, unser schwarzes Geschick heischt diese Maßregel.«

Cholerisch

BRAUS So rasieren Sie mich, zum Teufel!

SCHLANKEL (*ihn einseifend*) Gleich!

BRAUS (*ihn nachäffend*) Gleich, gleich! – Sollte schon fertig sein.

SCHLANKEL Aber einseifen muß ich Ihnen ja doch zuerst!

BRAUS Halten Sie das Maul!

Sanguinisch

FROH (*liest*) »Mißlingt es, vereint uns das Leben nicht, so soll uns der Tod vereinen.«

Cholerisch

SCHLANKEL So geht's. Undank ist der Welt Lohn. Ich hab' mich a bissel verspät't, weil ich für Ihr Bestes gehandelt hab', habe gewacht für die Ehre Ihres Hauses, und Sie malträtieren ein'!

BRAUS Das hätten Sie getan? Verzeihen Sie, an mein Herz, edler Freund! (*Stürzt an seine Brust.*)

SCHLANKEL Aber was treiben S' denn? Sie machen mich voller Seif'.

BRAUS Sprechen Sie, Freund, was haben Sie für die Ehre meines Hauses getan? (*Setzt sich.*)

Phlegmatisch

FAD (*kopfschüttelnd*) Wirklich, ich muß sagen – hm, hm! –

Cholerisch

SCHLANKEL (*fängt an, ihn zu rasieren*) Ich hab' etwas ausspioniert, eine Entführungsmanklerei mit der Fräul'n Tochter.

BRAUS (*springt auf und packt ihn an der Brust*) Schurke, du lügst!

SCHLANKEL So lassen S' mich aus!

BRAUS Beweise, Schurke, oder du verhauchst dein Leben unter meinen Fäusten.

SCHLANKEL So hören S' mich nur an!

BRAUS (*wütend*) Beweise!

SCHLANKEL Lassen S' mich zu Wort kommen!

BRAUS Nun so sprich!

SCHLANKEL Setzen S' Ihnen nieder, man kann ja reden und balbieren zugleich, wie redeten denn sonst die Balbierer so viel?

Manklerei: betrügerisch verwirrende Handlung.

(*Braus hat sich gesetzt, und Schlankel fährt fort, ihn zu rasieren.*) Sehen Sie, die Sach' war so – (*Walburga kommt aus der Seitentüre.*) Die Fräul'n Tochter –

WALBURGA Sagen Sie mir, Papa –

BRAUS (*auffahrend*) Sag' du mir lieber –

SCHLANKEL (*leise zu Braus*) Ruhig, Sie müssen ja noch nichts verraten!

HUTZIBUTZ (*tritt zur Mitte ein*) Da is 's G'wand. (*Trägt Kleider und einen Männerhut am Arm.*) Der Hut war verdruckt, als ob er angetrieben worden wäre.

SCHLANKEL (*leise zu Braus*) Das ist der heimliche Postenträger.

Sanguinisch

FROH Der traurige Totenvogel kriegt mir 's Mädl nicht. Ich weiß, was ich tu'! (*Steckt den Brief wieder in den Kragen des an der Wand hängenden Rockes.*) Das gibt noch einen Hauptschub! (*Nimmt den Hut und eilt lachend zur Mitte ab.*)

Cholerisch

BRAUS (*fährt auf*) Höll' und Teufel! (*Walburga und Hutzibutz erschrecken.*)

SCHLANKEL (*um das Auffahren des Herrn von Braus zu bemänteln*) Jetzt hätt' ich dem gnädigen Herrn bald a paar Pulsadern abgeschnitten. (*Leise zu Braus.*) Nur Ruhe, Euer Gnaden, Ruhe!

HUTZIBUTZ (*wirft, nachdem er Walburgen Zeichen des Einverständnisses gegeben, den Brief in den Hut*)

SCHLANKEL (*bemerkt es, leise zu Braus*) Der Brief liegt schon in dem Hut drin!

BRAUS (*leise*) Ich ersticke vor Wut.

HUTZIBUTZ (*für sich*) Hier war die Aufgab' am schwersten; sie ist gelöst. (*Im Abgehen.*) Wirklich, mein Benehmen flößt mir Bewunderung ein. (*Zur Mitte ab.*)

WALBURGA Der Hut ist so verdruckt, hat er g'sagt. (*Will zum Hut.*)

BRAUS (*heftig*) Was geht das dich an?

WALBURGA Ich hab' nur –

BRAUS Nichts hast du als fortzugehen aus meinen Augen!

WALBURGA (*im Abgehen*) Wenn der Papa über den Brief kommt, der reißt das Haus zusammen. (*In die Seitentüre ab.*)

Hauptschub: Hauptspaß.

Phlegmatisch

FAD Ich leg' den Brief wieder hin, wo er war. (*Tut es.*)

Cholerisch

BRAUS (*aufspringend*) Jetzt her mit der verräterischen Schrift! (*Nimmt den Brief aus dem Hut und entfaltet ihn wütend, liest.*) »Ich habe alles reiflich überlegt, teure Walburga, verstellte Flucht ist das einzige Mittel, was uns zum Ziele führt. Die Stunde der Entscheidung scheint zu nahen. Erwarte mich vormittag mit ruhiger Fassung. Dein Edmund.« (*Nachdem er gelesen.*) Mord! Tod! Gift! Pest! Höll' und Teufel! (*Wirft den Brief zur Erde und springt mit Füßen darauf.*) Zittert, ihr Nattern – zittert vor meinem Grimm! (*Stürzt mit halbrasiertem Gesichte zur Mitteltüre ab.*)

SCHLANKEL Aber Euer Gnaden sein ja erst halben Teil balbiert. (*Hebt schnell den Brief auf, legt ihn eilig zusammen und legt ihn in den Hut.*) Ich muß ihm nach. (*Eilt zur Mitte ab.*)

Phlegmatisch

FAD Ich will als ruhiger Beobachter handeln. (*Nimmt den Hut und geht zur Mitte ab.*)

Vierundzwanzigste Szene

1.	2.	3.	4.
WALBURGA	AGNES	IRENE	MARIE

Sanguinisch

MARIE (*durch die Seite kommend*) Der Papa is fort, der Brief is noch da! (*Nimmt eilig den Brief und liest im stillen.*)

Cholerisch

WALBURGA (*tritt durch die Seite und sieht sich sorgfältig um*) Der Vater ist nicht mehr hier, jetzt gilt's, hat er den Brief, oder hat er ihn nicht? (*Eilt zum Hut.*) Er hat ihn nicht! (*Hält frohlockend den Brief empor und liest ihn dann im stillen.*)

Melancholisch

IRENE (*tritt aus der Seitentüre und sieht sich sorgfältig um*) Der

Vater hat den Brief gefunden, eine böse Ahnung sagt es mir. (*Geht zagend zu dem Stuhl, worauf die Kleider hängen, und sucht in der Rocktasche.*)

Phlegmatisch

AGNES (*tritt durch die Seite ein*) Der Papa is verschwunden, werden wir gleich sehn, ob der Brief auch verschwunden ist. (*Sieht nach dem Tabaksbeutel.*)

Melancholisch

IRENE Er hat ihn nicht gefunden. (*Entfaltet den Brief und liest im stillen.*)

Phlegmatisch

AGNES Schau', er hat ihn nicht erwischt. (*Öffnet den Brief und liest ihn im stillen.*)

Sanguinisch

MARIE Ich soll durchgehn! (*Lacht.*) Ah, das is zum Durchgehn!

Cholerisch

WALBURGA Ich folge ihm! Die ganze Macht der Erde soll mich nicht mehr trennen von ihm!

Melancholisch

IRENE Sein Willen ist der meinige, doch es wird, es muß zum Bösen führen, ich kenne mein Geschick.

Phlegmatisch

AGNES Ich soll fort mit ihm? Na, probieren kann man's.

Sanguinisch

MARIE Mein Guido!

Cholerisch

WALBURGA Mein Edmund!

Melancholisch

IRENE Mein Felix!

Phlegmatisch

AGNES Mein Robert!

Fünfundzwanzigste Szene

1.	2.	3.	4.
WALBURGA (*allein*)	AGNES, (*allein*)	IRENE, *dann* BRIGITTE	MARIE, *dann* ISABELLA, *dann* HUTZIBUTZ

Cholerisch

WALBURGA (*allein*) Vor allem muß ich mich reisefertig machen. (*In die Seitentüre ab.*)

Melancholisch

IRENE (*ruft in die Seitentüre*) Brigitte!

Sanguinisch

MARIE Wenn nur die Bella da wäre!

Phlegmatisch

AGNES Was werd' ich denn anziehn? (*Geht nachdenkend in die Seitentüre ab.*)

Melancholisch

BRIGITTE (*kommt aus der Seitentüre*)

IRENE Meinen Hut und Schal! (*Brigitte in die Seitentüre ab.*)

Sanguinisch

HUTZIBUTZ (*mit Isabella zur Mitteltüre eintretend*) Gleich werden s' da sein, die vier Chevaliers.

MARIE Und ich bin noch nicht gericht't, g'schwind, Bella, meinen himmelblauen Hut!

ISABELLA Gleich!

MARIE Oder nein, den rosenfarben! Rosenfarb steht lebhafter zum Durchgehn.

ISABELLA In solchen Fällen wählt man nicht lang. Ich nimm, was mir zuerst in die Hand kommt. (*Ab in die Seitentüre.*)

Melancholisch

BRIGITTE (*aus der Seitentüre kommend und einen Schal und einen Hut bringend*) Sie wollen fort, Fräulein Irene?

Sanguinisch

HUTZIBUTZ Wie g'schieht Ihnen denn, Fräul'n Marie?

MARIE O, mir ist so wohl, als ob ich zu den Wolken fliegen soll. So eine abenteuerliche Unternehmung ist etwas Göttliches!

HUTZIBUTZ Ja, das Abpaschen hat seine Reize, es ist nix drüber zu sagen.

Melancholisch

IRENE Frage nicht, wohin! Mir sagt's eine innere Stimme, ich werde dich bald mit Tränen der Verzweiflung wieder sehen. (*Sinkt an ihre Brust.*)

Cholerisch

WALBURGA (*mit Hut und Schal aus der Seitentüre kommend*) Wo er nur so lang bleibt? Mich verzehrt die Ungeduld!

Phlegmatisch

AGNES (*mit Hut und Schal aus der Seitentüre kommend*) In meinem Leben hab' ich mich noch nicht so geschwind ang'legt wie heut'.

Sanguinisch

ISABELLA (*kommt mit Hut und Schal zurück*)

Sechsundzwanzigste Szene

1.	2.	3.	4.
DIE VORIGE; EDMUND (*durch die Mitte*)	DIE VORIGE; ROBERT (*durch die Mitte*)	DIE VORIGE *ohne* BRIGITTE; FELIX (*durch die Mitte*)	DIE VORIGEN; GUIDO (*durch die Mitte*)

Cholerisch

EDMUND Meine Walburga!

Phlegmatisch

ROBERT Meine Agnes!

Melancholisch

FELIX Meine Irene!

Sanguinisch

GUIDO Meine Marie!

zugleich

Cholerisch

WALBURGA Bist du endlich hier? O, mit welche Sehnsucht hab' ich dich erwartet!

Phlegmatisch

AGNES Du bist schon da?

Sanguinisch

MARIE Du kommst grad a tempo, der Papa ist fort, jetzt machen wir unsern Ausflug in die Welt.

Melancholisch

IRENE Du kommst, mich abzuholen – o, könnt' ich mein böses Vorgefühl bezwingen! (*Sinkt weinend an Felix' Brust.*)

FELIX Weine nicht, wir kehren ja bald zurück zur Freude und zum Scherz.

Phlegmatisch

AGNES Laß mich nur nachdenken, ob ich nichts vergessen hab'!

ROBERT Du vergißt die Hauptsache, wenn du nicht eilst!

Sanguinisch

MARIE (*hat von Isabella Hut und Schal genommen, zu Guido*) Was ist dir denn?

GUIDO Ich zittre für den Erfolg!

MARIE Wär' nicht übel, ein Mannsbild – und zittern!

Cholerisch

WALBURGA Laß uns eilen!

EDMUND Nimm noch etwas um den Hals, du könntest dich verkühlen.

WALBURGA Nichts, nichts, wir haben keine Zeit zu verlieren.

Sanguinisch

HUTZIBUTZ (*zu Isabella*) Mir is leid, daß unser Verhältnis nicht auch so interessante Maßregeln erheischt.

ISABELLA Warum nicht gar!

Cholerisch

EDMUND Komm, Geliebte! (*Will mit Walburga durch die Mitte ab.*)

Phlegmatisch

ROBERT Komm, Geliebte! (*Will mit Agnes durch die Mitte ab.*)

} *zugleich*

Melancholisch

FELIX Komm, Geliebte! (*Will mit Irene durch die Mitte ab.*)

Sanguinisch

GUIDO Komm, Geliebte! (*Will mit Marie durch die Mitte ab.*)

zugleich

Siebenundzwanzigste Szene

1.	2.	3.	4.
DIE VORIGEN; BRAUS, *dann* SCHLANKEL	DIE VORIGEN; FAD	DIE VORIGEN; TRÜB	DIE VORIGEN; FROH

Cholerisch

BRAUS (*durch die Mitte*) Zurück, Elende!
WALBURGA Ha!
EDMUND Fataler Zufall!

Phlegmatisch

FAD (*durch die Mitte*) Was sein das für G'schichten, das?
AGNES Ach!
ROBERT Verdammt!

Melancholisch

TRÜB (*zur Mitte eintretend*) Nun ist das Maß des Unglücks voll!
IRENE Ach –!
FELIX Verdammt!

Sanguinisch

FROH (*zur Mitte eintretend*) Halt! Atrappé!
MARIE O je, der Papa!
GUIDO Ha, entsetzlich!
ISABELLA Der gnädige Herr!
HUTZIBUTZ O je!

zugleich

Melancholisch

IRENE (*Trüb zu Füßen fallend*) Mein Vater!

Phlegmatisch

FAD Das werd' ich mir ausbitten ein anderesmal.

Melancholisch

TRÜB Ich bin es nicht mehr; nimm meinen Fluch! (*Sinkt erschöpft in den Stuhl.*)

Cholerisch

BRAUS (*zu Walburga*) Erbebe vor meinem Zorn, Verworfene! Und (*zu Edmund*) du, schändlicher Verführer – du – du – (*Die Sprache versagt ihm vor Zorn.*)

Sanguinisch

FROH (*zu Guido*) Sie fahren ab! (*Guido geht bestürzt nach dem Hintergrund. Zu Marie.*) Wart', dir werd' ich 's Durchgehn lernen. (*Für sich.*) Prachtvoll hab' ich s' erwischt! (*Lacht.*)

Cholerisch

BRAUS (*zu Edmund*) Weh' dir!
SCHLANKEL (*zur Mitte eintretend*) Jetzt geht's recht!

Achtundzwanzigste Szene

1.	2.	3.	4.
DIE VORIGEN; NANETTE, SUSANNE, LEIST, NADL	DIE VORIGEN; GERTRAUD, BABETTE, CYPRIAN	DIE VORIGEN; MARGARETH, LISETTE, DOKTOR KRIMS, DOKTOR KRAMS, BRIGITTE	DIE VORIGEN; WEGER, BLINKER, STERN, SEPHERL, THERESE

(*Die eintretenden Personen bilden den Chor.*)

Cholerisch, Phlegmatisch, Melancholisch, Sanguinisch

CHOR

Was muß ich sehn, was muß ich sehn?
Was ist geschehn, was ist geschehn?

(*Unter passender Gruppe fällt der Vorhang.*)

Zweiter Akt

Vorige Dekoration

Erste Szene

1.	2.	3.	4.
BRAUS, FAD, TRÜB, FROH (*alle vier sitzen*)	EDMUND, ROBERT, GUIDO, FELIX (*im beratenden Gespräche auf- und niedergehend*)	IRENE, MARIE, WALBURGA, AGNES	SCHLANKEL, HUTZIBUTZ, ISABELLA

Cholerisch

BRAUS Ein Glück war's, daß wir den Schlankel auf unserer Seite haben. (*Alle vier konsultieren und überlegen im stillen Gespräche fort.*)

Phlegmatisch

FELIX Sei'n wir froh, daß wir den Schlankel für uns gewonnen!

Melancholisch

(*Irene sitzt weinend im Vordergrunde, neben ihr sitzt Agnes; Marie und Walburga stehen beide zur Seite.*)

MARIE Der Schlankel is jetzt mit uns im Bunde, ich schöpf' die schönsten Hoffnungen.

Sanguinisch

SCHLANKEL (*ist mit Hutzibutz im Gespräch begriffen und kokettiert dabei immer mit Isabellen*) Die Feindschaft is aus, wir sind vereinigt zu einem und demselben Zweck.

HUTZIBUTZ (*noch etwas ärgerlich*) Ich hätt's allein auch g'richt't, denn meine Geisteskräfte –

SCHLANKEL Langen nicht aus für so einen verwickelten Fall.

Phlegmatisch

ROBERT (*unwillig*) Dem Schlankel danken wir's, der Kerl hat den Karren in den Sumpf geschoben.

FELIX Um ihn als Siegeswagen herauszuziehen und den Triumph seiner Pfiffigkeit darauf zu feiern.

Cholerisch

BRAUS (*zu Fad*) Du nimmst es doch nicht übel wegen deinem Sohn, daß ich ihn nicht zum Schwiegersohn akzeptiere?

FAD So wenig, als du wegen dem deinigen –

FROH Wir sind ja alle viere in dem gleichen Fall, drum kann's keiner dem andern übelnehmen.

BRAUS (*zu Fad*) Ich hab' nichts gegen deine Tochter –

FAD Ich auch nichts gegen die deinige.

FROH (*auf Trüb zeigend*) Das ist bei uns dasselbe, aber wir haben halt einmal alle viere mit unsern Töchtern andere Verfügungen getroffen, und ich sage: der Sohn kann heiraten, wen er will –

BRAUS, TRÜB, FAD Das sag' ich auch!

FROH Aber Töchter müssen gehorchen!

BRAUS Sonst soll sie der Teufel –

TRÜB Ich bin ein unglücklicher Vater!

FROH Warum denn?

Melancholisch

IRENE Ich bin ein unglückliches Geschöpf!

MARIE Sei gescheit!

Cholerisch

FROH Der Zweck wird ja doch erreicht. Die Mädeln heiraten jede den Jugendfreund, dem wir sie bestimmt.

Sanguinisch

SCHLANKEL Wir wollen aber auch als treue Bundesgenossen zusammenhalten. (*Nimmt mit einer Hand Hutzibutz, mit der andern Isabella bei der Hand.*)

HUTZIBUTZ Das heißt, wir zwei halten zusamm'. Diese Hand aber (*auf Isabella zeigend*) wird nicht bei der Hand genommen, außer von mir, wenn sie mir am Altar ihre Rechte spendiert.

Melancholisch

IRENE Es ist alles aus!

WALBURGA Jetzt werd' ich mich gleich ärgern über dich!

Cholerisch

FAD Wenn unsere vier Jugendfreund' nur nicht erfahren, daß unsere vier Mädeln schon ihre vier Liebhaber haben!

BRAUS Dafür will ich sorgen, ich schlag' mit allen Donnerwettern drein!

FROH Warum nicht gar!

Phlegmatisch

ROBERT (*aufstehend*) Zerreißen könnt' ich den Schuft, den Schlankel!

EDMUND Ruhig, ruhig, laßt uns ohne Leidenschaft überlegen!

GUIDO 's ist vergebens, ihr werdet sehn.

Sanguinisch

SCHLANKEL (*zu Hutzibutz*) Laß dir nur erklären, wie du dich zu benehmen hast!

HUTZIBUTZ (*zu Schlankel, indem er merkt, daß dieser immer auf Isabellen blickt*) Was schaust du denn aber immer dorthin, wenn du mir was erklärst? Sie weiß das Ganze.

ISABELLA Aber, Hutzibutz, du bist dumm!

SCHLANKEL Merk' jetzt auf – (*Erklärt ihm weiter.*)

Cholerisch

FROH Eh' alte G'schichten aufkommen, sind die neuen Verlobungen g'schehn.

Melancholisch

AGNES (*sehr ruhig*) Ich bin heut' so in die Gemütsbewegungen drin – Liebe, Angst, Schrecken, Verzweiflung – ich fürcht' immer, ich werd' krank.

Cholerisch

FROH Unsere Freunde sind an einem Tag von Straßburg abgereist, jeder mit Extrapost.

BRAUS Sollten heute eingetroffen sein!

Sanguinisch

SCHLANKEL Die Bräutigams von Straßburg sind schon angekommen und im Gasthof »Zur langen Nasen« abgestiegen.

ISABELLA Ein ominöses Schild für diese Herren!

Cholerisch

FROH Es ist ja noch nicht Abend, sie werden schon noch kommen. Wär' nicht übel, wenn s' ausblieben! (*Zu Braus und Fad.*) Wir haben schon die Gäst' zur Verlobung eingeladen. Adieu also – ich hab' ein paar Gäng'.

Sanguinisch

SCHLANKEL Drum hab' ich g'sucht, die Papas aus dem Haus zu entfernen.

Cholerisch

FAD Auf mich wartet schon der Fiaker. Der Schlankel hat mir g'sagt: eine Spazierfahrt auf die gehabte Alteration is g'sund.

BRAUS Mir hat er ein Weinhaus rekommandiert, dort will ich den Ärger hinunterschwemmen.

TRÜB Mir hat Schlankel geraten, ich soll zur Zerstreuung ein wenig auf den Friedhof gehen, das will ich tun.

Sanguinisch

HUTZIBUTZ Du bist ein lieber Kerl, wie du die Leut' für'n Narren haltst!

Cholerisch

FROH Also auf Wiedersehn, sobald wir die Töchter aus 'n Haus haben und unsere alten Freunde mit ihnen nach Straßburg kutschieren! (*Alle viere zur Mitte ab.*)

Sanguinisch

ISABELLA Hutzibutz, das sag' ich dir, mach' deine Sachen g'scheit! (*In die Seitentüre ab.*)

Zweite Szene

1.	2.	3.	4.
(*Bühne frei*)	DIE VORIGEN	DIE VORIGEN; *dann* ISABELLA	DIE VORIGEN; *dann* FROH, *dann* ISABELLA

Sanguinisch

SCHLANKEL Jetzt gehst du vor allem andern –

HUTZIBUTZ Nein, vor allem andern bleibt er da! (*Eifersüchtig, beiseite.*) Den lass' ich nicht allein in gewisser Nähe!

Melancholisch

WALBURGA Mich begeistert die Nähe der Gefahr, Sieg oder Tod ist der Ruf, der durch meine Seele hallt!

Phlegmatisch

FELIX Gelingt ihm der Streich, so sind hundert Dukaten nicht zu viel.

ROBERT Auch tausend nicht!

EDMUND Oho!

Sanguinisch

SCHLANKEL Du wart'st vermutlich auf die Schläg', die dir der Herr von Froh schuldig ist?

HUTZIBUTZ Nein, ich kreditier' ihm s' noch.

SCHLANKEL Wennst aber just auf eine a conto-Zahlung anstund'st –

FROH (*zur Mitte ein*) Ah, Schlankel, gut, daß ich Ihn treff'! *Hutzibutz bemerkend.*) Hinaus!

HUTZIBUTZ Ich hab' nur nachschaun wollen, ob nicht ein Paar Stiefel zum putzen is.

FROH Nein, aber ein Rock ist zum Ausklopfen, der Seinige, verstanden? – Wenn nur ein Staberl da wär' –!

Phlegmatisch

FELIX Fünfundzwanzig sind nicht zu viel auf einen.

Sanguinisch

HUTZIBUTZ O, ich bitt', sich nicht zu bemühen, ich richt's mit der Bürsten. (*Eilt zur Mitte ab.*)

SCHLANKEL Euer Gnaden müssen ihn nicht abschrecken, durch ihn kann ich allerhand erfahren.

FROH (*sehr eilig und geheimnisvoll*) Gut, gut! Aber, Schlankel, ich muß Ihm was vertrauen.

SCHLANKEL Was denn?

ISABELLA (*will aus der Seitentüre treten, zieht sich aber zurück, um zu horchen*)

FROH Ich bin verliebt!

SCHLANKEL Ernstlicher Weise?

FROH Mariage, Mariage! Ich mag kein Witiber mehr bleiben, und der Witwe, Frau von Korbheim, ist der Witwenstand zuwider.

SCHLANKEL Verstanden! Kann ich da vielleicht in was dienen? Sie ist Kundschaft von mir!

FROH Im Ernst? O, du Goldmensch!

SCHLANKEL Getroffen, ich bin Goldmensch, drum richt't man bei mir nur mit Gold was.

FROH Wenn ich Ihm also diese drei Dukaten geb', so wird Er meine Mißhelligkeit mit der Frau von Korbheim –

SCHLANKEL In den schönsten Einklang verwandeln.

Phlegmatisch

GUIDO Sprecht nicht mit solcher Gewißheit von Erfolg!

Sanguinisch

ISABELLA (*tritt aus der Seitentüre*)

SCHLANKEL Die Isabella! (*Winkt ihr zärtlich zu.*)

ISABELLA (*geht, Schlankels Winke freundlich aufnehmend, zur Mitte ab*)

FROH Wenn die jetzt was gehört hätt'! Die Sach' ist strengstes Geheimnis, ich hab's sogar meinen Kindern verschwiegen, erst wenn die Marie verheirat't is –

SCHLANKEL Gut, gut!

Melancholisch

ISABELLA (*zur Mitte eintretend*) Sie verzeihen, (*zu Marie*) Fräulein Marie –

MARIE Die Bella! (*Zu den andern.*) Die hat viel beigetragen, unsern Feind Schlankel in einen Freund zu verwandeln.

ISABELLA Gegen mein Herz und meine Grundsätze.

Sanguinisch

FROH Aber sag' Er mir, was hat denn Er mit der Bella?

SCHLANKEL G'spannen Euer Gnaden was?

Melancholisch

ISABELLA Ich hab' mich g'stellt, als ob ich in den Schlankel verliebt wär'.

Sanguinisch

FROH Die g'hört ja aber dem Hutzibutz.

SCHLANKEL Sie ist wie eine Wahnsinnige verbrennt in mich!

Phlegmatisch

FELIX (*hat mit den übrigen von demselben Gegenstand gesprochen*) Die Isabella hält den Schlankel nur zum Narren.

Melancholisch

ISABELLA Und der Dummkopf glaubt's!

Phlegmatisch

ROBERT Ein pfiffiges Mädel, die Bella!

Melancholisch

ISABELLA Wenn wir dann seine Dienste nicht mehr brauchen, sag' ich: Adieu, Partie!

Sanguinisch

SCHLANKEL Der Hutzibutz natürlich bild't sich ein, er is Hahn im Korb, und derweil bin ich –

Phlegmatisch

ROBERT Ein dummer Laff', der Barbier, daß er's nicht merkt! (*Robert, Edmund und Felix lachen.*)

Sanguinisch

FROH Das is ein Hauptschub!

Melancholisch

MARIE Ein Mensch wie der Schlankel verdient's, daß er am Ende ausg'lacht wird. (*Marie, Agnes und Walburga lachen.*)

Sanguinisch

SCHLANKEL Über so einen Esel muß man lachen. (*Lacht mit Froh sehr laut.*)

FROH Jetzt sag' Er mir aber, was soll ich in punkto der Meinigen tun?

SCHLANKEL Aufmerksamkeiten, Präsenten einkaufen und zu ihr gehen, wenn ich's sag', oder halt! Sie war ja schon öfters bei Ihnen eingeladen?

FROH Freilich, aber – gespannter Fuß –

SCHLANKEL Ich übernimm's, daß sie heut' noch beim Verlobungsfest Ihrer Fräulein Tochter hier erscheint.

FROH Mann, Engel, wenn du das könntest –!

SCHLANKEL Gehen S' einkaufen und verlassen Sie sich auf mich!

FROH Schön, schön, Schlankel, Herzensschlankel, ich verlass' mich ganz auf Ihn. (*Zur Seite ab.*)

SCHLANKEL (*allein*) Triumph, daß ich *dem* seine schwache Seite hab'; die andern über 'n Daum' z' drehn, is für mich ein G'spaß. (*Zur Mitte ab.*)

Dritte Szene

1.	2.	3.	4.
(*Bühne frei*)	DIE VORIGEN; *dann* SCHLANKEL	DIE VORIGEN; *dann* SCHLANKEL	*Zuerst Bühne frei, dann* FROH

Melancholisch

ISABELLA Und Ihnen, Fräulein Marie, hab' ich ein großes, ungeheuer wichtiges Geheimnis anzuvertrauen.

ALLE VIER (*neugierig*) Ein Geheimnis?

ISABELLA (*zu Marien*) Den Papa betreffend! (*Spricht leise ihr ins Ohr.*)

WALBURGA 's ist doch etwas sonderbar, das Sich-in-die-Ohren-Zischeln.

AGNES 's schaut aus, als ob wir des hohen Vertrauens nicht würdig wären!

IRENE Von einer Freundin kränkt so was tief!

Phlegmatisch

SCHLANKEL (*zur Mitte eintretend*) Mit Erlaubnis, meine Herrn –!

FELIX Was will Er?

ROBERT (*seinen Grimm über Schlankels Anblick unterdrücken wollend, für sich*) Mir juckt's in allen Fingerspitzen!

SCHLANKEL Nur fragen, ob Sie über alle Punkte unserer Operation einig sind, so wie ich sie Ihnen projektiert?

ALLE VIER Einig! Vollkommen einig!

SCHLANKEL Schön, meine Herren, schön, ich empfehl' mich indessen! (*Eilig zur Mitte ab.*)

Sanguninisch

FROH (*aus der Seitentüre kommend, ordnet noch an seinem Anzug*) Wenn ich keinem Bräutigam gleichseh', so weiß ich's nit – jetzt ein paarmal bei ihren Fenstern vorbei, das muß einen günstigen Eindruck machen. (*Zur Mitte ab.*)

Melancholisch

MARIE (*zu den übrigen*) Ihr sollt es erfahren, Freundinnen, aber jetzt noch nicht!

WALBURGA (*sehr pikiert*) O, wir stehn nicht an auf deine Geheimnisse!

AGNES Kannst s' ganz für dich behalten!

IRENE Aber so wie dein Mund, so verschließen sich auch unsere Herzen auf ewig vor dir.

MARIE Ich weiß nicht, wie ihr mir vorkommt.

WALBURGA Wir zwingen niemandem unsere Freundschaft auf.

AGNES Gott sei Dank, das haben wir nicht nötig, aber stark ist es.

WALBURGA Ah, das ist ja – ich finde gar keinen Ausdruck!

MARIE Ich weiß nicht, soll ich mich ärgern oder soll ich lachen?

AGNES Das wär' eine Freundin!

AGNES *und* WALBURGA Haha!

IRENE (*zugleich*) O weh!

SCHLANKEL (*zur Mitte eintretend*) Meine Damen, ich bemerke hier nicht die größte Einigkeit. (*Beiseite.*) Wie halt Frauenzimmer beisammen sind –

WALBURGA Wir wären einig, aber die Marie –

MARIE Ich wäre einig, aber die Walburga, die Agnes und die Irene –

SCHLANKEL Lassen Sie diese Differenzen bis nach die Hochzeiten und wenden Sie Ihr Augenmerk jetzt lediglich auf den Hauptzweck. Der Feind ist da, die Liebe ist in Gefahr, ich bin zum Befehlshaber ernannt, und als solcher gebiete ich Erstreckung dieser Tagsatzung.

MARIE In fünf Minuten denk' ich an solche Dummheiten gar nicht mehr.

WALBURGA Ich will mir Mühe geben, meinen gerechten Grimm zu bezähmen.

AGNES Es is eigentlich gar nicht der Müh' wert, daß man sich zürnt.

IRENE Ich schweige, doch so etwas läßt einen nagenden Wurm in der Seele zurück.

Phlegmatisch

FELIX Unser Sammelplatz, der Zentralpunkt, von dem unsere Unternehmungen ausgehen, bleibt das Kaffeehaus drüben.

EDMUND, ROBERT, GUIDO Ganz recht!

Melancholisch

SCHLANKEL Hören Sie also, was zufolge des neugeschmiedeten Planes Ihnen zu tun erwächst.

ALLE VIER Sprechen Sie!

SCHLANKEL (*für sich*) Das haben alle viere zugleich g'sagt, das einzige, über was Frauenzimmer immer einig sind, daß gesprochen werden muß. (*Laut*) Die Hauptaufgabe ist: Die bestimmten Bräutigams müssen freiwillig entsagen, und von die Liebhaber muß jeder das Herz des betreffenden, ihn annoch hassenden Papas gewinnen. Sie haben dabei zwei leichte Sachen zu tun: Das eine ist Ihnen leicht, weil Sie *Frauenzimmer* sind, Sie müssen sich verstellen, nämlich so, als ob Sie in den Bräutigam, der zu Ihnen kommen wird, verliebt wären – und das andere ist Ihnen auch leicht, weil Sie *liebenswürdige* Frauenzimmer sind, Sie müssen den Bräutigam, der zu Ihnen kommen wird, in sich verliebt machen.

WALBURGA Das ist ja aber ganz gegen unsern Zweck!

SCHLANKEL Ruhig, ruhig! Es wird da ein eigenes Changement vorgenommen werden.

Phlegmatisch

ROBERT Also adieu!

Melancholisch

MARIE Wie denn das? Erklären Sie uns –

SCHLANKEL Keine Spur von Zeit dazu!

Phlegmatisch

EDMUND, GUIDO, FELIX Adieu! (*Alle ab bis auf Edmund, welcher zurückbleibt.*)

Melancholisch

SCHLANKEL Der Befehlshaber hat gesprochen, damit Punktum!

WALBURGA Gut also! Komm, Agnes, wir gehen! (*Mit Agnes zur Mitte ab.*)

MARIE Adieu, Irene!

IRENE (*zu Marien*) Ich verzeihe dir den Verrat an der Freundschaft, vergessen kann ich ihn nicht. (*In die Seitentüre ab, Marie mit Isabellen zur Mitte ab.*)

Vierte Szene

1.	2.	3.	4.
WALBURGA, NANETTE	EDMUND, *später* AGNES	SCHLANKEL, *dann* HERR VON SCHMERZ, *dann* HERR VON GLÜCK	HUTZIBUTZ, *dann* MARIE *und* ISABELLA, *dann* HERR VON GLÜCK, *dann* HERR VON SCHMERZ, *dann* SCHLANKEL

Sanguinisch

HUTZIBUTZ (*zur Mitte eintretend, allein*) Der Haustyrann ist fort, vielleicht ergibt sich jetzt eine Gelegenheitszusammentreffung. Ich muß der Bella einige ernste Worte – sie hat eine reine Seele, die Bella, aber es legt sich der Staub der Eitelkeit drein, und das bringt Gefahr für die Treue.

Melancholisch

SCHLANKEL Wo die Bräutigams bleiben, ist mir unbegreiflich!

Sanguinisch

MARIE (*zu Isabella, indem sie mit ihr zur Mitteltüre eintritt*) Da muß man sich gar nix draus machen.

HUTZIBUTZ Bella –

ISABELLA Laß mich gehn, ich hab' jetzt mit dem Fräulein Marie zu reden! (*Mit Marie in die Seitentüre ab.*)

Melancholisch

SCHMERZ (*in Reisekleidung, traurig, durch die Mitte*) Wohnt hier Herr von Trüb?

SCHLANKEL (*für sich*) Aha! (*Laut.*) Nein, hier wohnt Herr von Froh.

Sanguinisch

GLÜCK (*in Reisekleidung, sehr heiter, durch die Mitte*) Wohnt hier Herr von Froh?

HUTZIBUTZ (*beiseite*) Aha, meine Aufgabe beginnt! (*Laut.*) Nein, hier wohnt Herr von Trüb.

GLÜCK Bravo, gleich fehlgeschossen beim Eintritt ins Haus!

Melancholisch

SCHLANKEL Ich habe doch die Ehre, den Herrn von Schmerz –

SCHMERZ Ja!

Sanguinisch

HUTZIBUTZ Sie sind doch der Herr von Glück?

GLÜCK Ja!

Melancholisch

SCHLANKEL Der Herr von Trüb logiert grad da darneben die Tür.

SCHMERZ So, so – ich danke, mein Freund! (*Zur Mitte ab.*)

Sanguinisch

HUTZIBUTZ Der Herr von Froh logiert grad da darneben die Tür.

GLÜCK So? Hahaha! Das wäre ein Spaß gewesen, wenn ich zum Unrechten gekommen wäre! (*Lachend zur Mitte ab.*)

Phlegmatisch

AGNES (*zur Mitte eintretend*) Ach, Edmund, ich sag' dir's, ich kann mich noch nicht erholen von der Historie.

EDMUND Laß mich jetzt nur ruhig überlegen!

Sanguinisch

HUTZIBUTZ (*allein*) Den hab' ich aber schön ang'führt! Ich bin doch einer von den intrigantesten Köpfen des Jahrhunderts.

Melancholisch

SCHLANKEL (*allein*) Mit dem wär's gegangen! Ich fürcht' nur, der Hutzibutz macht mir eine Dalkerei, denn dem sein Verstand taucht gar niemals über das Niveau seiner immensen Dummheit empor.

GLÜCK (*zur Mitte eintretend, für sich*) Wenn ich ihn nur recht überraschen könnte!

Sanguinisch

SCHMERZ (*zur Mitte eintretend*) Herr von Trüb zu Hause?

HUTZIBUTZ (*für sich*) Trüb? Aha, das ist schon ein Angeschmierter! (*Laut.*) Er ist ausgegangen.

Angeschmierter: Betrogener.

Melancholisch

GLÜCK (*zu Schlankel*) Ist er in dem Zimmer drinnen?

SCHLANKEL Wer?

GLÜCK Mein Freund Froh.

SCHLANKEL (*für sich*) Froh? (*Laut.*) Er ist gegenwärtig nicht zu Hause, aber die Fräul'n Tochter – (*Zeigt nach der Seitentüre.*)

GLÜCK Um so besser, so überraschen wir *die*, die ist ja eigentlich der Hauptzweck, diese Tochter! (*Eilt, verschmitzt lachend, auf den Zehen in die Seitentüre ab.*)

Sanguinisch

HUTZIBUTZ Ist es gefällig, zur gnädigen Fräulein zu spazieren?

SCHMERZ (*mit tiefer Bedeutung*) Gnädiges Fräulein – wird sie auch *mir* gnädig sein? (*Seufzt und geht in die Seitentüre ab.*)

Melancholisch

SCHLANKEL Sollte das wirklich schon ein Werk des Hutzibutz – ah, da muß ich nachschaun. (*Eilt zur Mitte ab.*)

Sanguinisch

HUTZIBUTZ Jetzt weiß ich nicht, hab' ich's recht g'macht oder nicht?

Phlegmatisch

AGNES Und mich greift alles so stark an!

EDMUND Leb' wohl, Schwester! (*Zur Mitte ab.*)

AGNES Adieu! (*Zur Seite ab.*)

Sanguinisch

SCHLANKEL (*tritt zur Mitte ein*) Hast du mir den hinüberg'schickt?

HUTZIBUTZ Ja! Und du mir den herüber?

SCHLANKEL Ja!

HUTZIBUTZ Es geht prächtig!

SCHLANKEL Siehst, was ein g'scheiter Plan macht?

HUTZIBUTZ Na ja, aber das wirst mir doch erlauben, daß deine G'scheitheit nicht alles allein macht, daß der Zufall jetzt auch ein Trinkgeld verdient?

SCHLANKEL Das ist ganz in der Ordnung; wenn der Zufall nicht wär', wie viel gelinget denn in der Welt? Der Zufall ist die Muttermilch, an der sich jeder Plan vollsaugen muß, wenn er zum kräftigen Erfolg heranreifen soll. Das verstehst du nicht. Jetzt geh vor allem andern hinauf zum Cyprian vom Herrn von Fad und schau', ob ihm zu trauen is. Ich werd' mich mit der Brausischen Nanett' ins Einvernehmen setzen.

HUTZIBUTZ Mit der Nanett'?

SCHLANKEL (*den Finger auf den Mund*) Pst! Jetzt komm! (*Zur Mitte ab.*)

HUTZIBUTZ Und der wagt es, die Augen zu meiner Bella zu erheben? Na, wart', Schlankel! (*Droht hinter seinem Rücken mit der Faust und folgt ihm.*)

Cholerisch

(*Walburga und Nanette treten zur Mitte ein.*)

WALBURGA (*über die Bühne gehend*) Der Papa hat also nicht gefragt um mich, wie er fortgegangen ist?

NANETTE Nein, er is mit die andern Herrn –

WALBURGA Gut, gut! (*Zur Seite ab.*)

NANETTE (*will zur Mitte ab, Schlankel begegnet ihr*)

Fünfte Szene

1.	2.	3.	4.
NANETTE, SCHLANKEL, *dann* HERR VON STURM, *dann* HERR VON SCHLAF, *dann* WALBURGA	CYPRIAN, HUTZIBUTZ, *dann* HERR VON SCHLAF, *dann* HERR VON STURM	(*Bühne frei*)	(*Bühne frei*)

Phlegmatisch

CYPRIAN (*zur Mitte eintretend*) Was zu arg is, is zu arg! Die Plag' in dem Haus – (*Zur Seite ab.*)

HUTZIBUTZ (*zur Mitte eintretend*) Mir war's, als hätt' ich den Cyprian g'hört.

Cholerisch

SCHLANKEL (*ist zur Mitte eingetreten*) Schöne Nanett', ein Wort im Vertrauen!

NANETTE Vertrauen? Zu Ihnen hab' ich keins.

Phlegmatisch

CYPRIAN (*einen Schlafsessel mühsam tragend, aus der Seitentüre*) Au weh! (*Stellt ihn rechts in den Vordergrund*) Ich geh' z'grund.

HUTZIBUTZ Was g'schieht denn mit dem Schlafsessel?

CYPRIAN Der gnädige Herr will 'n da haben, damit, wenn er vom Spaziernfahrn z' Haus kommt, daß er nur gleich hineinfallen und sich erholen kann.

Cholerisch

SCHLANKEL Ich hoff' nicht, in dir eine Feindin zu haben?

NANETTE Das just nicht, aber Freundin auch keine!

Phlegmatisch

HUTZIBUTZ Sag' mir der Cyprian –

CYPRIAN Ich kann heut' nichts mehr sagen, ich bin zu ang'strengt in diesem Haus. (*Zur Mitte ab.*)

HUTZIBUTZ Ah, das wird doch ein fauler Kerl sein!

Cholerisch

SCHLANKEL (*Nanette, welche ihm entschlüpfen will, festhaltend*) So leicht kommst du nicht weg!

NANETTE Es kommt wer!

STURM (*im Reiseanzug zur Mitte eintretend*) Da haben wir's! Da scharmuziert das Volk herum, statt einem im Vorzimmer Auskunft zu geben!

NANETTE (*läuft zur Mitte ab*)

Phlegmatisch

SCHLAF (*im Reiseanzug zur Mitte eintretend*) Wohnt hier –? (*Gähnt.*)

Cholerisch

SCHLANKEL Was wünschen Euer Gnaden?

STURM Mit meinem Freund Braus will ich sprechen.

SCHLANKEL Mit dem?

Phlegmatisch

HUTZIBUTZ Wollen Sie bei Gelegenheit sagen, was Sie suchen?

SCHLAF Meinen Freund Fad!

HUTZIBUTZ (*beiseite*) Ah!

Cholerisch

SCHLANKEL Der loschiert links, wie S' da hinübergehn, die Tür.

STURM Zum Teufel, da hat man mir eine falsche Adresse gegeben! – Ist doch alles verrückt in dieser Welt! (*Ungestüm zur Mitte ab.*)

Phlegmatisch

HUTZIBUTZ Der loschiert die Türe rechts, Sie sein irr'gangen.

SCHLAF (*hat den Schlafsessel ins Auge gefaßt*) Schade, schade – der schöne Schlafsessel hier –

HUTZIBUTZ Hier wohnt Herr von Braus!

SCHLAF Hm, hm, hm, hm! (*Geht langsam zur Mitte ab.*)

Cholerisch

SCHLANKEL (*allein*) Da muß ich gleich die Fräulein Walburga avisieren.

Phlegmatisch

HUTZIBUTZ (*selbstgefällig lächelnd*) Wirklich, ich werde immer gewandter, wenn ich noch ein paar in ein anderes Quartier schicken müßt', ich würde mich selbst übertreffen.

Cholerisch

SCHLAF (*zur Mitte eintretend*) Meld' Er mich!

SCHLANKEL (*beiseite*) Das ist der Herr von Schlaf, dem seh' ich's im G'sicht an. (*Laut.*) Sie wollen den Herrn von Fad?

SCHLAF Fad Vater und Fad Tochter.

Phlegmatisch

STURM (*zur Mitte eintretend*) Der Herr vom Haus zugegen?

HUTZIBUTZ Nein.

STURM Die Tochter?

HUTZIBUTZ Ja! (*Eilt, über Sturms barsche Manier erschrocken, zur Mitte ab.*)

Cholerisch

WALBURGA (*aus der Seite*) Was war denn das für ein – (*Schlankel winkt ihr zu und geht schnell zur Mitte ab.*)

Sechste Szene

1.	2.	3.	4.
WALBURGA, HERR VON SCHLAF	HERR VON STURM, *dann* AGNES, *dann* HUTZIBUTZ	(*Bühne frei*)	(*Bühne frei*)

Cholerisch

WALBURGA (*in ihrer vorigen Rede fortfahrend, doch den Ton plötzlich ändernd*) – angenehmer Besuch?

SCHLAF Bitt' untertänig –

Phlegmatisch

STURM (*allein*) Wer ist der Mensch? Was will er? Warum schleicht er so verdächtig in der Nähe meiner Braut herum?

Cholerisch

SCHLAF (*für sich, nachdem er Walburga mit Wohlgefallen betrachtet*) Eine scharmante Person!

WALBURGA Bin ich etwa gar so glücklich, Herrn von –

SCHLAF (*geschmeichelt*) Ja, Sie sind so glücklich, oder eigentlich ich bin so glücklich, daß ich hoffen kann, wir werden alle zwei miteinander glücklich sein.

Phlegmatisch

AGNES (*etwas unwillig aus der Seitentüre tretend*) Aber was is denn das, wer schreit denn da so?

STURM Verzeihen Sie –

AGNES Ich begreif' nicht, diese Keckheit –

SCHLANKEL (*öffnet die Mitteltüre, winkt Agnes, sie versteht den Wink, er entfernt sich schnell*)

AGNES (*in der vorigen Rede mit verändertem Tone fortfahrend*) – diese Unachtsamkeit von die Dienstleut', einen solchen Besuch nicht gleich zu melden.

Cholerisch

WALBURGA Es ist schwer, wenn man durch ein Machtgebot an einen Unbekannten versagt wird, doch leicht und immer leichter wird's, wenn man fühlt, wie des Herzens Wunsch eins wird mit dem väterlichen Willen.

SCHLAF (*für sich*) Das ist eine liebe Person!

Phlegmatisch

STURM Sie wissen schon, wen Sie vor sich haben, mein Fräulein?

AGNES Wenn meine Ahnung nicht trügt, so steht der Mann vor mir, der nach dem Willen meines Vaters –

STURM Der Ihrige werden soll! Getroffen!

Cholerisch

SCHLAF (*für sich*) Wie sie mir das kommod macht! Ich hab' ihr eine Liebeserklärung wollen machen, und derweil macht sie mir eine.

Phlegmatisch

STURM Ich muß Ihnen sagen, Sie sind ein Engel, Sie gefallen mir ungeheuer!

AGNES Ich nehme das als eine Schmeichelei und hoffe erst durch Gehorsam und sanfte Nachgiebigkeit das Wohlgefallen meines Gatten zu verdienen.

STURM Das ist schön, ich liebe die sanften Frauenzimmer, denn ich bin selbst verteufelt sanft und nachgiebig.

Cholerisch

WALBURGA Eigentlich sollte man sich doch länger kennen, bevor man ein solches Bündnis –

SCHLAF Mich werden Sie bald kennen. Ich hab' nur eine Leidenschaft, den Schlaf, und um Ihre Leidenschaften kümmere ich mich gar nicht, folglich herrscht ja da die schönste Harmonie.

WALBURGA Wollen Sie nicht Platz nehmen?

SCHLAF O ja, und viel Platz möcht' ich bitten. (*Für sich.*) Das ist eine vortreffliche Person!

Phlegmatisch

STURM Fehler hab' ich gar keinen als die Eifersucht, und die ist ein Beweis von Liebe.

AGNES Ich werde Ihnen nie einen Anlaß geben.

STURM O, Ihre Reize werden Anbeter in Menge finden, aber denen breche ich gleich Arme und Beine entzwei!

Cholerisch

WALBURGA (*hat einen Stuhl gebracht*) Ich bedaure, daß wir keinen Schlafsessel haben.

SCHLAF (*sich setzend*) O, von Ihrer Hand gereicht, wird jedes Stockerl zum Lit de repos. Jetzt werd' ich Ihnen ein kleines Bild von unserem künftigen häuslichen Glück entwerfen.

Phlegmatisch

HUTZIBUTZ (*zur Mitte eintretend*) Ich möcht' gern die Fräul'n –

STURM (*ihm heftig anfahrend*) Was soll mit dem Fräulein?

HUTZIBUTZ (*sehr erschrocken*) Nix, gar nix! (*Eilt zur Mitte ab.*)

STURM (*zu Agnes*) Hören Sie, das ist höchst verdächtig!

AGNES Was fällt Ihnen ein? Er gehört ja zur dienenden Klasse.

STURM Höll' und Teufel, verzeihen Sie, das kann ich glauben und nicht glauben! Ich werde gleich – (*Will ab.*)

AGNES Wo wollen Sie hin?

STURM Ich muß den Wicht aufs Korn nehmen, seine Schritte verfolgen! Mord und Brand! (*Geht wütend zur Mitte ab.*)

Cholerisch

WALBURGA (*zu Schlaf, welcher bereits eingeschlummert ist*) Herr von – (*beiseite*) ich weiß gar nicht, wie er eigentlich heißt – (*laut*) wär's Ihnen vielleicht gefällig – er schläft – ah, das ist ein originelles Exemplar von einem Bräutigam! Übrigens, meine Liebespfeile scheinen in dieses dicke Herz gedrungen zu sein, damit wäre meine Aufgabe gelöst! (*Zur Seite ab.*)

Phlegmatisch

AGNES Oh, das is stark, der eifert mit 'n Hutzibutz! (*Lachend in die Seitentüre ab.*)

Siebente Szene

1.	2.	3.	4.
(*allein*) SCHLAF	FAD, CYPRIAN	BRIGITTE, IRENE, *dann* HUTZIBUTZ	SCHLANKEL, ISABELLA, *dann* HUTZIBUTZ

Melancholisch

BRIGITTE (*zur Mitte eintretend*) Die Schicksalsstund' für mein armes Fräulein hat geschlagen!

Lit de repos: (fz.) Ruhebett.

Sanguinisch

SCHLANKEL (*zur Mitte eintretend*) Ich muß nachschaun, wie's da vorwärts geht. (*Schaut in das Schlüsselloch der Seitentüre.*) Scharmant, der lamentiert ihr grad eine Liebeserklärung vor.

Melancholisch

IRENE (*aus der Seitentüre eintretend*) Ach, Brigitte, stell' dir vor!

HUTZIBUTZ (*zur Mitte eintretend*) Der Schlankel läßt fragen, ob der schon verliebt ist in Ihnen, ich muß ihm die Post ins Kaffeehaus bringen.

Sanguinisch

SCHLANKEL Die Bella kommt!

ISABELLA (*aus der Seitentüre tretend*) Sie sind da?

SCHLANKEL Ja, ich bin's und bin glücklich, Ihnen endlich allein zu finden.

Melancholisch

IRENE Sag' Er ihm, ich werde von dem Fremden bereits bis zum Wahnsinn geliebt.

Sanguinisch

ISABELLA Ach, wie ich Ihnen seh', fallt mir völlig eine Zentnerlast aufs Herz.

SCHLANKEL Das is das Wahre, schwere Herzen sind das Produkt von Liebe und Zärtlichkeit.

Melancholisch

HUTZIBUTZ (*jetzt erst Brigitten gewahrend*) O je, wir sprechen da so vertraut, und eine dritte Person steht da!

Sanguinisch

ISABELLA Ich möcht' davonlaufen, wenn ich Ihnen seh'!

SCHLANKEL Das is schön, diese Scheuchigkeit is das Veilchen im Liebesstrauß.

Melancholisch

IRENE Die wird den Plänen ihres geliebten Schlankels nicht entgegentreten.

HUTZIBUTZ Wie? Sie liebt, diese dritte Person?

BRIGITTE Ach!

HUTZIBUTZ Den Schlankel? Und wird ihn auch heiraten, diese dritte Person?

BRIGITTE Ach!

HUTZIBUTZ Das ist ein Trost für mich!

Sanguinisch

ISABELLA Wenn ich bedenk', wie ich an dem armen Hutzibutz handle, so komm' ich mir wie eine Verbrecherin vor.

SCHLANKEL Das is gut.

Melancholisch

HUTZIBUTZ Jetzt bin ich wegen dem Schlankel beruhigt und wegen der Bella beruhigt, ich gehe mit doppelter Beruhigung ab. (*Zur Mitte ab.*)

Cholerisch

SCHLAF (*im Schlaf*) Scharmanteste Braut!

Phlegmatisch

FAD (*zur Mitte eintretend, Cyprian folgt*) Nein, wie das einen Menschen hernimmt, wenn man so drei Viertelstund' in einem fort spazieren fahrt! (*Sinkt in den Lehnstuhl.*) O, himmlischer Schlafsessel!

CYPRIAN Euer Gnaden, der Bräutigam is schon da!

FAD Hab' jetzt keine Zeit, davon Notiz zu nehmen.

CYPRIAN Er is wieder fortgegangen.

Melancholisch

BRIGITTE (*zu Irenen*) Mit Ihnen wird alles noch gut ausgehn, aber ich unglückliche hoffnungslos Liebende!

Phlegmatisch

FAD Gib einmal ein' Ruh'! (*Cyprian geht zur Mitte ab, Fad schläft ein.*)

Sanguinisch

ISABELLA Ich bin verliebt in Ihnen, aber ich kann mich nicht recht g'freun drüber, weil ich weiß, wie sich der Hutzibutz kränken wird.

SCHLANKEL Das is ja aber gerade der Sucus dabei!

Sucus (lat.): Saft, Essenz, das Wesentliche.

ISABELLA Ach, gehn S', wie könnt' ich denn so schadenfroh sein?

SCHLANKEL Das muß sein, die Würze jeder Freude is ja die Dosis Schadenfreude, die dabei ins Spiel kommt. Hab' ich ein Geld, so g'freut's mich, aber das Pikante daran is, daß andere kein Geld haben. Hab' ich eine Equipage, so g'freut's mich, aber das Interessante dabei is, daß andere z' Fuß gehn müssen. Hab' ich eine Geliebte oder ein Weib, so g'freut's mich, aber die Pointe is doch das, wenn mich andere drum beneiden. Drum, eine Geliebte, die nicht einen andern sitzen laßt wegen mir, so daß sich der andere halbtot kränkt, die könnt' mich gar nicht glücklich machen.

ISABELLA Aber Sie sind ein schlimmer Mann, Sie!

Melancholisch

BRIGITTE (*geht zur Mitte ab*)

Sanguinisch

SCHLANKEL Alles eins, jetzt laß uns aber unsere Liebe durch einen Kuß manifestieren.

HUTZIBUTZ (*zur Mitte eintretend, stutzt*) Ich hab' dich im Kaffeehaus g'sucht und nicht g'funden.

SCHLANKEL Das is natürlich, weil ich da bin.

HUTZIBUTZ Du hast aber g'sagt –

SCHLANKEL Daß ich ins Kaffeehaus geh', das g'schieht jetzt. (*Geht zur Mitte ab.*)

Achte Szene

1.	2.	3.	4.
DER VORIGE; WALBURGA	FAD (*allein, schläft ruhig fort*)	IRENE (*allein*)	ISABELLA, HUTZIBUTZ, *dann* MARIE

Phlegmatisch

FAD (*schläft ruhig fort*)

Sanguinisch

HUTZIBUTZ Isabella!

ISABELLA Na, was soll's denn mit dem wichtigen G'sicht?

HUTZIBUTZ Deine Behandlung gegen mich hat bereits das Gebiet der Mißhandlung betreten.

Cholerisch

WALBURGA (*aus der Seite*) Das Zimmer soll frei bleiben, wenn ich ihn nur da wegbrächt'! (*Ihn wecken wollend.*) Herr von Schlaf –!

Sanguinisch

ISABELLA Aber, Hutzibutz, du bist ein Narr!

HUTZIBUTZ Was nicht is, kann werden.

ISABELLA Wir haben ja verabredet, daß ich dem Schlankel eine Neigung heucheln soll!

HUTZIBUTZ Ich hab' es aber nur zum Scherze erlaubt!

ISABELLA Na, du wirst doch nicht glauben, daß es mir Ernst ist?

Cholerisch

WALBURGA Das wird was brauchen! (*Ruft lauter.*) Herr von Schlaf!

Melancholisch

IRENE Noch kein Mädchen auf dieser Erde war so unglücklich als ich! (*Setzt sich gesenkten Hauptes auf den Stuhl und verweilt in dieser Stellung.*)

Sanguinisch

HUTZIBUTZ Ich find' ihn allein bei dir!

ISABELLA Ja, freilich, hätt' ich 'n denn hinausschaffen sollen?

Cholerisch

WALBURGA Ja, es muß sein, da nützt nichts! (*Den Sessel rüttelnd.*) Herr von Schlaf!

SCHLAF (*erwachend und gähnend*) Wa – was gibt's denn? Ah, Fräulein Braut!

Sanguinisch

HUTZIBUTZ Er hat dich umgearmt, und das hab' ich auch nur zum Scherze erlaubt.

ISABELLA Hör' auf, jetzt wirst mich bald bös machen.

Cholerisch

WALBURGA Sie ruhen hier so unbequem, wollten Sie sich nicht hinüber aufs Kanapee bemühen?

SCHLAF Kanapee? O göttliches Wort! Ich gehorche, schöne Braut! (*Geht schlaftrunken zur Seite ab.*)

Sanguinisch

MARIE (*lachend, aus der Seite*) Nein, dieser Herr von Schmerz ist vor Liebes-Schmerz ganz weg! Aber was seh' ich denn da für König-Verdruß-G'sichter?

HUTZIBUTZ Fräulein Marie, diese Person betragt sich – ich kann keinen gelinderen Ausdruck wählen als: »sie betragt sich!« – und ich – ich hab' es doch nur zum Scherze erlaubt! (*Geht mit unterdrückten Tränen ab.*)

Cholerisch

WALBURGA Dem Himmel Dank, das Terrain wäre frei! (*Zur Mitte ab.*)

Neunte Szene

1.	2.	3.	4.
(*Bühne frei*)	FAD (*schläft ruhig fort*)	IRENE, HERR VON GLÜCK, *dann* BRIGITTE, LISETTE, MARGARETH	MARIE, ISABELLA, HERR VON SCHMERZ

Sanguinisch

SCHMERZ (*traurig aus der Seite*) Warum flieht mich meine Braut?

Melancholisch

GLÜCK (*sehr lustig, aus der Seite*) Wo steckt denn meine Angebetete? Und warum denn so niedergeschlagen?

Sanguinisch

MARIE Wenn ich auch fort bin, wie können Sie denn wissen, ob nicht meine Gedanken bei Ihnen zurückgeblieben sind?

Melancholisch

GLÜCK (*beiseite*) Das ist ein lieber Schatz! Wir werden sie schon aufheitern, nur Geduld, die muß noch so lustig werden als ich!

König-Verdruß: Gesellschaftsspiel.

Sanguinisch

SCHMERZ So wie das Nordlicht flimmert am mitternächtlichen Pole, so taucht Ihre Liebe auf am Horizonte meines Lebens, um einen matten Strahl in meines Herzens Finsternis zu senken.

ISABELLA (*für sich*) Das sind die neuen Galanterien, die wir erst kriegt haben.

Melancholisch

GLÜCK Mir fallt da was ein, meine Holdeste. Wo sind denn die Dienstleute? (*Zur Mitteltüre hinausrufend.*) Heda! Herein, was Händ' und Füße hat! (*Zu Irenen.*) Wir werden einen kleinen Ball arrangieren für heute Abend.

IRENE Einen Ball? Was fällt Ihnen ein? Der Vater liebt Einsamkeit und Stille!

GLÜCK O, ich werd' einen ganz andern Ton einführen im Haus!

Sanguinisch

MARIE (*zu Schmerz*) Sie müssen schon verzeihen, wenn ich Ihren lieblichen Redensarten nicht länger zuhören kann, die Anordnungen zum heutigen Ball –

SCHMERZ Ball? Ball? Unausstehliches Wort! Wo soll Ball sein?

MARIE Hier! Der Vater hat ihn für heute zur Feier unserer Verlobung angeordnet.

SCHMERZ Muß abgesagt werden!

Melancholisch

BRIGITTE, LISETTE *und* MARGARETH (*treten durch die Mitte ein*)

BRIGITTE Was befehlen der gnädige Herr?

GLÜCK Treibt auf, was nur in Eile aufzutreiben ist, bestellt Musikanten, kauft Eßwaren, was gut und teuer ist! Wein, viel Wein! Und unzählige Wachskerzen! Da ist Geld! (*Gibt Margarethen eine Börse.*) Nur fort, schnell, lüftig, behende! (*Lisette und Margareth zur Mitte ab.*)

Sanguinisch

SCHMERZ Ein Ball, das wär' mein Tod! (*Zu Isabella.*) Schicke Sie schnell überall herum, kein Ball, durchaus nicht, wird alles abgesagt!

Melancholisch

BRIGITTE Aber –

GLÜCK Die Alte muß mit mir, die wird G'schäfte bekommen, daß Sie nicht weiß, wo ihr der Kopf steht!

Sanguinisch

ISABELLA Ja, aber –

SCHMERZ Ich nehme jede Verantwortung auf mich!

MARIE Wie es mein Bräutigam wünscht, so soll's geschehen!

ISABELLA Gut! (*Zur Mitte ab.*)

Melancholisch

GLÜCK (*zu Irenen*) Ich habe in meinem Wagen einen Freund mitgenommen von Straßburg mit zwei Töchtern, liebe, lustige Leute; die hol' ich, sie haben hier viele Bekannte, ich habe auch einige Bekannte aus früherer Zeit, die müssen alle kommen, diese Bekannten, das soll ein Ball werden aus dem Stegreif, comme il faut! (*Eilt zur Mitte ab und zieht die langsame Brigitte mit sich fort.*)

Sanguinisch

SCHMERZ Ich habe meine Tante mitgebracht und deren Schwager, zwei mir seelenverwandte, stille, düstere Wesen, außer diesen will ich nichts von Gästen bei unserer Verlobung sehen.

MARIE O, ich freu' mich schon auf diese Bekanntschaft, ich bin sogleich wieder da. (*Zur Mitte ab.*)

Zehnte Szene

1.	2.	3.	4.
(*Bühne frei*)	DER VORIGE; CYPRIAN, *dann* HERR VON STURM	IRENE (*allein*)	HERR VON SCHMERZ, *dann* FROH

Melancholisch

IRENE (*allein*) Himmel, was wird das werden!

Sanguinisch

FROH (*noch von außen*) Also is er schon da?

SCHMERZ Mein Freund Trüb kommt nach Hause.

FROH (*zur Mitte eintretend*) Freund, alter Ami!

SCHMERZ So kann ich endlich meine Tränen fließen lassen an deiner Brust! (*Sinkt ihm schluchzend an den Hals.*)

Phlegmatisch

CYPRIAN (*zur Mitte eintretend*) Er kommt wieder, er lärmt grad über die Stiegen herauf – (*Zu Fad, nähertretend.*) Euer Gnaden –

Sanguinisch

FROH Na, na, so sei nur wieder g'scheit. Mir sind auch vor Freud' die Tränen in die Augen kommen, aber gar so weinen –

SCHMERZ O gönne mir diesen Genuß!

Phlegmatisch

STURM (*ungestüm zur Mitte eintretend*) Ich konnte des Kerls nicht habhaft werden, aber nur Geduld, Geduld, er läuft mir noch in die Hände, und dann zermalme ich, zerreiß' ich den Schuft!

CYPRIAN Still, still, der gnädige Herr schlaft!

STURM Wie? Was? Das ist er? Der Vater schläft, wenn der Ruf der Tochter gefährdet ist? Auf, betörter Alter, die Stimme der Ehre sei die letzte Posaune deiner Ruhe! Auf, erwache! (*Rüttelt ihn.*)

Sanguinisch

FROH Aber Freund, hörst noch nicht bald auf?

SCHMERZ Nein, nie – nie!

Phlegmatisch

FAD Wa – was gibt's denn?

STURM Was es gibt? Ein von einem zudringlichen Verführer verfolgtes Mädchen, das ist deine Tochter, einen wütenden Bräutigam, der bin ich, und einen schläfrigen Vater, der bist du!

Sanguinisch

FROH Is dir denn was geschehn?

SCHMERZ Die Erinnerung an unsere Jugend –!

FROH Die is ja höchst lustig!

Phlegmatisch

CYPRIAN (*zu Fad*) Das is der Herr von Straßburg!

FAD Mein alter Spezial! G'freut mich unendlich!

STURM Mich freut's aber nicht, was ich für Entdeckungen gemacht! Deine Tochter ist ein Engel, aber der – der –

FAD (*in der Meinung, daß Sturm von Robert spricht*) Mein Gott, der junge Mensch ist halt versprengt in sie, und Jugend – Jugend –

STURM (*Hutzibutz meinend*) O, gar so jung ist er nicht! Aber der Teufel soll ihm das Licht halten, wenn er ihr noch ferner nachlauft!

FAD Freund, bis Straßburg lauft keiner!

STURM Du nimmst das leicht, worüber ich ergrimme, wüte, rase. Er soll mir aber nicht entgehn, ich finde ihn, ich muß ihn finden, eher ruh' ich nicht! (*Wütend zur Mitte ab.*)

Sanguinisch

SCHMERZ (*wehmütig den Kopf schüttelnd*) Erinnerung ist ein schadenfroher Mahner an eine entschwundene schöne Zeit, drum liegt gerade im Wiedersehn ein tiefer, unnennbarer Schmerz!

Melancholisch

IRENE (*aus der Lade des Tisches ein Portefeuille nehmend*) Mein Tagebuch, du Kette bitterer Leiden, nimm den heutigen als den unseligsten auf! (*Setzt sich zum Tischchen und schreibt in das Tagebuch.*)

Sanguinisch

SCHMERZ Ich muß dich auf einen Augenblick verlassen – es ergreift mich zu mächtig – (*im Übermaß des Gefühls*) es zersprengt mir die Brust –! (*Stürzt zur Seitentüre ab.*)

Phlegmatisch

FAD Das is ein schrecklicher Mensch, wie sich der geändert hat in die Jahre, seitdem ich ihn nicht gesehn hab', als wenn's gar nicht der nämliche wär' –

Sanguinisch

FROH (*allein*) Der is wie ausgewechselt!

Spezial: Kumpan, enger Freund.

Elfte Szene

1.	2.	3.	4.
BRAUS, SCHLANKEL (*als bramarbasierender Abenteurer verkleidet*), *später* EDMUND	FAD, *dann* AGNES	IRENE (*allein*)	FROH, MARIE

Sanguinisch

MARIE (*tritt zur Mitte ein*)

FROH Du, Marie, hast den Bräutigam schon g'sehn?

MARIE O ja! –

FROH Wie g'fallt er dir denn?

MARIE Gut, sehr gut! Papa, ich bin Ihnen sehr verbunden für diese Wahl! (*Zur Seite ab.*)

Cholerisch

BRAUS (*vom verkleideten Schlankel verfolgt*) Herr, jetzt hab' ich's satt, gehn Sie mir vom Leib!

SCHLANKEL Nein, ich gehe Ihnen auf den Leib, Sie haben mich an der Ehre gekränkt, das fordert Blut!

BRAUS Lassen Sie mich ungeschoren!

SCHLANKEL Nein, das kann nicht sein, denn Sie haben meine Ehre auch nicht ungeschoren gelassen.

Sanguinisch

FROH (*allein*) Der g'fallt ihr!

Cholerisch

BRAUS Was ich Ihnen getan, ist so viel als nichts!

SCHLANKEL Sie haben mich in der Weinstube auf den Stiefel getreten, das hat mich an meiner Ehre gekränkt.

BRAUS Steckt denn Ihre Ehre in dem Stiefel?

SCHLANKEL Ja, denn ich stecke im Stiefel, und die Ehre steckt in mir, folglich steckt sie auch im Stiefel so gut als ich.

Phlegmatisch

FAD (*in die Seitentüre rufend*) Tochter!

Cholerisch

BRAUS Ich habe Ihren Fuß unter dem Tisch gar nicht bemerkt.

SCHLANKEL Die Achtlosigkeit gegen meine Person war schon Beleidigung, Sie müssen sich schlagen!

Melancholisch

IRENE (*schreibend*) Solche Schläge treffen hart!

Cholerisch

BRAUS Ich lasse Sie augenblicklich von meinen Leuten hinunterwerfen!

SCHLANKEL Da klammere ich mich fest an Ihnen, und Sie fliegen mit!

BRAUS Was wollen Sie denn aber ins Teufelsnamen?

SCHLANKEL Nichts als Ihr Blut!

Sanguinisch

FROH (*allein*) Ein trauriger Gusto, was das Madl hat! (*Geht kopfschüttelnd auf und nieder.*)

Cholerisch

SCHLANKEL Die Ehre ist die feine Wäsche, in welche sich die Seele des Gebildeten kleidet, drum muß so eine Ehre auch fleißig gewaschen werden, das geht aber nicht mit Wasser und Seife, nur mit dem Blut des Beleidigers wäscht man die Ehre rein.

BRAUS (*durch Schlankels imponierende, bramarbasierende Haltung immer mehr in die Enge getrieben, für sich*) Verfluchter Handel! (*Laut.*) Ich bin zu alt zu einem Duell.

SCHLANKEL Ist nicht meine Schuld, warum haben Sie mich nicht vor zwanzig Jahren beleidigt? Übrigens wäre das gar nicht möglich gewesen, weil ich noch ein Bube war. Mit einem Wort, es gibt keine Ausrede, hier sind Pistolen! (*Zieht zwei Pistolen aus der Tasche.*)

BRAUS (*für sich*) Verdammt! Wie werd' ich den Kerl los?

SCHLANKEL Ich trage immer zwei geladene bei mir, damit ich sie gleich bei der Hand habe.

Phlegmatisch

FAD (*wie oben*) Tochter!

Sanguinisch

FROH (*mustert einige Galanteriesachen, die er in einem Karton mitgebracht*)

Cholerisch

SCHLANKEL Wählen Sie! (*Hält ihm die Pistolen hin.*)

BRAUS Nein, sag' ich!

SCHLANKEL Herr, wenn Sie sich weigern, so schieß' ich Sie nieder wie eine Wachtel! (*Geht auf ihn los.*)

BRAUS Der Kerl ist rasend! Heda, Leute! Herbei! Zu Hilfe!

EDMUND (*tritt zur Mitte ein*) Was geht hier vor?

BRAUS Der Mensch will mich umbringen!

SCHLANKEL Weil er sich nicht schlagen will.

Phlegmatisch

AGNES (*von der Seite*) Sie haben geruft, Papa?

FAD Hast 'n schon g'sehn?

AGNES Ja!

Cholerisch

EDMUND (*nachdem er mit Schlankel ein Zeichen des Einverständnisses gewechselt hat*) Herr von Braus, Sie haben recht, wenn Sie das Duell vermeiden, Sie sind zu aufgeregten Gemütes, und zur Pistole gehört sich Kälte und eine ruhige Hand. Ich mache mir ein Vergnügen daraus, statt Ihnen dem Bramarbas eine derbe Lektion zu geben. (*Zu Schlankel.*) Ihnen ist's doch gleich, ob Sie sich mit mir oder mit *dem* Herrn schlagen?

SCHLANKE Ganz egal, die Beleidigung fordert Blut, das des Beleidigers oder dessen Stellvertreters, alles eins!

EDMUND So kommen Sie, mein Herr!

SCHLANKEL Ins Gehölz außer dem Wall. In fünf Minuten sollen Sie die Todeswunde ober dem vierten Westenkopf empfinden. Blut, das sei die Losung! (*Mit Edmund durch die Mitte ab.*)

BRAUS (*sich jetzt erst von seinem Erstaunen über Edmund erholend*) Der Mensch schlägt sich für mich, und wenn ich nicht irre, so hab' ich ihn heut' vormittag geprügelt! Das ist viel, sehr viel!

Phlegmatisch

FAD Wie g'fallt er dir denn?

AGNES Gut, sehr gut!

FAD Mir nicht!

Cholerisch

BRAUS Hm, die kaltblütigen Leute sind doch auch zu etwas gut. – Ich muß mir das abgewöhnen, überall Händel anzufangen, denn 's wird leicht zu ernsthaft.

Phlegmatisch

FAD Ich muß nur schauen, wo er hin'gangen is, daß er mir keinen Skandal macht im Haus! Nur Ruhe, nur Ruhe! (*Geht zur Mitte ab.*)

Cholerisch

BRAUS Aber einer ist im Weinhaus gesessen, der hat gelacht über mich, wie ich gefordert wurde, den muß ich koram nehmen, vielleicht ist er noch dort, der Schuft! (*Mit steigender Heftigkeit.*) Dem kann ich's nicht schenken! (*Zur Mitte ab.*)

Zwölfte Szene

1.	2.	3.	4.
AGNES, *dann* ISABELLA, *dann* HUTZIBUTZ, *dann* SCHLANKEL, *dann* HERR VON STURM, *dann* FAD	IRENE, *dann* TRÜB, *dann* HERR VON GLÜCK	(*Bühne frei*)	FROH, *dann* ISABELLA

Phlegmatisch

AGNES (*lachend*) Der Vater hat's heut' g'nötig!

ISABELLA (*durch die Mitte eintretend*) Ich küss' die Hand, Fräulein Agnes, der Schlankel hat g'sagt, ich möcht' Sie bitten, die Tür, die von die rückwärtigen Zimmer auf die Stiegen führt, aufzusperren.

AGNES Die Schlüssel liegen alle drin auf mein' Tischel, sein S' so gut, Bella, Sie werden schon den rechten finden, und sperren S' auf.

ISABELLA Gleich, Fräulein Agnes, gleich! (*Zur Seite ab.*)

HUTZIBUTZ (*tritt zur Mitte ein*) Das war die Bella? Was macht denn die Bella da?

AGNES Der Schlankel will, daß –

SCHLANKEL (*tritt zur Mitte ein*) Ich bitt', is die andere Tür schon aufg'sperrt?

G'nötig: eilig.

AGNES Die Bella sucht grad den Schlüssel.

SCHLANKEL Es is notwendig, man kann nicht wissen, wegen retrograden Bewegungen – (*schnell in die Seite ab.*)

HUTZIBUTZ (*ängstlich*) Jetzt geht der in das Zimmer, wo die Bella is!

AGNES Na, was schad't denn das?

HUTZIBUTZ O, Fräulein Agnes, Sie glauben nicht, meine liebe Fräulein Agnes –

AGNES Warum nicht gar, nur g'scheit sein!

STURM (*ist zur Mitte eingetreten und hat bereits die letzten Worte des Hutzibutz gehört, vorstürzend*) Aha! Jetzt ist alles offenbar!

Sanguinisch

FROH (*noch immer mit der Musterung des Eingekauften beschäftigt*) Die Überraschung wär' da, und ich weiß nicht, durch wen ich die Sachen überschicken soll.

Phlegmatisch

STURM »Meine Liebe« sagen Sie zu dem Fräulein, und sie ermahnt Sie vergebens, gescheit zu sein? Aufdringlicher Fant, sei'n Sie, wer Sie wollen, jetzt haben Sie's mit mir zu tun!

HUTZIBUTZ (*äußerst erschrocken*) Ich bitt', Euer Gnaden –!

STURM Keinen Laut, oder –! (*Zu Agnes.*) Lassen Sie uns allein, mein Fräulein!

Melancholisch

TRÜB (*tritt zur Mitte ein*) Er ist schon hier?

IRENE (*aufstehend*) Ja.

Phlegmatisch

AGNES Sie glauben doch nicht –

STURM Ich weiß, daß Sie unschuldig sind, aber Ihr Verfolger verdient Züchtigung! Lassen Sie uns!

AGNES (*im Abgehen, für sich*) Jetzt kommt der über 'n Hutzibutz! (*Geht kichernd zur Mitte ab.*)

STURM Nun, Herr, sollen Sie mir nicht mehr entrinnen!

HUTZIBUTZ Ja, was soll denn g'schehn? (*Für sich.*) Ich bin in Todesangst!

STURM (*sperrt die Seitentüre zu*)

HUTZIBUTZ (*für sich*) Jetzt sperrt er den Schlankel und die Bella ein (*Laut und nach der Seitentüre zeigend.*) Um alles in der Welt, nur dort nicht zusperren!

STURM Kein Ausweg soll Ihnen offen bleiben! (*Sperrt die Mitteltür zu.*)

Melancholisch

TRÜB (*zu Irene*) Du sprichst nichts?

Phlegmatisch

HUTZIBUTZ Ich bin in einer entsetzlichen Lag'.

Melancholisch

IRENE Ich werde als gehorsame Tochter handeln.

Phlegmatisch

STURM Jetzt, Herr, stehen Sie mir Rede!

HUTZIBUTZ (*ängstlich nach der Seitentüre blickend*) Ich hab' es nur zum Scherze erlaubt.

STURM Das Fräulein ist meine Braut, und Sie unterstehen sich –

FAD (*von außen an der Mitteltüre klopfend*) Aber aufmachen! Was sein denn das für Dalkereien?

Sanguinisch

FROH Wenn nur der Schlankel da wär'! (*Zur Mitte ab.*)

Phlegmatisch

HUTZIBUTZ Der Herr von Fad! Gott sei Dank! Zu Hilf', Euer Gnaden, zu Hilf'!

STURM (*grimmig*) Das soll Ihnen nichts nützen! (*Macht die Mitteltüre auf.*)

HUTZIBUTZ Das kost't mich zehn Jahr' von mein' Leben.

FAD (*zur Mitte eintretend*) Aber was gibt's denn da?

Sanguinisch

ISABELLA (*tritt zur Mitte ein*) Das wär' in der Ordnung! (*Zur Seite ab.*)

Phlegmatisch

STURM (*auf Hutzibutz zeigend*) Den Verfolger deiner Tochter hab' ich hier gefangen!

Melancholisch

TRÜB Wie gefällt er dir?

Phlegmatisch

FAD (*in der Meinung, Hutzibutz habe eine Post von Robert gebracht*) So gibt denn der Stiefelputzer noch kein' Fried'?!

STURM Stiefelputzer –?

Melancholisch

IRENE Es ist eine gute Wahl, die Sie getroffen.

Phlegmatisch

FAD (*zu Hutzibutz*) Hinaus, Postenträger! Helfershelfer! Marsch!

HUTZIBUTZ Ich gehe, aber nur dort sperren Euer Gnaden auf! (*Zeigt dringend bittend nach der Seitentüre und geht zur Mitte ab.*)

Melancholisch

GLÜCK (*zur Mitte eintretend, zu Trüb*) Nun wart', ich werd' dich lehren, nicht zu Hause zu sein, wenn man ankommt! Her da! Handschlag, Umarmung, Bruderkuß! So, jetzt steht die alte Freundschaft jung wieder da!

Phlegmatisch

STURM Wie? Also der Mann wäre –?

FAD Mein Stiefelputzer –

Melancholisch

TRÜB Bist du's wirklich? Du bist ganz anders geworden!

GLÜCK (*immer sehr jovial*) Von außen nur, Herz und Geist sind jung und frisch geblieben! Gefall' ich dir etwa nicht? Deiner Tochter gefall' ich, und um dich wird gar nicht mehr gefragt!

Phlegmatisch

FAD Und du machst gleich so närrische G'schichten im Haus!

STURM Du hast aber auch »Postenträger, Helfershelfer« gesagt, da muß ich ins klare kommen, Licht muß ich haben! (*Stürzt zur Mitte ab.*)

Melancholisch

TRÜB (*den Kopf schüttelnd, für sich*) Den haben die Jahre umgewandelt, wie verzaubert!

Dreizehnte Szene

1.	2.	3.	4.
(*Bühne frei*)	FAD, *dann* SCHLANKEL, *dann* HUTZIBUTZ, *dann* CYPRIAN, *dann* ROBERT	TRÜB, IRENE, GLÜCK	(*Bühne frei*)

Phlegmatisch

FAD (*allein*) Der is allweil oben aus – und der Agnes g'fallt er, ich begreif' nicht, wie eine leibliche Tochter von mir so einen rabiaten Geschmack haben kann.

SCHLANKEL (*als Regimentsbandist, durch Bart unkenntlich gemacht, tritt durch die Mitte ein, mit verstelltem Sprachorgan*) Mein Kamerad nicht da?

FAD (*erstaunt*) Was geht mich dem Herrn sein Kamerad an?

SCHLANKEL Grad soviel wie ich; wir sind alle zwei einquartiert bei Ihnen. (*Überreicht ihm einen Zettel.*)

FAD (*betroffen*) Einquartierung?

Melancholisch

GLÜCK »Lustig-lebendig!« ist mein Wahlspruch.

TRÜB Meine Lust ist bei den Toten.

Phlegmatisch

SCHLANKEL Sein Sie froh, daß Sie keine groben, rohen Menschen bekommen, ich und mein Kamerad, wir sind einer so gebildet wie der andere. (*Wirft sich in den Schlafsessel.*)

FAD (*ganz verblüfft*) Einquartierung –? Es is möglich, auf dem Zettel steht's, aber Einquartierung is bei uns so selten –

SCHLANKEL Daß Sie sich um so mehr jede Ungelegenheit gefallen lassen müssen!

FAD Bedank' mich!

Melancholisch

GLÜCK Alter Freund – (*für sich, erstaunt*) nein, der hat sich geändert seit seiner Jugend!

Lustig-lebendig: »formelhafte Bezeichnung eines leichtlebigen Menschen« (R.); Titel einer weit verbreiteten Burleske.

Phlegmatisch

FAD Wer ist denn der Herr eigentlich?

SCHLANKEL Ich bin Mohr bei der Banda. Der Mohr nämlich von uns, der ein Virtuos auf die Tschinellen war, ist des Todes verblichen, da hat man an mir das Tschinellentalent entdeckt, und jetzt bin ich der Mohr beim Regiment.

Melancholisch

GLÜCK (*für sich*) Ich will mich lieber an die Braut halten. (*Läßt sich mit Irenen in ein Gespräch ein, währenddem Trüh wehmütig im Anschaun des Bildes verloren bleibt.*)

Phlegmatisch

HUTZIBUTZ (*ebenfalls als Regimentsbandist verkleidet, karikiert und sehr dick gemacht, tritt zur Mitte ein*) Ah, du bist schon da, Kamerad? Wo ist denn der Seehund, bei dem wir einquartiert sind?

SCHLANKEL (*zu Fad*) Machen Sie sich nichts daraus, das sagt er nur so unbekannterweis'! (*Leise zu Hutzibutz.*) Stell' dich betrunken!

HUTZIBUTZ (*leise zu Schlankel*) Wenn ich's nur triff!

SCHLANKEL (*wie oben*) Denk dir, es is halber zehne auf d' Nacht, und es kann dir gar nicht fehlschlagen.

HUTZIBUTZ (*schreiend*) Hollaho! Wein her! Wein! (*Zu Fad.*) Man laufe in den Keller und bringe den besten herauf, wenn man anders auf diskrete Behandlung rechnen will!

SCHLANKEL (*zu Fad*) Hurtig, schnell, sollte schon da sein!

FAD (*ängstlich für sich*) Das sind schreckliche Leut'! (*In die Seitentüre rufend.*) Agnes, ein Wein!

SCHLANKEL (*zu Hutzibutz*) Sind unsere Waffen da?

HUTZIBUTZ Draußt hab' ich s' liegen lassen im Vorzimmer.

FAD Waffen?

SCHLANKEL Besorgen Sie nichts, hier wird nicht gehauen, nicht geschossen, wir sind von der Banda.

HUTZIBUTZ Unsere Waffen sind die musikalischen Instrumente. Aber Übung haben wir nötig, viel Übung und Exerciz.

SCHLANKEL Ja, ja! (*Ruft zur Mitteltüre hinaus.*) Unsere Sachen! (*Zu Fad.*) Der neue Marsch, den wir einstudieren, ist schwierig. (*Wirft zwei Notenblätter auf den Tisch.*)

Banda: Militärmusikkapelle.

Melancholisch

GLÜCK (*zu Irenen, welche ihm das Tagebuch gezeigt*) Ich werd' wohl unter heutigem Dato auch notiert werden in das Tagebuch?

Phlegmatisch

CYPRIAN (*kommt keuchend mit einer sehr großen türkischen Trommel, dem dazugehörigen Schlegel und zwei Tschinellen herein*)

FAD Die werden doch nicht gar –?

HUTZIBUTZ Aha, mein Holz- und Lederinstrument.

SCHANKEL (*zu Fad*) Sie können die Noten halten, und (*auf Cyprian deutend*) der auch.

FAD Meine Herrn, das geht nicht so, das Benehmen – ich werd' klagen beim Stab, und dann kriegen S' was mit 'm Staberl. (*Zeigt Schläge.*)

SCHLANKEL Himmel –

HUTZIBUTZ Tausend –

SCHLANKEL Mord –

HUTZIBUTZ Donnerwetter –

SCHLANKEL Hinein! Man will uns drohen? Klagen Sie, wo Sie wollen, aber nicht eher, als bis Sie uns bei unserer Musikübung den nötigen Dienst erwiesen, sonst kommen Sie nicht als a Ganzer zum Zimmer hinaus. Himmel –

HUTZIBUTZ Tausend –

SCHLANKEL Mord –

HUTZIBUTZ Donnerwetter –

SCHLANKEL Hinein!

CYPRIAN (*zu Fad*) Tun wir's gutwillig, Euer Gnaden, sonst sind wir des Todes! (*Fad nimmt ein Notenblatt, Cyprian das andere, der eine stellt sich vor Hutzibutz, der andere vor Schlankel; Hutzibutz schlägt türkische Trommel und Schlankel klirrt dazu auf den Tschinellen.*)

FAD (*desperat*) Den Lärm halt' ich nicht aus!

HUTZIBUTZ (*Fad im musikalischen Eifer anfahrend*) Jetzt haben Sie mich irr' gemacht! Das letzte Bumbumbum ist so schwierig, und Sie reden mir drein! Noch einmal! (*Macht wieder einige Schläge auf der Trommel, Schlankel dazu auf den Tschinellen.*)

SCHLANKEL Verdammt! Mir mißlingt jede Passage!

HUTZIBUTZ Ich bring' keine halben Töne heraus.

Melancholisch

GLÜCK (*zu Trüb*) Was sollen die Seufzer?

Phlegmatisch

SCHLANKEL (*zu Fad*) Das macht, weil wir uns geärgert haben über Sie. Glauben Sie, wir sind da, um uns von Ihnen Grobheiten sagen zu lassen?

HUTZIBUTZ Ein Bandist ist so viel als irgendein anderer Bandist!

SCHLANKEL Die Affäre vor zehn Jahren haben wir entschieden!

Melancholisch

GLÜCK (*zu Trüb, welcher ihm das Bild zeigt*) Deine Gattin?

Phlegmatisch

HUTZIBUTZ Die Bestürmung der steinernen Schiffbrücke.

SCHLANKEL So stand die Brücke – (*wirft den Lehnstuhl um, so daß die Lehne nach vorne auf den Boden kommt*) Kartätschen flogen, daß sie die Sonne verfinsterten. Die Mannschaft wird verzagt, da heißt es: Banda vor an den Brückenkopf, einen lustigen Marsch gespielt! Die Mannschaft defiliert mit neuem Mut im Quintduplierschritt durch den Kugelregen und die Banda im Triumph nach. (*Hutzibutz schlägt gewaltig in die Trommel, Schlankel in die Teller, und sie marschieren an dem schrägliegenden Lehnstuhl hinan, Schlankel vorn auf der umgestürzten Stuhllehne hinauf, so daß der Lehnstuhl krachend zerbricht.*)

FAD (*händeringend*) Mein Schlafsessel! – Das is meine letzte Stund'!

ROBERT (*zur Mitte eintretend*) Höllenelement, was ist das für ein Spektakel?

FAD Ach, Sie glauben nicht –

ROBERT Der Stuhl zertrümmert –? Hier ist Gewalttat geschehn!

SCHLANKEL (*sich erschrocken stellend, für sich, jedoch so, daß es Fad hören muß*) O weh, das ist ein Freund von unserm Kapellmeister – (*leise zu Hutzibutz*) stell' dich nur recht ängstlich!

ROBERT (*mit verstellter Wichtigkeit*) Ich kenne Ihren Vorgesetzten und werde sogleich die Anzeige tun.

Quintduplierschritt: Willkürlich gebildete Bezeichnung für ein zehnfach beschleunigtes Marschtempo (R.)?

HUTZIBUTZ (*sich ängstlich stellend*) Schonen Sie uns, wir könnten Unannehmlichkeiten haben.

Melancholisch

GLÜCK (*Trüb tröstend*) Über so was muß man sich wieder trösten!

Phlegmatisch

FAD (*wieder aufatmend, zu Robert*) Sie sind ein wahrer Retter in der Not.

SCHLANKEL (*leise zu Hutzibutz*) Sitzt prächtig auf, der Alte!

ROBERT Nichts als nachbarliche Schuldigkeit!

Melancholisch

GLÜCK (*zu Trüb*) Bei dir hat sich der Gram zu stark einquartiert.

Phlegmatisch

ROBERT Dieser Einquartierung wollen wir Meister werden. (*Zur Mitte ab.*)

HUTZIBUTZ Haben Sie die Güte –! } *zugleich*
SCHLANKEL Erlauben Sie – } *zugleich*

(*Beide folgen eilig und ängstlich Robert nach.*)

Vierzehnte Szene

1.	2.	3.	4.
HERR VON SCHLAF	FAD, AGNES	DIE VORIGEN; *dann* SCHLANKEL, *dann* HUTZIBUTZ	(*Bühne frei*)

Phlegmatisch

AGNES (*aus der Seitentüre mit einer Bouteille und Gläsern*) Da is der Wein, Vater!

FAD Das is aber wahr, du kommst g'schwind, wenn man dich ruft!

Melancholisch

GLÜCK (*zu Trüb*) Geh, geh, laß mich aus mit deiner Malerei! In einem Trauergemälde die Hauptfigur in einem weißen Ballkleide zu malen! Laß du's lieber sein!

TRÜB Ballkleid – Ball – für mich ein schauderhaftes Wort! Du hast recht, in schwarzen Trauerflor gehüllt, so hätt' ich sie malen sollen!

Cholerisch

SCHLAF (*aus der Seite kommend*) Es wohnt ein Klampferer vis-à-vis, ich hab' hier weit mehr Ruhe gehabt. (*Setzt sich auf den Stuhl und schläft wieder ein.*)

Melancholisch

TRÜB Das ganze Gemälde, meine letzte Freude, ist jetzt für mich so viel als vernichtet!

Phlegmatisch

FAD (*hat seiner Tochter den Vorfall erzählt*) Mein Freund und werdensollender künftiger Schwiegersohn hat mir nicht g'holfen, der rast immer in seine Eifersuchtsangelegenheiten herum.

AGNES Ein Zeichen, daß ihm an mir mehr liegt als an allem übrigen.

Melancholisch

GLÜCK (*zu Trüb*) Du bist wirklich ein schrecklicher Mensch!

TRÜB (*sehr kleinlaut*) Überlasse mich meinem Schmerze! Du hattest recht mit deiner Bemerkung über das Bild, ich hab's verpfuscht, aber daß es mir weh tut, durch eigene Ungeschicklichkeit mir selbst den letzten Trost verdorben zu haben, das kannst du mir nicht verdenken. Komm, Irene, komm! (*Geht mit Irenen in die Seitentüre ab.*)

GLÜCK (*allein*) Diese Gemütsart! So was ist mir noch nicht untergekommen!

Phlegmatisch

FAD Ich weiß nicht, wie du mir vorkommst!

Melancholisch

GLÜCK Damit er mir nicht gar so verstimmt bleibt, muß ich ihm schon den albernen Wunsch erfüllen und muß ihm als heimliche Freude –

HUTZIBUTZ (*tritt in seiner gewöhnlichen Gestalt zur Mitte ein*)

GLÜCK Ah, gut, daß ich Sie wiedersehe, Freund! Könnten Sie mir nicht in der Geschwindigkeit einen Maler verschaffen? Er hat nichts zu tun als das Kleid hier schwarz zu malen.

Klampferer: Blechschmied.

SCHLANKEL Einen Maler?

HUTZIBUTZ (*tritt in seiner gewöhnlichen Gestalt zur Mitte ein*)

SCHLANKEL (*auf Hutzibutz zeigend*) Hier ist einer! (*Beiseite.*) Auf diese Art kann ich vielleicht dem Hutzibutz Schläg' zuschanzen.

GLÜCK (*zu Hutzibutz*) Ach, den Herrn hab' ich ja auch schon gesehen. Also Sie sind Maler?

HUTZIBUTZ (*etwas verblüfft*) Ich –? Ja, ich bin Maler. (*Sich fassend.*) Aber nur in dunklen Gegenständen. (*Auf das Stiefelputzen anspielend.*)

GLÜCK Gerade das ist's, was ich brauche.

Phlegmatisch

AGNES Nein, das is der Müh' wert, ich glaub', dem Vater ist's nicht recht, daß ich eine folgsame Tochter bin! Haben Sie mir nicht selbst den, über den S' jetzt räsonieren, zum Bräutigam bestimmt?

FAD Red' nicht so viel, du machst mich wahnsinnig! Ich bin heut' ohnedem zu sehr in der Exaltation und Aufregung. (*Geht zur Seite ab.*)

Melancholisch

GLÜCK (*zu Hutzibutz*) Hier, mein Herr, für Ihre Bemühung! (*Gibt ihm Geld.*) Malen Sie nur (*auf das Bild zeigend*) das Kleid ganz schwarz.

HUTZIBUTZ Zu Befehl; ganz dunkel-glänzend-schwarz.

GLÜCK Aber schnell, bitt' ich, schnell! (*Zur Mitte ab.*)

Phlegmatisch

AGNES (*lachend*) Der Papa is schon über die Hälfte für 'n Robert g'stimmt. (*Zur Seite ab.*)

Melancholisch

HUTZIBUTZ (*noch nicht wissend, wie er dran ist*) Ich weiß jetzt nicht –

SCHLANKEL Hol' dir um zwei Gulden eine Farb' und mal' das Kleid da schwarz, und damit Punktum!

HUTZIBUTZ Mir is's recht, einen Stiefelputzer von Beruf setzt das in keine Verlegenheit. (*Zur Mitte ab.*)

Fünfzehnte Szene

1.	2.	3.	4.
SCHLAF (*allein*), *schläft ruhig fort*)	(*Bühne frei*)	SCHLANKEL (*allein*)	(*Bühne frei*)

Melancholisch

SCHLANKEL (*allein*) Jetzt hat nur ein Haar g'fehlt, so wär' ich in allem Ernst melancholisch worden, und das is das Temperament, was ich am allerwenigsten leiden kann, es hat mich aber doch auch schon a paarmal g'habt! – Überhaupt, wer kann bei einem Temperament bleiben, die Umstände bringen's ja mit sich, daß der Mensch in alle vier Temperamente herumkugeln muß.

1.

Wenn man auch festen Charakter hat im Ehestand,
Kriegt man leicht alle vier Temp'rament' nacheinand'.
's gibt die Kaswochen-Seligkeit, die ei'm da blüht,
Ein' sanguinischen Frohsinn dem ganzen Gemüt;
Doch 's dauert nicht lang, man erwacht aus dem Rausch,
Da halt't d' Überzeugung mit 'm Herzen ein' Plausch,
Zeigt auf d' Wirklichkeit, wie s' absticht geg'n d' Phantasie,
Da kriegt man ein' Anfall von Melancholie;
Die Gattin is schön, 's steig'n ihr d' Anbeter nach,
Viele hab'n ja nix anders zu tun den ganzen Tag,
Die keckesten drängen sich gar bis ins Haus,
Da wird man cholerisch und wirft a paar h'naus;
's Weib begehrt viel auf Putz, so daß d' Kassa wird hin,
Man sagt ihr: Mein Engel, das schlagst dir aus 'm Sinn,
Da kriegt s' Ohnmächten und Krämpf', 's Tags dreimal auf ein' Sitz,
Da wird man phlegmatisch, nimmt gar kein' Notiz.

2.

So oft ich auf ein' Saal geh', ich bin's schon gewöhnt,
Krieg' i in einer Nacht alle vier Temp'rament'.
Wenn ich d' Madeln siech in Klüften von Bettiné,
Da werd' ich sanguinisch, die Wahl tut mir weh;
Ich verlieb' mich in eine, auf die hab' ich ein' Zahnd,

Kaswochen: Flitterwochen.
Saal: Tanzlokal.
Klüfteln: (oft: enthüllendes) Kleid.
Bettiné: Petinet, feines »à jour« – Gewebe.
Auf die hab' ich ein' Zahnd: auf die hab' ich Lust.

Ab'r ihr Tänzer, der Lackel, gibt s' nicht aus der Hand,
Da verdrießt mich die Musi, ich geh' ins Speisezimmer h'nein
Und sag' melancholisch: He, Kellner, ein' Wein!
Ich trink' a neun Seiteln, ganz richtig gezählt,
Sagt der Kellner: »'s waren elfe« – so wird man geprellt,
Da muß ich acht geben, daß ich nicht z' aufbrausend wir,
Denn cholerische Schopfbeutler zucken in mir,
Ich schau' wieder in Saal, fast zu End' is der Ball,
Da hupft noch mit z'raftem Haar mein Ideal,
Ganz schachmatt und verwoiselt, wie schaut die jetzt aus?
Da geh' ich als reiner Phlegmatiker z' Haus.

3.

Die Frauenzimmer hab'n, wenn man s' recht genau kennt,
Über hundert verschiedene Temperament',
Doch heiter sanguinisch gescherzt und gelacht
Wird nur, solang d' Schönheit Eroberung macht.
Die Jahreln vergehn, und es kommt keine Partie,
Auch d' Lorgnetten werden nicht mehr gerichtet auf sie,
Jetzt g'spannen s' schon was wegen Stephansturm reib'n,
Da werd'n s' melancholisch, 's ist gar nicht zum b'schreib'n,
Von jeher hab'n d' Frauenzimmer das nit vertrag'n,
Wenn man a andere g'lobt hat, o, das hab'n s' im Mag'n,
Sag'n: »A andere ist schön«, ist die Gnad' schon verlor'n,
Da werd'n s' cholerisch, da fippern s' vor Zorn;
's Frappanteste ist, wenn s' glaub'n, man hat viel Geld,
Und hör'n dann, daß 's nicht wahr ist, o je, da ist's g'fehlt,
Da sag'n s' nicht mehr feurig: Mein Herz, du mein Leb'n!
Da tun s' ganz phlegmatisch den Laufpaß ei'm geb'n.

4.

Auch a Dichter kriegt allerhand Temperament',
Nur eins nimm ich aus, was er durchaus nicht kennt.
Wenn man a Stück gibt und manch's drin auf schwächerm Grund steht,
Mit sanguinischem Leichtsinn erwart't man, wie's geht,
Jetzt wenn man aber dann g'wisse Töne vernimmt,

Lackel: grober, unhöflicher Mensch.
Z'raftem: zerrauftem.
Verwoiselt: lamentabel.
G'spannen: ahnen, merken.
Stephansturm reib'n: Spottwort auf Mädchen, die keinen Gatten gefunden haben.
Fippern: beben.

Sind's Schlüssel oder Pfeifen, man weiß 's nicht bestimmt,
Da steig'n ei'm die Grausbirn' auf über die G'schicht',
Da macht man ein ganz melancholisch Gesicht.
Den andern Tag sag'n nachher d' Freund: Mir is leid,
Daß d' Malör hast g'habt! Aber die heimliche Freud',
Die ihnen dabei aus die Augen 'rausschaut,
Die macht ein' cholerisch, man fahrt aus der Haut.
Doch wenn's gelingt, und 's fallt alles gut aus,
So daß gütiger Beifall erschallt in dem Haus,
Da erglüht ei'm das Innre von Dankgefühl nur,
Und da sollt' man phlegmatisch bleib'n? Gar keine Spur! (*Ab.*)

Sechzehnte Szene

1.	2.	3.	4.
HERR VON SCHLAF (*allein, schläft ruhig fort*)	(*Bühne frei*)	HUTZIBUTZ, *dann* WALBURGA, *dann* IRENE	MARIE, ISABELLA, *dann* FRAU VON KORBHEIM, GUIDO, *später* FROH

Sanguinisch

MARIE (*kommt mit Isabella eilig aus der Seitentüre*) Die Frau von Korbheim kommt und der Guido mit ihr.

ISABELLA Das ist schon Schlankels Werk.

FRAU VON KORBHEIM (*mit Guido zur Mitte eintretend*) Liebe Marie –!

MARIE (*ihr entgegeneilend und ihre Hand küssend*) O, gnädige Frau, Sie sind also wirklich so gütig –?

FRAU VON KORBHEIM Und warum sollt' ich es nicht sein, warum sollt' ich mich nicht um die Herzensangelegenheiten meiner künftigen Stieftochter annehmen? Nur früher hätte man schon zu mir Vertrauen haben sollen!

MARIE Ich hab' ja heut' erst durch einen Zufall Ihr Verhältnis zum Papa erfahren, er war da so geheimnisvoll!

FRAU VON KORBHEIM (*zu Guido*) Machen Sie mir nur auf Tod und Leben die Cour, Herr von Trüb. Schlankels Idee ist gut.

GUIDO Ich fürchte, ich fürchte – (*spricht mit Frau von Korbheim im stillen weiter, dann mit Marie, während Frau von Korbheim mit Isabella sich in ein Gespräch einläßt.*)

Steig'n ei'm die Grausbirn' auf: (scherzhaft) da graut einem.

Melancholisch

HUTZIBUTZ (*tritt zur Mitte ein, er trägt ein Wichshäferl und Pinsel*) Um zwei Gulden, meint der Schlankel, soll ich mir eine schwarze Farb' kaufen – das wär' doch ein hinausgeworfenes Geld, ich hab' ja mein Wichshäferl da! Also ans Kunstwerk! Es kommt bei allem drauf an, daß man's probiert. Wer weiß, ob ich nicht ein heimlicher Maler bin. (*Hat sich gesetzt und fängt an, das Kleid schwarz zu malen.*) Es geht ja wie g'schmiert!

Sanguinisch

FROH (*zur Mitte eintretend*) Untertänigster, meine Gnädige! (*Küßt ihr die Hand und konversiert mit vieler Galanterie fort; bis er Guido erblickt, stutzt er.*)

Melancholisch

HUTZIBUTZ (*fleißig fortmalend*) Das Kolorit wird äußerst lebhaft, es geht halt nix über Kienruß und Frankfurter Schwärz'! (*Ist fertig geworden und betrachtet es mit Wohlgefallen.*) Wirklich, es is über die Erwartung gelungen!

Sanguinisch

FRAU VON KORBHEIM (*zu Froh*) Ich weiß, welches Mißverhältnis zwischen Ihnen und dem jungen Herrn von Trüb obwaltete, doch das ist jetzt vorbei, er entsagt Ihrer Tochter, wird aber fernerhin der Freund des Hauses bleiben.

FROH (*in unmutiger Verlegenheit*) Gehorsamer Diener –!

Melancholisch

HUTZIBUTZ Wie wär's, wenn ich ihr übers G'sicht ein' schwarzen Schleier machet? – Ja, ich will ganz den Eingebungen meiner Phantasie gehorchen. (*Malt über das Gesicht schwarz weg, so daß das Bild gar nicht mehr zu erkennen ist.*)

Sanguinisch

FRAU VON KORBHEIM Er wurde mir (*auf Guido*) von meiner Tante in Prag so schmeichelhaft empfohlen, daß ich ihn in allen Häusern, die ich besuche, einführen werde.

GUIDO Sie sind zu gütig, gnädige Frau!

FROH (*für sich*) Ja, das find' ich auch!

Melancholisch

HUTZIBUTZ (*ist fertig geworden*) Superb! Da kann man sehen, was im Menschen oft für Talente stecken! Ich hätt' mir das nicht träumen lassen, daß ich ein Maler bin. Jetzt lehn' ich's an die Wand, daß es ruhig trocknen kann, 's wär' ewig schad', wenn wer anstreifet! (*Lehnt das Gemälde an die Wand, samt der Staffelei, so daß nur die Rückseite zu sehen ist.*) Schad', daß man bei so was nicht mit der Bürsten drüber kann.

WALBURGA (*kommt eilig zur Mitte herein*) Irene! Irene!

IRENE (*durch die Seite*) Wer ruft? – Ah, du bist's?

WALBURGA Hast du den Schlankel nicht gesehn?

IRENE Nein!

WALBURGA Ich bin so in Angst, daß der Vater gleich sehen wird, daß mein Bräutigam nicht der rechte ist, denn ich habe oft von ihm gehört, daß sein Freund Sturm auffallend pockennarbig ist. Der Vater ist zwar sehr kurzsichtig, aber das könnte er doch bemerken! Jetzt möcht' ich Schlankel konsultieren, was da zu tun ist.

HUTZIBUTZ (*vortretend*) Wo ist der Bräutigam?

WALBURGA Ach, Er ist hier? Der Herr von Schlaf schläft oben.

HUTZIBUTZ (*von einer Idee ergriffen*) Wenn er nur fest schlaft!

WALBURGA O, den weckt keine Kanone auf.

HUTZIBUTZ Und blattermaset soll er sein? Is schon recht, das werd' ich besorgen.

WALBURGA Ja, ja, sei Er so gut und frag' Er den Schlankel um Rat! Adieu, Irene, ich muß gehn, ich erwarte den Papa jeden Augenblick. (*Eilt zur Mitte ab.*)

IRENE Leb' wohl, Walburga! (*In die Seite ab.*)

Sanguinisch

FRAU VON KORBHEIM Kommen Sie, Marie! (*Zu Guido.*) Herr von Trüb, begleiten Sie mich! (*Mit Marie und Guido in die Seite ab.*)

Melancholisch

HUTZIBUTZ (*allein, überlegend*) Er schlaft fest. Zu was brauchen wir da den Schlankel? Wie ich ein Genie bin, brauch' ich a bissel a rote Farb' und weiter nichts. G'schwind noch ein Kunstwerk vollbracht, und mein Renommee als Maler ist gegründet! (*Läuft zur Mitte ab.*)

Siebzehnte Szene

1.	2.	3.	4.
HERR VON SCHLAF, WALBURGA, *dann* HUTZIBUTZ	(*Bühne frei*)	TRÜB, *dann* SCHLANKEL, *dann* HUTZIBUTZ	FROH, ISABELLA, *dann* SCHLANKEL, *dann* HUTZIBUTZ

Cholerisch

WALBURGA (*tritt zur Mitte ein*) Der Vater noch nicht zu Hause, das ist gut! (*Eilt in die Seite ab.*)

Sanguinisch

FROH (*unruhig auf- und niederschreitend*) Bella, was sagt denn Sie dazu?

ISABELLA Ich? Ich kann da gar nichts sagen, etwas kurios kommt mit die Sach' vor.

FROH Nicht wahr? Etwas sehr kurios von der Frau von Korbheim und diesem Mussi Guido!

Cholerisch

HUTZIBUTZ (*tritt durch die Mitte ein, er hat ein Häferl mit Farbe, einen Pinsel und ein Stück Holz in der Hand, betrachtet Schlaf, welcher fest fortschläft*) Er scheint im tiefen Schlummer zu liegen – der also soll blattermáset sein? – Drunten haben wir g'mal'n und hier ober wird gespritzt! (*Hält in der linken Hand das Holz, in der rechten Hand den Pinsel und besprengt nach Art der Zimmermaler Schlafs Gesicht mit Farbe.*)

Melancholisch

TRÜB (*aus der Seite kommend*) Er hat recht – es ist unverzeihlich! Schwarz, ja – ja – schwarz sollte es sein! Wo ist denn –? (*Sieht das Bild an die Wand gelehnt.*) Wer hat es denn an die Wand gelehnt?

Cholerisch

HUTZIBUTZ Wenn der jetzt nicht gehörig ausschaut, dann sei meine Schuhbürsten von Samt. (*Zur Mitte ab.*)

Mussi: weniger respektvoll als *Monsieur*.
Blattermáset: pockennarbig.

Melancholisch

TRÜB (*hat das Gemälde umgedreht und sieht, was daran geschehen ist*) Ihr Mächte des Himmels, wer hat mir das getan?

SCHLANKEL (*tritt zur Mitte ein*) Was is denn g'schehen, Euer Gnaden?

TRÜB (*verzweifelt nach dem Bilde deutend*) Das Entsetzlichste, das Gräßlichste!

SCHLANKEL (*sich erstaunt stellend*) Was Teufel –! (*Tritt dem Bild näher.*) Das riecht von Stiefelwichs, das rührt vom Hutzibutz her!

TRÜB So hat sich denn alles zu meinem Untergang verschworen –?

Sanguinisch

FROH Die Freundlichkeit mit dem jungen Menschen raucht mir in die Nasen.

ISABELLA (*für sich*) Zappelt schon an der Leimrute!

Melancholisch

HUTZIBUTZ (*tritt unbefangen zur Mitte ein*)

SCHLANKEL (*zu Hutzibutz*) Der Herr von Trüb will was reden mit dir. (*Zur Mitte ab.*)

Sanguinisch

FROH (*zu Isabella*) Wenn ich nur wüßt', ob der Schlankel schon bei ihr war, bei der Frau von Korbheim!

SCHLANKEL (*zur Mitte eintretend*) Ja.

FROH So? Und nix bemerkt?

SCHLANKEL (*verschlagen*) Etwan wegen Guido? Na – jetzt, sie protegiert ihn, übrigens, inwiefern und inwieweit sich diese Protegierung erstrecken wird, das ist Sache der Zukunft.

FROH Verfluchte Historie! (*Geht unruhig auf und nieder, Schlankel und Isabella hussen bisweilen durch kurze Worte und Achselzucken noch mehr an.*)

Melancholisch

HUTZIBUTZ (*zu Trüb, welcher, in Schmerz versunken, ihn nicht bemerkte*) Was wünschen Euer Gnaden?

Raucht mir in die Nasen: wird mir unangenehm.
Hussen . . . an: reizen . . . auf, hetzen . . . an.

TRÜB Du nahst dich mir, Elender? Wer hat dir diese schwarze Tat in die Seele gehaucht?

HUTZIBUTZ Hat es nicht Dero Beifall?

TRÜB Ich möchte dich erwürgen, doch der Schmerz lähmt meine Kraft; ich möchte dich verfluchen, doch Tränen ersticken meine Stimme. –

HUTZIBUTZ Ist das der Lohn der Kunst? Da geh' ich lieber, aber ich kann nix davor, ich war nur ein totes Werkzeug, der fremde Bräutigam von Euer Gnaden Ihrer Tochter hat mir fünfundzwanzig Gulden dafür geben.

TRÜB Wie!? Der!?

HUTZIBUTZ Meine Hände sind rein, das kann ich beschwören. (*Streckt die rechte Hand aus, die voll schwarzer Farbe ist, und geht zur Mitte ab.*)

Sanguinisch

FROH (*eilt in die Seitentüre ab*)

SCHLANKEL (*zu Isabella*) Na, was sagen Sie, machen sich meine Plane?

ISABELLA Ah, gehn S', Sie sind gar so ein intriganter Mensch!

SCHLANKEL Das muß man sein!

HUTZIBUTZ (*tritt zur Mitte ein*)

SCHLANKEL (*gewahrt ihn, für sich*) So hat der Teuxel schon wieder den Hutzibutz da! (*Zur Mitte ab.*)

HUTZIBUTZ (*vortretend, mit einem strafenden Blick*) Er ging abermals von dir.

ISABELLA Na ja, is denn das zu verwundern, wenn man in solchen Planen verflochten ist.

HUTZIBUTZ Du scheinst zu vergessen, was ich doch so oft gesagt habe: daß ich es nur zum Scherze erlaubt!

ISABELLA Ja, aber wie soll ich denn –?

HUTZIBUTZ Zweimal hab' ich's schon bemerkt, wenn ich's noch einmal bemerke –

ISABELLA Na – was ist's dann –?

HUTZIBUTZ (*mit großer Wichtigkeit*) Dann hab' ich es zum drittenmal bemerkt! (*Zur Mitte ab.*)

ISABELLA Ich muß lachen über den verruckten Hutzibutz. (*Zur Seite ab.*)

Achtzehnte Szene

1.	2.	3.	4.
BRAUS, SCHLAF, *dann* WALBURGA	(*Bühne frei*)	TRÜB (*allein*)	FROH (*allein*)

Melancholisch

TRÜB (*allein*) Entsetzlich! Von Freundeshand trifft mich der Schlag! (*Sinkt, indem er das Gesicht mit beiden Händen bedeckt, in den Stuhl.*)

Sanguinisch

FROH (*in großer Unruhe aus der Seitentüre kommend*) Meine Auserwählte is völlig versprengt in den jungen Trüb. Wie sie sich von ihm die Cour machen läßt, ich halt's nicht mehr aus drin – ich muß gleich wieder hineinschaun. (*Eilt in die Seite ab.*)

Cholerisch

BRAUS (*tritt zur Mitte ein*) Ist schon über alle Berge, der Schurke, der gelacht hat über mich! Aber ich treff' ihn noch –! (*Gewahrt Schlaf, welcher im Stuhle schläft.*) Was ist das!? Etwa gar Freund Sturm –? Ohne Zweifel, Sturm! Freund meiner Jugend! Wach' auf! Donnerwetter, der schläft fest! Sturm! (*Rüttelt ihn.*) Heda, erwache!

SCHLAF (*sich mühsam ermunternd*) Ja, ja, wer ist's denn?

BRAUS Dein Freund, der nach einer Reihe von Jahren mit heißem, glühendem Gefühl dich wieder in seine Arme schließt.

SCHLAF Ja, ja, ist schon recht, aber ich hab' jetzt gar so gut geschlafen.

BRAUS Wie? Dein Schlaf wäre dir lieber als das Erwachen an Freundesbrust?

SCHLAF Ich habe die süßtesten Träume gehabt.

WALBURGA (*aus der Seite*) Ich höre die Stimme meines Verlobten!

SCHLAF O, meine Aimabelste!

Melancholisch

TRÜB Luft! Luft! Es preßt mir die Brust zusammen, ich muß ins Freie! (*Schnell in großer Ekstase zur Mitte ab.*)

Cholerisch

SCHLAF (*zu Walburga*) Erlauben Sie nur einen Kuß auf diese Hand aller Hände!

BRAUS (*beiseite, doch laut*) Von mir nimmt er gar keine Notiz!

SCHLAF (*zu Braus*) Wir haben noch Zeit genug zum Diskurieren! Ich muß jetzt schaun, daß mir der zweite Teil träumt von dem, was mir früher geträumt hat. (*Küßt Walburga die Hand und schläft wieder ein.*)

Sanguinisch

FROH (*ärgerlich aus der Seite*) Es wird immer ärger – Schlankel –! Wenn nur der Schlankel da wär', ich muß schaun, daß ich ihn find'. (*Rennt wieder, als ob ihm der Kopf brennte, zur Seite ab.*)

Cholerisch

WALBURGA Das ist ein lieber Mann!

BRAUS (*heftig und ärgerlich*) Ein Murmeltier ist er, ein Klotz, der nichts denkt, nichts empfindet!

WALBURGA Etwas empfindet er gewiß, und das ist Liebe zu mir.

BRAUS Du wirst doch nicht gar –?

WALBURGA Sie werden mir doch erlauben, den zu lieben, den Sie selbst für mich bestimmt.

BRAUS Auf dein Zimmer!

WALBURGA Ich geh', aber –

BRAUS Ohne ein Wort zu erwidern!

(*Walburga mit verstelltem Unwillen zur Seite ab.*)

BRAUS Es ist zum Rasendwerden! (*Auf Schlaf.*) Das Seekalb, das! (*Zur Seite ab.*)

Neunzehnte Szene

1.	2.	3.	4.
SCHLAF, *dann* NANETTE	CYPRIAN, *später* HERR VON STURM	HUTZIBUTZ, HERR VON GLÜCK, *dann* LISETTE, *dann* GESELLSCHAFT, *dann* IRENE, *dann* TRÜB	FROH, HERR VON SCHMERZ, *dann* HERR VON FINSTER, FRAU VON NACHTSCHATTEN, SCHLANKEL

Melancholisch

HUTZIBUTZ (*mit Glück durch die Mitte eintretend*) Sie haben mich schön in die Verlegenheit gebracht.

GLÜCK (*eilig*) Ich habe jetzt keine Zeit, Sie anzuhören, lieber Maler! Wenn nur jemand bei der Hand wäre – die Gäste kommen schon! (*Zu Hutzibutz.*) Helfen Sie mir bei Arrangierung des Balles, ich werde erkenntlich sein. Nehmen Sie die Wachskerzen (*gibt ihm ein Paket*), stecken Sie sie auf die Girandolen und zünden Sie auf, nur schnell! He! Lichter! Lichter herein! (*Läuft zur Mitte ab.*)

HUTZIBUTZ Mir is 's recht! (*Tut, wie ihm Glück befohlen.*)

LISETTE (*kommt zur Mitte mit vier Lichtern, stellt zwei auf den Tisch und trägt die andern zwei in die Seitentüre ab*)

Cholerisch

NANETTE (*kommt mit vier Lichtern zur Mitte herein, stellt zwei auf den Tisch und sagt zu Schlaf, welcher ruhig fortschläft*) Glückseligen Abend wünsch' ich! (*Trägt die anderen zwei Lichter in die Seitentüre ab, kehrt etwas später zurück und geht zur Mitteltüre hinaus.*)

Sanguinisch

SCHMERZ (*kommt mit Froh durch die Seite*) Ich wollte dir's drinnen nicht sagen, du sprichst immer vom Ball – ich hab' ihn abgesagt.

FROH Was? Meinen Ball, auf den ich mich so g'freut hab', den hast du abg'sagt?

SCHMERZ Ich liebe das Einsame, Stille, Düstere!

Melancholisch

HUTZIBUTZ (*mit der Anzündung der Wachskerzen beschäftigt*) Die Illumination wird gleich fertig sein! (*Zu der zurückkehrenden Lisette.*) Hilf mir die Jungfer aufzünden! (*Lisette nimmt ein Licht und hilft ihm; noch ehe sie fertig sind, tritt Glück mit der Gesellschaft ein.*)

Phlegmatisch

CYPRIAN (*kommt mit vier Lichtern, setzt zwei auf den Tisch und trägt die andern zwei in die Seitentüre*) Der Dienst ist zu stark! (*Seite ab. Nach einer Weile, wenn schon die folgende Musik begonnen, kehrt Cyprian aus der Seite zurück und geht zur Mitte ab.*)

Sanguinisch

FROH (*sehr mißmutig*) Ich hab' mir so lustige, unterhaltliche Gäst' eingeladen –

SCHMERZ Ist allen abgesagt. Du sollst eine andere Bekanntschaft machen, die dir reichlichen Ersatz bieten wird für das lärmende Vergnügen.

Melancholisch

(*Die Gesellschaft tritt während dem Ritornell mit Glück auf.*)

Chor mit Solo

CHOR (*zu Glück*)
Auf Ihren Ruf erscheinen wir geschwind,
Nun fragt sich's, ob wir auch willkommen sind.

(*Irene tritt durch die Seite und bewillkommt mit großer Befangenheit die ihr von Glück vorgestellten Gäste.*)

Sanguinisch

(*Stummes Gespräch zwischen Froh und Schmerz.*)

ISABELLA (*kommt mit Lichtern zur Mitte und trägt sie in das Nebenzimmer*)

SEPHERL (*kommt ebenfalls zur Mitte und setzt zwei Lichter auf den Tisch, dann ab*)

(*Die Musik nimmt einen sehr traurigen Charakter an und Herr von Finster und Frau von Nachtschatten treten durch die Mitte ein, beide in Trauerkleidern, werden von Schmerz dem Froh vorgestellt und bekomplimentieren diesen im folgenden traurigen Duo.*)

FINSTER *und* FRAU VON NACHTSCHATTEN
Es freut uns, daß das Ohngefähr einmal
Uns Sie begegnen läßt in diesem Jammertal.

(*Froh ist ganz verblüfft und weiß nicht, wie er sein Mißfallen an der unbehaglichen Gesellschaft verbergen soll. Gegen das Ende der Musik tritt Schlankel durch die Mitte ein.*)

Melancholisch

(*Die Musik im vorigen heiteren Charakter.*)

CHOR
So lasset dem Frohsinn die Stunden uns weihn
Und höchlich der neuen Bekanntschaft uns freun!

(*Die Musik endet im Orchester.*)

GLÜCK (*nach der Musik*) Musikanten herein! Möbeln hinaus! (*Es treten vier Musici ein, und Lisette und Margareth räumen etwas von Möbeln ab.*)

Sanguinisch

SCHLANKEL (*leise zu Froh*) Was Teufel haben Euer Gnaden da für eine Gesellschaft?

FROH (*leise zu ihm*) Solche Trauerg'stalten bringt mir mein Jugendfreund ins Haus, der einstens der fidelste Kerl war! Ich weiß gar nicht, was ich anfang'.

SCHLANKEL (*wie oben*) Für'n Augenblick läßt sich das nicht ändern.

Melancholisch

GLÜCK Aufgespielt, wir fangen gleich zum Tanzen an! Nur g'schwind rangiert – ich will Küche und Keller untereinander treiben! (*Eilt zur Mitte ab, Hutzibutz folgt ihm.*)

IRENE (*für sich*) Ich zittre, wenn der Vater zurückkommt.

Sanguinisch

SCHMERZ Wir wollen den Abend der Lektüre widmen. Ich habe hier ein treffliches Buch.

FINSTER Schade, daß ich meine Brillen nicht bei mir hab', sonst würde ich lesen.

SCHMERZ Mir schwimmen die Augen gleich in Tränen, ich kann nicht. (*Zu Froh.*) Du, Freund, könntest –

FROH Mit so was laßt's mich aus!

SCHMERZ (*auf Schlankel*) Hier steht ja noch ein überflüssiger Mensch. (*Gibt ihm das Buch.*)

SCHLANKEL Wenn es gefällig ist –? (*Alle setzen sich zum Tisch.*)

Melancholisch

(*Es wird ein Walzer gespielt und getanzt. Die Tanzmusik währt durch die ganze Szene fort.*)

Sanguinisch

SCHLANKEL (*liest*) »Traueralmanach für Schwermütige oder Sammlung trüber Gedanken.«

FROH (*für sich*) So ein Buch könnt' mir g'stohl'n werden.

SCHLANKEL (*liest*) »Die Hoffnung ist das Licht, das in des Lebens

Waldesnacht dem Wanderer die ersehnte Herberge verheißt, doch sie ist nur ein Irrlicht, das in den Sumpf des Elends leitet und höhnend dann vrschwindet.« – Das ist schön.

FINSTER *und* FRAU VON NACHTSCHATTEN Herrlich! Herrlich!

FROH (*beiseite*) Mir fangt an übel z'wer'n.

Melancholisch

HUTZIBUTZ (*mit einer Tasse Refreskaden zur Mitte eintretend, spricht im Ton des Theaternumeros*) Lemonadi, G'frorn's, Mandelmilch, Barbaras, Glas Punsch! (*Serviert den Nichttanzenden.*)

Sanguinisch

SCHLANKEL (*liest*) »Sooft du ein schönes Mädchen küssest, vergiß nie, daß hinter den Rosenwangen Falschheit lauert.«

FINSTER *und* FRAU VON NACHTSCHATTEN Wahr, sehr wahr!

SCHLANKEL Und so lieblich!

FROH (*beiseite*) Das wird mir zu arg!

Melancholisch

GLÜCK (*der schon früher durch die Mitte eingetreten, sieht Hutzibutz müßig stehen*) Aber warum tanzt denn der Maler nicht?

HUTZIBUTZ (*für sich*) Es ist keine einzige Kundschaft von mir unter die Gäst', gut, ich will als Maler figurieren. (*Zu Glück.*) Wenn Sie erlauben! (*Bittet ein Fräulein zum Tanze und walzt sehr ungeschickt; indem er eben nach dem Vordergrunde walzt*) Ich bin auch Tänzer, ohne daß ich es gewußt! Wirklich, ich übertriff mich selbst.

TRÜB (*tritt zur Mitte ein*) Was ist das? (*Ist wie vom Donner gerührt, die Musik hört auf.*)

GLÜCK (*zu Trüb*) Das sind lauter Bekannte von mir, ich hab' sie eingeladen.

TRÜB (*mit großer Gewalt sein empörtes Gefühl unterdrückend*) Diener! Ihr Diener! Sie erlauben – (*Durch die Seite ab. Irene folgt.*)

Sanguinisch

SCHLANKEL (*weiterlesend*) »Vor Erfindung des Weines hat die

Refreskaden: Erfrischungen (vom Italienischen).
Theaternumero: Uniformierter Verkäufer von Erfrischungen.

Menschheit ein weit höheres Alter erreicht; denke daher, sooft du ein Glas Wein trinkest, daß du einen Zug aus dem Becher des Todes tust.«

FROH (*beiseite*) Das halt' ich nicht aus, ich geh' auf und davon. (*Geht zur Seite ab.*)

Phlegmatisch

STURM (*tritt mit Cyprian zur Mitte ein*) Mein Diener noch nicht hier aus dem Gasthof?

CYPRIAN Nein!

Melancholisch

GLÜCK (*zur Gesellschaft*) Nur zu! Er scheniert uns gar nicht! (*Zu den Musikanten.*) Galopp! Galopp!

HUTZIBUTZ Galopp oder Trab, mir is alles eins! (*Man tanzt Galopp, die Musik beginnt wieder.*)

Phlegmatisch

STURM (*Cyprian anfahrend*) Warum kommt der Schlingel nicht?

CYPRIAN (*erschrocken*) Ich kann nix davor! (*Zur Mitte ab.*)

STURM (*geht ungeduldig auf und nieder*)

Sanguinisch

FINSTER Wo ist denn der Herr vom Hause hingegangen? Wir wollen ihm folgen. (*Finster, Nachtschatten, Schmerz und Schlankel durch die Seite ab.*)

Melancholisch

GLÜCK (*während dem Galopp*) Das Zimmer drin ist größer! (*Nach der Seite zeigend.*) Allons, frisch hineingetanzt! (*Alle tanzen in die Seitentüre ab.*) Musikanten nach! (*Die Musici folgen, immer Galopp spielend, der Gesellschaft nach.*)

Zwanzigste Szene

1.	2.	3.	4.
HERR VON SCHLAF, WALBURGA, BRAUS, *dazu* JAKOB	HERR VON STURM, FAD, AGNES, *dann* JAKOB *und* CYPRIAN	TRÜB, HERR VON GLÜCK	FROH, HERR VON SCHMERZ

Phlegmatisch

FAD (*mit Agnes aus der Seitentüre tretend, zu Sturm*) Du bist mir ein sauberer guter Freund! (*Erzählt ihm im stillen Gespräch, was vorgegangen ist.*)

Cholerisch

BRAUS (*mit Walburga aus der Seitentüre eintretend, will zur Mitte ab*) Wenigstens weiche ich jeder Konversation aus mit dem –

JAKOB (*tritt zur Mitte ein*) Hier wohnt der Herr von Braus?

BRAUS Der bin ich, was will Er?

JAKOB Meinen Herrn, den Herrn von Sturm.

BRAUS Hier ist er! (*Auf Schlaf zeigend.*)

JAKOB (*den Schlafenden betrachtend*) Der? Hahahaha! Warum nicht gar, ich seh' schon, ich bin fehlgegangen. (*Zur Mitte ab.*)

Phlegmatisch

STURM (*bei Fads Erzählung*) Höll' und Teufel!

Cholerisch

BRAUS (*Schlaf rüttelnd*) Heda! Mein Herr, auf! Auf!

(*Schlaf erwacht. Aufklärung im stillen Gespräch.*)

Phlegmatisch

JAKOB (*tritt mit Cyprian, der ihm den Eingang verweigern will, zur Mitte ein*) Es ist seine Stimme, sag' Er, was Er will!

CYPRIAN Das is ja nicht der Herr von Sturm.

STURM Freilich bin ich's.

JAKOB Ich werd' doch meinen Herrn kennen!

FAD (*erstaunt*) Sturm, Herr von Sturm?

Cholerisch

BRAUS (*nachdem ihm durch Schlafs Worte der Irrtum klar wird*) Herr von Schlaf sind Sie?

Phlegmatisch

STURM Nun ja!

FAD Also nicht mein Freund Schlaf? (*Stumme Erklärung.*)

Cholerisch

SCHLAF Also da daneben? Tut nichts, gewisse Sachen bleiben die alten! (*Mit einem zärtlichen Blick auf Walburga.*) Ich weiß, was ich zu tun habe. (*Zur Mitte ab.*)

(*Konversation über das Geschehene mit der Tochter.*)

Phlegmatisch

STURM Das ist ja ein verteufelter Irrtum. Übrigens hat dieser Zufall zwei Herzen zusammengeführt, die nichts mehr scheidet. Ich hätte da nebenan heiraten sollen, wird abgesagt, augenblicklich abgesagt! (*Zur Mitte ab.*)

(*Konversation über das Geschehene mit der Tochter.*)

Sanguinisch

FROH (*unwillig aus der Seitentüre tretend, zu Schmerz, welcher ihm folgt*) Nein, nein, nimm mir's nicht übel, aber du vertreibst mich, mein lieber Glück!

SCHMERZ (*erstaunt*) Lieber Glück? Du spottest, ich heiße Schmerz.

FROH (*erstaunt*) Was?

(*Aufklärung im stillen Gespräch.*)

Melancholisch

GLÜCK (*zu Trüb, welcher aus der Seitentüre tritt*) Sei nur nicht gar so bös!

TRÜB Das war zu viel, der Freundschaftsbund ist zerrissen, mein Herr von Schmerz.

GLÜCK (*erstaunt*) Was? Herr von Schmerz?!

(*Aufklärung im stillen Gespräch.*)

Einundzwanzigste Szene

1.	2.	3.	4.
HERR VON STURM, BRAUS, WALBURGA	DIE VORIGEN; *dann* HERR VON SCHLAF	TRÜB, HERR VON GLÜCK	FROH, HERR VON SCHMERZ

Cholerisch

STURM (*rasch zur Mitte eintretend*) Erkennst du deinen Sturm?

BRAUS Er ist's! In meine Arme! (*Beide umarmen sich heftig.*)

Phlegmatisch

SCHLAF (*tritt langsam zur Mitte ein*) Freund Fad!

FAD Was seh' ich!

SCHLAF Ich bin der Rechte, der alte Schlaf ist da!

FAD Eile in meine Arme!

(*Beide gehen langsam auf einander zu und umarmen sich sehr gelassen.*)

Melancholisch

GLÜCK (*über den Irrtum aufgeklärt, lacht laut auf*) Hahahaha! Da bitt' ich um Verzeihung!

Sanguinisch

SCHMERZ (*über den Irrtum aufgeklärt, mit finsterem Erstaunen*) Gräßlicher Irrtum! Zweifach gräßlich, wenn Sie mir jetzt die Hand Ihrer Tochter verweigerten! Doch das werden Sie nicht! Sie liebt mich!

FROH Hören Sie –

SCHMERZ Nichts, kein Wort, bis ich da drüben entsagt! (*Zur Mitte ab.*)

FROH (*ihm nachrufend*) Erlauben Sie –!

Melancholisch

GLÜCK Übrigens, mit der Tochter bin ich einig, da hilft Ihnen nichts! Wird gleich drüben alles rückgängig gemacht! Eine Braut aus Irrtum – scharmant! (*Eilt lachend zur Mitte ab.*)

TRÜB (*ihm nachrufend*) Mein Herr!

Zweiundzwanzigste Szene

1.	2.	3.	4.
BRAUS, WALBURGA, HERR VON STURM	FAD, AGNES, HERR VON SCHLAF	TRÜB, HERR VON SCHMERZ	FROH, HERR VON GLÜCK

Cholerisch

STURM (*zu Braus*) Die Folgen dieses Irrtums weißt du noch nicht, möglich, daß sie dir unangenehm sind, ich kann's nicht ändern. Ich habe mich in die Tochter des Herrn von Fad, als ich sie noch für deine Tochter hielt, verliebt. Sie wird jetzt trotzdem meine Frau, mit deiner Tochter ist es daher nichts!

BRAUS (*entrüstet*) Wie? Was?

Phlegmatisch

SCHLAF (*in Folge des früheren stummen Gesprächs*) Mir ist leid, aber ich bin drüben schon fest, wie ich ein rascher Kerl bin.

Melancholisch

SCHMERZ (*mit unterdrückten Tränen zur Mitte eintretend*) Dein Freund Schmerz steht vor dir.

TRÜB Ist's möglich? (*Beide stürzen sich weinend in die Arme.*) (*Konversation über den geschehenen Irrtum, worin am Ende Schmerz der Hand von Trübs Tochter entsagt.*)

Sanguinisch

GLÜCK (*zur Mitte eintretend*) Froh!

FROH Der ist's! Glück! Kamerad! (*Beide umarmen sich freudig.*) (*Konversation über den geschehenen Irrtum, worin am Ende Glück der Hand von Frohs Tochter entsagt.*)

Cholerisch

STURM (*zu Braus*) Forderst du Genugtuung, so findest du mich morgen bereit. Jetzt eile ich, mir einen Notarius zu holen. (*Zur Mitte ab.*)

Phlegmatisch

SCHLAF Ich muß g'schwind um einen Notarius laufen. (*Zur Mitte ab.*)

Sanguinisch

FROH Was wär' das? Mein Mädl willst du plantieren?
GLÜCK Mir is leid, wenn du bös wirst, aber ich kann nicht anders.

Phlegmatisch

FAD (*zu Agnes*) Tochter, mir scheint, der verschmäht dich!

Melancholisch

TRÜB (*tief ergriffen*) Du schlägst die Hand meiner Tochter aus? Himmel, auch diese Demütigung muß ich erleben?
SCHMERZ Das Schicksal wollt' es so. (*Zur Mitte ab.*)
(*Trüb wirft sich, den Kopf auf die Lehne stützend, in den Stuhl.*)

Phlegmatisch

AGNES Was schad't das? Ich hab' ja den Herrn von Sturm.
FAD (*etwas ärgerlich*) Wenn ich'n aber nicht mag, den Sturm!

Sanguinisch

FROH Und die Trauerweiden da drüben?
GLÜCK Freund, de gustibus – mit einem Wort, es muß heut' noch alles in Ordnung kommen! Adieu, Freund, auf Wiedersehen! (*Zur Mitte ab.*)

Cholerisch

BRAUS (*in heftigem Gespräch mit Walburga*) Und das Murmeltier will ich nicht!
WALBURGA Wen soll ich also hernach heiraten?

Dreiundzwanzigste Szene

1.	2.	3.	4.
BRAUS, WALBURGA, *dann* EDMUND	FAD, AGNES, *dann* ROBERT	TRÜB, IRENE, *dann* FELIX, *dann* HUTZIBUTZ	FROH, *dann* SCHLANKEL, GUIDO, ISABELLA, MARIE, FRAU VON KORBHEIM

Plantieren: »Sitzen lassen« (fz. *planter*).
De gustibus (*non est disputandum*): »Über Geschmäcker läßt sich nicht streiten«.

Sanguinisch

SCHLANKEL (*aus der Seite kommend*) Was der Musje Guido mit der Frau von Korbheim immer z' wispeln hat, nur das möcht' ich wissen!

FROH Ah, da werden wir ein' Riegel vorschieben! Ich weiß schon, wie! (*Spricht leise mit Schlankel.*)

Cholerisch

EDMUND (*tritt zur Mitte ein, die Kappe in der Hand, welche Schlankel als Bramarbas aufhatte*) Herr von Braus, Ihr Gegner ist überwunden!

BRAUS (*erfreut*) Wär's möglich?

EDMUND Hier ist die Mütze des Riesen, die ich als Siegeszeichen ihm abgenommen. (*Überreicht ihm selbe.*)

Sanguinisch

SCHLANKEL (*in Folge des Gesprächs*) Den Schmerz wollen *Sie* nicht, und den Glück will die Tochter nicht, unter diesen Verhältnissen is das das Gescheiteste, was Sie tun können. (*Ruft schnell in die Seitentüre.*) Herr von Trüb!

Cholerisch

BRAUS Also haben Sie ihn –?

EDMUND Durch den rechten Arm geschossen.

Sanguinisch

GUIDO (*kommt aus der Seite*)

FROH (*zu Guido*) Ich muß Ihnen sagen, und das frisch von der Leber weg –

ISABELLA (*aus der Seite kommend, zu Guido*) Herr von Trüb, Sie möchten zur Frau von Korbheim kommen!

FROH Sei Sie still!

Cholerisch

BRAUS Diese ritterliche Tat verdient ritterlichen Lohn. Walburga! (*Führt seine Tochter Edmund zu.*)

Sanguinisch

FROH (*zu Guido*) Was haben Sie bei der Frau von Korbheim zu suchen? Diese Galanterien und Courmachereien, das schickt sich nicht für einen Bräutigam.

GUIDO Bräutigam?

FROH Und das noch dazu von meiner Tochter!

(*Marie kommt mit Frau von Korbheim aus der Seitentüre.*)

Cholerisch

WALBURGA (*mit herzlichem Danke*) Mein Vater –!

BRAUS Nichts von Dank, du nimmst ihn, weil ich es will, nicht, weil du es willst. Ich werde dich Gehorsam lehren! (*In die Seite ab.*)

Sanguinisch

GUIDO Wär's möglich? Sie wollten ja –

FROH (*Marien erblickend*) Nicht viel reden, da haben Sie s'! (*Ihm Marie zuführend.*) Da diskurieren S', und (*sich mit galanter Pikanterie zur Frau von Korbheim wendend*) da werd' ich diskurieren.

Melancholisch

FELIX (*öffnet die Mitteltüre, erblickt Trüb, welcher unbeweglich im Stuhle sitzt, winkt zwei Trägern, die ihm folgen und ein großes Bild tragen, leise aufzutreten, nimmt die Staffelei, trägt sie ganz leise nahe zu Trüb und stellt leise und behutsam das neue Bild auf dieselbe, die Träger entfernen sich schnell*)

Phlegmatisch

ROBERT (*tritt mit zwei Trägern, die einen großen prächtigen Schlafsessel tragen, durch die Mitte ein, die Träger stellen den Stuhl in den Vordergrund*)

FAD Ist das ein Traumbild oder ist es Phantasie?

Melancholisch

TRÜB (*wendet sich zufällig und erblickt das neue Bild, welches seine Gattin in Lebensgröße vorstellt*) Täuschen mich meine Sinne? Sie ist's –! Sie – die Unvergeßliche! Ist's ein Zauber – oder Wirklichkeit –!? Wem dank' ich diese Freude?

FELIX (*vortretend*) Der Liebe!

IRENE (*kommt aus der Seite*) Was ist geschehen, Vater?

Phlegmatisch

ROBERT (*zu Fad*) Sie erlauben, daß ich durch diesen den zertrümmerten ersetze.

FAD Ah, ah, das ist zu viel für mein Herz! (*Setzt sich äußerst behaglich in den neuen Lehnstuhl.*) Nein, ich sitz' viel, aber so bin ich noch nie g'sessen.

Melancholisch

TRÜB Wie war das möglich?

FELIX Auf dem Miniaturbild Ihrer Tochter, welches sie beim Abschied mir mitgegeben, war an der andern Seite das Porträt Ihrer Gattin gefaßt. Ich benützte in freien Stunden mein Malertalent, um dieses Bild zu schaffen, und ich hoffte damals, mir so den Weg zu Ihrem Herzen zu bahnen. Hab' ich vergebens gehofft –?

TRÜB (*mit überströmendem Gefühl*) Nein, nein, Sie sind mein Sohn! (*Führt Irene in seine Arme.*)

HUTZIBUTZ (*tritt durch die Seite und betrachtet das Bild.*)

Phlegmatisch

FAD Wie kann ich das vergelten? Fordern Sie alles, alles!

ROBERT Sie wissen, daß mein einziger Wunsch die Hand Ihrer Tochter ist.

FAD Nehmen Sie s', aber 's ist viel zu wenig für diesen Genuß! (*Wiegt sich behaglich im Stuhle.*)

ROBERT (*umarmt Agnes*)

Cholerisch

BRAUS (*kommt aus der Seitentüre zurück*)

Melancholisch

HUTZIBUTZ Nicht übel, aber gegen dieses! (*Vergleicht das schwarzbemalte dagegen.*)

TRÜB Hinaus aus dem Heiligtum, profaner Pursche!

HUTZIBUTZ Ist das eine Behandlung für einen jungen Künstler?

TRÜB Fort!

HUTZIBUTZ (*zur Mitte ab*)

Vierundzwanzigste Szene

1.	2.	3.	4.
DIE VORIGEN; HERR VON SCHLAF (*mit dem Notarius*)	DIE VORIGEN; HERR VON STURM (*mit dem Notarius*)	DIE VORIGEN; HERR VON GLÜCK (*mit dem Notarius*)	DIE VORIGEN; HERR VON SCHMERZ (*mit dem Notarius*)

Cholerisch

SCHLAF Da bring' ich den Notarius!

BRAUS Aber nicht für sich, denn (*auf Edmund zeigend*) hier ist der Bräutigam!

SCHLAF Hören Sie auf!

WALBURGA (*entschuldigend*) Frühere Verhältnisse –

SCHLAF Ich bin der Geprellte!

Phlegmatisch

STURM Da bring' ich den Notarius!

FAD Aber nicht für sich, denn (*auf Robert zeigend*) hier steht der Bräutigam!

STURM Höll' und Teufel!

AGNES (*entschuldigend*) Frühere Verhältnisse –

STURM Ich bin hintergangen!

zugleich

Melancholisch

GLÜCK Da bring' ich den Notarius!

TRÜB Aber nicht für sich, denn (*auf Felix zeigend*) hier ist der Bräutigam.

GLÜCK Was ist das für eine Historie?

IRENE (*enschuldigend*) Frühere Verhältnisse –

GLÜCK Ich sitze zwischen zwei Stühlen auf der Erde! (*Kopfschüttelnd, lachend zur Mitte ab.*)

Sanguinisch

SCHMERZ Da bring' ich den Notarius!

FAD Aber nicht für sich, denn (*auf Guido zeigend*) hier steht der Bräutigam.

SCHMERZ Gräßliches Ereignis!

MARIE (*entschuldigend*) Frühere Verhältnisse –

SCHMERZ Zweifach gräßliches Ereignis! (*Geht händeringend zur Mitte ab.*)

zugleich

Phlegmatisch

STURM Rache! Grimmige Rache! (*Geht wütend durch die Mitte ab.*)

Cholerisch

SCHLAF Hm! Hm! (*Geht langsam zur Mitte ab.*)

Sanguinisch

MARIE (*zu Schlankel*) Hier ist Sein Lohn. (*Gibt ihm eine Dukatenbörse.*)

SCHLANKEL (*nimmt sie*) Küsse die Hand, doch der süßere Lohn steht hier! (*Auf Isabella zeigend.*)

HUTZIBUTZ (*ist a tempo zur Mitte hereingekommen und tritt dazwischen*) Anpumpt, 's sein andre da!

ISABELLA (*zu Schlankel, welcher zu merken anfängt, daß er betrogen ist*) Nicht des Verräters braucht's, ist der Verrat gelungen!

SCHLANKEL (*wie aus den Wolken gefallen*) Was seh' ich –?!

HUTZIBUTZ Einen geprellten Fuchs, wenn Er sich im Spiegel schaut.

SCHLANKEL Das is arg. (*Für sich.*) Aber das sollt ihr mir entgelten. Wenn ich nicht in sechs Wochen aus alle die Mariagen Ehescheidungen herausbring', dann will ich nicht mehr Schlankel heißen und häng's Intrigantfach für zeitlebens auf 'n Nagel. (*Zur Mitte ab.*)

FROH (*zur Frau von Korbheim, auf Marie und Guido zeigend*) Wenn die zwei Leut' nur nicht gar so ungleich wären! Na – aber 's macht nix!

Melancholisch

FELIX

Das Temperament hat vierfach zwar geschieden
Der Menschen Denk- und Sinnesart,
Doch eine Liebe gibt es nur hienieden,
Die alles ausgleicht, alles paart.

Cholerisch, Phlegmatisch, Melancholisch, Sanguinisch

ALLGEMEINER CHOR

Was noch so verschieden im Leben erscheint,
Zu einem Glück wird es durch Liebe vereint.

(*Unter allgemeiner freudiger Gruppe fällt der Vorhang.*)

Die verhängnisvolle Faschingsnacht

Posse mit Gesang in drei Aufzügen

Personenverzeichnis

TATELHUBER, ein Pachter vom Lande
PHILIPP, sein Sohn
HELENE, dessen Frau
SEPHERL, Magd
ROSINE, Kammerjungfer
HEINRICH,
} in Philipps Hause
HERR VON GECK
GOTTLIEB TAUBENHERZ, Bruder von Helenes verstorbenem Manne
FRAU VON SCHIMMERGLANZ
EIN BEDIENTER
LORENZ,
JAKOB,
} Holzhacker
KATHERL, Jakobs Weib
NANI, eine Wäscherin
SCHNECK,
LUCHS,
} Nachtwächter
FRAU MÜHLERIN, eine Bürgersfrau
FRAU EVERL,
FRAU REGERL,
} Kräutlerinnen

MARKTLEUTE, DIENSTBOTEN, PHILIPPS NACHBARN, BAUERN und BÄUERINNEN, STADTLEUTE, WÄSCHERMÄDCHEN

Die Handlung spielt in einer großen Stadt.

Die Uraufführung fand als Benefiz-Vorstellung für Nestroys Lebensgefährtin Marie Weiler als Wäscherin Nani am 13. April 1839 statt. Er selbst spielte den Holzhacker Lorenz, Scholz den Pächter Tatelhuber. Die Musik war von Adolf Müller.

Erster Aufzug

Ein Marktplatz in einer großen Stadt. Marktweiber und Bauersleute sitzen mit grüner Ware, Eiern, Hühnern usw. herum. Dienstboten und Frauen gehen hin und her und kaufen ein. Vorne rechts ist der Marktstand der Everl, neben ihr, weiter zurück, sitzt Regerl.

Erster Auftritt

BAUERSLEUTE, MARKTWEIBER, DIENSTBOTEN, FRAUEN, EVERL, REGERL

CHOR DER MARKTLEUTE (*ausrufend*)

Schöne Erdäpfel hätt' ich da und ein'n Spenat,
Ein'n prächtigen Kelch oder ein'n Hapelsalat!
Gute Schwammerln und Hendln, so fett wie die Gäns',
Ein'n Butter, ein'n frischen, a Antel, a schöns!

DIE DIENSTBOTEN

Wann's eure War' verkaufen wollt's,
Macht's billiger die Preis',
Ihr wißt nicht, was's begehren sollt's,
Das ist ja aus der Weis'.

DIE MARKTLEUTE (*unter sich*)

Weg'n ein'm Kreuzer tun s' handeln, 's ist schrecklich auf Ehr',
's wär' nötig, man gäbet geschenkt alles her.

DIE DIENSTBOTEN (*unter sich*)

Bei all'n muß man handeln, sonst wär's ein Malheur,
Wo nehmeten wir unsre Marktgroschen her?

Zweiter Auftritt

VORIGE; SEPHERL

(*Das Marktgewühl dauert während der folgenden Szenen fort, zieht sich aber mehr nach dem Hintergrunde.*)

SEPHERL (*eilig aus der Mitte vorkommend*) Da bin ich schon wieder, Frau Everl.

Kelch: Kohl.
Hapelsalat: Häuptel-, Kopfsalat.
Antel: Ente.
Aus der Weis': nicht in Ordnung.

EVERL Zum zweitenmal. Ein'n guten Morgen hab' ich der Jungfer schon g'wunschen heut'; ich weiß wirklich nicht, was ich der Jungfer jetzt wünschen soll.

SEPHERL Einen bessern Dienst! Unter uns g'sagt, es ist nicht meine Sach', meine Herrenleut' ausz'richten, aber ich weiß, d' Frau Everl meint's gut mit mir.

EVERL Na, ich glaub's; aber die Welt sieht's gar nicht ein, was ich für a Herz hab'.

SEPHERL Ich gewiß, und es tut mir wohl, wenn ich mich gegen d' Frau Everl recht ausreden kann. Eine gelbe Ruben brauch' ich, daß ich nicht vergiß; unsere Köchin hat wieder nicht denkt drauf. Ich sag' Ihnen, es ist schrecklich mit der Person, ich muß immer laufen für sie; früher hat s' ein'n Liebhaber g'habt, der hat s' sitzen lassen; jetzt trinkt s'; was sie früher aus Glückseligkeit vergessen hat, das vergißt s' jetzt aus Desperation. Und ich wollt' noch nix sagen, wenn nur unser Haus nicht gar so weit draußten wär', völlig bei der Linie; und ich wollt' noch nix sagen, wenn nur erkennt wär', was man tut; und ich wollt' noch nix sagen, wenn ein'm nur die Frau a bissel besser behandelt'; aber die Ausdrück', die man hört – ich begreif' gar nicht, wo so a noble Frau das alles her hat: Trabant, Landpatsch, Trampel, das sein noch die besten Wörter, die ich krieg'. Und ich wollt' noch nix sagen, wenn s' nur das Kind nicht gar a so verzieheten. Alles, was recht ist, ich hab' gewiß auch die Kinder gern und tu' ihnen alles mögliche, aber wie die's treiben mit dem Kind, und was s' ihm für Kaprizen ang'wöhnen – jetzt ist das Kind zehn Monat' alt und sekkiert schon 's ganze Haus. Kindsfrau halt't es gar keine aus; vor acht Tagen ist die letzte ausg'standen, weil s' zuviel ausg'standen hat; das fallt auch jetzt alles auf mich, und ich wollt' noch nix sagen – was kost't denn die gelbe Ruben? Daß ich nicht eins ins andere red'.

EVERL Zwei Kreuzer 's Stückel. (*Indem sie von Sepherl das Geld bekommt.*) So saget ich halt auf.

SEPHERL (*indem sie die gelbe Rübe in den Korb legt*) Mein' liebe Frau Everl, man kann nicht immer, wie man will.

EVERL Und nur zu keine reichen Leut' in Dienst gehn. In Häusern, wo s' lustig leben, aber dabei drin stecken bis über die Ohren, wo der Dienstbot' in der Früh' Gläubiger abweisen,

Ausz'richten: hinterrücks zu kritisieren.

Vormittag ins Versatzamt laufen und Nachmittag auf 'm-Tandelmarkt was verkümmeln muß, da ist ja der Dienstbot' viel mehr geachtet.

SEPHERL Nein, da wär' ich gar nix dazu. Champion haben S' keine?

EVERL Die kriegen S' da drüben bei der Sandel, prächtige. (*Zeigt nach links in den Vordergrund hinein.*)

SEPHERL Behüt' die Frau Everl Gott! Und wenn S' ihn sehen, alles Schöne! Ich muß mich tummeln nach Haus, die Frau könnt' wild werden, nachher krieget ich's schön. Ades, meine liebe Frau Everl! (*Im Vordergrunde links ab.*)

EVERL B'hüt' d' Jungfer! (*Zu ihrer Nachbarin.*) Recht a gute Seel' das; freilich, man kann keinem Menschen ins Herz schaun; viel weniger in die Seel', denn die steckt noch hinter dem Herzen.

Dritter Auftritt

VORIGE; TATELHUBER (*rechts aus dem Vordergrunde*)

TATELHUBER Sepherl! – Das ist ja die Sepherl g'west, wenn ich nicht irre! (*Steigt, indem er sich auf die Zehen stellt, um das Gewühl im Hintergrunde zu übersehen, in einen vorne stehenden flachen Korb mit Salat.*)

EVERL Ob S' aussigehn aus 'm Salat?

TATELHUBER (*zu den Marktweibern*) Ruft's mir die Sepherl her!

REGERL (*ruft*) He! Jungfer!

EVERL (*zu Tatelhuber, der noch immer in dem Korbe steht*) Wie g'schieht denn dem Herrn in mein'm Antivi?

TATELHUBER (*bemerkt jetzt erst, wo er steht, heraussteigend*) Nicht bös sein, Frauerl, ich hab' auf den Dienstboten g'schaut. (*Gibt ihr Geld.*)

EVERL Ich küss' d' Hand, Euer Exzellenz! (*Nach dem Vordergrunde links zeigend.*) Sehen S', da kommt der Gegenstand.

Vierter Auftritt

VORIGE; SEPHERL

SEPHERL Was ist denn? Was ist denn? (*Tatelhuber erblickend.*) Herr von Tatelhuber?!

Champion: Champignon – (Pilze).
Antivi: Endivien (Salat).

TATELHUBER Sepherl!

SEPHERL (*ihm vor Freude die Hand küssend*) Mein Wohltäter!

REGERL Ah, da schaut's her!

EVERL (*zu Regerl*) Ihr Wohltäter! Da hast es! Jetzt siehst es! Schau, schau, wie der Wind weht!

TATELHUBER Nein, der Zufall! Ich komme herein, meinen Sohn zu besuchen –

SEPHERL Das ist eine Überraschung zum Faschingmontag.

TATELHUBER (*fortfahrend*) Und das erste, was ich begegne, wie ich vom Wagen absteig', bist du. Wenn ich abergläubisch wäre, so saget ich, das muß was bedeuten.

SEPHERL Was Übles gewiß nicht.

TATELHUBER Gewöhnlich bedeutet so ein Zufall Schnee, besonders wenn er sich im Februar ereignet.

SEPHERL Was macht denn die Frau Dorothee?

TATELHUBER Meine Wirtschafterin? Mit der hat die Zeit so gewirtschaft't daß sie sich bald das ganze Leben erspart haben wird.

SEPHERL Die gute Frau war immer so bös mit mir, aber das war grad gut, so hab' ich was gelernt und bin brav worden; nächst Ihnen, der Sie mich als Waisenkind in Ihr Haus genommen und auferzogen haben, bin ich ihr am meisten Dank schuldig.

TATELHUBER A g'scheite Person ist sie. Sie hat mir auch vor anderthalb Jahren den Rat gegeben, daß ich dich zu mein' Sohn herein in Dienst schicken soll, daß du was kennenlernst in der Welt.

SEPHERL Da kann ich nur für die gute Meinung dankbar sein.

TATELHUBER Was? Hast du's nicht gut im Haus meines Sohnes?

SEPHERL Die Frau! Die Frau! Wie die mich sekkiert, das ist aus der Weis'!

TATELHUBER Daß doch die Frauen ewig gegen die Dienstboten sind! Da sind wir Herren doch nicht so ungerecht gegen euch. Wenn wir sehen, daß ein Dienstbot' nur willig ist, da können wir nicht hartherzig sein. – Nimmt sich denn mein Sohn nicht an um dich?

SEPHERL Jetzt hören S' auf! Der wär' froh, wenn sich wer um ihn annehmet. Das werden S' doch schon lang' wissen, daß diese Eh' nicht glücklich ausg'fallen ist?

TATELHUBER Das hab' ich der Eh' schon eh' ang'sehn, eh' die Eh' g'schlossen war! Hab' ihm auch genug widerraten. Aber die Lieb' –

SEPHERL Ja, die Lieb' – die Lieb', das ist die Köchin, die am meisten anrichtet in der Welt.

TATELHUBER Ich will hoffen, daß du von der Lieb' nicht mehr weißt als der Blinde von der Farb'!

SEPHERL Grad so viel. Die Blinden kennen die Farben durchs Gefühl, und auf dieselbe Art hab' ich die Lieb' kenneng'lernt.

TATELHUBER Sepherl, Sepherl! Hm, hm, das tut mich völlig überraschen, daß du so eine gefühlvolle Sepherl bist.

SEPHERL Sie sein doch nicht bös deswegen?

TATELHUBER Nein, gar nicht. Warum sollt' ich bös sein? – Aber du hätt'st schon noch Zeit g'habt mit solche Dalkereien. Ich hab' dich in die Stadt hereingegeben, daß du 's Hauswesen kennenlernst, und nicht –

SEPHERL Die Lieb' ist das Wichtigste im ganzen Hauswesen, wo sich die einmal empfiehlt, da geht die ganze Wirtschaft konfus, das sieht man bei Ihrem Herrn Sohn und Ihrer Schwiegertochter.

TATELHUBER Jetzt will s' mir begreiflich machen, sie hat sich bloß wegen dem Hauswesen verliebt! – Madel! Madel! – Und wer wär' denn hernach derjenige?

SEPHERL (*etwas verlegen*) Er ist – er ist – Lorenz heißt er.

TATELHUBER Na ja, aber von dem, daß er ein Lorenz ist, von dem könnt's noch nicht leben. Was ist er denn?

SEPHERL Er ist – wie sag' ich's denn geschwind – er war früher Mitarbeiter des Phorus.

TATELHUBER Phorus? Ist das ein Journal?

SEPHERL Es ist die Anstalt, wo 's kleine Holz gemacht wird.

TATELHUBER (*befremdet*) Und was ist er jetzt?

SEPHERL Er ist ausgetreten aus dieser Anstalt und betreibt jetzt dasselbe Geschäft für sich.

TATELHUBER Das klingt sehr scharadenartig; die Auflösung wird doch nicht Holzhacker sein?

SEPHERL (*nickt verlegen*) Ja.

TATELHUBER Aber, Sepherl! Wie kann man einen Holzhacker lieben? Du bist zwar auch nicht viel; aber ein Holzhacker ist doch weit unter dir.

SEPHERL Bei der Lieb' muß man die Augen niederschlagen, und da geschieht's denn leicht, daß sie auf einen Gegenstand fallen, der unter einem ist.

TATELHUBER (*für sich*) Sie hat halt alleweil recht.

SEPHERL Gewiß, Herr von Tatelhuber, ich hab' nicht unrecht gewählt. Er ist ein braver Mensch, hat 's Herz am rechten Fleck und hat ein ungeheures Ehrgefühl. Er ist zwar barsch, aber doch gut dabei, und aus seinem Aug' blitzt ein Feuer, welches deutlich spricht: Ich bin zu etwas Höherem geboren!

TATELHUBER Du malst das Bild dieses Holzhackers so schön – Schade, daß du nicht in der niederländischen Schul' bist, du müßtest den ersten Preis kriegen. Jetzt führ' mich zu meinem Sohn, da werd' ich auch nicht viel Angenehmes erfahren. (*Für sich, indem er mit Sepherl abgeht.*) Ich hab's recht gut troffen, daß ich hereinkommen bin in die Stadt.

(*Beide links im Hintergrunde ab.*)

Fünfter Auftritt

VORIGE *ohne* TATELHUBER *und* SEPHERL

EVERL Na ja, da haben wir's. Hat d' Frau Regerl alles g'hört?

REGERL Halben Teil.

EVERL Na, und d' andere Hälfte hab' ich verstanden. Das Ganze muß der Herr Lorenz erfahren. So ein Mann darf nicht betrogen werden, ohne daß man ihm's sagt, das lasset mein Herz in keinem Falle zu. – Da kommt er. Schad', daß er nicht um fünf Minuten früher kommen ist, da hätt' mein Herz ein' rechte Freud' g'habt.

Sechster Auftritt

VORIGE; LORENZ (*hat die Holzaxt auf der Achsel hängen, aus dem Hintergrunde rechts*)

Lied

I

Unser G'schäft ist zwar grob, doch von viel feine Leut'
Wird der Holzhacker oft um seine Arbeit beneid't;
Zehn Fräulein kommen in a Gewölb' und suchen was aus,
Lassen alles sich zeigen, kaufen nix, gehen wieder h'naus.
Da brummt dann der Kaufmann, in Resteln vergrab'n:
»Lieber Holz hacken als solche Kundschaften zu hab'n!«

2.

Manches Fräulein rast um auf 'm Klavier, ja, das geht
Nit viel anderster, als wenn eins Holz hacken tät'.
Der Lehrer sagt immer: »Ich bitt', nur Gefühl!«
Doch d' Mama sagt: »Mein' Tochter kann spiel'n, wie sie will.«
Da seufzt der Klaviermeister oft nebenher:
»Lieber Holz hacken als Lektion geben bei der!«

3.

A Putzgretel, die schon vor etliche Jahr'
Majorenn, notabene, zum zweitenmal war,
Alle Tag' ihr'n Friseur bis aufs Blut fast sekkiert,
Weil d' Frisur nie so g'rat't, daß ihr G'sicht reizend wird.
Da tut der Friseur oft im still'n räsoniern:
»Lieber Holz hacken als so a Urschel frisiern!«

EVERL Herr Lorenz, ich hab' die Ehr', einen guten Morgen zu wünschen.

LORENZ (*ohne viel Notiz von ihr zu nehmen*) Grüß d' Frau! (*Wieder nach vorn tretend, für sich.*) Sie hat die Ehr', einen guten Morgen zu wünschen! – Jetzt hat doch schon alles ein' Ehr'! Was sollen wir Gebildeten sagen, wenn 's ordinäre Volk so daherred't? Für einen Menschen, wie ich bin, ist es was Schreckliches, unter solcher Bagage zu existieren. Mein ganzes Leben war Ehre, durchaus Ehre. Mein Vater hat die Ehre gehabt, herrschaftlicher Portier zu sein; ich habe die Ehre gehabt, als herrschaftlicher Portierssohn erzogen zu werden; durch Fleiß, Talent und Patronanz hab' ich mich zur Ehrenstelle eines herrschaftlichen Hausknechtsgehilfen emporgeschwungen, da hat eine Ehrensache meine ganze Karriere zerstört. Der herrschaftliche Roßwarter ist mit dem Stallbesen an das herrschaftliche Kuchelmädel ang'streift, welche mich mit ihrer Lieb' beehrt hat, ich geb' ihm eine Ohrfeigen, der Haushofmeister hat die Ehre gehabt, dazuzukommen und mich an die Wand zu werfen, ich versichere ihm auf Ehre, daß er auch eine kriegt, wenn er nicht weiter geht. Er macht auf das der Herrschaft eine besoffene Schilderung von mir, und ich hab' auf herrschaftlichen Befehl die Ehre gehabt, mit Schand' und Spott davongejagt zu werden. So war mein ganzes Leben Ehre und soll es auch bleiben; selbst in meinem jetzigen Stand'

Urschel: dumme Person.

halt' ich darauf und trachte soviel als möglich, bei Familien Holz zu hacken, wo es mir zur Ehre gereicht, wenn ich sagen kann: Die und die haben heut' Holz gehabt, (*mit Selbstgefühl*) und ich war dabei.

Siebenter Auftritt

VORIGE; FRAU MÜHLERIN (*eine dicke, bürgerlich gekleidete Frau, ist früher schon aus dem Hintergrunde vorgekommen und hat mit Everl gesprochen*)

EVERL (*auf Lorenz zeigend*) Nimm die Madame gleich den da.

MÜHLERIN Ich dank' der Frau (*Zu Lorenz.*) Komm' der Herr, wir gehn um a Holz.

LORENZ (*kurz angebunden*) Ich bin schon aufgenommen für heut'!

MÜHLERIN Muß ich mich halt um ein'n andern umschaun. (*Geht ab.*)

LORENZ Wird 's Gescheiteste sein.

EVERL Also ist der Herr Lorenz schon b'stellt?

LORENZ Nein; aber mir steht nicht jede Kundschaft zu G'sicht, (*für sich*) wo keine Ehr' für mich herausschaut.

Achter Auftritt

VORIGE; JAKOB

JAKOB Bist da, Lorenz? Ich brauch' dich, und das wo? – Kannst schon a Glasel Schnaps zahlen für das.

LORENZ (*begierig*) In ein' Herrschaftshaus?

JAKOB Bei die Herrenleut' von deiner Amour, bei der Sepherl im Haus haben s' Holz.

LORENZ (*ziemlich gleichgültig*) So? (*Für sich.*) Die Leut' sind reich, leben von ihrem Geld, aber das ist halt noch kein Charakter. (*Zu Jakob.*) Na, 's ist recht; aber warten wir noch a Weil'! (*Rechts vorn in die Szene blickend.*) Ha, da kommt eine Dam', ein Bedienter hinter ihr in bordierter Livree, wenn die um a Holz ging'!

Neunter Auftritt

VORIGE; FRAU VON SCHIMMERGLANZ, BEDIENTER
(*von vorn rechts, sie gehen links nach dem Hintergrunde*)

LORENZ (*sich ihr nähernd*) Gehn Euer Gnaden vielleicht um a Holz?

SCHIMMERGLANZ (*sieht ihn vornehm über die Achsel an und sagt dann zu ihrem Bedienten*) Sage Er ihm: Nein! (*Geht ihren Weg fort.*)

BEDIENTER (*zu Lorenz*) Nein, wir nehmen's vom Greisler.
(*Folgt seiner Frau, die im Hintergrunde links abgeht.*)

Zehnter Auftritt

VORIGE *ohne* SCHIMMERGLANZ *und* BEDIENTEN

LORENZ (*für sich*) Das ist fatal! (*Laut.*) Also gehn wir! (*Für sich.*) Ich muß mich halt heut' mit der Lieb' begnügen, wenn schon der Ehrgeiz durchaus nicht befriedigt werden kann.

EVERL Gar z' freundlich muß aber der Herr Lorenz mit der Sepherl nicht sein.

LORENZ (*stutzt*) Warum, Frau Everl?

EVERL Ich will kein'n Unfrieden stiften, das laßt mein Herz nicht zu, aber wenn ein Mann wie der Herr Lorenz betakelt wird, kann halt mein Herz auch nicht ruhig zuschaun.

LORENZ Frau Everl, diese Worte tuschieren meine Liebe auf der Seiten, wo sie an die Ehre grenzt; heraus jetzt mit der Farb': was weiß d' Frau Everl von der Sepherl?

EVERL Sie hat mit ein'm alten Herrn diskuriert.

LORENZ (*mit wachsender Eifersucht*) Nicht möglich?

JAKOB Na, was ist's denn mehr?

LORENZ Das ist ein Verbrechen. (*Zu Everl.*) Und wo hat sie diskuriert?

EVERL Da, auf 'm Markt.

LORENZ Ein öffentliches Verbrechen!

EVERL Jetzt, was sie g'red't haben, hab' ich nicht recht g'hört.

LORENZ Gar nicht notwendig, daß man's hört; wenn man d'Leut nur reden sieht, das ist schon genug.

EVERL Übrigens die Wörter: »Gegenstand, Mitarbeiter, Liebe und Tatelhuber« hab' ich deutlich gehört.

Greisler: kleiner Lebensmittelhändler und Krämer.

LORENZ (*wütend*) Genug! Zuviel! Wenn ich mir diese Worte zusammenreime, so kommt ein fürchterlicher Vers heraus. Auf öffentlichem Markt enbrennt sie für einen andern; meine Ehre ist gebrandmarkt, aber wehe ihr! Die letzte Butten Weiches wird hinausgetragen aus dem Holzgewölb' meines Gefühls, nur die harten Stöck' des Ingrimms liegen stoßweis' herum, um den glühenden Ofen der Rachsucht zu heizen.

(*Mehrere Marktweiber kommen neugierig nach dem Vordergrund.*)

JAKOB Was schad't denn das, wenn eine mit ein'm red't? – Mein Weib muß mit jedermann freundlich sein, sonst wird's gleich karbatscht; denn Höflichkeit, das ist das erste.

LORENZ Jakob, das, was mich stachelt, das hat in dir entweder nie existiert, oder ist längst in einem Meer von Schnaps ersoffen.

JAKOB Jetzt, das ist möglich, ich will nicht streiten.

LORENZ Darum red' nicht.

EVERL (*ihn trösten wollend*) Schauen S', Herr Lorenz –

LORENZ Schweig, mütterliche Freundin!

JAKOB (*zu Lorenz*) Nimmst jetzt die Arbeit dort an oder nicht?

LORENZ Ob ich's annimm! Die Ehre fordert mich auf, das Holz zu hacken. Steck' heut' die Händ' in Sack, Jakob, und leg' mir alle Scheiter herüber, heut' hast du einen Terno an mir gemacht, denn mein Geist ist in einer Stimmung – (*schwingt die Hacke*), ich werd' das Ungeheuerste leisten! (*Stürzt rechts ab, Jakob folgt; die Marktweiber sind schon früher abgegangen.*)

Verwandlung

Elegantes Zimmer in Philipps Hause, mit Mittel- und rechts und links Seitentüren

Elfter Auftritt

PHILIPP *und* TATELHUBER (*aus der Seitentür rechts*)

PHILIPP Nun, Vater? Was sagen Sie zu dem Kinde?

TATELHUBER Recht a lieber Fratz, seit der Kindstauf' hab' ich ihn nicht gesehen.

Holzgewölb': Gewölb = Laden.

PHILIPP Jetzt ist er zehn Monate alt und ein wahrer Engel geworden.

TATELHUBER Na, es ist recht ein hübscher junger Mann, aber Engel, das ist zuviel gesagt. Ihr seid's aber so Leut', ihr übertreibt's alles.

PHILIPP Dasselbe, lieber Vater, tun Sie, denn Ihnen ist auch gar nichts recht an uns.

TATELHUBER Jetzt hast du's troffen; eure ganze Haushaltung –

PHILIPP Was ist daran auszusetzen?

TATELHUBER In einer ordentlichen Haushaltung muß alles ordentlich gehalten werden, folglich auch die Dienstboten, folglich auch die Sepherl, weil sie Dienstbot' ist; und wie behandelt ihr die Sepherl?

PHILIPP In Dienstbotensachen misch' ich mich nicht.

TATELHUBER Weil du nicht darfst.

PHILIPP Sie reden, als wenn ich im Hause nichts wäre.

TATELHUBER Da hab' ich unrecht; du bist der Mann deiner Frau, und Männer, die außerdem nix sind, die sind weniger als nix. Du warst für die Landwirtschaft erzogen, da führt dich der Teuxel vor vier Jahren in die Stadt, du lernst eine junge Witib kennen, ihr verliebt euch eins in das andere, ihr heiratet eins das andere, sie erhalt't das ganze Haus von ihrem Geld, und dein ganzer Wirkungskreis besteht darin, daß du ein Tagdieb bist. Da kann sie natürlich kein'n Respekt haben vor dir.

PHILIPP Ich habe von meiner Frau noch nicht das geringste ertragen, was gegen die Würde des Mannes –

TATELHUBER Lipperl, lüg' nicht, ich kenn' dir's an. Du hast als Bub' von vierzehn Jahren, wie du die erste Pfeifen Tabak geraucht hast, die letzte Ohrfeigen kriegt von meiner Hand; sollte in deiner Ehe nichts passiert sein, was dir jene Handlung ins Gedächtnis zurückrief? – Schau mir in die Augen – siehst du, du kannst nicht.

PHILIPP Meine Frau ist bisweilen heftig, aber sie hat ein gutes Herz, sie bereut gleich wieder.

TATELHUBER Na, wenn du damit zufrieden bist, mich geht's nix an; aber daß sie die Sepherl so malträtiert, das geht mich an, und sie ist doch so a gute Haut.

PHILIPP Meine Frau sagt: Nein!

TATELHUBER Das ist doch eine schreckliche Frau! Will mit Gewalt der Sepherl die gute Haut abstreiten. Ich sag' dir's, Lipperl –

(*Man hört von der rechten Seite ein kleines Kind schreien.*)

PHILIPP Der Kleine schreit! (*Läuft eilig rechts ab.*)

TATELHUBER (*allein, ihm nachsehend*) Da läuft er, wenn 's Kind schreit; der weiß auch nicht, daß zwischen einem zärtlichen Vater und ein'm Kindsweib ein Unterschied ist.

PHILIPP (*zurückkommend*) Ich hab' ihn auf die andere Seite gelegt, jetzt ist er wieder ruhig.

TATELHUBER Mußt du denn das tun? Für was habt's denn die Sepherl?

PHILIPP Die ist zu dumm.

TATELHUBER Das ist nicht wahr; ich glaube grad, daß die Sepherl viel Talent zu Kindern hat, aber ihr laßt sie nix gelten.

Zwölfter Auftritt

VORIGE; HELENE (*von der rechten Seite*)

HELENE (*zu Philipp*) Wo steckst du denn immer? Alle Augenblicke läufst du davon.

TATELHUBER Er ist nur bis zu mir geloffen, kein'n Schritt weiter, und ich glaub', als Mann hat er das Recht.

HELENE Zum Vater zu laufen wie ein Schulknabe und über die Frau zu klagen und zu jammern, wie sie ihn quält, das ist sehr männlich.

TATELHUBER Er hat sich nicht beklagt über Ihnen, wär' auch nicht notwendig; das seh' ich ohnedem, daß er mit Ihnen kein Glück gemacht hat.

HELENE Mein Herr, diese Äußerungen –

TATELHUBER Müssen Sie mir nicht übelnehmen; ich bin ein glatter Mann.

HELENE Sonderbar, daß ein glatter Mann auch ein rauhes, ungeschliffenes Äußeres hat.

TATELHUBER Dann bin ich kurios, wie Ihnen mein Inneres g'fallt, wenn ich es Ihnen eröffne und Ihnen sag': die ganze Wirtschaft in dem Haus ist kein'n Kreuzer wert, ohne Ihnen dadurch beleidigen zu wollen.

Glatter: aufrichtiger.

HELENE Was die Wirtschaft hier wert ist, weiß ich am besten, denn sie wird von meinem Gelde geführt.

TATELHUBER Ich bin aus keinem andern Grund hereingekommen, als meinem Sohn den Rat zu geben, er soll von Ihnen eine Summe Geld begehren, nur leihen, einen Teil will ich hergeben; da soll er hernach eine bedeutende Landbesitzung kaufen, die Landwirtschaft versteht er, da kann er hernach als erwerbender Teil auftreten und braucht sich nicht von den zuwideren Launen eines bissigen Weibes, ohne Ihnen dadurch beleidigen zu wollen, malträtieren zu lassen. Das ist mein Einschlag; schlagt ihr den aus, so soll euch alle zwei der Teufel holen, ohne eines oder das andere im geringsten beleidigen zu wollen.

HELENE Das ist doch wirklich lächerlich und anmaßend zugleich, von meinem Gelde Projekte zu machen, ohne –

TATELHUBER Ja, was ist's denn a so, Lipperl? Jetzt, hoff' ich, wirst du doch auch was reden.

HELENE Sprechen kann er, so viel er will, aber das Handeln ist meine Sache.

TATELHUBER Das ist sonst der umgekehrte Fall.

HELENE Bei einer reichen Frau keineswegs.

TATELHUBER Lipperl, red', oder ich werd' fuchtig.

PHILIPP Ich ringe im stillen nach Geduld, aber wahrhaftig, sie fängt an, mir auszugehen.

HELENE Oho, Herr Gemahl, macht Ihnen die Gegenwart Ihres Vaters soviel Mut? Ich bin eine reiche Frau, und ein ganzes Heer von Vätern wird mich nicht abhalten, meine Rechte zu behaupten.

TATELHUBER Lipperl, wannst jetzt nicht red'st –

PHILIPP (*zu Helene*) Deine Rechte wird dir niemand bestreiten, du wirst sehen, mit welcher Uneigennützigkeit ich mich zurückziehen werde. Besser wär' es freilich gewesen, wenn ich vor vier Jahren auf die Warnungen meines Vaters gehört und keine reiche Frau geheiratet hätte; aber damals glaubte ich, unter Gatten, die sich lieben, könne gar nie die Frage entstehen, wer der Geber und wer der Empfänger sei. Der Irrtum ist um so verzeihlicher, als du ihn selbst erweckt und durch Beteuerungen bestärkt hast. Es war eine Zeit, wo du dein

Einschlag: Vorschlag.
Fuchtig: zornig.

Eigentum das meinige genannt; damals wär' es nur an mir gelegen, jedes Opfer von dir zu verlangen, um mich zu bereichern. Ich habe es verschmäht, und jetzt noch, wo du mir meine Abhängigkeit so sehr fühlen lässest, mich beschämst und niederbeugst, jetzt noch bin ich stolz auf meine Uneigennützigkeit. So soll es denn zum Äußersten kommen, und Trennung soll dich von einem lästigen Mitgliede deiner Haushaltung befreien; ich habe die Kraft, und die Kraft wird mir die Mittel geben, mich zu erhalten.

TATELHUBER (*für sich*) Er hat lang' nix g'redt't; wenigstens red't er nachher viel auf einmal.

HELENE Der Ton ist mir neu. Glauben Sie mich zu schrecken, Herr Gemahl? Sie wollen Trennung? Gut, ich will sie noch mehr.

PHILIPP Das ist mir lieb.

HELENE Das Band ist zerrissen.

PHILIPP Nichts mehr fesselt uns.

(*Man hört von rechts das Kind wieder schreien.*)

HELENE (*erschrocken*) Der Kleine schreit! (*Rechts ab.*)

PHILIPP (*ebenso*) Was muß ihm sein? (*Rechts ab.*)

TATELHUBER (*allein*) Das sein a Paar Leut'! Ich weiß nicht, welcher Philosoph die Menschen mit Grießknödeln verglichen hat; wenn ich die zwei anschau', so bin ich ganz seiner Meinung.

HELENE (*mit Philipp zurückkommend*) Wagen Sie es nun noch, das Wort Trennung auszusprechen, jetzt, nachdem Sie dieses Engelskind gesehen?

PHILIPP Daran hab' ich in der Aufwallung nicht gedacht. Das Kind ist mein Leben! (*Halb im bittenden Tone.*) Helene! –

HELENE Siehst du ein, daß dir das Bitten weit schicklicher als das Drohen steht? (*Triumphierend zu Tatelhuber.*) Ja, ja, mein Herr, mit einer reichen Frau kann der Mann nicht so umspringen nach Gefallen.

TATELHUBER (*zornig beiseite*) Das is a Bisgurn.

HELENE Überhaupt, wenn man reich ist, lacht man zu allem.

TATELHUBER Freveln S' nur zu, Madame, aber Ihnen kann noch ein harter Schlag treffen, wenn Sie auch reich sind.

HELENE Wer Reichtum und die Klugheit besitzt, immer nur die

Bisgurn: zänkisches Weib.

Interessen eines sicher angelegten Kapitals auszugeben, hat nichts zu fürchten.

TATELHUBER Glauben S'? Meine Beste, reich oder arm, das Schicksal find't bei jedem das Fleckel heraus, wo er kitzlig ist; das hat schon manche übermütige Gretel empfunden, ohne Ihnen im geringsten beleidigen zu wollen.

Dreizehnter Auftritt

VORIGE; ROSINE (*erscheint an der Seitentüre rechts*)

ROSINE Gnädige Frau!

HELENE Was ist's?

ROSINE Ich bitte, einen Augenblick. (*Zieht sich zurück.*)

(*Helene eilt zur Seite rechts ab.*)

PHILIPP Am Ende ist dem Kinde was! (*Eilt ihr nach ab.*)

TATELHUBER (*allein*) Nein, wirklich, schad' um mein'n Sohn, daß er ein Mannsbild ist! Aus dem wär' a prächtige Ammel word'n.

Vierzehnter Auftritt

DER VORIGE; HERR VON GECK (*tritt zur Mitte ein*)

GECK Meine Gnädige, sehen Sie mich zu Ihren Füßen! – Was Teufel! – Niemand hier? Man sagte mir doch – (*Tatelhuber erblickend.*) Was ist das für eine gemeine Figur?

TATELHUBER (*für sich*) Red't der mit mir?

GECK Wahrscheinlich hat Er durch Seine impertinente Zudringlichkeit die gnädige Frau aus dem Besuchszimmer vertrieben.

TATELHUBER (*bös werdend*) Erlauben Sie mir –

GECK Wie ist Er hereingekommen?

TATELHUBER Wie ich hereingekommen bin? Das geht Ihnen nix an, aber wie Sie hinauskommen werden, das können S' gleich sehen. (*Streckt sich die Ärmel auf und tritt näher an ihn.*)

GECK (*ängstlich zurückweichend*) Frecher Schlingel! Er ist betrunken, Er will mich anpacken? Zu Hilfe! Zu Hilfe!

Fünfzehnter Auftritt

VORIGE; PHILIPP *und* HELENE (*von rechts*)

HELENE Was geht hier vor? } *zugleich*
PHILIPP Welch ein Spektakel? }

GECK Ah, mon ami! – meine Gnädige! Dieser Bauernbengel da – will sich an mir vergreifen.

PHILIPP (*erstaunt*) Mein Vater?

GECK (*wie vom Blitz getroffen*) Ihr Vater? – Was? – Wo ist Ihr Vater?

PHILIPP Hier, Chevalier, das ist mein Vater, heute auf Besuch gekommen.

GECK Der hochverehrte Pachter Tatelhuber? Der berühmte Ökonom? Der Stolz der vaterländischen Agrikultur? – Wahrhaftig, die Freude, Sie kennen zu lernen, ist so groß, daß sie nur von dem Schmerz über das stattgehabte Mißverständnis übertroffen werden kann. (*Zu Helene.*) Meine Gnädige, reden Sie ein gutes Wort für mich.

TATELHUBER (*für sich*) Das ist a dálketer G'schwuf! (*Lacht.*)

GECK (*zu Tatelhuber*) Sie lachen? Vortrefflich! Von der pikanten, komischen Seite wollen wir das Mißverständnis betrachten und aus Leibeskräften darüber lachen. (*Lacht mit Tatelhuber zugleich.*)

HELENE (*für sich*) Ein Glück, daß der Chevalier die Sache so aufnimmt.

GECK (*zu Tatelhuber*) Umarmen Sie mich, mein Freund!

TATELHUBER Meinetwegen, so kommen S' her! (*Umarmt ihn.*)

GECK Wahrhaftig, Sie sollten für immer bei uns bleiben.

TATELHUBER Ah, das tut's nicht, bei meiner Wirtschaft.

GECK Vor allem müssen Sie heute mit uns die Redoute besuchen, wir gehen alle en masque.

TATELHUBER Und da sollt' ich auch? Hören S' auf! Da nehmet ich mich gut aus.

GECK Sie müssen; wir lassen Sie gar nicht aus.

PHILIPP Aber, Vater, Sie wollten, ich soll Sie zum Advokaten führen; da ist es höchste Zeit.

TATELHUBER Na, so gehn wir.

dálketer: alberner.
G'schwuf: fragwürdiger Stutzer.

GECK (*zu Tatelhuber*) Nein, nein, ich lasse Sie nicht, bis Sie nicht Ihr Wort geben, heute von unserer Partie zu sein.

TATELHUBER Na, meinetwegen, daß ein Fried' ist. Aber so eine Unterhaltung g'hört ja eigentlich für d' jungen Leut' und nit für so alte Schippeln, wie wir sind. Komm, Lipperl, mit dem (*auf Geck zeigend*) kannst deine Frau schon allein lassen, da ist keine Gefahr dabei. (*Mit Philipp zur Mitte ab.*)

Sechzehnter Auftritt

HELENE, GECK

GECK (*für sich*) Impertin – (*laut*) endlich, meine Angebetete, sind wir allein. Drei Tage schon schmachte ich nach einem solchen Augenblick, wo ich zu Ihren Füßen – (*stürzt auf die Knie.*)

HELENE Himmel, was tun Sie? Ich glaube, es kommt –

GECK (*schnell aufspringend*) Wer kommt?

HELENE Niemand; aber Sie werden mich auf solche Weise böse machen. So angenehm mir auch Ihre zarte Galanterie ist, die gegen das ordinäre Benehmen meines Gatten in doppelt schönem Lichte hervortritt, so kann ich doch Ekstasen nicht dulden, die meiner Pflicht gerade zuwiderlaufen.

GECK Ha, woher so plötzlich die ruhige Besonnenheit, mit der Sie von Pflichten reden? Ich ahne das Schrecklichste. Nicht Ihr Gatte, nein, ein glücklicher Nebenbuhler ist es, der das Flammenschwert vor dem Paradiese dieses Herzens schwingt.

HELENE Mein Herr, dieser unwürdige Verdacht –

GECK Halten Sie ein; ich ging zu weit im glühenden Liebeswahnsinn. Verzeihung, Helene, Verzeihung! (*Stürzt zu ihren Füßen.*)

HELENE Ihr Glück, daß Sie so sprechen. Stehen Sie auf!

GECK (*aufstehend*) Helene!

HELENE Was wollen Sie? Lassen Sie mich!

GECK Übergöttliche Frau!

HELENE Strafe haben Sie verdient, und die muß Ihnen werden. Das Blatt in Ihr Stammbuch habe ich bereits geschrieben, es steht manches darauf, was Sie sehr freuen würde.

GECK (*entzückt*) Wo ist es?

HELENE Zur Strafe bekommen Sie es nicht.

GECK (*bestürzt*) Diese Grausamkeit ist zu groß, ich sterbe zu Ihren Füßen! (*Fällt auf die Knie.*)

Siebzehnter Auftritt

VORIGE; SEPHERL (*tritt zur Mitte ein, mit einem zerbrochenen Suppentopf in der Hand, sie bemerkt Geck, der noch vor Helene kniet und erst, als er sie erblickt, verlegen aufspringt; sie bleibt erstaunt an der Tür stehen*)

HELENE Was gibt es? Was will Sie, ungeschickte, widerwärtige Person?

SEPHERL Die Rosin' hat den kleinen jungen Herrn in die Kuchel hinaus'tragen, und da hat er sich kapriziert auf 'n großen Schöpflöffel, die Rosin' gibt ihm ihn in die Hand, 's Kind laßt ihn auf die Anrichttafel fallen, wo grad der Suppentopf steht, jetzt ist er mitten auseinand. (*Zeigt die Scherben.*)

HELENE Da wird Sie ihn bezahlen.

SEPHERL Die Rosin'?

HELENE Nein, Sie. Sie hätt' ihn nicht dahin stellen sollen, wo das Kind spielte. Er wird Ihr vom Lohne abgezogen.

SEPHERL Ah, Euer Gnaden, das ist zuviel. Kann ich dafür, daß die Rosin' 's Kind in die Kuchel bringt und daß man ihm alle Kaprizen angehen laßt?

HELENE (*sehr erzürnt*) Hinaus! Oder ich vergesse –

GECK Mäßigen Sie sich, meine Gnädige! –

SEPHERL Mein Elend hier wird am längsten gedauert haben, aber wenn ich einmal weg bin und Sie Jammer erleben an dem Kind, dann werden Sie an die arme Sepherl denken. (*Weint laut.*)

HELENE (*aufs äußerste gereizt*) Freches Geschöpf! Willst du mich aufs äußerste bringen?

GECK Meine Gnädige – die heftige Gemütsbewegung – Ihre Gesundheit – der Gegenstand ist es nicht wert. Holen Sie das von mir so heißersehnte Blatt, ich werde sie hinausschaffen.

HELENE (*sich mäßigend*) Sie haben recht, Chevalier, der Gegenstand ist wirklich –

GECK Schonen Sie sich nur! – (*Geleitet sie zur Tür rechts, wo Helene abgeht.*)

Achtzehnter Auftritt

GECK, SEPHERL

SEPHERL Ich hätt' nicht so aufbegehren sollen! Jetzt reut's mich, aber es wird einem halt manchesmal zuviel.

GECK Wie kann Sie solchen Lärm machen wegen einer Bagatelle?

SEPHERL Erlauben Sie mir, wenn mir a sechs oder acht Gulden vom Lohn abgezogen werden, das ist für einen armen Dienstboten kein' Bagatelle.

GECK (*beiseite*) Diese Sepherl ist gar nicht übel. (*Laut.*) Wenn ich Ihr aber diesen Dukaten anbiete und nichts als ein Küßchen dafür verlange, ist da der Schaden nicht gleich ersetzt? Also ohne Zaudern, eh' die Gnädige herauskommt. Hier ist der Dukaten, schnell den Kuß! (*Umfängt sie.*)

SEPHERL Ob S' mich auslassen!

GECK Nein, eng und immer enger sollen meine Arme dich umschließen, und nur ein Kuß löst dich aus dieser Haft.

SEPHERL (*sich losmachen wollend*) Ich schrei' –

Neunzehnter Auftritt

VORIGE; HELENE (*tritt aus der Seitentür und bleibt, über den Anblick entrüstet, stehen*)

HELENE Mein Herr!

SEPHERL (*schreit überlaut*) Ach! (*Läuft zur Mitte ab.*)

GECK (*beiseite, in höchster Verlegenheit*) Diable! (*Laut.*) Ein Scherz, meine Gnädigste, purer Scherz! Ich wollte –

HELENE O, ich sah recht gut, was Sie wollten; nun sehen Sie aber auch, was ich will. Fürs erste will ich dies Blatt zerreißen. (*Zerreißt das Stammbuchblatt, welches sie in der Hand hält.*)

GECK (*desperat*) Himmel!

HELENE Meine Magd soll Ihnen ein Stückchen von ihrem Küchenzettel geben, ein würdiger Zuwachs für Ihr Stammbuch.

GECK Zürnende, doch auch im Zorn himmlisch schöne Helene!

HELENE Fürs zweite will ich, daß Sie mich für immer mit Ihren Galanterien verschonen.

GECK Helene, Sie zerschmettern, Sie vernichten mich! Verzeihung! (*Stürzt zu ihren Füßen.*)

Diable: (fz.) Teufel.

HELENE Bleiben Sie so, ich werde die Sepherl holen, daß sie meinen Platz einnimmt.

GECK Den Tod, Helene, den Tod von Ihrer Hand!

Zwanzigster Auftritt

VORIGE; TAUBENHERZ (*tritt zur Mitte ein und erblickt Geck zu Helenens Füßen*)

TAUBENHERZ Bitt' unendlich um Verzeihung, wenn ich gestört hab'.

GECK (*verlegen aufspringend*) Das ist ein Unglückstag! (*Laut.*) Es war eine Szene –

TAUBENHERZ Eine unendlich rührende Szene.

GECK Aus einer Komödie, welche wir probierten, mit welcher wir den Herrn Gemahl an seinem Geburtstage überraschen wollen.

TAUBENHERZ Kann mir's denken! Wenn ich der Gemahl wär', mich überrascht' es auch unendlich.

GECK (*immer mehr Fassung gewinnend*) Das Stück ist sehr pikant. (*Mit Beziehung auf das zwischen ihm und Helenen Vorgefallene.*) Die Dame zürnt, der Anbeter fleht sie kniend um Verzeihung, sie scheint kalt zu bleiben, doch er liest Hoffnung in ihren Blicken und eilt, um alles zu einem Maskenballe zu bereiten, wo dann das Ganze eine fröhliche Wendung nimmt; das ist der Schluß des Stückes. (*Mit Galanterie.*) Meine Gnädige, Ihr Untertänigster! – Kurz ist der Schmerz, doch ewig ist die Freude. (*Zur Mitte ab.*)

Einundzwanzigster Auftritt

HELENE, TAUBENHERZ

HELENE (*kalt*) Guten Tag, Herr Schwager.

TAUBENHERZ Das ist halt wahr, wie man in das Haus hereinkommt, hört man von nichts als von Ball, Lustbarkeit, Komödie –

HELENE Diese Äußerungen –

»Kurz ist der Schmerz . . .«: leicht veränderter Schlußvers von Schillers »Jungfrau von Orleans«.

TAUBENHERZ Sollen Ihnen dann und wann ins Gedächtnis zurückrufen, daß das ganze unendlich schöne Vermögen von meinem seligen Herrn Brudern, Ihrem in Gott entschlafenen Gemahl, herstammt, der sehr unrecht getan hat, seines Bruders gar nicht zu gedenken, ein Unrecht, welches nur Sie gutmachen können, wenn Sie in Ihrer testamentarischen Verfügung meine arme Familie –

HELENE Stellen Sie sich nicht arm, Herr Schwager! Man weiß, daß Sie sich ein bedeutendes Kapital zusammengewuchert haben. Übrigens konnten Sie einige Hoffnung auf das meinige nur so lange nähren, als meine gegenwärtige Ehe kinderlos blieb. Da dies nun nicht mehr der Fall ist, versteht sich von selbst, daß mein Sohn mein einziger und alleiniger Erbe ist. Sie entschuldigen übrigens, wenn ich mich Ihnen empfehle, ich habe mit meiner Toilette für diesen Abend zu tun. (Geht *rechts ab.*)

Zweiundzwanzigster Auftritt

TAUBENHERZ

TAUBENHERZ (*allein*) Also das Kind, dieses Herzenssohnerl, ist das Hindernis? Wenn mir nur da mein Herz ein Mittel zeiget, wie ich trotz diesem Hindernis zum Ziel komm'. Ich wollte was dran wagen, alles wollt' ich wagen – hm – hm! – Das Sohnerl der gnädigen Frau wird ein unglücklicher Mensch, die Eltern verziehen's, verderben's, es wachst auf in Überfluß und Wohlleben und wird einst ein ruchloser, böser Mensch, der sich und andere ins Elend stürzt. Der Reichtum ist ja dem Kind sein Verderben, und wer es davon befreit, der wäre ja dem Kind sein Retter, sein Wohltäter. – Sollte mich etwa das Schicksal zu diesem guten Werk ausersehen haben? – Wenn man das Kind entfernen könnt', wenn man es dieser eitlen, hoffärtigen Mutter auf eine geschickte Art wegnehmen und es zu simplen, armen Leuten bringen könnt', die es durch Mangel und Elend zu einem braven Menschen bildeten? Die Eltern wären anfangs desperat, doch mit der Zeit täten sie sich trösten. Ohne das Kind wird die lockere Ehe nicht lang' zusammenhalten; sind sie dann getrennt, so schmeichl' ich mich wieder ein bei der Frau Schwägerin. Sie braucht einen Beschützer, einen Freund, ich insinuiere mich immer mehr und mehr, werde ihr unentbehrlich, und am End' beerb' ich sie noch, oder wenigstens meine Familie erbt einmal von ihr. Es geht, mein Herz schöpft neue Hoffnung. Die Aussichten sind zwar sehr entfernt, aber ich hab' ein geduldiges Herz, ich kann auf einen so schönen Zweck jahrelang hinarbeiten.

Dreiundzwanzigster Auftritt

TAUBENHERZ, HEINRICH (*tritt zur Mitte ein*)

TAUBENHERZ Heinrich, du kommst mir grad recht.

HEINRICH Haben Sie nicht alles so gefunden, wie ich –

TAUBENHERZ Alles. Der Augenblick ist da, wo du dir die zweihundert Dukaten verdienen kannst.

HEINRICH Also wollen Sie wirklich das Wagestück ausführen, was Sie mir gestern gesagt haben?

TAUBENHERZ Mit deiner Hilf' muß es gelingen.

HEINRICH Ist recht, ich will das Ganze leiten; aber den Raub des Kindes muß ein anderer vollbringen.

TAUBENHERZ Du bist doch ein recht feiger Schuft, mein übrigens herzensguter Heinrich!

HEINRICH Ja, im Fall es verraten wird, komm' ich so leichter weg; man muß auf alle Fälle bedacht sein. Ich weiß einen, einen kuraschierten, handfesten Kerl, der ums Geld zu allem zu haben ist, der muß heute Nacht noch – bei uns geht alles auf die Redoute –

TAUBENHERZ Gut, und ich reis' heut' Nacht noch mit dem Kind fort. Vor den Leuten will ich aussprengen, daß ich jetzt zu Mittag schon verreis', so kann kein Verdacht auf mich kommen.

(*Man hört von innen rechts läuten.*)

HEINRICH Ich muß hinein –

TAUBENHERZ Komm sobald als möglich zu mir in meine Wohnung und sag' der gnädigen Frau indessen: ich lass' mich recht herzlich empfehlen. (*Zur Mitte ab, Heinrich rechts hinein.*)

Verwandlung

Vorstadtgegend mit lauter kleinen Häusern; rechts Helenens Haus, groß und im eleganten Stil, mit praktikablen Fenstern und Tor; links im Hintergrunde der Eingang in eine Schnapsbude

Vierundzwanzigster Auftritt

JAKOB, KATHERL

Mit der Verwandlung beginnt lustige Musik, man vernimmt aus der Schnapsbude fröhlichen Gesang. Jakob und Katherl sind währenddem beschäftigt, vor Helenens Hause an einem Haufen Holz in großen Scheitern einen Teil mehr nach dem Vordergrunde aufzuschichten und es zum Spalten zurechtzulegen, Jakob fängt an zu hacken, Katherl richtet die Säge zurecht.

CHOR (*von innen*)
Wenn ein Getränk nicht mehr brennt und recht beißt,
Ist es ein Wasser und hat keinen Geist!
Wie selten g'schieht's, daß der Wein recht g'raten tut,
Der Schnaps, der g'rat't alle Jahr', das ist halt gut.
(*Es entsteht Streit in der Schnapsbude.*)
Macht's eure Sachen wo anderster aus,
Wer Ursach' am Streit ist, den wirft man hinaus;
Wir sind friedliche Leut',
Wir wollen kein'n Streit.

(*Mit den letzten Worten des Chores geht die Tür des Ladens auf, Tatelhuber wird von Lorenz herausgeworfen, mehrere Gäste eilen nach, um den erhitzten Lorenz zu besänftigen.*)

Fünfundzwanzigster Auftritt

VORIGE; TATELHUBER, LORENZ, GÄSTE

LORENZ Laßt's mich los, ich muß ihn –

TATELHUBER Aber so lass' sich der Herr nur im guten sagen –

LORENZ (*rabiat*) Lass' sich der Herr im guten prügeln, sonst setzt's Schläg'! (*Zu denen, die ihn halten.*) Nur auf fünf Minuten gebt's mir'n herüber.

JAKOB Nix da! Wenn man ein'n hinauswirft, ist es genug: für was denn Grobheiten auch noch?

LORENZ Das ging' mir noch ab, daß d' Verführer vom Land hereinkommen, man steht ohnedem von die Stadtherren genug aus, wenn man ein'n saubern Dienstboten liebt.

JAKOB Na ja, aber nur keine Stänkereien! Komm wieder herein!

LORENZ (*auffahrend*) Aber die Ehr'?

JAKOB Die wollen wir jetzt dem Wirt geben.

LORENZ (*besänftigt*) Dem Wirt wollen wir die Ehr' geben? Gut, wo's Ehre gibt, bin ich dabei. (*Ab mit Jakob in die Bude.*)

DIE GÄSTE So, nur Frieden und Ordnung! (*Sie folgen beiden.*)

Sechsundzwanzigster Auftritt

TATELHUBER, KATHERL

TATELHUBER (*für sich*) Sepherl, ich fang' an, dich zu bedauern. – Das Marktweib ist aber eine wahre Furie. Ich sitz' ganz einschichtig als stiller Beobachter in einem Eck, schreit's auf einmal, wie's mich ersieht: »Der ist's!« Und der Lorenz das zu hören und mich z' fassen als wie a Fanghund, das war eins.

KATHERL Ein reputierlicher Mann soll halt nicht gehn an ein'n so gemeinen Ort; mein Mann und der Lorenz nehmen sich schon seit drei Jahren vor, daß s' ausbleiben wollen.

TATELHUBER Ich hab' aber ein'n notwendigen Zweck, es betrifft eine Person, die mir wert ist; ich muß die Gemütsart dieses Lorenz genau und haarklein erforschen.

KATHERL Na, das, was der Herr erfahren hat –

TATELHUBER Hat mich überzeugt, daß er ein Flegel ist. Er kann aber außerdem noch andere Charakterzüge haben, und diese muß ich ergründen.

KATHERL Ich rat' Ihnen's nicht, daß S' ihm mehr in die Nähe gehn.

TATELHUBER Die Frau muß mir zu einem Mittel behilflich sein, ich will ihn in einer Verkleidung umschweben.

KATHERL Vermaschk'riert? Auf so was lass' ich mich nicht ein.

TATELHUBER Bis ich nicht was auslass'. (*Gibt ihr Geld*).

KATHERL (*sehr dienstfertig*) Euer Gnaden – gnädiger Herr –

TATELHUBER (*für sich*) Jetzt wird sie sich gleich einlassen.

KATHERL Da hab' ich auf einmal ein'n Gedanken. Es ist zwar ein dalketer Gedanken – still, ich glaub', sie kommen heraus.

TATELHUBER (*ängstlich*) Da gehn wir.

KATHERL (*horchend*) Mein Mann oder der Lorenz.

TATELHUBER Alles eins! Komm' d' Frau! (*Zieht sie eilig mit sich fort und im Hintergrunde links ab.*)

Siebenundzwanzigster Auftritt

JAKOB, *dann* GECK, *dann* HELENE

JAKOB (*kommt aus der Schnapsbude*) Manchen Tag wär's richtig notwendig, daß sich 's Holz selber hacket.

GECK (*aus dem Vordergrunde links*) Das Mißverhältnis mit der schönen Frau läßt mir keinen Augenblick Ruhe; noch mehr quält mich ein gewisser Argwohn. (*Nach dem Fenster hinaufsehend.*) Ist sie das nicht? – Ja, sie selbst – sie nähert sich dem Fenster. – Helene!

HELENE (*das Fenster öffnend*) Mein Herr, was soll dieses verdächtige Herumschleichen um mein Haus? Was müssen die Leute sich denken?

GECK (*in Extase*) Angebetete Frau, soeben bin ich gekommen, fragen Sie hier den Holzhacker, der kann es bezeugen, mit welcher Delikatesse –

HELENE Sie haben hier nichts zu suchen.

GECK Noch immer im Zorn? Wenn nur der Holzhacker einen Augenblick wegsehen wollte, daß ich auf meinen Knien – (*macht Miene, sich niederzuknien.*)

HELENE Weh' Ihnen, wenn Sie mit solchen Narrheiten mich blamieren! Weh' Ihnen, wenn ich in der nächsten Minute Sie noch hier erblicke. (*Schlägt das Fenster zu.*)

GECK Ich gehorche, zürnende Gottheit, ich gehorche. (*Er geht nach dem Hintergrunde.*)

JAKOB (*für sich, nach der Schnapsbude zeigend*) Dort drin sitzen ein paar Angestochene, aber ein jeder betragt sich noch um viel gescheiter als der!

GECK (*kehrt um, als glaubte er vom Fenster nicht mehr gesehen zu werden, und geht, dicht am Hause sich drückend, nach dem Vordergrunde*) Kein Zweifel mehr, sie begünstigt einen andern, darum scheniert sie meine Nähe. Da muß ich Licht haben. Nur *ein* Mittel gibt's, ich muß das Haus unerkannt, verkleidet, den ganzen Tag bewachen, jede Seele, die ein- und ausgeht, durchforschen. (*Zu Jakob.*) He, Holzhacker! Er kann sich ein paar Dukaten verdienen.

JAKOB Da bin ich in mein'm Element; ich bin der Mann, der ums Geld alles tut.

GECK Komm' Er mit mir; nur behutsam, daß uns niemand vom Fenster aus sieht! (*Er drückt sich, Jakob nach sich ziehend, an das Haus.*) So, Freund, nur behutsam! (*Beide im Hintergrunde rechts ab.*)

Achtundzwanzigster Auftritt

LORENZ, *dann* SEPHERL

LORENZ (*tritt aus der Branntweinbude und spricht zurück*) Ich muß jetzt aufpassen, bis sie herunterkommt. (*Für sich, indem er nach vorne tritt.*) Die soll sich wundern, wie ich ihr's sagen werd'! Sie kommt aber nicht, die falsche Krot! Schlecht's Gewissen, sie kommt nicht! (*Immer ungeduldiger werdend.*) Ich stehe da, als wie a Narr, die längste Zeit, und sie kommt halt nicht. – Ja, umsonst warten kann ich nit, ich geh' wieder hinein. Aber das soll sie mir büßen, daß sie mich da stundenlang in der Kälten stehen laßt. (*Will wieder ins Branntweinhaus.*)

SEPHERL (*aus Helenens Hause kommend, mit einem Häferl in der Hand*) Lorenz! Lorenz!

LORENZ (*sich umwendend*) Aha! Bist du da, du personifizierter Fehltritt?

SEPHERL (*über den barschen Empfang befremdet*) Was ist's denn?

LORENZ Und nicht einmal rot wird s'!

SEPHERL Wegen was soll ich denn rot werden?

LORENZ Sepherl, du bist tief gesunken.

SEPHERL Du wirst mich bös machen. Sag' jetzt an der Stell', was du hast?

LORENZ Ich hab' nichts, aber du hast was!

SEPHERL Ich?

LORENZ Ja, du hast einen Wohltäter.

SEPHERL Na, und ist da was Übles dran?

LORENZ Du hast auf öffentlichem Markt, in Gegenwart der ganzen Bevölkerung, mit ihm gesprochen.

SEPHERL Und ihm die Hand geküßt, weil's die ganze Welt sehen kann, wie ich ihn als meinen zweiten Vater verehre und hochschätze.

LORENZ (*erbost*) Also ist er dir gar so ans Herz gewachsen? Nun, so wisse denn, ich habe diesen verehrten, hochgeschätzten Wohltäter hinausgeworfen.

SEPHERL (*erschrocken*) Um alles in der Welt! – Wo?

LORENZ Dort in der Gifthütten. (*Zeigt nach der Bude.*)

Häferl: Kaffee – oder ähnliche Tasse.

SEPHERL Den edlen, guten Mann? Der mich als hilfloses Kind ang'nommen hat!

LORENZ Du hätt'st dich nicht sollen von ihm annehmen lassen! Besser, du wärst hilflos geblieben, als daß jetzt meiner Ehre nicht mehr zu helfen ist.

SEPHERL Ich war damals ein armes, verwaistes Kind, und er hat mich großgezogen, ich kann ihm nie genug dankbar sein.

LORENZ O, gar so groß hat er dich nicht gezogen, und im übrigen –

SEPHERL (*desperat*) Und an dem Mann vergreift er sich?!

LORENZ Wannst ihn lang' so fortlobst, so werd' ich wütend!

SEPHERL Lorenz, du red'st ja ohne Kopf.

LORENZ Und du red'st dich um den Kopf.

SEPHERL Nimm doch Vernunft an!

LORENZ In meinem Kopf ist ein Fleckel, wohin das Wort Vernunft noch nie gedrungen ist, auf diesem Fleckel ist ein Radel, und wenn das einmal laufend wird –

SEPHERL Du bist verrückt! Schau, Lorenz, du hast mich lieb, sagt dir denn dein Herz nicht –?

LORENZ In meinem Herzen ist ein Fleckel, wohin das Wort Liebe nie gedrungen ist; auf diesem Fleckel sitzt die Ehr', und das ist gar a heiklige Person! Wie die nur a bissel tuschiert wird, so kriegt s' die Krämpf' und schlagt aus nach allen Seiten.

SEPHERL Ich seh' schon, ich muß warten, bis der Paroxysmus vorüber ist, nachher wirst dich aufs Bitten verlegen, wennst erfahrst, daß ich meinem Wohltäter unsere Lieb' gestanden und ihn so lang' gebeten hab', bis er versprochen hat, dir einen Dienst auf 'm Land zu verschaffen, daß du mich heiraten kannst.

LORENZ (*erstaunt*) Sepherl, ist das wahr?

SEPHERL Und den Mann wirft er hinaus!

LORENZ Sepherl, mir scheint, ich war etwas zu rasch. Verzeih mir –

SEPHERL Du närrischer Ding, du! Ich sollt' nicht, aber halb und halb bin ich schon wieder gut. Da! (*Ihm das Häferl gebend.*) Vielleicht ist in deinem Magen ein Fleckerl, wohin heut' noch kein Kaffee gedrungen ist?

LORENZ (*es nehmend*) Sepherl, das hast du erraten!

SEPHERL Es ist mein Frühstückskaffee, den ich für dich aufgehoben hab'.

LORENZ Das ist edel! Aber 's Kipfel wirst gessen haben?

SEPHERL Nein, ich hab's für dich aufg'spart.

LORENZ Gib's her! (*Nimmt es.*) Wenn man nix eintunkt, so ist so ein Kaffee ein wahrer Kletzen. – Schau, Sepherl, du mußt meine Eifersucht nicht mehr reizen, mußt mich nicht mehr kränken, denn ich lieb' dich so wahrhaft – ich kann sagen – mehr als mich selbst. (*Ißt tüchtig.*) Darfst mir's glauben, Sepherl, ich könnt' Hunger leiden für dich, wenn nur du g'nug hast.

SEPHERL Ich geb' dir g'wiß kein'n Anlaß zum Eifern. Aber weil wir grad über den Punkt sprechen, so muß ich dir sagen, ich hätt' eher a bissel Ursach', mich über dich zu beklagen. Die Wäscher-Nani –

LORENZ (*sich etwas getroffen fühlend*) Auf Ehr', die ist mir ganz gleichgültig.

SEPHERL Ich will's glauben, aber sie red't immer in einem Ton von dir, als ob's nicht richtig wär' zwischen euch.

LORENZ Nein, wirklich – meiner Seel' –

SEPHERL Ich glaub' dir ja! Aber das sag' ich dir ein für allemal –

LORENZ Auf Ehr' –

SEPHERL (*fortfahrend*) Ich lass' mir viel g'fallen von deiner Eifersucht –

LORENZ Meiner Seel'! – So wahr –

SEPHERL (*fortfahrend*) Weil ich glaub', daß du mich wahrhaft liebst und mir treu bist –

LORENZ Auf Ehr'! Ich will nicht lebendig –

SEPHERL (*wie zuvor*) Wenn ich aber hinter das Geringste käme –

LORENZ Ich will nicht lebendig aus dem Zimmer hinausgehen, wenn –

SEPHERL Wir sein ja auf der Gassen.

LORENZ Auf Ehr' –

SEPHERL (*in ihrer früheren Rede fortfahrend*) Das Geringste, und es wäre aus auf ewig.

LORENZ Meiner Seel' – auf Ehr' – so wahr ich leb' – da soll mich gleich – nein, wirklich, auf Ehr'! –

SEPHERL Schwör' nicht, es ist nicht notwendig, ich glaub' dir ja so.

LORENZ Sepherl, einzige Sepherl, daß wir nicht eins ins andere reden, deine Herrenleut' – ich hab's erfahren – gehn heut' in die Redoute. Wenn s' fort sein, komm' ich zu dir.

Kletzen: gedörrte Birnen; etwas Wertloses.

SEPHERL Warum nicht gar? So spät! Nein, Lorenz, das schickt sich nicht.

LORENZ Um wieviel Uhr gehen s' denn?

SEPHERL Weil Faschingmontag ist, glaub' ich, nach achte.

LORENZ Um achte kann man noch die honetteste Geliebte besuchen. Die Stunden des Verdachtes fangen erst um Viertel auf elfe an.

SEPHERL Bei uns wird 's Haus gleich zug'sperrt, wie die Herrenleut' fort sind.

LORENZ Ich steig' hinten über die Gartenmauer und du laßt mich durch die Kuchel herein.

SEPHERL Nein, schau, das g'hört sich nicht.

LORENZ Sei nicht so öd! Frag' andere Dienstboten, die werden dir sagen, was sich alles g'hört. Wannst Spamponaden machst, müßt' ich nur glauben, du hast ein'n andern bestellt.

SEPHERL Fangst schon wieder an?

LORENZ (*bittend*) Sepherl! –

SEPHERL Gut also, komm'! Aber das sag' ich dir, nicht länger als eine Viertelstund' darfst bleiben; da erzähl' ich dir, was mein Wohltäter für einen Plan mit uns hat. Dann gehst aber ohne einen Muckser fort, wie ich's sag'. Dein Wort drauf!

LORENZ Auf Ehr'! –

SEPHERL Also b'hüt dich Gott. Ich muß hinein, ich hab' alle Händ' voll zu tun. (*Eilig ab ins Haus.*)

LORENZ (*allein*) Die hat's g'nötig! Soll sich ein Beispiel an mir nehmen! Ich hab' auch alle Händ' voll zu tun und lass' mir doch Zeit. D' Arbeit ist kein Has', die lauft nicht davon. (*Setzt sich auf eine Butten und frühstückt.*)

Neunundzwanzigster Auftritt

LORENZ, *dazu* JAKOB *und* KATHERL

JAKOB (*aus dem Hintergrunde rechts*) Ich muß nur erst meinem Weib die Sach' – ah, da ist sie ja –

KATHERL (*aus dem Hintergrunde links*) Ich muß nur zuerst meinem Mann die G'schicht' – ah, da ist er ja!

JAKOB Weib, da schau die zwei Dukaten an, ich hab' ein'n Jux g'macht, laß dir erzählen. (*Spricht stille mit ihr weiter.*)

Spamponaden: Wichtigtuerei, Allüren; künstliche Schwierigkeiten.

LORENZ (*für sich, ohne die beiden zu bemerken*) Wer mich nur bei der Meinigen wegen der Wäscherin so ang'lehnt hat, den möcht' ich kennen! Wie der verrebelt wurd'!

KATHERL (*im Gespräch mit Jakob*) Ah, das ist der Mühe wert! Das nämliche hab' ich – da schau das Geld an.

JAKOB Hör' auf! Ah, das wär' a Schub!

KATHERL Laß dir nur erzählen! (*Spricht leise mit ihm weiter.*)

LORENZ (*für sich wie früher*) Schau, schau! Wollt' d' Sepherl eifersüchtig werden, das ging' mir grad ab! Sekkier' ich s' schon mit der Eifersucht bis aufs Blut, jetzt, wenn sie mich auch noch sekkieret, so wär' ja gar kein Fried', das wär' doch höchst unbillig.

JAKOB (*vortretend zu Lorenz*) Na, wie ist's denn, Lorenz? Fangen wir nicht zu arbeiten an?

LORENZ Was nutzt denn das, wenn wir jetzt hacken? Die Weiber zum Schneiden, hast g'sagt, können erst in einer Stund' kommen.

JAKOB (*Katherl heimlich winkend*) Nein, nein, sie werden gleich da sein.

Dreißigster Auftritt

VORIGE; HEINRICH (*aus dem Hause*)

HEINRICH Jakob!

JAKOB Ah, Musje Heinrich!

HEINRICH Es gibt was zu tun für dich.

JAKOB Was denn?

HEINRICH Eine Kleinigkeit. Wenn wir's pfiffig machen, ist gar keine Gefahr dabei.

JAKOB Nur heraus mit der Katz' aus dem Sack! Ich bin der Mann, der ums Geld alles tut.

HEINRICH (*geheimnisvoll*) Heute nacht, wenn bei uns alles in der Redout' ist – (*Lorenz bemerkend.*) Was der Tölpel dort immer herüberzuschaun hat! (*Zu Jakob.*) Sag' ihm, daß er arbeiten soll.

Ang'lehnt: anlehnen = anschwärzen.
Verrebelt: ausgescholten, beschimpft.
Schub: Spaß.

Einunddreißigster Auftritt

VORIGE; TATELHUBER (*von links*), GECK (*von rechts aus dem Hintergrunde, beide sind als Holzhackerweiber angezogen*)

JAKOB Da kommen schon die Weiber; jetzt fangen wir an, Lorenz, es ist Zeit.

GECK Jetzt soll meinen Argusaugen nichts entgehen.

TATELHUBER Jetzt will ich, als schönes Geschlecht verkleidet, zum besten der Sepherl handeln.

JAKOB (*zu Tatelhuber und Geck*) G'schwind, Weiber, schaut's zum Holzschneiden, macht's, daß was füreinander kommt.

(*Geck und Tatelhuber nehmen die Sägen nach Art der Holzweiber zwischen die Beine und fangen zu arbeiten an. Katherl beobachtet beide, verschmitzt lachend, indem sie sich die Butte zum Holztragen auf einen Schemel stellt. Lorenz hackt. Jakob wird von Heinrich zur geheimen Unterredung beiseite nach dem Vordergrunde links gezogen. Mit den letzten Worten Jakobs beginnt charakteristische Musik, welche das Tableau begleitet.*)

Der Vorhang fällt.

Füreinander kommt: vorwärtsgeht.

Zweiter Aufzug

Ein Zimmer in einem Vorstadtwirtshause, im Hintergrunde eine Bogenwand, durch welche der Eingang in den Tanzsaal ist. Alles ist faschingsmäßig erleuchtet, der Bogen mit Papierkränzen aufgeputzt. In der Bogenwand links der allgemeine Eingang.

Erster Auftritt

WÄSCHERMÄDCHEN, *darunter* NANI, *und* IHRE LIEBHABER

CHOR

Lustig muß's zugehn auf 'm Saal,
Fasching ist 's Jahr nur einmal,
Der Tanz ist a Pracht überhaupt,
Drum tanzt muß werd'n, daß alles staubt.
Wenn man ein'n Ton von der Geigen nur hört,
Hebt's ein'm gleich schuhhoch in d' Höh' von der Erd'.
Lustig muß's zugehn auf 'm Saal,
Fasching ist 's Jahr nur einmal.

(*Tanzmusik ertönt im Hintergrunde.*)

ALLE Zum Tanz! Juchhe! Zum Tanz! (*Alle ab.*)

Zweiter Auftritt

NANI *allein; dann* LORENZ

NANI Da hupfen s' hin, die leichtsinnigen Geschöpfe! Ich begreife nicht, wie man in den letzten Faschingstagen noch so lustig sein kann. Morgen ist der Faschingsdienstag, das ist der Sterbetag des Faschings, und mit ihm wird für jede Übriggebliebene eine fehlgeschlagene Hoffnung begraben. Wie viele Fasching werde ich noch mit ledigem Gesicht erblicken? Schad', daß es jetzt keine Feen mehr gibt, zu denen man sagen könnt': »Mächtige Beherrscherin der Lüfte, zeig' mir den meinigen Zukünftigen, laß ihn erscheinen vor mir im vollsten Glanze seiner Schönheit!«

LORENZ (*tritt von der Straße ein, ohne Nani zu bemerken*) Da bin ich. Mein Berufsgeschäft ist aus, die Herzensgeschäfte fangen erst in einer halben Stund' an, ich muß die Zwischenzeit auf eine nützliche Weise ausfüllen. (*Ruft.*) A Seitel Sechser!

NANI Ich hab' eine völlige Beklemmung kriegt. Ich fordere das Schicksal heraus, mir meinen Zukünftigen zu zeigen, und der

Musje Lorenz kommt! – Sollte dies der Mann sein, auf den das Schicksal mit Fingern zeigt?

LORENZ (*sie bemerkend*) Die Wäscher-Nani –

NANI (*laut*) Guten Abend, Herr Lorenz!

LORENZ Ich tät' gern recht g'sprächig und freundlich drauf sagen: Ich wünsch' Ihnen desgleichen! Aber ich bin heut' übel aufg'legt, darum erwidre ich den guten Abend, den Sie mir wünschen, nur mit einer stummen Verbeugung. (*Geht zu einem Tisch, auf welchen mittlerweile der Kellner Wein hingestellt hat, und trinkt.*)

NANI Da haben S' recht, daß Sie her'kommen sind! Wenn man übel aufg'legt ist, nur auf ein'n Ball gehn, da gibt sich alles.

LORENZ Ist da Ball? Wenn ich das g'wußt hätt', wär' ich gar nicht her'gangen. Ich liebe die öffentlichen Orte nicht; ich geh' daher auch für gewöhnlich immer nur in die Wirtshäuser, wo ich zuhaus bin. Und Bälle kann ich schon gar nicht leiden, außer Hausbälle, aber natürlich, da wird unsereins als gemeiner Mensch nicht eing'laden, und das ist sehr unrecht; denn Leut', die nicht tanzen und nicht diskurieren, die bloß dastehn wie die Stöck', die find't man auf jedem Hausball, und ich sag': Wenn man Stöck' einlad't, so könnt' man schon ein'm Holzhacker auch die Ehr' antun. – Es ließ' sich da allerhand drüber sagen, aber ich bin nicht aufg'legt zum Reden.

NANI (*teilnehmend*) Was ist denn dem Herrn Lorenz?

LORENZ (*mit sehr finsterer Miene*) Ich bin eifersüchtig.

NANI O weh! Eifersucht ist eine furchtbare Leidenschaft.

LORENZ Und jede Leidenschaft wird doppelt furchtbar, wenn sie einen Holzhacker angreift. Sie kennen meine Sepherl, ich trau' ihr nicht.

NANI Ja, da muß halt der Herr Lorenz suchen, sich von etwas zu überzeugen.

LORENZ Grad das will ich nicht; ich will gerecht sein, ohne aber zum Äußersten zu schreiten. Überzeug' ich mich von was, da wär' der Tod drauf, das ist als wie um ein'n Kreuzer a Semmel. So aber überzeug' ich mich von nichts, sondern ich sekkier' sie einen Tag bis aufs Blut, den andern Tag hab' ich s' wieder gern, den folgenden wird sie wieder bis auf Geblüt sekkiert, den nächsten Tag wird sie wieder gern gehabt. Durch dieses kluge Benehmen bestraf' ich sie für den Fall, daß sie falsch wäre, und beglück' sie wieder für den Fall, daß sie schuldlos ist. Das hab' ich schon so ausgetipfelt.

NANI Das ist wahr, der Musje Lorenz versteht's, die Weiber zu behandeln.

LORENZ (*unwillkürlich warm werdend*) Mich g'freut's, daß Sie mir recht geben. – Sie glauben nicht, Mamsell Nani – (*nimmt sie bei der Hand*) Sie glauben nicht – (*streichelt ihr die Hand*).

NANI Was denn?

LORENZ (*wie früher*) Wie heiklig ich bin, wenn die Treue verletzt wird; – denn das ist etwas, Mamsell Nani – (*kneift sie in die Wangen*), was so leicht geschehen ist – und ein Verbrechen (*wird immer zärtlicher*), ein Verbrechen – es ließ' sich viel darüber sagen – (*küßt sie*), aber ich bin heut' nicht aufg'legt zum Reden.

NANI (*sich lachend losmachend*) Wenn S' nur sonst gut aufg'legt sein!

LORENZ (*über sein Benehmen selbst etwas betroffen*) Ich dank' Ihnen, so, so, passabel! (*Geht zum Tisch und trinkt.*)

NANI (*für sich*) Der Mensch braucht gar nichts als eine Frau, die ihm tüchtig den Herrn zeigt, dann tät' er sich viel glücklicher fühlen. Die Sepherl ist keine solche, die zwei Leut' würden unglücklich miteinander. Ich muß da schon ein guts Werk tun und muß ihn der Sepherl abfischen. Vedremo, sagt immer der junge Italiener, wenn ich ihm die Wäsch' bring', vedremo, was z' machen ist. (*Laut.*) Herr Lorenz!

LORENZ Mamsell Nani?

NANI Sie könnten mir ein'n rechten Gefallen tun.

LORENZ Mit Vergnügen.

NANI Ach, gehen S', Sie werden wieder nicht wollen.

LORENZ Ich habe: »Mit Vergnügen« gesagt, und wenn ein Mann von Ehre sagt: »Mit Vergnügen –«

NANI Na, sehen Sie: Ich wasch' für die Herrenleut', wo die Sepherl dient –

LORENZ Ich weiß.

NANI Ich hab' heut' sollen weiße Vorhäng' hinbringen, die ich zum Putzen hab' g'habt, für sechs Zimmer, ein'n ganzen Korb voll. Fertig sein s', aber ich hab' mir denkt, 's ist auf d' Wochen auch noch Zeit, wenn ich s' hintrag'. Jetzt war das heut' ein Verdruß und ein Spektakel um die Vorhäng', ich muß sie morgen in aller Früh hintragen; der Tapezierer ist b'stellt –

Vedremo: (ital.) wir werden sehen.

jetzt meinet ich halt, wenn Sie, Herr Lorenz, so gut wären, weil Sie in meiner Näh' loschieren und alle Morgen den Weg gehen – wenn Sie den Korb bei mir abholeten und hintrageten.

LORENZ Wo die Sepherl ist? Nein, das kann ich nicht tun; da wär's aus auf ewige Zeiten.

NANI Sie haben Ihr Wort gegeben, mir diese Gefälligkeit –

LORENZ Ich bin nur gefällig, wenn's die Sepherl nicht erfahrt.

NANI Teuxel! Da ist a Furcht bei Haus. Ist die Sepherl so streng?

LORENZ Unendlich! Das ist auch ein Hauptfehler von ihr. Sie glaubt, was dem Weibe verboten ist, das darf der Mann auch nicht tun. Wie arrogant! Und es ist doch das konträre Verhältnis. Erlaubt sich das Weib das geringste, so leidet die Ehre des Mannes dabei; je mehr sich aber der Mann erlaubt, je niederträchtiger als er sie behandelt, und sie ertragt das Ding alles als stille Dulderin, desto mehr Ehre macht es ihr. Es gibt gar nichts Ausgezeichneteres für ein Weib, als wenn sie im Renommee als stille Dulderin ist.

NANI Die Sepherl wird halt nicht dieser Meinung sein.

LORENZ Nein!

NANI Und glauben Sie mir, ich käm' trotz diesen Ansichten gut mit Ihnen aus.

LORENZ O, ich bin andrerseits wieder ein Mann, den man um den Finger wickeln kann.

NANI (*beiseite*) Wenn auch just nicht um den Finger wickeln, über 'n Daumen drehen gewiß. Mit solchen Narren macht ein pfiffiges Weib erst recht, was sie will. (*Laut.*) Sie tragen mir also den Wäschkorb nicht hin?

LORENZ (*mit schwerem Kampf*) Nein, Nani, nein, nie!

(*Man hört Tanzmusik.*)

NANI So machen S' doch wenigstens a Tanzel mit mir, da werden S' mir doch kein'n Korb geben?

LORENZ Ich hab' seit meinem sechsten Jahr' aufg'hört zu tanzen.

NANI Aber hören S', es werden grad die »Unwiderstehlichen« aufg'spielt.

LORENZ So bescheiden dieser Titel auch ist, mich lockt er nicht, ich widersteh'!

NANI Das ist mir unbegreiflich, wie man zum Walzen keine Passion haben kann?

LORENZ Ich wälze mich nie.

Duett

LORENZ

Ich mag nicht, mein Schatz, ich tanz' keinen Schritt,
Ich hab' schon nein g'sagt, geben S' ein'n Fried.

NANI

Wenn ich schön bitt'!

LORENZ

Was 's jetzt all's für Walzer gibt,
Nein, das ist auf Ehr' a G'spaß,
Wenn ich nur die Titel les',
Fall' ich völlig in die Fras.
»Trauerdeutsche« hab'n wir schon,
Doch dabei wird's noch nicht bleib'n,
Verzweiflungswalzer
Wer'n s' sicher auch bald schreib'n,
Dann wer'n auch Familienwalzer jetzt komponiert,
Wo vor all'm das Kinderg'schrei ganz deutlich aus'druckt wird;
Dann sieht man d'Mutter auf'm Ball das Geld verschlag'n
Und beim Koda den Mann ins Versatzamt was trag'n.
's druckt zum Schluß noch eine Wendung
Musikalisch aus die Pfändung,
A paar Gäng' bezeichnen den Protest,
Der Schlußakkord gar den Arrest.
Und über die Tänzer muß man lachen,
Beim Kotillon gar, wenn s' ein'n machen,
Die Vortänzer plag'n sich mit die Tour'n
Und 's ruinier'n a paar Patschen jed'smal die Figur'n. –
Einmal war das nit so arg,
Aber jetzt wird in d' Wirtshäuser
Den ganzen Tag fort musiziert;
's mag ka Gast jetzt a Rostbratel fast mehr verzehr'n,
Wenn er nicht dabei kann a paar Deutsche anhör'n.
Dudlie! Dudlie! Dudlie! Dudlie!
Das ist der wahre Ton! Dudlie!
Fangen s' zum Geigen an – dudlie!
Hupft all's, was hupfen kann – dudlie!
Das ist jetzt der Ton! –

Fras: Krämpfe, Konvulsionen.
Patschen: Patsch = ungeschickter Mensch.

D' Leut' tun nicht nur 's Geld verschmalzen,
Auch die Gesundheit büßen s' ein,
Denn alle Doktor sag'n: Das Walzen
Soll so gut für d' Lungel sein.
Fräulein gibt's, die flieg'n wie närrisch um,
Den ganzen Fasching geht's von Saal zu Saal herum,
Das geht drauf los, als wenn die Brust von Eisen wär',
Im Frühjahr kagazen s' mit 'n Selterplutzer daher. –
Was im Dreivierteltakt
Oft für Diskurs' g'führt wer'n,
Die Musik deckt das all's,
Man kann nix hör'n.
Der Papa, statt daß er achtgeb'n tut aufs Madel,
Sitzt im Speis'saal d'rin und schoppt sich an mit Bratel,
Und d' Mama, recht aufgeputzt, ist a alte Gretel,
Hat noch selber nix als Liebhaber im Schädel;
Unterdessen tut die Fräulein Tochter trachten,
Daß s' die Zeit benutzt zum Kokettier'n und Schmachten,
Und der G'schwuf sagt: »Kann ich Sie nicht sehn alleinig?
Wenn Sie ausgehn, Engel, ohne d' Eltern, mein' ich«,
's Madel sagt im Tanzen: »Wenn S' mich wahrhaft lieben,
Warten S' morgen um halb drei beim Eckhaus drüben,
Ich sag' z' Haus, ich geh' ins G'wölb, ein'n Topf mir holen,
Und auf die Art können wir uns sehn verstohlen.«
Jetzt schwört er ihr gleich hoch und teuer,
Seine Neigung ist ungeheuer!
»Ledig warst du schon am längsten,
Mein wirst du, hab' keine Ängsten!
Auf meine Güter, dort fliehn wir hin«,
Derweil ist er aus einer Offizin.
Das Madel glaubt alles aufs Wort,
Tanzt in einer Seligkeit fort:
Dudlie! Dudlie! Dudlie! Dudlie!
Ja, so wird beim Dreivierteltakt oft diskuriert,
Drum sein viele aufs Tanzen so stark passioniert.

(*Nani in den Tanzsaal, Lorenz zur Eingangstür ab.*)

Verwandlung

Zimmer in Helenens Hause wie im ersten Aufzuge

Kagazen: hüsteln.
Offizin: Barbierladen, Apotheke.

Dritter Auftritt

HELENE, ROSINE (*von der Seite*)

HELENE (*in sehr elegantem Maskenanzuge*) Nun, unter die geschmacklosen Masken wird die meinige eben nicht gehören!

ROSINE Göttlich sehen Euer Gnaden aus; wenn Euer Gnaden eintreten, das wird sein, als ob die Sonn' am Himmel aufging'!

HELENE Du bist eine Schmeichlerin.

ROSINE Fragen Euer Gnaden den Herrn von Geck, der wird das bestätigen, was ich sag'!

HELENE Der gute Mensch! Ich kann dir nicht sagen, wie ich überrascht war, wie ich nachmittags ans Fenster trat, die Züge des Weibes auf der Straße mir auffielen, immer bekannter wurden und ich endlich an einem Seufzer, der ihm unwillkürlich entschlüpfte, Herrn von Geck erkannte.

ROSINE Als altes Weib verkleidet, einen ganzen Tag unter den Fenstern der Angebeteten zuzubringen, das ist wirklich eine höchst romantische Idee.

HELENE Ich war so gerührt, daß ich unserer Mißhelligkeit von heute morgen gar nicht mehr gedachte.

ROSINE Er war auch gewiß unschuldig; die Bauerndirne, die Sepherl, benimmt sich gegen alle Männer so aufdringlich.

Vierter Auftritt

VORIGE; SEPHERL (*tritt, einen Mantel in der Hand, zur Mitte ein*)

SEPHERL Da ist der Mantel für Herrn von Tatelhuber.

HELENE Den lasse Sie im Vorzimmer liegen; gehört der hier herein? Ungeschliffenes Ding, bekommt Sie denn gar keine Lebensart?

SEPHERL Ärgern sich Euer Gnaden nicht, Sie haben mich ja am längsten gehabt.

HELENE Ich werde wirklich froh sein, wenn der Alte Sie wieder aufs Land hinausnimmt.

SEPHERL (*für sich*) Ich auch, da kann sich die gnädige Frau drauf verlassen.

HELENE Und daß Sie heute nacht nicht schläft wie ein Sack und gleich bei der Hand ist, wenn das Kind aufwachen sollte.

ROSINE O, sorgen sich Euer Gnaden darum nicht; ich bin immer um den kleinen Engel und werde jeden seiner Atemzüge belauschen.

HELENE (*zu Rosinen*) Auf dich kann ich mich verlassen, du fühlst eine Liebe für das Kind, deren ein so rohes Ding gar nicht fähig ist. (*Zu Sepherl.*) Nun? Auf was wartet Sie noch? (*Sepherl geht zur Mitte ab.*)

Fünfter Auftritt

HELENE, ROSINE

ROSINE Mir scheint, sie ist neugierig, den Chevalier en masque zu sehen.

HELENE Ich freue mich unendlich auf die heutige Redoute, die soll mir Gelegenheit geben, meinen Mann so recht aufs Blut zu quälen. Stell' dir vor, er ist auf Herrn von Geck eifersüchtig und wagt es jetzt, weil ihm die Nähe seines ungehobelten Vaters etwas Mut gibt, einige Autorität gegen mich zeigen zu wollen.

ROSINE Das ist im gleichen Grade lächerlich und strafbar.

HELENE Wo ist der Chevalier?

ROSINE Er maskiert sich drüben beim gnädigen Herrn. Mir scheint – ja, da ist er schon.

Sechster Auftritt

VORIGE; GECK (*als Schäfer maskiert, die Larve in der Hand, tritt eilig zur Mitte ein*)

GECK Meine Gnädige, unsere Toilette ist beendigt, ich bin vorausgeeilt, die Ihrige zu bewundern.

HELENE Der feinste geläuterte Geschmack spricht sich stets in Ihren Urteilen über Damentoiletten aus.

GECK Hier wird der Richter, von der Schönheit Strahl geblendet, zum Bewunderer und möchte anbetend zu Ihren Füßen sinken, wenn er nicht wüßte, daß der Gemahl ihm auf dem Fuße folgt.

HELENE Ich weiß nicht, was mein Gemahl –

GECK Ich höre ihn kommen.

Siebenter Auftritt

VORIGE; TATELHUBER (*als Harlekin*), PHILIPP (*im Domino maskiert, beide Larven in der Hand*)

PHILIPP (*zu Helene*) Wir sind bereit, wenn es dir gefällig ist –

TATELHUBER Das wird ein Hauptjux werden! Der Verwalter und der Kastner von uns draußen sind auch hereing'fahren, die kommen auf die Redout'.

GECK Die müssen Sie recht sekkieren.

TATELHUBER Ich red' gar nichts, wenn ich s' seh, ich werd' s' nur immer mit der Pritschen hinaufhaun, da werden sie sich die Köpf' zerbrechen: Wer muß denn das sein?

GECK Wenn sie Sie nur nicht erkennen?

TATELHUBER Keine Möglichkeit; sie wissen, daß ich ein dicker, bejahrter Mann bin, und ein Harlekin ist ein schlanker, wiffer Bursch, ich hab' darum diese Maske ausgesucht.

PHILIPP Es ist schon sehr spät, gleich zwölf Uhr, wir werden die letzten erscheinen.

GECK Das scheint die Absicht der gnädigen Frau zu sein. Aus Mitleid mit den übrigen hat sie diese Stunde gewählt, denn ehe sie kommt, mag noch so manche andere gefallen, interessant erscheinen; doch in dem Augenblick, als sie eintritt, schwindet der Glanz dieser Sternchen vor dem Sonnenlichte ihres Schönheitszaubers. (*Küßt ihr die Hand.*)

TATELHUBER (*haut ihm einen kleinen Hieb mit der Pritsche hinauf*) Da hast eine, du öder Ding.

GECK (*etwas beleidigt*) Mein Herr, was tun Sie?

TATELHUBER Ich hab' nur probiert, wie ich den Verwalter sekkieren werd'.

Achter Auftritt

VORIGE; SEPHERL (*tritt zur Mitte ein*)

SEPHERL Ich bitt', Euer Gnaden, der Kutscher – (*erblickt Tatelhuber und bricht über seinen Anzug in ein lautes Gelächter aus.*) Ach! Das ist zu stark!

HELENE Ungeschliffenes Ding, was ist's?

SEPHERL Nein, wie haben s' denn den Herrn von Tatelhuber ang'legt? (*Lacht.*)

Kastner: Landwirtschaftsbeamter
Ang'legt: hergerichtet, ausstaffiert.

HELENE Wird Sie reden, oder –

SEPHERL (*spricht, indem sie immer bemüht ist, das Lachen zu unterdrücken*) Der Kutscher, Euer Gnaden – der Kutscher will ausspannen.

PHILIPP Wieso?

SEPHERL Er glaubt's gar nicht, daß mehr g'fahren wird.

HELENE Wir kommen gleich. Vom Kleinen muß ich nur noch Abschied nehmen. (*Geht rechts ab.*)

PHILIPP Ich auch. (*Folgt ihr.*)

GECK Auch mir wird vergönnt sein, dem schlafenden Engel einen Kuß zuzuwerfen. (*Folgt beiden.*)

Neunter Auftritt

SEPHERL, TATELHUBER

SEPHERL (*lachend*) Der Aufzug! Wenn Sie so durch unsern Ort gingen, ich glaub', alle Küh' wurden rebellisch.

TATELHUBER Weißt, das ist wegen der Redout'. Jetzt haben wir aber was Ernsthaftes miteinander zu sprechen.

SEPHERL Ich kann nicht ernsthaft reden mit Ihnen, wann S' wie ein Faschingsnarr ausschaun.

TATELHUBER In der Stadt muß man allerhand mitmachen.

SEPHERL Ich hab' nix mitgemacht.

TATELHUBER Du mußt wissen, das ist heut' schon die zweite Verkleidung, in der ich bin.

SEPHERL (*erstaunt*) Zweite Verkleidung?

TATELHUBER Früher hab' ich den ganzen Tag als Holzweib an der Seite deines Lorenz gearbeitet.

SEPHERL Nicht möglich!

TATELHUBER Ich hab' es getan, um sein Gemüt zu erforschen, denn mir wär' leid, Sepherl, ich nimm so viel Anteil an dir –

SEPHERL Na, und wie finden Sie ihn?

TATELHUBER Sepherl, ich sag' dir nur das: Er ist deiner nicht würdig.

SEPHERL Ach, hören S' auf, aus Ihnen red't noch der Zorn, weil er Ihnen hinausgeworfen hat.

TATELHUBER Nein, Sepherl, das Hinauswerfen bin ich g'wohnt; aber er ist deiner nicht würdig. Er ist erstens ein roher Mensch –

SEPHERL Na, ich g'hör ja auch nicht zu die Nobelgebildeten. Wenn er mich nur gern hat!

TATELHUBER Glaub' mir, Sepherl, ein roher Mann, wird er auch noch so sehr am Feuer der Liebe gebraten, es wird nie etwas Genießbares draus. Dann ist er heftig, ungestüm –

SEPHERL Ein bissel rappelköpfisch, das macht nix.

TATELHUBER Und für dich, mein' ich halt, wär' eher ein stiller, ruhiger Mensch. Schau, Sepherl, ich wüßte einen für dich (*sich selbst darunter meinend*), einen recht stillen, außerordentlich ruhigen Mann, so g'setzt, wirklich ungeheuer g'setzt.

SEPHERL (*ohne ihn zu verstehen*) Ich g'hör mein'm Lorenz; ich will von kein'm andern was wissen.

TATELHUBER Und dann hat er auch einen Hauptfehler: er trinkt.

SEPHERL Das zeigt, daß er Durst hat, das ist nichts Unrechts.

TATELHUBER Der Durst ist nichts Unrechts, aber wenn man ihn mit Branntwein löscht –

SEPHERL Er muß oft den ganzen Tag in der Kälten arbeiten –

TATELHUBER Hast du aber auch das überlegt? Die Männer, die in der Kälten arbeiten und dann Schnaps trinken, die kommen meistens in der Hitz' z' Haus und prügeln die Weiber.

SEPHERL Ein braves Weib gibt ihren Mann noch nicht auf, selbst wenn's schon Schläg' kriegt hat von ihm, und ich sollt' von mein'm Liebhaber lassen, weil ich vielleicht einmal Schläg' kriegen könnt'? Nein, das ist zu weit herg'holt. Wenn ein Mann nur brav ist und treu, alles andere macht nichts.

TATELHUBER Über diesen Punkt freilich kann ich ihm nur das beste Zeugnis geben.

SEPHERL Wieso? Hat sich eine Versuchung ereignet?

TATELHUBER Ich war den ganzen Tag als Holzweib um ihn, ich kann mich aber nicht der geringsten Zärtlichkeit von seiner Seiten rühmen.

SEPHERL (*lachend*) O je, da möcht' ich Ihnen g'sehn haben.

HELENE (*ruft von innen*) Sepherl!

SEPHERL Ich muß hinein!

TATELHUBER (*sie aufhaltend*) Und dem ruhigen, gesetzten Mann, von dem ich dir früher g'sagt hab', dem darf ich gar keine Hoffnung geben?

SEPHERL Nein, gar keine; ich bin schon ein für allemal versagt.

TATELHUBER Das wird aber den gesetzten Mann sehr aufbringen.

SEPHERL Ist mir leid, aber wegen mir braucht er sich gar nicht zu inkommodieren. (*Zur Seite rechts ab.*)

Zehnter Auftritt

TATELHUBER

TATELHUBER (*allein*) Mir scheint, sie hat mich nicht verstanden, was ich will, ich hätt' mich sollen deutlicher explizieren. Ach, nein, es ist g'scheiter so, vielleicht hätt' s' mich ab'trumpft, ich möcht' das nicht riskieren. Ich bin nicht mehr in der ersten Blüte, ich zähle schon einige Jahre, just nicht gar extra viel, aber so a vier Dutzend und a sieben Paar Einschichtige werden's sein. Und das ist halt ein alter Grundsatz von mir. Nur nix riskieren. Wenn ich das wollt', was hätt' ich schon alles für Glück machen können, sowohl in der Lieb' als außer der Lieb', aber was bei mir nicht Nummer Sicher geht, das tu' ich nicht.

Lied

1.

Einmal hätt' ich a reiche Partie machen soll'n,
Man hat mir a Witib dazu anempfohl'n,
Die ein'n neunz'gjähr'gen Vetter hat g'habt zum Beerb'n;
Denk' ich mir: Wer weiß, wann der Vetter könnt' sterb'n,
Und ich hätt's ohne Geld auf 'm Hals, das wär' a G'schicht' –
Soll ich das riskier'n? – Nein, justament nicht!

2.

Wer weiß, wieviel Herrschaften ich g'wonnen schon hätt',
Wenn ich so wie andre Leut' Los' nehmen tät';
Aber 's Los kost't a Fünferl, und wer steht mir gut,
Daß der Waiselbub 's meine grad außaziehn tut;
Er wär' imstand und laßt's drinnet, das wär' so a G'schicht' –
Soll ich das riskier'n? – Nein, justament nicht!

3.

Vorig's Jahr – ich bin damals viel jünger noch g'west,
Ist ein' englische Dam' durchg'reist durch unser Nest;
Die war jung und bildschön und a zehn Million'n reich;
Ich wollt' schon zu ihr hingehn, doch mein' G'stalt, denk' ich gleich,
Wer weiß, ob s' dem englischen G'schmack grad entspricht –
Soll ich das riskier'n? – Nein, justament nicht!

4.

Wenn ich am ersten Mai im Prater mitlaufen tät',
Wer weiß, wie oft ich schon den Preis g'wonnen hätt';
Doch mir könnt' das Malheur passier'n, daß ich gleich d'runt
Beim ersten Kaffeehaus nit weiter mehr kunnt',
Ich müßt' stehnbleib'n und ausschnaufen, das wär' a G'schicht' –
Soll ich das riskier'n? – Nein, justament nicht!

5.

Ich hab' über a Schwäche im Kopf oft geklagt;
Kalte Bäder nur brauchen, hat der Doktor gesagt,
A paar Monat' ins Eiswasser stecken die Stirn,
Das frischt den Verstand auf – ich will's schon probier'n;
Denk' ich mir, er könnt' ganz eing'frier'n, das wär' a G'schicht' –
Soll ich das riskier'n? – Nein, justament nicht!

6.

Mittel gäbet's gnug, wenn ich aus der Welt tracht',
A Strick kost't zwei Groschen, a Schling' is leicht g'macht.
Aber 's is halt fatal, so a Strick reißt leicht a,
Und statt daß i hänget, lieget i da.
Wie lacheten mir nachher d' Leut' ins G'sicht –
Soll ich das riskier'n? – Nein, justament nicht!

7.

Ich soll noch was singen, es ist mir ein' Ehr',
Wie leicht aber könnt' ich da hab'n ein Malheur;
Es soll immer besser wer'n, und mir wär' lad,
Wann d' Leut' nachher sag'n' »'s letzte G'setzel war fad,
Für was hat er denn g'sungen die dalkete G'schicht'?« –
Soll ich das riskier'n? – Nein, justament nicht!

(*Geht ab.*)

Verwandlung

Vorsaal in demselben Hause. Im Hintergrunde der allgemeine Eingang, rechts und links auf jeder Seite zwei Seitentüren. Die vordere Türe rechts führt in Sepherls Zimmer, die hintere in die Küche; die vordere Tür links führt in die Kinderstube, die hintere in ein Kabinett. Mit der Verwandlung beginnt eine kurze, düstere Melodrammusik, welche mit dem Ruf eines entfernten Nachtwächters, der Mitternacht verkündet, endigt.

Elfter Auftritt

SEPHERL

SEPHERL (*kommt aus ihrem Zimmer*) Es muß schon zwölfe sein. Nach achte hab' ich den Lorenz b'stellt; der wird schon den ganzen Garten niedergerissen haben vor Ungeduld, und ich hab' keine Schuld, sie waren ja nicht zum Weiterbringen. Der Heinrich wird wohl schon zu der Mamsell Rosin' g'schlichen sein, das ist kein Zweifel. Jetzt will ich nur durchs Kuchelfenster in 'n Garten hinuntergucken, ob er noch wartet, und dann – (*geht zur Seitentüre rechts rückwärts – innehaltend*) da kommt wer – (*bleibt, nach dem Hintergrunde horchend, stehen.*) Das ist gewiß der Heinrich – schau, schau, ist der noch nicht bei der Rosine? Den wollen wir erst durchlassen. (*Ab in ihr Zimmer.*)

Zwölfter Auftritt

HEINRICH, JAKOB, KATHERL (*zur Mitte*)

HEINRICH (*in schwarzer Kalendermaske, ohne Larve, mit einer Laterne in der Hand*) Jetzt macht's euere Sachen g'scheit! 's Kindszimmer ist dort, aber da ist dem Stubenmädel sein's, geht derweil da hinein. (*Zeigt auf links rückwärts.*) Da ist niemand drin. Gradaus führt eine Tür, die geht euch nichts an; gleich rechts aber ist eine Spaliertür, die führt ins Zimmer, wo der Kleine schlaft. Ihr bleibt's also indessen in dieser Kammer (*auf links rückwärts deutend*), und wenn ihr hört, daß ich mit einem Frauenzimmer da herausgeh' (*nach der Mitte zeigend*), ich werd' schon recht laut reden im Fortgehn, dann geht ihr da drin durch die Spaliertür ins Kindszimmer und nehmt das Kind samt dem Korbe, in dem es schläft; Kinder haben einen festen Schlaf, vom Aufwachen ist keine Red'. Drin brennt die Nachtlampen, und da stell' ich euch meine Latern' her (*stellt sie auf einen Tisch rechts*), damit ihr über die Stiegen hinunterfindet. Das Haustor lass' ich euch offen.

JAKOB Gut, ich bin der Mann, der ums Geld alles tut. Aber wo kommen wir hernach zusamm'?

HEINRICH Ihr bringt das Kind auf den Holzplatz am End' der

Spaliertür: Tür aus dünnem Holz.

Liniengrabengassen, da wartet ihr auf mich, und ich führ' euch an den Ort, wo der Herr von Taubenherz mit dem Reisewagen wartet.

JAKOB 's Geld können wir ja aber gleich jetzt teilen?

HEINRICH Dummkopf, ich hab's ja noch nicht. Wir bekommen's erst, wenn wir den Korb überbringen.

JAKOB Ja so! Das ist ein anderer Kaffee.

HEINRICH Jetzt macht's, daß ihr hineinkommt! (*Drängt Jakob und Katherl in die Seitentür links rückwärts.*)

Dreizehnter Auftritt

HEINRICH

HEINRICH (*allein*) Das ging' mir ab, ich werd' teilen mit dir? – Dummer Schuft! Das Geld hab' ich schon und behalt' es für mich allein; wenn der gute Herr von Taubenherz Umstände macht und *den* nicht extra bezahlen will, dann wehe ihm! (*Geht zur vorderen Seitentür links und ruft*) Rosin'! – Mamsell Rosin'!

Vierzehnter Auftritt

VORIGER; ROSINE (*im Maskenanzug, die Larve in der Hand, aus der Seite vorne links*)

ROSINE Da bin ich schon, Musje Heinrich!

HEINRICH Ach, als reizende Schweizerin! Scharmant! Wenn man maskiert geht, nur was Charakteristisches. Schäferinnen, Gärtnerinnen, Schweizerinnen und Tirolerinnen, das waren von jeher die solidesten Masken.

ROSINE Ich muß Ihnen sagen, Musje Heinrich, das Kind schlaft, aber mir ist so ängstlich ums Herz; da fühlen Sie –

HEINRICH Sei'n Sie nicht kindisch! Was hat das weiter auf sich, wenn man die Herrschaft ein wenig hinters Licht führt?

ROSINE Und lassen wir da alles offen?

HEINRICH Warum denn nicht? Wir sperren ja die Haustür zu und nehmen den Schlüssel mit. Eh' die Herrenleut' nach Haus' kommen, sind wir beide wieder da. Jetzt dürfen wir aber keine Zeit mehr verlieren. (*Spricht sehr laut, um Jakob *das verabredete Zeichen dadurch zu geben.*) Ich kann's gar nicht erwarten, bis ich mit Ihnen auf der Redout' bin.

ROSINE Um 's Himmels willen, schreien S' doch nicht so!

HEINRICH Ich hab' mich in der Ekstase vergessen.

(*Beide zur Mitte ab.*)

Fünfzehnter Auftritt

SEPHERL

SEPHERL (*hat schon etwas früher aus ihrer Tür gesehen, und tritt jetzt heraus*) Ich glaub' gar, die gehn auf die Redout'? Nein, so ein Leichtsinn! Lassen s' das Kind allein und alles in Angel offen, das sind doch schlechte Leut'! Übrigens, ich bin froh, daß sie fort sein, denn sie verrateten mich wegen Lorenz. – Wenn der nur nicht schon die Ungeduld kriegt hat und ist fort; – hm, 's wär' sogar besser, wenn er fort wär' – um diese Stund', das schickt sich einmal gar nicht. – Dann wär' ich aber da ganz mutterseelenallein im ganzen Haus – da kunnt' mir völlig ent'risch werden – ich glaub', mir ist schon ent'risch. – Ha! Was war das? – Ist das nur die Angst, oder tappt wirklich da drin was herum? – Ich höre wispeln – es wird doch – (*zieht sich nach ihrer Tür zurück*) nicht etwa gar umgehn? (*In höchster Angst.*) G'spenster sein's – 's kommt immer näher. (*Schlüpft wieder in ihr Zimmer.*)

Sechzehnter Auftritt

JAKOB, KATHERL (*aus der Seitentür links vorn, sie tragen einen mit grünem Seidenflor bedeckten Wiegenkorb*)

KATHERL (*leise*) Nur achtgeben, daß dem Kind nix g'schieht.

JAKOB (*ebenso*) Halt's Maul und nimm die Latern' dort mit.

KATHERL Ja, aber halt nur den Korb grad, daß das Kind –

JAKOB Halt 's Maul, sag' ich!

KATHERL Was kann ich davor? Ich hab' halt gleich so ein Mitleid, wenn ein'm Kind was g'schieht. (*Nimmt die Laterne vom Tisch.*) So!

JAKOB Wie wir beim Haustor draußt sein, blast du die Latern' aus. (*Beide zur Mitte ab.*)

Ent'risch: unheimlich.

Siebzehnter Auftritt

SEPHERL

SEPHERL (*tritt in großer Beängstigung wieder heraus, sich die Augen reibend, als ob sie nicht klar gesehen hätte*) Nein, das waren keine G'spenster, das waren Menschen, fremde Menschen – Dieb'! – Ach Gott! Und ich bin allein im ganzen Haus. – Sie haben was g'stohl'n; wenn ich nur wüßt', ob noch mehr da drin sind! – Ich wag's, ich geh' hinein – 's ist meine Schuldigkeit. (*Faßt sich ein Herz und geht in die Seitentür links vorn ab; nach einer Pause stürzt sie heraus.*) Hilf, Himmel! Das Kind ist fort, sie haben's mit 'm Korb fortgetragen – ach, das ist mein Tod! – Sie bringen's um! – Die armen Eltern! – Lieber Himmel, was fang' ich an? Ich möcht' gern zum Fenster hinausschreien, aber ich hab' kein'n Atem! Ich möcht' nachlaufen, aber die Knie brechen mir zusamm' – mir wird totenübel. (*Sinkt in einen Stuhl.*) Ich wollt' ja alles gern wagen, wenn ich nur aufstehn könnt' – mir ist ganz finster vor die Augen – sie werfen's g'wiß ins Wasser! – Wenn mich nur ein Mensch höret! (*Mit größter Anstrengung.*) Lorenz! Lieber, einziger Lorenz! Komm zu Hilf'! – Ach, der ist g'wiß schon längst fort! (*Sich mühsam aufhebend.*) Aber ich muß nach, ich muß die Mörder einholen, ich muß sehen, was aus unserm Kind wird. Sie haben mich zwar oft geschimpft und ungerecht behandelt hier im Haus, aber was kann da das Kind davor? Und es ist meinem Wohltäter sein Enkel! – Und wenn's mein Tod ist, ich muß nach, ich muß es retten oder selber zugrund' gehn, mag's schon werden, wie's will! (*Stürzt, eine Kerze in der Hand, zur Mitte ab. Die Bühne bleibt einige Sekunden leer.*)

Achtzehnter Auftritt

LORENZ

(*Man hört von innen rechts eine Fensterscheibe einschlagen, nach einer Weile tritt er aus der Seitentüre rechts rückwärts*)

LORENZ (*allein*) Ich hab' ja da ganz deutlich mein'n Namen g'hört – alles finster – kein Mensch da. – Von halber achte bis Viertel auf eins – ich kann gar nix reden – alles fippert und

Fippert und toggetzt: zittert und pocht, pulsiert.

toggetzt in mir – mein ganzes Wesen löst sich in die enormen Worte auf: Von halber achte bis Viertel auf eins! Es sein nicht ganz fünf Stunden, aber wenn s' ein Liebhaber mit einem Herzen voll Verdacht durchpassen muß, dann ist es ein so ungeheurer Zeitraum, daß drei Ewigkeiten samt Familie kommod Platz haben drin. – Die Sepherl – sie hat – ganz gewiß – ich bring' nix heraus – denn – von halber acht bis Viertel auf eins! – Da geht's nicht richtig zu. Der Herr im Haus ist ein Tagdieb, der Bediente ist ein Filou, die andern Dienstboten sind mehr Volk als Nation, viel junge Laffen schleichen um die Madame herum – wenn einer davon – Sepherl – mir geht's im Geist' vor, es wird jetzt ein fürchterliches Gericht gehalten! – Sepherl! – Sepherl! (*Vorwärts tappend.*) Willst dich nicht melden, du Opfer meiner Rache!?

(*Geht, immer mit den Händen vorwärtstappend, in die Seitentür links vorne ab. Die Bühne bleibt ein paar Sekunden leer.*)

Neunzehnter Auftritt

HELENE

HELENE (*allein zur Mitte eintretend*) Nach Wunsch ist's gegangen. Ich habe meinen Herrn Gemahl auf die Folterbank der der Eifersucht gespannt und alle Grade der Tortur empfinden lassen, zum Schluß noch ein paar Worte von Zahnschmerz hingeworfen, darauf mit Herrn von Geck im Gedränge verschwunden. Jetzt wird er schon darüber im klaren sein, daß ich seine Begleitung angenommen.

Zwanzigster Auftritt

VORIGE; GECK (*rasch zur Mitte eintretend, er ist noch maskiert und hat seinen Mantel übergeworfen*)

GECK Helene! Schöne, himmlische Helene!

HELENE Himmel! Was suchen Sie hier?

GECK Sie, meine Angebetete, ich bin festgebannt in Ihren Zauberkreis.

HELENE Wie können Sie es wagen, mich zu dieser Stunde –

GECK (*ihr zu Füßen stürzend*) Die Liebe wagt alles.

HELENE Augenblicklich verlassen Sie mich!

GECK (*ergreift ihre Hand und hält sie fest*) Nein! Zu reizend ist die Gelegenheit, als daß ich – Geliebte – Göttliche –

HELENE Wenn die Dienstleute – was habe ich getan? – Fort von mir!

(*Reißt sich los und läuft in Sepherls Zimmer ab. Geck will nach, sie schlägt ihm die Tür vor der Nase zu; man hört das Schloß abschnappen.*)

Einundzwanzigster Auftritt

GECK

GECK (*allein, sich die Nase haltend und zurückprallend*) Verdammt! Das kann doch unmöglich Ziererei sein! Sie hat sich eingeschlossen! Soll ich denn als Anbeter dieser schönen Frau immer nur Tantalusqualen empfinden? Ich möchte bersten vor Ärger. Nun muß ich nicht nur mit langer Nase, sondern auch noch mit geschwollener Nase abziehen.

Zweiundzwanzigster Auftritt

GECK, LORENZ (*aus links rückwärts*)

LORENZ Von halber achte bis Viertel auf eins – und jetzt tapp' ich beim Mondlicht aus ein'm Zimmer ins andere, und nirgends eine menschliche Seel'.

GECK (*erschrocken*) Was gibt's da? Sprach hier jemand? – Heinrich, bist du's?

LORENZ (*sich fassend, mit gedämpfter Stimme*) Ja, ich bin's – der Heinrich.

GECK (*tritt vor, für sich*) Jetzt heißt's den Rückzug antreten, ohne mich zu kompromittieren und die gnädige Frau. (*Zu Lorenz.*) Heinrich, sei Er vernünftig und plaudre Er nicht. Ich habe mich von der Redoute empfohlen, um ein Stündchen bei der Sepherl zu sein, die mir schon lange gefallen. Du begreifst, daß ich die Sache nicht bekannt werden lassen möchte. Also schweige, ich verlang' es nicht umsonst. Es wäre mir auch leid um die Sepherl, wenn sie Verdruß hätte. Bleibe du jetzt nur hier, ich finde mich schon hinab. (*Zur Mitte ab.*)

Dreiundzwanzigster Aufritt

LORENZ

LORENZ (*allein*) Also der? – Bei der Sepherl? Der? – Mir verschlägt's die Red' – der?! – Während ich von halber achte bis Viertel auf eins! – Rache! Rache! Dort ist ihre Kammer. – Sepherl, jetzt wird nach den Gesetzen der Ehre gehandelt. (*Stürzt an die Tür rechts vorne und findet sie verschlossen.*) Sie hat sich eingesperrt? – Nutzt nichts! (*Sprengt die Tür mit einem Tritt und eilt grimmig in die Stube. Man hört nach einem Moment einen Weiberschrei, Lorenz kommt wieder heraus.*) Es ist geschehen! Liebe, Ehre, Rache, alles ist mir in die fünf Finger gefahren. Sie ist vor Schrecken in Ohnmacht gefallen, das hab' ich gesehn, so finster als es war. Es ist aus! (*Aufs Herz zeigend.*) Hier regt sich nichts mehr, aber die Ehre steht triumphierend da auf den Trümmern der Liebe. Jetzt fort, denselben Weg, den ich gekommen bin, durchs Kuchelfenster in den Garten, wo ich von halber achte bis Viertel auf eins – (*Schlägt sich vor die Stirn und geht in die Seite rechts rückwärts ab.*)

Vierundzwanzigster Auftritt

GECK, PHILIPP, TATELHUBER

GECK (*noch von außen*) Es ist so, wie ich Ihnen sage, nicht von Bedeutung. (*Im Eintreten.*) Sie fühlte sich unwohl im Gedränge, etwas Zahnschmerz, das Gewühl, die Hitze, sie wollte Sie beide im Vergnügen nicht stören, und da bat sie mich, sie zurückzubegleiten.

TATELHUBER (*so wie die beiden andern in Maske und den Mantel darüber*) Es ist aber doch kurios, mein Sohn –

PHILIPP Das hat ja gar nichts zu sagen. (*Leise zu Tatelhuber.*) Sie müssen ihm ja nichts merken lassen, daß mich Eifersucht quälte.

TATELHUBER (*leise zu Philipp*) Ach nein, ich weiß schon, von Eifersucht darf er nix merken. (*Laut zu Geck.*) Mein Sohn war in der größten Unruhe, und sie ist einmal seine Frau und nicht die Ihrige.

PHILIPP (*leise ihn am Ärmel zupfend*) Um 's Himmels willen,

Vater! – (*Laut zu Geck.*) Ich war in Unruhe, weil ich das Unwohlsein meiner Frau vermutete, und bin Ihnen sehr verbunden.

TATELHUBER (*zu Geck*) Ein anderes Mal lassen Sie das gut sein, solche Scherwenzlereien –

PHILIPP (*leise*) Aber, Vater! –

TATELHUBER (*ebenso*) Nur ruhig, ich lass' ihm nichts merken. (*Laut zu Geck.*) Das heißt Unfrieden stiften! Zu was einen Mann eifersüchtig machen, der eigentlich gar nicht eifersüchtig sein will!?

PHILIPP (*in peinlichster Verlegenheit*) Mein Vater beliebt zu scherzen.

GECK Vortrefflich! Das paßt zum Karneval!

PHILIPP Aber was ist denn das? Wo ist Heinrich? – Wo Rosine?

Fünfundzwanzigster Auftritt

VORIGE; HELENE (*von Angst sehr angegriffen, das Gesicht mit einem Schnupftuch eingebunden, wankt zur Seitentür rechts vorne heraus*)

HELENE Philipp, bist du da?

PHILIPP (*erschrocken*) Was ist geschehn?

HELENE Ich bin des Todes!

PHILIPP Was ist's denn?

HELENE Es muß ein Unglück geschehen sein. Ein fremder Mann stürzte in das Zimmer – mir vergingen die Sinne – ich fürchte, wir sind bestohlen – ausgeraubt.

PHILIPP Was sagst du? (*Rufend.*) Heinrich! Rosine! Sie wird bei dem Kinde eingeschlafen sein.

(*Geht nach der Kinderstube.*)

HELENE (*von plötzlicher Angst ergriffen*) Himmel, das Kind! (*Stürzt mit Heftigkeit vor Philipp in die Seitentür vorne links, Philipp und Tatelhuber folgen eilig.*)

GECK (*allein*) Ich werde sans adieu – (*will fort.*)

(*Man hört im Seitenzimmer einen Ausruf des Schreckens.*)

GECK (*erschrocken*) Was ist das?

TATELHUBER (*herausstürzend*) Zu Hilfe! Räuber! Dieb'!

Sans adieu: ohne Adieu.

GECK Himmel! Was ist geschehn?

TATELHUBER Drin liegt alles in Ohnmacht! 's Kind haben s' g'stohl'n – Räuber! – Dieb'! – 's Kind! – Ich fall' um!

(*Er sinkt an dem erschrockenen Geck nieder, welcher ihn mühsam hält und sich gar nicht zu fassen weiß. Die Entreaktmusik fällt ein.*)

Der Vorhang fällt.

Dritter Aufzug

Freier Platz in einer entlegenen Vorstadt, mit Holzstößen angefüllt, ein Bretterzaun läuft über die Bühne, in der Mitte desselben am Boden ist ein Brett ausgebrochen. Der Prospekt stellt Küchengärten, welche an die Aue grenzen, vor. In die Seite links führen zwei Wege, ein erhöhter dicht am Zaune und einer auf ebenem Boden ganz im Vordergrunde. Am Himmel ist der Mond sichtbar und geht später unter, wie angezeigt. – Man sieht rechts in der Szene ein Wirtshaus, nach einer Weile ruft links in Entfernung ein Nachtwächter drei Uhr aus, gleich darauf fällt der Nachtwächter rechts ein in noch größerer Entfernung.

Erster Auftritt

LORENZ

LORENZ (*allein, von rechts kommend*) Ich zürn' mich nicht, ich kränk' mich nicht, ich gift' mich nicht, ich lach' nur alleweil – (*lacht mit verbissenem Ingrimm*) ich begreif' nur nicht, warum der Lacher so einen desperaten Anklang hat. Ich bin in meinem Innern, recht fidel! Ich hab's eigentlich gar nicht nötig, daß ich herumgeh' d' halbe Nacht als wie ein Wahnsinniger. Ein Mädel hat ihren Liebhaber papierlt, dieser Fall hat sich schon vor Erfindung des Papiers millionenmal ereignet, um so mehr jetzt in dieser papiernen Zeit! Der Fall is alltäglich. Nur daß das Mädel grad mein Mädel is und daß ich grad der Liebhaber bin, der dem Mädel sein Liebhaber war, das ist das einzige Neue und Verdrießliche in der Sach'. Was tut man in so einer Lage? – Kleine Seelen lamentieren, hochherzige Männer nehmen sich eine andere, und die ganz großen Geister haben schon immer eine im Vorrat, so wie es jetzt bei mir der Fall is. Ich war großer Geist, ohne es zu wissen. Wäscherin, du warst pränotiert, der Posten ist vakant, ich werde dir den Schwur der Treue abnehmen, und du ruckst ein als wirkliche beeidete Geliebte. Sie ist noch dort im Wirtshaus; ich geh' jetzt in ihr Haus, die Hausleut' kennen mich, die werden mir den Wäschkorb geben, ich trag' ihn hin, wie sie mich ersucht hat, ins Tatelhuberische Haus, da wird die Sepherl alle Farben spielen vor Gall'. Dictum factum, es bleibt dabei! – Wer hätte sich

Papierlt: papierln = zum besten halten, anführen.

das träumen lassen, daß es auf diesen Point kommt, daß sie mich so schmählich betrügt, wenn man s' so reden g'hört hat, d' Sepherl. Ja g'red't wird gar viel in der Welt, aber 's wenigste is wahr.

Lied

1.

Ein blutjunges G'schöpf nimmt ein'n Millionär
In d'Siebzig – »Ach, Mannerl, ich lieb' dich so sehr,
Ich hab' dich g'heirat't«, sagt s', indem s' ihn halst,
»Weg'n Geld nicht, nein, nur weilst mir gar so gut g'fallst.«
Das g'freut den alten Herrn, er wird völlig a Narr –
Und 's ist alles nit wahr! Und 's ist alles nit wahr!

2.

Ein Mann muß verreisen, die Frau bleibt zu Haus,
Beim Abschied, da reißt sie sich d' Haar völlig aus!
»Eher tausendmal sterb'n als dich einmal betrüg'n!«
Das ruft s' ihm noch fünfzehnmal nach auf der Stieg'n,
Das beruhigt weg'n die Zweifel den Mann ganz und gar –
Und 's ist alles nit wahr! Und 's ist alles nit wahr!

3.

Ein Mad'l spekuliert allenthalb'n nach ein'm Mann,
Endlich macht auf der Wasserglacis sich einer an,
Da sagt d' Mama, die nach dem Schwiegersohn schnappt:
»Meine Tochter hat noch nie a Bekanntschaft g'habt,
Die Schuldlose ist erst im sechzehnten Jahr'« –
Und 's ist alles nit wahr! Und 's ist alles nit wahr!

4.

Ganz abg'schab'n kommt zu ein' Direktor nach Wien
Ein Schauspieler und sagt: »Ich komm' jetzt von Berlin,
Von Braunschweig und Hamburg hab' Anträge ich,
In Hannover und Bremen reißt man sich um mich,
In Frankfurt, da warf man mich Kränze sogar« –
Und 's ist alles nit wahr! Und 's ist alles nit wahr!

5.

Der Mann kommt spät heim. »Wo bist g'wesen?« fragt 's Weib.
»Kommotion machen«, sagt er, »ich muß 's tun, weg'n mein'm Leib,
Dann war ich im Kaffeehaus, dann begegn' ich ein'm Freund,
Den Freund, den begleit' ich, 's hat der Mond so schön g'scheint;

Wasserglacis: eleganter Spaziergeh-Ort und »Kurpromenade«.

Bei ein'm Freund, da verplauscht man sich leicht, das ist klar« –
Und 's ist alles nit wahr! Und 's ist alles nit wahr!

6.

Das ist so schön, wenn einer im Bierhaus laut schreit:
»Mit der Fräul'n soundso hab' ich a Bestellung g'habt heut',
Bei der Frau war ich gestern, zehn Brief' schreibt s' mir schon,
Und der Ring ist von der, und schaut's das Medaillon –
Das sind von der Marquisin Stutziwutzka die Haar'« –
Und 's ist alles nit wahr! Und 's ist alles nit wahr!

7.

's Madel tragt den Rock kurz, und der Hut geht g'spitzt zu,
's Madel red't recht massiv, sagt zu alle Herrn »Du«.
Die Wangen schaun frisch aus, die Wadel sein dick,
D' ganze Unschuld vom Pustertal spricht aus ihr'n Blick,
Das muß a Tirol'rin sein, das ist doch klar –
Und 's ist alles nit wahr! Und 's ist alles nit wahr!

8.

»Mein Weiberl«, sagt mancher, »mein Weiberl ist treu,
Und mein Weiberl, das macht mir halt gar kein' Kei'rei,
Und mein Weiberl ist sanft und mein Weiberl ist gut,
Und ich weiß, daß mein Weiberl kein'n anschauen tut,
Und mein Buberl, das sieht mir ganz gleich auf a Haar« –
Und 's ist alles nit wahr! Und 's ist alles nit wahr!

9.

Wenn ein neu's Stück gegeb'n wird, da geht's oft vertrackt,
Es haben unsinnig g'fallen die ersten zwei Akt';
Na, heut', meint er, kann nicht das g'ringste mehr g'schehn,
Und der Dichter glaubt sich schon am Ziele zu sehn;
Überstanden glaubt er jetzt schon d' ganze Gefahr –
Und 's ist alles nit wahr! Und 's ist alles nit wahr!

(*Links ab.*)

Zweiter Auftritt

JAKOB *und* KATHERL (*treten von rechts auf*)

KATHERL (*trägt den Wiegenkorb*) Mann, Mann, mir kommt die Angst in die Glieder.

JAKOB Sei stad, sonst kommen uns die Nachtwachter aufs G'nack.

Kei'rei: Zank, Streit, Unannehmlichkeiten.

KATHERL Die fürcht' ich weniger, aber die Person, die uns bald eing'holt hätt' –

JAKOB Ach, das war, wie wir uns das erste Mal versteckt hab'n. Mir scheint, 's war der Dienstbot' von dort.

KATHERL Wenn uns nur die nicht wieder aufstoßt.

JAKOB Ach, die ist auf eine Bank hing'fallen vor ein'm Haus und hat sich nicht mehr g'rührt; da is nix zu fürchten.

KATHERL (*den Korb niederstellend*) Wenn 's Kind ein einziges Mal g'schrien hätt', wären wir verraten g'west.

JAKOB Ach, wenn so ein Kind ein'n Suzel im Maul hat, schlaft's so fest als wie ein Erwachsener mit ein'm Rausch; da is vom Aufwachen kein Gedanken.

KATHERL 's ist nur a Glück, daß die Nacht so lau ist, so schad't's ihm doch nicht; ich hab' gar so a Lieb zu die Kinder.

JAKOB (*für sich*) Der Heinrich is nicht kommen an den Ort, wo er uns hinb'stellt hat, a paar Stund' fast hab'n wir paßt, ich merk' Betrug. Wenn er etwa 's Geld schon hätt' und wollt' mich prellen um mein'n Teil – dann – ich bin der Mann, der ums Geld alles tut, wenn's aber nachher nicht ehrlich zugeht, dann – ich sag' sonst nichts als: dann! – Wenn ich nur den Platz finden könnt', wo der Herr mit 'm Reisewagen wartet, an den halt' ich mich; aber der Heinrich hat den Platz nicht deutlich g'nug g'sagt. (*Zur Katherl.*) Ich such' jetzt die Equipaschi, du bleibst derweil da.

KATHERL Nein, um alles in der Welt, allein bleib' i nit.

JAKOB Sei stad, du furchtsame Gretel!

KATHERL Ich zittre an Händ' und Füßen.

JAKOB Wenn nur da ein Ort wär', wo man den Korb hinstellen könnt', bis wir den Wagen g'funden haben, dann könnt'st jetzt mitgehn. (*Hat sich umgesehen.*) Halt! – Da ist ein Laden ausgebrochen in dem Zaun, da stell'n wir'n hinein.

KATHERL Ja, der Mondschein is grad im Untergehn, 's wird gleich stockfinster sein; wenn auch wer vorbeigeht, da steht der Korb lang' gut.

JAKOB (*indem er den Korb in den Plankenzaun hineinschiebt*) Mit dir hat man alleweil Keierei.

KATHERL Ich sag' dir's. Mann, wenn ich g'wußt hätt', daß so viel G'fahr dabei is –

Suzel: etwas zum Saugen; Schnuller.
Keierei: Schwierigkeiten, Verdruss.

JAKOB So. Jetzt komm!

KATHERL Ich hätt' dich 's Ganze gar nicht unternehmen lassen.

JAKOB G'fahr hin, G'fahr her! Ich bin der Mann, der ums Geld alles tut.

(*Geht mit Katherl, die sich ängstlich an ihn hält, links auf dem erhöhten Wege ab. Der Mond geht unter, es wird ganz finster.*)

Dritter Auftritt

LORENZ

LORENZ (*tritt von links ganz vorne auf, er trägt einen Wäschekorb auf dem Kopf, welcher, ziemlich hoch aufgetürmt, dem Korbe, in welchem das Kind sich befindet, sehr ähnlich ist*) Den Wäschkorb hätt' ich, durch welchen ich der Sepherl jede Hoffnung auf Gnade benehme. Ich muß in der Affäre als Mann von Ehre dastehen, nicht als Radibub'. Der Radibub' bricht auch mit seiner Geliebten, versöhnt sich aber hernach wieder; doch wenn der Mann von Ehre bricht, dann ist der Bruch auf immer gebrochen. Dieses ist der Hauptunterschied zwischen dem Mann von Ehre und dem Radibuben. – Ha, diese Musik! – – Dort im Wirtshaus sitzt die Nani und unterhalt't sich, während ich mich abhärm' in Betrachtungen. Na, ich kann ihr's nicht vor übel aufnehmen, denn sie hat ja noch keine Verpflichtungen. – Könnt' aber doch nicht schaden, wenn ich mich ein bissel ins bunte Gewühl menget und belauschet s', die Nani. – Ins Tatelhuberische Haus kann ich ohnehin noch nicht – 's ist z' fruh. Wenn ich nur derweil den Korb wo unterbringen könnt' – ich stell'n dort über die Planken hinein. (*Will den Korb von oben über den Zaun hineinstellen, sieht aber, daß das nicht geht.*) So tut's es nicht, von oben g'läng' ich nicht, ich werd' da unt' einen Laden roglich machen. (*Tappt an die Öffnung der Planke.*) Da is ja schon einer aus'brochen, da geht der Korb prächtig hinein. (*Schiebt den Korb in die Öffnung, wo der Korb mit dem Kinde steht, so, daß dieser, ohne daß Lorenz es bemerkt, zurückgeschoben wird und der Wäschekorb somit vorne an den Platz zu stehen kommt, wo der Kinderkorb war.*) So! – Und jetzt hin auf

Radibub': gut gekleideter, aber sich gemein benehmender Mensch. *Radi* = Rettich.
Roglich: locker, wacklig.

den g'schloßnen Flora-Souvenir-Abendunterhaltungs-Fortuna-Réunionsball und die Nani observiert! (*Rechts ab. – Die Musik endet.*)

Vierter Auftritt

TAUBENHERZ, JAKOB, KATHERL (*kommen von links den erhöhten Weg herab*)

TAUBENHERZ (*mit Jakob zankend*) Wenn ich Ihm aber schon hundertmal sage: der Heinrich hat schon das Geld.

JAKOB So sag' ich Ihnen ein für allemal drauf: das geht mich nix an; der Heinrich ist ein Filou, und Sie zahlen, was ich verlangt hab', sonst –

TAUBENHERZ Ich werd' doch nicht zweimal zahlen?

JAKOB Ich liefre halt den Korb nicht eher aus, bis ich 's Geld hab'.

TAUBENHERZ Ihr eigennützigen Schufte!

JAKOB Schimpfen können S', wie S' wollen, das haben S' umsonst, aber der Korb kostet Geld.

TAUBENHERZ (*gibt ihm mit grimmiger Gebärde Geld*) Da, ihr Blutegel, ihr –

JAKOB (*das Geld einsteckend*) So! Jetzt transportieren wir den Korb zum Wagen.

TAUBENHERZ Wo habt ihr ihn denn?

JAKOB Da hinter der Planken haben wir 'n versteckt. (*Geht, den Korb hervorzuziehen.*)

TAUBENHERZ Das hätt' ich wissen sollen!

Fünfter Auftritt

VORIGE; HEINRICH (*noch in Maske, einen Mantel darüber, ohne Larve, von Seite rechts kommend*)

HEINRICH He, Jakob, bist du's?

JAKOB (*mit Katherls Hilfe den vor dem Kinderkorbe stehenden Wäschekorb auf den Kopf nehmend, ohne den Irrtum zu bemerken*) Freilich bin ich's.

TAUBENHERZ Aha! – Heinrich!

HEINRICH (*zu Jakob*) Warum habt's nicht dort gewartet?

JAKOB (*zu Heinrich*) Warum haben Sie uns zwei Stund' stehen lassen?

TAUBENHERZ (*zu Heinrich*) Warum hat Er dem Mann (*auf Jakob zeigend*) seinen Anteil nicht gegeben?

HEINRICH (*sich unwissend stellend*) Ich einen Anteil geben? Was Sie mir gezahlt haben, g'hört mir allein.

TAUBENHERZ Schlingel, das ist wider die Abrede.

HEINRICH Erlauben Sie mir –

TAUBENHERZ Sogleich gibt Er mir den Teil zurück, der für den Mann bestimmt war.

HEINRICH Ich was zurückgeben? Da müßt' ich ein Narr sein.

TAUBENHERZ Schurke!

JAKOB (*dazwischentretend*) Still, da wird jetzt nicht disputiert! Das wär 's Wahre, ein'n Lärm machen, daß uns d' Nachtwächter hören! Sei'n wir froh, daß's so finster is, daß s' uns nicht sehen.

TAUBENHERZ Aber ich muß –

JAKOB (*schreit*) Still, hab' ich g'sagt!

TAUBENHERZ (*leise*) Nun ja; aber dieser –

JAKOB Vorwärts nacheinand'!

(*Taubenherz mit unterdrücktem Grimm links ab.*)

HEINRICH (*folgt ihm, indem er mit gedämpfter Stimme noch mit ihm zankt*) So kommt dort zum Wagen!

KATHERL (*zu Jakob, indem sie beiden folgen*) Halt nur den Korb hübsch grad, daß dem Kind nix g'schieht. (*Ab.*)

Sechster Auftritt

SCHNECK *und* SEPHERL (*treten von rechts auf*)

SEPHERL Ich bin ganz weg vor Angst – ich kann nicht mehr weiter.

SCHNECK (*mit Laterne und Hellebarde*) So bleiben wir da.

SEPHERL Jede Spur ist verloren! (*Die Hände ringend.*) Was fang' ich an?

SCHNECK Warten wir, bis 's Tag wird.

SEPHERL Nein, nein, jede Minute, die wir versäumen, kann dem armen Kind das Leben – wir müssen eilen, soviel als möglich eilen.

SCHNECK Gut, so wollen wir eiligst warten, bis 's Tag wird.

SEPHERL (*desperat*) Wenn ich nur wüßt', gegen welche Seiten – ich geh' vielleicht den konträren Weg – Freund, lieber, goldener Nachtwächter, es muß Lärm g'macht werden! Schrei' Er aus vollem Hals, ich will Ihm helfen, so gut ich kann. Alle Nachtwächter sollen zusamm', die ganze Stadt muß auf-g'weckt werden.

SCHNECK Nein, nein, das is a schwere Sach'! – Na, mein'twegen, der Jungfer z'lieb', aber nur erst warten, bis 's Tag wird.

SEPHERL (*jammernd*) Ist denn gar nirgends eine Hilf'?

Siebenter Auftritt

VORIGE; LUCHS (*ebenfalls mit Laterne und Hellebarde aus der Seite links ganz vorne kommend*)

LUCHS Schneck! Schneck! Bist d' da?

SCHNECK Was gibt's?

LUCHS Komm g'schwind, ich bin ein'm verdächtigen G'sindel auf der Spur. (*Nach links gegen den Hintergrund zeigend.*) Dort oben sein s'; ich bin den heruntern Weg herüberg'loffen, um dich als Sukkurs –

SCHNECK So warten wir, bis 's Tag wird.

LUCHS Warum nicht gar!

SEPHERL Wenn das etwa die Räuber sind?!

LUCHS Sie wären schon davong'fahren, aber ein Pferd ist über 'n Strang g'sprungen. Da haben s' was z' bandeln! Nur g'schwind.

SEPHERL Fort, fort! Hilf uns, Himmel, vielleicht retten wir das arme Kind. (*Läuft links den erhöhten Weg ab.*)

SCHNECK (*indem er von Luchs nachgezogen wird*) Ich sag' halt alleweil: lieber warten, bis 's Tag wird. (*Beide folgen.*)

Verwandlung

Vorsaal in Helenens Hause, wie am Ende des zweiten Aktes. Auf dem Tisch brennen Lichter. Es ist gegen Morgen

Achter Auftritt

TATELHUBER

TATELHUBER (*in seiner anfänglichen Kleidung, aus der Seitentüre links vorne kommend*) Das ist ein Jammer! Da nutzt kein

Zureden! Und sie sollen sich nicht ängstigen, sag' ich, der Dieb hat sich ohne Zweifel geirrt. Wer wird denn kleine Kinder stehlen? Die kann man so haben. Ich räsonier' so: wenn der Täter ein Mann von Vermögen wär', so brauchet er kein Dieb zu sein. Er is aber ein Dieb, folglich hat er nicht viel, und wer nicht viel hat, der könnt' grad noch kleine Kinder brauchen. Sie kriegen 's Buberl z'ruck, ohne Anstand. – Sie schieben alle Schuld auf die Sepherl – das will ich grad nicht glauben, aber daß es jetzt bald Tag is und die Sepherl noch immer auf der Gaudée herumflankiert, das beweist wenigstens, daß sie in keinem Fall ganz unschuldig is. Die Sepherl mit dem guten, braven G'sicht, die unverdorbene, ländliche Sepherl – wer glaubet das, daß man sich in einer Sepherl so täuschen kann?!

Neunter Auftritt

TATELHUBER, SEPHERL (*zur Mitte hereinstürzend*)

SEPHERL Wir haben s'! Wir haben s'!

TATELHUBER 's Kind?!

SEPHERL Nein, das haben wir noch nicht, aber die Räuber haben wir, die 's g'stohlen haben.

TATELHUBER (*schroff*) Mit der Nachricht kannst du mir g'stohlen wer'n. Da trau' dich nicht hinein.

SEPHERL Was? Ich soll mich nicht hineintraun? Warum nicht?

TATELHUBER Du fragst sehr keck, entarteter, über Nacht aus'bliebener Dienstbot'!

SEPHERL (*ganz verdutzt*) Herr von Tatelhuber – diesen Empfang?

TATELHUBER Verdienst du, denn du bist, gering gerechnet, eine Schwärmerin.

SEPHERL Ich hab' mit Gefahr meines Lebens –

TATELHUBER Wärst du z' Haus blieb'n, hätt'st aufs Kind achtgeben, wärst in gar keine G'fahren kommen; so aber – natürlich – wenn's g'schwärmt sein muß, na, so ertrage auch die Folgen der Schwärmerei!

SEPHERL Ich weiß nicht, soll ich weinen oder soll ich lachen? – Na, Sie werden's schon hören.

Gaudée: fröhliche, ausgelassene Unterhaltung.
Herumflankiert: sich herumtreibt; bes. von Frauen (fz. *flanquer*).

Zehnter Auftritt

VORIGE; PHILIPP, *dann* GECK

PHILIPP (*sehr erstaunt aus links vorne*) Ich höre sprechen – keine Nachricht? – Keine Spur?

SEPHERL Gnädiger Herr –

GECK (*durch die Mitte*) Ich stürze vom Gericht hierher, um der erste zu sein, der die frohe Botschaft –

PHILIPP Ist's möglich! – Mein Kind?

GECK Hat sich noch nicht gefunden, doch die Täter sind bereits in den Händen der Justiz.

PHILIPP Ach! So hat meine Frau ihr Kind verloren!

GECK Ihre Frau wird gewiß das Kind bekommen. Herr Taubenherz, Heinrich und noch ein Holzhackerpaar sind die Schuldigen.

PHILIPP Und was ist's mit dem Kinde?

GECK Unbegreiflicherweise wissen das die Schuldigen selbst nicht! Sie glaubten fest, daß es sich in dem Korbe befinde, mit welchem sie angehalten wurden, allein in demselben war nichts als eine Menge Draperien und Wäsche, welche die Sepherl als Ihnen gehörig erkannte, die Sepherl, welche sich in der Affäre so scharmant benommen, daß man ihr kniend die Huldigung – (*will in Ekstase vor ihr niedersinken.*)

Elfter Auftritt

VORIGE; LORENZ (*tritt, den Kinderkorb auf dem Kopf tragend, zur Mitte ein, noch immer etwas benebelt*)

LORENZ Da bring' ich die ganze Wäsch'.

PHILIPP Gerechter Himmel! Ist's möglich? (*Stürzt außer sich auf Lorenz und nimmt ihm den Korb ab.*)

TATELHUBER *und* SEPHERL (*in freudigem Staunen*) 's ist da! Das ist der Korb!

PHILIPP (*hat in den Korb hineingesehen und ruft in freudigster Ekstase*) Gefunden! Wiedergefunden! Ich bin der glücklichste Mensch auf Erden! Nur geschwind hinein zur Mutter, die im Schmerz vergeht.

TATELHUBER Nur g'schwind! Nur g'schwind! (*Trägt mit großer Eilfertigkeit den Korb in die Seitentüre ab. Geck folgt.*)

Zwölfter Auftritt

LORENZ, SEPHERL

LORENZ (*allein für sich*) Ist das a G'stanz wegen der Wäsch', 's dürft' kein's a Hemd anz'legen haben, so könnten sie's nicht ärger treiben.

SEPHERL (*von der Seitentüre, wo man den Korb abtrug, zurückkehrend*) Lorenz! Lorenz! Laß dich umarmen.

LORENZ Zurück, Natter!

SEPHERL (*immer im Übermaß der Freude*) Sag', was du willst, du hast das Kind gerettet.

LORENZ Was für ein Kind?

SEPHERL Ach, geh, mach' keine Faxen!

Dreizehnter Auftritt

VORIGE; TATELHUBER (*zurückkommend*)

TATELHUBER Wo ist er?! An mein Herz, Retter des Kindes! (*Umarmt Lorenz stürmisch.*)

LORENZ (*ganz verblüfft*) Was –?

TATELHUBER Das hat mich ausg'söhnt mit Ihm, Er soll 's Mädel haben. (*Führt ihm Sepherl zu.*)

LORENZ Ja, wenn er's möcht'!

TATELHUBER Was wär' das?

LORENZ Fragen Sie s' nur, wer von der Redout' zu ihr kommen ist?

TATELHUBER Sie war ja gar nicht z' Haus.

SEPHERL Ich hab' den Räubern des Kindes nachg'setzt.

LORENZ Was?!

TATELHUBER Jetzt erst ist sie nach Haus kommen.

LORENZ Sie war aus in der Nacht?! Sie ist unschuldig? Wer hat denn nachher die Watschen –? Da herrscht Irrtum, Verleumdung, Truggewebe – und ich – die Verhältnisse erleiden eine gräßliche Umwandlung – Sepherl, jetzt bin ich ein Verbrecher. (*Sinkt ihr zu Füßen.*)

SEPHERL Aber, Lorenz!

TATELHUBER Was hat er denn? –

Vierzehnter Auftritt

VORIGE; HELENE, PHILIPP, GECK (*aus links vorne*)

HELENE Wo seid ihr, daß ich euch meinen unbegrenzten Dank –

PHILIPP (*zu Sepherl*) Du braves Mädchen! Der Chevalier teilte uns mit, was er bei der Behörde erfuhr, mit welcher Aufopferung du für unser Liebstes besorgt warst. (*Zu Lorenz.*) Wakkerer Freund – (*sieht Lorenz in desperater Gebärde knien.*) Was ist das? Soeben will ich euch verkünden, welch reichen Lohn euch meine Gemahlin zugedacht –

HELENE (*zu Sepherl*) Und daß du deinem Geliebten die Hand –

LORENZ Sie hat keinen Geliebten, sie hat ein Ungeheuer, sie muß mir erst verzeihen.

SEPHERL Was soll ich dir denn verzeihen?

LORENZ Das sag' ich nicht.

HELENE (*zu Sepherl*) Kannst du hart sein gegen den Retter des Kindes, für welches du selbst so viel getan?

GECK Sepherl, wenn auch ich meine Bitten mit denen der gnädigen Frau vereine – (*will vor Sepherl auf die Knie stürzen, erhebt sich aber schnell wieder und wendet sich zu Helene.*) Verzeihung, gnädige Frau, bald wär' ich vor der Sepherl auf die Knie – Verzeihung!
(*Stürzt vor Helene nieder.*)

LORENZ Hab' ich denn wirklich ein Kind gerettet?

TATELHUBER Er ist ganz verwirrt.

SEPHERL (*zu Lorenz*) Ich weiß nicht, was du hast, steh auf; aber ung'schaut verzeih' ich dir alles.

LORENZ (*freudig aufspringend*) Sepherl! (*Umarmt sie.*)

PHILIPP Ein Freudenfest will ich feiern, ein Freudenfest!

HELENE (*in Philipps Rede fallend*) Das mein Entschluß noch erhöhen wird. (*Zu Tatelhuber.*) Ihr Projekt, Vater, die Stadt zu verlassen, welches ich gestern mit Unwillen abgelehnt, ist jetzt ganz nach meinem Sinn. (*Zu Philipp.*) Ich folge dir, wohin du willst. Dann erst, wenn ich deine Verzeihung mir erworben, dann erst sollst du wieder, aber in einem anderen Sinne, die Worte von mir hören: »Ich bin eine reiche Frau!«

TATELHUBER So ist's recht, Frau Tochter! – Und dem Herrn – (*auf Lorenz zeigend*) gratuliere ich zu seinem hübschen Weib, er hätte als Holzhacker gar keine bessere Wahl treffen können, denn das Madel ist so brav, so gut und geduldig, daß er auf ihr Holz hacken kann. Viktoria, Kinder!

Unter passender Gruppierung fällt der Vorhang.

Der Färber und sein Zwillingsbruder

Posse mit Gesang in drei Akten

Personenverzeichnis

KILIAN BLAU, Färber,
HERMANN BLAU, Sergeant bei der Grenzgendarmerie, } Zwillingsbrüder

WETTER,
SCHLAG,
KNALL, } Sergeanten der Grenzgendarmerie

STURM, Gemeiner, Hermanns Diener
GERTRUD, dessen Weib, Marketenderin
ANSELM, Altgeselle bei Kilian
MAMSELL ROSERL, Kilians Braut
MEISTER KLOPF, ein Kupferschmied
HERR VON LÖWENSCHLUCHT, Oberforstmeister
CORDELIA, seine Schwester
PETER, dessen Bedienter
MARQUIS SAINTVILLE

WALDAU, Geometer
GRUMMER, Schloßinspektor
THOMAS, Gärtner } des Marquis

VON DORNBERG, Anführer einer Abteilung Gendarmerie
EINE ORDONNANZ
JEAN, Bedienter des Marquis
MARTIN, Knecht bei Kilian
GENDARMEN
GÄSTE und DIENERSCHAFT auf dem Schlosse des Marquis
GÄSTE bei Meister Kilian

Die Handlung spielt im ersten Akte teils vor einer Schenke im Gebirge, teils in einem eine Meile davon entfernten Marktflecken, im zweiten Akt im Stationsplatz der Grenzgendarmerie, im dritten Akte auf dem nahegelegenen Schlosse des Marquis Saintville.

Die Erstaufführung fand »zum Vorteile« Nestroys am 15. Januar 1840 statt. Nestroy spielte beide Zwillingsbrüder, Kilian und Hermann Blau, Scholz den Bedienten Peter. Die Musik war von Adolf Müller.

Erster Akt

Platz vor einer Schenke im Gebirge. Rechts das Wirtshaus mit praktikablem Eingang. Vor dem Haus heraußen Tische mit Bänken.

Erste Szene

CHOR DER GENDARMEN

(*Alle stehen und sitzen um die Tische herum und trinken.*)

Die Gläser voll Wein
Schenkt ein, schenkt ein!
Es erfreuet das Gemüt
Ein lustiges, heiteres Lied,
Gesungen beim Wein,
Ein Lied, gesungen beim Wein!
Schenket ein, schenket ein!
Das Wasser gehört für die Weiber und Enten,
Der Bauer hält stumpf seinen Bierkrug in Händen;
Doch ein tapfres Gemüt
Erfreuet ein fröhliches, heiteres Lied,
Gesungen beim Wein,
Schenket ein, schenket ein!

Zweite Szene

DIE VORIGEN; WETTER, SCHLAG (*beide treten aus der Wirtsstube auf. Bei ihrem Erscheinen stehen die Sitzenden auf*)

WETTER Ihr tut euch gütlich, recht so!

SCHLAG Heut' abend wird's heiß hergehen.

WETTER (*zu den Gendarmen*) Das sind wir schon gewohnt, nicht wahr? Der Grenzgendarm steht immer im Feld, Jahr aus Jahr ein; die Schmugglerei kennt keinen Frieden, keinen Waffenstillstand.

SCHLAG Die Expedition heut' abend ist wichtig. Unsere Kundschafter haben ausgewittert, daß ein schöner Transport en gros über die Grenze herübergebracht werden soll, und diese Schmuggler sind Kerls wie der Satan, wehren sich, wenn's gilt, wie Verzweifelte. Wir sind unser zu wenige hier, und der nächste Grenzposten ist zu weit, um Sukkurs zu holen; da muß einer dreinhauen für drei.

DIE GENDARMEN Das wollen wir!

WETTER Jetzt seht nach den Pferden! (*Die Gendarmen ab.*)

Dritte Szene

DIE VORIGEN *ohne die* GENDARMEN; *dann* HERMANN, KNALL *mit noch* ZWEI SERGEANTEN.

HERMANN Nutzt nix, alles is umsonst.

KNALL Nun, so renn' in dein Verderben!

SCHLAG Was gibt's denn?

HERMANN Ein paar Liebesabenteuer hab' ich vor.

KNALL Über der Grenze –

HERMANN Weil die Lieb' keine Grenzen kennt.

SCHLAG Aber das strenge Verbot –

HERMANN Verbot ist die Leibfarb' der Lieb'. Das is nur ein Zufall, wenn sich Wunsch und Erlaubnis bisweil'n begegnen auf der Welt, und auf solche Zufäll' zu warten, da kommet man der Sehnsucht grad z'recht damit.

SCHLAG Aber die Gefahr –

HERMANN Die Gefahr ist das Meer, aus dessen Grund man sich die Perl' des Glücks heraufholen muß, bei die Standln, wo s' die Sechskreuzerringeln verkaufen, kriegt man's nicht.

SCHLAG Ich bin der Gefahr nie ausgewichen, wenn mich die Dienstpflicht ihr gegenüberstellte; aber beim Vergnügen vermeide ich sie.

HERMANN Das is g'fehlt, nur bei der Linie der Gefahr kommt man hinaus ins Freie des Vergnügens. Wer sich scheut diese Linie zu passieren, der bleibt ewig in der staubigen Vorstadt der Langweiligkeit hocken.

SCHLAG Deine Ansichten –

HERMANN Verhalten sich zu den eurigen wie Tag und Nacht, das is klar. Wenn ich eure Ansichten von Lebens- und Liebesglück hätt', da wär' ich Färber worden wie mein Bruder und hätt' eine Klampfererstochter g'heirat't mit der blechernen

Standln: Marktbuden.
Linie: Graben und Wall, der die damaligen Vorstädte (heute inneren Bezirke) Wiens umschloß.
Klampferers(tochter): Blechschmied.

Einwilligung der Herrn Eltern. (*Den bürgerlichen Ton eines Schwiegerpapa parodierend.*) »Ja, Herr Schwiegersohn, Sie sollen unsere Tochter haben.« (*Den schüchternen Ton eines bürgerlichen Bräutigams parodierend.*) »O, ich dank' Ihnen, Herr Schwiegerpapa, für diese Gnad' und dieses Glück!« – Jetzt wird unsinnig g'fressen auf'm Ehrentag; nacher mit dem Gürtel, mit dem Schleier reißt der schöne Wahn entzwei, dann geht das maschinenmäßige Werkstattleben fort, ein' Tag wie den andern; nur der Sonntag macht eine glänzende Ausnahme, da wird ins Wirtshaus 'gangen mit der ganzen Famili und Freundschaft, da kann man den Wein maßweis' trinken und man kriegt doch kein' Rausch, so nüchtern ist der Diskurs, der da g'führt wird. – Das wär' so eine Existenz für mich! Da müßt' ich doch dem Teufel d' schönsten Grobheiten antun, wenn er mich nicht gleich holet. Mein Leben hat ein anders G'sicht, ich hab' zwar dermalen nur zwei Hauptamouren – Nebendalkereien rechne ich nicht – aber die Situation is interessant; beide von vornehmer Familie; von Hoffnung, von Aussicht is da keine Spur. Eine hat zum Überfluß auch einen Mann, und beide sind über der Grenz' drüben. Was riskier' ich alles, wenn's verraten wird, daß ich über die Grenz' geh'! Das ist Liebe. Jetzt komm' ich zu der ersten, da lauern acht Jägerburschen, sechzehn Hund' und ein Bruder auf mich, das is Genuß – ich komm' glücklich durch und eile zu der andern, da hat schon der Gemahl, der Gutsbesitzer, die gräßlichsten Vorkehrungen gegen mich getroffen. Seine Bauern dürfen gar nicht mehr ackern; die derfen gar nichts tun als aufpassen auf mich; denkt's euch, die vierschrötigsten Lümmeln, die je Landluft und Sterz großgezogen, stehen da mit Knitteln von der niederschlagendsten Wirkung bewaffnet, alles mir zu Ehren, und trotzdem gelang' ich ans Ziel und wieder zurück. 's geht auf die Minuten aus und ich steh' grad noch pünktlich da bei der Musterung, drauf geht 's Scharmützel los. Kugeln rechts, Kugeln links, dreing'haut nach allen Seiten, spät nachts kommt man zurück ins Standquartier, verfahrt schonungslos gegen alles, was Braten heißt, nur dem Wein laßt man Gerechtigkeit widerfahren und sinkt dann hin in Schlaf, wo sich alle buntscheckigen Abenteuer des Tages auflösen in einen einzi-

(Neben)dalkereien: Dummheiten.
Sterz: Brei aus Mehl oder Kartoffeln.

gen rosenfarben Traum – solche vierundzwanzig Stunden sind ja mehr wert als drei Menschenalter, im viereckigsten Zirkel der Spießbürgerlichkeit vervegetiert.

SCHLAG Du wirst noch übel wegkommen mit deinen Liebesabenteuern.

HERMANN Möglich, ich fordre das Schicksal so lang heraus, bis ich einmal ein rechtes Glück hab' oder ein rechtes Malheur, dann geb' ich ein' Fried'. Vorderhand wird sich in die Gefahren gestürzt! Die Gefahr is ja der Schneider, der der Liebe das poetische Ballkleid macht, im prosaischen Schlafrock der Alltäglichkeit nimmt sich diese Himmelstochter miserabel aus.

Ein Verhältnis, wo man bei der Tür hineingeht,
Das is höchst prosaisch, das wird ein' bald öd;
Doch wo man beim Fenster hineinsteigen muß,
Das macht sich poetisch, das is ein Genuß;
Drum, wenn auch d'Leut' sag'n von mir, ich bin ein Narr,
Mein Wahlspruch bleibt doch: Nur Gefahr! Nur Gefahr!

WETTER, SCHLAG, KNALL

Freund, du bist ein Narr
Mit deiner Gefahr!

HERMANN

A Mama, die ein' freundlich zum Haustor begleit't,
Das is Prosa, um die einen niemand beneid't,
A Bedientenschar, die ein' beim Schößel erwischt,
Das is Poesie, die die Seele erfrischt,
Drum, wenn auch d'Leut' sag'n von mir, ich bin ein Narr,
Mein Wahlspruch bleibt doch: Nur Gefahr! Nur Gefahr!

WETTER, SCHLAG, KNALL

Freund, du bist ein Narr
Mit deiner Gefahr!

HERMANN

Lebt wohl jetzt, mein Weg is gar weit,
Ich derf nicht verplaudern die Zeit. (*Links ab.*)

ALLE (*ihm nachrufend*)

Leb' wohl, Freund, vergiß nur das Sprichwort ja nicht:
Der Krug geht zum Brunnen so lang, bis er bricht.

(*Gehen rechts ins Wirtshaus ab.*)

Verwandlung

Hofraum im Hause des Färbers, rechts der Eingang in das Wohnhaus, weiter zurück sieht man lange Stücke Zeug an den zum Trocknen gehörigen Balken aufgehangen; im Hintergrunde eine Mauer mit einem Tor; links im Hintergrunde ein Wagenschuppen; weiter vorne der Eingang in den Garten.

Vierte Szene

KILIAN (*tritt aus dem Wohnhause*)

Lied

1.

KILIAN

Ich bin a Färber und hab' Geld,
Denn d'Farb' ist d' Hauptsach' in der Welt,
D'Leut' wüßten sehr oft nicht, auf Ehr',
Wie s' dran sein, wenn die Farb' nit wär'.
Die is zum zehntenmal schon Braut,
D' böse Welt spricht auch von ihr hübsch laut;
Zum Glück ist d'Farb' der Unschuld weiß,
Sie b'stellt sich so a Klad, a neu's,
Das zieht sie zu der Hochzeit an,
Und überglücklich ruft der Mann:
»Möcht' jetzt sehn, wer noch was sagen kann,
Die Farb' zeigt alles deutlich an.«

2.

Die Farb' lügt sehr oft in der Tat,
Doch oft auch d'Wahrheit sie verrat't;
's Madel fürcht't, sie kriegt von d'Eltern Wix,
Drum sagt s': »Von d'Männer weiß ich nix!«
Doch a schwarzer Fleck am Finger bleibt
Und zeigt, daß 's Madel Brieferln schreibt.
»Wo bleibst denn immer gar so lang?«
Sagt die Tant', »mir war schon angst und bang!«
»Ich war nur bei der Marschandmod'«,
Sagt d'Nichte und wird feuerrot,
Entschuldigt sich, so gut sie kann –
Doch d'Farb' zeigt alles deutlich an.

3.

Der sagt zu seinem Freund: »Ich trau'
Mir zu erobern diese Frau,
Von der ihr sagt, daß s' spröd' soll sein;

In einer Stund' gehört sie mein.«
Die Stund' vergeht, er kommt zurück
Und prahlt sich mit sein' Liebesglück –
»Sie hat mich schon geküßt!« – Schau', schau',
Auf einem Aug' is er ganz blau;
Jetzt weiß man's, daß er d' Leut' anlügt,
Statt ein' Bussel hat er a Watschen 'kriegt,
Der mag jetzt aufschneiden, was er kann –
Die Farb' zeigt alles deutlich an.

Es is kurios, daß grad bei mir die Farb' gar nichts ausdruckt. Die Beredsamkeit is der Schneider, der die Gefühle in Worte kleiden soll, ich hab' aber den Schneider nicht, darum haben mein Gefühle nix anz'legen, und Gefühle, die nix anz'legen haben, die kann man nicht herzeigen vor d'Leut, man muß sie immer verschließen; drum hätt' ich's halt gar so gern, wenn die Farb' verraten tät', was in mir vorgeht; aber weiß der Teufel, ich werd' nie rot, ich werd' nie blaß, mit einem Wort, ich hab' immer so ein undezidiertes Aussehen als wie ein lichter Taffet, der zehn Jahr' Überrock, acht Jahr' Unterkleid und elf Jahr' Mantelfutter war. Jetzt bin ich mit meiner Lieb' in so einem Embrá, ich red' immer so herum, und sie merkt nix. Jetzt sind die Gäst' zur Verlobung eing'laden, ich erwart' s' alle Minuten. Auf morgen is die Hochzeit b'stellt; jetzt wird's doch bald Zeit sein, daß ich zu der Liebeserklärung schau'; vielleicht könnte da ein dritter – das ist ein g'scheiter Gedanken – mein Altg'sell –! He! Anselm!

Fünfte Szene

DER VORIGE; ANSELM (*aus dem Hause*)

ANSELM Was schafft der Meister?

KILIAN Geh her! Es ist jetzt nicht der Meister, der dem Altg'sellen was schafft, nein, es ist der Jungg'sell, der sich an den Altg'sellen wendet und ihn um eine Gefälligkeit ersucht.

ANSELM Ich steh' zu Befehl. Daß das Ganze hier auf eine Hochzeit hinausgeht, das hab' ich gleich g'merkt.

KILIAN Du bist einer, der alles gleich merkt, mit solchen Leuten

Embrá: Verlegenheit (von fz. *embarras*).

red' ich mich am leichtesten. Siehst es, es is – weißt du, weil ich – drum meinet ich halt – denn es handelt sich – weil die Sach' wirklich – jetzt – das is eigentlich der Grund.

ANSELM Aha! Ganz bin ich aber noch nicht im klaren, was ich dabei tun soll.

KILIAN Wirst mich schon begreifen, es ist nämlich – (*für sich*) ich muß die Sach' g'scheit einleiten. (*Laut.*) Du weißt, ich hab' einen Zwillingsbrudern, wir sind nämlich alle zwei Zwilling, er ist der Zwilling von mir, und ich bin der Zwilling von ihm.

ANSELM (*beiseite*) Manchsmal kommt's mir völlig vor, als ob mein Meister der patschete Zwilling wär'.

KILIAN Und gerade dieser Zwilling sieht mir so unendlich gleich, daß –

ANSELM Soll dieser Bruder eing'laden werden zu der Hochzeit?

KILIAN Nein, durchaus nicht!

ANSELM Oder ist sonst was mit ihm vorg'fall'n?

KILIAN Nein!

ANSELM Also hat er gar kein' Bezug auf das, was mir der Meister sagen will?

KILIAN Nein, gar nicht.

ANSELM Wegen was red't denn nachher der Meister von ihm?

KILIAN Das ist ja bloß Einleitung.

ANSELM Na, weil der Meister grad bei der Einleitung is, da kommt eine Person, mit der der Meister allerhand wird einz'leiten haben.

KILIAN Nein, nein, grad da will ich nicht –

ANSELM Versteht sich! Das kennen wir schon!

KILIAN Sondern du sollst –

ANSELM Ich soll s' heiraten? Halt't mich der Meister für ein' Narren? Ich geh'.

KILIAN Nein, Du wirst dableiben!

ANSELM Solche Einleitungen müssen zwischen vier Augen –

KILIAN Du bleibst, wenn's der Meister schafft!

ANSELM Hier is es nicht der Meister, der mir was schafft, sondern es is der Jungg'sell, dem der Altg'sell bei seine Einleitungen aus'n Weg geht. (*Ab.*)

KILIAN Es is, als ob sich alles verschwöret, mich in die Verlegenheit – da haben wir's, da ist sie.

Patschete: ungeschickte, läppische.

Sechste Szene

KILIAN, ROSERL (*aus dem Hause*)

ROSERL (*sehr geputzt*) Guten Morgen, Meister Kilian!

KILIAN Guten Morgen, Jungfer Roserl! – (*Für sich.*) Aus dem Ton, wie ich das Wort »Jungfer« ausg'sprochen habe, könnte sie schon merken, daß sie sich in den letzten Momenten der Ledigkeit befindet und bereits in den ersten Band Frauenwürde übergehen soll.

ROSERL Sie haben g'schafft, daß ich mein schönstes Kleid anziehen soll?

KILIAN Hast du die Gäst' entwan im Nachtkassettel empfangen wollen? (*Beiseite.*) Selbst das Wort Nachtkassettel könnte sie auf Ideen bringen!

ROSERL Ich hätt' aber noch so viel in der Kuchel zu tun.

KILIAN Das ist Nebensache, heut' gibt's eine wichtigere Kocherei! Mein Herz is an'brennt. Drum muß das Reindel meiner Empfindungen wegg'ruckt werd'n von der Glut unerfüllter Wünsche, die leere Pasteten meines Innern muß g'füllt werden mit den Tauben der Zärtlichkeit, über den Schmarren meines Lebens muß der Zucker der Liebe gestreut werden. Das is die Kochkunst, die das Verlobungsfest verherrlichen muß.

ROSERL Sie werden also –?

KILIAN Heiraten, ohne Gnad' und Barmherzigkeit!

ROSERL Und die Braut –?

KILIAN Wird obenan sitzen unter die Gäst' –

ROSERL (*für sich*) O weh, mir verlegt's den Atem. Ein armes Mädel wie mich setzt man nicht obenan.

KILIAN Ihr Glanz wird alles überstrahlen –

ROSERL (*für sich*) Bei mir glänzt nix als meine Wünsche, die werden jetzt auf'n Glanz herg'stellt. Ich arme Närrin hab' auch eine stolze Hoffnung hinzugeben. (*Laut.*) Also ein reiches Mädel –?

KILIAN Reich, unbändig reich! (*Beiseite.*) Versteht sich: an Lieblichkeit und Tugend, das sag' ich aber nicht, das sollt' sie erraten!

ROSERL (*pikant*) Das is recht, nur reiche Mädeln heiraten, wenn

Nachtkassettel: Nachtkorsett.
Reindel: flaches Kochgeschirr.
Schmarren: geröstete Speise, meist aus Mehl oder Kartoffeln.

man auch selbst Geld im Überfluß hat, man hat nie g'nug! (*Beiseite.*) Es waren einmal Zeiten, wo wohlhabende Männer arme, brave Mädeln glücklich g'macht haben; aber das ist schon fast nicht mehr wahr, das geht bis ins Fabelhafte zurück. (*In Tränen ausbrechend.*) Wenn ich mir nur keine so dalketen Hoffnungen g'macht hätt'!

KILIAN Warum weinst denn, Roserl?

Siebente Szene

DIE VORIGEN; ANSELM (*aus dem Hause*)

ANSELM G'schwind, Meister, die Gäst' sind angekommen, alles fragt um den Meister Blau.

KILIAN (*für sich*) Ah, das is ärgerlich! (*Laut.*) Ich komm' schon. (*Für sich.*) Grad jetzt, wo alles so schön eing'leitet is! (*Laut.*) Also fort jetzt, in zwei Minuten wird der Braut in die Arme gestürzt! (*Für sich.*) Jetzt könnt' sie's doch merken, daß ich in zwei Minuten wieder da bin und in ihre Arme hineinstürzen werd'! – Merkt noch nix – weint alleweil ärger, tut nix, um die Liebserklärung is mir jetzt gar nicht mehr bang – wenn nur eine Sach' einmal eingeleitet is. (*Ab.*)

Achte Szene

ANSELM, ROSERL

ANSELM (*verwundert*) Was ist denn das? Ich hab' 'glaubt –

ROSERL Ich hab' auch 'glaubt, er hat sich aber eine andere wo auf'klaubt, und ich kann mich jetzt kaum z'samm'klauben, weil ich zu schanden worden bin mit mein' Glauben.

ANSELM Für 'n Meister g'hört 's Narrenhaus.

ROSERL Nein, auf dieses Haus bin ich vorg'merkt mit dem bankerotten Kapital meines Verstandes. Meine Hoffnungen waren Luft, jetzt sind sie zu Wasser geworden, hier brennt's wie Feuer, und Ruh' find' ich nur, wenn ich in der Erden lieg'. G'spürt der Anselm nix, daß's schon anfangt zum rappeln bei mir?

ANSELM Ja, ja, es hat allen Anschein.

mich . . . z' sammklauben: mich erholen.

ROSERL O, wenn mein Vater nur bei dem Meister nicht Altg'sell g'wesen wär'! Wie der Vater g'storben is vor sieben Jahren, hab' ich 'glaubt, ich werd' fort müssen aus'n Haus; aber nein, der Meister Kilian hat mich behalten, wie eine eigene Tochter erziehen lassen –

ANSELM Das war seine Schuldigkeit. Ihr Vater hat 's G'schäft aus'n Fundament verstanden, und ihm nur verdankt der Meister seinen jetzigen Wohlstand.

ROSERL Fünf Jahre habe ich ihn auch nur wie eine Tochter geliebt, aber seit zwei Jahren hat meine Lieb' das Kinderg'wand abgelegt und sich in den Schleier einer heimlichen Leidenschaft gewickelt, jetzt, hab' ich 'glaubt, wird der Schleier fallen und einem Myrtenkranz Platz machen, jetzt is der Myrtenkranz da, aber ein anderer Kopf, nicht der meinige, steckt drunter, soll man da nicht über eine solche Kopfverwechslung den Kopf ganz verlieren?

ANSELM Der Meister is ein Dummkopf.

ROSERL Er hat zwar nie von Lieb' was g'sprochen, aber war immer so gut, so freundlich mit mir, daß ich's für Lieb' g'halten hab'. Gestern hör' ich, daß heut' Verlobung is; ich glaub' fest, ich bin's, die's angeht, mach' vor Freuden kein Aug' zu; heut' früh, wie ich aufwach', sagt mir der Meister, ich soll mein schönstes Kleid anziehn, da hätt' ich tausend Jurament' g'schwor'n, daß ich es bin, und jetzt is es eine andere! O, mein bester Anselm, über solche Sachen sind schon stärkere Geister wahnsinnig worden, und Herzen, die ein' Puff g'wohnt waren, haben zum schlagen aufg'hört.

ANSELM Meine liebe Mamsell Roserl – still, ich glaub', sie kommen schon.

ROSERL Sie kommen, und *sie* kommt auch; jetzt nur nix g'spüren lassen, ich mach' ein lustig's G'sicht, und wenn's mich 's Leben kost't! Nicht wahr, Anselm, (*indem sie in Tränen ausbricht*) mir kennt jetzt kein Mensch mehr was an, daß ich g'weint hab' –?

ANSELM Nein, kein Mensch! Ich bitt' Ihnen, Jungfer Roserl –

Neunte Szene

DIE VORIGEN; KILIAN, MEISTER KLOPF, GÄSTE

CHOR DER GÄSTE
Wir wünschen dem Meister sogleich in vorhinein,
Sein Eh'stand, er möge der glücklichste sein,
Nur Wonne und Freud'
Blüh'n ihm jederzeit!
Doch ruckt mit der Farb' heraus, sagt,
Wer die Braut is, die Neugier uns plagt.

MEISTER KLOPF Wenn wir nicht bald erfahren, wer die Braut is, so stirbt mein Weib aus Neugier, wie die Weiber schon sein.

KILIAN Zuerst nur ein Glas Wein, Gevatter Klopf!

MEISTER KLOPF Auf Ehr', mir schmeckt kein Tropfen, bevor ich nicht weiß, wer die Braut –

GÄSTE Jetzt kein Geheimnis mehr, wo is die Braut?

KILIAN (*für sich*) Jetzt muß ich reden – (*zeigt, indem er reden will, aber nicht die Worte findet, auf Roserl.*)

GÄSTE Was tausend!? Die Mamsell Roserl!?

ROSERL (*in höchster Überraschung*) Wie? Was? Ich bin's?! – Ich bin's, der der Meister Herz und Hand schenkt? –

KILIAN (*nicht bejahend*) Hm! Hm! (*Beiseite.*) Jetzt is die Liebeserklärung heraus; mir is orn'dlich ein Stein vom Herzen.

ALLE Wir gratulieren!

MEISTER KLOPF Jetzt eingeschenkt, jetzt weiß man doch, wem man seine G'sundheit trinken soll.

KILIAN Anselm, führ' die Gesellschaft zum Gabelfruhstuck!

ANSELM (*für sich*) So hab' ich halt doch recht g'habt. (*Zur Gesellschaft.*) Bitte hereinzuspazieren!

MEISTER KLOPF Braut und Bräutigam sollen leben!

DIE GÄSTE Braut und Bräutigam sollen leben! (*Alle ab bis auf Kilian und Roserl.*)

Zehnte Szene

KILIAN, ROSERL

KILIAN (*zärtlich*) Roserl!

ROSERL Is es denn wirklich –? Ich kann's noch nicht recht glauben, daß Sie mich heiraten.

KILIAN Du wirst dich überzeugen.

ROSERL Aber gehen S', ein Färbermeister, und so spät herausrukken mit der Farb'!

KILIAN Ja, beim Heiraten muß man nit voreilig sein; das is ein Schritt, der Überlegung braucht; so mancher tummelt sich beim Unterschreiben des Eh'kontraktes und glaubt, jetzt wird er Mitglied des seligsten Vereins und derweil schreibt man sich in die wechselseitige Lebensverbitterungsanstalt ein.

ROSERL Sie werden doch das mit mir nicht befürchten?

KILIAN Nein, meine Roserl!

ROSERL Sie werden gewiß mit mir zufrieden sein, Meister Kilian.

KILIAN Jetzt, Roserl, ganz bin ich doch nicht zufrieden mit dir.

ROSERL Nicht?

KILIAN Als Braut mich per »Sie, Meister Kilian!« zu titulieren, das g'fallt mir nicht.

ROSERL Da sollt' ich wohl am End' gar: »Du, mein lieber Kilian!« sagen?

KILIAN (*umarmt sie*) Roserl, geliebte Roserl! Das is der wahre Ton, so hör' ich's gern.

PETER (*schaut mit dem Kopf über die Mauer und sagt*) Ha, er ist's! (*Verschwindet sogleich wieder, ohne von beiden bemerkt worden zu sein.*)

KILIAN Jetzt muß ich a bissel zu die Gäst' schau'n; bleib da, Roserl, ich bin gleich wieder bei dir. (*Ab ins Haus.*)

Elfte Szene

ROSERL, *dann* PETER

ROSERL (*allein*) Wie ist mir jetzt so wohl ums Herz! Meine Besorgnisse wegen einer andern waren alle umsonst, ich bin die Glückliche! Mein is er, der liebe, herzensgute, brave Kilian!

PETER (*rasch zur Türe hereintretend*) Hab' ich dich, Verworfener –!?

ROSERL Was will denn der Herr?

PETER (*sich umsehend*) Er is nicht mehr da.

ROSERL Wer?

PETER Der Verworfene!

ROSERL Ich weiß nicht, wen der Herr meint, aber das is a kuriose Manier; wenn man in a fremd's Haus kommt, wirft man nicht gleich mit Verworfene herum!

PETER Ich red' im Tone meines Herrn. Mit Ihr hat er gesprochen, wenn ich mich nit irr', »Geliebte« hat er g'sagt zu Ihr, wenn ich mich nit irr', scharmiert hat er mit der Jungfer, wenn ich mich nit irr'.

ROSERL Mir scheint, der Herr hat was im Kopf, wenn ich mich nicht irr'.

PETER Elende Verleumdung, das war bei mir nie der Fall.

ROSERL Ein' Betrunkenen kann man was verzeihen, wenn er aber selbst sagt, daß das nicht der Fall ist, dann muß ich die G'sellen rufen.

PETER Die G'sell'n? (*Mit Nachdruck.*) Rufe Sie nur *einen* G'sellen!

ROSERL Aha, jetzt fürcht't er sich.

PETER (*mit grimmiger Verachtung*) Den saubern G'sellen, den rufe Sie.

ROSERL Wir haben fast lauter saubere G'sellen in Haus; da muß sich der Herr deutlicher explizieren.

PETER Den, der da war.

ROSERL Das is der Meister!

PETER Meister? (*Grimmig lachend.*) Hahaha! Jawohl, Meister in der Verführung, Meister in fremder Lebensglück-Zernichtung, Meister in Unschulds-Knickung, Meister in Familienfrieden-Zerstörung!

ROSERL (*lacht*) Der is auch schon mehr als Lehrbub in der Narretei!

PETER Sie lacht –? Sie is entweder eine, die nix weiß, oder eine, die sich nix draus macht. (*Mit Stolz.*) In jedem Fall ein unter mir sich befindlicher Gegenstand.

ROSERL Jetzt wird's mir bald z'viel wer'n!

Zwölfte Szene

DIE VORIGEN; KILIAN (*aus dem Hause*)

KILIAN Nur du gehst ihnen ab, Roserl. Das is a Freud' und a Jubel drin, sie wer'n alle krank, so stark trinken s' unsere G'sundheit.

PETER (*für sich*) Ha, da ist er, der Sergeant, und in Zivil verkleid't.

ROSERL Du, Kilian, da is einer –

KILIAN (*wird Peter gewahr*) Was will Er denn?

PETER (*vortretend*) Erbleichst du über meinen Anblick?

KILIAN (*befremdet*) Wen habt's da herein'lassen?

PETER (*äußerst frappiert*) Was?

KILIAN Jetzt keine Faxen, was will der Herr?

PETER Nein, das is zu stark! Mir verschlagt's die Ausdrück', meine Zunge is eine Blinde, die nach Worten tappt, diese Effronterie wirkt auf die Sprachorgane wie der schwarze Star auf das Aug'!

KILIAN Wo sein denn meine G'sellen –?

PETER Gut, das fehlt noch, das setzt deiner Schändlichkeit die Krone auf. Füge zu dem Verbrechen der Gnädigen-Fräulein-Verlockung noch die Greueltat der Treuen-Diener-Hinauswerfung hinzu, und du bist vollendetes Ungeheuer!

ROSERL (*zu Kilian*) Du, was meint er denn für a Fräulen?

PETER Die Schwester meines Herrn! Er hat es gewagt Ideen zu haben auf dieses Ideal, er hätt' sie nie gekriegt, denn Mesalliancen sind uns ein Greuel; aber nicht genug, das ist das Empörendste, er spielt noch den Sprezzanten, nimmt trockenen Abschied von einem Fräulein, das in Tränen schwimmt, und verläßt die Erhabene, um hieher in die Arme der Gemeinheit zu eilen.

KILIAN Werft's mir den Narren hinaus! (*Ruft.*) Christian! Anton!

PETER Wozu Unterhändler bei diesem Geschäft? Ich werf' mich ohne Anstrengung selber hinaus!

KILIAN (*in die Szene rufend*) Heda!

ROSERL (*ihm ins Wort fallend*) Nix da! (*Zu Peter.*) Red' der Herr weiter, die Sach' fangt mich an zu interessieren.

PETER O, ich hab' schon g'red't am rechten Ort, ich hab' alles erlauscht, belauscht und dem gnädigen Herrn 'plauscht, das war ein Moment! Der gnädige Herr schnaubt Rache, die Schwester zerfleischt sich die Haare, ich steh' mit rückwärts gerungenen Händen, zur Bildsäule erstarrt, die

Effronterie: (fz.) Frechheit.
Sprezzanten: ital. *sprezzante* = geringschätzend.
'plauscht: ausgeplaudert.

Hund' fangen zum Heulen an – o, es war eine herzzerreißende Szene! Da ermann' ich mich, wirf einen sprachlosen Blick auf das gnädige Jammerbild und mit dem Ausruf: »Auf, dem Frevler nach!« stürz' ich fort, blindlings in die Welt hinein, über die Grenz' hinüber, renn' zwei Meilen weit in das Innere des Auslands, da führt mich der Zufall an dem Gartenzaun vorbei, ich hör' eine Stimme, ich seh' eine Gestalt, ich dring' in den Hof (*auf Kilian zeigend*) und der Verbrecher steht vor mir!

KILIAN Jetzt geht mir die Geduld aus. (*Ruft gegen das Haus.*) G'sellen und G'sellschaft, alles heraus!

ROSERL (*ihm den Mund zuhaltend*) Ob S' still sein werden! Wollen Sie Ihre Stückeln selber bekannt machen?

KILIAN (*äußerst betroffen*) Was? Roserl – du glaubst –?

PETER Wohl ihr, wenn sie meine Worte glaubt! Wohl mir, wenn ich hier eine unverhoffte Unschuld gerettet, und wehe dir und deinen Absichten! (*Auf Roserl deutend.*) Ich hab' ihr Flöhe ins Ohr gesetzt, die deine Verschmitztheit nicht fangen, deine Suada nicht wutzeln und deine Gleisnerei nicht töten soll. Adieu, mein Herr, ich geh' jetzt zu mein' Herrn, Verkleidungen werden den Herrn nicht schützen vor meinem Herrn, mein Herr wird dem Herrn ein' Herrn zeigen, für das kenn' ich meinen Herrn. (*Durch das Tor ab.*)

Dreizehnte Szene

DIE VORIGEN *ohne* PETER

KILIAN Ich bin wie aus den Wolken g'fall'n.

ROSERL Ich bin aus meinem Himmel herabg'stürzt!

KILIAN Wär' nicht übel, da brechet sich unsere beiderseitige Glückseligkeit 's G'nack.

ROSERL Der brave, ordentliche Meister Kilian schleicht sich verkleidet bei die Fräul'n ein!

KILIAN Gott! O Gott! Wo nehmet ich zu so was die Kurasche her? Du red'st ja gegen alle Menschenkenntnis.

ROSERL Bei Männern gibt's keine Menschenkenntnis; denn wenn man s' kennt, so lernt man s' als Unmenschen kennen.

Wutzeln: zwischen den Fingern rollen.
G'nack: Genick.

KILIAN Halt, ich bin im klaren!

ROSERL Ich bin auch im klaren!

KILIAN Mein Bruder is derjenige!

ROSERL Was?

KILIAN Der Mensch hat mich für mein' Brudern ang'schaut, du weißt, wir sehen uns so gleich.

ROSERL Das hab' ich wohl immer g'hört, aber gar so groß kann doch die Ähnlichkeit nicht sein.

KILIAN Ungeheuer, sag' ich dir! Was hat das in der zarten Bubenzeit schon für unselige Irrungen gegeben! Mein Bruder Hermann hat was ang'stellt, der Vater erwischt mich: »Wart', Hermann, du Spitzbub!« und beutelt mich unbändig; wie er mit dem Beuteln fertig ist, sag' ich: (*Mit weinerlicher Stimme*) »Ich bin ja nicht der Hermann, ich bin ja der Kilian!« – »So!« sagt der Vater. – Ich geh' in den Garten hinunter, über eine Weil' kommt der Vater, mich sehn und beim Kakadu erwischen, war ein Tempo. (*Die Stimme des Vaters nachahmend.*) »Wart', Spitzbub, ich hab' den Kilian anstatt deiner 'beutelt, jetzt sollst es erst recht kriegen!« beutelt mich noch einmal – ja, ich sag' dir's, Roserl, an so einer Ähnlichkeit ist nix G'schenkt's.

ROSERL Also hätt ich dir unrecht getan? (*Reicht ihm die Hand.*)

KILIAN Mehr noch als mein Vater in der rührenden Geschichte, die ich dir soeben erzählt.

ROSERL (*ihm um den Hals fallend*) Kilian, bist bös über mein' Argwohn?

KILIAN Wegen dem? Das rechen' ich als Beweis deiner Lieb'. Laß deinen Argwohn den Tanzmeister sein, der auf die Schritte meines Lebens blickt, er wird nie ein' Fehltritt erblicken. Schau', deswegen hab' ich mein' Brudern nie in mein Haus eing'laden, wiewohl er jetzt schon einige Zeit so nahe stationiert ist; ein einzigesmal bin ich a Stund' von hier in ei'm einschichtigen Wirtshaus zufällig mit ihm und seinem Fourierschützen zusammen'kommen. Das is ein rarer Mann, wie der über unsere Ähnlichkeit g'lacht hat! Da haben wir gezecht, an unsere Jugend uns erinnert und waren recht freundlich und herzlich, aber eing'laden hab' ich ihn halt doch nicht, s' hat ihn 'bitzelt, er hat erwartet, daß ich sag': »Bruder Hermann,

Kakadu: Haarschopf.
Rarer: vortrefflicher, kluger.
'bitzelt: geärgert.

komm zu mir!« Aber ich hab' mir denkt: »Besser, 's bitzelt dich als mich; ich hab' eine Roserl im Haus, und wenn da Irrungen mit Verwechslungen entstunden, das könnt' mich mehr als bitzeln.«

ROSERL Geh, du närrischer Mensch! Na, wenn ich jetzt Frau bin, muß er zu uns.

KILIAN O, nichtsdestoweniger! Da könnt' er mir schon gar g'stohlen werden, dieser Zwilling –

ROSERL Ich glaub' gar, du wärst eifersüchtig?

KILIAN Na, ob! Nicht wahr, ich g'fall' dir? Er sieht mir gleich, also müßt' er dir ja auch g'fall'n.

ROSERL Wie du wieder daherred'st! Wenn a Frau untreu sein will, sucht sie sich g'wiß kein' aus, der dem Mann gleich sieht. Jetzt hast du gegen alle Menschenkenntnis g'redt't.

KILIAN Mit einem Wort: mein Haus betritt er nicht!

ROSERL Geh, das is unbrüderlich! Er muß zu der Hochzeit eingeladen werden!

KILIAN Er hat mir an mei'm Verlobungstag Verdruß gemacht, ich will gar nichts wissen von ihm, reden wir von was anderm!

ROSERL Diese Red' und dein Herz können keine Zwilling' sein, denn die sehn sich wahrlich nicht gleich. In jedem Fall aber verdienst du jetzt zur Straf', daß du für dein' Brudern in rechte G'schichten und Verlegenheiten kommest, daß du sehr viel für ihn tun müßtest, weil du das wenige nicht hast tun wollen, ihn zu der Hochzeit einladen – du verdienst, daß du für ihn –

KILIAN Roserl, mal' den Teufel nicht an die Wand!

Vierzehnte Szene

DIE VORIGEN; STURM *(durch das Tor hereintretend)*

STURM Hier wohnt der Meister Blau? – Richtig, da ist er!

KILIAN Was steht zu Diensten?

STURM Der Herr Sergeant nicht hier? (*Steigt ab.*)

KILIAN Mein Bruder? (*In die Szene rufend.*) Hansel, halt dem Herrn 's Pferd! (*Ein Knecht tritt heraus und tut, wie ihm befohlen, Kilian tritt mit Sturm vor.*) Mein Bruder war noch nie bei mir.

STURM Das war noch meine einzige Hoffnung, jetzt ist das Unglück gewiß.

Bitzelt: geärgert.

KILIAN (*erschrocken*) Unglück?

ROSERL (*ängstlich*) Was is denn g'schehn?

STURM Hier ist er nicht, folglich ist er über die Grenze, kein Zweifel mehr, eine tolle Liebschaft hat ihn verleitet. Man hat bereits nach ihm gefragt, um sechs Uhr ist eine Musterung, von der er nichts weiß; kommt er bis dahin nicht, dann erfährt's der Kommandant, und ich fürchte, er kommt nicht, es muß ihm was passiert sein – sonst wär' er – und – ach, mein armer Herr Sergeant!

KILIAN Was kann ihm geschehn, wenn's der Kommandant –?

STURM Nach dem Verdachte, daß die Schmuggler heimlich begünstig werden, und nach dem strengen Verbot, die Grenze zu übertreten, kann er ihn erschießen lassen.

ROSERL Himmel!

KILIAN (*verzweifelt*) Mein' Bruder Hermann!? Erschießen – mein' Bruder Her–!

STURM Das wäre noch das Geringste!

KILIAN Erlaub'n Sie, das wär' das Ärgste!

STURM Pah! Von der Hand der Kameraden sterben, sich hinstellen, den Gewehren unerschrocken in die Mündung blicken und so im Tode noch ein Beispiel von kühnem Mut und echtem Soldatengeist zu geben, das hat immer etwas Ehrenvolles; aber der Kommandant wird wahrscheinlich eine sogenannte Begnadigung angedeihen lassen –

KILIAN Das wär' ja gut!

STURM Und ihn degradiert mit Schimpf und Schande auf eine Festung schicken, das ist für den wahren Mann hundertmal ärger als der Tod.

KILIAN Erlauben Sie mir, wenn ich die Wahl hätt' –

STURM Sie sind auch kein wahrer Mann, aber Ihr Herr Bruder –

KILIAN Na, sein S' so gut und streiten S' mir in Gegenwart meiner Braut den Mann ab!

STURM Nichts für ungut, 's war nicht so gemeint!

ROSERL Laßt sich denn gar nichts mehr machen?

KILIAN (*desperat*) Mein Bruder! Mein Bruder!

STURM Man muß ihn aufsuchen.

ROSERL Aber wo?

STURM Einen Ort weiß ich, wo er mit Wahrscheinlichkeit zu treffen wäre.

KILIAN Wo?

STURM Im Haus des Oberforstmeisters von Löwenschlucht.

KILIAN So reiten S' g'schwind hin, hundert Dukaten –

STURM Was gehn mich Ihre Dukaten an? Der Oberforstmeister ist über der Grenze, folglich darf ich nicht! Aber Sie dürfen –

KILIAN Ich fahr' hinüber, ich such' ihn, ich hol' ihn; dann fahr' ich zum Kommandanten, dann fahr' ich zum General'n, dann fahr' ich zum Monarchen – ich weiß selber nicht, wo ich überall hinfahr' – mein Bruder Hermann –

ROSERL Das ist recht, Kilian, ich begleit' dich, ich nimm nur ein' Mantel um. (*Eilig ins Haus ab.*)

KILIAN (*ruft*) Martin – Martin – wo, Teufel –

Fünfzehnte Szene

KILIAN, STURM, MARTIN (*aus dem Wagenschuppen*)

MARTIN Meister, was is denn g'schehn?

KILIAN (*in größter Unruhe hin- und herlaufend*) Einspannen! 's leichte Wagerl und die schweren Pferd'!

STURM Schwere Pferde?

KILIAN D' leichten Pferd', hab ich sag'n wollen, und den schweren Wagen.

STURM Das wär' noch schlechter –

KILIAN Meinetwegen gar kein' Wagen! Nur einspannen, alles einspannen!

MARTIN Mein Herr is verruckt. (*Ab in den Schuppen.*)

Sechzehnte Szene

KILIAN, STURM, *dann* ROSERL

KILIAN Wie weit haben wir in die Löwenschlucht?

STURM Zwei Stunden.

KILIAN Das fahren meine Pferd' in hundertzwanzig Minuten.

ROSERL (*im Reisemantel zurückkommend*) Da bin ich schon!

KILIAN Ich nimm nur mein' Mantel um. (*Läuft ins Haus links ab.*)

ROSERL (*zu Sturm*) Haben Sie Hoffnung, daß wir ihn dort –

STURM Er hat eine Liebschaft dort, folglich glaub' ich – o, diese Liebschaften werden meinen armen Herrn Sergeanten noch ins Unglück stürzen!

Siebzehnte Szene

DIE VORIGEN; ANSELM (*aus dem Hause*)

ANSELM Die Gäst' schreien alle um den Herrn von Haus und die Jungfer Braut.

ROSERL Da können s' lang schreien, wir fahren fort.

ANSELM Was?

ROSERL Fort, sag' ich, fort!

ANSELM (*für sich*) Was is denn da g'schehn? Das muß ich gleich den Gästen – die wer'n Augen machen! (*Eilig ins Haus ab.*)

Achtzehnte Szene

DIE VORIGEN *ohne* ANSELM; KILIAN, *dann* MARTIN

KILIAN (*im Mantel, eilig aus dem Hause*) Da bin ich schon!

STURM Nur keine Zeit verloren, ich begleite Sie bis an die Grenze.

MARTIN (*eine Kalesche herausführend*) Eing'spannt is!

KILIAN Fahr, was du kannst!

MARTIN Daß wir halt kein Unglück haben!

ROSERL Der Himmel wird uns schirmen.

KILIAN Das is in einer un'deckten Kaleß immer der Fall; wenn man auch umwirft, fliegt man in ein' Acker hinein und tut sich nicht viel.

Neunzehnte Szene

DIE VORIGEN; ANSELM, DIE GÄSTE (*aus dem Hause*)

GÄSTE Was is denn? Was is denn g'schehn?

KILIAN Lassen Sie sich allerseits Essen und Trinken schmecken, quartieren Sie sich ein bei mir, machen Sie sich lustig, wir müssen fort; aber heut' nacht noch oder morgen oder übermorgen g'wiß, oder – mit ein' Wort, Hochzeit is auf alle Fäll', aber jetzt nur g'schwind' fort! (*Steigt in den Wagen.*)

ROSERL (*ist schon im Wagen*) Adieu allerseits!

KLOPF (*indem er Kilian am Wagentritt zurückhält*) Was hat es denn eigentlich für eine Bewandtnis? Es ist nur wegen mein' Weib, daß wir wissen –

KILIAN Lass' mich der G'vatter aus, ich hab' keine Sekunde zu verlieren.

CHOR DER GESELLSCHAFT Adje! Adje! Adje!

KILIAN (*im Wagen*) Adje! Adje! Adje!

(*Der Wagen fährt ab, Sturm reitet voraus, alle sehen erstaunt nach.*)

CHOR

Der tausend, der tausend hinein!
Was muß denn da vorg'fallen sein?

Der Vorhang fällt.

Zweiter Akt

Großes Vorhaus im Marketenderhause mit einem Bogen im Hintergrunde, welcher die Aussicht in die freie Gegend eröffnet; rechts und links Seitentüren.

Erste Szene

(*Der Vorhang geht auf, während militärische Musik gespielt wird. Man sieht im Hintergrunde Gendarmen vorbeimarschieren. Während dieser Musik tritt* GERTRUD *aus der Seitentüre rechts, den Vorbeimarschierenden nachsehend, und singt mit dem militärischen Chore zugleich*)

Introduktion mit Chor

CHOR DER GENDARMEN (*von innen*).

Zur Musterung wird aufgestellt
Dort vor des Kommandanten Zelt,
Gegeben ist schon das Signal,
Uns ruft der Trommel Wirbelschall.

GERTRUD

Dort ziehn sie hin zum Zelt,
Der Herr Sergeant noch fehlt.
Schon gab man das Signal
Durch lauten Trommelschall.

Zweite Szene

DIE VORIGEN; WETTER, SCHLAG, KNALL (*durch den Bogen*)

SCHLAG Nun, Frau Gertrud, hat Ihr Mann noch keine Nachricht gebracht vom Blau?

GERTRUD Ich erwarte ihn jeden Augenblick.

SCHLAG Armer Kamerad, ich bedaure dich, aber –

WETTER Wir haben ihn oft genug gewarnt.

SCHLAG Und 's hat nichts genützt. Melden müssen wir's jetzt, wir wollen es so schonend als möglich tun.

GERTRUD (*hat durch den Bogen gesehen*) Da kommt mein Mann!

SCHLAG (*sieht auch hinaus*) Seine Miene weissagt nichts Gutes.

Dritte Szene

DIE VORIGEN; STURM

WETTER, SCHLAG, KNALL (*ihm entgegen*) Nun? Wie steht's?

STURM (*die Achseln zuckend*) Ich weiß es nicht. Ich war bei seinem Bruder, dem Färber Blau, der ist über die Grenze geeilt, um ihn bei dem gewissen Oberforstmeister zu suchen. Die Herren werden wissen, daß mein Herr Sergeant eine Liebschaft dort –

SCHLAG Ach, leider! (*Man hört trommeln hinter der Szene.*) Habt ihr gehört? Schnell zur Musterung, es ist die höchste Zeit! (*Mit den Sergeanten ab.*)

Vierte Szene

STURM, GERTRUD

GERTRUD Du siehst ganz verstört aus, lieber Mann!

STURM Kann ich anders, wenn ich denke, was meinem guten, braven Herrn Sergeanten bevorsteht?

GERTRUD Deine Schuld ist's ja nicht, darum mußt du dir es nicht so zu Herzen nehmen.

STURM Schweig!

GERTRUD Ich möchte ja so gern deine Traurigkeit verscheuchen.

STURM Ja, liebes Weib, das kannst du.

GERTRUD (*zärtlich*) O sprich, wie?

STURM Wenn du mir Branntwein bringst.

GERTRUD (*beleidigt*) Geh!

Fünfte Szene

DIE VORIGEN; KILIAN, ROSERL

KILIAN (*von innen*) Steigen wir nur da ab, da sind wir schon an Ort und Stell'.

STURM Meister Blau kommt, vielleicht bringt er Nachricht. (*Eilt ihm entgegen.*)

KILIAN (*tritt mit Roserl ein*) Ah, da is ja der Herr Sturm! Herr Sturm, ich kann mich noch gar nicht erholen.

STURM Was is denn geschehn?

ROSERL Sie haben ihn für sein' Brudern ang'schaut!

KILIAN Und einen Sultel, zwei Diana, einen Scheckel, drei Nero und fünf Blasseln auf mich g'hetzt.

STURM Beim Oberforstmeister?

KILIAN Grad, wie ich hab' absteigen wollen! Ich spring' g'schwind wieder ins Kaleß, ein Hund packt mich beim Schössel, ich überlass' dieses Schössel seinem Schicksal und schrei': »Jag', Martin, was du kannst!« Wir fahren ventre à terre in g'strecktem Karriere daher, die Hund' nach, einer springt hint' auf, als wenn er ein g'lernter Bedienter wär', reißt mir den Hut vom Kopf, an mir zeigen sich alle Symptome der Todesangst; da lauft, was sonst Unglück bedeut't, dasmal war's aber a Glück, ein alter Has' mit seine Angehörigen über'n Weg, die Hund' das zu sehen –

ROSERL (*einfallend*) Lassen den Hasenfuß fahren und laufen dem ganzen Hasen nach.

KILIAN Und so war ich gerettet.

STURM Ihr Bruder war also nicht im Hause des Oberforstmeisters?

KILIAN Das zeigt sich aus die Empfangszeremonien, die mir zu teil worden sind. Und da is er auch nicht? Wo soll'n wir 'n jetzt suchen? Was is mit ihm g'schehn, und was wird erst mit ihm g'schehn, wenn s' ihn krieg'n? (*Sturm zuckt seufzend die Achseln.*) Ich geh' zum Kommandanten, ich werd' ihn rühren, ich will ganz als Zwilling reden. Es is ein schwerer Gang für mich, du weißt, Roserl, ich red' mich so hart, wenn ich was auf'n Herzen hab'.

ROSERL Wenn du's bei deiner Bitt' als wie bei deiner Lieb'serklärung machst, so is dein armer Bruder auf der Festung, ehe noch der Kommandant weiß, was du eigentlich willst.

KILIAN (*zu Sturm*) Wo bleibt denn meine Braut derweil?

GERTRUD (*welche inzwischen Kilian der großen Ähnlichkeit wegen mit großer Neugierde betrachtete*) Die Mamsell kann bei mir bleiben.

STURM (*sie präsentierend*) Mein Weib!

KILIAN (*zu Gertrud*) O, ich habe gar nicht bemerkt – verzeihen Sie –! (*Komplimentierend.*) Ein Zwilling in Verzweiflung hat keine Augen im Kopf.

Sultel etc.: Hundenamen (von *Sultan*).
Blassel: »ein Tier, welches einen weißen Fleck an der Stirn hat«.
Ventre à terre: (fz.) im eiligsten Lauf.

GERTRUD Oder wenn's gefällig ist, sich im Zimmer des Herrn Bruders einzuquartieren – (*die Seitentüre links öffnend*) hier loschiert er.

STURM Bald wird man sagen müssen: hier hat er loschiert.

KILIAN (*äußerst gerührt in das Zimmer sehend*) Da schau', Roserl, da liegt der unb'schlagene Kopf, den ich ihm hab' b'schlagen lassen wollen, wie er zum Militär 'gangen is; da hängt das Bild von unsern Vatern, siehst, das is der, der mich allweil statt'n Hermann 'beutelt hat – der arme Hermann! (*Geht fast bis zu Tränen gerührt, in das Zimmer ab, Roserl folgt.*)

Sechste Szene

STURM, GERTRUD, *dann* WETTER, SCHLAG, KNALL

GERTRUD Mann, ich bin noch wie versteinert, diese Ähnlichkeit, das hab' ich in meinem Leben nicht gesehn!

STURM (*mürrisch*) Ah, was kümmern mich alle Ähnlichkeiten der Welt – ich wollte lieber –

WETTER, SCHLAG, KNALL (*treten ein*).

WETTER Wir konnten nicht anders.

KNALL Leider!

SCHLAG (*zu Sturm*) Die Meldung ist geschehn.

STURM Und der Herr Kommandant –?

SCHLAG Ist wütend. Es sind mehrere Desertionen in das angrenzende Gebiet vorgekommen.

STURM Aber den braven Herrn Sergeanten wird er doch keiner Desertion fähig halten?

Siebente Szene

DIE VORIGEN; KILIAN

KILIAN (*aus der Seitentür tretend und in dieselbe links zurücksprechend*) Du wart'st, bis ich z'ruckkomm', ich geh' stante pede zum Kommandanten.

WETTER Seh' ich recht –?

SCHLAG Beim Teufel, er ist's! Bruder!

KNALL Kamerad!

SCHLAG Er ist da! Dem Himmel sei Dank! (*Umarmt ihn.*)

WETTER Komm her!

KNALL Du hast uns Angst gemacht. (*Umarmen ihn mit stürmischer Freude.*)

STURM (*für sich, mit froher Überraschung*) Sie halten ihn für seinen Bruder –!?

SCHLAG (*zu Kilian*) Aber diese Verkleidung –?

WETTER Wie kommst du in diesen Rock?

KNALL Und die Hände blau gefärbt?

KILIAN (*der ganz verblüfft dasteht*) Erlauben Sie, meine Herrn, ich bin –

STURM (*leise zu ihm*) Ums Himmels willen, still geschwiegen!

SCHLAG Jetzt nur gleich Hermanns Rückkunft dem Kommandanten gemeldet!

STURM (*zu Schlag*) Ja, ja, Herr Sergeant, das muß der Kommandant noch in dieser Minute –

SCHLAG (*zu Sturm*) Und du, Spitzbube, ließest uns in Angst und und sagst kein Wort?

WETTER Ohne Zweifel auf des närrischen Hermanns Befehl.

KILIAN (*der sich noch immer nicht dreinfinden kann*) Ja, aber –

STURM (*leise zu ihm*) Still, der Irrtum kann Ihrem Bruder von Nutzen sein.

SCHLAG (*zu Kilian*) Jetzt kleide dich aber schnell um, man kann dich jeden Augenblick –

STURM Ja, nur geschwind die Uniform angezogen!

KILIAN (*in größter Verlegenheit*) Aber ich –

SCHLAG Du hättest den Spaß bald zu weit getrieben! Nur geschwind dem Kommandanten die Meldung gemacht!

STURM (*drängt Kilian in die Türe links*) Nur hinein! (*Kilian geht in die Türe links ab, Sturm begleitet die Sergeanten durch die Mitte hinaus.*)

Achte Szene

GERTRUD, *dann* LÖWENSCHLUCHT, *dann* STURM

GERTRUD (*allein*) Das ist ein glücklicher Zufall! Wenn der Mosje Hermann ins Unglück gekommen wär', ich wär' untröstlich gewesen.

STURM (*zurückkommend, hat die letzten Worte gehört*) So? Na, mich freut's, daß du so viel Anteil nimmst, übrigens –

LÖWENSCHLUCHT (*durch die Mitte eintretend, er ist in reiche, altmodische Uniform gekleidet*) Herr Gendarm –

STURM Was steht zu Diensten?

LÖWENSCHLUCHT Schickt mir die Frau fort!

STURM Zum Glück ist es meine Frau, eine andere würde sich schwerlich von mir fortschicken lassen. (*Zu Gertrud.*) Geh!

GERTRUD (*im Abgehen*) Was ist doch so ein Jäger Ungeschliffenes gegen einen Soldaten! (*Durch die Seitentüre rechts ab.*)

Neunte Szene

STURM, LÖWENSCHLUCHT

LÖWENSCHLUCHT Mein Geschäft verträgt weibliche Neugierde nicht. (*Zieht ein Porträt hervor und zeigt es Sturm.*) Dies ist die Uniform Eurer Truppe, ohne Zweifel werdet Ihr das Original dieses Porträts kennen?

STURM (*besieht es*) Das ist mein Herr, der Sergeant Hermann Blau.

LÖWENSCHLUCHT Wohl mir, ich bin am rechten Orte. (*Für sich.*) Du sollst gerochen werden, betrogene Schwester!

STURM (*für sich, indem er ihn argwöhnisch von der Seite betrachtet*) Sollte das der Oberforstmeister sein, der gegen meinen Sergeanten so liebreiche Gesinnungen an den Tag gelegt?

LÖWENSCHLUCHT Führt mich zu Eurem Herrn!

STURM Mein Herr ist noch nicht in der Station zurück.

LÖWENSCHLUCHT Es war doch soeben Musterung.

STURM Bei welcher er fehlte.

Zehnte Szene

DIE VORIGEN; EINE ORDONNANZ (*durch die Mitte*)

ORDONNANZ Sturm, du mußt mir sogleich folgen.

STURM Gut! (*Für sich.*) Ich muß nur den Färber bedeuten, daß er sich vor dem (*auf den Oberforstmeister deutend*) nicht sehen läßt. (*Will in die Türe links ab.*)

ORDONNANZ Halt! Meine Ordre lautet: »Sogleich!«

STURM (*für sich*) Hm! Fatal! (*Folgt der Ordonnanz.*)

Elfte Szene

LÖWENSCHLUCHT, *dann* PETER

LÖWENSCHLUCHT (*allein*) Noch nicht zurück, sagt er? Gut, so warte ich, ich weiche nicht von dem Platz, bis ich ihn gefunden.

PETER (*tritt durch die Mitte ein*) Euer Gnaden, ich hab' eine Spur.

LÖWENSCHLUCHT Bildest du dir abermals ein, ihn in einer Verkleidung gesehen zu haben, Dummkopf?

PETER Den Verstand haben mir Euer Gnaden längst abgestritten, was aber die äußere Zierde des Kopfes betrifft, meine Augen, die lass' ich mir nicht abdisputieren.

LÖWENSCHLUCHT Schweig!

PETER Die Spur muß ich Euer Gnaden erzählen: sie haben ihn, und er wird erschossen!

LÖWENSCHLUCHT Wer hat dir das Märchen aufgebunden?

PETER Ich nenne meinen Mann: das Kipfelweib hat's erzählt; sie sitzt beim Haus des Kommandanten, gehört folglich zu seiner nächsten Umgebung.

LÖWENSCHLUCHT (*geht auf und nieder*) Schweig!

PETER (*seufzend, für sich*) Leider hat mich mein Schicksal zum ewigen Schweigen verurteilt.

LÖWENSCHLUCHT Ich ruhe nicht, bis er dem Lauf meiner Pistole gegenübersteht.

PETER (*für sich*) Er ist furchtbar in seinem Grimm – wenn er erst ahnen könnte, was hier seit Jahren wogt, mich würde er nicht glattweg z'samm'schießen – nein, langsam, unter den größten Qualen, zizerlweis' würde er mich morden.

LÖWENSCHLUCHT (*mit dem Fuße stampfend*) Fluch dem Frevler, der meine Schwester beschimpft –

PETER Fluch ihm, dem Verwe –

LÖWENSCHLUCHT Was hat denn Er –? (*Geht auf und nieder.*)

PETER (*für sich*) Ruhig, mein Herz, verrate dich nicht!

LÖWENSCHLUCHT (*für sich*) So ein Mensch wagt es, ein Fräulein wie meine Schwester –

PETER Einen Engel, ein Abbild der Vollkommenheit –

Kipfelweib: Verkäuferin von Kipfeln (»Hörnchen«).
Zizerlweis': nach und nach, »in kleinen Raten, Portionen«.

LÖWENSCHLUCHT (*ihn anschnaubend*) Was hat denn Er immer –? (*Geht auf und ab.*)

PETER (*für sich*) Ruhig, vorlautes Herz! Warum kann man so ein Herz nicht aufs Maul schlagen, wenn's zum verraten anfangt?

LÖWENSCHLUCHT Wenn's aber doch wahr wäre, was du vorhin gesagt, dann fiele er ja nicht durch *meine* Kugel.

PETER Alles eins, Kugel ist Kugel, und wenn Euer Gnaden schon auf Ihre eigene Kugel kapriziert sein, so leihen Sie s' ein' von die sechs Mann, die auf ihn feuern werden.

LÖWENSCHLUCHT Sprich nicht von Dingen, die du nicht verstehst. Was weißt du, Tölpel, wie man gekränkte Ehre wieder herstellt?

PETER O, ich wüßte schon wie! Wenn ich eine Schwester und die Schwester einen Verführer hätt', ich tät' mich gewiß nicht duellieren mit ihm. Ich würde zur öffentlichen Privatrache schreiten, in alle Bierhäuser, in alle Kaffeehäuser laufet ich herum und erzählet die G'schicht' und schimpfet über den Kerl, was nur kreuzmöglich ist, und so wäre die Ehre meiner Schwester gewiß auf den Glanz herg'stellt.

LÖWENSCHLUCHT Mein Arm erreicht ihn, und wenn er im Mittelpunkt der Erde verborgen wäre –

PETER O, so tief baut man jetzt die Arreste nicht mehr.

LÖWENSCHLUCHT Ich sprenge die Türe seines Kerkers und fordre ihn.

PETER Recht so, tummeln Sie sich aber, sonst erschießen ihn die andern, eh' Sie ihn erschossen haben!

LÖWENSCHLUCHT Folge mir! (*Durch die Mitte ab.*)

PETER (*allein*). Niemand weiß um meine Liebe; die Fräul'n selbst weiß es am wenigsten, daß ich sie seit achtzehn Jahren im stillen anbete, und jetzt geht mein Herr hin, erlegt mir meinen Nebenbuhler, dient mir als Werkzeug meiner Gefühle, ohne daß ich mich zu strapazieren brauch', und ahnet nicht, daß er der Schwager meiner Wünsche ist. Das sind die Hochgenüsse der stillen Liebe, das is der Triumph der Heimlichkeit! (*Ab durch die Mitte.*)

Zwölfte Szene

KILIAN, ROSERL, *dann* STURM

ROSERL (*mit Kilian, welcher in die Uniform seines Bruders, aber gegen alles Reglement gekleidet ist, aus der Seitentüre links*). Ich seh' schon, die ganze Verkleidung hilft zu nichts.

KILIAN Ich weiß nicht, was du immer benzen tust an mir? Wenn *ich* keinen militärischen Anstand hab', dann weiß ich's nicht! Schau' mich nur recht an, mir schaut der Krieg bei die Augen heraus, jeder Ton, den ich von mir geb', ist Sturmgeläute, eine jede Nagelwurzen kündigt Verheerung an.

ROSERL Geh, red' nicht so, sonst muß ich glauben, dein Verstand hat Waffenstillstand oder gar ein' ewigen Frieden g'schlossen.

STURM (*tritt fröhlich, eine Pfeife schmauchend, durch die Mitte ein*) Da bin ich, es geht besser, als ich gehofft hätte, man hat mich um Verschiedenes befragt und ich glaube – (*Kilians Anzug gewahr werdend.*) Aber, Meister Blau, wie zum Teufel habt Ihr Euch angeschirrt? (*Ihn richtend.*) Die Weste mehr herunter, die Uniform muß anschließen. (*Haftelt sie ihm am Halse zu.*)

KILIAN Das würgt mich.

STURM Der Säbel muß so sitzen.

KILIAN Nur nicht so weit zuruck, sonst verhaspel' ich mich mit die Wad'ln.

STURM Und den Tschako so über das linke Aug'.

KILIAN Ah, gehn S', Sie treiben mir ihn ja an!

ROSERL Und die Haltung – muß *so* sein, *so* der Gang, *so* die Stellung! (*Macht es ihm vor.*)

KILIAN Nein, Roserl, wie du das kannst, du dürftest unter die Grenadier' g'wesen sein.

ROSERL Dann muß die Sprach' etwas Martialisches haben.

STURM Etwas fluchen mitunter!

KILIAN Bei mir ist der höchste Fluch: Krutzinal-Saprawalt!

ROSERL Warum nicht gar! »Mordhimmeltausenddonnerwetterschwerenot!« so flucht ein Soldat.

KILIAN Geh, du Militärische!

Benzen: unaufhörlich bitten, (hier offenbar:) bemängeln.
Nagelwurzen: aus dem Zwischenraum zwischen Fingernagel und Finger hervorwachsende Haut.
Haftelt . . . zu: hakt zu.

STURM Dann hat man Ihren Bruder selten ohne Pfeife gesehen; Sie müssen daher vor den Kameraden –

KILIAN Ich kann nicht rauchen, aber schnupfen tu' ich unbändig.

STURM Das ist nichts, versucht's einmal! *(Will ihm seine Pfeife geben.)*

KILIAN 's tut's nicht, wie ich nur ein' Zug aus einer Pfeifen mach', so kann man gleich mit pupillarmäßiger Sicherheit aufs Übelwer'n rechnen.

ROSERL Schäm' dich, das Ding kann unmöglich so schwer sein. *(Nimmt Sturms Pfeife.)* Da schau' her! *(Raucht.)*

KILIAN Ah, Roserl, du, das wird prächtig stehn, wenn du einmal Mutter bist! Du ein' Cigarro, 's Kind ein' Suzel in Maul; wennst du's so einschlafern tust –! *(Produziert die dazu gehörige Stellung.)*

STURM Wahrhaftig, das wär' eine ganze Soldatenfrau!

Dreizehnte Szene

DIE VORIGEN; SCHLAG, WETTER, KNALL, *dann* DORNBERG

SCHLAG *(durch die Mitte eintretend, zu Kilian)* Unser Anführer von Dornberg kommt, dir die Sentenz des Kommandanten zu verkünden.

KILIAN *(erschrocken)* Sentenz?

ROSERL *(zu Kilian)* Was is das – Sentz –?

KILIAN *(kleinlaut)* Das ist ein griechisches Wort und heißt auf deutsch: Todesurteil.

WETTER Warum nicht gar! Du kommst diesmal noch gut weg.

SCHLAG Vom Erschießen oder Festung ist keine Rede, aber Strafe muß sein, sagte der Kommandant, ein Beispiel muß gegeben werden.

KILIAN *(ängstlich)* Was denn zum Beispiel für ein Beispiel?

KNALL *(hat durch den Bogen gesehen)* Von Dornberg –

DORNBERG *(tritt durch die Mitte ein, die Sergeanten salutieren, Kilian nicht, Sturm stupft ihn, darauf salutiert Kilian ungeschickt).* Sergeant Blau, ich habe Euch im Namen des Kommandanten anzukündigen, daß Ihr durch Eure Zurückkunft in

Pupillarmäßige Sicherheit: gesetzlich vorgeschriebene Sicherheit für die Anlage von Mündelgeldern.
Suzel: etwas zum Saugen; Schnuller.

die Station vom Verdachte einer vorgehabten Desertion freigesprochen seid.

KILIAN (*freudig, aber leise zu Roserl*) Mein Bruder is salviert.

DORNBERG Man will aus besonderer Rücksicht nicht einmal untersuchen, ob Ihr über der Grenze wart; demohngeachtet sieht sich aber der Kommandant genötigt, Euer dienstwidriges längeres Ausbleiben zu bestrafen.

ROSERL (*beiseite*) Himmel! Was werden sie mit ihm anfangen?

DORNBERG Ihr habt Arrest.

STURM (*betroffen, leise für sich*) Alle Teufel! Mein Herr Sergeant Arrest!

KILIAN (*sehr vergnügt, halb für sich*) Na, wann's sonst nichts ist (*Sturm stößt ihn, laut sich korrigierend*), das heißt: es ist mir schrecklich! Meine Empfehlung an – (*Sturm stößt ihn wieder; Kilian, sich korrigierend*) ich bitte dem Herrn Kommandanten zu sagen, daß ich sehr gerührt bin über diese kleine Prostitution.

DORNBERG Für einen Mann von Eurer Tapferkeit ist es allerdings traurig, im Arrest bleiben zu müssen am Tage einer Expedition.

KILIAN (*zu Roserl*) Hast g'hört, eine Expedition is heut', und ich bin derweil im Arrest, das is göttlich!

DORNBERG Und noch dazu eine Expedition wie die heutige, an der dem Kommandanten auch aus Familienrücksichten besonders gelegen. Wir befinden uns hier auf der größten Besitzung seines Schwagers, des Marquis von Saintville, welche sehr durch Schmuggelei und Grenzüberfälle verwüstet wird; durch den heutigen Zug kann die Gegend für immer davon befreit werden. Auszeichnung, Beförderung wäre diesmal der sichere Lohn Eurer oft bewährten Tapferkeit gewesen.

KILIAN (*laut in seiner Freude losplatzend*) Wenn die Attacke gefahrvoll is, dann is es ein wahres Glück –

STURM (*ihn stoßend*) Aber zum Teufel –

KILIAN (*sich korrigierend*) Dann is es erst ein wahres Unglück, wollt' ich sagen, daß ich nicht dabei sein kann. Blitz, Donner und Doria, eine Expeditionsattacke, und ich nicht an der Spitze meiner Kameraden – das Heldenfeuer verzehrt mich und darf sich nicht abkühlen in einem sanften Kugelregen! Übrigens, wenn's schon nicht anders is –

DORNBERG Ihr gebt mir Euer Ehrenwort, diesen Ort nicht zu verlassen!

KILIAN Mein Ehrenwort, mein' Schwur, nicht zehn Pferd' sollen mich von da wegbringen!

DORNBERG Euer Seitengewehr!

KILIAN (*verlegen, halb für sich*) G'wehr? Ich hab' keins.

STURM (*leise zu ihm*) Euren Säbel!

KILIAN (*für sich*) Ja so! (*Will ihn losmachen und bringt ihn nicht aus der Kuppel, Sturm hilft ihm schnell; zu Dornberg.*) Gleich werden wir'n haben.

STURM (*leise zu Kilian*) Überreicht ihn mit einem schmerzvollen Blick und edlem Anstand.

KILIAN (*leise zu Sturm*) Schmerzvollen Blick und edlen Anstand? Gut! (*Gegen Dornberg sich wendend, seufzt komisch.*) O Gott! (*Den Säbel linkisch überreichend.*) Ich werde meine Arrestantenverpflichtung mit Auszeichnung erfüllen.

DORNBERG Fügt Euch in Euer Schicksal, und somit Gott befohlen, Sergeant Blau! (*Durch die Mitte ab, Wetter und Knall folgen ihm.*)

SCHLAG (*hat früher schon Roserl bemerkt, zu Kilian*) Was hast du denn da für ein hübsches Mädchen mitgebracht?

KILIAN (*verlegen*) Das ist –

SCHLAG Einen Arrest in solcher Gesellschaft ließ' ich mir gefallen. Du bist doch ein Teufelskerl! (*Durch die Mitte ab.*)

Vierzehnte Szene

KILIAN, ROSERL, STURM, GERTRUD

GERTRUD (*kommt aus der Seite rechts*) Ich hab' alles gehört, der Herr Sergeant ist gerettet.

KILIAN (*freudig*) Und ich bin im Arrest! Dieser Arrest ist meine Leidenschaft, von dem lasset ich nicht, um kein G'schloß.

ROSERL Für mich ist das aber eine fatale Situation, ich bin den Herren Gendarmen schon aufgefallen.

GERTRUD Ziehen Sie einen Anzug von mir an, dann werden Sie nicht so bemerkt, ich kann auch sagen, Sie sind eine Verwandte von mir.

ROSERL Ja, ja, so machen wir's.

GERTRUD Drin im Kleiderkasten finden Sie alles. (*Roserl rechts ab.*)

STURM (*im lebhaften Unmute auf- und abgehend*) Daß mein

Herr Sergeant jetzt schon, ohne es zu wissen, Arrestant ist, Arrestant während einer Attacke, das ist mir ein unerträglicher Gedanke. Wenn sich da eine andere Wendung geben ließe – (*von einer Idee ergriffen*) ich versuch's. (*Eilt zur Mitte ab.*)

Fünfzehnte Szene

GERTRUD, KILIAN

KILIAN (*über Sturms Benehmen befremdet*) Was will er denn –?

GERTRUD Ich weiß nicht.

KILIAN Ein eigener Mensch, der Herr Sturm!

GERTRUD Ein guter Mensch, ich bin sehr zufrieden mit ihm.

KILIAN Aber barsch, nicht wahr? Unendlich barsch is halt so ein militärischer Mann?

GERTRUD Ich möchte gar kein' andern, nur Militär –!

KILIAN Da werd' ich nicht in der Gnad' stehn, denn an mir is jeder Zoll Zivil. Ich sag', man brauchet gar kein' Krieg, ich schon gar nicht! Ich bin Bräutigam; ich heirat' jetzt, und da haben mir erfahrene Leut' g'sagt, da gibt's allweil ein' klein' Krieg zu Haus.

GERTRUD Wie so denn?

KILIAN Na, man sagt halt, Krieg und Eh'stand soll'n unter g'wissen Verhältnissen G'schwisterkinder sein.

Duett

1.

GERTRUD

Ach, gehn Sie, das leuchtet mir durchaus nicht ein,
Wie der Krieg und der Eh'stand sich ähnlich soll'n sein.

KILIAN

Tausendfält'ge Erfahrung lehrt über die Sach',
Der Eh'stand gibt keiner Bataille viel nach,
Mit Worten wird 'plänkelt, bald kommt man in d'Hitz',
Bumsdi, sein beide Teil' da mit'n groben Geschütz.

GERTRUD

Das war mir bis jetzt nicht bekannt,
Daß Eh'stand und Krieg sich verwandt.

KILIAN

Die Wahrheit is ja weltbekannt,
Krieg und Eh'stand, die sind blutsverwandt.

} *zugleich*

KILIAN

Im Krieg braucht man Truppen als wie Sand am Meer,
In der Eh' ist jed's einzeln ein feindliches Heer,
Und wenn man Hilfstruppen durchaus haben muß,
D' alten Weiber aus der Nachbarschaft sein der Sukkurs.
(*Gertrud jodelt während dem folgenden Refrain.*)
Ich red' nur vom Hör'nsag'n, mir is nix bekannt,
Doch vox populi wird auch vox dei genannt.

2.

GERTRUD

Wir sind friedliche Lamperln, gar sanft von Natur,
Von krieg'rischem Sinn is bei uns keine Spur.

KILIAN

Euer Göscherl gebraucht's aber fleißig als Schwert,
Auch die Kramperln hab'n sich schon sehr krieg'risch bewährt,
Zum Beispiel, der Mann verhaut Geld einen Surm,
Durch Spione kommt's auf, 's Weib nimmt d' Kassa mit Sturm.

GERTRUD

Das war mir bis jetzt nicht bekannt,
Daß Eh'stand und Krieg sich verwandt.

KILIAN

Die Wahrheit is ja weltbekannt,
Krieg und Eh'stand, die sind blutsverwandt.

} *zugleich*

KILIAN

Kokettiert der Mann einmal auf a Fenster hinauf,
Stellt am Eck' 's Weib als Observationskorps sich auf,
Und g'schieht's, daß der Mann sich ins Haus h'nein verirrt,
Da bleibt 's Weib beim Tor stehn, der Platz is blockiert.
(*Gertrud jodelt während dem folgenden Refrain.*)
Ich red' nur vom Hör'nsag'n, mir is nix bekannt,
Doch vox populi wird auch vox dei genannt.

3.

GERTRUD

»Piff, paff, puff!« schallt's im Krieg ohne Unterlaß fort,
In der Ehe ertönet nur zärtliches Wort.

Sukkurs: Hilfe, Hilfstruppen.
Vox populi, vox dei: Volkesstimme, Gottesstimme.
Lamperl: Lämmchen.
Göscherl: Mündchen.
Kramperln: Krallen.
Surm: große Menge.

KILIAN

O nein, wenn die Gattin au'm Gatten wird schiech,
Da geht's öfters: Piff, paff, puff, grad wie im Krieg,
Fest wie ein Karree glaubt der Mann oft zu sein,
Da sprengt 's Weib an als Kavallerie und haut ein.

GERTRUD

Das war mir bis jetzt nicht bekannt,
Daß Eh'stand und Krieg sich verwandt.

KILIAN

Die Wahrheit is ja weltbekannt,
Krieg und Eh'stand, die sind blutsverwandt.

zugleich

KILIAN

Oft meint man ganz selig, daß Frieden irzt wär',
Waffenstillstand is's nur vor der neuen Affär',
Erst wenn s'n General Sensenmann fall'n in die Händ',
Dann is ewiger Fried'n und die G'schicht' hat a End'.
(*Gertrud jodelt während dem folgenden Refrain.*)
Ich red' nur vom Hör'nsag'n, mir is nix bekannt,
Doch vox populi wird auch vox dei genannt.
(*Beide ab.*)

Sechzehnte Szene

LÖWENSCHLUCHT, PETER (*durch die Mitte*), *dann* KILIAN

LÖWENSCHLUCHT Hier bezeichnet man mir seinen Arrest.

PETER Da waren wir ja schon; mir scheint, sie hab'n Euer Gnaden für ein' Narr'n g'halten.

LÖWENSCHLUCHT Wirst du das Maul –

PETER Das is eine Impertinenz! Euer Gnaden sehen doch wenigstens im Äußern kein' dalketen Buben gleich. (*Beide kommen während dieser Reden links in den Vordergrund zu stehen.*)

KILIAN (*aus der Seite rechts, ohne die beiden zu bemerken, für sich*) Ich derf nicht drin bleiben, weil d' Roserl Toilett' macht. Aber tanzen tut's, d' Madam' Gertrud, das is eine Pracht! (*Singt und haut auf, bis er gegen Löwenschlucht kommt, als er diesen erblickt, bleibt er plötzlich ganz verblüfft stehen.*)

Schiech: häßlich; zornig.
Dálketen: dalket = ungeschickt, tölpelhaft.
Haut auf: aufhauen = (beim Tanzen) große Sprünge machen.

LÖWENSCHLUCHT (*für sich*) Er ist's –! (*Das Bild hervorziehend und schnell besehend.*) Kein Zweifel!

PETER Er steht vor uns!

LÖWENSCHLUCHT (*zu Kilian*) Ich muß Ihre Lustbarkeit stören!

PETER (*für sich*) Er tanzt mit dieser Zentnerlast auf dem Gewissen, dazu gehört schon ein starker Bösewicht!

KILIAN (*sich mühsam fassend*) Was steht zu Diensten?

LÖWENSCHLUCHT Ich bin der Bruder des unglücklichen Fräuleins von Löwenschlucht.

KILIAN Was geht mich der Fräulein ihr Unglück an?

LÖWENSCHLUCHT Sehr viel, denn ich bin hier, es zu rächen. Sie haben ihr Herz betört!

PETER (*dreinredend*) Die dreiunddreißigjährige Unschuld verblendet!

LÖWENSCHLUCHT (*fortfahrend*) Sie haben mit glatter Rede –

PETER (*wie oben*) Den Frieden der reinen Seele getrübt –

LÖWENSCHLUCHT (*sieht Peter scharf an*).

PETER (*dadurch etwas eingeschüchtert*) Und die Ruhe des Cherubs gemordet, hab' ich noch sag'n wollen.

LÖWENSCHLUCHT Du hast nichts zu sagen! (*Zu Kilian gewendet.*) Ich schweige von der Kühnheit, daß Sie es wagten, Ihre Augen zu meiner Familie zu erheben –

PETER (*dreinredend*) Eine Familie, die –

LÖWENSCHLUCHT Wirst du –! Sie haben aber Ihrer Handlungsweise die Krone aufgesetzt durch die Art, wie Sie meine Schwester verließen und sich aus meinem Hause gestohlen.

KILIAN Wenn ich sonst nix g'stohlen hab' als mich selbst, so is ja das kein Verbrechen.

LÖWENSCHLUCHT Keine Ausflucht! Sie werden sich mit mir auf Pistolen schlagen.

KILIAN (*erschrocken*) Was!?

PETER (*voll Freude, für sich*) Jetzt wird er z'samm'g'feuert.

LÖWENSCHLUCHT Einer von uns beiden stirbt, oder Sie heiraten meine Schwester!

KILIAN (*für sich*) Ich muß Zeit gewinnen, bis mein Hallodri von Bruder kommt. (*Laut.*) Ich bitte Platz zu nehmen, das is a Sach', über die sich reden laßt.

PETER Himmel, welche Wendung! (*Sinkt in den Stuhl, in welchen sich Löwenschlucht eben setzen will.*)

Hallodri: lustiger Kerl.

LÖWENSCHLUCHT Zum Teufel!

KILIAN Der Bediente wird schwach.

PETER (*sich sammelnd und aufstehend*) Es war nur eine Anwandlung! (*Bleibt wie vernichtet zur Seite stehen.*)

LÖWENSCHLUCHT (*zu Kilian*) Nun, mein Herr?

KILIAN Ich sag' keineswegs nein! Ihre Fräulein Schwester ist ein süperbes Frauenzimmer.

PETER (*beiseite*) O, das fühlt niemand so wie ich.

KILIAN (*zu Löwenschlucht*) Auf d' nächste Wochen hab' ich Zeit, da such' ich Ihnen heim, da wollen wir reden über die Sach'.

LÖWENSCHLUCHT (*entrüstet*) Herr, glauben Sie, daß diese Abfertigung mir genügt, wenn sich's um die Ehre meiner Familie handelt?

KILIAN Lassen Sie sich nur sagen –

LÖWENSCHLUCHT Sie unterzeichnen hier diese Schrift, oder –

KILIAN (*die Schrift besehend*) Das ist ein Ehekontrakt?

LÖWENSCHLUCHT Allerdings!

KILIAN Sehen Sie, eine solche Sach' fordert Überlegung.

LÖWENSCHLUCHT (*vom Stuhle aufspringend*) Das heißt mit anderen Worten: eine Weigerung?

PETER (*beiseite*) Ich lebe wieder auf.

LÖWENSCHLUCHT (*wütend*) Nehmen Sie Ihre Waffen, folgen Sie!

KILIAN (*für sich*) Göttlicher Arrest! (*Laut und stolz zu Löwenschlucht.*) Wohlan, ich folge, es wird ein schrecklicher Kampf werden.

LÖWENSCHLUCHT So soll es sein!

KILIAN Ein Kampf auf Tod und Leben!

PETER (*für sich, triumphierend*) Er ist geliefert!

LÖWENSCHLUCHT Auf Tod und Leben!

KILIAN Fort also! (*Beide gehen bis an den Bogen, dann bleibt Kilian plötzlich stehen.*) Halt, ich darf nicht.

LÖWENSCHLUCHT Was hindert Sie daran?

KILIAN Ich habe Arrest.

PETER (*ärgerlich beiseite*) Jetzt wird wieder nix draus.

KILIAN Ich kann mich mit bestem Willen nicht duellieren.

LÖWENSCHLUCHT (*mit dem Fuße stampfend*) Verfluchtes Hindernis!

Siebzehnte Szene

DIE VORIGEN; STURM

STURM (*ruft jubelnd unter dem Eingange, den Säbel, welchen man früher Kilian abgenommen, hoch emporhaltend*) Viktoria! Der Arrest ist aufgehoben!

KILIAN (*wie vom Donner gerührt*) Jetzt fall' ich in Ohnmacht.

LÖWENSCHLUCHT Ha, welch ein Glück!

PETER (*für sich*) Also doch! Der Wechsel der Empfindungen reißt mich z'samm'.

LÖWENSCHLUCHT (*zu Kilian*) Kein Hindernis steht nun mehr im Wege.

KILIAN O, im Gegenteil, ein sehr bedeutendes! Glauben Sie, ich werde ohne schriftliche Ordre des Kommandanten diesen Ort verlassen? Glauben Sie, ich kenne den Arrestantendienst so wenig?

LÖWENSCHLUCHT Gut, diese schriftliche Ordre werde ich sogleich besorgen. (*Durch die Mitte ab.*)

PETER Wir lassen jetzt nicht mehr nach in dieser Sache. (*Folgt seinem Herrn.*)

Achtzehnte Szene

STURM, KILIAN, *dann* ROSERL, GERTRUD

KILIAN Herr Sturm, Ihnen hat ja der Teufel g'ritten, was haben Sie da ang'fangt? (*Sich zur Seitentüre rechts wendend.*) Roserl! Roserl! Komm heraus! Das Unglück!

ROSERL (*als Marketenderin gekleidet, kommt mit Gertrud heraus*) Was ist g'schehn?

KILIAN Der grimmige Oberforstmeister war da, fordert mich auf ein Duell heraus, ich entschuldige mich durch meine Gefangenschaft; kommt dieser Entsetzliche (*auf Sturm deutend*) mit Pardonierung und bringt mich mal à propos um meinen Arrest – 's ist zum Verzweifeln!

STURM Sie sollten mir danken, statt Vorwürfe zu machen. Was ich getan, ist für die Ehre Ihres Bruders geschehen, ich bin zu allen Vorgesetzten gelaufen, die Vorgesetzten zum Kommandanten, und so ist's geglückt. Glauben Sie, Meister Blau, das

Mal à propos: zu unpassender Gelegenheit.

wäre für Ihren Bruder eine Kleinigkeit, wenn es hieße, er hat während einer Attacke im Arrest bleiben müssen?

KILIAN Wie kann er denn aber, wenn er nicht da ist?

STURM Sie haben es einmal unternommen, seine Stelle zu vertreten –

KILIAN (*aufschreiend*) Und da soll ich in die Attacke –?

STURM Seien Sie stolz auf den Ehrenplatz, auf den Sie heute der Zufall stellt.

KILIAN Ich bedank' mich.

ROSERL Nein, Kilian, das geb' ich nicht zu.

STURM Mamsell, das ist Sache der Männer.

ROSERL Was? (*Zu Kilian.*) Du unterstehst dich nicht, ich verbiet' dir alle Kurasche.

KILIAN Roserl, da ist gar nix zu verbieten, ich geh' um keine Welt, ich hab' für meinen Brudern genug getan, was z'viel ist, ist z'viel.

STURM Sie können sich unter keinem Vorwand losmachen, als wenn Sie sich zu erkennen geben, dann ist aber auch in einer Viertelstunde das Urteil über Ihren Brudern gesprochen, und was Ihnen für den Betrug, den Sie gespielt, passieren wird, dafür steh' ich nicht.

KILIAN Gott, das ist eine gräßliche Soß!

ROSERL (*die Hände ringend*) Mein Kilian ist verloren!

STURM Warum nicht gar! Alle Kugeln treffen nicht, das sieht man an mir.

KILIAN O, ihr seid's die Kugeln schon g'wöhnt, aber unsereins – ich werd' blessiert, Roserl, ich weiß es gewiß, ich werd' im Rücken blessiert.

STURM Ich werd an Ihrer Seite bleiben.

KILIAN Was nutzt das? Lieber *vor* mir – aber das hilft auch nix, so ein Bajonett ist lang, wenn man's auch Ihnen zuerst durch den Leib rennt, so bleibt immer noch so ein Stück übrig, und das geht hernach in mich hinein.

STURM Kinderei! Und zudem ist so ein Scharmützel meistens in einer Viertelstunde abgemacht. (*Es ist mittlerweile dunkel geworden; man hört trommeln.*)

KILIAN und ROSERL (*erschrecken*) Himmel! Was bedeutet das?

STURM (*eilig den Säbel umnehmend und den Tschako aufsetzend*) Es geht los!

ROSERL Ach!

KILIAN (*mit schlotternden Knien*) Ich krieg's in die Glieder! Und so spät auf die Nacht – könnt' man denn nicht bis morgen –?

STURM Mut, Meister Blau, da kommen die Sergeanten Euch abzuholen.

Neunzehnte Szene

DIE VORIGEN; WETTER, SCHLAG, KNALL, *mehrere* GENDARMEN *durch die Mitte*

ALLE Wir gratulieren, Bruder Hermann!

KILIAN (*ganz vernichtet*) Ich danke.

SCHLAG Siehst du, jetzt bist du doch dabei!

KILIAN (*wie oben*) Ja, ich bin dabei. (*Man hört abermals von außen Trommelzeichen.*)

SCHLAG Geschwind zu Pferde!

KILIAN (*erschrocken*) Zu Pferd? (*Zu Sturm.*) G'hören wir zu der Kavallerie?

STURM Die Abteilung zu Fuß ist schon voraus.

KILIAN Ich kann nicht reiten.

STURM Im Gedränge wird's schon gehen. (*Man hört von außen einen Trompetenruf.*)

SCHLAG Jetzt gilt's!

KILIAN (*zu Sturm*) Darf man nicht einmal Testament machen vorher?

SCHLAG (*zum zögernden Kilian*) Vorwärts, Kamerad!

KILIAN (*Roserl umarmend*) Roserl, du siehst mich nicht mehr.

SCHLAG Aha, seht, eine Liebschaft ist's, die macht uns unsern Hermann fast verrückt. (*Man hört Trompeten und Trommeln.*) Donnerwetter! Dazu ist jetzt nicht Zeit. Vorwärts! (*Faßt Blau am Arm und führt ihn fort, die übrigen alle durch die Mitte ab. Man sieht die Sergeanten zu Pferde steigen, auch Kilian, welchem Sturm immer zur Seite bleibt, alle sprengen nach dem Hintergrunde fort. Roserl sinkt auf einen Stuhl, Gertrud ist um sie beschäftigt.*)

Zwanzigste Szene

ROSERL, GERTRUD

GERTRUD Mamsell, erholen Sie sich!

ROSERL (*sich aufrichtend*) Kilian!

GERTRUD Er ist schon fort!

ROSERL (*die Hände ringend*) Ich Unglückliche, als Braut schon soll ich Wittib werden!

GERTRUD Es kann alles gut gehen.

ROSERL Vielleicht fallt er vom Pferd und verrenkt sich was, daß er unterwegs zurückbleiben muß, das is noch meine einzige Hoffnung. (*Man hört einen Schuß in der Ferne, zusammenfahrend.*) Ach, das ist mein' Kilian an'gangen! (*Man hört mehrere Schüsse.*) Das wider – das noch einmal – Gott, wie richten s' mir mein' Kilian zu! (*Ringt verzweiflungsvoll die Hände.*)

GERTRUD (*tröstend*) Aber Mamsell –!

ROSERL Wo ist ein Bett? Ich stürz' mich in ein Bett und nimm alle Pölster übern Kopf, daß ich nur nicht schießen hör' – schon wieder – das nimmt gar kein End' – ach – bei jedem Knall seh' ich das Loch, was die Kugel in mein' Kilian macht – fort, nur fort! (*Stürzt durch die Seitentüre rechts, Gertrud folgt.*)

(*Im Orchester beginnt, wie die Bühne leer ist, eine Schlachtmusik, während welcher man fortwährend schießen hört, nach einer kleinen Weile wird die Musik schwächer, die Schüsse weniger, Peter wird im Hintergrunde sichtbar.*)

Einundzwanzigste Szene

PETER (*tritt, nachdem er ängstlich im Hintergrunde hin- und hergelaufen, durch den Bogen ein. Die Musik endet*)

PETER Ich hab' mein' Herrn verloren, aber das macht nix, ich bin drauf abg'richt't, ich find' allein nach Haus, wenn nur die Bataille nicht wäre, das muß eine Schlacht sein, wie die Geschichte nichts Ähnliches aufzuweisen hat. Da ist eine Tür, wenn nur Weiber da wären, die haben Herzen – ha! (*Horchend.*) Da hör' ich ängstliches Gewinsel, da sind verwandte Seelen, da klopf' ich an. (*Klopft an die Türe rechts.*)

Zweiundzwanzigste Szene

DER VORIGE; GERTRUD, *dann* ROSERL

GERTRUD (*von innen*) Wer da?

PETER (*zurückprallend*) Himmel, ein Mann!

GERTRUD (*tritt zur Türe heraus*).

PETER (*sich wieder sammelnd*) Nein, sie hat nur »Wer da?« g'sagt, Mann ist sie aber doch nicht.

GERTRUD Was soll's?

ROSERL (*in ängstlicher Hast von rechts kommend*) Keine Nachrichten vom Kriegsschauplatz?

PETER Keine, ich bin friedlicher Flüchtling. Doch, was seh ich? (*Roserl erkennend.*) Sie sind die, die ich heute aus den Klauen der Verführung gerettet – Sie sind mir zu unendlichem Dank verpflichtet, Sie müssen mich beschützen.

GERTRUD Was, wir einen Mann schützen?

PETER Reden Sie nicht per Mann! Sie wissen nicht, was ich diesem Geschöpfe bin. (*Auf Roserl zeigend.*)

ROSERL Ich bitt' Ihnen, sein S' stad! Mein Bräutigam ist jetzt in der Bataille.

PETER So? Das ist g'scheit; machen s' ihm dorten den Garaus, so erspart mein Herr die Müh'.

ROSERL (*entrüstet*) Wenn jetzt nicht bald –

PETER Ruhig, die Erde wird von dem Ungeheuer befreit, auf diese oder auf jene Weise!

GERTRUD (*hat hinausgesehen*) Da kommt schon einer zurück.

Dreiundzwanzigste Szene

DIE VORIGEN; SCHLAG (*sprengt aus dem Hintergrunde, von einem Gendarmen begleitet, hervor und steigt vom Pferde*)

ROSERL Gott, jetzt werd' ich's hören. (*Schlag entgegeneilend.*) Ist mein Bräutigam noch ganz?

SCHLAG Das ist wirklich ein Teufelskerl, der Hermann!

ROSERL Lebt er –?

SCHLAG Ein Kamerad, auf den wir stolz sein können, doch jetzt ist er wohl am längsten unser Kamerad gewesen.

ROSERL (*erschrocken*) Ist er verwundet? Liegt er im Sterben?

PETER Ist er schon hin?

SCHLAG Pah! Der ist hieb- und schußfest, sonst wär's nicht möglich, sich so ins Gedränge zu wagen und mit heiler Haut –

ROSERL (*in höchster Freude*) Also frisch und g'sund –?

PETER Da muß ich gleich mein' Herrn aufsuchen, der prackt ihn um so sicherer z'samm'! (*Durch die Mitte ab.*)

SCHLAG Aber mit der Kameradschaft ist's doch aus. Auf seine heutige Bravour kann ihm die Anführerstelle einer Abteilung nicht entgehn. Wie wir die Bande nur erblickten, sprengte er mit tollkühnem Mute voran, stürzte sich ganz allein in das Gedränge – natürlich, wir alle gleich nach, und so war die Sache schnell entschieden. Ihm gebührt der Preis, das kann ihm niemand streitig machen.

ROSERL Das geht ins Fabelhafte! Was für ein Geist ist in mein' Kilian g'fahren? (*Trompetenmarsch.*)

Vierundzwanzigste Szene

DIE VORIGEN; DIE GENDARMEN, *darunter* KNALL, WETTER, KILIAN, (*kommen zurück und steigen vor dem Eingangstor von den Pferden*)

ALLE (*jubelnd durch die Mitte eintretend*) Es lebe Hermann Blau!

KILIAN Ich dank', ich dank' allerseits!

ROSERL (*ihm entgegeneilend*) Kilian!

KILIAN Roserl!

ROSERL Wie bist du auf einmal so tapfer worden?

KILIAN Ich? Mein' Brudern sein Schimmel, kein Mensch sonst als mein' Brudern sein Schimmel hat mich in das Renommee gebracht. Ich hab' mich aus Leibeskräften ang'halten am Zaum, wie wir fortgeritten sind, wie wir aber aus'n Hohlweg hinauskommen, fang' ich ungeheuer zum wackeln an, ich lass' den Zaum fahren und pack' mit alle zwei Händ' den Sattelknopf, die Assekuranzanstalt für schlechte Reiter, der Schimmel fangt zum galoppieren an wie ein Narr, und mitten ins Massaker hinein. Er muß das von mein' tapferen Brudern aus g'wöhnt sein. Ich mach' d' Augen zu in reiner Verzweiflung und glaub' d' längste Zeit, ich bin schon tot, da bringt mich auf einmal ein Viktoriag'schrei zur Besinnung, alles umarmt mich, und jetzt bringen s' mich in einer Art von Triumph zurück – ich weiß noch nicht, ist es Ernst oder Spaß.

ALLE SERGEANTEN Nimm unsern herzlichsten Glückwunsch! (*Umarmen ihn.*)

STURM (*für sich*) Das übersteigt meine Erwartung.

KILIAN (*für sich*) Ich steh' da wie 's Mandl beim Sterz.

Fünfundzwanzigste Szene

DIE VORIGEN; LÖWENSCHLUCHT (*ist schon früher eingetreten und tritt nun dicht an Kilians Seite*)

LÖWENSCHLUCHT Nun, mein Herr, lassen Sie uns ohne Zögern unsere Sache ausfechten!

KILIAN Ach, Sie sind ein indiskreter Mensch, Sie lassen ein' ja gar nicht zu Atem kommen, glauben Sie denn, das geht so in ein' fort? Bataille, Duell – gehen S' zum Teufel!

LÖWENSCHLUCHT Möglich, aber wahrscheinlich werd' ich Sie zur Hölle senden; ich weiche Ihnen nicht mehr von der Seite.

KILIAN (*für sich*) Nein wirklich, unter solchen Verhältnissen Zwilling zu sein, da gehört sich ein Magen dazu.

SCHLAG (*hat hinausgesehen*) Von Dornberg! (*Zu Kilian.*) Blau, das wird dich angehen.

Sechsundzwanzigste Szene

DIE VORIGEN; DORNBERG, EINE ORDONNANZ

DORNBERG (*zu Kilian*) Sergeant Blau, folgen Sie mir zum Kommandanten, um den Lohn Ihrer Tapferkeit zu empfangen. Worin dieser bestehen wird, das mag dieser Handschlag Ihnen im vorhinein verkünden. (*Reicht ihm die Hand und umarmt ihn.*)

SCHLAG (*zu den übrigen*) Beförderung, wie ich gesagt, 's ist schon richtig!

KILIAN (*verlegen zu Dornberg*) Ich bitt' untertänig –

DORNBERG Der Kommandant erwartet uns.

Chor

Wer stets voran eilt in dem Streit,
Verdient den Lohn der Tapferkeit.

Wie's Mandl beim Sterz: verblüfft, »wie die Kuh vor dem neuen Tor«.

(*Kilian geht in großer Verlegenheit mit Dornberg ab, alle folgen, Fackelträger begleiten die Abgehenden nach dem Hintergrunde; Roserl, Gertrud und Sturm bleiben jubelnd zurück.*)

Der Vorhang fällt.

Dritter Akt

Seitenpartie im Garten auf dem Schlosse des Marquis Saintville. Rechts im Hintergrunde ein Holundergesträuch, links im Vordergrunde eine Rasenbank.

Erste Szene

DIENERSCHAFT *und* GÄRTNERSLEUTE *beiderlei Geschlechts;* GRUMMER, THOMAS

Chor

Heut' geht's recht drunter und drüber auf'm Schloß,
Das ist eine Freud', das Fest, es wird wahrlich groß,
Solang das Schloß steht, glaub' ich schier,
Waren so viele Gäste nicht hier.

GRUMMER Das ist ein Fall, der sich sobald nicht wieder ereignet! Der ganzen hier stationierten Gendarmentrupp' zu Ehren wird das Fest gegeben.

THOMAS Der gnädige Herr hat ihrer Tapferkeit auch viel zu danken! – Wenn ich nur wüßt', ob ich 's Zelt zur Tafel da aufschlagen soll?

GRUMMER Nein, dort auf dem Rondeau, der Straße gegenüber. Kommt, in einer Stunde muß alles fertig sein. (*Alle links ab.*)

Zweite Szene

MARQUIS *im Gespräch mit* WALDAU *von rechts*

MARQUIS Mein alter Freund Löwenschlucht hätte mich bald in Verlegenheit gesetzt und mein Freudenfest durch blutgierigen Haß gegen die Hauptperson desselben in einen Schauplatz der Trauer verwandelt.

WALDAU Euer Gnaden haben aber mit begütigenden Worten den Löwen bereits gezähmt.

MARQUIS Ich habe noch mehr getan, ich will als Vermittler in dieser Ehren- und Liebessache auftreten und habe deshalb heimlich eine Einladung an das Fräulein von Löwenschlucht gesandt, als käme selbe von ihrem Bruder, sie ist bereits hier auf meinem Schlosse. Wenn dann die Leute hier unverhofft zusammentreffen, gleicht sich vielleicht alles aufs Erfreulichste aus. Meine Arrangements sind noch stets gelungen.

Dritte Szene

DIE VORIGEN; EIN BEDIENTER, *dann* PETER

BEDIENTER (*von rechts*) Ein Brief vom Herrn Kommandanten.

MARQUIS Vom Kommandanten? Gib! (*Erbricht den Brief schnell und liest. Bedienter ab.*)

PETER (*von links auftretend, zu Waldau*) Sie ist hier, ich hab' sie gesehen.

WALDAU Still! Der gnädige Herr liest.

PETER Sie ist hier auf dem Schlosse.

WALDAU Wer?

PETER Der Löwenschluchtische Engel, die Schwester von meinem gnädigen Herrn.

WALDAU (*für sich*) Daß doch das neugierige Dienstvolk alles ausspürt!

MARQUIS Der Inhalt dieses Schreibens ist unerwartet, mir aber von großer Wichtigkeit. Schade, daß er mir die Gegenwart des liebsten Gastes, des tapfern Hermann Blau, entziehen wird. Fatal das, sehr fatal! Kommen Sie, Waldau!

WALDAU (*zu Peter*) Und Er beobachtet das strengste Stillschweigen über die Anwesenheit des Fräuleins!

MARQUIS Ja, ja, Freund, Sein Herr darf noch nichts davon erfahren. Der Mensch könnte mir alles verderben. (*Mit Waldau links ab.*)

Vierte Szene

PETER, *dann* CORDELIA

PETER (*allein*) Man hat das Fräulein hierhergelockt ohne Wissen ihres Bruders! Das riecht nach Verführung, das schmeckt nach böser Absicht – sollte vielleicht gar der Marquis – alles eins, ich agiere als heimlicher Beschützer, ich will der Engel dieses Engels sein! Ah, das ist lieb, wenn ein Engel über'n andern wacht – dort kommt sie – g'schwind hinter die Hollerstauden. (*Verbirgt sich.*)

CORDELIA (*von rechts*) Die Luft in den Zimmern ist so ängstlich drückend, hier fühl' ich mein Herz erleichtert.

PETER (*für sich*) Auch mir wird wieder wohl, weil ich in ihrer Atmosphäre atme.

Hollerstauden: Holunderstrauch.

CORDELIA (*setzt sich auf die Rasenbank*) Wie lieblich hier die Blumen duften!

PETER (*wie oben*) O Bescheidenheit! Sie schiebt das auf die Blumen, und es ist nichts als ihre Atmosphäre.

CORDELIA Welchen Zweck kann mein Bruder haben mich zu einem Feste zu nötigen?

PETER (*wie früher*) Arme Getäuschte! Die hat noch keinen Begriff von Verführung!

CORDELIA Wer sein Glück nur in Träumen findet, paßt nicht zu wirklichen Freuden.

PETER (*wie oben*) Ganz mein Zustand! Auch ich habe keine wirkliche Freude, mein einziger Genuß ist Atmosphäre.

CORDELIA O, könnte ich jede Erinnerung verbannen! (*Sinkt mit dem Kopf auf die Lehne der Rasenbank.*)

PETER (*vortretend*) Mir scheint, der Göttlichen is übel worden – ja – (*nähert sich*) Fräulein Cordelia – (*sehr zärtlich*) Cordelia –!

CORDELIA (*unwillig*) Was soll's?

PETER Ich hab' grad überlegt, ob ich Ihnen mit Wasser oder mit Essig anspritzen soll?

CORDELIA (*mürrisch*) Was hast du im Garten zu suchen?

PETER In den Zimmern ist alles voll Bediente, die Luft ist dort so ängstlich drückend –

CORDELIA Pack' dich!

PETER (*für sich*) Von ihr »Pack' dich!« zu hören, das klingt reizender, als wenn eine andre sagt: »Komm in meine Arme!«

CORDELIA Was zögert denn der Dummkopf?

PETER (*mit Zartheit*) Ich gehe schon. (*Für sich.*) Wenn sie »Dummkopf!« sagt, welcher Geist liegt in so einem Dummkopf! (*Entzückt.*) Sie ist ein Ideal! – (*Laut.*) Ich gehe – (*schmachtend zurückblickend*) o ja, ich gehe schon. (*Rechts ab.*)

Fünfte Szene

CORDELIA, *dann* KILIAN

CORDELIA (*allein*) Wo mag er weilen, der Undankbare, der mich so tief gekränkt? (*Links in die Szene sehend.*) Ist's möglich – die glänzende Uniform – nein, nein, er ist es nicht – und doch – ja – Hermann ist's – er kommt hierher!

KILIAN (*tritt von links auf, ohne Cordelia zu bemerken, er ist in

Offiziersuniform, aber dienstwidrig nachlässig gekleidet) Das Fest da auf'm Schloß g'fallt mir recht gut, wenn man aber z' Haus ein Fest hat als wie ich, da vertauscht man sein Haus um kein G'schloß; und wenn ich meine ganze Situation bedenk', so wollt' ich halt doch, ich wär' a paar Meilen weit von hier.

CORDELIA (*vortretend*) Ahnen Sie vielleicht meine Nähe und ist Ihnen diese so verhaßt?

KILIAN (*äußerst befremdet*) Ich bitt' – wie befehlen die gnädige Frau?

CORDELIA (*entrüstet*) Frau?

KILIAN (*sich verbessernd*) Oder Fräulein, man kennt sich manchmal nicht recht aus und fürcht't sich zu blamieren, wenn man Fräul'n sagt.

CORDELIA Dieser Hohn ist mir ein neuer Beweis Ihrer niedrigen Denkungsart.

KILIAN (*verlegen*) Ich bin erst seit gestern avanschiert.

CORDELIA (*für sich*) War dies Herz noch nicht genug gekränkt?

KILIAN (*für sich*) Das scheint eine Ang'schmierte zu sein, das kenn' ich an der düstern Farbe ihres Gemüts, da müssen wir suchen durch eine Beimischung des Trostes eine sanftere Schattierung hervorzubringen. (*Laut.*) Ja, ja, so sind die Männer! Glauben Sie mir, die Liebe dieser Schöpfungsherrn ist selten echtfärbig, beinahe nie in der Wolle, immer nur im Stück g'färbt, drum wirkt die Erfüllung ihrer Wünsche als Laugen auf diese Liebe – wie man s' drüber gießt, geht s' aus.

CORDELIA Wie? So spricht der, der selbst –

KILIAN (*einfallend*) Der selbst Mann ist, aber eben deswegen des Geschlechtes schlechte Seite kennt. Übrigens, wenn eine auch einer anschmiert, der Erdball wimmelt ja von anderweitigen Individuen. Sind Sie g'scheit –

CORDELIA (*unterbricht ihn*) Treuloser, du verdienst es nicht, aber wisse, du hast mir die Welt gemordet, denn meine Welt war meine Liebe –

KILIAN Ich bitt' Ihnen –

CORDELIA Ich bedarf nicht deines Trostes! Mit einem Kranz auf der Bahre wird man Cordelia von Löwenschlucht zur Grube tragen.

KILIAN (*hat früher geschnupft und nießt unwillkürlich, erstaunt*

G'schloß: Schloß.

für sich) Was? Löwenschlucht? Das ist ja hernach mein' Zwilling sein Gegenstand! Und sie halt't mich – da hab' ich ja enorm dumm daherg'red't. (*Laut.*) Cordelia! (*Für sich.*) Ich glaub' wenigstens, Cordelia hat s' g'sagt. (*Laut und mit erkünsteltem Gefühl.*) Cordelia!

CORDELIA O schweige, der Ton kommt nicht aus deinem Herzen. O –! (*Bricht in Tränen aus.*)

KILIAN (*für sich*) Mein Bruder is a Viehkerl, das seh' ich schon. (*Laut.*) Ich begreif' wirklich nicht, wie so viele Liebenswürdigkeit – (*sehr zärtlich*) Cordelia!

CORDELIA Willst du zum zweiten Male mich betören, Verführer?

KILIAN Verführer? (*Für sich.*) Ich komm' da in ein sehr intimes Verhältnis hinein.

CORDELIA (*schwärmerisch*) So sprachst du an jenem Abend –

KILIAN: An welchem Abend?

CORDELIA Wo ich die Strickleiter über die Gartenmauer warf.

KILIAN Aha, dazumal!

CORDELIA An dem Abend, wo uns Schwüre ewiger Liebe vereint!

KILIAN Richtig, das war an dem nämlichen Abend!

CORDELIA Wo deine Worte mich die Welt vergessen machten!

KILIAN War das auch an dem Abend?

CORDELIA (*hat ein Bukett verloren, ohne es zu bemerken*) An dem Abend, wo wir den Plan verabredeten, daß ich zu dir fliehen, an dem Abend, wo – o! (*Sie weint.*)

KILIAN (*für sich*) Da is viel g'wesen an dem Abend – sehr starker Abend!

CORDELIA (*bemerkt den Verlust des Buketts*) Ha, meine Blumen! Wo sind sie?

KILIAN Was für Blumen?

CORDELIA Die du mir einst –

KILIAN O Jegerl, da steh' ich mit'm Absatz drauf.

CORDELIA Vernichtet hast du sie wie mich!

KILIAN Na, wir werden schon wieder andere –

CORDELIA Nein, Hermann, nie, nie! (*Sinkt weinend an seine Brust.*)

KILIAN (*für sich*) Jetzt ist der Moment, wo ihr mein Bruder a Bussel geben muß; hab' ich schon so viel für ihn getan, darf ich ihn da auch nicht sitzen lassen. (*Küßt sie.*)

CORDELIA Nein, Verräter, das kommt nicht aus deinem Herzen.

KILIAN Sie ist mit dem Bussel nicht zufrieden.

Sechste Szene

DIE VORIGEN; PETER

PETER Ha, er ist bei ihr! (*Bleibt erstaunt stehen.*)

CORDELIA Der Bediente meines Bruders! (*Zu Kilian.*) Flieh, ich bitte dich!

KILIAN Diese Bitte kann ich dir nicht abschlagen. Leb' wohl, Cordelia, auf Wiedersehn! (*Links ab.*)

CORDELIA (*zu Peter*) Nun? Was ist's?

PETER (*mit gebrochener Stimme*) Nichts, gar nichts!

CORDELIA Hat dich mein Bruder gesendet?

PETER Nein, ich komme von selbst.

CORDELIA Der unausstehliche Tölpel! (*Ärgerlich rechts ab.*)

Siebente Szene

PETER

PETER Was hab' ich gesehn? Er war bei ihr – (*Brütet über einem Plan.*) Ja, ja – das wird jetzt dem Marquis g'steckt. Herrlicher Plan! Die verborgene Leidenschaft des Marquis muß mir jetzt als Werkzeug der Zerstörung dienen. (*Erblickt das zertretene Bukett.*) Ha, diese Blumen! (*Hebt es auf.*) Glückliche Veilchen, ihr zarter Fuß hat auf euch geruht. (*Küßt das Bukett.*) So möchte ich auch enden, meine Liebe ist ohne Eigennutz, ich weiß, daß ich sie nie besitzen kann; die Kluft zwischen Livree und haute volée ist zu unermeßlich, aber auch kein anderer soll sie kriegen, das ist der Zweck, für den dieser Kopf unablässig Intrigen schmiedet. Nur a sechs, a acht Jahrln so fort geschmiedet, derweil hat sie die Liebenswürdigkeit für immer überstanden, und mein großer Zweck ist erreicht, sie welkt unbesessen mit mir zugleich dem Grabe zu. Das is so meine Schwärmerei, und soll ich mich dieser Schwärmerei schämen? O nein! Die meisten Leut' sind nix anders als Schwärmer, die ganze Menschheit is nix als ein großer Schwarm von Schwärmern, aber jeder hat seine aparte Schwärmerei.

g'steckt: etwas stecken = heimlich wissen lassen.

Lied.

1.

A Mama hat a Tochter, auf die halt't s' gar viel,
A reiche Partie krieg'n, das wär' so ihr Ziel,
's zeigt a Anbeter sich, auf den bau'n s' große Stuck,
Er schenkt ihr a Paperl, a Klad und ein' Schmuck,
Jetzt glaubt d'Mama, er wird s' auch heiraten glei,
Das, wer'n S' doch erlauben, das is Schwärmerei.

2.

Der kommt ins Parterre, richt't sich g'schwind die Frisur,
Krampelt alles, was Bart heißt, aus'm Halstuch hervur,
Kein Frau'nzimmer, bildt't er sich ein in sein'm Sinn
Schaut jetzt mehr aufs Stuck, es schau'n alle auf ihn,
Es flieg'n ihm die Herzen zu, dutzendweis' glei,
Das, wer'n S' doch erlauben, das is Schwärmerei.

3.

Von der Teuren nimmt ein Kadett Abschied und schwiert,
Daß er s' heirat't, sobald er Major werden wird,
's Madel denkt sich: »Das wird sich in d'Länge wohl zieg'n,
Doch Geduld nur, am End' wer'n wir dennoch uns krieg'n,
Auf jeden Fall bleib'n wir bis dorthin uns treu!«
Das, wer'n S' doch erlauben, das is Schwärmerei.

4.

Zur Wasserkur hab'n d'Leut' jetzt blindes Vertrau'n,
Doch wie's mancher braucht, tut nicht viel außaschau'n,
Er tunkt auswendig in kaltes Wasser sich ein,
Aber inwendig brenzelt er Punsch, Schnaps und Wein,
Er glaubt aber fest, er wird g'sund bleib'n dabei,
Das, wer'n S' doch erlauben, das is Schwärmerei.

5.

Der macht ein Lied über die Stutzer mit Spor'n,
Über d'Frauenzimmer-Mieder, wattiert hint' und vorn,
Über d'Köchin, die in tulle anglais gekleid't war,
Oder über die Schnauzbärt' und Backenbärt' gar,
Und glaubt, der Gedanken, der is nagelneu,
Das, wer'n S' doch erlauben, das is Schwärmerei.

Paperl: Papagei.
Klad: Kleid.
Krampelt . . . hervur: zieht (mit den Fingern) heraus.
Brenzelt: brenzeln = Brandgeruch erzeugen.

6.

's laßt mancher, um als Künstler recht zu figurier'n,
Auf eigene Kosten sich lithographier'n,
Dann stellt er sich selig vor d' Kunsthandlung hin:
»Da häng' ich jetzt unter d' berühmten Leut' drin,
Ich bin Stern erster Größe« – denkt er sich dabei,
Das, wer'n S' doch erlauben, das is Schwärmerei.

(*Ab.*)

Verwandlung

Galerie im Schlosse. Im Hintergrunde drei große verschlossene Flügeltüren, rechts vorne die allgemeine Eingangstür; weiter zurück eine Türe, welche in die Zimmer des Marquis führt; links vorne eine Tapetentür.

Achte Szene

ROSERL, STURM (*von rechts vorne*)

ROSERL Ich kann Ihnen nicht sagen, mein lieber Herr Sturm, wie ängstlich mir ums Herz ist; ich krieg' mein' Kilian gar nicht zu sehen.

STURM Sind Sie ruhig, der Bruder muß ja doch einmal zurückkommen.

ROSERL Aber wann? Und was kann bis dahin –

STURM Wir wollen das beste hoffen. Ich habe alle Anstalten getroffen, daß, wenn er kommt, er sogleich –

Neunte Szene

DIE VORIGEN; KILIAN (*rechts vorne herauskommend*)

KILIAN Ich bin verloren! Roserl, gut, daß ich dich find', ich bin verloren!

ROSERL Himmel, was ist geschehn?

KILIAN Ich bin verloren!

ROSERL Red', Kilian, red'!

STURM Sie haben den Kopf verloren, sonst ist's nichts.

KILIAN Der Herr Marquis hat ein' Brief vom Kommandanten 'kriegt.

ROSERL (*ängstlich*) Und was steht da drin?

KILIAN Das weiß ich nicht, aber dem Kammerdiener sein Schwiegersohn hat mit'm Stallmeister seiner Schwester g'sprochen, und die hat vom Zimmerwarter seiner Mahm erfahren, daß der Brief mich betrifft.

STURM Ha, daraus folgt noch nichts.

KILIAN Nichts, gar nichts, als daß alles entdeckt ist, daß mein Bruder erschossen wird, wenn s' ihn kriegen, daß s' mich erschießen, weil s' mich schon haben, und daß meine Roserl bald statt ein' lebendigen bürgerlichen Färbermeister eine militärische Leiche in die Arme schließen wird. (*Erschrocken nach der sich eben öffnenden Seitentüre rechts rückwärts blickend.*) Ah, der Marquis!

Zehnte Szene

DIE VORIGEN; MARQUIS (*mit einem offenen Brief und mehreren großen Papierrollen in der Hand*)

MARQUIS Gut, daß ich Sie finde, mein Bester, ich habe Ihnen Wichtiges zu verkünden.

KILIAN (*mit zitternder Stimme zu den andern*) Mein Todesurteil – jetzt wird's publiziert.

STURM (*leise zu ihm*) Seid kein Narr, Meister!

ROSERL (*ebenso*) Du vergißt in der Angst allen militärischen Anstand.

MARQUIS Sehen Sie dieses Schreiben des Herrn Kommandanten – (*erblickt Roserl*) wer ist dieses Frauenzimmer?

KILIAN (*verlegen*) Das? Das ist – das ist –

STURM Das ist meine Frau, die Marketenderin, und da unsere ganze Truppe zum Feste geladen ist, so habe ich –

MARQUIS Die Frau auch mitgenommen; nun, das ist recht, laßt uns aber jetzt allein.

(*Sturm geht, Roserl folgt ihm zögernd.*)

KILIAN (*zu Roserl*) Du, mir wird übel.

ROSERL Sei doch g'scheit!

KILIAN Eine Umarmung, die letzte vielleicht diesseits der Ewigkeit. (*Umarmt sie.*)

MARQUIS (*der in den Papieren geblättert*) Wollen Sie gefälligst – der Auftrag des Herrn Kommandanten ist höchst ernster Art.

KILIAN (*verlegen*) O, ich bitte –! (*Roserl und Sturm ab.*)

Elfte Szene

MARQUIS, KILIAN

MARQUIS Ihr Kommandant hat die Nachricht erhalten, daß zehn Meilen südlicher an der Grenze die Räubereinfälle vom jenseitigen Gebiet herüber immer mehr überhandnehmen; die Sache betrifft mich besonders, weil der Schauplatz dieser Scharmützel sich auf eines meiner Güter zieht; der Anführer der dort stationierten Gendarmenabteilung, Bellmonte, ist vor wenigen Tagen als Opfer seines Mutes geblieben.

KILIAN Der Bellmonte? Is mir unendlich leid um den Bellmonte! (*Für sich.*) Ich hab' nicht die Ehre g'habt.

MARQUIS Auf den Posten des Gefallenen muß der Kommandant einen Mann hinsenden –

KILIAN (*einfallend*) Freilich, da muß er einen hinschicken.

MARQUIS (*fortfahrend*) Einen Mann –

KILIAN Der sich nix draus macht, wenn er auch fallt.

MARQUIS Einen Mann, dessen Heldensinn die Spanne Leben für nichts achtet, einen Mann von erprobter Tapferkeit, und der Mann sind Sie! (*Sieht wieder in seine Papiere.*)

KILIAN (*sinkt in den Stuhl zurück, vor welchem er eben gestanden, ganz kleinlaut*) Was haben S' g'sagt?

MARQUIS (*in den Papieren blätternd*) Der Mut, den Sie gestern bewiesen, ist Bürge für Ihre künftigen Taten.

KILIAN (*sich mühsam fassend und aufstehend*) Das is zu schmeichelhaft.

MARQUIS Da sich aber wie gesagt der Schauplatz dieser Aktionen auf meine dortige Besitzung zieht, so will ich Ihnen hier die Situationspläne zeigen.

KILIAN (*sich sammelnd*) Aha – die Pläne – schau'n wir s' halt an! (*Für sich.*) Mir woiselt alles vor die Augen. (*Sich selbst Mut einsprechend.*) Na, es wird ja doch mein Bruder –

MARQUIS Es ist der Wunsch des Kommandanten, daß die bebauten Teile des Gutes, so viel es der Dienst verträgt, geschont werden. Ihre Aufgabe ist es daher die Aktionen in die höher gelegene Gegend hinüberzuziehen.

KILIAN Wie's gefällig ist.

MARQUIS Hier können Sie sich gleich orientieren! (*Zeigt ihm die Pläne.*)

KILIAN (*in die Papiere sehend*) Ah ja, ich orientier' mich sehr gut. Das Grüne aber da ist sehr fleckig in der Farb'.

MARQUIS Das ist eben der Wald, welcher Ihnen bei der Expedition von großem Nutzen sein kann, Sie können diese Schlucht als Defilee benützen.

KILIAN Die Schlucht als Defilee? Ja, das können wir tun; warum soll diese Schlucht kein Defilee sein?

MARQUIS Ich sehe, daß wir in unsern Ansichten übereinstimmen.

KILIAN Vollkommen! Äußerste Übereinstimmung!

MARQUIS (*gibt ihm die Papiere*) Behalten Sie gleich die Pläne!

KILIAN Wenn Sie wollen, so b'halt' ich s' gleich. (*Legt sie ungeschickt klein zusammen.*)

MARQUIS Das unangenehmste ist nur, daß Sie vor geendigtem Feste in längstens drei Stunden abreisen müssen.

KILIAN (*erschrocken*) In drei Stund'?

MARQUIS Mir ist diese Eile gewiß unangenehmer als Ihnen.

KILIAN (*für sich*) Das glaub' ich just nicht. (*Laut.*) Sollt man denn da gar keinen Aufschub –

MARQUIS Sie kennen die Strenge des Dienstes sowohl als die des Kommandanten.

KILIAN Verfluchte G'schicht'! Das is halt für einen Menschen, der heiraten will und der überdies –

MARQUIS (*lächelnd*) Aha, ist es das?

KILIAN (*für sich*) O, jetzt hätt' ich mich bald verschnappt.

MARQUIS (*für sich*) Es wird gehen, so wie ich mir gedacht. (*Laut.*) Diese Heirat anbelangend, habe ich schon Einleitungen – rechnen Sie ganz auf meine Verwendung. Hier sind Ihre Zimmer (*nach links deutend*), der Ausgang rückwärts führt in die Orangerie, dort erwarte ich Sie in einer Stunde. Auf Wiedersehen, mein Herr! (*Geheimnisvoll lächelnd.*) Ich hoffe auf (*geheimnisvoll schmunzelnd*) ein recht fröhliches Wiedersehen! (*Rechts vorne ab.*)

Zwölfte Szene

KILIAN, *dann* LÖWENSCHLUCHT

KILIAN (*allein*) Jetzt wird's mir z'bunt, ich bin mehr Nannerl als was anders. Für was für eine Heirat will sich denn der ver-

Mehr Nannerl: »(dastehen) wie eine Nannerl« = verblüfft.

wenden? Meine Heirat – die richt' ich schon allein, wenn nur mein Bruder einmal da wär'.

LÖWENSCHLUCHT (*von rechts rückwärts auftretend*) Sie suchte ich schon überall, mein Herr.

KILIAN (*ganz vernichtet, für sich*) Der Löwenschlucht! Der Mann is mir als wie eine lebendige Daumschrauben, ein personifizierter dritter Grad der Tortur.

LÖWENSCHLUCHT Ich komme diesmal nicht, Sie herauszufordern.

KILIAN Nicht? Na, das is schön von Ihnen.

LÖWENSCHLUCHT Wiewohl dies der eigentliche Zweck meines Hierseins war.

KILIAN Na, na, das müssen S' Ihnen ganz abg'wöhnen!

LÖWENSCHLUCHT Die Bitten und Vorstellungen des Herrn Marquis haben meinen gerechten Grimm gemildert; hier ist Ihr Porträt, Ihre Briefe an meine Schwester. (*Gibt ihm beides.*) Geben Sie mir die ihrigen zurück.

KILIAN (*in großer Verlegenheit*) Die Brief' soll ich zurückgeben, die Ihre Schwester an mich geschrieben?

LÖWENSCHLUCHT Nicht einer darf in Ihren Händen bleiben, (*etwas heftig*) verstehen Sie mich?

KILIAN Die Briefe – ja, sehen Sie, mein bester Herr von Löwenschlucht, die Briefe, ich hab' sie nicht bei der Hand.

LÖWENSCHLUCHT Keine Minute Aufschub, ich gehe Ihnen nicht von der Seite, bis Sie mir die Briefe geben.

KILIAN (*für sich*) Höllenexistenz! (*Laut.*) Ich habe diese Briefe der Vernichtung geweiht.

LÖWENSCHLUCHT Das glaub' ich Ihnen nicht.

KILIAN Wie ich Ihnen sage, ich habe diese Briefe – mit einem Wort, sie sind vernichtet.

LÖWENSCHLUCHT Sie wollen mich zum Besten halten? Herr, das ändert die Sache, und bei der Herausforderung –

KILIAN So sein S' nur nicht gleich wieder in der Höh', das steht Ihnen so gut, wenn Sie sanft sein, da sind Sie so ein lieber Mann.

LÖWENSCHLUCHT Meine Geduld hat geendet, nur mit Blut kann die Sache –

KILIAN Recht, mit Blut, aber mit kaltem Blut kann die Sache ausgeglichen werden. (*Für sich.*) Halt, da kommt mir ein Gedanken, auf diese Art kann ich mich vielleicht von der Sendung gegen die Raubzüge befreien.

LÖWENSCHLUCHT Wozu das Zögern? Entweder oder –

KILIAN Bleiben wir beim Entweder. Sollte denn die Sache nicht durch eine Heirat zwischen mir einerseits und der Fräulein Schwester andererseits amalgamiert werden können?

LÖWENSCHLUCHT (*überrascht*) Versteh' ich Sie recht? Wahrlich, Sie sind ein braver Mann, Herr Blau, jetzt begreif' ich Ihr Benehmen, was Ihr Heldensinn meinen Drohungen versagt hat, das gesteht Ihr edles Herz mir freiwillig zu.

KILIAN Die Mariage wird sich also gravieren.

LÖWENSCHLUCHT In meine Arme, Schwager! (*Umarmt ihn stürmisch.*)

KILIAN Die Brautständ' können also gleich anfangen. (*Für sich.*) Mit welcher Hardiess' als ich abschließ' für mein' Brudern, der wird schau'n!

LÖWENSCHLUCHT Vergessenheit meiner vorigen Härte! (*Reicht ihm die Hand.*) Nur Eintracht und Bruderliebe! Wahrhaftig, ich bin so gerührt – (*Trocknet sich die Augen.*)

KILIAN (*für sich*) Da muß ich schon auch einige Rührung zeigen. (*Sich zwingend, mit gebrochener, in Tränen übergehender Stimme.*) Gewiß, die Verbindung mit der Cordelia ist die Krone meiner Wünsche – meiner Hoffnungen – meiner – (*Bricht in Tränen aus.*)

LÖWENSCHLUCHT Meine Brust muß sich durch Freudentränen Luft machen. (*Weint auch.*) An mein Herz, Bruder! (*Beide stürzen sich in die Arme.*)

Dreizehnte Szene

DIE VORIGEN; PETER (*von rechts vorne*)

PETER (*tritt zur Türe rechts vorne ein, sieht die Umarmung und bleibt ganz erstarrt stehen*) Er umarmt ihn, und ich hab' drauf g'rechent, daß er'n erschießt! So werden doch alle meine Hoffnungen getäuscht! (*Ab.*)

Hardiess': (fz.) Kühnheit.

Vierzehnte Szene

DIE VORIGEN *ohne* PETER

LÖWENSCHLUCHT Männer verstehen sich schnell.

KILIAN Und wir sind gar a paar kuriose Männer! Jetzt is aber noch ein Kasus, ich soll 's Kommando gegen die Raubzüge übernehmen, in drei Stund' muß ich fort.

LÖWENSCHLUCHT Ist das möglich?

KILIAN Wenn ich heiraten soll, is es nicht möglich. Wir brauchen doch zweimal vierundzwanzig Stund' bis zum Verlobungsfest, dann vertrenzen sich noch a acht Tag' bis zu der Hochzeit wie nix; wie kann ich da in drei Stund' zu die Räuber!

LÖWENSCHLUCHT Da muß Aufschub erwirkt werden.

KILIAN Ja, Aufschub ist die Hauptsach', das is der eigentliche Zweck.

LÖWENSCHLUCHT Ich will alles daransetzen, ihn zu erwirken. Lebt wohl indessen, Schwager; ich spreche mit dem Kommandanten, mit dem Marquis; es wird alles von mir in Ordnung gebracht. (*Im Hintergrunde rechts ab.*)

Fünfzehnte Szene

KILIAN

KILIAN Ich werd' doch ein Bruder sein, der sich g'waschen hat, was ich alles tu' und unternimm! Na, wenigstens erreich' ich meinen Zweck und rett' mein' Brudern von Unglück, ich kann doch sagen, ich bring' mein Geld dabei heraus, und das is eine gewichtige Red'. Man glaubt nicht, wie selten man im Leben mit Wahrheit sagen kann: Da bring' ich mein Geld dabei heraus.

Lied

1.

Oft laden ein' Leute zu ein' Hauskonzert ein,
Man opfert den Ab'nd, um nicht unhöflich z' sein,
A Sohn von zwölf Jahr'n, man möcht' 'nausfahr'n beim Dach,
Der geig'nt, macht dem Beriot 's Tremolo nach,
Die Tocht'r hat a Stimm', die zerreißt ein' das Ohr,
Tragt die Arie der Ungher aus'n »Belisar« vor,

(Zeit) *vertrenzen:* Zeit vertun.
Bériot (Charles de): berühmter Geiger.

Der jüngste Herr Sohn, der das Hauptgenie ist,
A Bub von neun Jahr'n, spielt Etüden von Liszt,
Und man muß all's dreimal hör'n vor lauter Applaus,
Da bringt man auf Ehre sein Geld nicht heraus.

2.

Früher hab' ich manch Wirtshaus recht gern frequentiert,
Man hat 'gessen, 'trunken und mit d'Freund' diskutriert,
Jetzt muß man allweil Musik hör'n, und dann, wie schön!
A paar steig'n auf'n Tisch, spiel'n aus »Die Räuber« a Szen',
Und wer bei solchem Kunstgenuß laut red't, riskiert,
Daß er von d'Enthusiasten hinausg'worfen wird.
Is a Pausen, a Gottscheberbub ein' überlauft,
Daß m'r ihm Aktien auf a Pomeranzen abkauft,
's wird ei'm völlig der Kopf dumm, man wär' lieber z'Haus,
Da bringt man auf Ehre sein Geld nicht heraus.

3.

A Landpartie machen en famille is sehr schön,
Doch is dabei viel Gift und Gall' auszustehn,
Da hat ein kleins Madel in d'Erdbeer'n sich g'setzt,
Da der Sohn sich beim Baumkraxeln d'Hosen durchg'wetzt,
Ein Chevalier führt die Tochter, er ist eing'laden wor'n,
Die gehn einmal z'weit hinten, dann wieder z'weit vorn,
Beim Essen, da raufen die kleinsten zwei Bub'n,
Und schütten auf d' Mama a Saussière rote Rubin,
In ein' Hauptverdruß kommen s' auf d'Nacht alle z'Haus,
Da bringt man auf Ehre sein Geld nicht heraus.

4.

Man hat viele Töchter, die Töchter kein' Mann,
Jetzt gibt man ein' Ball, vielleicht bringt man a paar an,
Man kleid't d'Madeln reizend; junge Herrn recht galant,
Werd'n eing'laden, die finden die Madeln scharmant,
D'Madeln tanzen, daß s' Lungel und Leber riskiern,
Amour'n werd'n ang'fangt, doch wollen s' zu kei'm Ziel führn,
Nach'm Fasching, da zählt man die Häupter der Lieb'n,
Und 's fehlt kein teures Haupt, alle sind s' sitzen 'blieb'n,
Und d' jungen Herrn richten ei'm noch d'Madeln brav aus,
Da bringt man auf Ehre sein Geld nicht heraus.

Ung(h)er: (Karoline): Opernsängerin.
Gottscheberbub: (Nach dem krainischen Städtchen Gottschee). In den Wirtshäusern umherziehende Verkäufer von Losen auf Obst und Süßigkeiten.
Baumkraxeln: kraxeln = klettern.

5.

Man geht auf d' Redout' und man is ganz beglückt,
Weil a Mask' ein' die Hand mit viel Zärtlichkeit drückt;
Auf'n Kohlmarkt morg'n komm' ich, auf'n Hut a rot's Band,
Und wenn ich vorbei geh', mach ich's so mit der Hand.
Um elf Uhr ist d'Bestellung, 's geht alles nach Wunsch,
In der Freud' zahlt man Zuckerln, a Bavaroise, ein' Punsch,
's Tags drauf steigt man auf'n Kohlmarkt, da kommt 's rote Band,
Und ein' auschieche Schachtel macht's so mit der Hand,
's wird ei'm völlig miserabel, man flücht't in ein Haus,
Denn da brächt' man auf Ehre sein Geld nicht heraus.

6.

Oft sagt ei'm d'Frau: Mit meiner G'sundheit steht's schlecht,
Die Nerven sind reizbar, die Brust ist geschwächt,
Ich muß auf das Land ziehn. Man tut den Will'n ihr
Und nimmt um dreihundert Gulden draußt a Quartier.
Man hat 's G'schäft in der Stadt, die ganze Wochen ka Zeit,
An die Sonntäg b'sucht man s', doch sie zeigt ka Freud',
Ist grantig und z'wider, jetzt erfahrt man für g'wiß,
Daß s' unter der Wochen voll Lustbarkeit is,
Da kommt a Herr mit ei'm Backenbart allweil hinaus;
Da kriegt man auf Ehre sein Geld nicht heraus.

(*Links ab.*)

Sechzehnte Szene

ROSERL, PETER (*von rechts rückwärts.*)

PETER Wie ich Ihnen sag', so ist es.

ROSERL Mir scheint, der Herr is verruckt.

PETER Die Fräule hat er im Garten, den Brudern hat er im Zimmer umarmt, und lebenslängliche Umarmung wird die Folge sein.

ROSERL Wer weiß, was der Herr g'sehn hat.

PETER (*dringend*) Mädchen, auf dir allein beruht meine Hoffnung, du kannst diese Schreckensmariage hintertreiben.

Zuckerln: Bonbons.
Kohlmarkt: elegante Straße im Innern der Stadt; »im Vormärz sehr beliebte Promenade« (R.).
Anschieche: sehr häßliche.
Grantig, z'wider: verdrossen.

ROSERL Lass' mich der Herr ung'schoren!

PETER Dich hat er ja auch geliebt, laß ihn nicht aus, reiß ihn wieder an dich, zeig', daß deine Schönheit keine Chimäre ist! Mädchen – (*auf seine Knie stürzend*) biete alles auf, was dir die Natur an Reizen verliehen hat!

Siebzehnte Szene

DIE VORIGEN; KILIAN (*tritt aus der Seitentüre links*)

PETER (*ohne ihn zu bemerken, fortfahrend*) Und er müßte mehr als Hackstock sein, wenn er –

ROSERL Kilian, da schau' den Narren an!

PETER (*erschrocken, sich langsam aufraffend*) Jetzt dürfte ein empfindliches Strafgericht über mich ergehen.

KILIAN (*hat mit Roserl gesprochen, lacht laut*) Hahahahaha!

PETER (*äußerst erstaunt*) Er lacht? Er sieht mich zu den Füßen des Mädchens und prügelt mich nicht? Das ist vollendete Gleichgültigkeit gegen diese, und mit der Fräul'n is es richtig.

KILIAN Fahr' der Herr ab!

PETER (*traurig*) Und er prügelt mich nicht? Wie glücklich wär' ich, wenn er mich jetzt tüchtig durchgewixt hätt'! Da könnt' ich noch hoffen, daß er von der Cordelia laßt; so aber geh' ich ungeprügelt von dannen, und die letzte Hoffnung schwindet. (*Rechts rückwärts ab.*)

Achtzehnte Szene

KILIAN, ROSERL

ROSERL Er hat g'sagt, du hätt'st a Fräule umarmt.

KILIAN Umarmt? Das wüßt' ich wirklich nicht, g'red't hab' ich mit der Fräul'n Löwenschlucht.

ROSERL G'red't also doch – ohne Zweifel von Lieb' und Heirat?

KILIAN 's Heiraten hab' ich ihrem Brudern versprochen, das heißt, ich hab' ihm g'sagt, daß ich die Schwester heiraten werde, denn sonsten –

ROSERL Hörst du, das Ding kommt mir jetzt schon verdächtig vor.

Hackstock: gefühlloser Mensch.

KILIAN Ich tu' ja alles nur für mein' Brudern, ich verschieb' die Hochzeit von ein' Tag bis zum andern, bis der Bruder kommt, heiraten tut nachher er, ich supplier' ihn nur in die Brautständ'.

ROSERL. Das wär' nicht übel, da werden wir um eine Änderung bitten.

KILIAN Aber, Roserl, laß dir nur erst den Grund, warum ich –

Neunzehnte Szene

DIE VORIGEN; MARQUIS (*von rechts rückwärts*)

MARQUIS Lieber Freund – (*Roserl erblickend.*) Madame, lassen Sie uns allein!

ROSERL (*macht einen Knix, drohend zu Kilian*) Wart' nur!

MARQUIS (*sieht in einen Brief und bemerkt nicht, daß beide noch sprechen*).

KILIAN (*zu Roserl*) Nein, bös derfst nicht von mir gehn, a Bussel, Roserl! (*Er küßt die zur Türe rechts rückwärts Abgehende halb mit Gewalt, der Marquis sieht sich um und bemerkt es.*)

Zwanzigste Szene

MARQUIS, KILIAN

MARQUIS Aber, mein Bester, solche Späße müssen Sie lassen!

KILIAN (*sehr verlegen*) Es war nur –

MARQUIS Sie scheinen sich etwas schwer in Ihre neuen Verhältnisse zu finden.

KILIAN Die Verhältnisse sind so nagelneu –

MARQUIS Ja, ja, Freund, dies Schreiben wird Sie angenehm überraschen, es geht alles schneller, als Sie glauben. Der Kommandant schreibt mir hier, daß er Ihre Dienste bei der bewußten Expedition durchaus nicht missen und nicht den kleinsten Aufschub gewähren kann.

KILIAN (*kleinlaut*) Also kein' Aufschub?

MARQUIS Demungeachtet soll der Dienst diesmal den Wünschen Ihres Herzens nicht störend entgegentreten. Nun, Freund, ahnen Sie noch nichts?

KILIAN (*verblüfft*) Nicht das Geringste.

MARQUIS Ihre Verbindung mit Fräulein von Löwenschlucht wird sogleich vollzogen, in meiner Schloßkapelle werden Sie noch in dieser Stunde getraut.

KILIAN (*wie vom Donner gerührt, für sich*) Mich trifft der Schlag!

MARQUIS Der Kommandant, den ich jeden Augenblick erwarte, wird selbst Zeuge Ihrer Verbindung sein, bereiten Sie sich eiligst vor zur feierlichen Handlung. Adieu indessen, lieber Freund! (*Rechts vorne ab.*)

Einundzwanzigste Szene

KILIAN, *dann* STURM

KILIAN (*allein, in den Stuhl sinkend*) Zuckerwasser! Mandelmili! Limonadi! G'frorn's! – Gar nichts Kühlendes da? Roserl – mir versagt die Stimm', ich hab' viel für mein' Brudern getan, aber auch die Zwillingsliebe hat ihre Grenzen, heiraten für ihn, das geht ins Dunkelblaue hinüber.

STURM (*in großer Eile aus links*) Geschwinde, Meister Blau, geschwinde!

KILIAN Ich bin ganz matsch.

STURM Geschwinde, wir brauchen den Rock.

KILIAN (*ist aufgesprungen*) Was ist's? Is etwan gar –?

STURM Geschwinde, sag' ich! (*Zieht den ganz verdutzten Kilian durch die Seitentüre links.*)

Zweiundzwanzigste Szene

(*Die drei Flügeltüren im Hintergrunde öffnen sich, man sieht in einen tiefen, festlich erleuchteten Saal, Herren und Damen versammeln sich, kurzer Chor.*)

Chor

Man spricht nicht von dem Fest allein,
Es soll zugleich auch Hochzeit sein.
Wir werden sehn,
Was wird geschehn!

(*Die Gesellschaft zerstreut sich zu verschiedenen Seiten.*)

Mandelmili: Mandelmilch.
Matsch: müde.

Dreiundzwanzigste Szene

HERMANN, STURM

HERMANN (*mit Sturm aus Seite links*) Der arme Kilian! Ja, Sturm, dasmal war ich verdammt in der Brisil. Der Mann schon vor der Tür, die Frau in Verzweiflung, ein Gard'rob'-kasten der einzige Zufluchtsort, einen Nachmittag, eine Nacht und einen Vormittag mußt' ich in dem verdammten Kasten stecken; dabei immer das Gefühl, was mir in der Station über mein Ausbleiben droht, aber ich konnt' nicht heraus, ohne die Frau preiszugeben, und mein Grundsatz is: eher den Tod als eine Frau, die uns beglückt, kompromittieren!

STURM Für diesen Grundsatz allein verdienen Sie das Glück, was Sie indessen hier gemacht haben.

HERMANN Kann ich aber honetter Weise eine Beförderung behalten, zu der ich wohl nicht absichtlich, aber doch durch eine Art Betrug gekommen bin?

STURM Sie haben die Beförderung schon lang verdient und werden Sie noch oft verdienen.

HERMANN Und bei einer solchen Gelegenheit, die gewiß noch eintritt, will ich dem Kommandanten alles entdecken. Für jetzt muß ich wohl schweigen, um meinen guten Kilian für das, was er aus Bruderliebe unternommen, nicht noch in Unannehmlichkeit zu bringen. Aber heiraten soll ich auch – hm, ich könnt' mich ja auch mit'n Brudern duellieren, ein Duell is gleich vorbei, der Eh'stand is viel langwieriger.

STURM Ist Ihnen denn das Fräulein so verhaßt?

HERMANN Im Gegenteil, ich find' sie liebenswürdig, höchst interessant.

STURM So heiraten Sie sie in 's Himmels Namen.

HERMANN Du hast recht.

STURM Dort versammelt sich schon die Gesellschaft –

HERMANN Und wenn ich's so überleg', das Glück hat zu viel für mich getan, es muß einmal fürchterlich umschlagen, wenn ich so keck drauf poch'! Ich will die Abenteuer aufgeben, solid werden, es is beschlossen.

Brisil: Elend, Verlegenheit.

Vierundzwanzigste Szene

DIE VORIGEN; ROSERL (*von vorne rechts, ohne von den beiden bemerkt zu werden*)

HERMANN (*fortfahrend*) Ich heirat' das Fräulein von Löwenschlucht. (*Geht in den Saal rechts ab.*)

STURM Recht so! (*Eilt, ohne Roserl zu bemerken, links ab.*)

Fünfundzwanzigste Szene

ROSERL, *dann* PETER

ROSERL (*allein, im Vordergrund*) Ich bin erstarrt! Träum' ich? Wach' ich? Hab' ich recht gehört? Kilian – er heirat't sie? (*Wankt zu dem Stuhl.*)

PETER (*desperat von rechts eintretend*) Und sie heiratet ihn, das is das Schrecklichste!

(*Im Saale sieht man die Gesellschaft eintreten, der Marquis und der Kommandant führen Hermann das Fräulein zu; Löwenschlucht folgt mit dem Notar, der Ehekontrakt wird von dem Brautpaar unterzeichnet, Glückwünsche der Gesellschaft – alles dieses sieht man hinten im Saale vor sich gehen, während vorne folgende Szene gespielt wird:*)

PETER (*mit großer Spannung in den Saal sehend*) Der Marquis führt sie in seine Arme, er küßt ihre Hand.

ROSERL (*ebenso wie Peter*) Kilian! Ungeheuer!

PETER (*wie oben*) Der Notarius legt den Kontrakt vor.

ROSERL (*wie oben*) Das is meine letzte Stund'!

PETER Das ist meine vorletzte Minuten! Wenn nur eine einzige Klausel nix nutz wär'! Nur Verzögerung, nur Frist! Umsonst, sie schreiten zur Unterschrift!

ROSERL (*in größter Angst*) Wenn ich mich nur hineintrauet!

PETER Sie unterschreibt!

ROSERL Er auch – ach – ah! (*Sinkt ohnmächtig in den Stuhl.*)

PETER Das war ein Dolchstich für dieses Herz. (*Sich mit der Hand über die Stirne fahrend.*) Nur Zerstreuung – eigentlich mehr Betäubung als Zerstreuung! (*Sich fassend.*) Ich will jetzt trinken, bis ich umfall' vor Rausch, das allein kann mich aufrecht erhalten. (*Rechts ab.*)

Sechsundzwanzigste Szene

ROSERL, KILIAN, *dann* STURM, DIE GESELLSCHAFT *im Saale*

Chor der Gesellschaft

Wir bringen unsre Glückwünsch' dar,
Es lebe hoch das neue Paar!

KILIAN (*von der Seite links kommend, in seinen früheren Anzug als Färbermeister gekleidet*) Roserl! Roserl! (*Sie erblickend.*) Was is dir denn, Roserl?

ROSERL (*sich aufrichtend*) Diese Stimm' – Kilian!? – Ist's möglich? – Dort – und hier – und –

KILIAN Tschaberl, das is ja mein Bruder!

STURM (*aus links*) Der Wagen ist schon bereit.

KILIAN Komm nur g'schwind!

ROSERL (*in höchster Freude*) Mein Kilian!

CHOR (*im Saale*)
Wir bringen unsre Glückwünsch' dar!

KILIAN (*zu Roserl*)
Froh fahr'n wir zur Hochzeit nach Haus,
Die Zwillingsgeschicht' is jetzt aus!

CHOR
Es lebe hoch das neue Paar!

(*Während Kilian Roserl, die noch ermattet ist, zur Seitentüre links abführt und die Gesellschaft sich nach vorne zu bewegen anfängt, fällt der Vorhang.*)

Tschaberl: wohlwollende Bezeichnung für unerfahrenes, hilfloses Wesen.

Der Talisman

Posse mit Gesang in drei Akten

Personenverzeichnis

TITUS FEUERFUCHS, ein vazierender Barbiergeselle
FRAU VON CYPRESSENBURG, Witwe
EMMA, ihre Tochter
CONSTANTIA, ihre Kammerfrau, ebenfalls Witwe
FLORA BAUMSCHEER, Gärtnerin, ebenfalls Witwe, } im Dienste der Frau von Cypressenburg
PLUTZERKERN, Gärtnergehilfe, } im Dienste der Frau von Cypressenburg
MONSIEUR MARQUIS, Friseur
SPUND, ein Bierversilberer
CHRISTOPH, HANS, SEPPEL, } Bauernbursche
HANNERL, Bauernmädchen
EIN GARTENKNECHT
GEORG, KONRAD, } Bediente der Frau von Cypressenburg
HERR VON PLATT*
NOTARIUS FALK
SALOME POCKERL, Gänsehüterin

HERREN, DAMEN, BAUERNBURSCHE, BAUERNMÄDCHEN, BEDIENTE, GÄRTNER

Die Handlung spielt auf dem Gute der Frau von Cypressenburg, nahe bei einer großen Stadt.

* Auf dem Theaterzettel: Plütt

Der Talisman wurde zum ersten Mal am 16. Dezember 1840 aufgeführt, als Benefiz-Vorstellung für Nestroys Lebensgefährtin Marie Weiler. Sie spielte die Gärtnerin Flora Baumscheer, Nestroy den Titus Feuerfuchs. Die Musik war von Adolf Müller.

Titus: Anspielung auf die Frisurmode des »Tituskopfs« (kurz, vorn und hinten gleich lang geschnittenes Haar).
Plutzerkern: Kürbiskern.
Versilberer: Verkäufer, Händler.
Pockerl: Truthahn.

Erster Akt

Die Bühne stellt einen Dorfplatz vor. In der Mitte gegen den Hintergrund ein Brunnen mit zwei sich gegenüberstehenden Steinsitzen, links eine Gartenmauer mit einer kleinen offenstehenden Tür, welche in den Herrschaftsgarten führt.

Erste Szene

BAUERNMÄDCHEN, *darunter* HANNERL (*treten während dem Ritornell des folgenden Chores aus dem Hintergrunde links auf*)
BAUERNBURSCHE, *unter ihnen* CHRISTOPH, SEPPEL *und* HANS

Chor

DIE MÄDCHEN
Au'm Nachkirtag tanzt man schon in aller Fruh',
Dort kommen die Burschen und holen uns dazu.

DIE BAUERNBURSCHE (*von der Seite rechts auftretend*)
Wo bleibt's denn? Laßt keine sich sehn, das ist schön,
Au'm Tanzboden tut's drüber und drunter schon gehn.

DIE MÄDCHEN
Wir sind schon bereit.

DIE BURSCHE
So kommt's, es is Zeit.

ALLE
Es hat jeds sein' Gegenteil, die Wahl is nit schwer,
D' Musikanten, spielt's auf, heut' geht's lustig her.

CHRISTOPH (*zu einem Bauernmädchen*) Wir zwei tanzen miteinand'!

HANS (*zu einer anderen*) Wir zwei sein schon seit zehn Kirtäg' ein Paar.

HANNERL (*zu einem Burschen*) Ich tanz' auf der Welt mit kein' andern als mit dir.

CHRISTOPH (*nach links in den Hintergrund sehend*) Da schaut's, da kommt die Salome.

HANNERL Mit die baßgeig'nfarbnen Haar'!

CHRISTOPH Was will denn die auf 'm Kirtag?

HANNERL Eure Herzen anbrandeln, das ist doch klar!

Nachkirtag: Tag nach dem jährlichen Kirchweihfest; wurde manchmal in die Feier einbezogen.
Gegenteil: Partner.

Zweite Szene

SALOME; DIE VORIGEN

SALOME (*in ärmlich ländlichem Anzug, mit roten Haaren, kommt aus dem Hintergrunde links*) Da geht's ja gar lustig zu; wird schon auf 'm Tanzboden gangen, nit wahr?

CHRISTOPH (*kalt*) Is möglich!

SALOME Ös werd't's doch nix dagegen haben, wenn ich auch mitgeh'?

HANS No ja – warum nit – hingehn kann jeds.

CHRISTOPH (*mit Beziehung auf ihre Haare*) Aber 's is weg'n der Feuersg'fahr!

HANS (*ebenso*) 's is der Wachter dort –

CHRISTOPH (*wie oben*) Und der hat ein' starken Verdacht auf dich; du hast deine Gäns' beim Stadl vorbei'trieben, der vorgestern ab'brennt is.

HANNERL Und da glaubt man, du hast'n an'zund'n mit deiner Frisur.

SALOME Das is recht abscheulich, was ihr immer habt's über mich; aber freilich, ich bin die einzige im Ort, die solche Haar' hat. Für die Schönste wollt's mich nicht gelten lassen, drum setzt's mich als die Wildeste herab.

DIE MÄDCHEN Ah, das is der Müh' wert, die wollt' die Schönste sein!

CHRISTOPH (*zu Salome*) Schau halt, daß d' ein' Tänzer find'st.

SEPPEL (*ein sehr häßlicher Bursch*) Ich tanz' mit ihr, was kann mir denn g'schehn?

CHRISTOPH Was fallt dir denn ein? Ein Kerl wie du wird doch wohl eine andere kriegen?

SEPPEL Is auch wahr, man muß sich nit wegwerfen.

HANS Vorwärts! Brodelt's nit so lang herum!

ALLE Auf'n Tanzboden! Juhe! Zum Tanz! (*Alle rechts im Hintergrunde ab.*)

Dritte Szene

SALOME

SALOME Ich bleib' halt wieder allein z'ruck! Und warum? Weil ich die rotkopfete Salome bin. Rot ist doch g'wiß a schöne

Wild: häßlich.
Brodelt's . . . herum: herumbrodeln = die Zeit vertrödeln.

Farb', die schönsten Blumen sein die Rosen, und die Rosen sein rot. Das Schönste in der Natur ist der Morgen, und der kündigt sich an durch das prächtigste Rot. Die Wolken sind doch g'wiß keine schöne Erfindung, und sogar die Wolken sein schön, wann s' in der Abendsonn' brennrot dastehn au'm Himmel; drum sag' ich: wer gegen die rote Farb' was hat, der weiß nit, was schön is. Aber was nutzt mich das alles, ich hab' doch kein', der mich auf'n Kirtag führt! – Ich könnt' allein hingehn – da spotten wieder die Madeln über mich, lachen und schnattern. Ich geh' zu meine Gäns', die schnattern doch nicht aus Bosheit, wann s' mich sehn, und wann ich ihnen 's Futter bring', schaun s' mir auf d' Händ' und nit auf'n Kopf. (*Sie geht rechts im Vordergrunde ab.*)

Vierte Szene

FLORA *und* PLUTZERKERN (*kommen aus dem Hintergrunde links. Plutzerkern trägt einen bepackten Korb*)

FLORA (*ärgerlich*) Nein, das is wirklich arg! Das bisserl Weg von der Stadt fünf Viertelstund' herausfahren! Schamen soll sich so ein Stellwagen!

PLUTZERKERN Warum denn? Er heißt ja deßtwegen Stellwagen, weil er von der Stell' nicht weiterkommt.

FLORA Schad', daß du mit deiner Langsamkeit kein Stellwag'n worden bist.

PLUTZERKERN Dazu fehlet mir die Pfiffigkeit. Ein Stellwagen ist das pfiffigste Wesen auf der Welt, weil er ohne Unterschied des Standes jeden Menschen aufsitzen laßt.

FLORA Ich glaub', du hast wieder dein' witzigen Tag, da bist du noch unerträglicher als gewöhnlich.

PLUTZERKERN Schimpfen S' zu, lassen S' Ihre Gall' aus an mir! Lang wird's so nit mehr dauern.

FLORA Willst du etwa aus dem Dienst der gnädigen Frau gehn? Das wär' g'scheit.

PLUTZERKERN O nein; aber Sie werden gewiß bald heiraten, dann ist Ihrer Sekkatur ein neues Feld eröffnet, und ich bin nicht mehr der Spielraum Ihrer Z'widrigkeit.

Stellwagen: Omnibus.
Sekkatur: sekkieren = plagen, belästigen.

FLORA Dummer Mensch! Ich werd' mich nie mehr verheiraten, ich bleib' meinem Verstorbenen getreu.

PLUTZERKERN Vielleicht sieht er's ein nach sein' Tod; bei Lebzeiten hat er's nie recht glauben wollen.

FLORA Wenn ich die gnädige Frau wär', ich hätt' Ihn schon lang gejagt.

PLUTZERKERN (*mit Beziehung*) Wenn ich die gnädige Frau wär', blieb auch nicht alles im Haus.

FLORA Wer weiß, ob Er nicht bald springt! Ich hab' die Erlaubnis, einen flinken, rüstigen Burschen aufzunehmen.

PLUTZERKERN Das is recht, dann is doch die Plag' nicht mehr so groß! Ich gieß' den Winterradi, mehr Einfluß verlang' ich mir nit.

FLORA Geh' Er jetzt zum G'vatter Polz, der will mir einen Gartenknecht rekommandieren.

PLUTZERKERN Gut, vielleicht wird aus dem Knecht Ihr künftiger Herr.

FLORA Warum nicht gar! Von mir bekommt jeder einen Korb.

PLUTZERKERN Leider, das g'spür' ich! Jetzt müssen Sie ihn aber wieder nehmen, wenn ich zum G'vattern soll. (*Gibt ihr den bepackten Korb.*)

FLORA Mach' Er geschwind, langweiliger Mensch! (*Ab in die Gartentüre.*)

PLUTZERKERN (*allein*) Hm, hm! Der Garten ist doch nicht so verwahrlost, und wie's die treibt um den flinken, rüstigen Gartenknecht – hm, hm! (*Geht rechts ab.*)

Fünfte Szene

TITUS FEUERFUCHS (*tritt während des Ritornells des folgenden Liedes erzürnt von rechts vorne auf*)

Lied

1.

Der hat weiter nit g'schaut,
Beinah' hätt' ich'n g'haut;
Der Spitzbub', 's is wahr,
Lacht mich aus weg'n die Haar'!
Wen geht's denn was an,
Ich hoff doch, ich kann

Winterradi: Radi = Rettich.

Haar' hab'n, wie ich will,
Jetzt wird's mir schon z'viel!
Rote Haar' von ein' falschen Gemüt zeig'n soll'n?
's is's Dümmste, wann d' Leut' nach die Haar' urteil'n woll'n.
's gibt G'schwufen g'nug mit ein' kohlrab'nschwarzen Haupt.
Und jede is ang'schmiert, die ihnen was glaubt;
Manch blondg'lockter Jüngling is beim Tag so still
Und schmachtend – warum? Bei der Nacht lumpt er z' viel!
Und mit eisgraue Haar' schaun die Herrn aus so g'scheit
Und sein oft verruckter noch als d' jungen Leut'!
Drum auf d' Haar' muß man gehn,
Nachher trifft man's schon schön.

2.

(*Drohend in die Szene blickend, von woher er gekommen.*)
Mir soll einer traun,
Der wird sich verschaun,
Auf Ehr', dem geht's schlecht,
Denn ich beutl' ihn recht;
Der Kakadu is verlor'n,
Wenn ich in mein' Zorn
Über d' Haar' ein' kumm,
Der geht glatzkopfet um.
Die rothaarig'n Madeln, heißt's, betrüg'n d' Männer sehr;
Wie dumm! Das tun d' Madeln von jeder Couleur.
Die schwarz'n, heißt's, sein feurig, das tut d' Männer locken,
Derweil is a Schwarze oft d' fadeste Nocken.
Die Blonden sein sanft? O! A Blonde is a Pracht!
Ich kenn' eine Blonde, die rauft Tag und Nacht.
Doch mit graue Haar' sein s' treu, na, da stund man dafur,
Nit wahr is, die färb'n sich s' und geb'n auch keine Ruh' –
Drum auf d' Haar' muß man gehn,
Nachher trifft man's schon schön.

So kopflos urteilt die Welt über die Köpf', und wann man sich auch den Kopf aufsetzt, es nutzt nix. Das Vorurteil is eine Mauer, von der sich noch alle Köpf', die gegen sie ang'rennt sind, mit blutige Köpf' zurückgezogen haben. Ich hab' meinen Wohnsitz mit der weiten Welt vertauscht, und die weite

Kakadu: Haarschopf.
Nocken: Mehlkloß, »dumme Weibsperson«.

Welt is viel näher, als man glaubt. Aus dem Dorngebüsch z'widrer Erfahrungen einen Wanderstab geschnitzt, die Chiappa-via-Stiefel angezogen und 's Adje-Kappel in aller Still' geschwungen, so is man mit einem Schritt mitten drin in der weiten Welt. – Glück und Verstand gehen selten Hand in Hand – ich wollt', daß mir jetzt ein recht dummer Kerl begegnet', ich sähet das für eine gute Vorbedeutung an.

Sechste Szene

TITUS, PLUTZERKERN

PLUTZERKERN Der Weg war auch wieder umsonst! – (*Titus erblickend.*) Ein Fremder gestaltet sich vor meinem Blick?

TITUS (*für sich*) Schicksal, ich glaub', du hast mich erhört.

PLUTZERKERN (*Titus musternd*) Der B'schreibung nach, die mir der Herr Polz g'macht hat, könnt' das der sein, den er erwart't. Wuchs groß, Mund groß, Augen sehr groß, Ohren verhältnismäßig – nur die Haar' –? (*Zu Titus.*) Sucht der Herr hier ein Brot?

TITUS Ich such' Geld, 's Brot wüßt' ich mir nachher schon z' finden.

PLUTZERKERN (*für sich*) Er sucht Geld – und das verdächtige Aussehen – (*laut*) auf d' Letzt is Er ein Schatzgraber?

TITUS Wenn mir der Herr ein' Ort zeigt, wo einer liegt, so nimm ich gleich bei ein' Maulwurf Lektion.

PLUTZERKERN Oder is Er gar ein Rauber?

TITUS Bis jetzt noch nicht, mein Talent ist noch in einer unentwickelten Bildungsperiode begriffen.

PLUTZERKERN Versteht Er die Gartnerei?

TITUS Ich qualifiziere mich zu allem.

PLUTZERKERN (*für sich*) Er is es! (*Zu Titus.*) Er möcht' also bei unserer jungen, saubern Gartnerin-Witwe Gehilfe werden?

TITUS Gehilfe der Witwe? – Wie g'sagt, ich qualifizier' mich zu allem.

PLUTZERKERN Mit so einem G'hilfen wär' ihr schon g'holfen – wie die mich jaget, wann ich ihr das Florianiköpfel brächt'!

Chiappa-via-Stiefel: Durchgeh-Stiefel.
Florianiköpfel: Der hl. Florian ist auf den österreichischen Bauernhöfen oft als Retter aus Feuersnot dargestellt.

TITUS (*erzürnt*) Herr, diese Äußerung empört mein Innerstes.

PLUTZERKERN Fahrst ab, rote Rub'n? (*Geht stolz in die Gartentür ab.*)

Siebente Szene

TITUS (*allein, Plutzerkern mit stummen Ärger nachsehend*)

TITUS Ich bin entwaffnet! Der Mensch hat so etwas Dezidiertes in seiner Grobheit, daß es einem rein die Red' verschlagt. Recht freundlich, recht liebreich kommt man mir entgegen! In mir organisiert sich aber auch schon Misanthropisches – ja – ich hass' dich, du inhumane Menschheit, ich will dich fliehen, eine Einöde nehme mich auf, ganz eseliert will ich sein! – Halt, kühner Geist, solcher Entschluß ziemt dem Gesättigten, der Hungrige führt ihn nicht aus. Nein, Menschheit, du sollst mich nicht verlieren. Appetit is das zarte Band, welches mich mit der verkettet, welches mich alle Tag' drei-, viermal mahnt, daß ich mich der Gesellschaft nicht entreißen darf. – (*Nach rechts sehend.*) Dort zeigt sich ein Individuum und treibt andere Individuen in ein Stallerl hinein, Ganseln sind's – Ganseln! – O Hüterin, warum treibst du diese Ganseln nicht als a brat'ner vor dir her, ich hätt' mir eines als Zwangsdarlehen zugeeignet.

Achte Szene

TITUS, SALOME (*von rechts auftretend, ohne Titus zu bemerken, hat einen großen halben Laib Brot und ein Messer in der Hand*)

SALOME Ich muß trinken, mi druckt's im Magen. (*Sie geht zum Brunnen und trinkt.*)

TITUS (*für sich*) Die druckt's im Magen! O, könnt' ich dieses selige Gefühl mit ihr teilen!

SALOME (*ihn bemerkend, für sich*) Ein fremder junger Mensch – und die schönen Haar', grad wie ich!

TITUS (*für sich*) Bin neugierig, ob die auch »rote Rub'n!« sagt. (*Laut*) Grüß' dich Gott, wahlverwandtes Wesen!

SALOME Gehorsamste Dienerin, schöner Herr!

TITUS (*halb für sich*) Die findt't, daß ich schön bin, das ist die erste unter allen –

SALOME O, hören S' auf, ich bin die letzte hier im Ort, ich bin die Ganselhüterin, die arme Salome.

TITUS Arm? Ich bedaure dich, sorgsame Erzieherin junger Gänse! Deine Kolleginnen in der Stadt sind viel besser daran, und doch erteilen sie häufig ihren Zöglingen in einer Reihe von Jahren eine nur mangelhafte Bildung, während du die deinigen alle Martini vollkommen ausgebildet für ihren schönen Beruf der Menschheit überlieferst.

SALOME Ich versteh' Ihnen nit, aber Sie reden so schön daher – wer is denn Ihr Vater?

TITUS Er ist gegenwärtig ein verstorbener Schulmeister.

SALOME Das ist schön! Und Ihre Frau Mutter?

TITUS War vor ihrem Tod längere Zeit verehelichte Gattin ihres angetrauten Gemahls.

SALOME Ah, das is schön!

TITUS (*für sich*) Die find't alles schön, ich kann so dumm daherreden, als ich will.

SALOME Und darf man Ihren Namen wissen – wenigstens den Taufnamen?

TITUS Ich heiß' Titus.

SALOME Das is ein schöner Nam'.

TITUS Paßt nur für einen Mann von Kopf.

SALOME Aber so selten is der Nam'!

TITUS Ja, und ich hör', er wird bald ganz abkommen. Die Eltern fürchten alle, sich in Zukunft zu blamieren, wenn sie die Kinder so taufen lassen.

SALOME Und lebendige Verwandte haben Sie gar keine?

TITUS O ja! Außer den erwähnten Verstorbenen zeigen sich an meinem Stammbaum noch deutliche Spuren eines Herrn Vetters, aber der tut nix für mich.

SALOME Vielleicht hat er nix.

TITUS Kind, frevele nicht, er ist Bierversilberer, die haben alle was! Das sein gar fleißige Leut'; die versilbern nicht nur das Bier, sie vergolden auch ihre Kassa.

SALOME Haben Sie ihm vielleicht was getan, daß er Ihnen nit mag?

TITUS Sehr viel, ich hab' ihn auf der empfindlichsten Seite angegriffen. Das Aug' ist der heiklichste Teil am Menschen, und ich beleidige sein Aug', so oft er mich anschaut, denn er kann die roten Haar' nit leiden.

SALOME Der garstige Ding!

TITUS Er schließt von meiner Frisur auf einen falschen, heimtückischen Charakter, und wegen diesem Schluß verschließt er mir sein Herz und seine Kassa.

SALOME Das ist abscheulich!

TITUS Mehr dumm als abscheulich. Die Natur gibt uns hierüber die zarteste Andeutung. Werfen wir einen Blick auf das liebe Tierreich, so werden wir finden, daß die Ochsen einen Abscheu vor der roten Farb' haben, und unter diesen wieder zeigen die totalen Büffeln die heftigste Antipathie – welch ungeheure Blöße also gibt sich der Mensch, wenn er rote Vorurteile gegen die rote Farb' zeigt!

SALOME Nein, wie Sie g'scheit daherreden! Das sähet man Ihnen gar nit an.

TITUS Schmeichlerin! Daß ich dir also weiter erzähl' über mein Schicksal! Die Zurückstoßung meines Herrn Vetters war nicht das einzige Bittere, was ich hab' schlucken müssen. Ich hab' in dem Heiligtum der Lieb' mein Glück suchen wollen, aber die Grazien haben mich für geschmackswidrig erklärt. Ich hab' in den Tempel der Freundschaft geguckt, aber die Freund' sind alle so witzig, da hat's Bonmots g'regnet auf mein' Kopf, bis ich ihn auf ewige Zeiten zurückgezogen hab'. So ist mir ohne Geld, ohne Lieb', ohne Freundschaft meine Umgebung unerträglich word'n; da hab' ich alle Verhältnisse abg'streift, wie man einen wattierten Kaput auszieht in der Hitz', und jetzt steh' ich in den Hemdärmeln der Freiheit da.

SALOME Und g'fallt's Ihnen jetzt?

TITUS Wenn ich einen Versorgungsmantel hätt', der mich vor dem Sturm der Nahrungssorgen schützet –

SALOME Also handelt es sich um ein Brot? Na, wenn der Herr arbeiten will, da laßt sich Rat schaffen. Mein Bruder is Jodel hier, sein Herr, der Bäck, hat eine große Wirtschaft, und da brauchen s' ein' Knecht –

TITUS Was? Ich soll Knecht werden? Ich? Der ich bereits Subjekt gewesen bin?

SALOME Subjekt? Da hab'n wir auch ein' g'habt, der das war, der is aber auf 'm Schub fort'kommen.

Kaput: Überrock.
Jodel: Bäcker-Geselle.
Subjekt: Barbier- oder Apothekergehilfe.

TITUS Warum?

SALOME Weil er ein schlechtes Subjekt war, hat der Richter g'sagt.

TITUS Ah, das is ja nit so. Um aber wieder auf deinen Brudern zu kommen – (*auf den Brotlaib, den Salome trägt, deutend*) hat er dieses Brot verfaßt?

SALOME G'wiß war er auch dabei, wie der Laib – natürlich als Jodel.

TITUS Ich möcht' doch sehen, wie weit es dein Bruder in dem Studium der Brotwissenschaft gebracht hat.

SALOME Na, kosten Sie's! Es wird Ihnen aber nicht behagen. (*Sie schneidet ein sehr kleines Stück Brot ab und gibt es ihm.*)

TITUS (*essend*) Hm – es ist –

SALOME Mein' Ganseln schmeckt's wohl, natürlich, 's Vieh hat keine Vernunft.

TITUS (*für sich*) Der Stich tut weh: mir schmeckt's auch.

SALOME Na, was sagen S'? Nit wahr, 's is schlecht?

TITUS Hm! Ich will deinen Brudern nicht so voreilig verdammen. Um ein Werk zu beurteilen, muß man tiefer eindringen. (*Nimmt den Brotlaib und schneidet ein sehr großes Stück ab.*) Ich werde prüfen und dir gelegentlich meine Ansichten mitteilen. (*Steckt das Stück Brot in die Tasche.*)

SALOME Also bleiben S' doch noch ein' Zeit da bei uns? Das is recht! Den Stolz muß man ablegen, wenn man nix hat! Und 's wird Ihnen recht gut gehn da, wenn Ihnen nur der Bäck aufnimmt.

TITUS Ich hoffe alles vom Jodel seiner Protektion.

SALOME Es wird schon gehn. (*Nach links in den Hintergrund sehend und erschreckend.*) Sie, da schaun S' hin!

TITUS (*hinsehend*) Das Pirutsch? – 's Roß lauft dem Wasser zu – Million, alles is hin! (*Rennt im Hintergrund links ab.*)

Neunte Szene

SALOME (*allein*)

SALOME Er wird doch nicht gar? – Er rennt hin – wenn ihm nur nichts g'schicht – er packt 's Pferd – 's reißt ihn nieder! – (*Aufschreiend.*) Ah! 's Pferd steht still – er hat's aufg'halten

Pirutsch: leichter Einspänner.

– das is a Teuxelsmensch! Ein Herr steigt aus 'm Wagen – er kommt daher mit ihm. Ah, das muß ich gleich dem Bäcken erzählen! Wenn er das hört, nimmt er den Menschen g'wiß! (*Läuft rechts ab.*)

Zehnte Szene

MONSIEUR MARQUIS, TITUS

MARQUIS Ah! Der Schreck steckt mir noch in allen Gliedern.

TITUS Belieben sich da ein wenig niederzusetzen!

MARQUIS (*sich auf eine Steinbank setzend*) Verdammter Gaul, ist in seinem Leben noch nicht durchgegangen!

TITUS Belieben vielleicht eine Verrenkung zu empfinden?

MARQUIS Nein, mein Freund.

TITUS Oder belieben vielleicht sich einen Arm gebrochen zu haben?

MARQUIS Gott sei Dank, nein!

TITUS Oder belieben vielleicht eine kleine Zerschmetterung der Hirnschale?

MARQUIS Nicht im geringsten – auch hab' ich mich bereits erholt, und nichts bleibt mir übrig, als Ihnen Beweise meines Dankes –

TITUS O, ich bitte –!

MARQUIS Drei junge Leute standen da, die mich kennen, die schrien aus vollem Halse: »Monsieur Marquis! Monsieur Marquis! Der Wagen stürzt ins Wasser!«

TITUS Was? – Ein' Marquis hab' ich gerettet? – Das is was Großes!

MARQUIS (*in seiner Rede fortfahrend*) Aber hilfreiche Hand leistete keiner! Da kamen Sie als Retter herbeigeflogen –

TITUS Allgemeine Menschenpflicht!

MARQUIS Und gerade im entscheidenden Moment –

TITUS Besonderer Zufall!

MARQUIS (*aufstehend*) Ihr Edelmut setzt mich in Verlegenheit. Ich weiß nicht, wie ich meinen Dank – mit Geld läßt sich so eine Tat nicht lohnen –

TITUS O, ich bitt', Geld ist eine Sache, die –

MARQUIS Die einen Mann von solcher Denkungsart nur beleidigen würde!

TITUS Na, jetzt, sehen Sie – das heißt –

MARQUIS Das heißt den Wert Ihrer Tat verkennen, wenn man sie durch eine Summe aufwiegen wollte.

TITUS Es kommt halt drauf an –

MARQUIS *Wer* eine solche Tat vollführt! Es hat einmal einer – ich weiß nicht, wie er geheißen hat – einem Prinzen – ich weiß nicht, wie er geheißen hat – das Leben gerettet; der wollte ihn mit Diamanten lohnen, da entgegnete der Retter: »Ich finde in meinem Bewußtsein den schönsten Lohn!« Ich bin überzeugt, daß Sie nicht weniger edel denken als der, wo ich nicht weiß, wie er geheißen hat.

TITUS Es gibt Umständ, wo der Edelmut –

MARQUIS Auch durch zu viele Worte unangenehm affiziert wird, wollten Sie sagen? Ganz recht; der wahre Dank ist ohnedies stumm. Drum gänzliches Stillschweigen über die Geschichte!

TITUS (*für sich*) Der Marquis hat ein Zartgefühl – wenn er ein schundiger Kerl wär', hätt' ich grad 's nämliche davon.

MARQUIS (*Titus' Haare scharf betrachtend*) Aber, Freund, ich mache da eine Bemerkung – hm, hm – das kann Ihnen in vielem hinderlich sein.

TITUS Mir scheint, Euer Gnaden is mein Kopf nicht recht – ich hab' kein' andern und kann mir kein' andern kaufen.

MARQUIS Vielleicht doch – ich werde – ein kleines Andenken müssen Sie doch von mir – warten Sie einen Augenblick! (*Läuft im Hintergrunde links ab.*)

Elfte Szene

TITUS (*allein*)

TITUS Es hat nix g'fehlt, als daß er aus Dankbarkeit: »Rote Rub'n!« g'sagt hätt'. Das ist ein lieber Marquis! – Was tut er denn? (*In die Szene sehend.*) Er rennt zum Pirutsch – er sucht drin herum – »Andenken« hat er g'sagt? Auf d' Letzt macht er mir doch ein wertvolles Präsent! – Was is denn das? A Hutschachtel hat er herausg'nommen – er läuft her damit – er wird mir doch nicht für das, daß ich sein junges Leben gerettet hab', einen alten Hut schenken?

Schundiger: geiziger.

Zwölfte Szene

TITUS, MARQUIS

MARQUIS (*mit einer Schachtel*) So, Freund, nehmen Sie das, Sie werden's brauchen! Die gefällige äußere Form macht viel – beinahe alles – es wird Ihnen nicht fehlen. Hier ist ein Talisman, (*gibt ihm die Schachtel*) und mich wird's freuen, wenn ich der Gründer Ihres Glücks war. Adieu, Freund! Adieu! (*Eilt in den Hintergrund links ab.*)

Dreizehnte Szene

TITUS (*allein, etwas verblüfft die Schachtel in der Hand haltend*)

TITUS Glück gründen? – Talisman? – Da bin ich doch neugierig, was da drin steckt. (*Öffnet die Schachtel und zieht eine schwarze Perücke heraus.*) A Perücken –! Nix als eine kohlrabenschwarze Perücken! Ich glaub' gar, der will sich lustig machen über mich –! (*Ihm nachrufend.*) Wart', du lebendiger Perückenstock, ich verbitte mir alle Witzboldungen und Zielscheibereien! – Aber halt? War denn das nit schon längst mein Wunsch? Haben mich nicht immer nur die unerschwinglichen fünfzig Gulden, die eine täuschende Tour kost't, abgehalten? – Talisman, hat er g'sagt – er hat recht! Wenn ich diese Tour aufsetz', so sinkt der Adonis zum Rastelbinderbub'n herab, und der Narziß wird ausg'strichen aus der Mythologie. Meine Karriere geht an, die Glückspforte öffnet sich –! (*Auf die offene Gartentüre blickend.*) Schau, die Tür' steht grad offen da, wer weiß –? Ich reskier's; ein' schönen Kerl schlagt's nirgends fehl. (*Geht in die Gartentüre ab.*)

Vierzehnte Szene

TITUS, SALOME (*aus rechts vorne*)

SALOME (*kommend*) Ach, mein liebster Mussi Titus, das is ein Unglück!

TITUS (*sich umsehend*) Die Salome –! Was is denn g'schehn?

SALOME Der Bäck nimmt Ihnen nicht. Ich kann Ihnen nicht helfen, 's druckt mich völlig zum Weinen.

TITUS Und mich kitzelt's zum Lachen. Also is das gar so schwer, bei euch da ein Knecht zu wer'n?

SALOME Der Bäck hat g'sagt: er hat erstens Ihre Zeugnisse nicht g'sehn, und dann sind ihm so viele anempfohlen, er ist bei Vergebung dieser Stelle an Rücksichten gebunden –

TITUS Schad', daß er keinen Konkurs ausschreiben laßt! Meine liebe Salome, mir sind andere Aussichten eröffnet: ich bin aufs Schloß berufen.

SALOME Aufs Schloß? Das kann ja nit sein. O, wann Ihnen die gnädige Frau sieht, jagt sie Ihnen augenblicklich davon! (*Mit Beziehung auf ihre Haare.*) Darf ja ich mich auch gar nicht blicken lassen vor ihr!

TITUS Die Antipathien der Gnädigen sind Nebensache, seitdem sich bei mir die Hauptsachen verändert haben. Ich geh' mit kecker Zuversicht meinem Glück entgegen.

SALOME Na, ich wünsch' Ihnen viel Glück zu Ihrem Glück! 's is völlig nit recht, aber 's schmerzt mich halt doch, daß mir wieder a Hoffnung in' Brunn' g'fallen is.

TITUS Was denn für a Hoffnung?

SALOME Wenn Sie als meinesgleichen da'blieben wären, hätt's g'heißen, das sind die zwei Wildesten im Ort, das is der rote Titus, das is die rote Salome! Den Titus hätt' kein Madel ang'schaut, so wie die Salome keiner von die Burschen.

TITUS Der auf einen einzigen Gegenstand reduzierte Titus hätt' müssen eine Nolens-volens-Leidenschaft fassen.

SALOME Es wär' zwischen uns gewiß die innigste Freundschaft –

TITUS Und der Weg von Freundschaft bis zur Liebe is eine blumenreiche Bahn.

SALOME Na, jetzt so weit hab' ich no gar nit denkt.

TITUS Warum? – Gedanken sind zollfrei.

SALOME Ah, nein; es gibt Gedanken, für die man den Zoll mit der Herzensruh' bezahlt. Meine Plan' gehn mir nie aus.

TITUS Ja, der Mensch denkt, und – (*beiseite*) die Parucken lenkt, so heißt's bei mir. Also ades, Salome! (*Will ab.*)

SALOME Nur nit gar so stolz, Mussi Titus, Sie könnten ein' schon ein bißl freundlich bei der Hand nehmen und sagen: Pfürt dich Gott, liebe Salome!

TITUS Freilich! (*Reicht ihr die Hand.*) Wir scheiden ja als die besten Freund'.

Pfürt: behüte.

SALOME (*kopfschüttelnd*) Leben S' wohl! Vielleicht seh' ich Ihnen bald wieder.

TITUS Das is sehr eine ungewisse Sach'!

SALOME Wer weiß! Sie gehn so stolz bei der Tür hinein, daß ich immer glaub', ich werd's noch sehn, wie s' Ihnen bei der nämlichen Tür herauswerfen wer'n.

TITUS Du prophezeihst eine günstige Katastrophe.

SALOME (*auf die Steinbank zeigend*) Da werd' ich mich hersetzen alle Tag', auf die Tür hinschaun –

TITUS Und drauf warten, bis man mich in deine Arme schleudert. Gut, mach' dir diese Privatunterhaltung, pfürt dich Gott! Mein Schicksal ruft: »Schön herein da!« Ich folge diesem Ruf und bringe mich selbst als Apportel. (*Geht in die Gartentüre ab.*)

Fünfzehnte Szene

SALOME (*allein*)

SALOME Da geht er, und ich weiß nicht – ich hab' eh' kein Glück g'habt, und mir kommt jetzt vor, als wenn er noch was mitgenommen hätt' davon. Wenn ich mir's nur aus 'm Sinn schlagen könnt'! Aber wie denn? Mit was denn? Wär' ich a Mannsbild, wußt' ich mir schon z' helfen; aber so – die Mannsbilder haben 's halt doch in allen Stücken gut gegen uns.

Lied

1.

Wenn uns einer g'fallt und versteht uns nit glei',
Was soll man da machen, 's is hart, meiner Treu!
A Mann, der hat's leicht, ja, der rennt einer nach,
Und merkt sie's nit heut', so merkt sie's in vierzehn Tag',
Er tut desparat, fahrt mit 'n Kopf geg'n die Wand,
Aber daß er's nit g'spürt, macht er's so mit der Hand!
Und 's Madel gibt nach, daß er sich nur nix tut –
Ja, die Männer hab'n 's gut, hab'n 's gut, hab'n 's gut!

2.

Wenn uns einer kränkt, das is weiter kein Jammer,
Was können wir tun? Nix als wana in der Kammer!

Pfürt dich: behüt' dich.
Apportel: der dem Hund zum Apportieren hingeworfene Gegenstand.
Wana: weinen.

Kränken wir einen Mann, tut's ihn nit stark ergreifen,
Er setzt sich ins Wirtshaus und stopft si sei Pfeifen.
Wir glaub'n, er verzweifelt, derweil ißt er ein' Kas,
Trinkt ein' Heurigen und macht mit der Kellnerin G'spaß,
Schaut im Hamgehn einer andern glei hübsch unter'n Hut –
Ja, die Männer hab'n 's gut, hab'n 's gut, hab'n 's gut!

3.

Hat a Madel die zweite oder dritte Amour,
Is ihr Ruf schon verschandelt, und nachher is zur.
In dem Punkt is a Mann gegen uns rein a Köni,
Wann er fünfzig Madeln anschmiert, verschlagt ihm das weni,
Auf so ein' Halodri hab'n d' Madln erst Schneid,
Und g'schieht es aus Lieb' nit, so g'schieht es aus Neid,
Daß man sich um ein' solchen erst recht reißen tut –
Ja, die Männer hab'n 's gut, hab'n 's gut, hab'n 's gut.
(*Geht ab.*)

Verwandlung

Zimmer in der Wohnung der Gärtnerin, mit Mitteltür, rechts eine Seitentür, links ein Fenster

Sechzehnte Szene

FLORA (*zur Mitte auftretend*)

FLORA Das Unkraut Gall' und Verdruß wachst mir jetzt schon zu dick auf mein' Geschäftsacker, ich kann's nicht mehr allein ausjäten. Mein seliger Mann hat kurz vorher, als er selig worden ist, g'sagt, ich soll Wittib bleiben – wie kann ein seliger Mann so eine unglückselige Idee haben? Die Knecht' haben keine Furcht, kein' Respekt, ich muß ihnen einen Herrn geben, dessen Frau ich bin. Mein Seliger wird den Kopf beuteln in die Wolken! Wann er mir etwan gar als Geist erscheinet, wann's auf einmal so klopfet bei der Nacht – (*es wird an die Tür geklopft; ängstlich aufschreiend*) ah! (*Hält sich wankend am Tische.*)

Is zur: ist es zu.
Verschandelt: entstellt.
Halodri: leichtfertiger lustiger Mensch.
Schneid: Mut, Lust.

Siebzehnte Szene

FLORA, TITUS (*mit schwarzer Haartour zur Mitte hereinstürzend*)

TITUS Is ein Unglück g'schehn? Oder kirren Sie vielleicht jedesmal so statt 'm Hereinsagen?

FLORA (*sich mühsam fassend*) Nein, bin ich erschrocken!

TITUS (*für sich*) Seltenes Geschöpf, sie erschrickt, wenn einer anklopft! Sonst ist den Frauenzimmern nur das schrecklich, wann keiner mehr anklopft.

FLORA Der Herr wird sich drüber wundern, daß ich so schwache Nerven hab'?

TITUS Wundern über das Allgemeine? O nein! Die Nerven von Spinnengeweb', d' Herzen von Wachs und d' Köpferl von Eisen, das is ja der Grundriß der weiblichen Struktur.

FLORA (*beiseite*) Recht ein angenehmer Mensch – und die rabenschwarzen Haar'! – Ich muß aber doch (*laut und in etwas strengem Ton*), wer is der Herr und was will der Herr?

TITUS Ich bitt', die Ehr' is meinerseits! Ich bin Ihr untertänigster Knecht und empfehl' mich.

FLORA (*nickt ihm erstaunt ein kurzes Adieu zu, weil sie glaubt, er will fort; als er stehen bleibt, sagt sie nach einer Pause*) Na? Diese Red' sagt man, wenn man fortgehn will.

TITUS Ich aber sag' sie, weil ich dableiben will. Sie brauchen ein' Knecht, und als solchen empfehl' ich mich.

FLORA Was? Der Herr is ein Knecht?

TITUS Zur Gärtnerei verwendbar.

FLORA Als Gehilfe?

TITUS Ob Sie mich Gehilfe nennen oder Gärtner oder – das is alles eins; selbst – ich setz' nur den Fall – wenn es mir als Gärtner gelingen sollte, Gefühle in Ihr Herz zu pflanzen – ich setz' nur den Fall – und Sie mich zum unbeschränkten Besitzer dieser Plantage ernennen sollten – ich setz' nur den Fall – selbst dann würde ich immer nur Ihr Knecht sein.

FLORA (*beiseite*) Artig is der Mensch – aber – (*laut*) Seine Reden sind etwas kühn, etwas vorlaut!

TITUS Bitt' untertänig, wenn man sagt: »Ich setz' nur den Fall«, da darf man alles sagen.

FLORA Er ist also –

TITUS Ein exotisches Gewächs: nicht auf diesem Boden gepflanzt,

Kirren: durchdringend schreien.

durch die Umstände ausgerissen und durch den Zufall in das freundliche Gartengeschirr Ihres Hauses versetzt, und hier, von der Sonne Ihrer Huld beschienen, hofft die zarte Pflanze, Nahrung zu finden.

FLORA Da fragt es sich vor allem, ob Er die Gärtnerei versteht?

TITUS Ich habe Menschenkenntnis, folglich auch Pflanzenkenntnis.

FLORA Wie geht denn das zusammen?

TITUS Sehr gut! Wer Menschen kennt, der kennt auch die Vegetabilien, weil nur sehr wenig Menschen leben – und viele, unzählige aber nur vegetieren. Wer in der Fruh aufsteht, in die Kanzlei geht, nacher essen geht, nacher präferanzeln geht und nacher schlafen geht, der vegetiert; wer in der Fruh ins G'wölb' geht und nacher auf die Maut geht und nacher essen geht und nacher wieder ins G'wölb' geht, der vegetiert; wer in der Fruh aufsteht, nacher a Roll' durchgeht, nacher in die Prob' geht, nacher essen geht, nacher ins Kaffeehaus geht, nacher Komödie spieln geht, und wenn das alle Tag' so fortgeht, der vegetiert. Zum Leben gehört sich, billig berechnet, eine Million, und das is nicht genug; auch ein geistiger Aufschwung g'hört dazu, und das find't man höchst selten beisammen! Wenigstens, was ich von die Millionär' weiß, so führen fast alle aus millionärrischer Gewinnvermehrungspassion ein so fades, trockenes Geschäftsleben, was kaum den blühenden Namen »Vegetation« verdient.

FLORA (*beiseite*) Der Mensch muß die höhere Gärtnerei studiert haben! (*Laut.*) So dunkel Sein Kopf auswendig is, so hell scheint er inwendig zu sein.

TITUS Sind Ihnen vielleicht die schwarzen Haar' zuwider?

FLORA Zuwider? Er Schelm wird nur zu gut wissen, daß ein schwarzer Lockenkopf einem Mann am besten laßt.

TITUS (*für sich*) Die Peruck'n wirkt!

FLORA Er will also hier einen Dienst? Gut, Er is aufgenommen. Aber nicht als Knecht! Er zeigt Kenntnisse, Eigenschaften, besitzt ein vorteilhaftes Äußeres –

TITUS (*für sich*) Die Peruckenkraft wirkt heftiger!

FLORA Er soll die Aufsicht über das Gartenpersonale haben, Er soll den übrigen Befehle erteilen; Er soll nach mir im Garten der erste sein.

Präferanzeln: Kartenspiel (fz. *préférence*).
Am besten laßt: am besten steht, paßt.

TITUS (*beiseite*) Die Peruck'n hat gesiegt! (*Laut.*) Ich weiß so wenig, wie ich mich bedanken soll, als ich weiß, wie ich zu solchem Glück komme.

FLORA (*seine Haare betrachtend*) Nein, diese Schwärze, ganz italienisch!

TITUS Ja, es geht schon beinahe ins Sizilianische hinüber. Meine Mutter war eine südliche Gärtnerin.

FLORA Weiß Er aber, daß Er sehr ein eitler Mensch ist? Mir scheint, Er brennt sich die Locken. (*Will mit der Hand nach den Locken fahren.*)

TITUS (*zurückprallend*) O, nur net anrühren! Ich bin sehr kitzlich auf 'm Kopf.

FLORA Närrischer Mensch! – Unter anderm aber, in diesem Anzug kann ich Ihn der gnädigen Frau nicht vorstellen.

TITUS Also gilt bei Ihnen das Sprichwort: »Das Kleid macht den Mann«, das Sprichwort, durch welches wir uns selbst so sehr vor die Schneider herabsetzen und welches doch so unwahr ist! Denn wie viele ganze Kerls gehn mit zerissene Röck' herum.

FLORA Aber der Anzug hat so gar nix, was einem Gartner –

TITUS O, der Anzug hat nur zuviel Gärtnerartiges: er is übersät mit Fleck', er is aufgegangen bei die Ellbögen und an verschiedenen Orten. Weil ich nie ein Paraplü trag', wird er auch häufig begossen, und wie er noch in der Blüte war, hab' ich ihn oft wie eine Pflanze versetzt.

FLORA Das is dummes Zeug! (*Nach der Türe rechts deutend.*) Geh' Er durch das Zimmer in die Kammer hinein! In der Truhen, wo der Zwiefel liegt, find't Er den Hochzeitsanzug von mein' seligen Mann.

TITUS Das Hochzeitskleid des Verblichenen soll ich anziehen? – Hören Sie – (*fährt sich kokett mit der Hand durch die Lokken*) da kann ich nichts davor, wenn Gefühle erwachen, die –! (*Sieht sie bedeutungsvoll an und geht durch die Seitentür rechts ab.*)

Achtzehnte Szene

FLORA, *dann* PLUTZERKERN

FLORA Wirklich ein scharmanter Mensch! – Na, man kann nicht wissen, was geschieht. Ein Spaß wär's, wenn ich früher zur

Zwiefel: Zwiebel.

zweiten Heirat käm' als unsere Kammerfrau, die so spöttisch auf mich herabsieht, weil sie den Herrn Friseur zum Liebhaber hat. Mit der Hochzeit laßt er sich aber hübsch Zeit! Bei mir könnt' es rascher gehn, das wär' ein Triumph! – Vor allem muß ich aber die Leut' zusammenrufen. (*Geht zum Fenster.*) Ah, der Plutzerkern! (*Hinausrufend.*) Hol' g'schwind die Leut' alle zusamm', ein neuer Gärtner is aufgenommen, der in Zukunft anstatt meiner über sie befehlen wird.

PLUTZERKERN (*inner der Szene*) Das is g'scheit!

FLORA Was is das – die Kammerfrau? (*Zum Fenster hinausgrüßend.*) Gehorsamste Dienerin! (*Vom Fenster weggehend.*) Sie kommt zu mir, was hat das zu bedeuten? G'wiß wieder ein Verdruß! Die Leut' haben was versäumt, und ich kann 's Bad ausgießen.

Neunzehnte Szene

FLORA, CONSTANTIA

CONSTANTIA (*zur Mitte eintretend*) Frau Gärtnerin –

FLORA (*mit einem Knix*) Untertänigste! – Was steht zu Befehl?

CONSTANTIA Die gnädige Frau erwartet heute nachmittags Besuch aus der Stadt und wünscht, daß nicht wieder so schlechtes Obst wie das letzte Mal ins Schloß geschickt werde.

FLORA Ich hab' das allerschönste –

CONSTANTIA Die gnädige Frau ist überhaupt mit der ganzen Pflege des Gartens höchst unzufrieden.

FLORA Is nicht meine Schuld; die Leut' – aber das wird jetzt alles anders wer'n. Die gnädige Frau hat mir den Auftrag erteilt, einen geschickten Menschen aufzunehmen; na, und da hat sich's so geschickt, daß ein sehr geschickter Mensch –

CONSTANTIA Gut, ich werd' es der gnädigen Frau zu wissen machen.

FLORA Ich werde mir die Freiheit nehmen, ihn selbst der gnädigen Frau vorzustellen.

CONSTANTIA Was fällt Ihr ein? Der gnädigen Frau vorzustellen – so ein' Bengel!

FLORA O, ich bitte, Madame, diesen Menschen mit keinem gewöhnlichen Gartenknecht zu verwechseln; er ist – es ist sogar möglich – beinahe schon gewiß, daß ich ihn heirat'.

CONSTANTIA So? Diese Vermählung wird der gnädigen Frau so

uninteressant sein wie der ganze Mensch; ich finde es daher, wie schon gesagt, ganz unstatthaft, ihn der gnädigen Frau vorzustellen.

Zwanzigste Szene

TITUS; DIE VORIGEN

TITUS (*tritt in etwas altmodischem Gärtneranzuge, einen Bündel in der Hand tragend, ohne Constantia zu bemerken, aus der Seitentüre rechts*) So! Da wär'n wir; meine Sachen hab' ich in dem Bünkel z'samm'gebunden.

FLORA Die hätt' er gleich drin lassen können!

TITUS Gelingt es mir, in diesem Anzug das verblichene Bild ganz vor Ihre Seele zu zaubern?

CONSTANTIA (*für sich*) So ein schöner, schwarzer Krauskopf ist mir so bald nicht vorgekommen.

TITUS (*zu Flora, auf den Bündel zeigend*) Und diese G'schicht' da legen wir – wohin?

FLORA (*nach einem links stehenden Kasten zeigend*) Meinetwegen in den Kasten dort!

TITUS (*sich umwendend*) Gut – (*Constantia erblickend*) ah! – Jetzt gäbet ich kein' Tropfen Blut, wann man mir eine Ader lasset. (*Sich tief vor Constantia verneigend.*) Ich bitte untertänig – (*zu Flora*) warum haben Sie mir nicht gesagt? – (*zu Constantia, mit tiefer Verbeugung*) mir nicht zu zürnen, daß ich – (*zu Flora*) daß die gnädige Frau da ist – (*zu Constantia, mit tiefer Verbeugung*) nicht gleich die pflichtschuldigste Reverenz – (*zu Flora*) 's is wirklich schrecklich, in was Sie ein' für eine Lag' bringen!

CONSTANTIA Ich bin ja nicht die gnädige Frau.

FLORA (*zu Titus*) Was fallt Ihm denn ein?

CONSTANTIA Ich bin ja nur –

TITUS Nein, Euer Gnaden sind es und wollen mir nur die Verlegenheit ersparen.

FLORA Es ist die Kammerfrau der Gnädigen.

TITUS Hören Sie auf! – Diese Hoheit in der Stirnhaltung, diese herablassende Blickflimmerung, dieser edle Ellbogenschwung –

CONSTANTIA (*sich geschmeichelt fühlend*) Hm, ich bin doch nur die Kammerfrau der Frau von Cypressenburg.

Bünkel: Bündel.

TITUS Wirklich? – Ich glaub' es nur, weil ich es aus Ihrem eigenen Munde hör'. Also Kammerfrau? Meine Mutter war auch Kammerfrau.

FLORA Er hat ja gesagt, Seine Mutter war Gärtnerin?

TITUS Zuerst war sie Gärtnerin, dann ist sie Kammerfrau geworden.

CONSTANTIA (*beiseite*) Wirklich ein interessanter, gebildeter Mensch!

FLORA (*zu Titus, welcher Constantia fixiert*) So leg' Er nur die Sachen da hinein!

TITUS (*immer auf Constantia zurückblickend*) 's Schicksal weiß wirklich nicht, was 's tut, so eine Gestalt in die Antichambre zu postieren.

FLORA Hört Er denn nicht? Da in den Kasten!

TITUS Ja, gleich! – (*Mit Bewunderung auf Constantia sehend.*) Klassische Salonfigur! (*Er geht, auf Constantia sehend, zum Kasten, welcher neben der Tür steht.*)

FLORA (*für sich*) Wie sie kokettiert auf ihn, die aufdringliche Person!

Einundzwanzigste Szene

PLUTZERKERN; DIE VORIGEN

PLUTZERKERN (*durch die Mitte eintretend*) Die Leut' werden gleich alle da sein.

TITUS (*Plutzerkern erblickend, kehrt rasch um*) Verdammt! Wann der mich kennt! (*Wendet sich gegen Constantia, um Plutzerkern den Rücken zu kehren.*)

PLUTZERKERN (*zu Flora*) Das is also der neue Gartner? Da muß man sich ja zu Gnaden rekommandier'n. (*Tritt zwischen Titus und Constantia.*)

TITUS (*wendet sich gegen Flora, um wieder Plutzerkern den Rücken zu kehren*) Schicken S' den Kerl fort! Ich bin kein Freund von solchen Zeremonien.

FLORA Tu' Er nicht so schüchtern!

PLUTZERKERN (*indem er versucht, Titus die Vorderseite abzugewinnen*) Herr Gartner, der wohlverdienteste Mann im ganzen Personal –

TITUS (*in großer Verlegenheit in die Tasche fahrend*) Ich muß mir nur g'schwind ein Schnupftüchel vors G'sicht – (*zieht statt eines Schnupftuches eine graue Perücke mit Zopf aus der Tasche und hält sie eiligst vors Gesicht.*)

PLUTZERKERN Aber Sie hab'n kuriose Schnupftücheln.

TITUS Was ist denn das?

FLORA (*lachend*) Das is die Perücke von meinem ehemaligen Gemahl.

TITUS Schaut sehr eh'malig aus! (*Steckt die Perücke in das Bündel, welches er noch in der Hand hält.*)

PLUTZERKERN Was Teuxel, der Gartner kommt mir so bekannt vor! – (*Zu Titus.*) Haben Sie nit an Brudern mit rote Haar'?

CONSTANTIA Was fällt Ihm ein?

TITUS Ich hab' gar kein'n Brudern.

PLUTZERKERN So? Nachher wird das der Bruder von wem andern sein.

FLORA Was will denn der Dummkopf?

PLUTZERKERN Na, ich hab' halt ein' g'sehn mit rote Haar', das is ja nix Unrechts.

Zweiundzwanzigste Szene

ZWEI GARTENKNECHTE; DIE VORIGEN

(*Die Gartenknechte treten zur Mitte ein, jeder zwei Körbe mit Obst tragend.*)

ERSTER KNECHT Da is das Obst!

FLORA Das hätt' gleich sollen ins Schloß getrag'n werden!

CONSTANTIA Das wäre eine saubere Manier, daß man das Obst nur so durch die Knechte hinaufschickt.

FLORA 's war ja immer so.

CONSTANTIA (*auf Titus zeigend*) Der Herr Gärtner wird die Früchte überbringen. Dies ist zugleich die schicklichste Gelegenheit, ihn der gnädigen Frau vorzustellen.

FLORA (*zu Constantia*) Vorstellen? Wie finden Sie es denn auf einmal nötig, ihn der Gnädigen vorzustellen? Sie haben ja grad vorher g'sagt, es is ganz unstatthaft, so einen Bengel der gnädigen Frau vor Augen zu bringen.

CONSTANTIA (*verlegen*) Das war – das heißt –

TITUS Bengel?

FLORA (*mit boshaftem Triumph über Constantias Verlegenheit*) Ja, ja!

TITUS Das ist arg!

CONSTANTIA (*sehr verlegen*) Ich habe –

TITUS Das is enorm –

FLORA Na, ich glaub's – es is ja –

TITUS Mir unbegreiflich, (*zu Flora*) wie Sie das Wort »Bengel« auf mich beziehen können!

FLORA 's waren die eigenen Worte der Madame!

TITUS (*zu Flora*) Erlauben Sie mir, es gibt außer mir noch Bengeln genug, und ich bin kein solcher Egoist, daß ich alles gleich auf mich beziehe.

CONSTANTIA (*sich von ihrer Verlegenheit erholend*) Ich wollte –

TITUS (*auf Constantia deutend*) Wenn diese Dame wirklich ihre Lippen zu dem Wort »Bengel« hergegeben, so hat sie wahrscheinlich einen Knecht, vielleicht einen von diesen beiden Herren (*auf die Gartenknechte zeigend*) gemeint, denn mich hat sie ja noch gar nicht gekannt und kennt mich selbst jetzt noch viel zu wenig, um über meine Bengelhaftigkeit das gehörige Urteil zu fällen. (*Zu Constantia.*) Hab' ich nicht recht?

CONSTANTIA Vollkommen!

FLORA (*sehr aufgeregt und ärgerlich*) Also will man mich zur Lügnerin machen?

TITUS Nein, nur zur Verleumderin.

CONSTANTIA (*zu Titus*) Also kommen Sie jetzt!

FLORA Er soll aufs Schloß kommen? Und warum denn gar so eilig? Die gnädige Frau is ausg'fahr'n.

CONSTANTIA Nun, und da wird es doch schicklicher sein, daß der Herr Gärtner auf die gnädige Frau wartet als sie auf ihn?

TITUS Das is klar. (*Zu Constantia.*) Sie weiß nichts von Etikette! Das Schicklichste auf jeden Fall is, daß ich bei Ihnen wart', bis der günstige Moment erscheint.

FLORA (*sehr ärgerlich, beiseite*) Zerreißen könnt' ich s', die Person, die!

TITUS Als Gärtner muß ich aber doch mit dem gehörigen Anstand – ah, da is ja, was ich brauch'. (*Eilt zum Fenster und reißt die Blumen aus den Töpfen.*)

FLORA Was is denn das? Meine Blumen!

TITUS Müssen zu einem Strauß herhalten! Ein Band brauchen wir auch. (*Zum Tisch eilend.*) Da liegt ja eins. (*Nimmt ein breites Atlasband und wickelt es um die Blumen.*)

FLORA Was treibt Er denn? Das neue Band, was ich mir erst aus der Stadt –

TITUS Zu so einer Feierlichkeit ist das Beste noch zu schlecht. (*Zu Constantia, auf Flora deutend.*) Die Gute, sie weiß nichts von Etikette!

Dreiundzwanzigste Szene

MEHRERE GARTENKNECHTE; DIE VORIGEN

DIE KNECHTE (*zur Mitte eintretend*) Wir machen alle unser Kompliment.

TITUS Aha, meine Untergebenen! Ihr tragt mir 's Obst nach!

DIE KNECHTE Zu Befehl!

CONSTANTIA (*zu Titus*) Bei dieser Gelegenheit müssen Sie sich bei den Leuten in Respekt setzen, etwas zum besten geben; ich finde es wenigstens am Platz.

TITUS Ich find' es auch am Platz – aber – (*in der Westentasche suchend*) es is ein anderer Platz, wo ich nichts find'.

CONSTANTIA Ich mache mir ein Vergnügen daraus, nehmen Sie hier –! (*Will ihm eine Börse geben.*)

FLORA (*es verhindernd*) Erlauben Sie, das geht mich an. (*Zu Titus.*) Hier, nimm der Herr! (*Will ihm Geld geben.*)

CONSTANTIA (*es verhindernd*) Halt! Das duld' ich nicht. Es ist eine Sache, die die Ehre des Hauses betrifft und folglich die gnädige Frau durch mich bestreitet.

FLORA Ich kann's auch der Gnädigen in Rechnung bringen, aber mir kommt es zu –

TITUS Erlauben Sie, diese Sache kann man rangieren, ohne daß jemand dabei vor den Kopf gestoßen wird. Ich bin so frei – (*nimmt das Geld von Constantia*) geben S' nur her! (*Nimmt das Geld von Flora.*) So! Nur in solchen Fällen niemanden beleidigen! (Zu den Gartenknechten.) Heut' werd't's alle traktiert von mir.

DIE KNECHTE Juhe!

TITUS Jetzt vorwärts aufs Schloß!

CHOR

Der neue Herr Gartner, der laßt sich recht gut an;
Sei' G'sundheit wird trunken, das is halt a Mann!

(*Titus geht während dem Chore mit Constanzen voran, die Knechte folgen mit den Obstkörben, Flora sieht ärgerlich nach, Plutzerkern betrachtet sie mit bedeutungsvollem Lächeln; unter dem Jubel des Gartenpersonals fällt der Vorhang.*)

Zweiter Akt

Die Bühne stellt einen Teil des Schloßgartens vor; vorne rechts die Wohnung der Gärtnerin mit praktikablem Eingang; im Vordergrunde links ein Tisch mit mehreren Gartenstühlen. Im Hintergrunde rechts sieht man einen Seitenflügel des Schlosses mit einem praktikablen Fenster.

Erste Szene

PLUTZERKERN, MEHRERE GARTENKNECHTE (*sitzen um den Tisch herum und trinken*)

CHOR

Man glaubt nicht, wie g'schwind
D' Krügeln aus'trunken sind!
Bei der Arbeit, da rast't man so gern,
Beim Wein tut sich keiner beschwer'n,
Der wird ein' nicht z'viel,
Man seufzt nach kein' Ziel.
Das Trinken is wirklich a Pracht,
Die Fortsetzung folgt auf die Nacht.

PLUTZERKERN Die Arbeit is heut' nicht pressant, wir hab'n noch über die Hälfte vom Geld, das muß noch vertrunken wer'n; also heißt's: zeitlicher Feierabend machen!

ERSTER KNECHT Bei so was kommt g'wiß keiner z' spat.

PLUTZERKERN Nur immer denken, ein Gartner ist die edelste Pflanze, drum muß er fleißig begossen werden, sonst welkt er ab.

ERSTER KNECHT Is aber ein rarer Mann, der neue Herr Gartner, und ein rüstiger Mann.

ALLE Das is wahr!

PLUTZERKERN O kurzsichtiges Volk! Ein fauler Kerl is er, glaubt's mir, ich versteh' das! Der wird uns von keiner Arbeit überheben, im Gegenteil, wir werden ihn noch bedienen sollen, den hergeloffenen Ding, und er wird d' Händ in Sack stecken, den gnädigen Herrn wird er spielen wollen, der aufgeblas'ne Tagdieb!

DIE KNECHTE Wär' nit übel!

ERSTER KNECHT Da soll ihm ja gleich –

PLUTZERKERN Ruhig jetzt! – Zu diesen und ähnlichen Schimpfereien haben wir heut' abend die beste Zeit. Wir können uns dann auch gleich z'sammreden, wie wir ihn wieder aus'm Haus vertreiben wollen.

ALLE Ja, das können wir!

PLUTZERKERN Also nur ruhig, alles zu seiner Zeit!

Zweite Szene

FLORA; DIE VORIGEN

FLORA (*kommt mit einem Korb, in welchem sich Teller und Tischzeug befinden, aus ihrem Hause*) Jetzt bitt' ich mir aber aus, daß einmal ein End' gemacht wird. Nehmt's engere Krügeln und geht's, den Tisch brauch' ich jetzt.

DIE KNECHTE Wir haben ohnedem grad gehn wollen.

PLUTZERKERN Es g'schieht ja alles dem neuen Gartner zu Ehren.

FLORA (*zu den Knechten*) Und daß was gearbeit't wird!

DIE KNECHTE (*im Abgehen*) Schon recht! (*Links im Hintergrunde ab.*)

Dritte Szene

FLORA, PLUTZERKERN

PLUTZERKERN Ich begreif' nicht, wie Sie's übers Herz bringen, diese guten Menschen in ihrem unschuldigen Vergnügen zu stören.

FLORA (*hat ein Tischtuch aus dem Korb genommen und es über den Tisch gebreitet*) Halt' Er 's Maul und hilf Er mir den Tisch da decken.

PLUTZERKERN Gleich! Diese Arbeit lass' ich mir nie zweimal schaffen. (*Nimmt Eßzeug und Teller aus dem Korbe.*) Das is ja aber nur für zwei Personen?

FLORA Freilich! Ich wüßt' nicht, zu was mehrere nötig wären?

PLUTZERKERN Also speist der neue Gartner im Schloß bei der Kammerfrau?

FLORA Dummkopf! Er speist hier bei mir.

PLUTZERKERN Er, Sie und ich – wir sind aber drei.

FLORA Er hat an meinem Tisch gespeist, weil's mir allein zu langweilig war. Jetzt wär' das überflüssig. Er hat Sein Kostgeld, drum wird Er, wenn aufgetragen ist, gehn.

PLUTZERKERN (*pikiert*) Das war die Zeit, wo ich sonst nie gegangen bin.

FLORA Räsonier' Er nicht und bring' Er die Suppen!

PLUTZERKERN (*boshaft*) Jetzt schon? Sie könnt' kalt wer'n! Wer weiß, wann der kommt!

FLORA (*ungeduldig nach dem Schlosse sehend*) Er muß den Augenblick da sein. (*Halb für sich.*) Ich begreif' ohnedies nicht, wo er so lang –

PLUTZERKERN Ah, ich fang's schon zum Begreifen an.

FLORA Schweig' Er und tu' Er, was man Ihm schafft!

PLUTZERKERN (*im Abgehen, als ob er für sich spräche, aber so, daß es Flora hören muß*) Der muß eine neue Blumasch' rangieren im Schloß, kann mir das lange Ausbleiben sonst gar nicht erklär'n. (*In die Gärtnerwohnung ab.*)

Vierte Szene

FLORA, TITUS

FLORA (*allein*) Der war mir zum letztenmal da droben! Und wie sich diese Madame Constanz den Männern aufdringt, das ist ausdruckslos!

TITUS (*erscheint im Schloß am Fenster mit vorgebundener Serviette, ein Fasanbiegel in der Hand*) Ah, Frau Gartnerin, gut, daß ich Ihnen seh' –

FLORA Wo bleibt Er denn? Ich wart' mit 'm Essen –

TITUS Ich nicht! Ich hab' schon gegessen.

FLORA Auf 'm Schloß?

TITUS Bei der Kammerfrau in der Kammer, sehr gut gespeist! Es war der erste Fasan, dem ich die letzte Ehr' angetan hab'! Mit diesem Biegel is seine irdische Hülle in der meinigen begraben.

FLORA Es is aber sehr unschicklich, daß Er dort schmarotzt! Ich werd' mir das verbieten.

TITUS *Sich* können Sie verbieten, was Sie wollen, aber *mir* nicht! Ich steh' nicht mehr unter Ihrer Tyrannei, ich hab' eine andere, eine bessere Kondition angenommen.

FLORA (*äußerst betroffen*) Was wär' das?

TITUS Warten S' a bissel, ich muß Ihnen was übergeben. (*Zieht sich zurück.*)

Biegel: Schenkel eines Vogels.

FLORA (*allein*) Kammerfrau, ich kenne dich, das ist dein Werk! Eine Witwe, die selbst einen Liebhaber hat, fischt der andern den ihrigen ab, das wird doch ein Witwenstückl ohnegleichen sein!

Fünfte Szene

PLUTZERKERN; DIE VORIGEN

PLUTZERKERN (*den Suppentopf auftragend*) Da is die Suppen.

TITUS (*am Fenster im Schloß erscheinend*) Da sind die ehemaligen Kleider, die ich gegenwärtig nicht mehr brauch'. Mein Kompliment! (*Wirft den Kleiderbündel herab, daß er Plutzerkern an den Kopf fliegt, und zieht sich zurück.*)

PLUTZERKERN Anpumpt! Was is das?

FLORA (*zu Plutzerkern*) Pack' Er sich zum Guckguck!

PLUTZERKERN Wird nicht gegessen?

FLORA Nein, hab' ich gesagt. (*Für sich.*) Wer da nicht den Appetit verliert, der hat keinen zu verlieren.

PLUTZERKERN (*pikant*) Ich hab' glaubt, jetzt is die große Tafel in zweien, bei der ich überflüssig bin?

FLORA Aus meinen Augen! (*Für sich im Abgehen.*) Boshafter Schlingel das! (*In ihre Wohnung ab.*)

PLUTZERKERN (*allein*) Also er speist nicht da, sie speist gar nicht, und ich, der Ausgeschlossene, ich speis' jetzt für alle zwei! Unerforschliches Schicksal! Diese Anwandlung von Gerechtigkeit hätt' ich dir gar nicht zugetraut. (*In Gärtnerwohnung ab.*)

Verwandlung

Saal im Schlosse mit einer Mittel- und zwei Seitentüren

Sechste Szene

TITUS (*allein, kommt aus der Mitteltür, er ist in eleganter Jägerlivree gekleidet*)

TITUS Die macht's wie die Vorige, offeriert mir die verstorbene Garderobe von ihrem überstandenen Gemahl und will, ich soll

Anpumpt: »fehlgeschossen«.
Wer da nicht . . .: Lessing, Emilia Galotti, IV, 7: »Wer über gewisse Dinge den Verstand nicht verlieret, der hat keinen zu verlieren.«

Jäger sein. Ja, wenn die gnädige Frau von einem Jäger nichts anderes verlangt als 's Wagentürl aufmachen und aufs Brettl hupfen, so viel kann ich allenfalls leisten in der Forstwissenschaft. O, Parucken! Dir hab' ich viel zu danken. Die Kost hier ist delikat, der Trunk exquisit, und ich weiß wirklich nicht, ob mich mehr mein Glückswechsel oder der Tokayer schwindlich macht.

Siebente Szene

TITUS, CONSTANTIA (*von links*)

CONSTANTIA Ah, das lass' ich mir gefallen. Die Gärtnerkleidung hat so etwas Bauernhaftes, und Ihr Exterieur ist ja ganz für das edle Jagdkostüm geschaffen.

TITUS Wenn nur mein Extrerieur in der gnädigen Frau dieselben gnädigen Ansichten erzeugt! Ich fürchte sehr, daß ein ungnädiger Blick von ihr mir den Hirschfänger entreißt und mir Krampen und Schaufel in die Hände spielt.

CONSTANTIA Sie trauen mir sehr wenig Einfluß im Hause zu. Mein verstorbener Mann war hier Jäger, und meine Gebieterin wird gewiß nicht glauben, daß ich immer Witwe bleiben soll.

TITUS Gewiß nicht! Solche Züge sind nicht für lebenslänglichen Schleier geformt.

CONSTANTIA Gesetzt nun, ich würde mich wieder verheiraten, zweifeln Sie, daß die gnädige Frau meinem Mann einen Platz in ihrem Dienste verleihen würde?

TITUS Der Zweifel wäre Frevel.

CONSTANTIA Ich sage das nicht, als ob ich auf Sie Absichten hätte –

TITUS Natürlich, da haben Sie keine Idee –

CONSTANTIA Ohne etwas zu verreden, sage ich das nur, um Ihnen zu beweisen, daß ich die Macht habe, jemandem eine Stelle auf dem Schlosse zu verschaffen.

TITUS (*beiseite*) O rabenschwarzer Schädel, du wirkst himmelblaue Wunder!

CONSTANTIA Mein seliger Mann –

TITUS Hören sie auf, nennen Sie nicht *den* Mann selig, den der Taschenspieler Tod aus Ihren Armen in das Jenseits hinüberchangiert hat! Nein, *der* ist es, der sich des Lebens in solcher

Krampen: Spitzhaue.

Umschlingung erfreut! O Constantia! – Man macht dadurch überhaupt dem Ehestand ein sehr schlechtes Kompliment, daß man nur immer die verstorbenen Männer, die ihn schon überstanden haben, »die Seligen« heißt.

CONSTANTIA Also sind Sie der Meinung, daß man an meiner Seite –

TITUS Stolz in die unbekannten Welten blicken und sich denken kann: Überall kann's gut sein, aber hier ist's am besten.

CONSTANTIA Schmeichler!

TITUS (*beiseite*) Das sind die neuen metaphysischen Galanterien, die wir erst kriegt haben. (*Laut.*) Ich glaub', ich hör' wen im Vorzimmer.

Achte Szene

SALOME; DIE VORIGEN

SALOME (*schüchtern zur Mitte eintretend*) Mit Erlaubnis –

TITUS (*erschrocken, für sich*) O je, die Salome! (*Wirft sich nachlässig in einen Stuhl, so daß er das Gesicht von ihr abwendet.*)

CONSTANTIA Wie kommt Sie da herein?

SALOME Draußt war kein Mensch, so hab' ich glaubt, das wird 's Vorzimmer sein, jetzt seh' ich aber – o, ich bitt', Madam', kommen S' nur a bissel heraus, mir verschlagt's die Red', wenn ich so in der Pracht drinnen steh'.

CONSTANTIA Keine Umstände, was will Sie? Nur geschwind!

SALOME Ich such' einen, ich hab' ihn schon bei der Gartnerin g'sucht, dort hab' ich ihn aber nicht g'funden, jetzt bin ich da her.

CONSTANTIA (*Verdacht schöpfend*) *Wen* sucht Sie?

SALOME Wissen S', ich such' halt ein' mit rote Haar'.

CONSTANTIA (*beschwichtigt*) Nun, den wird Sie leicht finden, weil er Ihr auf hundert Schritte entgegenleuchtet.

TITUS (*für sich*) O nagelneuer Witz, du hast mich schon oft erfreut.

CONSTANTIA Hier im Schloß wird Sie sich aber vergebens bemühen, denn ich und die gnädige Frau würden einen solchen nicht dulden, wir haben beide Antipathie gegen rote Haare.

SALOME Wenn er aber doch kommen sollt', so sagen S' ihm, es haben ihn Leut' g'sucht, aus der Stadt, die haben mich so verdächtig um ihn g'fragt –

TITUS (*sich vergessend, springt erschrocken auf*) Und was hat Sie den Leuten g'sagt?

SALOME (*zusammenfahrend*) Was ist das –!? (*Titus erkennend.*) Ah! (*Sie wankt und fällt Constantia in die Arme.*)

CONSTANTIA Was hat denn die Person? – (*Zu Titus.*) So bringen Sie doch einen Stuhl, ich kann sie nicht halten.

TITUS (*einen Stuhl bringend*) Setzen wir s' nieder!

CONSTANTIA (*läßt Salome in den Stuhl sinken*) Sie rührt sich nicht, ist ganz bewegungslos. (*Zu Titus.*) Das ist höchst sonderbar. *Ihr* Anblick hat diese Wirkung auf sie hervorgebracht.

TITUS (*verlegen*) Das kann nicht sein, ich bin nicht zum Umfallen wild, und was meine Schönheit anbelangt, so is sie auch wieder nicht so groß, daß man drüber 's Gleichgewicht verlieren muß.

CONSTANTIA Sie sehen aber, daß sie sich gar nicht bewegt.

TITUS (*sehr verlegen*) Ja, das seh' ich.

CONSTANTIA Jetzt aber scheint mir – ja, sie bewegt sich!

TITUS Ja, das seh' ich auch. Ich werd' frisches Wasser holen. (*Will fort.*)

CONSTANTIA Nichts da, das wird nicht nötig sein, oder haben Sie vielleicht besondere Ursachen, sich fortzuschleichen?

TITUS Wüßte nicht, welche; ich kenn' die Person nicht.

CONSTANTIA Dann brauchen Sie ja ihr Erwachen nicht zu fürchten.

TITUS Gar nicht! Wer sagt denn, daß ich mich fürcht'?

SALOME (*sich erholend*) Ach, Madame – mir wird schon wieder leichter –

CONSTANTIA Was war Ihr denn eigentlich?

SALOME Der Herr –

CONSTANTIA Also kennt Sie ihn?

SALOME Nein, ich kenn' ihn nicht, gewiß nicht! (*Aufstehend.*) Aber wie er mich so scharf ang'redt't hat –

CONSTANTIA Darüber ist Sie –?

SALOME Nicht wahr, 's is a Schand', solche Stadtnerven für a Bauerndirn'? (*Zu Titus, der verblüfft dasteht.*) Sei'n S' nit bös, und wenn S' vielleicht den sehen mit die roten Haar', so sagen S' ihm, ich hab's gut g'meint, ich hab' ihn nur warnen wollen, ich werd' ihn g'wiß nit verraten an die Leut', die um ihn fragen, und sagen S' ihm, ich werd' auch g'wiß sein' Glück nicht mehr in Weg treten – (*Die Tränen unterdrückend.*) Sagen S' ihm das, wann S' den sehen mit die roten Haar'. (*Zu Constantia.*) Und jetzt bitt' ich nochmal um Verzeihung, daß ich umg'fallen bin in Zimmern, die nicht meinesgleichen sind, und b'hüt' Ihnen Gott alle zwei und – (*bricht in Tränen aus*) – jetzt fang' ich gar zum Weinen an – das g'hört sich schon gar net – nix für ungut, ich bin halt schon so a dalkets Ding. (*Eilt weinend zur Mitteltür ab.*)

Neunte Szene

TITUS, CONSTANTIA

CONSTANTIA (*ihr verwundert nachblickend*) Hm – dieses Geschöpf, ich muß gestehen, daß mir die Sache höchst verdächtig vorkommt.

TITUS (*sich nur nach und nach von seiner Verlegenheit erholend*) Was?

CONSTANTIA Sie war so bewegt, so ergriffen –

TITUS Über einen Rothaarigen, das haben S' ja g'hört.

CONSTANTIA Von dem sprach sie, aber über Ihre Person schien sie aufs heftigste –

TITUS Jetzt hören Sie auf! Was fallt Ihnen ein?

CONSTANTIA Sie werden mir doch nicht abstreiten wollen, daß sie in der heftigsten Bewegung war?

TITUS Was geht denn aber das mich an? Zuerst haben S' mich völlig ausg'macht, weil sie bewegungslos war, und jetzt fahr'n S' über mich, weil sie eine Bewegung hat – ich begreif' gar nicht –

CONSTANTIA Nun, werden S' nur nicht gleich böse, ich kann ja ganz unrecht haben. – Daß Sie in Verbindung mit einer so gemeinen Person – das wäre ja unglaublich.

TITUS Ich glaub's! Ich bin ein Jüngling, der Karriere machen muß! (*Mit Beziehung.*) Meine Ideen schweifen ins Höhere –

CONSTANTIA (*kokett*) Wirklich? 's war nur ein Glück, daß der unangenehme Auftritt in Abwesenheit der gnädigen Frau – die gnädige Frau haßt das Gemeine ungemein, sie hat für nichts Sinn als für geistige Bildung, so wie ich. Sie ist selbst Schriftstellerin.

TITUS Schriftstellerin?

Ausg'macht: ausgezankt.

CONSTANTIA Wenn einmal von etwas Literarischem die Rede sein sollte – Sie wissen doch was davon?

TITUS Nein.

CONSTANTIA Das ist schlimm.

TITUS Kinderei! Wenn ich auch nichts von der Schriftstellerei weiß, von die Schriftsteller weiß ich desto mehr. Ich darf nur ihre Sachen göttlich finden, so sagt sie gewiß: »Ah, der Mann versteht's – tiefe Einsicht – gründliche Bildung!«

CONSTANTIA Sie sind ein Schlaukopf! (*Für sich.*) Das ist doch ein ganz anderer Mensch als mein Friseur.

Zehnte Szene

MONSIEUR MARQUIS; DIE VORIGEN

MARQUIS (*zur Mitte eintretend*) Schönste Constanze –

TITUS (*für sich*) Das ist der erlauchte Peruckenspender, wenn der nur nicht plauscht! (*Zieht sich seitwärts.*)

MARQUIS Beinahe wäre mir nicht mehr das Glück zuteil geworden, diese reizende Hand an meine Lippen zu drücken. (*Küßt ihr die Hand.*)

TITUS (*für sich, erstaunt*) Diese Herablassung – ein Marquis – und küßt ihr die Hand, einer antichambrischen Person – das ist viel!

CONSTANTIA Es ist schon so spät, daß ich glaubte, Sie würden heute gar nicht kommen.

MARQUIS Sie können denken, daß nur ein außerordentlicher Zufall – was ist das? (*Bemerkt Titus, welcher ein auf einem Stuhl liegendes Tuch ergreift und emsig die Möbel abstaubt.*) Ein neuer Jäger aufgenommen?

CONSTANTIA Seit heute. Ein Mensch, der viele Anlagen besitzt.

MARQUIS Wie können Sie die Anlagen eines Jägers beurteilen? Hat er was getroffen? Und überhaupt, wozu ein Jäger im Hause einer Dame?

CONSTANTIA Sie sehen, daß er sehr fleißig ist und sich zu allem gebrauchen läßt.

MARQUIS (*sich bemühend, Titus im Gesicht zu sehen, welcher es aber durch komische Emsigkeit vermeidet*) Ja, ja, das seh' ich.

TITUS (*für sich*) Mein G'sicht zeig' ich ihm um kein' Preis.

Plauscht: (aus)plaudert.

CONSTANTIA Sie vergessen aber ganz, mir den Vorfall zu erzählen.

MARQUIS (*öfter nach Titus hinübersehend*) Es war mehr ein Unfall, der mit einem genickbrechenden Wasserfall geendet hätte, wenn nicht der Zufall einen Menschen gerade in dem Augenblicke, wo das abscheuliche Tier, mein feuriger Fuchs –

TITUS (*erschreckend*) Jetzt hab' ich glaubt, er nennt mich beim Nam'n.

CONSTANTIA Fuchs? Ich glaubte, Sie haben noch den häßlichen Rotschimmel?

TITUS (*für sich*) Wieder ein heimliches Kompliment!

MARQUIS Ich habe ihn umgetauscht, weil sein Anblick Ihnen so zuwider war. Dieser Mensch also – (*Titus scharf fixierend*) mein Retter – (*Titus umdrehend*) ich irre mich nicht – der ist's!

TITUS (*sich tief verneigend*) Ich bitt' – Euer Gnaden – Herr Marquis nehmen mich für einen andern! (*Will zur Mitte ab.*)

MARQUIS (*ihn zurückhaltend*) Wozu das Leugnen, edler Mann, Sie sind's, die Gestalt, die Stimme, die Farbe der Haare –

TITUS (*für sich, in ängstlicher Verlegenheit*) O je, jetzt kommt er schon über d' Haar'.

CONSTANTIA Gewiß, wer diese Haare einmal gesehen, der wird sie nicht vergessen. Wirklich bewundernswert sind diese Locken!

MARQUIS (*sich geschmeichelt fühlend*) O, ich bitte, zu gütig!

TITUS (*zu Constantia*) Der Herr Marquis bedankt sich anstatt meiner für das Kompliment, meiner Bescheidenheit bleibt also nichts mehr übrig –

CONSTANTIA (*zu Marquis*) Sie verstehen das: Ist Ihnen je so ein Glanz, so eine Krause – (*zeigt nach dem Kopfe des Titus, als ob sie ihm mit der Hand durch die Locken fahren wollte.*)

TITUS (*zurückprallend*) O, nur nicht anrühren! Ich bin da so heiklich –

MARQUIS (*halbleise, pikiert zu Constantia*) Sie scheinen übrigens besonderes Interesse an dem neuen Domestiken zu nehmen.

CONSTANTIA (*etwas verlegen*) Ich –? Hm – es ist eine Art von Kameradschaft, die –

MARQUIS (*wie oben*) Die meines Erachtens zwischen dem Jäger und der Kammerfrau nicht existiert.

CONSTANTIA (*halbleise zu Marquis*) Herr Marquis, ich danke für die Aufklärung. Was schicklich ist oder nicht, weiß ich schon selbst zu beurteilen.

MARQUIS (*für sich*) Ich habe sie beleidigt. (*Zu Constantia in einem sanften Ton.*) Verzeihen Sie, schönste Constanze, ich wollte nur –

CONSTANTIA Sie wollten die blonde À-l'enfant-Perücke der gnädigen Frau frisieren; im Kabinett dort (*nach rechts zeigend*) im großen Wandschrank werden Sie sie finden. Gehen Sie an Ihr Geschäft!

TITUS (*erstaunt*) Was is das? Das ist ja ein Friseur! – (*Zu Marquis.*) Ich hab' geglaubt, Sie sind ein Marquis, eine Mischung von Baron, Herzog und Großer des Reichs?

MARQUIS Ich heiße nur Marquis und bin Perruquier.

TITUS Ja, das ist ein anderes Korn! Jetzt füllt sich die Kluft des Respekts mit Friseurkasteln aus, und wir können ungeniert Freundschaft schließen miteinand'. (*Reicht ihm die Hand.*)

MARQUIS (*ihm ebenfalls die Hand reichend*) Ich bin Ihnen Dank schuldig, (*leise*) aber auch Sie mir, und es wird sehr gut für Sie sein, wenn wir Freunde bleiben!

TITUS Auf Leben und Tod!

CONSTANTIA (*für sich*) Monsieur Titus soll von meinem Verhältnis zum Marquis noch nichts erfahren, und des Friseurs eifersüchtiges Benehmen könnte leicht – das beste ist, ich entferne mich. (*Laut.*) Meine Herren, wichtige Geschäfte – ich lasse die beiden Freunde allein. (*Geht zur Mitte ab.*)

TITUS (*ihr nachrufend*) Adieu, reizende Kammeralistin!

Elfte Szene

TITUS, MARQUIS

MARQUIS Mein Herr, was sollen diese Galanterien? Ich sage Ihnen jetzt geradezu, ich verbitte mir das! Madame Constanze ist meine Braut, und wehe Ihnen, wenn Sie es wagen –

TITUS Was? Sie drohen mir?

MARQUIS Ja, mein Herr, ich warne Sie wenigstens. Vergessen Sie ja nicht, daß Ihr Schicksal am Haare hängt, und –

TITUS Und daß Sie so undankbar sein könnten, das Perucken-Verhältnis zu verraten.

A l'enfant: »mit kurzen, verwirrten Locken« (R.).

MARQUIS Und daß ich so klug sein könnte, mich auf diese Weise eines Nebenbuhlers zu entledigen.

TITUS Was? So spricht *der* Mann? Der Mann zu dem Mann, ohne den dieser Mann ein Mann des Todes wäre? Ohne welchen Mann diesen Mann jetzt die Karpfen fresseten?

MARQUIS Ich bin Ihnen zu großem Dank, aber keineswegs zur Abtretung meiner Braut verpflichtet.

TITUS Wer sagt denn, daß sie abgetreten werden soll? Ich buhle ja nicht um die Liebe, nur um die Protektion der Kammerfrau.

MARQUIS Ah, jetzt sprechen Sie vernünftig! Auf diese Weise können Sie auf meine Dankbarkeit und vor allem auf Bewahrung des Haargeheimnisses zählen. Hüten Sie sich aber, mir Anlaß zum Mißvergnügen zu geben, denn sonst – (*drohend*) denken Sie nur, Ihr Kopf ist in meiner Gewalt. (*Geht zur Seite rechts ab.*)

Zwölfte Szene

TITUS (*allein*)

TITUS Verfluchte G'schicht'! Heut' kommt viel über mein' Kopf! Wenn ich nur nicht auch so viel drin hätt'! Aber der Tokayerdunst – und das – daß die Madame Kammerfrau dem Friseur seine Jungfer Braut is, geht mir auch – (*auf den Kopf deutend*) da herum. (*Wirft sich in einen Lehnstuhl.*) Das wär' eigentlich Herzenssache, aber so ein Herz is dalket und indiskret zugleich. Wie's a bißl ein' kritischen Fall hat, so schickt's ihn gleich dem Kopf über 'n Hals, wenn's auch sieht, daß der Kopf ohnedies den Kopf voll hat. Ich bin ordentlich matt. (*Gähnt.*) A halb's Stünderl könnt's doch noch dauern, bis die gnädige Frau kommt – (*läßt den Kopf in die Hand sinken*) da könnt' ich mich ja – (*gähnend*) ein wenig ausduseln – nicht einschlafen – bloß ausduseln – a wenig – ausduseln – (*schläft ein.*)

Dreizehnte Szene

TITUS, MARQUIS

MARQUIS (*kommt nach einer kleinen Pause aus der Tür rechts*) Da drinnen ist ein Fenster zerbrochen. Ich kann den Zug nicht vertragen und habe daher die Spalettladen geschlossen. Jetzt

Spalettladen: Fensterladen aus verstellbaren Brettchen.

ist's aber so finster drin, daß ich unmöglich ohne Licht – der Jäger soll mir – wo ist er denn hin? – Am Ende ist er gar zu meiner Constanze geschlichen? Da soll ihm ja–! (*Will durch die Mitte abeilen und sieht den schlafenden Titus im Lehnstuhle.*) Ach, nein, ich hab' ihm unrecht getan, die Eifersucht – närrisches Zeug – ich muß das lassen! Wie ruhig er da liegt – so schläft kein Verliebter, der hat wohl keinen Gedanken an sie –

TITUS (*lallt im Schlafe*) Con-sta-sta-stantia –

MARQUIS Alle Teufel! Was war das? (*Tritt auf den Zehen näher.*)

TITUS (*wie oben*) Rei-zende – Gestalt – Co-Con-stantia –

MARQUIS Er träumt von ihr! Der Schlingel untersteht sich, von ihr zu träumen!

TITUS (*wie oben*) Nur – noch ein – Bu-Bu-Bussi –

MARQUIS Höllenelement, solche Träume duld' ich nicht! (*Will ihn an der Brust fassen, besinnt sich aber.*) Halt – so wird's besser gehen. Wir wollen doch sehen, ob sie dem Rotkopf ein Bububussi gibt! (*Nähert sich der Rückseite des Stuhles und macht äußerst behutsam die Perücke los.*)

TITUS (*wie oben*) Laß gehen – Sta-stantia – ich bin kitzlich – auf 'm Kopf –

MARQUIS (*nimmt ihm die Perücke weg*) Jetzt versuche dein Glück, roter Adonis! Den Talisman erhältst du nimmer wieder! (*Steckt die Perücke zu sich und eilt zur Mitte ab.*)

Vierzehnte Szene

TITUS (*allein*)

TITUS (*im Schlafe sprechend*) O – zartes – Ha-Handerl –! (*Man hört von außen das Geräusch eines in das Tor einfahrenden Wagens, gleich darauf wird stark geläutet, Titus fährt aus dem Schlaf empor.*) Was war das? Mir scheint gar –? (*Läuft zur Mitteltür.*) Ein Bedienter stürzt sich hinaus – die Gnädige kommt nach Haus – jetzt werd' ich vorgestellt. (*Richtet an seinem Anzug.*) Mein Anzug is ganz derangiert – 's Krawattel verschloffen – wo is denn g'schwind ein Spiegel?! (*Läuft zu einem an der Kulisse links hängenden Spiegel, sieht*

Verschloffen: (von verschliefen) = an einen falschen Platz geraten.

hinein und prallt zurück.) Himmel und Erden, d' Perücken is weg! – Sie wird mir im Schlaf hinunterg'fall'n – (*läuft zum Lehnstuhl und sucht*) nein, weg, verloren, geraubt! Wer hat diese Bosheit? – Da ist Eifersucht im Spiel! Othellischer Friseur! Pomadiges Ungeheuer! Das hast du getan! Du hast den gräßlichen Perückenraub begangen! Jetzt, in dem entscheidendsten, hoffnungsvollsten Moment stehe ich da als Windlicht an der Totenbahr' meiner jungen Karriere! Halt – er is da drin und frisiert die Tour der Gnädigen – der kommt mir nicht aus! Du gibst mir meine Perücken wieder, oder zittere, Kampelritter, ich beutl' dir die Haarpuderseel' bis aufs letzte Stäuberl aus 'm Leib! (*Stürzt wütend in die Seitentür ab.*)

Fünfzehnte Szene

FRAU VON CYPRESSENBURG *und* EMMA (*treten zur Mitte ein*)

FRAU VON CYPRESSENBURG Ich muß sagen, ich finde das sehr eigenmächtig, beinahe keck von der Constanze, daß sie sich untersteht, in meiner Abwesenheit Domestiken aufzunehmen, ohne durch meinen Befehl hierzu autorisiert zu sein.

EMMA Seien Sie nicht böse darüber, liebe Mutter, sie hat ja einen Jäger aufgenommen, und das war schon lang mein Wunsch, daß wir einen Jäger haben. Nimmt sich ja viel hübscher aus als unsere zwei schiefbeinigen Bedienten in der altfränkischen Livree.

FRAU VON CYPRESSENBURG Wozu brauchen Damen einen Jäger?

EMMA Und es soll ein recht martialischer Schwarzkopf sein, sagt die Constanze, der Schnurrbart zwar fehlt ihm, den muß ihm die Mama wachsen lassen, und auch einen Backenbart, ebenfalls ganz schwarz, daß aus dem ganzen Gesicht nichts heraussieht als zwei glühende schwarze Augen! So was steht prächtig hinten auf dem Wagen.

FRAU VON CYPRESSENBURG (*ohne Emmas voriger Rede besondere Aufmerksamkeit geschenkt zu haben*) Schweig! Ich werde den Menschen wieder fortschicken, und damit Punktum! Wo ist er denn? Titus, hat sie gesagt, heißt er? – He! Titus!

Perückenraub: Anspielung auf Alexander Pope's Gedicht »Der Lockenraub« (*The Rape of the Lock*, 1712).
Kampelritter: »Kampel« = Verkleinerungsform zu »Kamm«.

Sechzehnte Szene

TITUS; DIE VORIGEN

TITUS (*kommt in blonder Perücke aus der Seitentür rechts*) Hier bin ich und beuge mich im Staube vor der hohen Gebieterin, der ich in Zukunft dienen soll.

EMMA (*erstaunt beiseite*) Was ist denn das? Das ist ja kein Schwarzkopf?

FRAU VON CYPRESSENBURG (*für sich, aber laut*) Recht ein artiger Blondin!

TITUS (*hat das letzte Wort gehört, für sich*) Was? Die sagt Blondin?

FRAU VON CYPRESSENBURG (*zu Titus*) Meine Kammerfrau hat Ihm die Stelle eines Jägers gegeben, und ich bin nicht abgeneigt – (*zu Emma sich wendend*) Emma –! (*Spricht im stillen mit Emma fort.*)

TITUS (*für sich*) Blondin hat s' g'sagt? – Ich hab' ja doch – (*sieht sich verlegen um, so daß sein Blick in einen an der Kulisse rechts hängenden Spiegel fällt, äußerst erstaunt*) meiner Seel', ich bin blond! Ich hab' da drin aus lauter Dunkelheit a lichte Perücken erwischt. Wann nur jetzt die Kammerfrau nicht kommt!

FRAU VON CYPRESSENBURG (*im Gespräche mit Emma fortfahrend*) Und sage der Constanze –

TITUS (*erschrocken, für sich*) Uijeh, die laßt s' holen!

FRAU VON CYPRESSENBURG (*ihre Worte fortsetzend*) Sie soll meinen Anzug zur Abendgesellschaft ordnen.

TITUS (*aufatmend, für sich*) Gott sei Dank, da hat s' a Weil' z' tun.

EMMA Sogleich! (*Für sich im Abgehen.*) Die alberne Constanze hielt mich zum besten! Gibt einen Blondin für einen Schwarzkopf aus! (*Zur Mitte ab.*)

Siebzehnte Szene

FRAU VON CYPRESSENBURG, TITUS

TITUS (*für sich*) Ich stehe jetzt einer Schriftstellerin gegenüber, da tun's die Alletagsworte nicht, da heißt's jeder Red' ein Feiertagsg'wandel anziehn.

FRAU VON CYPRESSENBURG Also jetzt zu Ihm, mein Freund!

TITUS (*sich tief verbeugend*) Das ist der Augenblick, den ich im gleichen Grade gewünscht und gefürchtet habe, dem ich sozusagen mit zaghafter Kühnheit, mit mutvollem Zittern entgegengesehen.

FRAU VON CYPRESSENBURG Er hat keine Ursache, sich zu fürchten, Er hat eine gute Tournüre, eine agreable Fasson, und wenn Er sich gut anläßt – wo hat Er denn früher gedient?

TITUS Nirgends. Es ist die erste Blüte meiner Jägerschaft, die ich zu Ihren Füßen niederlege, und die Livree, die ich jetzt bewohne, umschließt eine zwar dienstergebene, aber bis jetzt noch ungediente Individualität.

FRAU VON CYPRESSENBURG Ist Sein Vater auch Jäger?

TITUS Nein, er betreibt ein stilles, abgeschiedenes Geschäft, bei dem die Ruhe das einzige Geschäft ist; er liegt von höherer Macht gefesselt, und doch ist er frei und unabhängig, denn er ist Verweser seiner selbst – er ist tot.

FRAU VON CYPRESSENBURG (*für sich*) Wie verschwenderisch er mit zwanzig erhabenen Worten das sagt, was man mit einer Silbe sagen kann! Der Mensch hat offenbare Anlagen zum Literaten. (*Laut.*) Wer war also Sein Vater?

TITUS Er war schülerischer Meister; Bücher, Rechentafel und Patzenferl waren die Elemente seines Daseins.

FRAU VON CYPRESSENBURG Und welche literarische Bildung hat er Ihm gegeben?

TITUS Eine Art Mille-fleurs-Bildung. Ich besitze einen Anflug von Geographie, einen Schimmer von Geschichte, eine Ahndung von Philosophie, einen Schein von Jurisprudenz, einen Anstrich von Chirurgie und einen Vorgeschmack von Medizin.

FRAU VON CYPRESSENBURG Scharmant! Er hat sehr viel, aber nichts gründlich gelernt! Darin besteht die Genialität.

TITUS (*für sich*) Das is 's erste, was ich hör'! Jetzt kann ich mir's erklären, warum's so viele Genies gibt.

FRAU VON CYPRESSENBURG Seine blonden Locken schon zeigen ein apollverwandtes Gemüt. War Sein Vater oder Seine Mutter blond?

Patzenferl: Stab, mit dem Schulkinder zur Strafe einen Schlag (»Patzen«) auf die Hand bekamen (Von lat. *ferula*, Gerte).
Mille fleurs: »tausend Blumen«-Parfum.

TITUS Keins von alle zwei! Es is ein reiner Zufall, daß ich blond bin.

FRAU VON CYPRESSENBURG Je mehr ich Ihn betrachte, je länger ich Ihn sprechen höre, desto mehr überzeuge ich mich, daß Er nicht für die Livree paßt. Er kann durchaus mein Domestik nicht sein.

TITUS Also verstoßen, zerschmettert, zermalmt?

FRAU VON CYPRESSENBURG Keineswegs. Ich bin Schriftstellerin und brauche einen Menschen, der mir nicht als gewöhnlicher Kopist, mehr als Konsulent, als Sekretär bei meinem intellektuellen Wirken zur Seite steht, und dazu ernenn' ich Sie.

TITUS (*freudig überrascht*) Mich? – Glauben Euer Gnaden, daß ich imstand' bin, einen intellektuellen Zuseitensteher abzugeben?

FRAU VON CYPRESSENBURG Zweifelsohne, und es ist mir sehr lieb, daß die Stelle offen ist. Ich habe einen weggeschickt, den man mir rekommandierte, einen Menschen von Gelehrsamkeit und Bildung. Aber er hatte rote Haare, und das ist ein Horreur für mich. Dem hab' ich gleich gesagt: »Nein, nein, mein Freund, 's ist nichts, adieu!« Ich war froh, wie er fort war.

TITUS (*für sich*) Da darf ich mich schön in Obacht nehmen, sonst endet meine Karriere mit einem Flug bei der Tür hinaus.

FRAU VON CYPRESSENBURG Legen Sie nur die Livree sogleich ab; ich erwarte in einer Stunde Gesellschaft, der ich Sie als meinen neuen Sekretär vorstellen will.

TITUS Euer Gnaden, wenn ich auch den Jäger ablege, mein anderer Anzug ist ebenfalls Livree, nämlich Livree der Armut: ein g'flickter Rock mit z'rissene Aufschläg'.

FRAU VON CYPRESSENBURG Da ist leicht abgeholfen! Gehen Sie da hinein (*nach rechts deutend*), dann durchs Billardzimmer in das Eckkabinett, da finden Sie die Garderobe meines verewigten Gemahls. Er hatte ganz Ihren Wuchs. Wählen Sie nach Belieben und kommen Sie sogleich wieder hierher.

TITUS (*für sich*) Wieder der Anzug von ein' Seligen. (*Sich verbeugend.*) Ich eile! (*Für sich, im Abgehen.*) Ich bring' heut' ein' ganzen seligen Tandelmarkt auf den Leib. (*Rechts in die Seitentüre ab.*)

Tandelmarkt: Trödelmarkt.

Achtzehnte Szene

FRAU VON CYPRESSENBURG, *dann* CONSTANTIA

FRAU VON CYPRESSENBURG (*allein*) Der junge Mann schwindelt auf der Höhe, auf die ich ihn gehoben! Wenn ich ihn durch Vorlesungen meiner Dichtungen in überirdische Regionen führe, wie wird ihm da erst werden!

CONSTANTIA (*aufgeregt durch die Mitte eintretend*) Übel, sehr übel find' ich das angebracht.

FRAU VON CYPRESSENBURG Was hat Sie denn?

CONSTANTIA Ich muß mich über das gnädige Fräulein beklagen. Ich find' es sehr übel angebracht, einen Spaß so weit zu treiben. Sie hat mich ausgezankt, ich hätt' sie wegen den Haaren des Jägers angelogen. Ich glaubte anfangs, sie mache einen Scherz; am Ende aber hat sie mich eine dumme Gans geheißen.

FRAU VON CYPRESSENBURG Ich werde sie darüber reprimandieren. Übrigens ist der Mensch nicht mehr Jäger. Ich habe ihn zum Sekretär ernannt, und man wird ihm die seinem Posten schuldige Achtung erweisen.

CONSTANTIA Sekretär!? Ich bin entzückt darüber, daß er vor Ihnen Gnade gefunden. Die schwarze Sekretärkleidung wird ihm sehr gut lassen zu dem schwarzen Haar.

FRAU VON CYPRESSENBURG Was spricht Sie da?

CONSTANTIA Schwarze Haare, hab' ich gesagt.

FRAU VON CYPRESSENBURG Mir scheint, Sie ist verrückt! Ich habe noch kein schöneres Goldblond gesehen.

CONSTANTIA Euer Gnaden spaßen!

FRAU VON CYPRESSENBURG Ist mir noch nicht oft eingefallen, mit meinen Untergebenen zu spaßen.

CONSTANTIA Aber, Euer Gnaden, ich hab' ja mit eigenen Augen –

FRAU VON CYPRESSENBURG Meine Augen sind nicht weniger eigen als die Ihrigen.

CONSTANTIA (*äußerst erstaunt*) Und Euer Gnaden nennen das blond?

FRAU VON CYPRESSENBURG Was sonst?

CONSTANTIA Euer Gnaden verzeihen, dazu gehören sich wirklich eigene Augen! Ich nenne das das schwärzeste Schwarz, was existiert.

FRAU VON CYPRESSENBURG Lächerliche Person, mache Sie Ihre Schwänke jemand anderm vor!

CONSTANTIA Nein, das ist, um den Verstand zu verlieren!

FRAU VON CYPRESSENBURG (*nach rechts sehend*) Da kommt er – nun? Ist das blond oder nicht?

Neunzehnte Szene

TITUS (*aus der Seitentür rechts kommend, im schwarzen Frack, kurzen Hosen, seidenen Strümpfen und Schuhen*); DIE VORIGEN

TITUS Hier bin ich, gnädigste Gebieterin! (*Erblickt Constantia und erschrickt, für sich.*) O je! Die Constantia!

CONSTANTIA (*äußerst betroffen*) Was is denn das!

FRAU VON CYPRESSENBURG (*zu Constantia*) In Zukunft verbiete ich mir derlei –

CONSTANTIA Aber, Euer Gnaden, ich hab' ja –

FRAU VON CYPRESSENBURG Kein Wort mehr!

TITUS (*zu Frau von Cypressenburg*) Die Gnädigste sind aufgeregt! Was ist's denn? –

FRAU VON CYPRESSENBURG Stellen Sie sich vor, die Närrin da behauptet, Sie hätten schwarze Haare.

TITUS Das is schwarze Verleumdung.

CONSTANTIA Da möchte man den Verstand verlieren!

FRAU VON CYPRESSENBURG Daran wäre nichts gelegen, wohl aber, wenn ich die Geduld verlöre! Geh' Sie und ordne Sie meine Toilette!

CONSTANTIA Ich kann nur noch einmal versichern –

FRAU VON CYPRESSENBURG (*ärgerlich*) Und ich zum letzten Male sagen, daß Sie gehen soll.

CONSTANTIA (*sich gewaltsam unterdrückend und abgehend*) Das übersteigt meine Fassung! (*Durch die Mitte ab.*)

Zwanzigste Szene

FRAU VON CYPRESSENBURG, TITUS

FRAU VON CYPRESSENBURG Insolente Person das!

TITUS (*für sich*) Meine Stellung hier im Hause gleicht dem Brett des Schiffbrüchigen: Ich muß die andern hinunterstoßen, oder selbst untergehn. (*Laut.*) O, gnädige Frau, dieses Frauenzimmer hat noch andere Sachen in sich!

FRAU VON CYPRESSENBURG War sie etwa unhöflich gegen Sie?

TITUS O, das nicht, sie war nur zu höflich! Es sieht kurios aus, daß ich darüber red', aber ich mag das nicht. Diese Person macht immer Augen auf mich, als wenn – und red't immer, als ob – und tut immer, als wie – und – ich mag das nicht.

FRAU VON CYPRESSENBURG Sie soll fort, heute noch –!

TITUS Und dann betragt sich Dero Friseur auch auf eine Weise – er hat ein fermes Liaisonverhältnis mit der Kammerfrau, was doch ganz gegen den Anstand des Hauses –

FRAU VON CYPRESSENBURG Den dank' ich ab.

TITUS Mich verletzt so was gleich, diese Liebhaberei, dieses Scharmieren, ich seh' das nicht gern – (*beiseite*) ich tu's lieber selber.

FRAU VON CYPRESSENBURG (*beiseite*) Welch zartes, nobles Sentiment! (*Laut.*) Marquis hat mich zum letzten Male frisiert.

TITUS Und dann is noch die Gärtnerin – na, da will ich gar nichts sagen.

FRAU VON CYPRESSENBURG Sprechen Sie, ich will es!

TITUS Sie hat mir einen halbeten Heiratsantrag gemacht.

FRAU VON CYPRESSENBURG Impertinent!

TITUS Einen förmlichen halbeten Heiratsantrag!

FRAU VON CYPRESSENBURG Die muß heute noch aus meinem Hause!

TITUS (*für sich*) Alle kommen s' fort; jetzt kann ich blonder Jüngling bleiben. (*Laut.*) Mir ist leid, daß ich –

FRAU VON CYPRESSENBURG Schreiben Sie sogleich an alle drei die Entlassungsbriefe.

TITUS Nein, das kann ich nicht. Mein erstes Geschäft als Sekretär darf kein so grausames sein.

FRAU VON CYPRESSENBURG Nein, ein edles Herz hat der junge Mann!

Einundzwanzigste Szene

EMMA (*aus der Seitentüre links*); DIE VORIGEN

EMMA Mama, ich komme, die Constanze zu verklagen, sie hat mich durch ihr Benehmen gezwungen, sie eine dumme Gans zu heißen.

Ferm: fest (fz. *ferme*).

TITUS (*für sich*) Daß doch immer eine der andern was vorzurupfen hat!

FRAU VON CYPRESSENBURG Du wirst ihr sogleich den Dienst aufkünden, der Constanze mündlich, der Gärtnerin und dem Friseur schriftlich.

EMMA Schön, liebe Mama!

TITUS (*sich erstaunt stellend*) Mama?!

FRAU VON CYPRESSENBURG Ja, dies ist meine Tochter.

TITUS Ah! – Nein! – Nein! – Hör'n Sie auf! – Nein, das ist nicht möglich!

FRAU VON CYPRESSENBURG Warum nicht?

TITUS 's geht ja gar nicht hinaus mit die Jahre.

FRAU VON CYPRESSENBURG (*sich sehr geschmeichelt fühlend*) Doch, mein Freund!

TITUS So eine junge Dame – und diese große Tochter? Nein, das machen Sie wem andern weis! Das ist eine weitschichtige Schwester oder sonst eine himmelweit entfernte Verwandte des Hauses. Wenn ich Euer Gnaden schon eine Tochter zutrauen soll, so kann sie höchstens – das is aber schon das Höchste – so groß sein – (*zeigt die Größe eines neugebornen Kindes.*)

FRAU VON CYPRESSENBURG Es ist so, wie ich gesagt. Man hat sich konserviert.

TITUS O, ich weiß, was Konservierung macht. Aber so weit geht das Konservatorium nicht.

FRAU VON CYPRESSENBURG (*huldreich lächelnd*) Närrischer Mensch – ich muß jetzt zur Toilette eilen, sonst überraschen mich die Gäste! Du, Emma, begleite mich! – (*Zu Titus.*) Ich sehe Sie bald wieder.

TITUS (*wie vom Gefühle hingerissen*) O, nur bald! (*Tut, als ob er über diese Worte vor sich selbst erschrocken wäre, faßt sich, verneigt sich tief und sagt in unterwürfigem Tone.*) Nur bald ein Geschäft, wo ich meinen Diensteifer zeigen kann!

FRAU VON CYPRESSENBURG (*im Abgehen*) Adieu! (*Mit Emma zur Seitentür links ab.*)

Vorzurupfen: vorzuwerfen.

Zweiundzwanzigste Szene

TITUS (*allein*)

TITUS Gnädige! Gnädige! Ich sag' derweil nichts als: Gnädige! – Wie ein' das g'spaßig vorkommt, wenn ein' nie eine mögen hat, und man fangt auf einmal zum Bezaubern an, das ist nit zum Sagen. Wann ich denk': Heut' vormittag und jetzt, das wird doch eine Veränderung sein für einen Zeitraum von vier bis fünf Stund'! Ja, die Zeit, das is halt der lange Schneiderg'sell, der in der Werkstatt der Ewigkeit alles zum Ändern kriegt. Manchmal geht die Arbeit g'schwind, manchmal langsam, aber firtig wird's, da nutzt amal nix, g'ändert wird all's!

Lied

1.

's war einer von Eisen, hat wütend getanzt,
Dann mit 'm Gefrornen sich beim offnen Fenster auf'pflanzt,
Is g'rennt und g'sprengt zu die Amouren in Karriere,
Spielt und trinkt d' ganze Nacht, er weiß vom Bett gar nix mehr.
Nach zehn Jahren is d' Brust hektisch, homöopathisch der Mag'n,
Er muß im Juli flanellene Nachtl'eib'ln trag'n
Und extra ein' wattierten Kaput, sonst war's z' kühl –
Ja, die Zeit ändert viel.

2.

's hat einer a Braut, steckt den ganzen Tag dort,
Wenn die Dienstleut' ins Bett schon woll'n, geht er erst fort;
Dann bleibt er noch drunt', seufzt aufs Fenster in d' Höh',
Erfrört sich die Nasen vom Dastehn im Schnee.
A halb's Jahr nach der Hochzeit rennt er ganze Täg' aus,
Kommt spät auf die Nacht oder gar nit nach Haus;
Dann reist er nach Neapel, sie muß in die Brühl –
Ja, die Zeit ändert viel.

3.

A Sängerin hat g'sungen wie Sphärenharmonie,
Wann s' der Schnackerl hat g'stoßen, war 's Feenmelodie.
Diese Stimm', die is was Unerhörtes gewest,

Brühl: Sommerfrische in der Nähe Wiens.
Schnackerl: Aufstoßen, »Schluchzen«.

Aus Neid sein die Nachtigall'n hin wor'n im Nest;
Silberglocken war'n rein alte Häfen gegen ihr;
Sechs Jahr' drauf kriegt ihr' Stimm' a Schneid wie 's Plutzerbier.
Jetzt kraht s' nur dramatisch, frett't sich durch mit'm Spiel –
Ja, die Zeit ändert viel.

4.

Ah, das is a lieber Knab', artig und nett
Und schön und bescheiden und gar so adrett,
Er is still, bis man 'n fragt, nacher antwort't er drauf,
Wo man 'n hinnimmt, da hebt man a Ehr' mit ihm auf;
's machen d' Herren und die Frauen mit dem Knab'n a Spektakl!
Nach zehn Jahren is der Knab a großmächtiger Lackl,
A Löllaps, der keck in alles dreinreden will –
Ja, die Zeit ändert viel.

5.

A Schönheit hat dreizehn Partien ausg'schlagen,
Darunter waren achte mit Haus, Ross' und Wagen,
Zwa Anbeter hab'n sich an ihr'm Fenster aufg'henkt,
Und drei hab'n sich draußen beim Schanzel dertränkt,
Vier hab'n sich beim Dritten Kaffeehaus erschossen.
Seitdem sein a sieb'nzehn Jahrln verflossen,
Jetzt schaut s' keiner an, sie kann sich au'm Kopf stell'n, wenn s' will –
Ja, die Zeit ändern viel.

6.

Hat einst einer über ein' sein' Schöne was g'sagt,
Pumsti, hat er a eiserne Ohrfeigen erfragt,
Nach der Klafter haben s' kämpft, und gleich auf Tod und Leben!
Alle Daum'lang hat's blutige Fehde gegeben.
Jetzt nehmen die Liebhaber das nit a so,
Machen über ihr' Schöne selbst scharfe Bonmots,
Für ihr'n Bierhauswitz nehmen s' d' Geliebte als Ziel –
Ja, die Zeit ändert viel.

(*Durch die Seitentür rechts ab.*)

Häfen: Töpfe.
Plutzer: steinerne Flasche.
Lackl: ungeschlachter Mensch.
Löllaps: Schwachsinniger.
Schanzel: Obstmarkt am Donaukanal.
erfragt: erhalten.

Dreiundzwanzigste Szene

HERR VON PLATT; MEHRERE HERREN *und* DAMEN
(*treten während dem Ritornell des folgenden Chores ein*)

CHOR
's ist nirgends so wie in dem Haus amüsant,
Denn hier sind die Karten und Würfel verbannt,
Bei Frau von Cypressenburg in Soiree,
Da huldigt den Musen man nur und dem Tee.
(*Während dem Chor haben Bediente einen großen gedeckten Tisch gebracht und die Stühle gesetzt.*)

Vierundzwanzigste Szene

FRAU VON CYPRESSENBURG; DIE VORIGEN, *dann* TITUS

FRAU VON CYPRESSENBURG Willkommen, meine Herren und Damen!

DIE GÄSTE Wir waren so frei –

FRAU VON CYPRESSENBURG Sie befinden sich allerseits?

DIE HERREN Danke ergebenst!

DIE DAMEN (*untereinander*) Migräne, Kopfschmerz, Rheumatismus –

FRAU VON CYPRESSENBURG Ist's nicht gefällig?
(*Alle setzen sich zum Tee.*)

TITUS (*aus der Seitentür rechts*) Ich komme vielleicht ungelegen –?

FRAU VON CYPRESSENBURG Wie gerufen! (*Ihn der Gesellschaft präsentierend.*) Mein neuer Sekretär!

ALLE Ah, freut mich!

FRAU VON CYPRESSENBURG (*zu Titus*) Nehmen Sie Platz! (*Titus setzt sich.*)

FRAU VON CYPRESSENBURG Dieser Herr wird Ihnen in der nächsten Soiree meine neuesten Memoiren vorlesen.

ALLE Scharmant!

HERR VON PLATT Schade, daß die gnädige Frau nichts fürs Theater schreiben.

FRAU VON CYPRESSENBURG Wer weiß, was geschieht; es kann sein, daß ich mich nächstens versuche.

TITUS Ich hör', es soll unendlich leicht sein, es geht als wie g'schmiert.

HERR VON PLATT Ich für mein Teil hätte eine Leidenschaft, eine Posse zu schreiben.

TITUS (*zu Herrn von Platt*) Warum tun Sie's denn nicht?

HERR VON PLATT Mein Witz ist nicht in der Verfassung, um etwas Lustiges damit zu verfassen.

TITUS So schreiben Sie eine traurige Posse. Auf einem düsteren Stoff nimmt sich der matteste Witz noch recht gut aus, so wie auf einem schwarzen Samt die matteste Stickerei noch effektuiert.

HERR VON PLATT Aber was Trauriges kann man doch keine Posse heißen?

TITUS Nein! Wenn in einem Stück drei G'spaß und sonst nichts als Tote, Sterbende, Verstorbene, Gräber und Totengräber vorkommen, das heißt man jetzt ein Lebensbild.

HERR VON PLATT Das hab' ich noch nicht gewußt.

TITUS Is auch eine ganz neue Erfindung, gehört in das Fach der Haus- und Wirtschaftspoesie.

FRAU VON CYPRESSENBURG Also lieben Sie die Rührung nicht?

TITUS O ja, aber nur, wenn sie einen würdigen Grund hat, und der find't sich nicht so häufig. Drum kommt auch eine große Seele langmächtig mit ein' Schnupftüchel aus, dagegen brauchen die kleinen, guten Ordinariseelerln a Dutzend Fazinetteln in einer Komödie.

FRAU VON CYPRESSENBURG (*zu ihrer Nachbarin*) Was sagen Sie zu meinem Sekretär?

Fünfundzwanzigste Szene

FLORA; DIE VORIGEN

FLORA (*kommt weinend zur Mitte herein*) Euer Gnaden, ich bitt' um Verzeihung, daß ich –

ALLE (*erstaunt*) Die Gärtnerin?

TITUS (*betroffen, beiseite*) Verdammt!

FLORA (*zu Frau von Cypressenburg*) Ich kann's nicht glauben, daß Sie mich aus dem Dienst geben, ich hab' ja nix getan.

FRAU VON CYPRESSENBURG Ich bin über die Gründe, die mich dazu veranlassen, keine Rechenschaft schuldig! Übrigens –

Fazinettel: Schnupftuch.

FLORA (*Titus erblickend und erstaunt*) Was is denn das? Der hat blonde Haar'?

FRAU VON CYPRESSENBURG Was gehen Sie die Haare meines Sekretärs an? Hinaus!

Sechsundzwanzigste Szene

CONSTANTIA, EMMA; DIE VORIGEN

CONSTANTIA (*tritt weinend mit Emma zur Mitte ein*) Nein, das kann nicht sein!

EMMA Ich habe Ihr gesagt, was die Mama befohlen.

CONSTANTIA Ich bin des Dienstes entlassen?

ALLE (*erstaunt sich zu Frau von Cypressenburg wendend*) Im Ernst?

CONSTANTIA Euer Gnaden, das hätt' ich mir nie gedacht! Ohne Grund –

HERR VON PLATT Was hat sie denn verbrochen?

CONSTANTIA Die Haare des Herrn Sekretärs sind schuld.

FRAU VON CYPRESSENBURG Wie lächerlich! Das ist nicht der Grund. (*Zur Gesellschaft.*) Übrigens, was sagen Sie zu der Närrin? Sie behauptet, er wäre schwarz! Nun frag' ich Sie, ist er blond oder nicht?

CONSTANTIA Er ist schwarz.

FLORA Das sag' ich auch, er ist schwarz!

Siebenundzwanzigste Szene

MARQUIS; DIE VORIGEN

MARQUIS (*zur Mitte eintretend*) Und ich sage, er ist nicht schwarz und ist nicht blond!

ALLE Was denn, Herr Friseur?

MARQUIS Er ist rot!

ALLE (*erstaunt*) Rot?

TITUS (*für sich*) Jetzt nutzt nix mehr! (*Aufstehend und die blonde Perücke mitten auf die Bühne werfend.*) Ja, ich bin rot!

ALLE (*erstaunt vom Teetisch aufstehend*) Was ist das?

FRAU VON CYPRESSENBURG Fi donc!

Fi donc! (fz.) pfui!

CONSTANTIA (*zu Titus*) Ach, wie abscheulich sieht Er aus!

FLORA (*zu Titus*) Und die rote Ruben hat mich heirat'n woll'n?

FRAU VON CYPRESSENBURG (*zu Titus*) Er ist ein Betrüger, der meine treuesten Diener bei mir verleumdete! Fort, hinaus, oder meine Bedienten sollen –

TITUS (*zu Frau von Cypressenburg*) Wozu? Der Zorn überweibt Sie! – Ich gehe –

ALLE Hinaus!

TITUS Das ist Ottokars Glück und Ende! (*Geht langsam mit gesenktem Haupte zur Mitte ab.*)

CHOR DER GÄSTE

Nein, das ist wirklich der Müh' wert,
Hat man je so was gehört!

(*Frau von Cypressenburg affektiert eine Ohnmacht, unter allgemeiner Verwirrung fällt der Vorhang.*)

Ottokars Glück und Ende: parodistische Verwendung des Grillparzerschen Dramentitels.

Dritter Akt

Die Dekoration wie am Anfange des zweiten Aktes, ein Teil des Gartens mit der Gärtnerwohnung

Erste Szene

TITUS (*allein, kommt melancholisch hinter dem Flügel des Schlosses hervor*)

TITUS Das stolze Gebäude meiner Hoffnungen ist assekuranzlos ab'brennt, meine Glücksaktien sind um hundert Prozent g'fall'n, und somit belauft sich mein Aktivstand wieder auf die rundeste aller Summen, nämlich auf Null. Kühn kann ich jetzt ausrufen: Welt, schicke deine Wälder über mich, Wälder, laßt eure Räuber los auf mich, und wer mich um einen Kreuzer ärmer macht, den will ich als ein Wesen höherer Natur verehren! – Halt! Ich hab' ja doch was profitiert bei der G'schicht': einen sehr guten Anzug hat mir das Schicksal gelassen; vielleicht nur als aushienzendes Souvenir an eine g'stolperte und auf d' Nasen g'fallne Karriere. Also doch eine Ausbeute: dieser schwarze Frack –

Zweite Szene

TITUS, GEORG

GEORG (*welcher während der letzten Worte rasch hinter dem Schloß hervorgekommen ist, ihm in die Rede fallend*) Wird samt Weste und Beinkleid aufs Schloß zurückgeschickt.

TITUS O, lieber Abgeordneter, wissen Sie, daß Sie eine höchst unangenehme Sendung –

GEORG Nur keine Umständ' g'macht –!

TITUS Gesetzt, lieber Abgeordneter, ich wär' jetzt schon heidipritsch gewesen?

GEORG O, unser Wachter holt jeden Vagabunden ein.

TITUS Oder gesetzt, lieber Abgeordneter, ich vergesset das Völkerrecht und schlaget Ihnen nieder und laufet davon, was würden –

Aushienzendes: verhöhnendes.
Heidipritsch sein: auf und davon sein (aus dem Tschechischen).

GEORG Zu Hilf', zu Hilf'!

TITUS Wegen was schrein S' denn? Ich frag' ja nur, und a Frag' is erlaubt.

GEORG (*nach der Türe der Gärtnerwohnung rufend*) Plutzerkern!

PLUTZERKERN (*von innen*) Was gibt's?

GEORG (*die Tür der Gärtnerwohnung öffnend und hineinsprechend*) Der wird da sein Vagabundeng'wand wieder anziehen und die honetten Kleider da lassen.

PLUTZERKERN (*von innen*) Schon recht!

TITUS (*zu Georg*) Sie sind ein äußerst schmeichelhafter Mensch.

GEORG Keine Komplimente! In einer Viertelstund' müssen die Kleider da und Er muß wenigstens Gott weiß wo sein! Verstanden? (*Geht ab hinter dem Schlosse.*)

Dritte Szene

TITUS (*allein*)

TITUS O ja, ich versteh' alles. Das Unglück hat mich heimgesucht, ich hab' die Visit' im schwarzen Frack empfangen wollen, aber das Unglück sagt: Ich bin ja ein alter Bekannter, ziehen S' ein' schlechten, zerriss'nen Rock an, machen S' keine Umständ' wegen mir!

PLUTZERKERN (*von innen*) No, wird's werden?

TITUS Komm' schon, komm' schon! (*Ab in die Gärtnerwohnung.*)

Vierte Szene

SPUND, SALOME (*von links auftretend*)

SALOME Sie hab'n aber g'wiß nix Übles vor mit ihm?

SPUND Wann ich schon sag': Nein! Ich tu' ja nur das, was mir der Bräumeister g'sagt hat, denn das ist der einzige Mann, der auf meinen Geist Einfluß hat.

SALOME Und was hat denn der g'sagt?

SPUND Er hat g'sagt: »Das haben S' davon, weil S' Ihnen von Jugend auf net um ihn umg'schaut haben! Jetzt geht er durch und macht der Familie vielleicht Schand' und Spott in der Welt!« Drum bin ich ihm nach.

SALOME Und woll'n ihn etwa gar einsperren lassen?

SPUND Ich? Für mein Leben gern! Aber der Bräumeister hat gesagt: »Das wär' auch eine Schmach für die Familie.«

SALOME Ah, gengen S', auf'n leiblichen Vettern so bös –

SPUND O, es kann einem ein leiblicher Vetter in der Seel' z'wider sein, wenn er rote Haar' hat.

SALOME Is denn das ein Verbrechen?

SPUND Rote Haar' zeigen immer von ein' fuchsigen Gemüt, von einem hinterlistigen – und dann verschandelt er ja die ganze Freundschaft! Es sein freilich schon alle tot, bis auf mich, aber wie sie waren in unserer Familie, haben wir alle braune Haar' g'habt, lauter dunkle Köpf', kein lichter Kopf zu finden, soweit die Freundschaft reicht, und der Bub' untersteht sich und kommt rotschädlet auf d' Welt.

SALOME Deßtwegen soll man aber ein' Verwandten nit darben lassen, wenn man anders selber was hat.

SPUND Was ich hab', verdank' ich bloß meinem Verstand.

SALOME Und haben Sie wirklich was?

SPUND Na, ich hoff'! Meine Eltern haben mir keinen Kreuzer hinterlassen. Ich war bloß auf meinen Verstand beschränkt, das is eine kuriose Beschränkung, das!

SALOME Ich glaub's, aber –

SPUND Da is nachher eine Godl g'storben und hat mir zehntausend Gulden vermacht. Denk' ich mir, wann jetzt noch a paar sterbeten von der Freundschaft, nachher könnt's es tun. Richtig! Vier Wochen drauf stirbt ein Vetter, vermacht mir dreißigtausend Gulden, den nächsten Sommer steht ein Vetter am kalten Fieber ab, ich erb' zwanzigtausend Gulden. Gleich den Winter drauf schnappt eine Mahm am hitzigen Fieber auf und hinterläßt mir vierzigtausend Gulden; a paar Jahre drauf noch eine Mahm, und dann wieder eine Godl, alles, wie ich mir's denkt hab'! Na, und dann in der Lotterie hab' ich auch achtzehntausend Gulden g'wonnen.

SALOME Das auch noch?

SPUND Ja, man muß nit glauben, mit 'm Erben allein is es schon abgetan; man muß was andres auch versuchen; kurzum, ich kann sagen: was ich hab', das hab' ich durch meinen Verstand.

SALOME Na, so g'scheit wird der Mussi Titus wohl auch sein, daß er Ihnen beerbt, wann S' einmal sterben.

Schnappt ... auf: stirbt.

SPUND Mir hat einmal ein g'scheiter Mensch g'sagt: ich kann gar nit sterben – warum, hat er nicht g'sagt – das war zwar offenbar nur eine Schmeichelei; aber wenn es einmal der Fall is, so werd' ich schon Leut' nach mein' Gusto finden für mein Vermögen, ich könnt' das nicht brauchen, daß mir a Rotkopfeter die Schand' antut und erweist mir die letzte Ehr'.

SALOME Also tun Sie weder jetzt, noch nach Ihrem Tod was für den armen Mussi Titus?

SPUND Ich tu' das, was der Bräumeister g'sagt hat. Ich kauf' ihm eine Offizin in der Stadt, das bin ich der verstorbenen Freundschaft schuldig; dann gib ich ihm a paar tausend Gulden, daß er dasteht als ordentlicher Mann; dann sag' ich ihm noch a paar Grobheiten wegen die roten Haar', und dann därf er sich nicht mehr vor mir blicken lassen.

SALOME (*freudig*) Also machen S' ihn doch vermöglich und glücklich?

SPUND Ich tu' das, was der Bräumeister g'sagt hat.

SALOME (*traurig für sich*) Ich g'freu mich d'rüber, und wann er nicht mehr arm is, is er ja erst ganz für mich verlor'n. (*Seufzend.*) Mir hat er ja so nix wollen!

SPUND Und als was is er denn im Schloß?

SALOME Das weiß ich nit, aber bordiert is er vom Kopf bis zum Fuß voll goldene Borten.

SPUND Das is Livree! O Schandfleck meiner Familie! Der Neveu eines Bierversilberers voll goldene Borten! Ich parier', die ganze Freundschaft hat sich um'kehrt im Grab! Skandal ohnegleichen! Führ' Sie mich g'schwind hinauf, ich beutl' ihn heraus aus der Livree – nur g'schwind! Ich hab' keine Ruh', bis die Schmach getilgt is und meine Freundschaft wieder daliegt im Grab, wie es sich g'hört.

SALOME Aber lassen S' Ihnen nur sagen –

SPUND (*äußerst agitiert*) Vorwärts, hab' ich g'sagt – Leuchter, voran! (*Treibt sie vor sich her hinter den Flügel des Schlosses.*)

Offizin: Barbierladen.

Fünfte Szene

FLORA, *dann* PLUTZERKERN

FLORA (*tritt von links auf*) He! Plutzerkern! Plutzerkern!

PLUTZERKERN (*aus der Gärtnerwohnung kommend*) Was schaffen S'?

FLORA Der Mensch ist doch schon fort, hoffe ich?

PLUTZERKERN Nein, er is noch nicht fertig.

FLORA Er soll sich tummeln!

PLUTZERKERN (*boshaft*) Wünschen Sie vielleicht ein Abschiedssouper in zweien, bei dem ich überflüssig bin?

FLORA Dummkopf!

PLUTZERKERN Ich hab' nur glaubt, weil Sie sich z' Mittag so um ihn g'rissen hab'n; jetzt wär' die Gelegenheit günstig, jetzt schnappt ihn Ihnen doch die Kammerfrau nicht mehr weg.

FLORA Halt' Er 's Maul und schick' Er ihn fort!

PLUTZERKERN (*in die Gärtnerwohnung rufend*) Mach' der Herr einmal, daß er weiterkommt!

TITUS (*von innen*) Gleich!

Sechste Szene

TITUS; DIE VORIGEN

TITUS (*in seinem schlechten Anzug wie zu Anfang des Stückes, aus der Gärtnerwohnung kommend*) Bin schon da!

FLORA Sehr gefehlt für einen Menschen, der schon fort sein sollt'!

TITUS Die Gärtnerin, die auch an meinem Haar ein Haar g'funden hat! Wollen Sie mir vielleicht gütigst was mitgeben auf 'n Weg?

FLORA Für die kecke Täuschung, die Er sich gegen mich erlaubt hat, wat mit*geben*? Ich will lieber nachschaun, ob Er nichts mitg'*nommen* hat. (*Geht, ihn verächtlich messend, in ihre Wohnung ab.*)

TITUS (*entrüstet*) Was –!?

PLUTZERKERN Ja, ja, man kann nicht wissen! (*Ihn ebenfalls verächtlich messend.*) Haariger Betrüger! (*Geht in die Gärtnerwohnung ab.*)

Siebente Szene

TITUS, *dann später* GEORG

TITUS (*allein*) Impertinentes Volk! – Das is wahr, recht liebreich behandeln ein' d' Leut', wenn ein' der Faden ausgeht. Im Grund hab' ich's verdient, ich hab' mich auch nicht sehr liebreich benommen, wie ich obenauf war – lassen wir das! Es wird Abend, in jeder Hinsicht Abend! Die Sonne meines Glücks und die wirkliche Sonne sind beide untergegangen im Okzident – wohin sich jetzt wenden, daß man ohne Kreuzer Geld ein Nachtquartier find't – das ist die schwierige okzidentalische Frage. – (*Das Schloß und die Gärtnerwohnung betrachtend.*) Zimmer gäbet's da g'nug, aber ich schein' eine Kost zu sein, die der Magen dieser Zimmer nicht vertragt.

GEORG (*kommt hinter dem Schlosse hervor und tritt Titus mit einem sehr artigen Kompliment entgegen*) Herr von Titus?

TITUS (*über diese Höflichkeit frappiert*) Ich bitt' mir's aus, mich nicht für einen Narren z' halten!

GEORG Ich weiß recht gut, für was ich Ihnen zu halten hab' – (*beiseite*) ich darf's aber nit sagen. (*Laut.*) Sie möchten aufs Schloß kommen.

TITUS (*erstaunt*) Ich?

GEORG Zu der Kammerfrau.

TITUS Ich? Zu der Madame Constantia?

GEORG Dann vielleicht auch zu der gnädigen Frau! Aber nicht gleich, erst in einer halben Stund'! Sie können derweil da im Garten spaziern gehn.

TITUS (*für sich*) Unbegreiflich! Aber ich tu's! (*Zu Georg.*) Ich werd' warten und dann erscheinen, wie befohlen. Wollten Sie aber nicht die Güte haben, dort – (*nach links deutend*) sind Gartenleut' – und ihnen sagen, daß ich mit herrschaftlicher Erlaubnis hier promeniere, denn nach dem Sprichwort: »Undank is der Welt Lohn« hab' ich Grund zu vermuten, daß sie zum Dank für das, daß ich s' heut' traktiert hab', jetzt Hinauswerfungsversuche an mir tentiereten.

GEORG O, ich bitt', Herr von Titus, das werden wir gleich machen. (*Geht, sich artig verneigend, ab.*)

Faden: Geld.
Okzidentalische Frage: die orientalische (!) wurde in Europa viel erörtert.
Tentiereten: tentieren = versuchen (fz. *tenter*).

Achte Szene

TITUS (*allein*)

TITUS Ich reim' mir das Ding schon zusamm': Die Gnädige wird in einem Anfall von Gnad' in sich gegangen sein, eing'sehen haben, daß sie mich als armen Teufel zu hart behandelt hat, und ruckt jetzt zum Finale mit einer Wegzehrung heraus. – Halt! (*Von einer Idee ergriffen.*) Um diesen Zweck noch sicherer zu erreichen, erweis' ich ihr jetzt eine zarte Aufmerksamkeit – (*in die Tasche greifend*) ich hab' ja da noch – sie kann die roten Haar' nit leiden – ich hab' da die graue Perücken vom eh'maligen Gartner im Sack – (*zieht sie hervor*) mit der mach' ich jetzt meine Abschiedsvisite, dann laßt s' g'wiß was springen. Ich probier's jetzt mit der grauen. Schwarze und blonde Haar' changieren sehr bald die Farb', so hat auch für mich bei beiden nur eine kurze Herrlichkeit herausg'schaut! Die grauen Haare ändern sich nicht mehr, vielleicht mach' ich mit die grauen ein dauerhaftes Glück. (*Geht links im Vordergrund ab.*)

Neunte Szene

FLORA, PLUTZERKERN

FLORA (*noch von innen*) Hab' ich's aber nicht g'sagt, daß wir so was erleben? (*Kommt ärgerlich aus ihrer Wohnung.*) O, ich kenn' meine Leut'! (*Zu Plutzerkern.*) Du laufst ihm nach!

PLUTZERKERN Es is aber nicht der Müh' wert.

FLORA Er hat die Perücken von mein' seligen Mann g'stohlen, die is für mich unschätzbar, wann ich will.

PLUTZERKERN Hören S' auf, 's sein Schaben drin.

FLORA Du laufst ihm nach, entreißt ihm den Raub!

PLUTZERKERN Da kriegt er keine zwei Groschen dafür.

FLORA Nachlaufen, hab' ich g'sagt, g'schwind!

PLUTZERKERN (*indem er langsam hinter der Gärtnerwohnung abgeht*) Ich werd' schaun, daß ich ihn einhol' – glaub' aber nit. (*Ab.*)

Zehnte Szene

FLORA, GEORG

FLORA (*sehr ärgerlich*) Ewig schad', daß's schon Abend is! Jetzt hat der Wachter schon sein' Rausch, sonst ließ' ich ihn einsperren, den impertinenten Ding, der sollt' denken an mich!

GEORG (*aus dem Vordergrund links auftretend*) Was is denn, Frau Gärtnerin, warum denn so im Zorn?

FLORA Ach, weg'n dem herg'loff'nen Filou!

GEORG Pst! Halt! Ehre, dem Ehre gebührt! Ich hab' ihn früher auch einen Vagabunden g'heißen, aber er hat einen steinreichen Herrn Onkel, der is an'kommen, nimmt sich an um ihn, kauft ihm in der Stadt die erste Offizin, denn er is ein studierter Balbierer, dann schenkt er ihm viele tausend und tausend Gulden.

FLORA (*äußerst erstaunt und betroffen*) Hörn Sie auf!

GEORG Wie ich Ihnen sag' – ich hab' ihn grad aufs Schloß b'stellen müssen, den Mussi Titus, er därf noch nix wissen, aber »Herr von« hab' ich doch zu ihm g'sagt, denn Ehre, dem Ehre gebührt! (*Geht hinter dem Schlosse ab.*)

Elfte Szene

FLORA, *dann* TITUS, *dann* SALOME

FLORA (*allein*) Diese Nachricht is auf Krämpf' herg'richt't, und ich hab' den Menschen so grob behandelt. Jetzt heißt's umstecken und alles dransetzen, daß ich Frau Balbiererin werd'! Es wär' ja nur auf 'm Land ein Unglück, in der Stadt kann man's schon aushalten mit ein' rotkopfeten Mann. Dort kommt er! (*Nach links sehend.*) Ich will mich stellen, als ob's mich reuet – was stellen! Ich bin ja wirklich vor Reu' ganz außer mir.

Quodlibet-Terzett

FLORA

Titus! Titus!

TITUS (*aus dem Hintergrunde links*)

D' Gartnerin ruft mich zu sich?

FLORA

Ach, Herr Titus, hören S' mich!

TITUS

D' Gartnerin ruft mich zu sich?

FLORA

Ach, Herr Titus, hören S' mich!
's laßt mir kein' Rast und keine Ruh'.

TITUS

Was S' z' sag'n hab'n, reden S', ich hör' zu.

FLORA

Bereuen kann man nie zu fruh!

TITUS

Der Abschied, hör'n Sie, war schmafu.

FLORA

's laßt mir kein' Rast und keine Ruh'!

TITUS

Was S' z' sag'n hab'n, red'n S', ich hör' zu.

zugleich

FLORA

Bereuen kann man nie zu fruh!

TITUS

Der Abschied, hör'n Sie, war schmafu!

zugleich

FLORA

Bereuen kann man, nein, das kann man
nie zu fruh!

TITUS

Der Abschied, hör'n Sie, der war wirklich
sehr schmafu!

zugleich

FLORA

Tun Sie nicht von mir sich wenden
Und mir Hasses Blicke senden!
Nicht vertrag' ich's!

TITUS

Na, was is denn?

FLORA

Ich vergehe –!

TITUS

Versteht si!

FLORA

Weh' mir!

TITUS

's magerlt ewige Zeiten,

Schmafu: geringschätzig, gemein (von fz. *je m'en fous*).
's magerlt: es ärgert.

Wird man von solchen Leuten
Malträtiert, das greift ans Herz;
Fern von eurem flachen Lande
Schließ' ich andre Liebesbande;
In d' Schweiz zieht der Verkannte,
Dort heilt a Kuhdirn den tief'n Schmerz.

FLORA

Meiner Gall' war ich früher nicht Meister,
Vergeben Sie und sei'n Sie nicht hart!
Es rächen sich doch große Geister
Ja immer nur auf edle Art.

TITUS

Es tobet in mir Rache,
Wie die Ehre, wie die Liebe sie fordert –

FLORA

Willst du schon wieder gehn?

TITUS

Ja, ich will gehn, froh und frei,
Nie deinen Tempel sehn.

FLORA

Ach, du kannst nicht begreifen, nicht fühlen,
Welche Qualen die Brust mir durchwühlen,
Diese Flammen, die nie mehr zu kühlen,
Wie von Reue das Herz mir bricht!
Ja, dich nenn' ich mein teures Leben,
Dich mein einziges, glühendes Streben!
Willst du grausam mir nimmer vergeben,
Erwidern die Tränen mit Hohn,
Willst du grausam mir nimmer vergeben,
Erwidern die Tränen mit Hohn –?

TITUS

Daß ich so g'schwind Lieb' konnt' erwecken,
Da muß was dahinterstecken,
Alles eins, ich sag': Beim Bäcken
Kriegt man d' Semmeln, mich aber nicht!
's nutzt nix, die G'schicht',
Bitt' fort a Jahrl,
Mich erwischst nicht,
Mir wer'n kein Paarl,

's is umsonst, hast nix davon,
's is umsonst, hast nix davon.

SALOME (*kommt*)
Ich hab' wahrlich keinen Grund,
Ein lustig's G'sicht zu machen,
Und doch öffnet sich mein Mund
Herzlich jetzt zum Lachen.
Wie der dicke Herr im Schloß
Sich benimmt, is g'spaßi,
Da hat er's gegeb'n ganz groß,
Droben is er dasi – hahaha!

FLORA
Was will denn die da?

SALOME (*Titus erblickend*)
Was is das? Jetzt bei der?
Das gehört auch zum Malheur.

TITUS
D' Salome,
Soll die mich hier als Flegel sehen?

FLORA
Titus! Grob därfen S' jetzt nit sein –

SALOME
Daß ich grad dazu muß kommen!

TITUS
Wenigstens zum Schein –

FLORA
Wir sind nicht mehr allein.

SALOME
Doch ich hab' mir vorgenommen –

TITUS
Will ich all's verzeihn.

FLORA
Ha, Worte, die sanft erklingen,
Vernehm' ich, es wird mir gelingen,
Mir wieder zu erringen, } *zugleich*
Was ich verlor,
Was ich verlor,
Und was mein Glück allein.

Dasi(g): kleinlaut.

TITUS

Wenn sanft die Worte klingen,
Brauchen S' vor Freud' nicht zu springen,
Schwerlich wer'n S' mich erringen.
Denn wohlgemerkt,
Ich hab' nur g'sagt: zum Schein! *zugleich*

SALOME

Nichts mehr z' sagen,
Mir es aus dem Sinn zu schlagen,
's soll nicht sein,
Nein, 's soll nicht sein.

TITUS

Ach, sie im Netz zu sehen,
Ach, ich muß es gestehen,
Ja, leicht wär' es geschehen,
Doch nein, nein, nein, ich will das nicht,
Die Liebe, dideidldidum,
Erfüllet, dideidldidum,
Mich gar nicht, dumdidldidum,
Für sie, durchaus nein!
Ach, sie im Netz zu sehen,
Ich muß es gestehen,
Leicht wär' es geschehen,
Doch nein! Ihrer Liebe Sehnen
Stillbeglückt zu krönen
Darf ich nicht entbrennen, nein!

ALLE DREI

Man schmeichelt sich mit Hoffnung oft,
Zu Wasser wird, was man gehofft.

FLORA

Bei mir soll's nicht zu Wasser wer'n,
Das Glück hat halt die Witwen gern.

TITUS, SALOME

Das Glück, das foppt uns halt so gern!

ALLE DREI

Wenn man glaubt, man hat das Glück
Schon sicher in sein' Haus,
Husch, husch, husch, im Augenblick
Beim Fenster rutscht's hinaus.

Man schmeichelt sich mit Hoffnung oft,
Zu Wasser wird das, was man hofft –

FLORA

Mir soll's nit zu Wasser wer'n!

TITUS, SALOME

Warum soll's nit zu Wasser wer'n?

FLORA

Das Glück hat mich zu gern.

TITUS, SALOME

Das Glück, das foppt uns gern!

SALOME

Mein Bruder, der Jodl, singt so:
Ja, mit die Madeln da is richti, richti, richti
Allemal a rechter G'spaß,
Tun s' vor'n Leuten noch so schüchti, schüchti, schüchti,
Was man z' denken hat, man waß's!
Und ich bin a schöner Kerl, Kerl, Kerl,
G'wachsen wie a Pfeifenröhrl, Röhrl, Röhrl,
Unter den Männern schon die Perl', Perl', Perl',
Drüber laßt sich gar nix sag'n,
Ich hab' Rosomi im Schädel, Schädel, Schädel,
Drum bin ich stolz und bettel', bettel', bettel'
Nit erst lang um so a Mädl, Mädl, Mädl,
Obs d' nit doni gehst vom Wag'n, Wag'n, Wag'n,
Obs d' nit doni gehst vom Wag'n.

ALLE DREI

Bald wird's anders werden,
Kuraschiert auf den Weg,
Der zum Ziel uns führt,
Fortmarschiert, so lang, bis 's besser wird.
's Glück is rund,
Darum geht's auf der Welt so bunt,
Ohne Grund
Liegt man g'schwind öfters drunt'.

FLORA, SALOME

Wir sein nix als –

TITUS

Wir sein nix als – wir sein nix als –

Rosomi: Verstand (aus dem Tschechischen).
Doni: hinweg, hinunter.

FLORA, SALOME

Narren des Schicksals,

TITUS

Narren des Schicksals, Narren des Schicksals.

FLORA, SALOME

Wenn man sich all's, wenn man sich all's,

TITUS

Wenn man sich all's,
Wenn man sich all's,

ALLE DREI

Gleich zu Herzen,
Wenn man sich alles z' Herzen nimmt!
Wenn nur frohe Hoffnung glimmt,
Endigt alles gut bestimmt,
Ta, ta, ta, dum, dum, dum.

FLORA, SALOME

's laßt sich drüber nix sag'n
Mit ein' orndlichen Mag'n,

TITUS

Mit ein' orndlichen Mag'n –

ALLE DREI

Man kann alles ertrag'n,
Kann man alles ertrag'n.

(*Flora rechts, Titus hinter dem Schloß und Salome links gegen den Hintergrund ab.*)

Verwandlung

Gartensaal im Schlosse mit Bogen und Glastüren im Hintergrunde, welche die Aussicht auf eine Terrasse und den mondbeleuchteten Garten eröffnen, rechts und links eine Seitentür. Lichter auf den Tischen zu beiden Seiten

Zwölfte Szene

CONSTANTIA (*allein, aus der Seitentüre rechts*)

CONSTANTIA Wer hätte dem Friseur das zugetraut! Mit einem stolz hingeworfenen: »Adieu, Madame!« hat er sich für immer losgesagt von mir! Eine gewöhnliche Witwe könnte das außer Fassung bringen, mich, Gott sei Dank, kostet es nur einen Blick, und ein anderer Bräutigam, Monsieur Titus, liegt zu meinen Füßen. Wenn nur die gnädige Frau, die sich so gütig der Sache annimmt, den alten Spießbürger schon herumgekriegt hätte, daß er Titus als seinen Erben erklärt!

Dreizehnte Szene

CONSTANTIA, FRAU VON CYPRESSENBURG

FRAU VON CYPRESSENBURG (*aus der Seitentüre links kommend*) Constanze –

CONSTANTIA (*ihr entgegeneilend*) Euer Gnaden!

FRAU VON CYPRESSENBURG Es geht nicht!

CONSTANTIA Wär's möglich?

FRAU VON CYPRESSENBURG Ich habe mich eine halbe Stunde abgequält mit dem Manne, aber seine lederne, wasserdichte Seele ist undurchdringlich für den Tau der Beredsamkeit. Er will ihn etablieren, weiter nichts, auf Erbschaft hat er keine Hoffnung.

CONSTANTIA Hm! Sehr fatal! Ich glaubte, es würde so leicht gehen, habe schon den Notarius Falk, der heraußen seine Sommerwohnung hat, rufen lassen – versuchen wir es nochmal, gnädige Frau, setzen wir ihm beide zu!

FRAU VON CYPRESSENBURG Wenn du glaubst! Ich habe dich heute aus Übereilung sehr ungerecht behandelt und will das durch wahre mütterliche Sorgfalt wieder gutmachen.

CONSTANTIA (*ihr die Hand küssend*) Sie sind so überaus gnädig –

FRAU VON CYPRESSENBURG (*indem sie, von Constantia begleitet, in die Seitentüre links abgeht*) Ich habe aber wenig Hoffnung. Es müßte nur sein, daß das Wiedersehn seines Neffen –

CONSTANTIA Der muß jeden Augenblick hier sein. (*Beide in die Seitentür links ab.*)

Vierzehnte Szene

KONRAD (*führt* TITUS, *welcher die graue Perücke aufhat, durch die Glastür von der Terrasse in den Saal*)

TITUS (*im Eintreten*) Aber, so sag' Er mir nur –

KONRAD Ich darf nix sag'n! (*Ihn erstaunt anglotzend.*) Aber was is denn das? Sie haben ja eine graue Perücken auf.

TITUS Geht Ihn das was an? Ich bin herb'stellt, meld' Er mich, und damit Punktum!

KONRAD Na, gleich, gleich! (*Geht in die Seitentüre links ab.*)

Fünfzehnte Szene

TITUS (*allein*), *später* KONRAD (*zurück*)

TITUS (*allein, aufs Herz deutend*) Es wird mir a bißl an Stich da geben, wenn ich die Constantia sehe. Ach, nur dran denken, wie sie g'sagt hat: »Ach, wie abscheulich sieht er aus!« So eine Erinnerung is ein Universalmittel gegen alte Bremsler. Sie soll Kammerfrau bleiben, wo sie will, meine Herzenskammern, die bezieht sie nicht mehr, die verlass' ich an einen ledigen Jungg'sellen, und der heißt: »Weiberhaß!«

KONRAD (*tritt ein*)

TITUS (*zu ihm*) Hat Er mich angemeldet?

KONRAD Nein, die gnädige Frau diskuriert, und da darf man sie nicht unterbrechen.

TITUS Aber ich bin ja –

KONRAD Keine Ungeduld! Wart' der Herr da, oder – (*nach rechts deutend*) in dem Zimmer drin. In einiger Zeit werd' ich sehn, ob es Zeit sein wird, Ihn zu melden. (*Rechts ab.*)

Sechzehnte Szene

TITUS (*allein*)

TITUS Fahr ab, du bordierte Befehlerfüllungsmaschine! Das is auch einer aus der g'wissen Sammlung – das Leben hat eine Sammlung von Erscheinungen, die wahrscheinlich von sehr hohem Wert sind, weil sie den Ungenügsamsten zu der genügsamen Äußerung hinreißen: »Da hab' ich schon g'nur!«

Lied

1.

's kommt ein' einer ins Zimmer, man fragt, was er will?
»Ich bitt' um Unterstützung, hab' Unglück g'habt viel;
Such' Beschäftigung, doch 's is alles b'setzt überall,
Ich bin kränklich, war jetzt erst zehn Woch'n im Spital!«
Dabei riecht er von Branntwein in aller Fruh' –
Na, da hab' ich schon g'nur, na, da hab' ich schon g'nur!

Bremsler: nervöse Erschütterung.

2.

»Die G'schicht' wird mir z' auffallend schon!« schreit der Mann.
»Ich weiß nicht, was d' hast«, lispelt d' Frau, »hör' nur an,
Daß der Mensch mir so viel zarte Achtung erweist,
Das g'schieht aus Bewunderung nur für mein' Geist,
Das, was du für Liebe hältst, ist Freundschaft nur!« –
Na, da hab' ich schon g'nur, na, da hab' ich schon g'nur!

3.

A Madl hat ein' Burnus mit kirschrote Quasten;
Ich parier', sie hat battistene Wäsch' in ihr'm Kasten,
's Kleid is von Asphalt, nach dem neuesten Schnitt;
Drauf kommt s' zu ein' Lackerl, drüber macht s' einen Schritt,
Bei der G'leg'nheit geht ihr der Rock etwas vur –
Na, da hab' ich schon g'nur, na, da hab' ich schon g'nur!

4.

Ich vergaff' mi in a Madl, ganz einfach gekleid't,
Ich begehr's von die Eltern, war'n recht rare Leut';
Sie sag'n gleich: »Da hab'n Sie's, 's kann Hochzeit sein morgen,
Nur müssen Sie uns auch als d' Eltern versorgen,
Die elf G'schwistert, die brauchen S' ins Haus z'nehmen nur!« –
Na, da hab' ich schon g'nur, na, da hab' ich schon g'nur!

5.

Vor mir red'n zwei Fräul'n, war a g'spaßigs Gewäsch,
Ich hör': »Oui« und »Peut-être« – 's war richtig Französch:
»Allez vous aujourd'hui au théâtre, Marie?«
»Nous allons«, sagt die andre, »au quatrième galerie,
J'ai allée avec Mama au théâtre toujours« –
Na, da hab' ich schon g'nur, na, da hab' ich schon g'nur!

6.

»Ich geh' zum Theater!« hat mir einer g'sagt.
»Als was woll'n S' denn 's erstemal spiel'n?« hab' i g'fragt.
»Ich spiel' gleich den Hamlet, denn ich bin ein Genie.
Gib dann den Don Carlos als zweites Debut.
So wie ich hab'n sie kein' in der Burg, gar ka Spur!« –
Na, da hab' ich schon g'nur, na, da hab' ich schon g'nur!

(*Durch die Seitentür links ab.*)

Parier': wette.
Lackerl: kleine Lache, Pfütze.
Fünfte Strophe: Absichtlich fehlerhaftes Französisch.
Burg: Wiener Burgtheater.

Siebzehnte Szene

FRAU VON CYPRESSENBURG, CONSTANTIA, *dann* TITUS

FRAU VON CYPRESSENBURG Wo er nur so lange bleibt?

CONSTANTIA Georg sagte mir doch –

TITUS (*aus der Seitentür rechts*) Meinen Euer Gnaden mich?

FRAU VON CYPRESSENBURG Ah, da sind Sie ja – Sie werden staunen!

CONSTANTIA (*mit Verwunderung Titus' graue Perücke bemerkend und Frau von Cypressenburg darauf aufmerksam machend*) Gnädige Frau! Sehen Sie doch –

FRAU VON CYPRESSENBURG Was ist denn das?

TITUS (*auf seine Perücke deutend*) Diese alte Katherl war die einzige, deren ich mich bemächtigen konnte. Ich benütze sie, um die Ihre Nervensystem verletzende Couleur zu verdecken.

FRAU VON CYPRESSENBURG Hm, so arg ist es nicht, ich bin nur manchmal so kindisch.

TITUS Kindisch? Diese Eigenschaft sieht Ihnen der schärfste Menschenkenner nicht an.

CONSTANTIA Rote Haare stehen im Grunde so übel nicht!

TITUS (*erstaunt*) Das sagen Sie, die noch –?

FRAU VON CYPRESSENBURG Jetzt legen Sie aber schnell die Perücke ab, denn es wird jemand –

CONSTANTIA (*Spund bemerkend, welcher bereits aus der Seitentür links getreten ist*) Zu spät, da ist er schon!

FRAU VON CYPRESSENBURG (*zu Spund*) Hier Ihr Neffe, Herr Spund! (*Geht in die Seitentür links ab.*)

CONSTANTIA (*für sich*) Jetzt mag er sehen, wie er mit ihm zurecht kommt! (*Folgt der Frau von Cypressenburg.*)

Achtzehnte Szene

TITUS, SPUND; *später* KONRAD

TITUS (*erstaunt*) Der Herr Vetter! Wie kommen denn Sie daher?

SPUND Auf eine honnettere Art als du! Durchgehen is nicht meine Sach'!

TITUS Ja, freilich, wenn man einmal Ihre Dicken hat, dann geht man nicht so leicht wo durch!

Katherl: Perücke.

SPUND Du Makel der Familie, du! (*Kommt näher auf ihn zu und erblickt mit Staunen die grauen Haare.*) Was is denn das!? Graue Haare?

TITUS (*für sich, betroffen*) O je!

SPUND Du bist ja rotkopfet?

TITUS (*sich schnell fassend*) Ich war es.

SPUND Und jetzt?

TITUS Jetzt bin ich grau.

SPUND Das is ja nicht möglich –

TITUS Wirklichkeit is immer das schönste Zeugnis für die Möglichkeit.

SPUND Du bist ja erst sechsundzwanzig Jahr'?

TITUS Ich war es gestern noch! Aber der Kummer, die Kränkung, daß ich, verlassen von meinem einzigen leiblichen Herrn Vettern, als hilfloser Durchgänger in die Welt hab' müssen, hat mich um ein Jahrtausend älter gemacht: Ich bin über Nacht grau geworden.

SPUND (*verblüfft*) Über Nacht?

TITUS Schlag sieben bin ich fort von z' Haus, dreiviertel Stund' später schau' ich mich in den Spiegel der Unglücklichen, ins Wasser hinein, da war mir, als wenn meine Haare so g'wiß g'sprenglet wären. Ich schieb' das auf die Dämmerung, wähle den Linigraben zur Untertuchet, deck' mich mit die Nachtnebel zu, schlaf' ein – Schlag Mitternacht wecken mich zwei Frösch' auf, die auf meinem Halstüchel zu disputieren anfangen, da gibt mir ein Anfall von Desperation den klugen Einfall, mir einige Hände voll Haare ausz'reißen – sie waren grau! – Ich schieb' das auf den Silbersichelreflex der Mondscheibe, schlaf' weiter. Auf einmal scheucht mich ein ungeheures Milliweiberg'schnatter auf aus dem tiefsten Linigrabenschlummer – es war heller Morgen, und neben mir macht grad ein Rastelbinder Toilette, er schaut sich in ein' Glasscherben, der vielleicht einst ein Spiegel war, ich tu' desgleichen, und ein eisgrauer Kopf, den ich nur an dem beigefügten Gesicht für den meinigen erkenne, starrt mir entgegen.

SPUND Das wär' ja unerhört!

Linigraben: Graben entlang der »Linie«, der Umwallung der damaligen Vorstädte Wiens.
Untertuchet: Tuchet = Mit Federn gefüllte Bettdecke.
Rastelbinder: wandernde Gelegenheitsarbeiter, oft Zigeuner, die Geschirr reparierten.

TITUS O nein, die Geschichte spricht dafür. Da war zum Beispiel ein gewisser Belisar, von dem haben S' g'wiß g'hört?

SPUND Belisar? War das nit ein Bierversilberer?

TITUS Nein, er war römischer Feldherr. Dem hat seine Frau durch'n Senat d' Augen auskratzen lassen.

SPUND Das tun sonst d' Weiber selber.

TITUS Die hat aber den Kodex Justinianus z' Hilf' g'nommen. Das nimmt sich der Mann zu Herzen, und in dreimal vierundzwanzig Stund' is er grau! Jetzt denken Sie, Herr Vetter, das, wozu ein römischer Feldherr drei Täg' hat braucht, das hab' ich über Nacht geleistet, und Sie, Herr Vetter, sind der Grund dieser welthistorischen Begebenheit.

SPUND (*sehr ergriffen*) Titus, Bub, Blutsverwandter – ich weiß gar nicht, wie mir g'schieht – ich bin der Vetter einer welthistorischen Begebenheit! (*Schluchzend.*) Neunzehn Jahr' hab' ich net g'weint, und jetzt kommt das Ding völlig schußweis. (*Trocknet sich die Augen.*)

TITUS Is gut, wenn das alte Bier herauskommt!

SPUND (*die Arme ausbreitend*) Geh her, du eisgrauer Bub! (*Umarmt ihn.*)

TITUS (*ihn ebenfalls umarmend*) Vetter Spund! (*Prallt plötzlich heftig aus seinen Armen zurück.*)

SPUND (*darüber erstaunt*) Was springst denn weg als wie ein hölzerner Reif?

TITUS (*für sich*) Bei ein' Haar hätt' er mich beim Haarzopfen erwischt. (*Laut.*) Sie haben mich so druckt, mit Ihrem Ring, glaub' ich.

SPUND Sei nicht so heiklich! Her da an das Vetterherz! (*Umarmt ihn derb.*)

TITUS (*hält während der Umarmung mit der rechten Hand seinen Zopf in die Höhe, damit er Spund nicht in die Hände kommt*)

SPUND (*ihn loslassend*) So! – Übrigens, daß ich dich nicht mehr druck' mit dem Ring – (*Zieht einen dicken Siegelring etwas mühsam vom Finger.*)

TITUS (*währenddem beiseite*) Wenn der den Zopfen sieht, so is's aus; denn das glaubet er mir doch nicht, daß mir aus Kränkung ein Zopfen g'wachsen is.

SPUND (*ihm den Ring gebend*) Da hast du ihn! Du mußt wis-

Belisar ff.: Blendung unhistorisch, aber Stoff zeitgenössischer Theaterstücke.

sen, daß ich da bin, um dich als g'machten Mann in die Stadt zurückz'führen, daß ich dir eine prächtige Offizin kauf' – daß ich –

TITUS (*freudig*) Herr Vetter!

SPUND Aber wie du ausschaust, der Rock – ich muß dich der gnädigen Frau als meinigen Verwandten vorstellen, und dann is noch wer drin –

TITUS (*erschrocken*) Etwan der Friseur? –

SPUND Friseur? (*Lacht mit tölpischer Schalkhaftigkeit.*) Du Bub, du, stell' dich net so! Ich hab' schlechte Augen, aber der Person hab' ich's recht gut ang'sehn, auf was es abg'sehn is. Wenn nur der Rock –

KONRAD (*tritt aus der Seitentür rechts und will durch die Mitte ab*)

SPUND (*zu Konrad*) O Sie, sei'n S' so gut, haben S' keine Bürsten?

KONRAD A Bürsten? Ich glaub'. (*Sich an die Tasche fühlend.*) Richtig, ich hab' s' da im Sack bei mir. (*Gibt Spund die Bürste.*)

SPUND So, geben S' her! Können schon wieder gehn! (*Konrad zur Mitte ab.*)

SPUND (*zu Titus*) Jetzt geh her, daß ich dich a bißl sauber mach' –.

TITUS (*betroffen*) Was wollen S' denn?

SPUND Drah dich um –!

TITUS (*in großer Verlegenheit*) Sie wer'n doch als Herr Vetter nicht Kleiderputzerdienst' an dem Neffen üben?

SPUND Ich bedien' nicht den Neffen, ich bürst' einer Naturerscheinung den Rock aus, ich kehr' den Staub ab von einer welthistorischen Begebenheit, das entehrt selbst den Bierversilberer nit! Drah dich um!

TITUS (*in größter Verlegenheit, für sich*) Gott, wann der den Zopfen sieht –! (*Laut.*) Fangen S' vorn an!

SPUND Is a recht. (*Bürstet an Titus' Kleidern.*)

TITUS (*in höchster Angst, für sich*) Schicksal, gib mir eine Scher', oder ich renn' mir ein Messer in den Leib!

SPUND (*etwas tiefer bürstend*) Schrecklich, wie sich der Bub zug'richt't hat.

TITUS (*für sich*) Is denn keine Rettung? Es muß blitzen! (*Blickt nach der ihm gegenüberstehenden Seitentür links, welche sich etwas öffnet und aus welcher nur Constantias Arm mit einer Schere in der Hand sichtbar wird.*) Ha! Da blitzt ein blanker Stahl in meine Augen! Die Himmlische zeigt mir eine englische Scher'! –

SPUND Drah dich um, sag' ich!

TITUS Da stellen wir uns herüber! (*Geht, ohne seine Rückseite gegen Spund zu wenden, auf die linke Seite der Bühne, so daß er mit dem Rücken nahe an die Seitentür links zu stehen kommt.*) Da is die wahre Lichten! (*Langt zurück und nimmt aus Constantias Hand die Schere.*)

SPUND So drah dich um!

TITUS Nein, jetzt werden S' vorn noch a Menge Staub bemerken. (*Während Spund noch an den Vorderklappen des Rockes bürstet, schneidet er sich rasch den Zopf ab.*)

SPUND Nicht wahr is 's! Jetzt umdrahn amal! (*Wendet ihn herum.*)

TITUS (*zieht während dieser Wendung den abgeschnittenen Zopf mit der linken Hand vorne über den Kopf herab, so daß Spund, welcher den Rücken des Rockes ausbürstet, nichts bemerken kann. Für sich*) Habe Dank, Schicksal, die Amputation is glücklich vorüber.

SPUND (*indem er bald aufhört zu bürsten*) Schau, Titus, du bist a guter Kerl, du hast dich kränkt um einen hartherzigen Vettern! Und warum war ich hartherzig? Weil du rote Haar' hast g'habt! Die hast aber jetzt nicht mehr, es is also kein Grund mehr vorhanden, ich kann jetzt nit anders, ich muß weichherzig wer'n. Du bist mein einziger Verwandter, du bist – mit einem Wort, du bist so viel als mein Sohn, du bist mein Universalerb'!

TITUS (*erstaunt*) Was?

Neunzehnte Szene

FRAU VON CYPRESSENBURG, NOTARIUS FALK, CONSTANTIA; DIE VORIGEN

FRAU VON CYPRESSENBURG Universalerbe, das is das rechte Wort, welches wir von Ihrem Herzen erwartet haben.

CONSTANTIA Wir haben auch gar nicht daran gezweifelt, und zufällig ist der Herr Notarius da, welcher derlei Urkunden immer in Bereitschaft hat.

SPUND Nur her damit!

NOTARIUS (*zieht eine Schrift hervor und detailliert Spund im stillen die Hauptpunkte derselben*)

TITUS (*für sich, mit Beziehung auf Constantia*) Das geht ja über Hals und Kopf; die betreibt ja meine Erbschaft viel eifriger als ich selber!

FRAU VON CYPRESSENBURG (*zu Titus*) Sehen Sie, wie das gute Geschöpf (*auf Constantia deutend*) für Ihr Bestes sorgt? Ich weiß alles und willige gern in den Bund, den Liebe schloß und Dankbarkeit befestigen wird.

TITUS (*verneigt sich stumm*)

SPUND (*zum Notarius*) Schön, alles in bester Ordnung! (*Man führt Spund zum Tische, worauf Schreibzeug steht, und er setzt sich zum Unterschreiben.*)

TITUS (*für sich*) Daß er mir ein' Offizin kauft, das kann ich annehmen, er is mein Blutsverwandter! Aber durch einen Betrug sein Universalerb' wer'n, das mag ich doch nicht! (*Laut zu Spund, welcher eben die Urkunde unterzeichnen will.*) Halt, Herr Vetter! Erlauben S' –

SPUND Na? Bist etwa noch nicht z'frieden?

Zwanzigste Szene

FLORA (*zur Mitte eintretend*); DIE VORIGEN

FLORA Gnädige Frau, ich komm' –

FRAU VON CYPRESSENBURG Zur ungelegenen Zeit!

FLORA Um Rechnung zu legen –

FRAU VON CYPRESSENBURG Hab' ich Ihr nicht gesagt, daß ich Sie wieder behalte?

FLORA Ja, aber – es ist zwar noch nicht gewiß, aber es könnt' vielleicht sein, daß ich in die Stadt heirat' – warum soll ich's geheim halten, der Mussi Titus –

FRAU VON CYPRESSENBURG Was?

CONSTANTIA (*zugleich*) Impertinent!

SPUND Wie vielen hast denn du 's Heiraten versprochen in der Desperation?

TITUS Versprochen? Gar keiner.

SPUND Übrigens, das is Nebensach'! Heirat', wen du willst, du bist Universalerb'!

Einundzwanzigste Szene

SALOME; DIE VORIGEN

SALOME (*durch die Mitte hereineilend*) Mussi Titus! Mussi Titus! (*Erschrickt über die Anwesenden, ohne jedoch Flora zu bemerken, und bleibt unter der Tür stehen*)

FRAU VON CYPRESSENBURG, NOTARIUS *und* CONSTANTIA Was soll das?

SALOME (*schüchtern*) Ich bitt' um Verzeihn –

FRAU VON CYPRESSENBURG Was hat die Person hier zu suchen?

SALOME Den Mussi Titus! Die Frau Gartnerin hat g'schafft –

FRAU VON CYPRESSENBURG Die ist ja hier.

SALOME (*Flora gewahr werdend*) Richtig! Na, dann kann sie's selber sagen.

FRAU VON CYPRESSENBURG Was denn?

SALOME Nix! Sie winkt mir ja, daß ich nix sagen soll.

FRAU VON CYPRESSENBURG Heraus jetzt mit der Sprache!

SALOME Nein, solang die Frau Gartnerin dort so winkt, kann ich nit reden.

FRAU VON CYPRESSENBURG (*zu Flora*) Das werd' ich mir verbitten! (*Zu Salome.*) Also, was ist's?

SALOME (*verlegen*) Die Frau Gartnerin hat dem Plutzerkern g'sagt, und der Plutzerkern hat mir den Auftrag geben –

FRAU VON CYPRESSENBURG (*ungeduldig*) Was denn?

SALOME Der Mussi Titus soll die Perücken z'ruckgeben.

FRAU VON CYPRESSENBURG *und* CONSTANTIA (*erschrecken*)

SPUND Was für eine Perucken?

TITUS (*die graue Perücke abnehmend*) Diese da!

SPUND (*erzürnt, als er den Betrug merkt*) Was wär' das? Du Bursch, du –!

CONSTANTIA (*für sich*) Verdammt! Jetzt ist alles verloren!

FRAU VON CYPRESSENBURG (*leise zu Constantia*) Ruhig! (*Laut zu Titus.*) Sie haben sich einen etwas albernen Scherz mit Ihrem würdigen Herrn Onkel erlaubt! Sie werden aber doch nicht glauben, daß er sich wirklich äffen ließ? Er müßte der dümmste Mensch unter der Sonne sein, wenn er die plumpe Täuschung nicht augenblicklich gemerkt hätte! Aber als Mann von Geist und Verstand –

TITUS Hat er gleich alles durchschaut und nur mich aufsitzen lassen.

FRAU VON CYPRESSENBURG (*zu Spund*) Ist's nicht so?

SPUND (*ganz verblüfft*) Ja, freilich, freilich hab' ich alles durchschaut!

FRAU VON CYPRESSENBURG (*zu Titus*) An Ihnen ist es jetzt, seine Vergebung zu erflehen.

CONSTANTIA (*zu Titus*) Daß Ihnen der geistreiche Mann der Haare wegen die Erbschaft nicht entziehen wird, dürfen Sie mit Zuversicht hoffen. (*Zu Spund.*) Nicht wahr?

SPUND (*wie oben*) Freilich, freilich!

TITUS (*zu Constantia und Flora*) Daß ich aber auf die Erbschaft freiwillig Verzicht leiste, das werden Sie nicht hoffen. Mein guter Herr Vetter kauft mir ein G'schäft, mehr verlang' ich mir nicht. Dafür werd' ich ihm ewig dankbar sein! Erbschaft brauch' ich keine, denn ich wünsch', daß er noch a dreihundert Jahr' lebt.

SPUND (*gerührt*) So alt ist noch kein Bierversilberer wor'n! Bist doch a guter Kerl, trotz die rot'n Haar'!

TITUS (*mit Beziehung auf Flora und Constantia*) Daß ich nun ohne Erbschaft keine von denen heiraten kann, die die roten Haar' bloß an einem Universalerben verzeihlich finden, das ergibt sich von selbst. Ich heirat', die dem Titus sein' Titus nicht zum Vorwurf machen kann, die schon auf den rotkopfeten pauvre diable a bißl a Schneid g'habt, und das, glaub' ich, war bei dieser da der Fall! (*Schließt die erstaunte Salome in die Arme.*)

SALOME Was –! Der Mussi Titus –?

TITUS Wird der deinige!

FRAU VON CYPRESSENBURG (*welche still mit Constantia gesprochen, sagt dann laut*) Adieu! (*Geht unwillig in die Seitentür links ab; der Notarius folgt ihr.*)

CONSTANTIA Die gnädige Frau wünscht, daß man sie hier nicht ferner störe. (*Folgt ihr.*)

FLORA (*zu Titus, boshaft*) Ich gratulier' zur schönen Wahl. Da heißt's wohl: »Gleich und gleich g'sellt sich gern.« (*Durch die Mitte ab.*)

SPUND (*zu Titus*) Du tust aber, als wenn ich da gar nix dreinz'reden hätt'!

TITUS (*mit Beziehung auf Salome*) Ich weiß, Herr Vetter, die roten Haar' mißfallen Ihnen, sie mißfallen fast allgemein. Warum aber? Weil der Anblick zu ungewöhnlich is; wann's recht viel' gäbet, käm' die Sach' in Schwung, und daß wir zu dieser Vervielfältigung das unsrige beitragen werden, da kann sich der Herr Vetter verlassen drauf. (*Umarmt Salome.*)

(*Während einiger Takte Musik fällt der Vorhang.*)

Das Mädl aus der Vorstadt
oder
Ehrlich währt am längsten

Posse in drei Akten

Personenverzeichnis

KAUZ, ein Spekulant
FRAU VON ERBSENSTEIN, Kornhändlerswitwe, seine Nichte
HERR VON GIGL, ihr Bräutigam, entfernt mit Kauz verwandt
SCHNOFERL, Winkelagent
KNÖPFEL, ein Pfaidler, Witwer
PEPPI, seine Tochter
MADAME STORCH, Knöpfels Schwester, Witwe
ROSALIE, } Nähterinnen und Verwandte
SABINE, } von Knöpfels verstorbener Frau
THEKLA, eine Stickerin
EIN KOMMIS
NANNETTE, Stubenmädchen der Frau von Erbsenstein
DOMINIK, Bedienter des Herrn von Kauz
GÄSTE, KRÄMER, KOMMIS, PUTZMACHERINNEN

Die Handlung spielt in den beiden ersten Akten in einer großen Stadt, im dritten Akte in Kauz' Landhause.

Das Mädl aus der Vorstadt wurde zum ersten Mal, mit Nestroy als Winkelagenten Schnoferl, am 24. November 1841 aufgeführt. Die Musik war von Adolf Müller.

Schnoferl: (Aus)Schnüffler.
Pfaidler: Hemdenmacher, Wäschehändler.

Erster Akt

Elegantes Zimmer im Hause des Herrn von Kauz. Rechts und links eine Seitentüre, zwei Mitteltüren. Rechts und links Tisch und Stuhl.

Erste Szene

Mehrere KRÄMER *und* KOMMIS. *Mehrere* PUTZMACHERINNEN, DOMINIK

DOMINIK (*steht an einem Stuhl und zahlt den Anwesenden ihre Kontos aus*) Nicht wahr, so eine Kundschaft ist was Seltenes, a Braut, die vor der Hochzeit schon alles bezahlt.

ALLE No, i glaub's.

DOMINIK Jetzt bleiben s' die Ausstaffierung oft bis nach der Scheidung schuldig.

KRÄMER Lass' uns der Herr Dominik nur wieder rekommandiert sein, wenn die gnädige Frau was braucht.

DOMINIK Sie haben mir dasmal allerseits einen honetten Rabatt gegeben, und wenn Sie ein andersmal ebenso –

KRÄMER Das versteht sich von selbst, wir wissen schon, was sich g'hört! Daß uns der Herr Dominik immer dran erinnert, is etwas schmutzig.

DOMINIK Konträr, das is sehr reinlich, denn ich halt' drauf, daß eine Hand die andere wascht! Jetzt b'hüt' Ihnen Gott allerseits!

ALLE Adieu, Herr Dominik! (*Mitteltüre links ab.*)

Zweite Szene

DOMINIK, *dann* FRAU VON ERBSENSTEIN *und* NANNETTE

DOMINIK (*allein*) Ja, die Frau von Erbsenstein, da muß man Respekt haben. Ich kann mir auch schmeicheln, ihr ganzes Vertrauen –

FRAU VON ERBSENSTEIN (*mit Nannette aus der Seitentüre rechts kommend*) Entweder die Uhr geht zu früh oder mein Bräutigam geht zu spät, wenn er bei mir erscheinen soll! – Dominik!

DOMINIK Befehl'n?

FRAU VON ERBSENSTEIN Pack' Er sich hinaus!

DOMINIK Euer Gnaden wollen vielleicht –?

FRAU VON ERBSENSTEIN Von einem neugierigen Tölpel nicht inkommodiert sein, ja, das will ich.

DOMINIK (*für sich im Abgehen*) Sonderbare Laune, die sie fast täglich kriegt! (*Mitteltüre rechts ab.*)

Dritte Szene

FRAU VON ERBSENSTEIN, NANNETTE

FRAU VON ERBSENSTEIN (*ärgerlich und unruhig*) Seit einer Glockenstunde erwart' ich ihn, und er – richt' mir die Locken ordentlich! (*Nannette tut es.*) – Vor anderthalb Stund' schon wär' es seine Pflicht gewesen, – da schau den Ärmel an, steck doch das Schnürl hinein! (*Nannette tut es.*) – Zwei Stund' läßt er mich passen! –

NANNETTE Ja, ja, seine Nachlässigkeit verdient allerdings einen kleinen Putzer.

FRAU VON ERBSENSTEIN Was? Einen kleinen Putzer nur verdient das, daß er mich im größten Putz vernegligiert? Für ihn glänzt dieser Atlas, für ihn schwingen sich diese Marabus, für ihn schlaft mir der Arm völlig ein unter dem Bracelettengewicht, und er lest derweil wo die Zeitung oder spielt Billard, wenn nicht vielleicht gar – ha, welche Welt voll Plantierung liegt in diesem: »Wenn nicht vielleicht gar!«

NANNETTE Quälen sich Euer Gnaden nicht mit solchen Gedanken, er wird gewiß bald kommen, und soll er dann Falten auf Ihrer Stirn erblicken?

FRAU VON ERBSENSTEIN Wenn Sie von Falten red't, müßt' ich Ihr eine glatte Grobheit sagen.

NANNETTE Ich mein' ja nur die Falten des Trübsinns.

FRAU VON ERBSENSTEIN In der gebildeten Welt gibt's keine Falten, der Trübsinn wirft Schatten auf meine Züge, umwölkt kann meine Stirn sein, aber Falten bittet ich mir aus! Mit siebenundzwanzig Jahr' und acht Monat', lächerlich! Sie ist wirklich ein albernes Ding ohnegleichen!

NANNETTE (*beiseite*) An mir laßt s' den Zorn aus, das ist das Stubenmädllos auf Erden.

Putzer: Verweis.
Plantierung: plantieren = »sitzen lassen«.

FRAU VON ERBSENSTEIN Sie gibt überhaupt seit einiger Zeit so vielfältige Beweise von Einfältigkeit, daß ich – er kommt – der Gigl – nein, mein Herr Onkel ist's.

(*Nannette geht zur Seitentüre rechts ab. Kauz tritt zur Mitteltüre rechts auf.*)

Vierte Szene

KAUZ, FRAU VON ERBSENSTEIN

KAUZ (*auffallend dick, aber sehr elegant gekleidet*) Schön' guten Morgen, Frau Nièce!

FRAU VON ERBSENSTEIN Der Morgen kann gut und schön sein, ich bin aber bös und wild!

KAUZ Bös, das kann sein, aber wild –? Im Gegenteil, ich find', daß dieser Anzug –

FRAU VON ERBSENSTEIN Ach, der Herr Onkel g'fällt mir! Wenn ich per »wild« red', so werd'n Sie doch nicht glauben, daß ich mein Äußeres meine! An mir kann doch nur die Laune, die Gemütsstimmung wild sein.

KAUZ Ich weiß – ich weiß! (*Für sich.*) Wenn die Frau nur nicht gar so eitel wär'! (*Laut.*) Unter anderem, Nièce, find'st du nicht, daß ich heut' etwas blaß ausseh'?

FRAU VON ERBSENSTEIN Nein –

KAUZ Ach ja, es muß vom schlechten Schlaf sein! Ich hab' in mein' G'sicht so etwas Herg'nommenes, und das macht mir so ein hingebendes Aussehen, so –

FRAU VON ERBSENSTEIN Setz' sich der Herr Onkel nix Traurigs in Kopf!

KAUZ Oh, ich kränk' mich nicht drüber, im Gegenteil, diese blassen Tage haben gar bunte Folgen, denn sie machen einen ohnedem interessanten Mann erst ganz unwiderstehlich.

FRAU VON ERBSENSTEIN (*lachend*) Jetzt hör' der Herr Onkel auf!

KAUZ Oh, ich weiß, du glaubst, ich zähl' gar nix mehr.

FRAU VON ERBSENSTEIN Konträr, ich glaub', Sie müssen sehr viel zählen, sehr viel Geld aufzählen, wenn Sie was gelten wollen.

KAUZ Und was is weiter? Gibt's denn eine Lieb', die ganz ohne Eigennutz is? Der sentimentalste Jüngling muß oft seinen schlankesten Gehrock versetzen, damit er die uneigennützige

Nièce: (fz.) Nichte.
Wild: häßlich.

G'spusin auf 'n Saal führen kann! Warum soll ich, ein Mann, aus dem die Natur vier Jünglinge bilden könnte, nicht auch verhältnismäßig generos sein? Im weiblichen Herzen gibt's nie einen ganz freien Eintritt, und daß ich splendid bin, setzt meine Liebenswürdigkeit noch nicht herab.

FRAU VON ERBSENSTEIN 's kommt halt alles auf eine Auslegung an!

KAUZ Übrigens, in meinem Alter –

FRAU VON ERBSENSTEIN Wie alt ist denn der Herr Onkel?

KAUZ Erst soundsoviel Jahr', das is ja noch kein Alter! Bin dabei ein mordhafter Tänzer.

FRAU VON ERBSENSTEIN Gewiß mordhaft!

KAUZ Ich bin ein kecker leichter Reiter.

FRAU VON ERBSENSTEIN Ihr Pferd wird anderer Meinung sein.

KAUZ Ich werd's doch besser verstehen als a Roß!

FRAU VON ERBSENSTEIN Statt sich selber zu loben, wär's g'scheiter, Sie täten über ein' andern schimpfen, da könnt' ich doch einstimmen.

KAUZ Über wen soll ich denn schimpfen?

FRAU VON ERBSENSTEIN Über meinen saubern Bräutigam, der am Verlobungstag auf sich warten laßt.

KAUZ Na, es sind ja die Gäst' auch noch nicht da! Und dann sucht so ein junger Mensch sich dadurch interessant zu machen, daß er warten laßt auf sich! Das is eine Taktik, die wir sehr häufig anwenden.

FRAU VON ERBSENSTEIN (*sieht ihn nach der Seite an, unterdrückt, was sie sagen wollte, und fährt fort*) Wenn ich denk', was der Mensch getrieben hat vor sechs Jahren, wie ich den Erbsenstein geheirat't hab', da war ja gar kein Tod, den er sich nicht hat antun woll'n.

KAUZ 's hat a Weil' gedauert, bis er zur Vernunft kommen is.

FRAU VON ERBSENSTEIN Ich hab'n damals nit mögen, weil er gar so ein Tschappel war. Er is es eigentlich noch, so übertrieben furchtsam und schüchtern. –

KAUZ Na ja, wenn man jung is – wie lang is es denn her, daß ich so schüchtern war?

FRAU VON ERBSENSTEIN (*sieht ihn an wie oben und fährt fort*) Kaum hört er, daß ich Witwe bin, stürzt er zu mein' Füßen, daß die Parketten krachen, ich lass' mich erweichen und jetzt –

G'spusin: Geliebte (von ital. *sposa* »Braut«).
Tschappel, Tschapperl: unerfahrener junger Mensch; (wohlwollend für:) hilfloses, kindliches Wesen.

KAUZ Jetzt bist du ihm gewiß, und wenn wir einmal wissen, die kommt uns nicht mehr aus, so werden wir nachlässig. Das haben wir jungen Leut', das is schon so.

FRAU VON ERBSENSTEIN Herr Onkel, wenn Sie sich immer unter die jungen Leut' rechnen, so werden S' mich vertreiben mit die jungen Leut'. (*Will fort.*)

KAUZ Na, na, sei nur g'scheit und bleib da!

FRAU VON ERBSENSTEIN Mir fallt grad Verschiedenes ein wegen meiner Abendtoilette, da muß ich – auch erwart' ich eine Stickerin, die mir meine Nannette rekommandiert hat.

KAUZ Stickerin? Jung, hübsch?

FRAU VON ERBSENSTEIN Das weiß ich nicht – übrigens, was geht Ihnen das an, ob sie jung oder hübsch –?

KAUZ Ich hab' nur fragen wollen, ob sie geschickt is. Ich will mir seidene Schnupftücheln sticken lassen, in ein' Eck' mein' Namen, in die andern Amoretteln oder Tauberln oder so was – Gott sei Dank, in der Lieb' schwing' ich mich zu höhere Gegenstände auf und hab's nicht nötig, mich zu Nähterinnen oder Stickerinnen herabzulassen. – Ich hab' ja die Einkäuf', die du g'macht hast, noch nicht g'sehn, du mußt also schon erlauben, daß ich dich in dein Zimmer begleit'.

FRAU VON ERBSENSTEIN Na, so komm' der Herr Onkel!

KAUZ (*für sich*) Ich geh' ihr nicht von Hals, bis ich die Stikkerin seh'. In meinem Herzen sind noch eine Menge vorrätige Dessins. (*Laut.*) Ich sollt' von Rechts wegen bös sein auf dich. Wie kannst du glauben, ich werd' Ideen auf eine Stickerin –?

FRAU VON ERBSENSTEIN Na, von Ihnen hört man allerhand.

KAUZ Pfui, pfui! (*Mit Frau von Erbsenstein Seitentüre rechts ab.*)

Fünfte Szene

SCHNOFERL (*allein*)

(*Tritt während dem Ritornell des folgenden Liedes zur Mitteltüre links ein.*)

Lied

1.

Mein G'schäft is nicht öffentlich, 's is nur privat,
Mein G'schäft könnt' stark gehn, wann's wollt', 's geht aber stad;

Ich g'hör' durchaus nicht zu die Kinder des Glücks,
Plag' hab' ich a Menge, aber trag'n tut's mir nix.
Leih' i wem was, so stirbt 'r oder kommt auf'n Hund,
Hingeg'n meine Gläubiger bleib'n frisch und g'sund.
Mit der Lieb' ginget's prächtig bei mir, 's wär' schon recht,
Aber nur mit der Gegenlieb' steht's allweil schlecht.
Neunundvierzig Jahr' wart' i, und 's will anders nit wer'n –
Na, der Mensch muß nit alles auf einmal begehr'n.

2.

Schad', daß ich nit heiraten tu', das wär' schön,
Die Seligkeit soll schon ins Aschgraue gehn.
Wie schön, wenn man ein' Affen mit hambringt auf d' Nacht
Und 's Weib ein'm acht Tag' drüber Vorwürfe macht!
Wie schön, wenn man z'erst in Kaffeehaus verliert
Und z' Haus von Weib extra noch ausgemacht wird!
Wie schön, tut das Schicksal ein' Freund gleich bescher'n!
Wie lieb, wenn die Kind'r in der Nacht unruhig wer'n!
Und wie überraschend tut sich oft d' Famili vermehr'n!
Na, der Mensch muß nit alles auf einmal begehr'n.

(*Nach dem Liede.*)

Mein Räsonieren überm Eh'stand is etwas fabelhaft, denn es hat sehr viel Fuchsundweinbeerartiges an sich. Meine Junggesellenschaft ist nicht als staubige Distl auf der rohen Pußta des Weiberhasses emporgeschossen, o nein, sie ist als düsterer Efeu dem Garten der Liebe entkeimt. Für mich war die Liebe kein buntes Gemälde in heitrer Farbenpracht, sondern eine in der Druckerei des Schicksals verpatzte Lithographie, grau in grau, schwarz in schwarz, dunkel in schmutzig verwischt. Die pragmatische Geschichte meines Herzens zerfallt in drei miserable Kapitel: zwecklose Träumereien, ab'brennte Versuche und wertlose Triumphe. Wenn der Mensch nie diejenige erringt, wo er eigentlich – wo es der Müh' wert, wo – ich kann mich nicht ausdrücken, mag mich eigentlich nicht ausdrücken – wenn der Mensch nicht Baumkraxler genug war, um die wahren süßen Früchte am Lebensbaum zu erreichen, wenn – ich find' nicht die gehörigen Worte, das heißt, ich findet s', aber grad die g'hörigen täten sich nicht g'hören –

Stad: still, ruhig.
Affen: Rausch.
Ab'brennte: erfolglose, abgewiesene.

mit einem Wort, der Mensch verfallt nach einigen Desperationsparoxysmen in eine ruhige Sarkasmus-Languissance, wo man über alles räsoniert und andererseits wieder alles akzeptabel find't. – Heut' wird eine Verlobung gefeiert in diesem Haus – diese Witwe – noch eh' sie zum erstenmal – und dann fast ununterbrochen – und jetzt, wo sie zum zweitenmal – und auch in Zukunft immer – ich will nix verraten, was man ohnedies bald mit Händen greifen wird. – Man kommt, ich glaub', sie selbst.

Sechste Szene

VORIGER; KAUZ, FRAU VON ERBSENSTEIN

FRAU VON ERBSENSTEIN Ah, Herr Schnoferl –

KAUZ Unser scharmanter Agent –

SCHNOFERL A Diener, gnädige Frau, (*zu Kauz*) ebenfalls a Diener! Ich komm' Ihnen das zu wünschen, was Sie nicht brauchen, nämlich Glück, das haben S' so schon. Glück wünschen sollt' man einem Menschen, wenn's ihm schlecht geht, da hätt' 's Gratulieren doch ein' Sinn.

FRAU VON ERBSENSTEIN Oh, Freund, der Schritt, den ich jetzt tu', is so riskiert –

SCHNOFERL Wie können Sie das sagen? Es is ja bei Ihnen nicht zum erstenmal, daß Sie heiraten, ein klarer Beweis, daß Sie den Ehestand überhaupt goutieren! Und dann sind Sie, aufs gelindeste ausgedrückt, der Inbegriff aller Vollkommenheit, er is ein lieber, guter Kerl, bei solchen Ingredienzen kann die Sache nur zum Glück –

KAUZ Ja, mit die Heiraten geht's oft wie beim Krapfenbachen: man nimmt alles mögliche dazu, und sie g'raten doch nicht!

SCHNOFERL Aha? Und doch haben Sie mir oft Reprements wegen meiner langwierigen Jungg'sellenschaft geben.

FRAU VON ERBSENSTEIN Da hat der Onkel recht g'habt. Sie hätten sich schon lange eine Lebensgefährtin – und selbst jetzt noch, Sie sind immer noch ein Mann –

SCHNOFERL Ja, ein Mann bin ich freilich noch, aber was für einer,

Languissance: (fz.) Erschlaffung, Mattigkeit.
Krapfenbachen: Krapfenbacken.
Reprements: Vorwürfe (fz. *réprimande*).

nicht der, der ich war, und da bin ich viel zu g'scheit, als daß ich mir einbild', es wird sich eine reißen um meine beaux restes. Wenn sich einmal rote Nasen und Platten vereinigen, der Schönheit den G'nackstreich zu versetzen –

KAUZ Nur nicht zu bescheiden! Sie können noch immer auf das Beiwort »liebenswürdig« –

SCHNOFERL Beiwort? Geben Sie sich keine so grammatikalische Blöße! »Liebenswürdig« ist im strengsten Sinn des Worts ein Zeitwort, weil es gänzlich der Abwandlung unterliegt: in der halbvergangenen Zeit heißt's »passé«, in der völligvergangenen »schiech« und in der längstvergangenen »grauslich««.

KAUZ Na, es muß ja nicht grad eine Venus sein; Sie wer'n schon eine finden in Ihrer Par –

SCHNOFERL G'horsamer Diener, wenn eine mir nur halbwegs g'fallen soll, so muß sie ohne Vergleich schöner sein als ich.

FRAU VON ERBSENSTEIN Schau, schau, is der Schnoferl so heiklich!

KAUZ Dann müssen Sie auch bedenken, wenn Sie a Frau hätten, so wären Sie viel ein rangierterer Mann, denn Sie wären ein besserer Wirt.

SCHNOFERL Ich bin gar kein Wirt, denn ich zehr' von meinem Eigenen, und das tut kein Wirt. Wenn ein Wirt was verzehren will, schaut er sich um was Bessers um.

FRAU VON ERBSENSTEIN Also kommen Sie nicht immer aus mit Ihrem Einkommen?

SCHNOFERL Wie man's nimmt! Zwischen Auskommen und Einkommen is es schwer, das gehörige Verhältnis herzustellen, denn 's Geld kommt auf schwerfällige Podagrafüß' herein und fliegt auf leichten Zephyrflügeln hinaus. Übrigens geht mir just nix ab, außer dann und wann die dreitausend Gulden, die ich in einem vorlauten Anflug von Kapitalistengefühl (*zu Kauz*) bei Ihnen angelegt hab', die ich schon öfters gebraucht hätt', die Sie mir aber nicht bezahlen können, seitdem Sie um hundertzwanzigtausend Gulden b'stohlen worden sind.

KAUZ Oh, erinnern Sie mich nicht daran, das war –

SCHNOFERL Ein harter Schlag! Daß Ihnen bei dem Schlag nicht der Schlag troffen hat, das is der schönste Beweis, daß Sie

Beaux restes: »schönen Reste«.
schiech: häßlich.
In Ihrer Par: Ihresgleichen.

trotz Ihrer Korpulenz gar kein Talent zur Apoplexie haben. Hundertzwanzigtausend Gulden auf einmal! Wann ei'm s' so a Dieb noch ratenweis' stehlet, tät's nit so weh, aber –

KAUZ 's war grad, wie Sie wissen, der Anteil, den ich meinen Seitenverwandten von der in Empfang genommenen Erbschaft hab' auszahlen sollen. Die muß ich jetzt, so gut's geht, nach und nach befriedigen. 's is eigentlich ein Glück für die Leut', daß sie 's Geld nicht auf einmal bekommen, so können sie's nicht auf einmal durchschlagen. Sie kommen aber schon auch noch dran! –

SCHNOFERL Ich bitt', ich hab's nicht deßtwegen g'sagt. Sie sind ja keiner von die, die sich durch eine Art Falliment bereichert haben.

KAUZ Im Gegenteil, ich hab' gar nichts und leb' bloß von dem Überfluß meiner Nièce.

FRAU VON ERBSENSTEIN Na, na, Herr Onkel, gar so arg –

SCHNOFERL Ich hab' den ganzen Gegenstand nur berührt, weil ich auf der Spur bin, zu beweisen, daß damals unschuldigerweis' der Verdacht auf den armen Menschen, Ihren –

KAUZ (*schnell unterbrechend, halbleise zu Schnoferl*) Da reden wir später davon, wenn wir allein – (*laut*) schauen S' lieber, daß Sie meine Nièce a bisserl aufheitern.

SCHNOFERL Ja, ja, ich hab' früher schon bemerkt: eine kleine Sonnenfinsternis an dem Himmel dieser Seraphszüge, dieser Cherubsphysiognomie.

FRAU VON ERBSENSTEIN Keine Schmeicheleien, lieber Schnoferl!

SCHNOFERL Von Schmeicheleien kann da nicht die Rede sein, wo die Wahrheit bei der knickrigen Sprache vergebens um Ausdrück' bettelt. Ich wollt', der Adelung lebet noch, ich versprechet ihm ein Trinkgeld, daß er mir Worte erfindet, die dieser Reize würdig wären.

FRAU VON ERBSENSTEIN Gehn S', wer'n S' nicht fad!

SCHNOFERL (*für sich*) Fad! Diese Silbe enthalt't dreitausend Maß Wasser für den Krater des hier tobenden Vulkans! (*Aufs Herz deutend.*)

FRAU VON ERBSENSTEIN Nicht mit Worten, mit Taten sollen Sie mir Ihre Freundschaft beweisen!

J. C. *Adelung* (1732–1806): Herausgeber des berühmten 4-, später 5-bändigen ›Grammatisch-kritischen Wörterbuchs der hochdeutschen Mundart‹.

SCHNOFERL Mit Taten? Ich bin bereit, mit Gefahr meines Lebens –

FRAU VON ERBSENSTEIN Nicht Ihr Leben, aber ihre Freundschaft zu meinem Bräutigam wird in Gefahr kommen. Sie müssen ihn verraten, mir sagen, wo er steckt, was er tut, was er treibt!

SCHNOFERL Ich hab' gehofft, ihn hier zu Ihren Füßen zu finden, denn Männer sind immer zu Füßen, wenn sie auf a Hand spekulieren.

KAUZ (*schmunzelnd*) Ja, ja, das is so unsere Art.

SCHNOFERL Aber jetzt is es akkurat ungefähr beiläufig ein Monat, daß ich ihn nicht zu G'sicht kriegt hab'.

FRAU VON ERBSENSTEIN Grad so lang is es, daß seine Besuche bei mir immer kürzer wer'n, immer –

SCHNOFERL Hm, bei Ihnen is er also nicht, bei mir is er auch nicht – dieses Zusammentreffen von Umtsänden würde in Frankreich schon für einen Beweis gelten, daß er wo anders is.

FRAU ERBSENSTEIN Dieses Anderswo zu ergründen, ist Ihre Aufgab'.

KAUZ Aber, Nièce, sei doch g'scheit, wir Männer müssen ja alle a wenig austoben! Zum Solidwerden is ja noch Zeit.

FRAU VON ERBSENSTEIN (*zu Schnoferl*) Sie müssen das Innerste seines Herzens erforschen.

KAUZ Ein Herz erforschen, is denn das a G'schäft für 'n Herrn Schnoferl?

SCHNOFERL O ja, denn ich bin Winkelagent, und welcher Gegenstand in der Welt hat mehr Winkeln als das menschliche Herz?

FRAU VON ERBSENSTEIN Sie können ihm grad heraussagen, er braucht sich wegen meiner gar nicht zu genieren!

NANNETTE (*zur Mitteltüre, meldend*) Herr und Frau von Blümerl –

FRAU VON ERBSENSTEIN Schon gut, ich komm' gleich!

(*Nannette ab.*)

FRAU VON ERBSENSTEIN (*immer aufgeregter fortfahrend, zu Schnoferl*) Es kost't ihm nur ein Wort, und er hat seine Freiheit wieder, und er soll ja nicht glauben –

DOMINIK (*zur Mitteltüre, meldend*) Frau von Stutzmann mit die Fräulein Töchter –

SCHNOFERL Die Stutzmannischen Töchter –

KAUZ Jetzt rucken s' ein, die Gäst' –

FRAU VON ERBSENSTEIN (*ärgerlich zu Dominik*) Auf was wart't Er denn? Ich komm' ja gleich!

(*Dominik ab.*)

FRAU VON ERBSENSTEIN (*immer aufgeregter fortfahrend, zu Schnoferl*) Und er soll ja nicht glauben, daß sich eine Frau wie ich kränkt um einen Mann, der ihren Wert nicht zu schätzen weiß, nicht einmal ärgern kann sich so eine Frau wie ich –

KAUZ (*für sich*) Das is schön von ihr, daß sie sich nicht ärgert!

FRAU VON ERBSTENSTEIN Denn, Gott sei Dank, eine Frau wie ich hat nicht nötig –

NANNETTE (*zur Mitteltüre, meldend*) Die Bitzibergrische Famili!

FRAU VON ERBSENSTEIN (*sehr ärgerlich*) Na, ja, sag' ich, ich komm' schon.

(*Nannette ab.*)

SCHNOFERL Die Bitzibergrischen!

FRAU VON ERBSENSTEIN Nein, wenn die Gäst' wüßten, wie z'wider sie einem oft sind, es ließ' sich gar kein Mensch mehr einladen auf der Welt. (*Mitteltüre ab.*)

SCHNOFERL (*indem er gedankenvoll der Frau von Erbsenstein nachblickt*) Die Bitzibergrischen!

Siebente Szene

KAUZ, SCHNOFERL

KAUZ Jetzt sind wir allein, jetzt können wir eher von einer odiosen Geschäftssache –

SCHNOFERL Na, Sie wissen, daß damals der Verdacht von dem Diebstahl auf ihren Geschäftsleiter oder Kassier, was er war, auf 'n Herrn Stimmer gekommen is.

KAUZ Er hat sich selbst diesem Verdacht preisgegeben, er is auf und davon, eh' noch eine Untersuchung – ich hab' damals die Sache zwar angezeigt, es is mir aber gar nicht eing'fallen, den Stimmer als verdächtig anzugeben.

SCHNOFERL Ich hab' ihn nicht genau gekannt, aber immer als einen braven, rechtschaffenen Mann von ihm reden g'hört, so daß ich durchaus nicht hab' glauben können, daß er einen

Kassaeinbruch – und wie ich mich schon um alles annehm', so hab' ich auch schon die ganze Zeit her immer laviert und sondiert, ob man nicht auf Umstände kommen könnt', die seine Unschuld beweisen.

KAUZ Was nehmen Sie sich aber um eine Sach' so an, die Ihnen im Grund' nichts angeht und die auch ganz zwecklos – der Stimmer is durch'gangen, man hat ihm nachgesetzt, aber sie hab'n ihn nicht kriegt. Er is also in Sicherheit, was weiter –?

SCHNOFERL Was weiter? Rechnen Sie die verlor'ne Ehr' für gar so ein' klein' Verlust? Freilich, 's gibt Leut', denen die Ehr' nicht ganz zwei Groschen gilt –

KAUZ Ah, das wird wohl bei niemandem der Fall sein.

SCHNOFERL O ja! Vorgestern spielen zwei in Kaffeehaus miteinander Billard, d' Partie um a Sechserl. Einer verliert etliche Partien, sagt er: »Ah, das kommt mir z' hoch, wir spielen s' jetzt bloß um die Ehr'«, ein Zeichen, daß der die Ehr' nicht ganz auf zwei Groschen taxiert.

KAUZ Sie Spaßvogel –

SCHNOFERL Gehn wir aber gleich wieder aufs Ernsthafteste über! Der Stimmer hat eine Tochter, die folglich auch unter der verlornen Reputation des Vaters leiden muß.

KAUZ Mir hat er nie was von einer Tochter g'sagt.

SCHNOFERL Weil er ein g'scheiter Mann war und Ihnen, ohne lateinisch zu können, doch ang'sehn hat, daß Sie ein Vokativus sind.

KAUZ Oh, Sie – Sie sind heut' sehr spaßig aufg'legt!

SCHNOFERL Gehn wir gleich wieder aufs Ernsthafteste über! Er hat diese Tochter, wie er Wittiber wor'n is, noch als kleins Mädl zu einer Verwandten gegeben. Weiter hab' ich nix erfahren können, indessen bin ich doch hinter was anders gekommen.

KAUZ Sie haben den Namen Schnoferl wirklich nicht umsonst!

SCHNOFERL Ein g'wisser Käfer, mit dem Sie in G'schäftsverbindung waren, der damals auch kurz nach dem Diebstahl von hier fort is, soll Reden fallen haben lassen, als ob er mehr wüßte über die Sach' –

KAUZ (*etwas betroffen*) Käfer –?

SCHNOFERL Ich hätt' ihm schon lang gern geschrieben, aber die-

Vokativus: liebenswürdig-gewandter, lockerer Mensch.
Schnoferl: Ausschnüffler.

ser Käfer kriecht bald dort, bald da herum, seine Geschäft' erlauben ihm keinen stabilen Aufenthalt.

KAUZ Is ein schlechter Mensch, dieser Käfer, sollen sich in nichts einlassen, ihm gar nicht nachforschen!

SCHNOFERL Was fallt Ihnen ein? Im Gegenteil –

KAUZ Lassen wir das jetzt! Sie glauben nicht, die Erinnerung an diesen Gegenstand greift mir völlig die Nerven an.

SCHNOFERL Das find' ich begreiflich. Um also auf was Lustigeres zu kommen, sagen Sie mir, Sie Spekulant, was haben denn Sie in der Bruckengassen herumzuspekulieren?

KAUZ In der Bruckengasse? Das is ja da draußten – Sie werden doch nicht glauben, daß ich Amouretteln in einer so entlegenen Vorstadt such'?

SCHNOFERL Das tun ganz andere Leut' als Sie!

KAUZ Gott sei Dank, mein Glück in der eleganten Welt, mein feiner Geschmack –

SCHNOFERL Deßtwegen! Die feinsten Fasan- und Austernesser gehn dann und wann wohin auf Knödl und a G'selcht's!

KAUZ Der Stadtgraben bildet die Grenze von meinem Herzensrevier', und noch nie hab' ich meine Leidenschaften über a Glacis getragen.

SCHNOFERL Na, so hab' ich Ihnen verkennt, aber der Taille nach waren Sie's! Übrigens, Schönheit bleibt Schönheit, und wenn die Schönheit auch auf einem Grund wo draußt is, so is das noch kein Grund, sie gering zu schätzen. Auch unter die Spenserln schlagen die Herzen auf eine sehr beglückende Weise und auch die niedre Volée hat hohe Genüsse aufzuweisen.

KAUZ Wie der Herr Schnoferl das alles kennt! Ich kenne nur eine Sphäre, die noble, die elegante!

SCHNOFERL Geben S' acht, daß ich Ihnen nicht einmal in einer anderen Sphäre erwisch' –

KAUZ Da bin ich sicher, ich vergiß mich nie!

SCHNOFERL Insofern Sie Egoist sind, könnt' man das glauben, aber die Lieb' is der Punkt, wo sich auch die Egoisten dann und wann vergessen. Unter anderm aber, stark is das, daß der Gigl – ah, da is er ja!

Glacis: unbebautes Gelände, das die ›Innere Stadt‹ von den Vorstädten Wiens trennte.
Grund: Vorort, Vorstadt.
Spenserln: eng anliegende Jacken.
Niedre Volée: spaßhafte Wortbildung in Analogie zu *haute volée*, die *höheren* Stände.

Achte Szene

DIE VORIGEN; GIGL

KAUZ (*zu Gigl, welcher zur Mitteltüre eintritt*) Aber, Gigl, was machst denn für G'schichten?

GIGL Is sie bös?

SCHNOFERL Am Verlobungstag retardieren, was zeigt das für 'n Eh'stand für ein Tempo an?

GIGL Is sie sehr bös?

KAUZ Welche Frau sieht sich gern vernachlässigt von uns?!

GIGL Also is sie ganz bös?

SCHNOFERL So bös is keine, daß s' nicht zum Gutmachen wär'.

KAUZ Ich hab' noch jede zurecht'bracht.

GIGL Aber mit was?

KAUZ Mit Liebkosungen.

SCHNOFERL Warum nicht gar!

KAUZ Ich mach's wenigstens immer so, und wenn ich zärtlich werd', da is jede weg!

SCHNOFERL Oder wünscht wenigstens, weg zu sein! Gigl, wenn man verstimmte Frauen, notabene solche, die nicht auf Präsenten anstehen, umstimmen will, so g'hören zwei Stimmschlüsseln dazu: der eine heißt: Imponieren, der andere: Niederknien.

GIGL Imponieren, wie tut man das?

SCHNOFERL Da macht man ein finsters G'sicht, wirft einen strafenden Blick auf sie und macht ihr Vorwürfe für das, daß man gefehlt.

KAUZ So hab' ich's auch g'macht.

GIGL Nein, imponieren kann ich nicht.

SCHNOFERL (*zu Gigl*) Wenn du das nicht kannst, so wandle den andern Weg, verkürze deine Gestalt um die Knie- und Fersendistanz, halt d' Händ' z'samm' und stottre die Zerknirschungsfloskel: »I werd's nimmer tun!«

GIGL Das bring' ich eher z'samm', aber ich trau' mich nicht.

KAUZ Ich will dir's erleichtern. Ich red' vorläufig mit ihr, dann kommst du nachläufig dazu, und sie wird gut – nur auf mich verlassen, ich hab' ja ein' Art magische Gewalt über Weiberherzen, wirklich magisch! (*Eilt zur Mitteltüre rechts ab.*)

Neunte Szene

GIGL, SCHNOFERL

GIGL (*desperat*) Schnoferl, rett' mich vom Abgrund!

SCHNOFERL Was is denn g'schehn? Gigl, red'!

GIGL Kennst du die Empfindung, die vor fünfhundert Jahr' die Burgfräulein g'habt haben, wenn's bei die Haar' zur Trauung g'schleppt worden sind?

SCHNOFERL Nein, die kenn' ich nicht!

GIGL Ich hab' die Empfindung, wenn ich an meine Heirat denk'.

SCHNOFERL Kennst du die Empfindung, wenn man einen auf freiem Fuß sieht, der alle Ansprüche auf ein Extrazimmer im Narrenturm hat?

GIGL Nein, die kenn' ich nicht!

SCHNOFERL Ich hab' diese Empfindung, wenn ich dein' Diskurs anhör'! Du hast dich damals meucheln wollen, wie s' ein anderer kriegt hat.

GIGL Und jetzt kruselt Selbstmord in mir, weil ich s' krieg'. Schnoferl, rett' mich vom Abgrund, sag' ihr, daß ich s' nit mag!

SCHNOFERL Zu solchen Blasphemien lass' ich mich nicht mißbrauchen. Sag' ihr's selber!

GIGL Das trau ich mich nicht. Im Gegenteil, wie ich ihr in d' Näh' komm', bitt' ich s' um Verzeihn, dulde Verlobung, dulde Kopulation, alles duld' ich und welk' dem Grabe zu, wenn ich nicht gar durch einen Gewaltstreich –

SCHNOFERL Hörst, darin liegt doch kein Quintel Verstand.

GIGL Aber ein zentnerschweres Gemüt. Schnoferl, rett' mich vom Abgrund! Ich hab' einst geglaubt, in der Frau von Erbsenstein mein Ideal zu erblicken, aber das war optische Täuschung.

SCHNOFERL Und jetzt erscheint dir eine andere idealisch?

GIGL So is es!

SCHNOFERL Und diese Täuschung wird erst recht optisch sein. Wer ist sie denn, diejenige?

GIGL Ein Mädl!

Narrenturm: das Haus für die Behandlung von Irren in dem Wiener Allgemeinen Krankenhaus.
Kruselt: bewirkt Gruseln.
Kopulation: Trauung.
Quintel: der vierte Teil eines Lots; also eine ganz geringe Menge.

SCHNOFERL Hör' auf! Von der Natur mit jedem Reiz verschwenderisch begabt, mit holdem Anmutszauber übergossen, doch hoch überragt die Schönheit ihrer Seele jeden körperlichen Vorzug, und weit über das alles strahlt noch ihr Herz in himmlischer Verklärungsmilde!

GIGL Du kennst sie?

SCHNOFERL Nein, aber die Ideal' schaun ja alle so aus. Notabene durchs Liebhaberperspektiv betrachtet, dem unbewaffneten Auge erscheinen diese Meisterstücke als gewöhnliche Dutzendfabrikswar' in gefälliger Form. Und was is sie denn?

GIGL Sie hat allweil fleißig gestickt, und a Menge schmutzige Haub'n war'n im Quartier.

SCHNOFERL Also a Stickerin, a Haubenputzermadl. Wie heißt s' denn?

GIGL Thekla!

SCHNOFERL Und mit 'm Zunam'?

GIGL Um den fragt die wahre Liebe nie!

SCHNOFERL Wo logiert s' denn?

GIGL Sie logiert gar nicht, wenigstens für mich nicht mehr, sie is ausgezog'n.

SCHNOFERL Wohin?

GIGL Sie is heimlich aus'zog'n mit ihrer alten Mahm, oder wer sie war.

SCHNOFERL A Mahm hat s' auch? Die G'schicht' wird immer obskurer.

GIGL Es schwebt ein undurchdringliches, wahrscheinlich fürchterliches Geheimnis über ihrer Person. Mit vieler Müh' nur hab' ich Zutritt erhalten, es muß s' aber wieder g'reut haben; drum is sie fort aus dem Logis, aber der Grund –

SCHNOFERL Is kein anderer, als daß s' dich nicht mag.

GIGL Schnoferl, glaubst wirklich –?

SCHNOFERL Die einen mögen, verschweigen ein' nie 's Quartier, wenn s' ausziehn, im Gegenteil, sie reden ein' noch sehr häufig um 'n Zins an.

GIGL (*desperat*) Also verloren!

SCHNOFERL Sei froh und lamentier' nicht wegen so einem Mädl, geh hin zu der Frau von Erbsenstein, mach' sie wieder gut und genieße ein unverdientes Glück in ihren Armen.

GIGL Is denn das wirklich a Glück mit der Erbsenstein?

SCHNOFERL Freund, wiederhol' diese Frag' ja nicht, wennst bei ein' Fleischhacker vorbeigehst! Ich weiß nicht, für was er dich anschaut und was dir g'schicht. Sie is ja das Schönste, das Beste, das Himmlischste, was die Erde tragt! Nur dem Umstand, daß mein Alter um zehn Jahr' über »liebenswürdig« und meine Schönheit um zwanzig Grad unter »liebenswürdig« steht, hast du's zu verdanken, daß ich dir diesen guten Rat gib, sonst hätt' ich von deiner Dummheit profitiert und hätt' g'schaut, daß ich s' selber erschnapp'; denn wisse, Jüngling, ich glühe für die Erbsensteinin mit einer Glut, die ebenso intensiv als hoffnungslos is, und nur deswegen red' ich dir zu, weil ich dir sie eher als jedem andern vergönn'!

GIGL Also, wenn's möglich wär', fischerst du mir s' ab? Wie geht denn das mit deiner Freundschaft zu mir zusamm'?

SCHNOFERL Freund, in dem Punkt gibt's keine Freundschaft und nutzt auch nix. Is eine zum Abfischen, so wird sie auch abg'fischt, und da is es immer viel besser, es fischt ein'm s' ein feindlicher Freund vor der Hochzeit, als es fischt ein'm s' ein freundlicher Feind nach der Hochzeit ab.

GIGL Also glaubt, ich soll s' heiraten?

SCHNOFERL Na, ob!

GIGL (*mit Resignation*) Meinetwegen, aber nur g'schwind, daß ich's bald überstanden hab'.

SCHNOFERL Sie kommt!

Zehnte Szene

DIE VORIGEN; FRAU VON ERBSENSTEIN, KAUZ

KAUZ (*mit Frau von Erbsenstein zur Mitteltüre rechts eintretend*) Na, Gigl, da is sie. Ich hab' Wunder gewirkt zu deinem Besten, du brauchst jetzt nur ihren Zorn zu besänftigen, und sie is versöhnt.

SCHNOFERL Ich hab' ihm g'sagt, er soll Ihnen gar nicht gut machen, gnädige Frau, denn wie kann man denn die gut machen, die ohnedies die Güte selbst is. Übrigens kann ich versichern, er war krank.

FRAU VON ERBSENSTEIN Krank war er?

SCHNOFERL Ja, so Beklemmung mit Entzündung.

FRAU VON ERBSENSTEIN Da hätt' er wenigstens schreiben sollen!

SCHNOFERL (*zu Frau von Erbsenstein*) Ich will ihn übrigens gar nicht verteidigen, denn vor einem so zarten Tribunal werden die Sachen nicht im Rechtsweg, sondern im Gnadenweg entschieden.

FRAU VON ERBSENSTEIN Wenn er seinen Fehler einsieht, wenn er bereut –

SCHNOFERL Oh, Sie glauben gar nicht, was er schon alles bereut hat –

FRAU VON ERBSENSTEIN So bin ich nicht abgeneigt –

SCHNOFERL (*zu Gigl*) So red' was oder küss' wenigstens die Hand, du Gegensatz des Cicero!

(*Gigl küßt Frau von Erbsenstein die Hand.*)

SCHNOFERL Jetzt g'schwind die Kontraktssachen in Ordnung gebracht!

KAUZ Komm, Gigl, daß ich dir die Beiständ' aufführ'. (*Nimmt Gigl unter den Arm.*)

SCHNOFERL Und ich führ' die holde Braut.

FRAU VON ERBSENSTEIN (*zu Kauz und Gigl*) Wir kommen gleich nach! (*Zu Schnoferl.*) Ich hab' noch was zu sprechen mit Ihnen.

KAUZ (*zu Gigl*) Nur g'schwind! Sie warten schon. Das hast alles mir zu verdanken. (*Mit ihm durch die Mitteltüre ab.*)

Elfte Szene

SCHNOFERL, FRAU VON ERBSENSTEIN

SCHNOFERL (*für sich*) Sie hat allein mit mir zu sprechen! Jetzt, Schnoferl, sei standhaft, für dich blüht diese Blume nicht, drum handle als Freund und leiste Verzicht auf das, was du nicht erringen kannst! (*Zu Frau von Erbsenstein.*) Sie wünschen, Frau von Erbsenstein?

FRAU VON ERBSENSTEIN Wahrheit wünsch' ich, Wahrheit aus Ihrem Mund, ich hab' bereits eine Ahnung.

SCHNOFERL Dann haben Sie auch alles, denn die größten Gelehrten haben von der Wahrheit nie mehr als eine Ahnung g'habt. Übrigens, welche Ahnung können Sie haben? Seit Erfindung der elastischen Strumpfbänder hat das aufg'hört, jetzt kann einem Frauenzimmer nicht einmal 's Strumpfbandl mehr aufgehn.

Strumpfbandl . . .: bedeutet im Volksaberglauben Untreue des Geliebten.

FRAU VON ERBSENSTEIN (*heftig*) Also is er mir untreu gewesen?

SCHNOFERL Wer sagt denn das? Die ganze Sache is eigentlich nicht der Müh' wert.

FRAU VON ERBSENSTEIN Keine Ausflüchte! Wenn Sie mein Freund sind, reden Sie!

SCHNOFERL Das will ich auch. Sie sind eine zu gescheite Frau, als daß man Ihnen Ixe für Ue vormachen könnt' – drum –

FRAU VON ERBSENSTEIN Heraus mit der Sprach'! Was war's?

SCHNOFERL Kinderei, Dummheit, Irrtum! Er hat in der Zerstreuung sein Herz für a Haub'n ang'schaut und hat's in Vorbeigehn zu einer Haubenputzerin geben.

FRAU VON ERBSENSTEIN Also ein Liebesverhältnis? Wart', du undankbarer Duckmauser – jetzt is es aus auf ewig!

SCHNOFERL Aber, gnädige Frau, das is ja nicht so, wie Sie meinen! Sie legen viel zu viel Wert in die Sache! Es is nur so eine Mamsell Thekla, sonst hat s', glaub' ich, gar kein' Namen. Wenn es sich um so Mädln, Haubenputzerinnen, Nähterinnen, Seidenwinderinnen etc. handelt, da heißt dieser chemische Herzensprozeß nicht einmal »Liebe«, da wird das Ding nur »Bekanntschaft« genannt, und mit dem veränderten Namen entsteht auch in der Sache ein himmelweiter Unterschied. Bei der Liebe nur wird man bezaubert, bei der Bekanntschaft, da sieht man sich gern; bei der Liebe nur schwebt man in höheren Regionen, bei der Bekanntschaft geht man in einen irdischen Garten wohin, wo 's Bier gut und 's kälberne Bratl groß is; bei der Liebe nur heißt's' »Er is treulos, meineidig, ein Verräter!«, bei der Bekanntschaft heißt's bloß: »Jetzt hat er a neue Bekanntschaft gemacht.« Die Liebe nur hat so häufig einen Nachklang von Zetermordio-Geschrei der Eltern, bei der Liebe nur krampeln sich Familienverzweigungen ein in alle Fasern unserer Existenz, so daß oft kein Ausweg als Heirat bleibt; bei der Bekanntschaft wird bloß ein Zyklus von Sonntäg' – Maximum: ein ganzer Fasching – prätendiert, ewige Dauer is da Terra incognita, und lebenslängliche Folgen sind da gar nicht modern.

FRAU VON ERBSENSTEIN Sie sind also der Meinung, daß diese G'schicht' nicht unverzeihlich –?

SCHNOFERL Ganz zur Milde geeignet!

FRAU VON ERBSENSTEIN Ja – wenn ich wüßte, daß er einsieht –

Krampeln sich ein: sich einkrallen.

SCHNOFERL Er sieht ein, daß er salva venia ein Esel war, und ich hoffe, er wird als wahrer Esel handeln.

FRAU VON ERBSENSTEIN Wie meinen Sie das?

SCHNOFERL Er wird nie mehr einen Fehltritt tun, denn bekanntlich geht der Esel nur einmal aufs Eis.

FRAU VON ERBSENSTEIN Und im Grund – es is mancher, der noch ein viel ärgerer Hallodri war, nach der Hand doch ein recht guter Gatte und Vater geworden.

SCHNOFERL Gewiß! Übrigens muß man das nicht immer so paarweis' aussprechen, denn guter Gatte und Vater, das trifft sich in praxi nicht immer so paarweis' als wie die Strümpfe oder die Ohrfeig'n beisamm'. Es ist sehr leicht, ein guter Vater zu sein; guter Gatte, das is schon mit viel mehr Schwierigkeiten verbunden. Die eigenen Kinder sind dem Vater g'wiß immer die liebsten, und wenn's wahre Affen sein, so g'fallen ein' doch die eigenen Affen besser als fremde Engeln. Hingegen hat man als Gatte oft eine engelschöne Frau, und momentan wenigstens g'fallt ei'm a and're besser, die nicht viel hübscher is als a Aff'. Das sind die psychologischen Quadrillierungen, die das Unterfutter unseres Charakters bilden.

FRAU VON ERBSENSTEIN Gut also, ich will großmütig sein, wiewohl die Männer es gar nicht verdienen, daß man –

SCHNOFERL Warum sollen wir keine Großmut verdienen? Es gibt Fälle, wo wir auch unverkennbare Züge von Großmut entwickeln. Wir haben zum Beispiel a sekkante Frau, die uns nicht a Stund' ein' Ruh gibt, und wir wünschen ihr dafür die ewige Ruh'! Wenn das nicht großmütig ist, nachher weiß ich's nit.

FRAU VON ERBSENSTEIN Auf diese Art allenfalls –

Zwölfte Szene

DIE VORIGEN; NANNETTE

NANNETTE (*eintretend*) Gnädige Frau, der Kommis vom Juwelier is da.

FRAU VON ERBSENSTEIN Ich komm' gleich, er soll warten.

Salva venia: »mit Verlaub«.
Hallodri: lustiger (oft: leichtfertiger).
Quadrillierungen: karierte Muster.

SCHNOFERL Und ich geh' gleich, denn er wird auch warten.

(*Frau von Erbsenstein spricht leise mit Nannette weiter.*)

SCHNOFERL (*für sich*) Ich habe mit Selbstaufopferung zugunsten des Freundes gehandelt. Tröste dich, Schnoferl, mit dem Bewußtsein und denke: Die edelste Nation unter allen Nationen is die Resignation. (*Verneigt sich gegen Frau von Erbsenstein und geht durch die Mitteltüre ab.*)

(*Nannette geht gleichzeitig in die Seitentüre ab.*)

Dreizehnte Szene

FRAU VON ERBSENSTEIN (*allein*)

FRAU VON ERBSENSTEIN Ja, ja, ich muß nolens volens nachsichtig sein. Wär' ich lieber vorsichtig gewesen und hätt' mein Jawort nicht so g'schwind gegeben! Das is schon so unser Los. Tritt unsereins diesem vertrakten Geschlecht auch mit noch so vieler Vorsicht entgegen, das Fazit is immer, daß man sich zur Nachsicht bequemen muß.

Lied

1.

Wir sind vorsichtig, wenn sich ein Liebhaber zeigt,
Und verbergen ihm's langmächtig, daß wir ihm geneigt;
Wir sein vorsichtig vor dem entscheidenden Schritt
Und erkundigen uns genau um sein' Konduite;
Wir frag'n vorsichtig nach, dort und da in der Stadt,
Ob er Liebschaften, Schuld'n od'r ein' Dusel oft hat.
Da erfahrt m'r allerhand und sagt: »Freund, es is nix!« –
»Ha!« schreit er, »du magst mich nicht? – Gut, augenblicks
Schieß' ich mir drei Kugeln in d' Herzgrub'n hinein!« –
Was bleibt ein' da übrig als nachsichtig sein?

2.

Wir sind vorsichtig, wach'n üb'r d' Kassa als Fraun,
Das wir sehn, wenn er heimlich ein Geld tut verhaun:
Wir sind vorsichtig, wenn wir ein' Mann hab'n, und schaun,
Wenn er ausgeht alleinig, ob ihm auch zu traun.
So kommt man ganz vorsichtig ihm auf die Schlich'
Und schreit dann: »Ha, Elender, so täuschest du mich!«
Da wird er kasweiß, verliert d' Fassung und schwört,

Verhaun: verschwenden, besonders für Vergnügungen.

Es wird nie mehr geschehn, kniet sich nieder auf d' Erd' –
Na, jetzt, 's eigne Gewiss'n is just auch nicht ganz rein,
Was bleibt ein' da übrig als nachsichtig sein?

3.
Repetitionsstrophe

Wir sind vorsichtig, wenn der Mann 's Podagra hat,
Damit er nicht in seine Launen h'nein g'rat't;
Wir schaun vorsichtig, daß er sein' Tee pünktlich kriegt,
Daß die Schlafhaub'n auf'm nämlichen Platzl g'wiß liegt;
Wir sind vorsichtig, daß ka Speis' schlecht auf 'n Tisch kummt,
Weil er weg'n einer Einmachsoß vierzehn Tag' brummt;
Man laufet gern vorsichtig auf und davon,
's is nix G'schenkts, wenn die Zeit anruckt, wo so ein Mann
Statt der Zärtlichkeit kagetzt jahraus und jahrein:
Da bleibt wohl nix als nachsichtig sein.
(*Durch die Seitentüre rechts ab.*)

Vierzehnte Szene

GIGL; *dann* SCHNOFERL

GIGL (*zur Mitteltüre links hereineilend*) Sie war's! Durch 'n Hof is sie gegangen! Sie war's, ich hab' s' vom Fenster g'sehn! Das Mädl in perkallenem Kleid war sie, keine andre als sie. Jetzt kann s' auf der Stieg'n sein. (*Auf die Mitteltüre links deutend.*) Da muß sie hereinkommen, da stell' ich mich her. (*Stellt sich an die Mitteltüre links.*)

SCHNOFERL (*zur Mitteltüre rechts eintretend*) Was rennst denn wie ein B'seßner?

GIGL (*für sich*) Da hat ihn der Teuxel! (*Laut.*) Dich hab' ich g'sucht.

SCHNOFERL Ich bin ja neben deiner g'standen.

GIGL Das hab' ich übersehn, du sollst g'schwind zum Herrn von Kauz kommen. Es hat mit 'n Eh'kontrakt ein neues Nisi, die Beiständ' und der Notarius stecken die Köpf' z'samm'.

SCHNOFERL Was kann denn das sein –? Ah, da muß ich gleich – – (*durch die Mitteltür ab*).

Kagetzt: hüstelt.
Perkallen: aus Perkal (rohem Kattun).
Nisi: »es sei denn« (lat.), eine gesetzliche oder vertragliche Einschränkung.

Fünfzehnte Szene

GIGL; *dann* THEKLA *und* NANNETTE

GIGL Den hätt' ich an'bracht. (*Nach der Mitteltüre links horchend.*) Ich hör's – dieses zarte Zeberln, das is ihr Gang, sie is's! (*Stellt sich verbergend in eine Ecke des Zimmers.*)

NANNETTE (*mit Thekla zur Mitte links eintretend*) Gedulden Sie sich da einen Augenblick, ich werd' schauen, ob die gnädige Frau –

THEKLA Oh, ich kann schon warten.

(*Nannette durch die Mitteltüre rechts ab.*)

Sechzehnte Szene

GIGL, THEKLA

GIGL (*vortretend*) Thekla –!

THEKLA (*erschrocken*) Ha, Sie sind da –?

GIGL Leider nicht als a ganzer! Was der nagende Gram noch übrig lassen hat von mir, das is da. – Wodurch hab' ich das verdient?

THEKLA Was denn, Herr von Gigl?

GIGL War mein Betragen nicht artig? Bin ich nicht überhaupt still, bescheiden und eingezogen?

THEKLA Gewiß!

GIGL Und Sie sind ausgezogen und hinterlassen mir keine Adress'?

THEKLA Wenn Sie wüßten –

GIGL Wenn Sie lieber wüßten, was das für ein trostloser Zustand is, ein Liebhaber ohne Adress' – ein junger Spatz, der aus 'n Nest fallt, ein Hecht, den s' in ein' Körbl tragen, ein Pinsch, der ohne Halsband umlauft, das alles is noch Gold gegen einen Liebhaber ohne Adress'!

THEKLA Sie haben mir einen großen Dienst geleistet, wie Sie mich damals abends vor den Zudringlichkeiten eines kecken Menschen beschützt haben! Sie haben mich nach Haus g'führt, und aus Dankbarkeit hab' ich Ihnen erlaubt, mich zu besuchen. (*Seufzend.*) Es war unrecht, und ich darf Ihnen nicht mehr wiedersehn. Das war der Grund –

Zeberln: trippeln.

GIGL Lügen S' nit, Sie können mich nicht leiden! *Der* Grund kommt mir viel gründlicher vor.

THEKLA (*ihr Gefühl mühsam verbergend*) Glauben Sie, man darf nur die Leut' nicht wiedersehn, die man nicht leiden kann?

GIGL (*entzückt*) Also Sie sind mir gut? Thekla, göttliche Thekla! Dann is es was anderes, was Ihnen geniert. Haben S' vielleicht recht a schlechts Quartier, was macht das? An ihrem vorigen war ja auch nix dran. Oder haben S' kein' Extra-Eingang? Ich lass' durchbrechen, an welcher Seiten als Sie wollen! Oder haben S' keine Möbeln? Ich stell' Ihnen Einrichtung hinein, daß S' Ihnen nicht mehr rühren können.

THEKLA Herr von Gigl, Sie beleidigen mich –

GIGL So war's nicht g'meint! Ich weiß, Sie sind ohne Intresse, das is schön, aber ich bin ohne Adresse, das is nicht schön, das is schauderhaft.

THEKLA Denken Sie gar nicht mehr an mich, Sie müssen mich vergessen! (*Sehr ernst.*) Wenn Sie alles wüßten –

GIGL (*dringend*) Ich weiß ja gar nix. Wo logieren Sie? Thekla, wo wohnen Sie? Thekla, wo sind Sie zu finden?

THEKLA Das werden Sie nie erfahren!

GIGL (*immer dringender*) Ich lass' Ihnen nicht mehr aus, ich folg' Ihnen Schritt vor Schritt, ich werde zudringliche Kletten, mein Entschluß ist fest, eher den Tod als ein Leben ohne Adress'! –

THEKLA Sie werden mich bös machen! Schämen Sie sich, ein armes Mädel so –

GIGL Ich lass' nicht nach, und wenn die Welt einstürzt – (*erschrocken zurückweichend*) muß der Teuxel grad jetzt –

Siebzehnte Szene

DIE VORIGEN; KAUZ, SCHNOFERL

KAUZ (*mit Schnoferl aus der Mitteltüre rechts eintretend, Thekla bemerkend*) Schau, der junge Herr hat G'sellschaft!

SCHNOFERL (*leise zu Gigl*) Du bist ein lieber Kerl, mir scheint, deßtweg'n hast mich fortg'schummelt.

Fortg'schummelt: unter einem Vorwand entfernt.

KAUZ (*hat Thekla näher betrachtet und erkennt sie*) Sie wollen mit jemand sprechen?

THEKLA Mit der Frau von Erbsenstein, wegen Chemisetten –

KAUZ (*für sich*) Sie kennt mich nicht, das is g'scheit.

SCHNOFERL Übrigens unterhalt'st du dich recht gut?

GIGL (*verlegen*) Ich kenn' die Mamsell – von – von dazumal – wie – vor a vier bis fünf Wochen war's einmal hübsch dunkel abends, und da hat sich einer ang'macht an sie und war zudringlich, keck – ich geh' hinten drein – seh' ihre Angst –

SCHNOFERL Also eine Rettungshistorie?

GIGL Und 's war ein alter, schiecher Ding –

KAUZ (*beleidigt, für sich*) Strohkopf! (*Laut zu Gigl.*) In der Finster kann man so was nicht beurteil'n.

GIGL Ich werd' giftig, lauf' hin und gib dem verliebten alten Kater ein' Renner, daß er auf ja und nein vis-à-vis auf 'n Eckstein g'sessen is.

KAUZ (*sich vergessend*) Also du warst das –?

GIGL Wie meinen der Herr von Kauz –?

KAUZ (*sich korrigierend*) Ich will nur sagen, du warst so ein Held? – (*Abbrechend.*) Unter anderm aber, was laßt denn du mir durch 'n Herrn Schnoferl sagen, im Eh'kontrakt hätt' sich ein Nisi ergeben?

GIGL (*verlegen*) Ich – ich hab' nur –

KAUZ Es is ja nicht wahr, 's is ja alles in der schönsten Ordnung, und deiner Heirat steht gar kein Hindernis im Weg.

THEKLA (*zu Gigl*) Sie heiraten?

GIGL (*in der peinlichsten Verlegenheit, leise zu Thekla*) Glaub'n Sie's nicht, es is nicht dem so –

SCHNOFERL (*zu Gigl, leise*) Also komm, Gigl, mach' ein' G'scheiten, schlag dir dein dalkets Ideal aus 'n Sinn! Betracht' zum Beispiel nur die (*auf Thekla deutend*), da kannst dir ein Muster nehmen, was es für Mädln gibt auf der Welt! Da parier' ich doch ung'schauter, deine Thekla is nicht halb'n Teil so sauber als diese Putzerin.

GIGL Die Parie tätst verlier'n.

Dálket: ungeschickt, tölpelhaft, einfältig.
Parieren, Parie: wetten, Wette.

Achtzehnte Szene

DIE VORIGEN; NANNETTE

NANNETTE (*aus der Seitentüre kommend*) Mamsell Thekla, die gnädige Frau erwart't Ihnen.

THEKLA Ich bin zu Befehl. (*Geht zur Seitentüre mit Nannette ab.*)

Neunzehnte Szene

GIGL, KAUZ, SCHNOFERL

SCHNOFERL Thekla heißt die? Mir geht ein Licht auf –

KAUZ Ein hübscher Name, Thekla!

GIGL (*nimmt rasch seinen Hut, zu Kauz*) Sie verzeihn, ich hab' einen notwendigen Gang! (*Will Mitteltüre links ab.*)

SCHNOFERL (*ihn zurückhaltend, spricht, daß es Kauz nicht hören kann*) Halt, das also is diese Thekla –?

GIGL (*sich losmachen wollend*) Geht's dich was an?

SCHNOFERL Dageblieben! Du willst jetzt auf der Gassen unt' passen auf sie –

GIGL Geht's dich was an?

SCHNOFERL Nicht von der Stell'! Deine unverdiente herrliche Braut willst du so blamieren vor der ganzen Gesellschaft?

GIGL (*wie oben*) Geht's dich was an?

KAUZ (*für sich*) Was streiten denn die miteinand'?

SCHNOFERL (*noch immer Gigl am Rockschoß haltend*) Wenn du nicht Räson annimmst, so zieh' ich meine Hand ab von dir.

GIGL So tu's nur einmal!

SCHNOFERL (*wie oben*) Renn' in dein Verderben!

GIGL Das will ich, aber du laßt mich nicht aus.

KAUZ Gigl, dein' Braut kommt.

Zwanzigste Szene

DIE VORIGEN; FRAU VON ERBSENSTEIN

FRAU VON ERBSENSTEIN (*aus der Seitentüre links kommend*) Gottlob, daß ich diese Leut' einmal vom Hals hab'.

KAUZ Ja, ja, die Gesellschaft wart't auf dich.

SCHNOFERL Is die Stickerin fort, die bei Ihnen –?

FRAU VON ERBSENSTEIN Das is eine verruckte Person! Ich will ihr neue Arbeit geben, und sie nimmt's nicht an, sagt, sie hat ihre Wohnung verändert und muß ihre neue Adress' durchaus verschweigen.

KAUZ Is sie noch in dein' Zimmer, Nièce?

FRAU VON ERBSENSTEIN Nein, sie hat gebeten, ich sollt' s' nur g'schwind über die andere Stiege hinunterlassen.

GIGL (*halb für sich*) Fort!? Da muß ich nach!

SCHNOFERL (*ihn zurückhaltend*) Halt, dageblieben!

FRAU VON ERBSENSTEIN (*über Gigls Benehmen befremdet, zu Kauz*) Was hat er denn?

KAUZ Ich weiß nicht, der Mensch is ordentlich damisch, seitdem er diese Mamsell Thekla da g'sehn hat.

FRAU VON ERBSENSTEIN (*auffahrend*) Thekla heißt sie? Diese Stickerin is diese Thekla!?

KAUZ Der Namen Thekla hat eine eigene Wirkung. – Jetzt keine Dalkereien g'macht! Der Herr Notarius glaubt sonst, wir halten ihn für ein' Narren. G'schwind zur Unterschrift!

GIGL Unterschrift –? Hier (*aufs Herz deutend*) is eine Inschrift, die keine Unterschrift duldet, der Namen Thekla is hier mit unauslöschlicher Merktinten geschrieben. – Mir wird kurios – mich wandelt was an – ich lös' mich auf – ich fall' um – (*Sinkt in einen Stuhl links.*)

SCHNOFERL Da liegt er!

KAUZ (*auf Frau von Erbsenstein deutend*) Da steht sie wie versteinert –

SCHNOFERL (*hat nach der Mitteltür rechts gesehen*) Und da kommt Notarius und Gesellschaft.

FRAU VON ERBSENSTEIN Nein, die Schand'! Ich sink' in die Erd'!

SCHNOFERL Das is nur in ein' Zauberstück möglich, hier is keine Red' davon.

FRAU VON ERBSENSTEIN. Eine Braut hat das Recht, in Ohnmacht z' fallen, aber ein Bräutigam –

KAUZ 's is infam! –

SCHNOFERL (*zu Frau von Erbsenstein*) 's bleibt nichts übrig, als Sie fall'n in der G'schwindigkeit auch um! (*Führt sie zum Stuhl rechts.*)

FRAU VON ERBSENSTEIN Sie hab'n recht, Schnoferl, mir wird ohnedem – (*Sie sinkt in den Stuhl.*)

SCHNOFERL Jetzt kann man den Leuten doch sag'n –

FRAU VON ERBSENSTEIN (*aufspringend*) Daß ich zuerst umg'fall'n bin!

SCHNOFERL Freilich! Freilich! Legen S' Ihnen nur nieder, sie sind schon da!

(*Frau von Erbsenstein sinkt schnell wieder in einen Stuhl.*)

Einundzwanzigste Szene

DIE VORIGEN; GESELLSCHAFT, NOTAR

CHOR DER GESELLSCHAFT

Das Brautpaar nicht zu sehn,
Was is denn da geschehn?

SCHNOFERL

Die Braut is in Ohnmacht g'fall'n, d' Nerven sind schwach!
Über das trifft den Bräutigam völlig der Schlag!

CHOR DER GESELLSCHAFT

Ah, das is ein Malheur,
Nur schnelle Hilfe her!

(*Ein Teil der Gesellschaft drängt sich um den Stuhl, in welchem Frau von Erbsenstein in Ohnmacht liegt, ein anderer um den Stuhl, in welchem sich Gigl zu erholen anfängt; unter allgemeiner Verwirrung fällt der Vorhang.*)

Zweiter Akt

Ordinäres Zimmer in einem Vorstadthause mit zwei Seitentüren und einer Mitteltüre, welche in das Vorhaus führt; rechts und links Stühle.

Erste Szene

KNÖPFEL, MADAME STORCH, ROSALIE, SABINE, PEPPI

(ROSALIE, SABINE, PEPPI *sitzen an dem Tische rechts und sind mit Nähterei beschäftigt. Madame Storch steht beim Tische links und ist beschäftigt, fertige Arbeiten zu ordnen. Knöpfel sitzt an demselben Tisch und schreibt in einem großen Buch.*)

ROSALIE, SABINE, PEPPI (*lachen*) Ha, ha, ha, ha!

KNÖPFEL So hört doch zu lachen auf! Seht ihr denn nicht, ich mach' grad mein' Inventur oder was? (*Schreibt emsig fort.*)

MADAME STORCH Lacht's weniger und arbeit't's mehr!

ROSALIE Wir lachen und arbeiten zugleich.

SABINE Wenn man sich nicht einmal aufheitern dürft' –

ROSALIE A Nähterin is eh' ein traurig's G'schäft! 's ganze Jahr an Ausstaffierungen arbeiten mit dem Gefühl, selbst nie in die Lag' zu kommen, wo man eine Ausstaffierung braucht.

SABINE Wer sagt denn das? Ich glaub', wir machen Eroberungen g'nug!

PEPPI Gott sei Dank!

ROSALIE (*zu Peppi*) Du gar, du eroberst alles z'samm'.

MADAME STORCH An Eroberungen ist freilich kein Mangel.

ROSALIE (zu Sabine) Aha, fangt schon wieder an, die Eitle! Jetzt red't die auch!

KNÖPFEL (*rechnend*) Achtunddreißig und drei is einundvierzig oder wie –

ROSALIE (*Sabine zuwinkend, zu Madame Storch*) Haben Sie schon lang keine Eroberung gemacht, Madame?

MADAME STORCH Die Tag' erst is mir einer nach'gangen, ein gesetzter, bejahrter Herr.

SABINE Ein Alter!

KNÖPFEL (*rechnend*) Neunundfünfzig und sieben is sechsundsechzig oder was.

MADAME STORCH Das gibt der Sache einen Wert, von junge G'schwufen red' ich gar nix.

G'schwufen: fragwürdiger Liebhaber oder Stutzer.

ROSALIE (*spöttisch, für sich*) Ich glaub's! (*Zu Madame Storch.*) Hat sich aber nicht wieder gezeigt, der gesetzte Herr?

MADAME STORCH Ich hab' ihn abgetrumpft, ich bin nicht so, daß ich mich gleich in Diskurs einlass'.

KNÖPFEL Oder was.

MADAME STORCH Ich bin aber überzeugt, er paßt mir wieder wo auf.

SABINE Freilich!

ROSALIE Wenn sich so ein g'setzter Mann einmal was in Kopf setzt –

MADAME STORCH Unter anderm, wißt's ihr, mit wem ich heut' g'sprochen hab'?

SABINE Wie können wir das wissen?

ROSALIE Wir kommen ja den ganzen Tag nicht von der Arbeit weg.

KNÖPFEL (*aufstehend*) Schwester, das int'ressiert mich, mit wem hast denn g'red't oder was?

MADAME STORCH Mit unserer Nachbarin, mit dem Mädl, die die Tag' erst ein'zogen is.

ROSALIE Mit der Langweiligen von der rückwärtigen Stieg'n?

KNÖPFEL (*sehr neugierig*) Na, und was hast du heraus'kriegt aus ihr?

MADAME STORCH Sie bleibt ein' nie stehen, ich hab' s' aber dasmal festg'halten beim Fürtuch, so hat s' reden müssen. Ich hab' s' eing'laden, daß s' uns besucht. Sie sagt aber, sie geht nirgends hin, sie will weder Leut' sehn noch g'sehn werden von d' Leut'.

SABINE (*spöttisch lachend*) Jetzt will die keine Leut' sehn!

ROSALIE Da wird weiter den Leuten nicht leid sein drum!

KNÖPFEL 's Ganze is auf 'n Schein oder wie?

MADAME STORCH Na, es scheint doch, daß eine innere Kränkung –

KNÖPFEL Oder was.

MADAME STORCH Wie ich s' aber wieder begegn' untern Tor, so kommt s' mir g'wiß nicht mehr aus, ich führ' s' herein, und sie muß uns ihr ganzes Schicksal haarklein erzählen.

ROSALIE Da wird halt ein ganz gewöhnliches Schicksal herauskommen.

SABINE Man weiß ja, wie die Schicksale sind.

KNÖPFEL Natürlich. Jetzt muß ich aber nochmals ins G'wölb

G'wölb': Laden.

hinunter, muß mir ein paar Belege zur Inventur holen, und das zwar gleich oder wann.

Zweite Szene

DIE VORIGEN; SCHNOFERL (*tritt zur Mitte ein*)

ALLE Der Herr Schnoferl!

KNÖPFEL Servus, Freund, Servus oder was.

MADAME STORCH Was? Sie sein auch noch auf der Welt?

SABINE Ich wär' lieber gar nicht mehr kommen!

ROSALIE Er hat wichtige Geschäfte!

SABINE Und kommt viel in noble Häuser!

MADAME STORCH Ordinäre Leut' wie wir sind ihm zu wenig!

KNÖPFEL (*zu Schnoferl*) Sie nehmen's nicht übel, ich hab' noch ein'n Augenblick z' tun im G'wölb' oder wo.

SCHNOFERL Ich hab' schon später noch das Vergnügen.

KNÖPFEL Denn i muß jetzt die Inventur machen oder was. (*Eilt zur Mitte ab.*)

SABINE Wir werden jetzt gleich hören, was er für Entschuldigung hat. (*Zu Schnoferl.*) Reden Sie!

SCHNOFERL Wie befinden Sie sich?

SABINE Glauben Sie vielleicht, wir härmen uns ab über Ihr Ausbleiben?

SCHNOFERL Sie befinden sich?

ROSALIE Es is nur die Red' von der Unart.

SCHNOFERL (*mit noch mehr Nachdruck*) Wie befinden Sie sich also?

MADAME STORCH, ROSALIE, SABINE, PEPPI Gut, sehr gut!

SCHNOFERL Das is schön, um so mehr Teilnahme sind Sie dem schuldig, der sich nicht gut befindet.

ROSALIE Wer befind't sich denn schlecht?

SCHNOFERL Ein meiniger Freund.

MADAME STORCH, ROSALIE, SABINE, PEPPI Ein Freund –?

SCHNOFERL Ich hab' einen Freund – Sie werden wissen, was Freundschaft ist, denn Sie haben ja auch jede einen Freund – mein Freund ist unglücklich, er leidet sehr.

SABINE Wer hat ihm denn was getan?

SCHNOFERL Ein Mädl!

MADAME STORCH Also eine Liebesg'schicht'! Was geht das uns an?

SCHNOFERL Kritische Fälle pflegt man immer Sachverständigen vorzutragen. Mein Freund is wahnsinnig, will sich umbringen aus Liebesgram.

SABINE 's gibt halt doch noch Leut', die eine Bildung haben.

PEPPI Is diejenige also spröd'?

SCHNOFERL Gegen meinen Freund ist sie's.

ROSALIE Und gegen andere is sie's vielleicht nicht?

SCHNOFERL Darüber schweigt der Historiker. Mein Freund hat an dem, daß sie ihn nicht mag, hinlänglichen Verzweiflungsstoff.

ROSALIE Is er vielleicht recht schiech?

SCHNOFERL Schiech, unendlich schiech über sein Schicksal.

SABINE Wir meinen sein Äußeres, is das schön?

SCHNOFERL Schön, unendlich schön, wenn eine halbwegs glühende Phantasie das ruhige Anschaun unterstützt. Übrigens will ich gar nix davon sagen, daß er reich is.

ROSALIE, PEPPI, SABINE Reich?

SCHNOFERL Ich weiß, das int'ressiert euch Mädl nicht, aber er is sehr reich.

ROSALIE (*mitleidsvoll*) Der arme Mensch!

SABINE Bedauert mich von Herzen!

PEPPI Wirklich jammerschad'!

SCHNOFERL Wie g'schwind sich 's Mitgefühl zeigt, wenn so ein armer Mensch reich is! Sie allein können helfen, meine Aimablesten.

ROSALIE, PEPPI, SABINE Wir?

SCHNOFERL Reißen Sie diese Lieb' aus seinem Herzen heraus! Wer verstünd' das besser als Sie!

SABINE (*geziert*) Was können wir da machen?

ROSALIE (*ebenso*) Ich wüßt' gar nicht –

PEPPI (*ebenso*) Hör'n S' auf!

SCHNOFERL Mein Freund is krank, herzenskrank durch ein Mädl, ich will diesen Zustand durch Mädln vertreiben.

ROSALIE (*geziert*) Warum nicht gar!

SABINE (*ebenso*) Was fallt Ihnen ein!

SCHNOFERL Ich setz' einen Preis auf sein Herz; die ihn auf andere Gedanken bringt, erhält –

MADAME STORCH Das wär' überflüssig, das Herz eines schönen reichen Menschen ist ja ohnehin Preis genug. Ich hab' jetzt nur

Schiech: häßlich; zornig, verstimmt.

so ein' wichtigen Gang. (*Nimmt ein Paket vom Tische links.*) In jedem Fall aber, Herr Schnoferl, hab' ich noch das Vergnügen, Ihnen samt Freund zu sehn. (*Eilt zur Mitte ab.*)

Dritte Szene

DIE VORIGEN *ohne* MADAME STORCH

SCHNOFERL Der Unglückliche sitzt daneben im Kaffeehaus und starrt mit düsterm Blick in seinen Schwarzen hinein. Ich hol' ihn herauf. (*Eilt zur Mitte ab.*)

Vierte Szene

DIE VORIGEN *ohne* SCHNOFERL

ROSALIE 's is eigentlich eine rechte Verlegenheit für uns.

SABINE Wenigstens müssen wir so tun, als ob's eine wär'.

PEPPI Sollt' ich wirklich mein'n Eduard kränken?

ROSALIE Ich bin gar nicht recht in der Stimmung, eine Falschheit zu begehn.

SABINE Und was geht uns im Grund der ganze Mensch an?

ROSALIE Nehmen wir gar keine Notiz von ihm.

PEPPI 's wird 's G'scheiteste sein.

SABINE (*zu Peppi*) Du, schau, das Tüchel schlieft mir so herauf, richt' mir's!

(*Peppi ordnet ihr das Halstuch.*)

ROSALIE Mir halten heut' wieder die Locken nicht. (*Richtet sich am Spiegel die Frisur.*)

PEPPI Sali, find'st du nicht, daß ich heut' so trübe Augen hab'?

ROSALIE Warum lest immer halbe Nächt'! (*Zu Sabine.*) Du, Sabin', schau, ob mir da nicht 's Mieder vorgeht.

SABINE (*ordnet an Rosaliens Anzug*) Nein, nein, bist schon schön!

ROSALIE Grad heut' hab' ich mich so nachlässig ang'legt.

PEPPI (*hat nach der Mitteltüre gehorcht*) Ich glaub', er kommt.

ROSALIE Setzen wir uns zur Arbeit!

SABINE Sonst schaut das Ding aus, als ob wir g'wart't hätten auf ihn.

Schwarzen: schwarzen Kaffee.

Fünfte Szene

DIE VORIGEN; SCHNOFERL, GIGL

SCHNOFERL (*Gigl vorstellend*) Hier, meine Scharmantesten, hab' ich die Ehre, Ihnen meinen Freund aufzuführen.

PEPPI Sie verzeihen –

ROSALIE Bei uns is alles so in Unordnung, wir war'n gar nicht gefaßt.

SABINE Wir erhalten nie Besuche.

SCHNOFERL (*zu Gigl*) Is das was Liebes – diese gänzlich unbesuchten Geschöpfe! So red' doch was!

ROSALIE Wir haben gar keine Zeit, Bekanntschaften zu machen.

SABINE Sind immer so mit Arbeit überhäuft.

SCHNOFERL (*leise zu Gigl*) Siehst, sie haben gar keine Zeit, diese guten überhäuften Wesen. Red' doch was, sag' eine Galanterie!

GIGL Ich bin so frei –

SCHNOFERL (*zu den Mädchen*) Sehn Sie, Sie haben glaubt, er is so schüchtern, und jetzt sagt er's selber, daß er so frei is. Ah, 's is ein lustiger Ding, jetzt noch nicht, aber später vielleicht.

PEPPI (*Gigl einen Stuhl anbietend*) Is es gefällig, Platz zu nehmen?

GIGL Ich bin so frei.

ROSALIE (*zu Sabine*) Die hat nit warten können, bis wir ihm einen Sessel offerieren.

SABINE Sie will die Zuvorkommende spielen.

SCHNOFERL (*leise zu Gigl*) Sag' jetzt was vom »Schlaf nicht austragen« oder »Platz an Ihrer grünen Seite« oder sonst was, was dich als Mann von Welt charakterisiert.

GIGL Ich bin so frei.

SABINE Das sind Sie nicht, im Gegenteil, Sie sind bescheiden.

ROSALIE Und das is das, was wir schätzen an einem Mann.

SABINE Wenn man Männer mit Blumen vergleichen dürft' –

ROSALIE So könnt' man Ihnen mit dem bescheid'nen Veilchen vergleichen.

SABINE (*ärgerlich beiseite*) Das is stark, die schnappt mir 's Wort vom Maul weg, und der klassische Gedanke is von mir.

Schlaf nicht austragen: Klischeehafte Redewendung, gebraucht, um einen eiligen Besucher zum Bleiben zu bewegen.

SCHNOFERL Erlauben Sie, daß ich gegen das unverdiente Renommee dieser Blume einen Einspruch tu'. Das Veilchen drängt sich z' allererst hervor, kann's kaum erwarten, bis 's Frühjahr wird, überflügelt sogar das Gras, damit's nur ja früher als alle andern Blumen da is auf 'n Platz – wo steckt da die Bescheidenheit? Aber 's geht schon so, so kommt auch mancher Mensch zu einem Renommee, er weiß nicht wie. Weltlauf!

PEPPI *(hat Gigl betrachtet, für sich)* Ich find', er sieht ganz mein'm Eduard gleich. –

ROSALIE *(ebenso)* Augen hat er wie der Subjekt, der immer aus der Offizin da drüben auf mich herüberschaut.

SABINE *(ebenso)* Den Wuchs hat er ganz von dem herrschaftlichen Laufer, der mir so nachsetzt.

GIGL *(leise zu Schnoferl)* Sag' mir nur, wegen was d' mich herg'führt hast?

SCHNOFERL *(leise zu Gigl)* Undankbarer, um dir zu zeigen, daß außer deiner Thekla die schöne Welt noch nicht mit Brettern verschlagen is.

GIGL *(leise zu Schnoferl)* Ich soll also einer die Cour machen?

SCHNOFERL *(leise)* Freilich.

GIGL *(wie oben)* Welcher denn?

SCHNOFERL Egal, die Sabin' is schön wie ein Engel, die Rosalie und Peppi sind schön wie die Engeln, also is es ein Teufel, die welche du nimmst.

GIGL Nein, du, es geht nicht!

Sechste Szene

DIE VORIGEN; MADAME STORCH

MADAME STORCH *(in großer Aufregung zur Mitte eintretend)* Mir wird übel!

ALLE *(außer Gigl, der wenig Anteil nimmt)* Die Madame –!

MADAME STORCH Mir wird übel!

SCHNOFERL Was is denn da gut dafür?

MADAME STORCH Ein' Sessel!

SCHNOFERL *(zu Gigl)* Gigl, steh auf!

der Subjekt: Friseur- oder Apothekergehilfe.
Offizin: Friseur- oder Apothekerladen.
Es is ein Teufel: es geht auf *eins* hinaus, es bleibt sich gleich.

MADAME STORCH Ah, ist das Ihr Freund? Freut mich, die Ehre zu haben.

GIGL Ich bin so frei –

MADAME STORCH (*für sich*) Recht ein artiger Mann!

SCHNOFERL (*Madame Storch den Stuhl präsentierend*) Is Ihnen vielleicht noch gefällig, unwohl zu sein?

MADAME STORCH Es wird bereits besser.

SCHNOFERL Was is Ihnen denn passiert?

MADAME STORCH Eine Keckheit, eine Verwegenheit – wenn nur mein Bruder da wär' – ein Herr is mir nachgegangen.

SCHNOFERL Und das hat Ihnen um die Fassung gebracht?

ROSALIE (*zu Peppi und Sabine*) 's g'schieht ihr halt nicht gar oft.

SABINE (*zu beiden*) Da müßten wir alle Tag' ohnmächtig nach Haus kommen.

MADAME STORCH (*zu Schnoferl und Gigl*) Und stellen Sie sich vor, bis ins Haus herein verfolgt er mich!

SCHNOFERL Ja, die jungen Leut' haben eine Effronterie –

MADAM STORCH Oh, der war nicht jung.

SCHNOFERL Aber die Effronterie wird er noch von der Zeit her haben, wie er jung war.

MADAME STORCH (*affektiert ängstlich*) Ich hör' was an der Tür, wenn er etwan gar – oh, meine Herren, schützen Sie mich!

ROSALIE (*zu Sabine*) Die braucht ein'n Schutz!

SABINE Jetzt wird gleich mir übel wer'n.

SCHNOFERL (*zu Madame Storch*) Sei'n Sie ruhig, den woll'n wir – Gigl, geh her!

GIGL Was soll denn g'schehn, niederschlag'n oder hinauswerfen?

SCHNOFERL Keins von beiden, wir müssen ihm was tun, was ihn geistig demütigt, ohne ihn körperlich zu verletzen.

GIGL Wie tut man das?

SCHNOFERL Was im Mittelalter ein Schlag mit der flachen Klinge auf den Rücken war, das is in der neueren Zeit ein Schlag mit der flachen Hand auf den Hut. Stell' dich da her!

(*Gigl und Schnoferl stellen sich zu beiden Seiten dicht an die Türe.*)

MADAME STORCH Wie glücklich ist man, wenn man unter Männerschutz –

SCHNOFERL (*mit gedämpfter Stimme*) Still!

Effronterie: (fz.) Frechheit.

Siebente Szene

DIE VORIGEN; KAUZ, *später* KNÖPFEL

KAUZ (*öffnet leise die Mitteltüre und spricht, noch außerhalb*) Da muß es sein! (*Er schleicht einen Schritt herein, a tempo schlagen ihn Gigl und Schnoferl zugleich auf den Hut, daß er ihm übers Gesicht herab bis auf die Schultern zu sitzen kommt.*)

(*Die Mädchen lachen.*)

KAUZ Zu Hilfe! Zu Hilfe! (*Bemüht sich, den Hut wieder in die Höhe zu ziehen.*)

SCHNOFERL Sie ist vollbracht, die kühne Tat!

GIGL (*Kauz von allen Seiten betrachtend*) Das is ja –

KAUZ (*hat endlich den Hut wieder hinaufgebracht*) Verdammt, ich wär' bald erstickt!

SCHNOFERL (*ihn erkennend*) Was Teuxel?! Seh' ich recht –!?

GIGL Der Herr von Kauz!

KAUZ (*äußerst betroffen*) Schnoferl, Gigl –!?

MADAME STORCH, PEPPI, SABINE, ROSALIE (*für sich*) Sie kennen sich!?

KAUZ (*aufgebracht zu Gigl*) Und du hast dich unterstanden –

GIGL Ich bitt' um Verzeihn, ich hab' Ihnen nicht aus eigenem Antrieb den Hut angetrieben, (*auf Schnoferl deutend*) von dem is diese Idee.

SCHNOFERL Oh, ich bitt', diese Idee is nicht neu und wahrscheinlich mit der Erfindung der Hüte selbst von gleichem Alter. Übrigens haben wir in Sachen geängstigter Tugend kontra unbekannten Verfolger gehandelt, das adelt unsere Tat und überhebt uns jeder Entschuldigung.

MADAME STORCH (*zu Kauz*) Mir is unendlich leid, ich hab' nicht gewußt, daß Sie ein Bekannter von diesen Herren –

SCHNOFERL (*Kauz präsentierend*) Ein, das abgerechnet, scharmanter Partikulier.

MADAME STORCH (*sehr höflich zu Kauz*) Oh, ich bitte, gefälligst Platz zu nehmen.

KAUZ Oh, ich dank', die Füß' tun mir nicht weh, eher der Kopf.

SCHNOFERL G'schicht Ihnen recht! Warum haben Sie diesen Kopf in ein Haus gesteckt, wo Sie nix zu suchen haben?

KAUZ Ich hab' hier was zu suchen! (*Auf Gigl zeigend.*) Den

Partikulier: wer vom Erträgnis seines Vermögens lebt.

jungen Herrn da hab' ich gesucht, meine Nièce hat mir den Auftrag gegeben, seine Schritte zu beobachten.

SCHNOFERL Und deßtwegen –?

KAUZ Ja, deßtwegen.

MADAME STORCH (*für sich*) Der alte Herr is ein Pfiffikus!

SCHNOFERL (*zu Kauz*) Was g'schieht mir denn, wenn ich's nicht glaub'?

KAUZ (*erbost*) Und überhaupt is das Ganze kein Grund, einen distinguierten Mann, der doch kein Schulbub' mehr is, auf eine so normalmäßige Weise zu behandeln.

SCHNOFERL Trösten Sie sich, kurz war der Schmerz, und wenn auch die Freude nicht ewig is, so soll sie doch den ganzen Abend dauern. (*Ihm die Anwesenden vorstellend.*) Hier die aimable Pfaidlerin, Wäschfabrikantin und Hemdhandlerin Madame Storch und hier ihre Nichte und Verwandten.

KNÖPFEL (*eintretend*) Ich hör' ein' Lärm oder was!

SCHNOFERL (*Knöpfel präsentierend*) Und hier vor allem Herr Knöpfel, der Herr vom Haus und Bruder der Madame Storch.

KAUZ Bitte, es nicht ungütig zu nehmen.

SCHNOFERL (*zu Knöpfel, Gigl und Kauz vorstellend*) Meine intimsten Freunde Gigl und Kauz.

KNÖPFEL (*komplimentierend*) Dero Besuch ist mir unendliche Ehre oder was.

KAUZ Nur damit ich auf den jungen Menschen ein wachsames Auge haben kann, wage ich es, von Ihrer gütigen Erlaubnis zu profitieren. (*Für sich.*) Diese Mädeln, diese Madame – das wird ein deliziöser Abend! Ich bin in die Heimat der Grazien gedrungen, ich bin doch ein Teufelskerl, ich!

KNÖPFEL (*für sich*) Die Herren suchen meine Bekanntschaft oder was? Da muß ich mich zeigen und ein nobles Traktament – wenn ich nur bei Kassa wär' jetzt oder wann! (*Zu Kauz und Gigl.*) Sie entschuldigen einen Augenblick! – I muß geschwind rückständige Gelder eintreiben oder was. (*Nimmt seinen Hut und eilt zur Mitte ab.*)

SCHNOFERL Und jetzt wollen wir bloß auf Unterhaltung denken.

KAUZ (*fidel*) Das is recht!

SCHNOFERL Ein großes Souper aus 'n Stegreif arrangieren. (*Zu Madame Storch.*) Nur geschwind nach'gschaut, was von Alimenten in Haus is und was fehlt –

Normalmäßige: schuljungenhaft (*Normalschule* = Elementarschule).

KAUZ Ich schaff' alles her, nur sagen, was abgeht!

ALLE Scharmant!

SCHNOFERL Also in die Kuchel, Speis'zettel g'macht und z'samm'g'holfen von allen Seiten! Gigl, rühr' dich!

GIGL Was soll ich denn tun?

SCHNOFERL Feuer machen und als Kucheljung' die weitern Befehle dieser reizenden Köchinnen erwarten.

DIE MÄDCHEN Das wird prächtig wer'n!

MADAME STORCH Also, vorwärts! (*Mit Gigl, Rosalie, Peppi und Sabine zur Seitentüre rechts ab.*)

KAUZ (*ihnen folgen wollend*) Bitte, mich auch als Küchenmädel zu betrachten.

SCHNOFERL Herr von Kauz, auf ein Wort!

Achte Szene

KAUZ, SCHNOFERL

KAUZ Was denn? Nur g'schwind!

SCHNOFERL Sie gehn mir unter anderm a bissel stark in Füßen herum.

KAUZ Ich hab' Ihnen schon g'sagt, warum ich da bin.

SCHNOFERL (*ihn messend*) Sie nobler Mann, der so viel Glück macht in der eleganten Welt, der seine Leidenschaften noch nie über a Glacis getragen, ich hab' halt doch recht g'habt mit der Bruckengassen! Sie steigen der Madame Storch nach.

KAUZ (*verlegen*) Das heißt –

SCHNOFERL Was es heißt, das brauchen Sie mir nicht zu erklären.

KAUZ Sie is wirklich nicht übel, diese Madame Storch, und auch ihre Arbeiterinnen, aber wie kommt's denn, daß Sie den Gigl –?

SCHNOFERL Das will ich Ihnen sagen. Er glaubt an einem solchen Mädl sein Ideal gefunden zu haben. Nun will ich ihm diese ganze Mädlgattung näher zu kennen geben, damit er dann einsieht, wie Ihre Nièce, die er plantieren will, hoch erhaben ist im Vergleich mit diesem Wesen-Genre.

KAUZ Das is vernünftig. Oh, über diese rätselhafte Thekla werden wir bald Näheres – meine Nièce weiß schon was und is heut' ausgegangen, um mehr von ihr zu erfahren. Ich weiß nicht, was sie vorhat, aber so in Zorn hab' ich die Frau nicht g'sehn, seit ihr Mann tot is. Übrigens müssen Sie ihr nichts sagen, daß Sie mich da gefunden haben.

SCHNOFERL Schon recht!

KAUZ Wissen Sie, man könnte mir das auslegen –

SCHNOFERL Na, ja, sag' i, 's is schon recht.

KAUZ Und ich bin doch ein Mann, der –

SCHNOFERL Ich weiß schon, was Sie für ein Mann sein.

KAUZ Aber sonst braucht's niemand z' wissen.

SCHNOFERL Parole! Unter anderm, wissen Sie, daß es sehr gut is, daß wir per ungefähr da zusamm'treffen? Ich hätt' sonst heut' noch zu Ihnen müssen. Wir haben heut' vormittag von dem gewissen Käfer gesprochen.

KAUZ (*stutzend*) Nun?

SCHNOFERL Der is da.

KAUZ (*etwas betroffen*) Was, der Käfer is hier?

SCHNOFERL Nicht in dem Haus! An'kommen is er hier, ein guter Freund hat mir schon seine Adresse verschafft. (*Einen Zettel hervorziehend und Kauz zeigend.*) Morgen vormittag geh' ich hin und heiz' ihm ein.

KAUZ (*die Adresse besehend, decontenanciert*) Gehn S' ja nicht hin, is ein schlechter Mensch, der Käfer!

SCHNOFERL Nicht hingehen? Was fallt Ihnen ein?

KAUZ (*sich korrigierend*) Das heißt, Sie sollen hingehn, hab' ich sagen wollen.

SCHNOFERL Mir scheint, Sie wissen vor lauter Madame Storch nicht, was S' reden. Jüngling, Jüngling, dich hat's kurios packt.

KAUZ Morgen vormittag gehn Sie hin! Versäumen S' das ja nicht!

SCHNOFERL (*den Zettel nehmend und einsteckend*) Na ob!

KAUZ (*beiseite*) Ich werd' aber schon in aller Fruh dort sein; ein Glück, daß ich jetzt die Wohnung weiß.

Neunte Szene

DIE VORIGEN; MADAME STORCH, ROSALIE

MADAME STORCH (*zu Rosalie*) Brav, da diskuriert er, und drin schreit alles um ihn!

SCHNOFERL Hat die Speis'zettel-Sitzung schon einen Beschluß gefaßt?

MADAME STORCH Vorderhand is man über einen Gugelhupf einig.

SCHNOFERL Und ich werde diesen Gugelhupf ins Leben treten lassen.

MADAME STORCH Schön, Sie haben darin eine eigene Geschicklichkeit.

SCHNOFERL Dauerhaft mach' ich's wenigstens, nach drei Tagen muß man's noch g'spüren, wenn man von mir ein'n Gugelhupf gessen hat. (*Zur Seitentüre rechts ab.*)

Zehnte Szene

DIE VORIGEN *ohne* SCHNOFERL

KAUZ Und für mich haben Sie gar kein Geschäft?

MADAME STORCH Wär' nicht übel! So einen Herrn wird man belästigen!

ROSALIE Schicket sich gar nicht.

KAUZ Warum nicht? Im Dienste der Damen schickt sich alles.

MADAME STORCH und ROSALIE Oh, zu gütig!

KAUZ (*vertraulich*) Das einzige, was mich ein wenig geniert, is der Schnoferl.

MADAME STORCH Ich hab' geglaubt, er is Ihr Freund?

KAUZ Ja, gar ein guter, lieber Freund, aber dabei ein äußerst mokanter Kerl; wir unterhalteten uns viel besser, wenn er nicht da wär'.

ROSALIE Das wird sich für heut' nicht ändern lassen.

KAUZ Für heut' nicht, aber für morgen. Ich hab' ein sehr schönes Landhaus in Weichselberg, einen prächtigen Garten mit Hutschen, Kegelstatt, Saletteln, Bosketteln und allem möglichen; da geben Sie mir morgen die Ehr', Frau von Storch, mit dem Herrn Bruder und der ganzen werten Familie, laden noch ein paar ein, wenn S' woll'n. Ich liebe Gesellschaft, vorzüglich weibliche Gesellschaft, bin ein jovialer Mann; da wird dann getafelt, gescherzt, geneckt, wir werden uns prächtig divertieren. Aber nur dem Schnoferl nix sagen!

MADAME STORCH Also, so ein' schön' Garten haben der Herr von Kauz?

Gugelhupf: In einer traditionellen Form gebackener Kuchen.
Hutschen: Schaukeln.
Saletteln: Gartenhäuschen.

KAUZ Das prächtigste Obst!

ROSALIE Da darf man aber vielleicht nix abreißen davon.

KAUZ Alles steht zu Befehl! Ich solltet's eigentlich verbieten, denn Sie reißeten 's deßtwegen doch ab, und verbotene Frucht schmeckt am süßesten.

Elfte Szene

DIE VORIGEN; SCHNOFERL (*auf einem Teller aus Eiweiß einen sogenannten Schnee schlagend, kommt aus der Seitentüre rechts*)

SCHNOFERL Madame Storch, wo is Mehl und Butter?

MADAME STORCH (*nach der Seitentüre links zeigend*) Da drin im Speis'kasten finden Sie alles.

SCHNOFERL Hören S' auf! Alles! Ja, 's fehlt überall hint' und vorn.

KAUZ Was fehlt denn? Nur sagen, ich schaff' alles her!

SCHNOFERL (*zu Kauz*) Das is einmal a vernünftige Red'! Gehn S' einkaufen! (*Zu Madame Storch.*) Hab'n S' kein' Korb? G'schwind her damit!

ROSALIE (*in die Türe links ablaufend*) Gleich!

KAUZ Ich bring' also –

SCHNOFERL Schunken, Zungen, Kälbernes, kalte Pasteten, alle Punschingredienzen, Zucker, Rum, Lemoni, g'selchte Würsteln –

KAUZ Schön, ich werd' mich auszeichnen.

ROSALIE (*aus der Türe links zurückkommend*) Da is der Korb! (*Bringt einen Einkaufkorb.*)

SCHNOFERL Der is viel zu klein. Haben S' nicht noch ein'?

ROSALIE O ja! (*Geht wieder Türe links ab.*)

KAUZ (*den einen Korb nehmend*). 's halt't auch 's Gleichg'wicht besser, wenn man zwei Körb' tragt.

MADAME STORCH Ich geh' zu der Brotsitzerin ein Service ausleihn, und die Rosalie muß den Bürstenbinder um Trinkgläser anreden.

ROSALIE (*aus der Türe links zurückkommend, einen großen Einkaufkorb bringend*) Der wird doch groß genug sein!

KAUZ Nur her damit! (*Nimmt auch den zweiten Korb.*)

Lemoni: Zitronen (ital. *limone*).
Brotsitzerin: Brotverkäuferin.

SCHNOFERL So, jetzt kaufen S' recht ein, dann sind Sie ein lieber Mann.

MADAME STORCH Komm, Sali!

ROSALIE (*leise zu Kauz*) Aber sehn S', er is ja gar nicht mokant, der Schnoferl.

KAUZ (*leise zu Rosalie, indem er abgeht*) Oh, ich sag' Ihnen, wenn er anfangt, ein infamer Kerl, mein Freund!

(*Kauz geht mit Madame Storch zur Mitteltüre ab. Rosalie geht bis an die Türe mit, dann kehrt sie rasch zu Schnoferl zurück.*)

Zwölfte Szene

ROSALIE, SCHNOFERL

ROSALIE Sie sind allein, Herr Schnoferl?

SCHNOFERL Gegenwärtig nicht, denn Sie sind bei mir!

ROSALIE (*ohne auf Schnoferls Worte zu achten*) Das sollen Sie nicht leiden!

SCHNOFERL Ich kann Ihnen doch nicht fortschaffen.

ROSALIE Was reden S' denn zusammen! Sie sollen nicht leiden, daß sich die Sabine Ihrem Freund so aufdringt. Er zeigt offenbare Absichten auf mich, und diese Sabine –! Sie sollten ihr das verbieten als ihr quasi Verehrer.

SCHNOFERL Jawohl, diese Verehrung ist immer nur äußerst quasi gewesen.

ROSALIE Schad', daß auf meiner Gitarre keine Saiten sind! Wenn ich ihm was singet –

SCHNOFERL Ja, jemand durch Gesang erobern ist schwer, wenn man seinen Geschmack nicht weiß, denn der Gesang ist ein Proteus, der in gar vielerlei Gestalten erscheint.

ROSALIE Freilich, freilich! Dem einen gefallt das, dem andern das –

SCHNOFERL Jetzt denken Sie sich erst, wenn man was singen will, was allen g'fallen soll, hören S', das muß eine Aufgabe sein.

Quodlibet

ROSALIE

Singen kann der Mensch auf unzählige Arten,
Lieblich, grimmig, piano und wieder mit Kraft –

Quodlibet: das folgende Duett war so beliebt, daß es bei einer musikalisch-deklamatorischen Veranstaltung von Nestroy und seiner Lebensgefährtin, der Schauspielerin Marie Weiler, im Kostüm vorgetragen wurde (R.).

SCHNOFERL

Modern oder altmodisch, stürmischen G'sang oder zarten,
Ernsthaft, g'spaßig, kurzum, wie man's nur schafft!
(Mit sanftem Ton in veralteter Manier.)
Urteil' bedächtig
Von dem Verräter,
Denk', er bereuet,
Bereuet die Tat.

ROSALIE

Das is nix, jetzt muß man singen,
Daß die Brust ein' möcht' zerspringen,
Jetzt heißt's, wie ein Wachter schrein.

SCHNOFERL *(in moderner Art mit forcierter Stimme)*

Ich sah dich zornerbleichen,
Und zagst, die Hand zu reichen.
Kann Mitleid dich beschleichen
Mit unsrer Dränger Schar?
Doch wenn sie frech es wagen,
In Bande uns zu schlagen,
Dann darf die Rache tagen,
Dann trotzt man der Gefahr.

ROSALIE

Da ich's mit dieser Force nicht kann,
So stimm' ich lieber »Flinserln« an:
Mein Herzerl ist treu,
's is a G'schlösserl dabei,
Und a einziger Bua
Hat 's Schlüsserl dazua,
Und da einziger Bua
Hat 's Schlüsserl dazua.

BEIDE

Erhabne Melodien
Hab'n gar ein' schönen Klang,
Alle Gattung Phantasien
Druckt aus ein solcher G'sang;
Es dringt tief in die Seelen
Die Einfachheit nur ein,

Flinserln: »Flitterchen«; Titel einer berühmten Sammlung mundartlicher Dichtungen von J. G. Seidel (R.).
Mein Herzerl ist treu . . . Schlüsserl dazua: volkstümlicher Vierzeiler (R.).
G'schlösserl: kleines Schloß.

Drum darf bei solchen Stellen
Kein Giegesgages sein,
Giegesgages sein, Giegesgages sein,
Darf kein Giegesgages sein.

SCHNOFERL
Giegesgages sein.

SIE Giegesgages sein.

ER Giegesgages sein.

SIE Giegesgages sein.

BEIDE
Kein Giegesgages sein.

ER Der Geschmack ist verschieden,
Viele sind nicht zufrieden,
Wenn s' nicht tausend Noten
Herabgurgeln hör'n:
Du hast mich verblendet,
Mein Herz ist umgewendet,
So sei es denn vollendet,
Verbleib in deinem Wahn;
So sei es denn vollendet,
Verbleib in deinem Wahn.

SIE Nur muß ich hier bemerken,
Auch in ältern Werken
Gibt's schöne Kol'ratur la la.

ER Da is von Lärm gar keine Spur,
's Orchester deckt den G'sang nicht zur.

BEIDE
Andern g'fallt's wieder,
Wenn's drunter und drüber geht, nur.
(*Hier ist Nacht auf dem Theater, Blitz und Donner.*)

ER O Nacht voll Schrecken und Qualen –

SIE O Nacht voll Schrecken und Qualen –

ER Gräßlich die Blitze strahlen –

SIE Gräßlich die Blitze strahlen –

ER Mein Herz bebt –

SIE Im Herzen –

ER Es bebt, es bebt vor Wut.

SIE Mir stocket –

ER Mein Herz bebt –

Giegesgages: leeres Gerede.

SIE Im Herzen stockt das Blut.
ER O Nacht voll Qualen!
SIE O Nacht voll Qualen!
BEIDE
Der Himmel droht Verderben.
SIE Im Herzen stockt das Blut.
ER Es bebt mein Herz vor Wut.
BEIDE
Da g'fallt's mir in d' Wirtshäuser, wenn s' musizieren
Und allerhand Jux mit ein'm G'sangl aufführen.
Nur lustige Lieder tun s' dort produzier'n,
D' Harfenisten, die lassen ka Traurigkeit g'spür'n. –

Schön macht sich auch der Liebessang
Mit Wonne, Lust und Angst und Bang, Angst und Bang,
Wenn zwei überfüllte Herzen
Luft sich machen tun in Terzen –
Duide – – a Fermat',
Zwei Ellen lang.
Zwei Ellen lang!

(*Beide ab.*)

Dreizehnte Szene

MADAME STORCH, ROSALIE, THEKLA

MADAME STORCH (*viele Teller tragend, noch unter der Türe mit Thekla sprechend*) Nein, ich tu's nit anders, Sie müssen herein zu uns.

ROSALIE (*Eßzeug tragend, im Eintreten zu Thekla*) Wie kann man denn gar so wildfremd tun gegen Nachbarinnen?

MADAME STORCH (*hat ihre Teller auf einen Stuhl gestellt*) Wissen Sie, daß uns das kränkt?

THEKLA Ich will ja niemand kränken, aber Sie dürfen mir's glauben, ich hab' keine Zeit.

MADAME STORCH Was, keine Zeit! Zum Arbeiten is es zu spät.

ROSALIE 's hilft Ihnen nix, den heutigen Abend müssen S' bei uns zubringen.

THEKLA Aber, liebe Mamsell – liebe Madame –

MADAME STORCH Ich müßt' nur sonst glauben, daß wir Ihnen zu schlecht sind –

ROSALIE Daß Sie aus Stolz –

THEKLA Du lieber Himmel, auf was sollt' ich stolz sein?

MADAME STORCH Also geben Sie uns den Beweis!

THEKLA Nun gut, ich bleibe!

MADAME STORCH So is 's recht!

ROSALIE Sie müssen ja Leut' nicht zurückstoßen, die's herzensgut meinen mit Ihnen. (*Leise zu Madame Storch.*) Wenn die ein Glas Extrawein trinkt, bringen wir ihr ein Geheimnis nach 'n andern heraus.

MADAME STORCH (*zu Thekla*) Wir haben also Ihr Wort. (*Zu Rosalie.*) Rosalie, leih von der Konduktansagerin unten 's Gugelhupfbeck aus.

(*Rosalie geht zur Mitte ab.*)

MADAME STORCH (*zu Thekla*) Sie nehmen 's nicht übel, daß wir Ihnen einen Augenblick allein lassen, häusliche Geschäfte – wir haben heute G'sellschaft, Sie werden sich gewiß gut unterhalten. (*Geht Türe rechts ab.*)

Vierzehnte Szene

THEKLA, *dann* GIGL

THEKLA (*allein*) Also G'sellschaft is hier? – Dann kann ich nicht bleiben – Heiterkeit und Schmerz tun nicht gut unter einem Dach, es muß eins das andere verletzen. – Ich hab' zwar versprochen – ich werd' mich morgen entschuldigen, aber fort muß ich! (*Will zur Mitte ab.*)

GIGL (*kommt traurig aus der Seitentüre rechts mit einer Kaffeemühle im Arm.*) Ich halt's nicht aus bei die Mädln, mir g'schicht leichter, wenn ich allein bin!

THEKLA (*Gigl erblickend*) Seh' ich recht –!?

GIGL Thekla! (*Läßt die Kaffeemühle fallen, daß die Kaffeebohnen herumrollen.*) Da hab'n wir den Kaffee!

THEKLA Sie sind hier?

GIGL Und Sie sind da?

THEKLA Nicht mit Willen, meine Nachbarinnen haben mich völlig gezwungen!

Konduktansagerin: Leichenbitterin.
Gugelhupfbeck: Backform für Gugelhupf, s. zu S. 397.
Da hab'n wir den Kaffee: Da haben wir die Bescherung.

GIGL Nachbarinnen –? Triumph, jetzt hab' ich so viel als die Adress'!

THEKLA Was kann Ihnen das helfen? Sie haben eine Braut –

GIGL Ich habe keine mehr, ich hab' sie feierlich verschmäht!

THEKLA Dann werden Sie gewiß unter den vielen Mädln hier eine nach Ihrem Sinn finden!

GIGL Glauben Sie, ich bin wegen die Mädln da? Mein Freund hat mich hergezaxelt, daß ich mich zerstreuen soll. Ich kann mich aber nicht zerstreuen; sein Sie versichert, ich hab' hier nichts getan als Kaffee g'rieben, das is doch g'wiß eine unschuldige Sach'! Thekla, ich bin jetzt frei, bin unabhängig, hab' Geld, Sie müssen mich heiraten, es kann kein Hindernis mehr sein! –

THEKLA O ja, es ist eines!

GIGL Sie müßten nur einen heimlichen Mann haben, von dem ich nix weiß – Thekla, reden Sie!

THEKLA Sie verdienen mein Vertrauen, so will ich Ihnen alles offen sagen –

Fünfzehnte Szene

DIE VORIGEN; SCHNOFERL

SCHNOFERL (*kommt mit Küchenvortuch, ein großes Geschirr, in welchem er Teig abrührt, tragend, aus der Türe links, ohne die beiden zu bemerken*) Der Teig muß nur noch ein wenig abg'schlagen werden, und es wird sich ein Gugelhupf bilden, über den die Nachwelt stau – (*erblickt Gigl und Thekla*) was is denn das!? – Mamsell!

GIGL Sie logiert in Haus.

THEKLA Nur ein Zufall hat mich grad heut' hierhergebracht.

SCHNOFERL Ich führ' ihn her, daß er's vergißt, und der Zufall führt sie her, daß s' ihn wieder dran mahnt! Ah, ich sag's, der Zufall muß ein b'soffener Kutscher sein – wie der die Leut' z'samm'führt, 's is stark!

GIGL Ich lass' nicht mehr von ihr!

SCHNOFERL Ob's d' stad bist! (*Zu Thekla.*) Und dann is noch sehr die Frag', ob das auch wirklich ein Zufall war. Mir scheint, Sie steigen dem jungen Menschen nach und delektieren sich an der sukzessiven Abnahme seiner Vernunft.

Hergezaxelt: hergelockt, hergeschleppt.
Abschlagen: abrühren, kneten.

THEKLA (*beleidigt*) Mein Herr –

GIGL (*böse werdend*) Schnoferl, ich sag' dir's –

SCHNOFERL (*zu Gigl*) Ruhig! (*Zu Thekla.*) Glauben Sie, ich genier' mich vor Ihnen? Ich sag' Ihnen offen, daß ich Sie für eine Versteckte halt'. Warum zeigen Sie sich nicht in Ihrer wahren Gestalt?

GIGL (*zu Schnoferl*) Hörst, jetzt wird's mir z' arg!

SCHNOFERL (*zu Gigl*) Ruhig! (*Zu Thekla.*) Sie sind eine Handarbeiterin, die Fuß fassen will in den Herzen der Männer, indem sie ihnen die Köpf' verrückt durch melancholischen Anstrich und scheinheilige Kokettur!

THEKLA (*zu Schnoferl*) Was hab' ich Ihnen getan, daß –

GIGL (*drohend*) Schnoferl, zum letztenmal –

SCHNOFERL (*zu Gigl*) Ruhig! (*Zu Thekla.*) Sie werden um kein Haar anders sein als wie die, die um kein Haar anders sind als wie Sie, spielen aber die Überspannte, die Reine, die Verklärte, als wie die Jungfrau von Orleans, bevor s' zum Militär gangen is.

THEKLA Das is zuviel! (*Bricht in Tränen aus und sinkt in einen Stuhl.*)

GIGL Jetzt muß ich zu einem verzweifelten Mittel schreiten! Schnoferl, wie du noch ein Wort red'st – (*reißt den Kochlöffel mit einer Portion Teig aus dem Geschirr, welches Schnoferl hält*) ich papp' dir die Lästerschul' zu. Da haben wir's, sie weint! (*Wirft den Löffel in das Geschirr.*)

SCHNOFERL Richtig, sie weint, ohne mir dabei ein Maul anzuhängen – das kann keine gewöhnliche Handarbeiterin sein! (*Indem er sie betrachtet.*) – Mamsell – sie tut sich völlig verschluchzen – (*etwas gerührt*) Mamsell – Sie müssen meine Worte nicht als Beleidigung nehmen.

GIGL Als was soll sie 's denn nehmen, du Grobian, du!

SCHNOFERL (*zu Thekla*) Ich habe dadurch nur – es is reine Freundschaft für meinen Freund – er paßt nicht für Ihnen, er hat eine höhere Bestimmung, drum meiden Sie ihn!

THEKLA Das hab' ich ja so getan, ich bin deswegen ausgezogen.

SCHNOFERL Mit 'n Ausziehen allein is es nicht abgetan.

THEKLA Ich hab' ihm g'sagt, daß er keine Hoffnung hat.

SCHNOFERL Das glaubt er nicht, bis Sie nicht einen andern Liebhaber nehmen.

(*Thekla schüttelt traurig den Kopf*)

SCHNOFERL Sollt' denn das gar so schwer sein?

THEKLA So schwer, daß ich's nicht übers Herz bring'. Ich entsag' ihm, ich muß ihm entsagen, aber auch kein anderer soll –

SCHNOFERL Ja, dann nutzt's nix, und wenn S' ihn auch bei der Türe hinauswerfen, da bleibt er unt' auf der Gassen stehn und schmacht't Ihnen die Fenster an. Und was kommt am End' heraus? Ein zweiter Ritter Toggenburg wird aus ihm; das war der große Liebesmathematiker, der das Fensterln auf die höchste Potenz erhoben hat, der hat auch immer hinübergʼschaut und g'schaut, und so saß er, eine Leiche, eines Morgens da – Sie werden g'hört haben von der G'schicht'.

GIGL Ich heirat' s', ich seh' nicht ein –

SCHNOFERL Eben weil du nichts einsiehst, willst du s' heiraten und eine andere aufopfern, die so hoch über dieser steht wie die Zeder übern Petersil, wie die Giraff' über der Wildanten, wie der Himalaya über der Türkenschanz! (*Zu Thekla.*) Mamsell, ich sag' Ihnen –

Sechzehnte Szene

DIE VORIGEN; ROSALIE, *dann* MADAME STORCH, SABINE, PEPPI

ROSALIE (*zur Mitteltüre eintretend, ein kupfernes Gugelhupfmodel bringend*) Da is 's Gugelhupfbeck!

SCHNOFERL Nur her damit! (*Stellt sich zum Tisch links und füllt während dem Folgenden den Teig in das Becken.*)

MADAME STORCH (*kommt, Tischtuch und Servietten tragend, mit Peppi und Sabine aus der Türe rechts*) Jetzt g'schwind den Tisch gedeckt! Sabine, die Gläser sind noch beim Hausmeister drunt'.

SABINE Gleich! (*Läuft zur Mitte ab.*)

THEKLA (*für sich*) O Gott! Wenn ich nur fort'gangen wär'!

MADAME STORCH (*zu Schnoferl*) Schnoferl, helfen S' den Tisch tragen.

SCHNOFERL (*mit dem Gugelhupf beschäftigt*) Stören Sie mich nicht – Sie sehen ja –

MADAME STORCH Sie werden doch nicht wollen, daß wir Frauenzimmer –

Wildanten: Wildente.
Türkenschanz': niedriger Hügelrücken im Nordwesten Wiens.
Und so saß er . . .: Zitat aus Schillers Ballade ›Ritter Toggenburg.‹

SCHNOFERL (*läßt ärgerlich seine Arbeit stehen und läuft zu einem im Hintergrund stehenden Tisch*) So komm, Gigl! (*Er trägt mit Gigl den Tisch vor.*)

MADAME STORCH (*zu Schnoferl*) Sie sind doch manchmal ein recht ungalanter Mensch.

SCHNOFERL Na, ja, es is ärgerlich – (*eilt zu seiner früheren Beschäftigung am Gugelhupfbecken zurück*) wenn man bei so einem Werk aus der Begeisterung herausgerissen wird, man find't sich nicht wieder drein. (*Arbeitet fort.*)

MADAME STORCH (*zu Thekla*) Was is denn das? Die trüben Augen –

THEKLA (*welche mit Gigl den Tisch deckt*) Ich hab's Ihnen ja g'sagt, daß ich in keine fröhliche Gesellschaft pass'.

SCHNOFERL (*für sich, bei seiner Arbeit*) Er ist der Vollendung nah! (*Laut.*) Mamsell Peppi! (*Ihr das gefüllte Gugelhupfbekken übergebend.*) Hier übergeb' ich Ihnen diesen Gugelhupf, behandeln Sie ihn mit Sorgfalt, stellen Sie ihn in einen warmen Backofen, geben Sie oben Glut, unten brennendes Feuer und rundherum wieder Glut, auf daß er Farb' und Festigkeit gewinnen und recht bald wieder im Kreise teilnehmender Freunde erscheinen möge.

(*Peppi geht in die Türe rechts ab.*)

MADAME STORCH Mit was werden wir beim Souper den Anfang machen?

SCHNOFERL Wir müssen erst sehen, was der Herr von Kauz alles bringt.

GIGL (*zärtlich*) Thekla!

(*Thekla seufzt.*)

MADAME STORCH (*Gigl und Thekla betrachtend*) Mir scheint, die zwei kennen einand'.

Siebzehnte Szene

DIE VORIGEN; KAUZ, *später* KNÖPFEL

KAUZ (*ruft, noch unter der Türe*) Proviant! Proviant! (*Kommt mit übervoll von Eßwaren bepackten Körben keuchend herein.*)

MADAME STORCH *und* ROSALIE Der Herr von Kauz kommt!

SCHNOFERL Na, hat hübsch eingekauft!

MADAME STORCH (*zu Kauz*) Aber wie können Sie so schwer tragen?

KAUZ (*keuchend die Körbe niedersetzend*) Jugendkraft, meine Aimableste, nichts als Jugendkraft! (*Thekla erblickend.*) Was is das? Die Mamsell Thekla –?

THEKLA Ein Zufall –!

ROSALIE (*für sich*) Der kennt s' auch? Das is gut, ein jeder kennt sie, und sie tut so unbekannt.

KNÖPFEL (*tritt ein*) Was seh' ich? Man hat ein Souper bereitet? Man überrascht mich oder wen?

SCHNOFERL Nur auspacken nacheinand' und auf die Flaschen obacht geben!

(*Rosalie und Madame Storch packen mit Kauz die Körbe aus.*)

KNÖPFEL Ah, die prächtige Westfälinger!

KAUZ Daß nur der kalten Pasteten nichts g'schieht!

ROSALIE Und die delikate Zungen!

SCHNOFERL Ah, die muß sehr gut sein, das is gewiß keine böse Zunge.

KNÖPFEL (*Bouteillen aus dem Korbe besehend*) Champagner gar oder was?

KAUZ Daß nur der kalten Pasteten nix g'schicht!

SCHNOFERL Hören S' auf mit Ihrer kalten Pasteten!

Achtzehnte Szene

VORIGE; PEPPI

(*kommt a tempo aus der Türe rechts*)

SCHNOFERL (*auf sie zueilend*) Was macht mein armer Gugelhupf? Wie geht es ihm?

PEPPI Er geht gar nicht, mir scheint, er wird, was man sagt, ein Dalk bleiben!

SCHNOFERL Wie unzart! Wenn einer einen Dalken erzeugt hat, muß man es ihm nicht ins G'sicht sagen, das tut weh!

KAUZ Jetzt g'schwind die Sesseln gestellt! (*Wirft einen Frauenhut von einem Stuhl herab und stellt ihn zum Tisch.*)

ROSALIE Aber was treiben S' denn? Sie ruinieren mein' Hut!

KAUZ Absichtlich, um ihn morgen durch einen neuen zu ersetzen.

Dalk: Teig; Tölpel.

ROSALIE Oh, zu gütig!

(*Thekla und Gigl stellen ebenfalls Stühle zum Tisch.*)

SCHNOFERL Also Platz genommen allerseits und niedergesetzt! (*Alle setzen sich, der Platz für Sabine beibt leer.*)

KAUZ Die kalte Pasteten soll den Anfang machen mit 'n Kaviar. Unterdessen schneiden wir die Schunken auf, dann kommt der g'sulzte Fisch.

SCHNOFERL Und gleich einen Champagnerstoppel in die Luft spediert! (*Öffnet eine Bouteille.*)

Neunzehnte Szene

VORIGE; SABINE (*zur Mitteltüre herbeieilend*)

SABINE Eine noble Dam' kommt, eine vornehme Frau!

ALLE Eine vornehme Frau?

SABINE Sie hat bei der Hausmeisterin um die Mamsell Thekla g'fragt, dann hat ihr die Hausmeisterin g'sagt, daß sie da heroben is, und was für Herrn da sind –

SCHNOFERL Wie kann denn die Hausmeisterin das wissen?

SABINE Wahrscheinlich hat ihr's eine von uns plauscht.

KAUZ
SCHNOFERL
MADAME STORCH } Was kann denn das für eine Dam' sein?

SABINE (*zur Mitteltüre hinaussehend*) Sie kommt – sie ist ganz rabiat – hinter mir nach auf der Stieg'n.

Zwanzigste Szene

VORIGE; FRAU VON ERBSENSTEIN

FRAU VON ERBSENSTEIN (*zur Mitteltüre eintretend*) Verzeihn, wenn ich ungelegen komme –

SCHNOFERL *und* GIGL (*betroffen*)
Die Frau von Erbsenstein!
KAUZ (*ebenso*) Meine Nièce! } *zugleich*

FRAU VON ERBSENSTEIN Das is ja recht eine scharmante Gesellschaft!

SCHNOFERL (*zu ihr*) Es is im Grund – keineswegs – weil eben –

KAUZ (*zu ihr*) Ich bin bloß des Gigls wegen da –

FRAU VON ERBSENSTEIN Wahrscheinlich, um seine Verlobung mit dieser Mamsell (*auf Thekla zeigend*) zu feiern?

KAUZ (*verlegen*) Wer sagt denn so was –?

FRAU VON ERBSENSTEIN Von mir aus ist keine Einwendung zu befürchten, ich will nur Herrn von Gigl seine Zukünftige zu erkennen geben.

THEKLA (*erschrocken*) Himmel, sie weiß etwan –

FRAU VON ERBSENSTEIN Sie ist die Tochter des durchgegangenen Herrn Stimmer, der Sie, Herr Onkel, um die ungeheure Summe bestohlen hat.

SCHNOFERL (*äußerst überrascht und gerührt*) Die Stimmerische –!?

MADAME STORCH, PEPPI, ROSALIE, SABINE (*untereinander*) Sie is die Tochter von ein' Dieb!

THEKLA (*will aufstehen, sinkt aber Schnoferl in den Arm*) Ich kann nicht mehr!

SCHNOFERL Sei'n S' g'scheit, Herzerl, Stimmerische!

FRAU VON ERBSENSTEIN Jetzt wünsch' ich allerseits die beste Unterhaltung! (*Durch die Mitte ab.*)

SCHNOFERL Wasser! Wasser!

KAUZ 's is kein Tropfen da, nix als Wein!

GIGL (*zur Ohnmächtigen eilend, welche Schnoferl hält*) Sie stirbt!

SCHNOFERL Stimmerische, gib einen Laut von dir!

(*Im Orchester fällt eine kurze Musik ein, während der allgemeinen Verwirrung fällt der Vorhang.*)

Dritter Akt

Eleganter Garten, über den Hintergrund zieht sich ein Gitter mit Tor, inner dem Gitter rechts steht ein Teil des eleganten Wohngebäudes, Parterre ein paar Stufen erhöht, mit praktikablem Eingang, rechts gegen den Vordergrund steht eine Schaukel, links ein Gartentisch mit Stuhl.

Erste Szene

MADAME STORCH, ROSALIE, SABINE, PEPPI, KNÖPFEL

(*Madame Storch ißt Obst, Rosalie und Peppi pflücken Blumen, Sabine steht bei der Schaukel, Knöpfel raucht eine Zigarre.*)

MADAME STORCH Mädln, reißt's nicht so viel Blumen ab!

KNÖPFEL Seid's nur nicht unbescheiden oder was!

SABINE Nehmt euch ein Beispiel an der Madame.

ROSALIE Der ihre Lieblingsblumen sind die Plutzerbirn'!

SABINE Ich glaub' immer, der Blumen- und Obstverlust wird heut' dem Herrn von Kauz sein geringster Verdruß sein.

PEPPI Warum aber der Schnoferl auch das Mädl, die Thekla, herausb'stellt hat?

SABINE Um die nimmt er sich auf einmal gar heiß an!

ROSALIE Und erst seit er g'hört hat, daß ihr Vater g'stohlen hat! Das muß einen eignen Reiz für ihn haben.

MADAME STORCH Sie kann deßtwegen die ehrlichste Person sein.

ROSALIE Kinder sind ja oft ihren Vätern ganz unähnlich, da hat man ja Beispiele –

SABINE Wenn jed's die Fehler seiner Eltern und Anverwandten haben müßt' –

ROSALIE Ich hab' einen Vettern, der halt't's nirgends aus, der geht alle Jahr' drei-, viermal auf und davon.

SABINE Und du wirst vielleicht zeitlebens sitzen bleiben.

MADAME STORCH Still, still, niemand ausrichten!

KNÖPFEL Wär' nicht übel, in so einem Haus die Schicklichkeit verletzen oder was!

ROSALIE Die Schicklichkeit verletzt der Herr vom Haus selbst am allermeisten.

SABINE Jawohl, Damen einladen und nicht zu Haus sein, das is etwas arg.

Plutzerbirn': süße, große Birnen.
jemand ausrichten: über jemand Übles sagen.

MADAME STORCH Mir hat der Bediente g'sagt, er is in der Früh um fünf Uhr zu einem wichtigen G'schäft, und er erwart't ihn alle Minuten.

SABINE Wann die Minuten einmal in die Stunden ausarten –

ROSALIE Plündern wir ihm zur Straf' dort (*nach rechts in die Szene zeigend*) das ganze Rosenboskett.

SABINE *und* PEPPI Ja, das tun wir!

(*Rosalie, Peppi, Sabine laufen rechts ab.*)

MADAME STORCH (*ihnen nacheilend*) Aber, Mädln! Treibt's nur nicht gar zu arg,. er könnt' doch bös werden! Mädln! (*Geht ihnen nach.*)

KNÖPFEL (*allein*) Die Madln treib'n's – wann s' nur an Buschen habn' oder was, so sein s' schon glücklich oder wie! I estimier' die Blumen nit. Mich int'ressiert nur die Blume von Wein oder was. I geh' jetzt in 'n Keller von Herrn von Kauz oder wem; und wann i auffa kumm', bin ich gewiß recht lustig oder was! (*Geht ins Haus ab.*)

Zweite Szene

KAUZ, *dann* DOMINIK

KAUZ (*allein, durchs Gittertor kommend, sehr echauffiert*) Glücklich abgemacht! Mir is ein Stein vom Herzen. Spitzbub', der Käfer! Wie er gemerkt hat, mir liegt soviel an seiner augenblicklichen Abreis', verlangt er zweihundert Stück Dukaten Reisegeld von mir. Weil er nur fort is! Wenn er getrunken hat, der Schlingel, red't er gar unvorsichtig in den Tag hinein. Und den damaligen Brief von mir hat er richtig auch noch aufbewahrt! Daß ich den wieder hab', geht mir über alles! Der int'ressierte Schuft war obendrein noch dumm, ich hätt' ja nicht um tausend Dukaten den Brief in seinen Händen gelassen! Hat mich echauffiert, die G'schicht', sehr echauffiert! (*Zieht den Rock aus und hängt ihn über einen Gartenstuhl.*) Dominik! – Dominik!

DOMINIK (*aus dem Hause kommend*) Was schaffen Euer Gnaden?

KAUZ Sind die Frauenzimmer da?

DOMINIK Schon über zwei Stund'!

KAUZ Werden viel lange Weil' g'habt haben!

DOMINIK Nein, sie unterhalten sich recht gut.

KAUZ Bring mir mein' Spenser!

DOMINIK Gleich! (*Geht zum Stuhl und will den Rock mitnehmen.*)

KAUZ Nichts, den Rock laß da!

(*Dominik geht ins Haus ab.*)

KAUZ (*allein*) Wenn so ein Dumrian was herausfallen ließ' –! (*Rollt den Rock sorgfältig zusammen.*) 's steckt die Brieftaschen drin und in der Brieftaschen der Brief – wär' nicht übel!

Dritte Szene

DER VORIGE; MADAME STORCH, ROSALIE, SABINE, PEPPI

(*Die Mädchen tragen jede große Rosenbuketts am Kleid und in der Hand.*)

MADAME STORCH Ah, endlich einmal!

ROSALIE, SABINE, PEPPI So spät? G'hört sich das?

KAUZ (*läßt den Rock auf den Stuhl fallen, neben welchem er stand*) Meine Damen – Geschäftsüberhäufung – Pardon! – Und in Hemdärmeln! Pardon! Dominik, mein' Spenser! Pardon!

MADAME STORCH Genieren Sie sich nicht!

KAUZ Sie werden sich ennuyiert haben?

MADAME STORCH Wir haben uns indessen im Garten alles ang'sehn.

KAUZ Jetzt heißt's, das Versäumte nachholen!

ROSALIE Spielen wir was!

KAUZ Recht, mein Engel! Was wollen Sie spielen?

SABINE Verstecken!

KAUZ Gut, spielen wir Verstecken, dazu is mein Garten wie gemacht. Oh, das is ein schönes Spiel, man versteckt, man sucht sich, man find't sich – ja, ja, spiel'n wir Verstecken!

MADAME STORCH Nein, das is nichts, Blindekuh is viel hübscher.

KAUZ Blindekuh is auch nicht schlecht. Wer is die blinde Kuh?

SABINE Dem Herrn vom Haus gebührt das Vorrecht.

KAUZ Gut, nur g'schwind verbunden! (*Zu Madame Storch.*) Madame, verwandeln Sie mich in den blinden Liebesgott.

ROSALIE Das wär' ein Moment für einen Maler, jetzt könnt' er den Amor in Hemdärmeln malen.

SABINE (*für sich*) Den Witz hätt' ich auch noch z'amm'bracht.

KAUZ (*indem ihm die Augen verbunden werden*) Nehmen Sie sich in acht, meine Damen! Die ich erwisch', lass' ich sobald nicht mehr aus. (*Mit verbundenen Augen.*) Also achtgeben, wir werden gleich eine haben! (*Fängt an, nach den Mädchen zu haschen. Alle ziehen sich nach der Kulisse links, er verfolgt sie, plötzlich ziehen sich alle sehr schnell gegen den Hintergrund. Kauz vermutet sie noch immer links und geht haschend in die Kulisse links ab.*)

Vierte Szene

VORIGE *ohne* KAUZ

SABINE Jetzt sucht er uns dort!

ALLE (*lachen*) Hahahaha!

SABINE Still!

MADAME STORCH Wenn er nur nicht ins Bassin fällt –!

SABINE Die armen Goldfisch'! A paar hundert erdruckt er als wie nix.

ROSALIE Wißt's, was wir ihm tun? Verstecken wir ihm seinen Rock!

SABINE Oder ziehen wir ihn einer Statue an!

PEPPI Hängen wir 'n dort auf einen Baum!

MADAME STORCH Aber zuerst die Säck' durchsuchen, ob nichts drin is, was verdorben werden könnt'! (*Die Mädchen durchsuchen die Taschen.*)

PEPPI Ein ostindisches Schnupftuch!

SABINE Das wird keinen Sprung kriegen, wenn der Rock vom Baum herunterfallt.

ROSALIE Eine Tabaksdose!

SABINE (*in der Seitentasche suchend*) O je, die Brieftaschen!

MADAME STORCH Da gebt's gut acht darauf!

ROSALIE (*zu Sabine, den Rock nehmend*) Steck' sie indessen ein!

SABINE (*die Brieftasche nehmend*) Wo soll denn ich die großmächtige Brieftaschen –?

ROSALIE, PEPPI Da kommt er –

MADAME STORCH G'schwind fort!

ROSALIE, SABINE, PEPPI G'schwind fort!

(*Alle laufen Seite rechts ab.*)

Fünfte Szene

KAUZ (*allein*), *dann* FRAU VON ERBSENSTEIN

KAUZ (*von der Seite links zurückkommend, mit verbundenen Augen haschend*) Hätt' mir's nicht gedacht, daß die Mädln so schwer zu bekommen sind. Hab' eine! (*Umfängt einen links im Vordergrunde stehenden Baum.*) Nein, das is wieder ein Baum! (*Geht haschend nach dem Hintergrund.*)

FRAU VON ERBSENSTEIN (*von links hinter dem Gitter kommend, noch von außen zu einem Bedienten, welcher sie begleitet*) Der Wagen soll zurück ins Gasthaus fahren. (*Der Bediente geht zurück, Frau von Erbsenstein tritt zum Gittertore ein.*)

KAUZ (*erhascht Frau von Erbsenstein in dem Moment, als sie zum Gittertor eintritt, in der Meinung, es sei eines von den Mädchen*) Erwischt! Erwischt!

FRAU VON ERBSENSTEIN (*erschrocken*) Was soll denn –!?

KAUZ (*triumphierend, noch mit verbundenen Augen*) Das ist jetzt die blinde Kuh!

FRAU VON ERBSENSTEIN Aber, Herr Onkel –!?

KAUZ (*erschrocken, als er die Stimme seiner Nièce erkennt, die Binde von den Augen reißend*) Meine Nièce!

FRAU VON ERBSENSTEIN Was treibt denn der Herr Onkel für Faxen?

KAUZ (*sehr verlegen*) Ich spiele ein Gesellschaftsspiel.

FRAU VON ERBSENSTEIN Also haben Sie Gesellschaft?

KAUZ Nein! (*Beiseite.*) Gott sei Dank, sie sind nicht da! (*Laut.*) Ich bin allein, wie du siehst, mutterseelenallein und spiel' Blindemäuserl.

FRAU VON ERBSENSTEIN Da tappen Sie so allein herum?

KAUZ Ich spiel' den ganzen Tag nichts als Blindemäusl. Aber wie kommt's denn, Nièce, daß du zu mir aufs Land heraus –? Das is dir schon ein paar Jahr' nicht eing'fall'n.

FRAU VON ERBSENSTEIN Na, es is hier sehr hübsch, und der Schnoferl hat mir heut' früh ein Billett geschrieben, worin er mich ersucht, hier mit ihm zusamm'zutreffen, meine Gegenwart wäre äußerst notwendig, und da ich ohnedem noch eine Abrechnung mit ihm hab' –

KAUZ Der Schnoferl –? Hm, hm –! Das is ein Mißverständnis. Der Schnoferl is nicht da, ich erwart' ihn auch gar nicht. Dann

Blindemäuserl: Blindekuh.

hast du auch den Tag nicht gut gewählt, es is ein Donnerwetter im Anzug, du fürchst dich davor, und auf'n Land schlagt's gar so leicht ein, solltest wirklich lieber so g'schwind als möglich in die Stadt zurück –

FRAU VON ERBSENSTEIN Ich muß doch erst hier im Garten ein wenig ausruhen.

KAUZ Hat zu wenig Schatten, der Garten, Frau Nièce, dein weißer Teint ging z'grund', geh lieber ins Zimmer hinein, aber ins vordere Zimmer, wo die schöne Aussicht is, da steht ein Ruhbett. (*Führt sie gegen das Haus.*)

FRAU VON ERBSENSTEIN Der Herr Onkel is ja heut' gar voller Aufmerksamkeit.

KAUZ Nicht mehr als Schuldigkeit!

FRAU VON ERBSENSTEIN (*für sich*) Mir kommt die ganze Sach' nicht richtig vor. (*Geht in das Haus ab. Kauz hat sie bis an die Türe begleitet und kommt zurück.*)

Sechste Szene

KAUZ, *dann* GIGL

KAUZ (*allein*) Lebensphilosophie, verlaß mich nicht! Was tu' ich jetzt mit die Mädln? Ich muß schauen, daß s' nicht daher kommen. – Ich schwitz' vor Verlegenheit, und jetzt auf einmal die kühle Luft! (*Ruft gegen das Haus.*) Dominik, meinen Spenser! Er kommt nicht – ich zieh' meinen Rock an. (*Will den Rock vom Stuhle nehmen.*) Wo is denn mein Rock? – Den haben g'wiß die Mädln – wär' nicht übel! Da muß ich gleich – (*will rechts ab.*)

GIGL (*zum Gittertore eintretend*) Grüß' Ihnen Gott, Herr von Kauz!

KAUZ (*betroffen*) Der Gigl –!?

GIGL Wie lang soll ich denn dem Fiaker sagen, daß er warten soll?

KAUZ Wie kommst denn du her?

GIGL Mit 'n Fiaker.

KAUZ (*wie oben*) Ich will wissen, wer dich auf die Idee gebracht hat –

GIGL Weil's der Schnoferl so wollen hat.

KAUZ Der Schnoferl –?

GIGL Hat mir ein Billett geschrieben, worin er mich ersucht, hier mit ihm zusamm'zutreffen, meine Gegenwart wäre äußerst notwendig!

KAUZ (*für sich*) Ich weiß nimmer, bin ich Herr in mein' Hause oder der Schnoferl – ich muß'n fortbringen – halt, so geht's! (*Zu Gigl.*)) Weißt du, was der Schnoferl für eine Absicht hat?

GIGL Ja, er will hier mit mir zusammentreffen.

KAUZ Aber weißt du, warum?

GIGL Das hat er mir nicht g'schrieben, also kann es nicht seine Absicht sein.

KAUZ Er will hier zwischen dir und meiner Nièce eine Versöhnung –

GIGL Vor Versöhnung bin ich sicher, der beleidigte Stolz eines Weibes versöhnt sich nie! Ich wollt', ich wär' ebenso sicher vor ihrer Rache, denn die Rache des Stolzes eines beleidigten Weibes ist fürchterlich.

KAUZ Das ist es eben! Sie is da!

(*Man hört in der Szene rechts die Mädchen lachen.*)

GIGL Da lacht was in Ihrer Einsamkeit.

KAUZ Lachen? Ich hab' nichts g'hört – tumml dich nur!

(*Man hört wieder lachen.*)

GIGL Sie haben Gesellschaft?

KAUZ Was fallt dir ein! Es müssen nur Leut' in den Garten – es sind mehrere Aus- und Eingäng', die öfters offen – und da kommen einem öfters –

Siebente Szene

VORIGE; MADAME STORCH, ROSALIE, SABINE, PEPPI

DIE MÄDCHEN Ah, der Herr von Gigl hier?

GIGL Aufzuwarten!

DIE MÄDCHEN Das is scharmant!

GIGL Muß aber gleich wieder fort!

MADAME STORCH Was fällt Ihnen ein?!

SABINE (*Zu Rosalie*) Nimm die Brieftaschen, ich kann mich nicht immer damit herumschleppen. (*Gibt ihr die Brieftasche und tritt dann zu Gigl.*) Nein, nein, Sie müssen dableiben, wir lassen Ihnen nicht fort.

ROSALIE (*leise zu Gigl, ihn beiseite ziehend*) Wenn ich Ihnen aber sag', daß jemand in der Näh' is!

GIGL (*hastig*) Wer?

ROSALIE (*leise*) Die Thekla!

GIGL (*freudig*) Is 's möglich –? Wo?

ROSALIE (*leise*) Der Schnoferl hat sie herausb'stellt, er hat ihr Aufschlüsse über ihre Familienangelegenheiten (*macht die Pantomime des Stehlens*) versprochen. Sie will aber nicht eher her, bis der Schnoferl da is, sie wart't mit ihrer alten Mahm in einem Bauerngarten unt'. Stecken S' derweil die Brieftaschen ein, ich hab' s' von der Sabine – 's is wegen ein' Spaß – ich hol' Ihnen die Thekla. (*Eilt zum Gittertore ab.*)

GIGL Oh, Sie Engel –! (*Die Brieftasche einsteckend.*)

KAUZ Gigl, verplausch' dich nicht, es is höchste Zeit, daß du gehst.

GIGL Nein, jetzt is es höchste Zeit, daß ich bleib'!

KAUZ Fürchst du denn nicht die Rache des Zornes eines –

GIGL Nein, ich fürcht' nix, ich bin Mann, und wenn mir die Mädln hier alle beistehn, was kann mir die Erbsenstein tun?

KAUZ (*für sich*) Da soll doch der Teufel –!

Achte Szene

DIE VORIGEN *ohne* ROSALIE; SCHNOFERL, DOMINIK

SCHNOFERL (*zum Gittertore eintretend*) Schaut's, der Herr von Kauz!

ALLE Der Schnoferl!

SCHNOFERL Schaut's, da is er ja, mein lieber Freund Kauz, zugleich in einem buchstäblichen und in einem metaphorischen Rosengarten.

KAUZ (*verdrießlich*) G'horsamer Diener, sehr verbunden!

SCHNOFERL Schaut's, der Herr von Kauz!

KAUZ (*leise und ärgerlich zu Schnoferl*) Sie haben mir meine Nièce und den Gigl herausg'schickt!

SCHNOFERL Hab' ich Ihnen eine Freud' g'macht? Na mich freut's, mein lieber Herr von Kauz. Ich hab' zufällig g'hört, daß Sie heraußen sind. Denk' ich mir: machst ihm die Freud' und besuchst ihn, den Herrn von Kauz! Da fallt mir ein, daß ich mit der Frau Nièce und mit 'n Gigl Verschiedenes abzumachen hab', denk' ich mir, das sind Angehörige von Herrn von Kauz, der Herr von Kauz is gern im Kreis seiner Angehörigen, b'stellst ihm die Angehörigen alle heraus, dem Herrn von Kauz; na, mich g'freut's, mein lieber Herr von Kauz.

KAUZ Obligiert! (*Für sich.*) Boshafte Bestie, der Schnoferl!

SCHNOFERL (*zu den Frauenzimmern*) Aber, meine Scharmantesten, Sie müssen dem Herrn von Kauz kurios eingeheizt haben.

MADAME STORCH, SABINE, PEPPI Wieso?

KAUZ Die Damen haben mir den Rock versteckt.

SCHNOFERL So?

SABINE Jetzt heißt's suchen!

KAUZ Wo hab'n Sie meinen Rock?

SABINE Das werden Sie erfahren, aber nur unter der Bedingung, daß Sie sich zuerst hutschen mit uns.

KAUZ Nein, zuerst muß ich – ich kaprizier' mich auf mein' Rock.

SABINE Und wir kaprizieren uns aufs Hutschen!

SCHNOFERL (*zu Kauz*) Und da die Damen, was die Kaprizen anbelangt, hoch erhaben sind über uns, so werden Sie sich nicht muxen und sich einsetzen.

KAUZ Ja, wenn aber –

GIGL Sie kommt noch allweil nicht –

SCHNOFERL Also, Herr von Kauz, einen kühnen Hupfer und einen sanften Niedersetzer, daß kein Strick reißt –

KAUZ Aber Sie Teufelsmensch, meine Nièce ist ja da drin! (*Aufs Haus deutend.*)

SCHNOFERL Die umgarn' ich mit einer Diskursverwicklung, daß sie unter zwei Stund' nicht –

KAUZ Schnoferl, wenn ich mich verlassen könnt' –

SCHNOFERL Nur einsteigen nacheinand'! (*Hilft ihm mit Dominik in die Schaukel.*)

GIGL (*wie oben*) Auf d' Letzt' kommt s' gar nicht!

KAUZ Ich werd' schwindlich –

SCHNOFERL Üblichkeiten werden an diesem Ort verbeten.

KAUZ Das sag' ich aber gleich, nur zweimal hin und her, dann erfahr' ich, wo Sie –

PEPPI Nur vorwärts einmal!

SCHNOFERL (*nachdem Kauz vis-à-vis von Madame Storch Platz genommen*) Gigl, da is der Strick, du hutscht jetzt das edle Paar! – (*Ab in das Haus.*)

Neunte Szene

DIE VORIGEN *ohne* SCHNOFERL

(Gigl schaukelt.)

KAUZ Nur langsam, Gigl, langsam!

Zehnte Szene

DIE VORIGEN; SCHNOFERL, FRAU VON ERBSENSTEIN

(*Schnoferl und Frau von Erbsenstein treten rasch aus dem Hause heraus, Frau von Erbsenstein lorgnettiert Kauz spöttisch, beide sagen:*)

FRAU VON ERBSENSTEIN } (*zugleich*) Schaut's, der
SCHNOFERL } Herr von Kauz!!

KAUZ (*für sich*) Ich sink' in die Erd'!

SCHNOFERL (*nähertretend*) Kann nicht sein, Sie schweben in der Luft.

KAUZ (*leise zu Schnoferl*) Sie Höllenschnoferl!

SCHNOFERL (*leise zu Kauz, indem er ihm mit Dominik aus der Schaukel hilft*) Sie war nicht abzuhalten, unter der Tür schon is sie mir unaufhaltsam entgegengestürzt!

KAUZ Das is ein eigner Spaß, Frau Nièce, du überraschst mich heut' bei einem Konversationsspiel nach 'n andern.

FRAU VON ERBSENSTEIN Nur wär' ich der Meinung, daß ein Mann, der so viel Phantasie besitzt, um mit sich selbst Blindemäusel zu spielen, beim Hutschen noch viel leichter Gesellschaft entbehren könnt'! (*Madame Storch ist mittlerweile ebenfalls abgestiegen.*)

SABINE (*zu Schnoferl*) Das is ja die Souper-Zerstörerin von gestern!

PEPPI Die Bissige –

KAUZ (*zu Frau von Erbsenstein*) Mein Garten ist allen anständigen Personen geöffnet –

FRAU VON ERBSENSTEIN Und da Ihnen alle Personen anständig sind, so is es ein vollkommen öffentlicher Garten.

KAUZ Nièce, du verletzt mich! (*Laut.*) Und dann hab' ich früher im ganzen Garten herumg'schrien: »Wo is mein Rock? Wo is mein Rock?!« Mir ist nämlich mein Gehrock verlorengegangen – und da sind diese Damen herbeigestürzt und haben mir gesagt, daß – daß

MADAME STORCH Daß dort ein Rock auf einem Baum hängt.

KAUZ Das hat mir ohne Zweifel jemand zum Schabernack –

MADAME STORCH (*zu Kauz*) Ist es gefällig, mit uns zu spazieren –?

FRAU VON ERBSENSTEIN (*zu Kauz, welcher verlegen zögert*) Na, warum gehn S' denn nicht? Sie werden doch die Damen nicht warten lassen?

KAUZ Aber, Nièce, du verletzt mich – das is nicht schön von der Nièce, wenn einem die Nièce allweil verletzen tut. (*Geht verlegen schmollend ab, wo Madame Storch und die Mädchen inzwischen abgegangen sind.*)

Elfte Szene

FRAU VON ERBSENSTEIN, SCHNOFERL, GIGL

FRAU VON ERBSENSTEIN (*gespannt zu Schnoferl*) Darf ich jetzt bitten, mir in Kürze zu sagen, warum Sie mich hierher beschieden?

SCHNOFERL Der eine Grund (*auf Gigl deutend*) steht hier, der andere kommt nach. In diesem großen Augenblick möcht' ich diese kleine Hand (*ihre Hand nehmend*) in diese etwas größere (*Gigls Hand nehmend*) legen.

FRAU VON ERBSENSTEIN (*die Hand zurückziehend*) Mir scheint, Sie sind verruckt!

SCHNOFERL Nicht zum Ehebund, nur zum Freundschaftsbund!

FRAU VON ERBSENSTEIN Beides ganz überflüssig!

SCHNOFERL Oh, tun Sie's! Es is so edel, wenn man seine Hand einem Menschen in die Hand legt, dem man s' von Rechts wegen ins Gesicht legen sollt'. (*Macht die Pantomime des Ohrfeigengebens.*)

GIGL (*etwas sagen wollend*) Gewiß –

SCHNOFERL (*wie oben*) Ich hab' Ihnen gestern noch um eine ganz andere Art Verzeihung für ihn gebeten, davon is heut' keine Red' mehr.

FRAU VON ERBSENSTEIN Ich glaub's!

SCHNOFERL Ich war gestern noch gegen 's Mädl, heut' (*gerührt*) bin ich fürs Mädl, denn ich hab' Mitleiden mit 'n Mädl, seit ich weiß, wer dem Mädl sein Vater is. Aber mir liegt alles dran, daß wir alle in Güte und Freundschaft – daß Sie keinen

Verschmach weder auf diesen Jüngling noch auf mich werfen. Sie stehn ja auf 'n Gigl nicht an.

GIGL (*wie oben*) Gewiß –

SCHNOFERL In vielen Jahren, wenn Sie sich einmal die Liebenswürdigkeit ganz abg'wöhnt werden haben, kriegen Sie noch einen solchen, wie der Gigl is! Aber bedenken Sie, das Mädl, die arme Närrin, wär' ja ein armer Narr, wenn man ihr den Gigl entreißet.

FRAU VON ERBSENSTEIN Ich steht' dem beiderseitigen Glück nicht im Weg.

SCHNOFERL Na, ja, aber wozu dieser kalte Groll!? Sie müssen ja den Gigl nicht verkennen, müssen ihn ja nicht als ein denkendes Wesen beurteilen.

GIGL (*wie oben*) Gewiß –

SCHNOFERL Daß er Ihnen verschmäht, zeugt ja deutlich genug von einer Unpäßlichkeit der Verstandeskräfte, es is eine Heiserkeit des Gehirns, ein Katarrh der Vernunft; und dann ist die Sach' eine Herzenssach' –

FRAU VON ERBSENSTEIN So? Und in Herzenssachen ist alles verzeihlich?

SCHNOFERL Beinah'!

GIGL (*wie oben*) Gewiß –

SCHNOFERL (*leise zu Gigl*) Halt 's Maul! (*Laut zu Frau von Erbsenstein.*) Die Anatomen schon lehren uns, daß das kleine menschliche Herz zwei verschiedene Kammern hat, und wir sehn ja an den größeren Ländern, was durch die Verschiedenheit der Kammern für Konfusionen entstehen; ferners zeigen uns die Anatomen, daß das Herz Ohren hat, und zwar verhältnismäßig sehr große Ohren! Dadurch allein schon ist jede Eselei, wo das Herz im Spiel ist, zur Vergebung qualifiziert.

FRAU VON ERBSENSTEIN Der Herr Schnoferl find't also das ganz leicht, wenn man beleidigt, gekränkt ist, zu vergeben. Haben Sie 's schon versucht?

SCHNOFERL O ja, ich hab' einmal ein' Kater vergeben, der hat mir drei Kanarienvögel g'fressen.

FRAU VON ERBSENSTEIN Jedes Gemüt is halt nicht so aus Versöhnungsstoff gewebt. Bei mir kommt alles hauptsächlich auf

Verschmach auf jemand werfen: jemand verächtlich behandeln.
Ohren: Anspielung auf die ›Herzohren‹, Ausstülpungen der Herzwände.
Vergeben: hat im Wienerischen auch noch die alte Bedeutung »vergiften«.

einen Fürsprecher an! Wenn das aber ein Mensch ist, den man in gewissen Gesellschaften findet –

SCHNOFERL Verzeihn Sie, ich bin ein ausgebreiteter Geschäftsmann, unsereins kommt mit allen Nuancen der Menschheit in Konflikt.

FRAU VON ERBSENSTEIN (*immer pikierter gegen Schnoferl*) Wenn aber der, der den Schuldigen auf Gaudee führt –

SCHNOFERL Lassen Sie sich dienen –

FRAU VON ERBSENSTEIN (*wie oben fortfahrend*) Wenn der die Keckheit hat, sich zum Fürsprecher aufwerfen zu wollen –

SCHNOFERL Erlauben Sie, daß ich Ihnen dien' –

FRAU VON ERBSENSTEIN Still, Sie haben ausgedient bei mir!

SCHNOFERL Lassen Sie sich dienen!

FRAU VON ERBSENSTEIN Schweigen Sie!

SCHNOFERL (*kleinlaut*) Und ich dienet Ihnen so gern!

FRAU VON ERBSENSTEIN Sie haben in meiner Achtung einen Purzler gemacht –

GIGL (*wie oben*) Gewiß –

SCHNOFERL (*leise zu Gigl*) Halt 's Maul!

FRAU VON ERBSENSTEIN Einen Purzler –

SCHNOFERL Gnädige Frau – (*für sich*) ich muß eine mildere Stimmung erwecken.

FRAU VON ERBSENSTEIN (*zu Gigl*) Mit Ihnen habe ich noch ein paar Wort' zu sprechen, folgen Sie mir! (*Geht ins Haus ab.*)

GIGL (*erschrocken, für sich*) Ich fürcht' mich – aber ich muß ihr folgen, denn wenn ich unfolgsam wär', da wär's gar aus. (*Folgt ihr nach.*)

SCHNOFERL (*allein*) Diese himmlische Frau hat den höllischen Gusto, mir Pfeile ins Herz zu bohren – na, laßt man ihr die Freud'! Überhaupt, 's is 's Beste, man laßt ein' jeden seine Freud', denn die Freuden der Menschen sind meistens so, daß es sich nicht auszahlt – wenn man ihnen neidig wär' drum.

Lied

1.

»Meine Frau, dieser Engel«, sagt einer, »die war,
Wie ich s' g'heirat't hab', schon über sechsundzwanz'g Jahr',
In dem Alter, da hätt' man doch glaub'n soll'n, sie wüßt',
Was die Lieb' is und wie man sich herzt, druckt und küßt.

Gaudee: lustige Unterhaltung (von lat. *gaudium* »Freude«).

Aber nein, sie hat mir's oft g'schwor'n nach der Hand,
Sie hat bis auf mich gar kein Mannsbild gekannt,
So a Glück is a Seltenheit jetzt bei der Zeit!« –
Na, laßt ma ein' jeden sein' Freud'.

2.

's Madl tanzt mit ein'm Fremden, und weil s' zu freundlich war,
Führt s' der Liebhaber auf d' Seiten und gibt ihr a paar.
Er schimpft und sie flennt: »Glaubst ,i könnt' so schlecht sein?«
Das rührt 'n, er versöhnt sich, drauf kehr'n s' nochmal ein.
Er b'sauft sich, fangt Streit an, und weil sie sich dreinmischt,
Hat s' von d' Wix, die er kriegt, ihr'n Teil auch erwischt.
So unterhalt'n alle Sonntäge sich die zwei Leut' –
Na, laßt man ein' jeden sein' Freud'.

3.

's hat ein Kapitalist, um zugrund' z' gehn bestimmt,
D' Passion, daß 'r auf alls, was 's gibt, Aktien nimmt.
So a Aktie tut sich nix, macht s' auch ein'n Fall,
's blaue Aug', das kriegt nur der Aktionär allemal.
Sein Freund warnt ihn: »Jetzt is der Zeitpunkt vor all'n,
Wo d' Aktien öfter als die klein' Kinder fall'n.« –
»Laßt ma s' fall'n«, sagt er, »wer'n schon noch steig'n mit der Zeit.« –
Na, laß ma ein' jeden sein' Freud'.

4.

Ein Modeherr mit ein' enorm faden G'sicht
Von gar nix als Rassepferd' und Hühnerhund' spricht,
Doch hat bei ihm nie einen Hund gesehn wer,
Denn den Hund, auf dem er is, den zeigt er nit her.
Ein Rassepferd is jed's für ihn, denn jedes Roß,
Wenn er's zahlen soll, is ihm zu raß; doch er tut groß
Und glaubt fest, fürs Junge von ein' Lord halt'n ihn d' Leut' –
Na, laßt ma ein' jeden sein' Freud'.

5.

's wart't einer in ein'm Vorzimmer bei ein' reichen Herrn
Auf die Gnad', daß er einmal wird vorg'lassen wer'n.
Nach drei Wochen kommt d' Reih' an ihn, und er darf's wag'n,
In Demut seine Bitt' um ein Dienstl vorz'trag'n.
Man hört ihn in Gnaden und antwort't ihm dann:
»Wir woll'n sehn, was sich tun läßt. Adieu, lieber Mann!«

Raß: teuer.

Der jubelt jetzt froh: »Ich hab' mein Glück gemacht heut'!« – Na, laßt ma ein' jeden sein' Freud'.

(*Ab.*)

Zwölfte Szene

THEKLA, ROSALIE

THEKLA (*tritt, von Rosalien geführt, zum Gittertore ein*) Ich hab' eine Bangigkeit in mir, ich trau' mich gar nicht herein.

ROSALIE Courage! Warten S' einen Augenblick, mir scheint, sie sind dort. (*Nach rechts in die Szene sehend.*) Ich bring' Ihnen den Schnoferl, oder wenn ich den nicht find', jemand andern, der – (*Eilt rechts ab.*)

THEKLA (*ihr nachrufend*) O nein, nur niemand andern als den Schnoferl.

Dreizehnte Szene

THEKLA (*allein*)

THEKLA Der gute Mensch nimmt sich so herzlich an um mich, und er hat mir wichtige Aufschlüsse versprochen. Sollt' er etwan gar ein Mittel gefunden haben, die Rechtfertigung meines Vaters – –?! O Gott, ich trau' mich gar nicht zu hoffen auf so ein Glück.

Vierzehnte Szene

DIE VORIGE; GIGL, *dann* SCHNOFERL, *dann* FRAU VON ERBSENSTEIN

GIGL (*eilig aus dem Haus kommend*) Unglückliche, du rennst in dein Verderben, die Furie is da!

THEKLA (*erschrocken*) Wer?

GIGL Laufen wir auf und davon, das is 's Gescheiteste – zu spät, da is sie!

(*Frau von Erbsenstein kommt.*)

SCHNOFERL (*eilig aus dem Hause kommend*)) Fassung, Mamsell Thekla! Fassung, sie ist in der schrecklichsten Stimmung, aber ich schütz' Ihnen gegen den ersten Anfall ihrer Wut.

THEKLA Himmel, was wird –

FRAU VON ERBSENSTEIN (*zu Thekla*) Mamsell, ich hab' gestern mich in der Aufwallung des Zorns zu Äußerungen hinreißen lassen, die ich von ganzem Herzen bereue –

THEKLA (*Frau von Erbsenstein die Hand küssen wollend, was diese jedoch nicht geschehen läßt*) Gnädige Frau –

SCHNOFERL (*ganz verblüfft*) Gigl –

GIGL (*ebenso*) Schnoferl –

FRAU VON ERBSENSTEIN (*zu Thekla*) Ich hab' mich genau um Sie erkundigt und gesehen, wie sehr ich Ihnen unrecht getan. Lassen Sie mich jetzt, um es gut zu machen, Ihre aufrichtigste Freundin, Ihre eifrigste Beschützerin sein. (*Schließt sie in ihre Arme.*)

SCHNOFERL (*für sich*) Ha, das Weib ist ein Stern erster Größe, und ich Stockfisch hab' sie einer kleinlichen Rachsucht für fähig gehalten, die mit ihr einen Kontrast bildet wie der Olymp mit 'n Naschmarkt! (*Zur Frau von Erbsenstein.*) Heraus muß es jetzt, gnädige Frau, was seit, ich weiß gar nicht wie viel Jahrren, in mir wogt: Sie sind das Götzenbild im heiligen Hain meiner Gefühle, Sie sind das Omlett, was ich unsichtbar um den Hals getragen und so mich stärkte in jeglicher Gefahr!

FRAU VON ERBSENSTEIN (*welche bisher immer mit Thekla gesprochen*) Zu was strapazieren Sie sich da? Arrangieren S' lieber wo eine Abendunterhaltung!

SCHNOFERL (*niedergedonnert, für sich*) Die vermudelt mich schön!

GIGL Thekla, liebe Thekla –!

FRAU VON ERBSENSTEIN (*zu Thekla*) Erzählen Sie weiter!

THEKLA So hab' ich also meinen Vater an dem verhängnisvollen Abend besucht. Auf einmal sagt er: »Ich hab' was vergessen in der Schreibstuben, ich komm' gleich wieder zurück«, und geht fort. Nach einer Viertelstund' kommt er wieder, totenblaß, und sinkt mit den Worten: »Thekla, ich bin verloren!« in einen Sessel. Wie er sich erholt hat, sagt er: »Die Kassa vom Herrn von Kauz ist erbrochen und ausgeraubt, auf niemand kann der Verdacht kommen als auf mich, man wird mich einziehen, ich komm' in Untersuchung und hab' nichts, mit was ich mich rechtfertigen kann! Mir bleibt kein Ausweg als Flucht!« Auf das is er fort und erst nach einiger Zeit hat er mir geschrieben, unter welchem Namen und wo er verborgen

Naschmarkt: Wiener Obst- und Gemüsemarkt; er ist ganz eben.
Omlett: beabsichtigter Kalauer Amulett-Omelette.
Vermudelt: zerknittert, zerdrückt.

lebt – *wie* er lebt, das können Sie sich denken, denn er hat nichts als das wenige, was ich ihm schicken kann.

FRAU VON ERBSENSTEIN Armes Kind –!

SCHNOFERL (*gerührt, zur Frau von Erbsenstein*) Hab' ich mich nicht für ein gutes Geschöpf interessiert? Ich bin so fest überzeugt, daß ihr Vater unschuldig is –

FRAU VON ERBSENSTEIN Wie aber der Welt es beweisen?

GIGL Ich brauch' keine Welt, ich heirat' sie, und wenn auch ihr Vater nicht unschuldig wär', ihr Vater is ja majorenn und kann folglich schnipfen, was er will.

FRAU VON ERBSENSTEIN Sie reden wieder in den Tag hinein!

GIGL Wenn auch der Vater lange Finger hat, was geht das die Hand der Tochter an?

THEKLA Der Herr Schnoferl hat mir versprochen, heut' wichtige Entdeckungen –

FRAU VON ERBSENSTEIN (*zu Schnoferl*) Haben Sie was getan in der Sach'? Das könnt' Ihnen wieder heben in meiner Freundschaft.

SCHNOFERL Ich war heut' vormittag bei dem Mann, der Näheres um die Sache wissen muß, bin aber zu spät gekommen. Ein ältlicher Mann war heut' in aller Fruh dort, hat zwei Stund' mit ihm gesprochen; auf das is er abg'reist, kein Mensch weiß, wohin!

FRAU VON ERBSENSTEIN (*Schnoferl verächtlich messend*) Also zu spät gekommen? Natürlich, früher hat halt der ausgebreitete Geschäftsmann wichtigere Sachen zu tun gehabt. Adieu, Herr Schnoferl, das war Ihr Gnadenstoß! (*Zu Thekla.*) Kommen Sie mit mir, meine Liebe! (*Zu Gigl.*) Gigl, schaun S', daß mein Wagen vorfahrt. (*Zu Thekla, im Abgehen.*) Wir werden schon Leute finden, die sich um Ihre Sache tätig annehmen sollen. (*Mit Thekla ins Haus ab.*)

Fünfzehnte Szene

SCHNOFERL, GIGL

SCHNOFERL (*ganz niedergeschmettert*) Ah, wie diese Frau mich in den Schlamm der Vernichtung schleudert und umtritt auf mir – das is arg! Da is ja jedes Wort eine moralische Blau-

Schnipfen: mild für ›stehlen‹.

säure. mein Inneres zerfallt wie Zunder, ich trag' meine Seel' in Schnopftüchel heim. So verkannt zu werden! Ich, der ich alles so gern in Güte ausgleichen möcht', der ich gegen die ganze Welt so dienstwillig, so hilfleistig bin –

GIGL (*für sich*) Sie fahrt mit der Erbsenstein und ich mit 'n Fiaker, da fahr' ich alle Augenblick' vor und kokettier' hinein in Wagen! – (*Zu Schnoferl.*) Du, Schnoferl, da nimm die Brieftaschen, ich hab' s' von der Rosali zum Aufheben. Eigentlich g'hört s', glaub' ich, der Sabin'. (*Gibt sie ihm.*)

SCHNOFERL Die Brieftaschen der Sabin'?

GIGL Na, ja, verstehst denn nicht Deutsch, jetzt muß ich wegen die Wägen schaun. (*Geht durchs Gittertor ab.*)

Sechzehnte Szene

SCHNOFERL (*allein*)

SCHNOFERL (*die Brieftasche besehend*) Die Brieftaschen is von der Sabin'? – Das ist doch keine Damenportifölie, diese Brieftaschen is offenbar männlichen Geschlechts. – Hm – wie kommt sie da dazu? – Eigentlich geht's mich nix an – (*öffnet die Brieftasche*) den Namen des Eigentümers möcht' ich vor allem – (*die Papiere durchblätternd*) ah, da is ein offner Brief – da werden wir die Adress' – (*liest*) »An Herrn Kä – Käfer« – is es möglich? »An Herrn Käfer«? – Und die Unterschrift? (*Entfaltet den Brief.*) Keine da – Macht nix, da muß die Sabin' Auskunft wissen. – Was steht denn in Brief? – (*Liest murmelnd den Brief, indem er bisweilen durch Exklamationen sich unterbricht.*) Was –!? – Was wär' das –!? – Teufel hinein! – (*Den Brief wieder zusammenlegend.*) Triumph! Triumph! Gigl! Mamsell Thekla! Frau von Erbsenstein! Triumph! Mamsell Gigl! Mussi Thekla! Triumph!

Siebzehnte Szene

DER VORIGE; FRAU VON ERBSENSTEIN, GIGL, THEKLA

GIGL (*durchs Gitter zurückkommend*) Die Wagen sind b'stellt.

SCHNOFERL Triumph! Schrei Triumph, Gigl, ich bitt' dich!

GIGL (*schreit*) Triumph! – Aber du, wegen was denn?

FRAU VON ERBSENSTEIN (*mit Thekla aus dem Hause*) Was is denn g'schehn?

SCHNOFERL Gnädige Frau! Mamsell Thekla, ich bitt' Sie um alles in der Welt, schreien Sie Triumph! Aber aus vollem Hals, Sie haben gar nix zu tun als Triumph zu schreien, alles andere hab' ich schon getan.

FRAU VON ERBSENSTEIN Werden S' jetzt g'scheit werden oder nicht?

SCHNOFERL (*zu Thekla*) Die Ehre Ihres Vaters is gerettet!

THEKLA Wär's möglich –?!

SCHNOFERL Ich hab' einen Brief entdeckt, der seine Unschuld sonnenklar beweist. Hören Sie nur! (*Liest.*) »Lieber Käfer! Heut' muß die Sach' geschehn, ich bin auf ein paar Tage aufs Land, um jede Idee von mir abzulenken. Der alte Stimmer geht täglich um sieben Uhr aus der Schreibstube, halb acht Uhr is also die beste Stund'. Die Schlüssel zu Vortür und Zimmer hast du, du brichst die Kassa auf, wie verabredet, bringst mir heute noch den Inhalt derselben, nachdem du dir deine Belohnung per zweihundert Dukaten abgezogen, und die Komödie is in Ordnung.« – Das is ein Einbruch durch Prokuration, und der nennt das eine Komödi!

FRAU VON ERBSENSTEIN Ja, von wem ist denn der Brief?

SCHNOFERL Keine Unterschrift, aber wir kommen schon drauf. Offenbar is der Käfer der Helfershelfer, und der, der den Brief geschrieben hat, is der Täter.

FRAU VON ERBSENSTEIN (*einen Blick in den Brief werfend, welchen Schnoferl noch in Händen hält*) Wenn man nur die Schrift erkennen könnt' –! (*Heftig erschreckend, beiseite.*) Um Gottes willen, das is mein' Onkel seine Schrift –

SCHNOFERL (*welcher gegen Thekla gewendet war, sich zu Frau von Erbsenstein kehrend*) Was sagen Sie?

FRAU VON ERBSENSTEIN (*sich zu fassen suchend*) Nichts, ich – kenn' die Schrift nicht –

SCHNOFERL Na freilich, wie sollen Euer Gnaden einem jeden Halunken seine Schrift kennen, ich kenn' s' auch nicht! Aber nur Geduld, wir kommen schon auf 'n Grund.

Achtzehnte Szene

VORIGE; MADAME STORCH, ROSALIE, PEPPI, SABINE, KAUZ

KAUZ (*tritt, mit den Frauenzimmern zankend, von Seite rechts auf*) Erlauben Sie mir, das is keine Sach', um ein' Spaß z' machen.

MADAME STORCH, PEPPI, ROSALIE So sein Sie nur nicht so kindisch!

KAUZ Was, kindisch? Eine Brieftaschen is kein Gegenstand zu einem Jux.

SABINE Sie werden Ihre Brieftasche gleich wieder kriegen.

SCHNOFERL (*für sich*) Ihm g'hört die Brieftaschen? – Ha, Stearin-, Milly-, Apollo-Licht, was mir aufgeht –!

SABINE (*zu Kauz*) Wie ich Ihnen sag', ich hab's der Rosali geben.

KAUZ Und die Rosalie –?

ROSALIE Ich hab's dem Herrn von Gigl gegeben.

KAUZ Also, Gigl, heraus damit!

GIGL Ich hab's dem Schnoferl aufz'heben geb'n.

KAUZ (*erschreckend*) Dem Schnoferl –? (*Mit erzwungener Fassung.*) Herr Schnoferl, hab'n S' die Güte, meine Brieftaschen –

SCHNOFERL Gleich, gleich, 's pressiert ja nicht! Wissen Sie, Herr von Kauz, daß Ihr Landhaus wirklich eine scharmante Lage hat?

KAUZ (*sehr unruhig*) Ja, ja – aber –

SCHNOFERL Diese herrliche Luft, mitten im Sommer so kühl, gar nicht schwül, ich begreif' nicht, warum Sie so schwitzen?

KAUZ (*seine Unruhe verbergen wollend*) Begreif's selbst nicht – aber geben Sie jetzt –

SCHNOFERL Sehen Sie, wohl verwahrt!

KAUZ (*ihn beiseite ziehend*) Herr Schnoferl –

SCHNOFERL (*leise zu ihm, indem er ihm den Brief zeigt*) Diese Handschrift ist Ihnen ohne Zweifel bekannt?

KAUZ (*ganz kleinlaut*) Herr Schnoferl, Sie werden doch nicht –

SCHNOFERL (*leise, ihn stark fixierend*) Sie haben sich durch die dritte Hand selbst beraubt, um einen Vorwand zu haben, sich arm zu stellen und Ihren Seitenverwandten den Erbschaftsanteil nur zizerlweis hinauszuzahlen?

KAUZ (*leise zu Schnoferl*) Eine verunglückte Spekulation!

SCHNOFERL (*wie oben*) Schaut's, der Herr von Kauz! (*Laut.*) Mir

Milly-, Apollo-: Stearinkerzen waren die billigsten, Milly- und Apollo-Kerzen besser.
Zizerlweis: nach und nach, in kleinen Raten.

sehr angenehm, daß Zeugen vorhanden sind, Zeugen, die die Sach' gewiß in alle Weltgegenden verbreiten werden.

KAUZ (*leise, bittend*) Schnoferl –

SCHNOFERL (*laut*) Der Vater von diesem armen Mädl hier war unschuldig in Verdacht, seine Ehre is unbefleckt wie der Tag, niemand kann daran zweifeln, denn der Herr von Kauz is gar nicht bestohlen worden.

THEKLA Ich bin überglücklich!

GIGL Thekla –!

FRAU VON ERBSENSTEIN (*in größter Angst leise zu Schnoferl*) Um's Himmels willen, tun S' unserm Haus die Schand' nicht an – ich bin seine Nichte –

SCHNOFERL (*leise zu Frau von Erbsenstein*) Gerechtigkeit is das erste, strenge Gerechtigkeit. (*Laut.*) Das Geld nämlich hat der Herr von Kauz –

KAUZ (*in Desperation, leise zu Schnoferl*) Wollen Sie mich unglücklich machen –?

SCHNOFERL Das Geld hat der Herr von Kauz nur verlegt.

ALLE Verlegt –?

SCHNOFERL Sehen Sie, an seinem verlegnen G'sicht sieht man's, daß das Ganze nur verlegt war. Soeben hat er mir angezeigt, daß er in dieser Brieftaschen alles wiedergefunden. (*Zu Kauz, ihm die Brieftasche gebend, nachdem er vorher den Brief herausgenommen.*) Da haben Sie's, (*leise*) den Brief behalt' ich aber noch!

SABINE Kurios, wir haben sie doch durchsucht –

SCHNOFERL Ja, es muß ganz ein verborgenes Fach sein –

KAUZ Ich fang' an, Atem zu schöpfen, aber noch nicht recht.

FRAU VON ERBSENSTEIN (*leise zu Schnoferl*) Sie sind ein Engel –

SCHNOFERL (*leise zu Kauz*) Jetzt kommen aber erst die Bedingungen, unter denen ich schweigen und Ihnen auch den Brief zuruckgeben will. (*Laut.*) Schön, Herr von Kauz, schön, das macht Ihnen Ehre. (*Sich zu den andern wendend.*) Der Herr von Kauz versichert mich soeben, daß er seinen Seitenverwandten ihren ganzen Erbschaftsanteil sogleich, samt sechsprozentigen Interessen für die Zeit, als das Geld verlegt war, herauszahlen wird. Mir zahlt er ebenfalls meine dreitausend Gulden, na, das versteht sich von selbst. Übrigens, das is alles nur Schuldigkeit! Jetzt kommt aber erst das Edle –

KAUZ (*beiseite*) Was denn noch –?

SCHNOFERL (*laut zu allen*) Der Tochter des Mannes, der unschuldig im Verdacht war, schenkt er zehntausend Gulden zur Aussteuer.

KAUZ (*beiseite*) Verdammt –!

SCHNOFERL (*wie oben*) Ihrem Vater aber, der am meisten bei der G'schicht' gelitten, fünfzehntausend Gulden als Entschädigung für ausgestandenes Ungemach.

KAUZ (*wie oben*) Verfluchter Kerl –!

SCHNOFERL (*wie oben*) Das is schön, Herr von Kauz, wirklich schön, und extra noch –

KAUZ (*leise zu Schnoferl*) Ja, ist's denn noch nicht g'nug?

SCHNOFERL (*wie oben*) Extra noch, weil sich die Sach' so glücklich gestaltet hat, schenkt er zehntausend Gulden an die Armen.

KAUZ (*desperat, leise zu Schnoferl*) Mensch, Hyäne, du ruinierst mich –!

SCHNOFERL (*Kauz umarmend*) Edler Mann, du rührst mich! (*Zu den Anwesenden.*) Das is großartig; er sagt, zehntausend Gulden sind zu wenig, er will durchaus zwölftausend Gulden an die Armen zahlen.

KAUZ (*für sich*) Ich fahr' aus der Haut! (*Leise zu Schnoferl.*) Satansschnoferl, ausgezeichneter Folterknecht von der Seelentortur –

SCHNOFERL (*zu Kauz, leise*) Wie S' ein Wort reden, sag' ich: fünfzehntausend Gulden, ich hab' Ihnen ja in der Hand. (*Zeigt auf den Brief, laut.*) Über alles dieses wird der Herr von Kauz noch in dieser Stund' mir die nötigen Dokumente ausstellen. (*Leise zu Kauz.*) Dann kriegen S' Ihren Brief.

SABINE Ich bin neugierig, weil der Herr von Kauz heut' seinen großmütigen Tag hat, wie er sich bei seinen Freundinnen einstellen wird.

(*Die Mädchen und Madame Storch nähern sich.*)

KAUZ (*sehr ärgerlich*) Gehn Sie zum – ihr seid's schuld an allem!

DIE MÄDCHEN *und* MADAME STORCH Was –!?

ROSALIE, SABINE Was wär' das?!

MADAME STORCH (*böse zu Kauz*) So eine Aufnahme sind wir nicht g'wohnt. Kommt's, Mädln!

SABINE Wir verbieten uns aber alle ferneren Besuche.

MADAME STORCH *und* DIE MÄDCHEN (*im Abgehen*) Schaut's den impertinenten Menschen an! (*Zum Gittertor ab.*)

Neunzehnte Szene

DIE VORIGEN *ohne* MADAME STORCH *und die* MÄDCHEN

FRAU VON ERBSENSTEIN Lieber Schnoferl, wie soll ich Sie für Ihr schonendes Benehmen lohnen?

SCHNOFERL Durch einen gnädigen Blick, wenn S' einen bei der Hand haben.

FRAU VON ERBSENSTEIN Ich hab' einen, wie ich glaub', Ihnen angenehmeren Lohn bei der Hand – die Hand selbst, wenn Sie s' wollen! –

SCHNOFERL (*aufs höchste überrascht*) Is – is das Ihr Ernst?

FRAU VON ERBSENSTEIN Mein völliger Ernst!

SCHNOFERL (*in Ekstase*) Ha, so zerschmettert, ihr Kniescheiben! Stürz' nieder, Winkelagent! So eine Seligkeit kann der Mensch nicht als a stehender ertragen! (*Stürzt der Frau von Erbsenstein zu Füßen und küßt ihr die Hand.*)

KAUZ (*grimmig, beiseite*) Jetzt kommt der Kerl noch in meine Familie hinein!

SCHNOFERL (*aufstehend*) Also hier (*auf Thekla und Gigl zeigend*) steht ein glückliches Paar; hier (*auf sich und Frau von Erbsenstein zeigend*) ein gar enorm glückliches; und Sie, Herr von Kauz, klauben sich unter die Sprichwörter: »Der Krug geht so lang zum Brunnen, bis er bricht«, oder »Tue recht und scheue niemand!«, oder »Nichts ist so fein gesponnen, es kommt dennoch an die Sonnen«, oder »Ehrlich währt am längsten« – unter diesen Sprichwörtern suchen Sie sich das passendste als Moral heraus!

(*Während ein paar Takten fröhlicher Musik im Orchester fällt der Vorhang.*)

Als a stehender: für irrtümliches *als so stehender* in der Textvorlage.

Einen Jux will er sich machen

Posse mit Gesang in vier Aufzügen

Personenverzeichnis

ZANGLER, Gewürzkrämer in einer kleinen Stadt
MARIE, dessen Nichte und Mündel
WEINBERL, Handlungsdiener } bei Zangler
CHRISTOPHERL, Lehrjung } bei Zangler
KRAPS, Hausknecht } bei Zangler
FRAU GERTRUD, Wirtschafterin } bei Zangler
MELCHIOR, ein vazierender Hausknecht
AUGUST SONDERS
HUPFER, ein Schneidermeister
MADAME KNORR, Modewarenhändlerin in der Hauptstadt
FRAU VON FISCHER, Witwe
FRÄULEIN VON BLUMENBLATT, Zanglers Schwägerin
BRUNNINGER, Kaufmann
PHILIPPINE, Putzmacherin
LISETTE, Stubenmädchen bei Fräulein von Blumenblatt
EIN HAUSMEISTER
EIN LOHNKUTSCHER
EIN WÄCHTER
RAB, ein Gauner
ERSTER } Kellner
ZWEITER } Kellner

Die Handlung spielt im ersten Aufzug in Zanglers Wohnung in einer kleinen Stadt, dann in der nahegelegenen Hauptstadt, gegen Schluß wieder bei Zangler.

Die Uraufführung fand »zum Vorteile« Nestroys mit ihm als Handlungsdiener Weinberl und Scholz als Hausknecht Melchior am 10. März 1842 statt. Die Musik war von Adolf Müller.

Weinberl: Traube, Rosine; Kommis; wer sich gern einschmeichelt.
Kraps: krapsen: milde Bezeichnung für »stehlen«.

Erster Aufzug

Zimmer in Herrn Zanglers Hause; die allgemeine Eingangstüre im Prospekt, jedoch gegen die rechte Seite; links am Prospekt ein ziemlich breiter Ofenschirm, rechts und links eine Seitentüre, zu beiden Seiten Tisch und Stuhl

Erster Auftritt

ZANGLER, AUGUST SONDERS

ZANGLER Ich habe Ihnen jetzt ein für allemal g'sagt –

SONDERS Und ich Ihnen ein für allemal erklärt –

ZANGLER Daß Sie meine Nichte und Mündel nicht kriegen!

SONDERS Daß Marie die Meine werden muß!

ZANGLER Das werd' ich zu verhindern wissen!

SONDERS Schwerlich so sicher, als ich es durchzusetzen weiß!

ZANGLER Kecker Jüngling!

SONDERS Hartherziger Mann! Was haben Sie gegen mich? Meine Tante in Brüssel ist reich.

ZANGLER Gratulier'!

SONDERS Ich werde sie beerben.

ZANGLER Aber wann?

SONDERS Sonderbare Frage! Nach ihrem Tode.

ZANGLER Und bis wann wird sie sterb'n? Aha, da stockt die Antwort. So eine Tant' in Brüssel kann leben, so lang sie will.

SONDERS Das wünsch' ich ihr vom Herzen, denn ich weiß, daß sie auch bei Lebzeiten reichlich zu meinem Glücke beitragen wird.

ZANGLER Reichlich beitragen – wieviel is das in Brüssel? Reichlich beitragen is hier das unbestimmteste Zahlwort, was es gibt, und in unbestimmten Zahlen schließ' ich kein Geschäft. Und kurz und gut, ins Ausland lass' ich meine Mündel schon durchaus nicht heiraten.

SONDERS So heirate ich sie und bleibe hier.

ZANGLER Und derweil schnappt dort ein anderer die Erbschaft weg, das wär' erst gar das Wahre! Mit ei'm Wort, g'horsamer Diener! Plagen Sie sich auch nicht zu sehr mit unnötigem Herumspekulier'n um mein Haus! Meine Nichte is heut' früh an den Ort ihrer Bestimmung abgereist.

SONDERS Wie, Marie fort –?

ZANGLER Ja, nach Dingsda – logiert in der ungenannten Gassen, Numero soundso viel, im beliebigen Stock, rechts bei der zug'sperrten Türe, da können S' anläuten, so oft S' wollen, hineinlassen wer'n s' Ihnen aber nicht.

Zweiter Auftritt

GERTRUD; DIE VORIGEN

GERTRUD (*tritt zur Mitte ein*) Das geht gut, der neue Hausknecht is noch nicht da, und der alte sagt, er will nichts mehr tun.

ZANGLER Was ist's denn?

GERTRUD Die Koffer müssen ja vom Boden heruntergetragen werden, wenn die Mamsell Marie schon übermorgen in die Stadt zu Fräulein Blumenblatt soll.

ZANGLER (*verlegen und ärgerlich*) Es ist – Sie hat – geh' Sie zum Teufel –

SONDERS Also übermorgen erst? In die Stadt zu Fräulein Blumenblatt? Gehorsamer Diener! (*Geht zur Mitteltüre.*)

ZANGLER He, mein Herr – das wird Ihnen nix nutzen, daß – der Aufenthalt meiner – mit einem Wort –

SONDERS (*schon in der Türe*) Gehorsamer Diener! (*Ab.*)

Dritter Auftritt

ZANGLER, GERTRUD

ZANGLER (*sehr aufgebracht*) Da hab'n wir's – jetzt weiß er, daß sie noch da is und wo sie hinkommt – ich wollt', die Frau Gertrud wär' –

GERTRUD Was hab' ich denn getan?

ZANGLER Gar nix hat Sie getan, g'red't hat Sie. Das is, was die Weiber immer tun und nie tun sollten. Zur Unzeit hat Sie g'red't. Man sollt' gar nicht glauben, daß so eine überreife Person so unzeitig reden könnt'.

GERTRUD I hab' aber nit g'wußt –

ZANGLER Daß das der Liebhaber von meiner Mündel is? Aber jetzt weiß Sie's, weiß, daß ich morgen in aller Fruh' in die Stadt fahr', weiß, daß Sie jetzt mit hundertfacher Vorsicht über die Marie wachen muß, weiß, daß ich Sie zermalme, wenn während meiner Abwesenheit die zwei Leut' nur mit einem Aug' sich sehn. Wo is die Marie?

GERTRUD Im Garten bei den Bienen.

ZANGLER Da halt't sie sich immer auf, ich glaub', bloß deswegen, weil die Bienen schwärmen! Soll sich ein Beispiel nehmen, das sind nur Tiere und schwärmen auf eine so nützliche Weise – und Frauenzimmer, die sich einbilden, halbete Engel zu sein, haben eine so hirnlose Schwärmerei in sich. Sie soll heraufgehen, es fangt an, dunkel zu werden. Und der Herr Weinberl und der Christoph sollen auch heraufkommen, wenn sie 's G'wölb' zug'sperrt hab'n. Und meine Schützenuniform bring' Sie mir herein, der Kasten wird offen sein.

GERTRUD Gleich, Herr von Zangler, gleich! (*Zur Mitte ab.*)

Vierter Auftritt

ZANGLER, *dann* KRAPS

ZANGLER (*allein*) 's is zum Totärgern. Heut' großes Quartal-Souper der Schützengesellschaft, und der Schneider laßt mich sitzen. Ich als diesjähriger Schützenkönig muß in der alten Uniform erscheinen. O Schneider, Schneider! Wann werd't's ihr in eurer Sphäre bleiben und euch bloß aufs Kleidermachen und nicht aufs Maulmachen verlegen! Dreimal hab' ich schon g'schickt und –

KRAPS (*zur Mitte eintretend, bring einen dreieckigen Hut und Hirschfänger mit Gehänge*) Es war wieder umsonst. Da is der neue Hut und der neue Hirschfänger, aber der Schützenfrack wird nit fertig, hat noch keine Knöpf' und kein Futter. Wann S' 'n so anlegen woll'n –

ZANGLER Ich glaub', der Schneider is ein Narr, ich werd' doch kein' Frack ohne Futter anlegen –

KRAPS (*für sich, indem er Hut und Hirschfänger auf den Tisch links legt*) Ich glaub', wann er den Rock zu der Fresserei anlegt, wird Futter g'nug hineinkommen. (*Laut.*) Jetzt bitt' ich um mein' Lohn und um a Trinkgeld.

ZANGLER Was, Trinkgeld?

KRAPS Ich hab' heut' vor vierzehn Tagen aufg'sagt, aber um

G'wölb: Laden, Geschäftslokal.

acht Uhr in der Früh, Sie haben mich also jetzt schon eilf Stunden über die Zeit mißbraucht.

ZANGLER (*gibt ihm Geld*) Da hat Er! Übrigens irr' Er sich nicht, ich hab' Ihm aufg'sagt, nicht Er mir.

KRAPS Kann sein! Ich hab' aber z'erst durch Nachlässigkeit und Unwillen zu erkennen gegeben, daß mir der Dienst nit mehr g'fallt. Daß Sie dann g'sagt hab'n, ich kann mich in vierzehn Tagen zum Teufel scher'n, das war nur eine natürliche Folge davon.

ZANGLER Pack' Er sich, ich bin froh, daß ich Ihn los hab', ich hab' Ihn nur kurze Zeit g'habt, aber – ich will nicht sagen, was ich mir denk', aber –

KRAPS No, sein S' so gut!

ZANGLER Er ist ein ganz unverläßlicher Mensch, und –

KRAPS O, sehr verläßlich, ich verlass' alle drei Wochen ein' Dienst, das kann ich durch viele Zeugnisse beweisen. Empfehl' mich gehorsamst – ich bleib' nicht gern lang an ein' Ort. (*Mitte ab.*)

ZANGLER (*allein*) Der wird schon noch an ein' Ort kommen, wo er lang bleiben muß, das prophezei' ich ihm.

Fünfter Auftritt

ZANGLER, GERTRUD

GERTRUD (*zur Mitte eintretend*) Das is das Schützenkönig-g'wand. (*Legt einen grünen bordierten Rock, einen Hut und Hirschfänger auf den Tisch rechts.*)

ZANGLER (*unwillig*) Auf meine Mündel soll Sie Obacht geben, hab' ich g'sagt.

GERTRUD No ja, Sie hab'n aber auch befohlen –

ZANGLER Daß Sie der Marie nicht ein' Schritt von der Seiten geht! Hirschfänger und Hut war unnötig, ich hab' einen neuchen.

GERTRUD Na, so will ich den wieder – (*will zum Tisch, um Hirschfänger und Hut wieder fortzutragen.*)

ZANGLER (*heftig*) Zu der Marie soll Sie schaun, hab' ich g'sagt.

GERTRUD (*erschrocken zurückweichend*) Nein, man weiß wirklich nit, wo einem der Kopf steht. (*Im Abgehen.*) Jetzt hätt' ich bald vergessen – (*zu Zangler*) der neue Hausknecht is da.

ZANGLER Soll hereinkommen –

(*Gertrud zur Mitte ab.*)

ZANGLER (*allein*) Nichts als Odiosa, Geschäfte, Unwesen im Hauswesen, umgeben von albernen Wesen, langweiligen Wesen, schlechten Wesen, ich bin wirklich ein geplagtes Wesen. (*Es wird an der Türe geklopft.*) Herein!

Sechster Auftritt

ZANGLER, MELCHIOR

MELCHIOR (*schüchtern eintretend, zur Mitte*) Ich bitt', sein Euer Gnaden der G'würzkramer?

ZANGLER Eins zuwenig, 's andre zuviel, ich bin nicht Euer Gnaden, sondern nur Herr Zangler, ich bin aber kein Kramer, sondern vermischter Warenhändler.

MELCHIOR Ich hab' g'hört, daß der Herr vermischte Warenhändler einen Hausknecht g'habt hab'n, der ein reiner Lump war.

ZANGLER Ich hab' ihn fortgejagt.

MELCHIOR Und da, hab' ich g'hört, sind Sie in Desperation, daß Sie kein' Hausknecht haben.

ZANGLER In Desperation? Das is gar eine dumme Red', ich glaub', an solchen Schlingeln is keine Not.

MELCHIOR Das is wahr, eher wird's an Prinzipal' eine Not sein. Ein Hausknecht halt't lang, aber Prinzipal geht alle Augenblick' einer z'grund'.

ZANGLER Er is etwas vorlaut, scheint mir –

MELCHIOR Nein, das war nur so eine merkantilische Bemerkung.

ZANGLER Wo hat Er sein Dienstzeugnis?

MELCHIOR Im Sack.

ZANGLER So geb' Er's her.

MELCHIOR (*gibt ihm das Zeugnis, ein ganz zusammengeknittertes Papier*) Es ist etwas verkribelt, ich trag's schon vier Wochen herum.

ZANGLER Hat Er Kenntnisse in der vermischten Warenhandlung? (*Durchsieht das Zeugnis.*)

MELCHIOR O, sehr viel! Wir hab'n zwar da, wo ich war, nur

Odiosa: hassenswerte, lästige Angelegenheiten.
Sack: Tasche.
verkribelt: zerknittert.

einen Artikel g'habt, aber der war ungeheuer vermischt, ich bin aus einer Weinhandlung.

ZANGLER Hm! Sein Zeugnis lautet ja ganz vorzüglich gut.

MELCHIOR Ja, meine Aufführung war klassisch.

ZANGLER (*in dem Zeugnis lesend*) Treu, redlich, fleißig, willig, wachsam aufs Haus, obachtsam auf die Kinder –

MELCHIOR Ja, das waren klassische Bub'n, jeder in einer andern Klass' und doch jeder die dritte Klass', das wird man nicht bald finden.

ZANGLER Er ist aufgenommen.

MELCHIOR Ich küss' die Hand.

ZANGLER Sechs Gulden Monatslohn, Kost, Quartier, Wäsch!

MELCHIOR No jetzt, Wasch' und Quartier, das ist das geringste, aber die Kost, die war halt dort, wo ich war, klassisch.

ZANGLER Bei mir leid't auch niemand Hunger. – Suppen, Rindfleisch, Zuspeis und was drauf.

MELCHIOR Aber nur viel drauf. Und weg'n Fruhstuck – dort hab' ich halt immer Kaffee g'habt.

ZANGLER Das war bei mir nicht der Brauch, daß der Hausknecht Kaffee –

MELCHIOR Schaun S', Sie hab'n g'wiß auch einen Rosoli unter Ihren vermischten Sachen.

ZANGLER O ja, aber –

MELCHIOR Na, sehn Sie, dann is es ja unser beiderseitiger Vorteil, wann S' mir ein' Kaffee geb'n, denn Sie verleiteten mich ja sonst mit G'walt zu die geistigen Getränk'.

ZANGLER Na, da gäbet's schon noch Mittel – übrigens, wenn Er brav is –

MELCHIOR Klassisch!

ZANGLER So soll Er ein' Kaffee hab'n.

MELCHIOR Versteht sich, süß, und ein Kipfel. O, an dem Ort, wo ich war, das war ein klassischer Kaffee.

ZANGLER Was hat Er denn immer mit dem dummen Wort klassisch?

MELCHIOR Ah, das Wort is nit dumm, es wird nur oft dumm angewend't.

ZANGLER Ja, das hör' ich, das muß Er ablegen, ich begreif' nicht,

dritte Klass': schlechteste Note.
Rosoli: Rosoglio = Likör.
Kipfel: »Hörnchen«.

wie man in zwei Minuten fünfzigmal dasselbe Wort repetieren kann.

MELCHIOR Ja, das ist klassisch. Und dann bitt' ich mir zu sagen, was ich alles zu tun hab'.

ZANGLER Was wird Er zu tun haben? Was halt einem Hausknecht zukommt.

MELCHIOR Kisten und Fässer aus'n Magazin holen –

ZANGLER Botengänge machen, das G'wölb' rein halten, und im Haus –

MELCHIOR Wenn's in der Kuchel was gibt, kleins Holz machen, allenfalls Boden reib'n.

ZANGLER Und meine Person bedienen.

MELCHIOR Na ja, halt alles, was zur groben Arbeit gehört. Na, ich hoff', wir wer'n kein' Streit hab'n.

ZANGLER Das hoff' ich auch.

MELCHIOR Ich war immer sehr gut mit meinen Herrn, also wer' ich bei Ihnen keine Ausnahm' – und nicht wahr, wenn ich was aus Privatfleiß tu', zum Beispiel der Köchin Wasser trag'n, dem Herrn Kommis die Stiefel putzen, da krieg' ich extra ein Honorar –

ZANGLER Das mach' Er mit dem Kommis aus und mit der Köchin. Jetzt hilf Er mir anziehen, den Schneider soll der Teufel holen.

Siebenter Auftritt

HUPFER; DIE VORIGEN

HUPFER (*mit einem Pack unter dem Arm*) Da bin ich, das Meisterwerk is vollendet!

ZANGLER (*sehr freundlich*) Also doch fertig? Sie hab'n mich warten lassen, lieber Herr Hupfer.

MELCHIOR (*zu Zangler*) Ist das der, den der Teufel hol'n soll?

HUPFER Wie? Was?

ZANGLER (*zu Melchior*) Halt Er 's Maul! (*Zu Hupfer.*) Das is nur so eine Redensart ungeduldiger Erwartung.

MELCHIOR Freilich nur Redensart, und das weiß auch der Teufel recht gut. Wenn er gleich jeden Schneider holet, wie man's sagt, so möcht' der Teufel Schneider sein.

HUPFER (*indem er die Schützenuniform auspackt und das Um-*

schlagpapier von den Knöpfen und Borten reißt) Mit Hilfe zweier plötzlicher unverhoffter Schneiderg'sellen habe ich das Unmögliche möglich gemacht.

MELCHIOR Sind s' heut' erst an'kommen?

HUPFER Ja.

MELCHIOR Nicht wahr, einer is krump, der andere hat ein schwarzes und ein blaues Aug', das schwarze Natur, das blaue g'schlag'n?

HUPFER Kann schon sein.

MELCHIOR Die kenn' ich, sie hab'n g'fochten unterwegs.

HUPFER Das is so der Brauch.

MELCHIOR Ich hab' ihnen einen Silberzehner geb'n und g'sagt, daß s' mir sechs Groschen herausgeb'n soll'n, das hab'n s' aber in der Hitze des Gefechts überhört und sind weitergegangen. Wollen Sie ihnen nicht sagen –

HUPFER *(ohne auf Melchior zu hören, zu Zangler)* Jetzt bitt' ich nur gefälligst anzuprobieren.

ZANGLER *(hat seinen Überrock abgelegt und schlüpft mit Hupfers Hilfe in den Schützenfrack, indem er zu Melchior sagt)* Merk' Er auf, damit Er lernt, wie man eine Uniform – *(zu Hupfer)* etwas eng, scheint mir –

MELCHIOR Das is fesch –

HUPFER Freilich!

ZANGLER Unterm Arm schneid't das Ding ein, das tut weh.

MELCHIOR Macht sich aber fesch!

ZANGLER Und hinten gehn die Schößeln zu weit auseinand'.

MELCHIOR Das is gar fesch!

ZANGLER Wie gesagt, zu eng! Bei der Tafel wer'n mir alle Knöpf' aufspringen.

HUPFER Ich begreif' nicht –

ZANGLER Sie haben mir doch die Maß genommen.

MELCHIOR Mein Gott, das Maßnehmen is eine alte Gewohnheit, die die Schneider doch nicht hindert, jedes neue G'wand zu verpfuschen.

ZANGLER *(zu Melchior)* Nun, wie schau' ich aus?

MELCHIOR Ich derf's nit sag'n.

ZANGLER Wenn ich Ihm's befehl'! Wie schau' ich aus?

MELCHIOR Klassisch!

HUPFER Am Himmel hab'n s' ein Sternbild, das heißt der

g'fochten: fechten = betteln.

Schütz, das is aber bei weitem nicht so geschmackvoll wie dieser Schütz.

MELCHIOR Das is klassisch!

ZANGLER Für heut' tut's es, aber morgen müssen Sie mir den Rock weiter machen.

HUPFER Warum nicht gar, eine Uniform muß eng sein.

ZANGLER Aber ich erstick' ja.

HUPFER Macht nichts; Sie haben einmal von der Natur eine Art Taille erhalten, und es ist die Pflicht der Kunst, dieses Geschenk der Natur in das günstigste Licht zu stellen. Rekommandier' mich bestens. (*Zur Mitte ab.*)

Achter Auftritt

DIE VORIGEN *ohne* HUPFER

MELCHIOR Er hat halt allweil recht und gibt nicht nach. Man glaubet's nicht, wie so ein Schneider bockbeinig ist.

ZANGLER Jetzt, mein Lieber – wie heißt Er?

MELCHIOR Melchior.

ZANGLER Mein lieber Melchior, fahr' Er gleich wieder z'ruck in die Stadt!

MELCHIOR Was? Ich hab' glaubt, Sie haben mich aufg'nommen?

ZANGLER Freilich, aber ich fahr' morgen in aller Fruh' auch in die Stadt. Da steigt Er gleich bei der Linie im Gasthaus bei der Sonn' ab, sagt nur meinen Namen, daß das gewöhnliche Zimmer für mich herg'richt't wird, und erwart't mich. Da hat Er Geld – (*gibt ihm*) mach' Er aber g'schwind, in einer Viertelstund' geht der Stellwagen.

MELCHIOR Gut! Aber könnt' ich nicht vorher noch meinen übrigen Vorgesetzten, dem Kommis und dem Lehrbub'n, die Aufwartung machen?

ZANGLER Nix, Er versäumt sonst den Wagen.

MELCHIOR No, so geh' ich halt. Sie sind bei einer Tafel eing'laden, Herr von Zangler, geb'n S' acht auf 'n neuen Rock, daß S' Ihnen nicht antrenzen!

ZANGLER Was red't Er denn für dumm's Zeug –!?

Linie: Umwallung der inneren Vorstädte Wiens.
Antrenzen: beim Essen die Kleider beschmutzen.

MELCHIOR Schön 's Serviett' vornehmen und auseinand'breiten, die Bratlfetten geht hart heraus.

ZANGLER Glaubt Er denn, ich bin ein Kind? Er is wirklich zu dumm!

MELCHIOR Aber meine Aufführung is halt klass –

ZANGLER Mach' Er jetzt weiter!

MELCHIOR Das hat mein voriger Herr auch immer g'sagt: dumm, aber klassisch. (*Zur Mitte ab.*)

ZANGLER (*allein, den neuen Hirschfänger umschnallend*) Schon wieder?! – Nein, was ich die Sprichwörter nicht ausstehen kann! – Mich hat einmal ein Sprichwort abscheulich ang'setzt, nämlich das »Jung gefreit, hat niemand bereut«, das wird schier, wenn man alle Sprichwörter nach der Dummheit klassifiziert, 's erste Prämium kriegen. Und dem Sprichwort zum Trotz geh' ich jetzt als Alter wieder auf Freiersfüßen, und ich werd's g'wiß nicht bereuen. Wart' nur, Sprichwort, dich bring' ich noch ganz um den Kredit. (*Geht durch die Seitentüre links ab.*)

Neunter Auftritt

GERTRUD

GERTRUD (*allein, kommt mit Lichtern zur Mitteltüre herein*) Kaum viertel auf achte und schon völlig Nacht! (*Stellt ein Licht auf den Tisch links.*) 's fangt auf einmal zum Herbst'ln an. (*Geht mit dem andern Licht in die Seitentüre links ab.*)

ZANGLER (*nach einer kleinen Pause von innen*) Auf meine Mündel soll Sie schaun, hab' ich Ihr g'schafft.

GERTRUD (*von innen*) Das tu' ich ja so! (*Erscheint wieder unter der Türe, hineinsprechend.*) Wie kann ich denn schaun auf sie, wann ich kein Licht anzünd'! (*Kommt heraus.*) So ein großes Mädl könnt', glaub' ich, schon selbst auf sich schaun. Sie geht mir nicht herauf aus 'n Garten, und da soll ich ihre Schmiseln begeln! Ja, überall z'gleich kann ich nicht sein! (*Geht in die Seitentüre rechts ab.*)

Ang'setzt: betrogen.
Schmiseln: Vorhemd (von fz. *chemise*).
begeln: bügeln.

Zehnter Auftritt

WEINBERL *(allein, tritt während dem Ritornell des folgenden Liedes zur Mitte ein. Er ist dunkelgrau gekleidet, mit einer grünen Schürze)*

Lied

1.

Es sind gewiß in unsrer Zeit
Die meisten Menschen Handelsleut',
Und wer das Ding so observiert,
Muß sag'n: der Handelsstand floriert. –
's versetzt ein Vater sein' Kaput
Und führt drei Töchter auf d' Redout',
Damit er s' vorteilhaft bringt an,
Na, das ist doch ein Handelsmann!
»Sie krieg'n mein' Tochter, wenn S' vor all'n
Dem Vater seine Schulden zahl'n.« –
»Das kann ich nicht.« – »Dann sag' ich: nein.«
Das wird doch ferm gehandelt sein!
»Ich hab' dich g'wiß« – sagt eine Braut,
Indem sie so au'm Bräut'gam schaut –
»In zwanzig Jahr'n wie heut' so gern!« –
Da wird wohl auch was g'handelt wer'n.

2.

's Weib sagt zum Mann: »Du gehst jetzt aus
Und kommst vor neune nicht nach Haus!« –
»Ja«, sagt er – »wennst mir an Zwanz'ger gibst.«
So a Handel ist ja allerliebst. –
A alte Schachtel hat viel Geld,
's heirat't s' ein junger Guckind'welt,
Verkauft sein' Freiheit und sein' Ruh' –
Der Handel kummt gar häufig vur. –
's sagt eine' »I bin zwanzg'g Jahr'.« – »Oha,
Ich hab' ja Ihren Taufschein da.« –
»So?« sagt s' – und g'steht ein' Vierz'ger ein –
Das wird doch tüchtig g'handelt sein!
Es prahlet eine Schwärm'rin sich:
»Wenn ich nicht liebe, könnten mich

Kaput: Mantel.
Ferm: fest, tüchtig (von fz. *ferme*).

Zehn Millionen nicht betör'n«,
Da wurd' wohl auch was g'handelt wer'n.

(*Nach dem Liede.*)

Vor dem Handelsstand kriegt man erst den wahren Respekt, wenn man zwischen Handelsstand und Menschheit überhaupt eine Bilanz zieht. Schaun wir auf 'n Handelsstand, wieviel gibt's da Großhandlungen, und schaun wir auf die Menschheit, wie wenig große Handlungen kommen da vor! – Schaun wir auf 'n Handelsstand, vorzüglich in der Stadt, diese Menge wunderschöne Handlungen, und schaun wir auf d' Menschheit, wie schütter sind da die wahrhaft schönen Handlungen ang'sät! – Schauen wir auf 'n Handelsstand, diese vielen Galanteriehandlungen, und schaun wir auf d' Menschheit, wie handeln s' da oft ohne alle Galanterie, wie wird namentlich der zarte, gefühlvolle, auf alle Galanterie Anspruch machende Teil von dem gebildetseinsollenden, spornbegabten, zigarrozuzelnden, roßstreichelnden, jagdhundkaschulierenden Teil so ganz ohne Galanterie behandelt! – Jetzt, wenn man erst die Handlungen der Menschheit mit Gas beleuchten wollt' – ich frag', wieviel menschliche Handlungen halten denn eine Beleuchtung als wie eine Handlung auf 'n Stock-im-Eisen-Platz aus? – Kurzum, man mag Vergleiche anstellen, wie man will, der Handelsstand is was Erhabenes, wir haben einen hohen Standpunkt, wir von der Handlung, und ich glaub', bloß wegen dieser schwindelnden Höhe fallen so viel' von der Handlung! – Der Christopherl tandelt wieder mit 'n G'wölb'zusperr'n.

Elfter Auftritt

CHRISTOPHERL; DER VORIGE

CHRISTOPHERL (*zur Mitte hereinlaufend*) Mussi Weinberl, der G'wölb'schlüssel war voll Wachs, grad als wie wann ein Bandit einen Abdruck hätt' mach'n woll'n.

WEINBERL Dummer Pursch, du hast halt den Schlüssel wieder

Zigarrozuzelnd: zuzeln = saugen.
Jagdhundkaschulierend: kaschulieren = liebkosen (fz. *cajoler*).
Stock-im-Eisen-Platz: eleganter Platz im Zentrum Wiens.
tandelt: trödelt.
Mussi: vertrauliche, weniger respektvolle Form für »Herr« (*Monsieur*).

wohin g'worfen, ohne zu schaun, ob's sauber is. Von Rechts wegen unterliegest jetzt einer Straf'.

CHRISTOPHERL O, ein Lehrjung' unterliegt nicht so g'schwind, durch G'wohnheit vertragt man viel.

WEINBERL (*in etwas feierlichem Tone*) Die Verhältnisse haben indes eine andere G'stalt gewonnen. Der deutsche Handelsstand wird bald um einen Lehrjung' weniger hab'n.

CHRISTOPHERL No, sein S' so gut, bringen S' mich um!

WEINBERL Im Gegenteil, ich werde Sie bei einem freundschaftlichen Glas Wein leben lassen.

CHRISTOPHERL (*erstaunt*) Wie g'schieht Ihnen denn, Mussi Weinberl?

WEINBERL Nenn Sie mich in Zukunft Herr Weinberl, denn ich habe Hoffnung, zum Buchhalter zu avancieren, und Sie selbst werden von heut' an per Mussi tituliert.

CHRISTOPHERL Warum sagen denn Sie »Sie« zu mir?

WEINBERL Ahnen Sie nichts, glücklicher Kommerzzögling? Mit dem heutigen Schopfbeutler habe ich auf ewige Zeiten Abschied genommen von Ihrem Kakadu.

CHRISTOPHERL Darum war Ihre Hand so heftig bewegt, als wenn sie sich gar nit trennen könnt'.

WEINBERL Sie sind unter meiner fünfthalbjährigen Leitung g'waltig ausgebildet worden, haben das Kommerz von seinen verschiedenen Seiten kennengelernt und haben kritische Perioden mitgemacht. Wenn die Geschäfte stocken, 's G'wölb' leer is und der Handel- und Wandelbeflissene bloß dasteht, a paar Stanitzln macht und gedankenlos auf die Gass'n hinausschaut, da is es leicht! Aber plötzlich tritt neues Leben ins Merkantilische, in fünf Minuten steht 's ganze G'wölb' voll Leut', da will eins anderthalb Lot Kaffee, da eins um zwei Groschen Gabri, der ein' frischen Aal, die ein' g'faulten Lemonie, da kommt ein zartes Wesen um ein' Bärnzucker, da ein Kuchelbär um ein Rosenöl, da lispelt ein brustdefekter Jüngling: »Ein' Zuckerkandl«, da schreit ein kräftiger Alter: »A Flaschel Schlibowitz!«, da will ein üppiges Wesen a Halstüchel, da eine Zaundürre Fischbeiner zu ein' ausg'schnittnen

Kakadu: Schopf.
Stanitzln: Tüten.
Gabri: Kapern.
Lemonie: Zitrone.
Kuchelbär: ungeschlacht, derb auftretende Köchin.

Leibel hab'n; da geht a Alte auf 'n Kas los und schreit: »Mir ein' halb'n Vierting Schweizer!«, da kommt ein gemeiner Dienstbot' ein' Haring austauschen, den ihr ihre noble Frau ins G'sicht g'worfen hat, weil's kein Milchner war – in solchen Momenten muß der Kommis zeigen, was ein Kommis is, d' Leut' z'samm'schrein lassen, wie s' woll'n, und mit einer ruhigen, ans Unerträgliche grenzenden Gelassenheit eins nach 'n andern bedienen.

CHRISTOPHERL Jetzt weiß ich aber noch allweil nicht, was is's denn eigentlich mit mir?

WEINBERL Ruhig, der Prinzipal wird es Ihnen notifizieren.

Zwölfter Auftritt

ZANGLER; DIE VORIGEN

ZANGLER (*zur Seitentüre links kommend*) Ah, Sie sind schon da!

WEINBERL Der Herr Prinzipal haben befohlen –

CHRISTOPHERL Befohlen –

WEINBERL Wir sind daher in corpore erschienen.

CHRISTOPHERL (*leise zu Weinberl*) In was sind wir erschienen?

WEINBERL (*zu Christopherl*) Halten Sie 's Maul, in corpore!

ZANGLER Ich muß Sie von einer Veränderung, mein Haus betreffend, in Kenntnis setzen. Sie haben bis jetzt nur einen Herrn gehabt, bald werden Sie auch eine Frau bekommen.

CHRISTOPHERL Eine Frau? Ich bin ja noch viel zu jung.

WEINBERL (*zu Christopherl*) Reden Sie nicht so albern, der Herr Prinzipal wird sich verehelich'n, und seine Frau wird auch die unsre sein, unsre Prinzipalin, unsre Prinzipal-Gebieterin.

ZANGLER Ganz recht!

CHRISTOPHERL Ah, so is das!

ZANGLER Dieses wichtige Ereignis will ich nun durch Beförderungen in meinem Personale verherrlichen. Sie, Mussi Christoph –

CHRISTOPHERL (*für sich*) Der sagt auch »Sie« und »Mussi« –

ZANGLER Sie haben aufs G'wand gelernt, müßten daher eigentlich noch ein halbes Jahr Lehrjung' bleiben! Diesen Zeitraum schenk' ich Ihnen und ernenn' Sie zum Kommis.

In corpore: (lat.) »als Körperschaft«; persönlich, gemeinsam.
Auf's G'wand gelernt: der Lehrling, der von seinem Meister auch die Kleidung erhielt, hatte eine längere Lehrzeit.

WEINBERL So eine Auszeichnung wird wenigen zuteil. (*Zu Christopherl.*) Bedanken Sie sich doch!

CHRISTOPHERL (*küßt Zangler die Hand*) Die Gunst des Prinzipals zu bestreben, ferneres Benehmen, würdig zu sein, Fleiß und Ausdauer zu erringen –

ZANGLER Schon gut, ich wünsch', daß das nicht bloß schöne Worte sind –

WEINBERL Nein, das sind sie gewiß nicht, ich glaube mit Grund, daß er sowohl Ihnen, Herr Prinzipal, und mir, seinem unmittelbaren Vorgesetzten, wie auch dem Kontinentalhandel überhaupt Ehre machen wird.

ZANGLER (*zu Christopherl*) Sie waren immer fleißig.

WEINBERL Passabel.

ZANGLER (*zu Christopherl*) Ehrlich, das ist die Hauptsach'.

WEINBERL Das is wahr, er hat in der Lehrzeit manche Watschen kriegt, aber keine auf Veranlassung einer Watschen, die er der Budel gegeben hätt'.

ZANGLER (*zu Christopherl*) Es fehlt Ihnen nichts, als daß Sie sich mehr Manier gegen die Kundschaften aneignen.

WEINBERL (*zu Christopherl*) Darüber hab' ich Ihnen oft Lehren gegeben.

CHRISTOPHERL (*sich mit der Hand durch den Kakadu fahrend*) Ja, sehr oft.

WEINBERL (*zu Christopherl*) Hübsch mit »Euer Gnaden« und »Gnädige Frau« herumwerfen, die War' mit Anstand überreichen, zu jedem Rammel »Schatz« sag'n, 's kleine Geld zierlich mit Zeigefinger und Daum' herausgeben, die andern drei Finger werden bloß auf Händedrücke für Köchinnen verwend't.

ZANGLER Das wird sich hoffentlich geben.

CHRISTOPHERL O ja, so was begreift ein junger Kommis sehr g'schwind.

ZANGLER (*zu Weinberl*) Ihnen, Herr Weinberl, der schon seit Jahren mein ganzes Zutrauen besitzt, der seit Jahren das Geschäft zu meiner vollsten Zufriedenheit leitet, Ihnen ernenn' ich zu meinem Associé.

WEINBERL (*äußerst überrascht*) Ich Associé?

ZANGLER Bei meiner Rückkunft werden wir den nötigen Kon-

der Budel (= Ladentisch) *eine Watschen* (= Ohrfeige) *geben:* unterschlagen.
Rammel: schmutzige Person.

trakt auf- und der neuen Firma »& Kompanie« beisetzen. Ich verreise nämlich auf drei Tag', teils meiner Heiratsangelegenheit wegen, teils anderer Angelegenheiten halber. Unter dieser Zeit übergebe ich Ihnen das ganze Geschäft, schaun Sie auf alles, daß weder Unordnungen in den Magazinen noch in der Korrespondenz –

CHRISTOPHERL Seit drei Wochen hab'n wir kein' Brief kriegt, wie leicht könnt' grad diese Tag' –

ZANGLER (*ohne auf Christopherl zu hören, zu Weinberl*) Mit einem Wort, Sie sind ein solider Mensch, ich weiß, daß ich mich auf Ihnen verlassen kann. Jetzt muß ich zum Schützensouper. (*Setzt den neuen bordierten Hut auf.*) Morgen früh um vier Uhr fahr' ich fort –

CHRISTOPHERL Sollten wir also nicht mehr die Ehre hab'n, den Prinzipal zu sehn, so wünschen wir jetzt glückliche Reis' –

WEINBERL (*noch ganz perplex*) Associé –!

ZANGLER Ja, ja! Fassen Sie sich nur, mein lieber Weinberl! Sie sind vom Tage meiner Verheiratung an mein Associé. Adieu! Also nochmals: während meiner Abwesenheit strenge Ordnung und Pünktlichkeit!

CHRISTOPHERL (*indem er ihn an die Türe begleitet*) Wir machen unser Kompliment, Herr Prinzipal!

Dreizehnter Auftritt

DIE VORIGEN *ohne* ZANGLER

WEINBERL (*wonnetrunken und stolz sich mit einer Hand am Tische stützend*) Associé! Hast du's gehört, Gremium von Europa! Ich bin Associé!

CHRISTOPHERL Unser Herr heirat't, Sie wer'n Kompagnon, nachher haben wir zwei Prinzipal', eine Prinzipalin, und ich allein bin der ganze Personalstand.

WEINBERL Buchhalter, das war immer der Chimborasso meiner Wünsche, und jetzt blickt der Associé wie aus einem Wolkenthron mitleidig auf den Buchhalterstandpunkt herab.

CHRISTOPHERL Ich mach' meine Gratulation.

WEINBERL Und sonderbar! Gerad jetzt – jetzt –

CHRISTOPHERL Jetzt sind Sie's ja noch nicht, erst bis der Prinzipal heirat't.

WEINBERL Gerade jetzt, wo das Berufsglück sein ganzes Füllhorn ausschütt't über mich, werden in mir Wünsche roglich wie Kisten, die auf einem Schubkarren schlecht auf'packt sind.

CHRISTOPHERL Aha! Ich g'spann', was der Associé wünscht.

WEINBERL Eine Associéin? O nein! Das irritiert mich nicht, so was kommt von selbst, und wenn es nicht kommt, so ist es auch noch kein Unglück.

CHRISTOPHERL Also das is es nicht? Na, nachher gib ich 's Raten auf. Mein Kopf is von der Lehrzeit her zu sehr angegriffen, als daß ich mir'n jetzt gleich zerbrechen möcht'.

WEINBERL Glauben Sie mir, junger Mann! Der Kommis hat auch Stunden, wo er sich auf ein Zuckerfaß lehnt und in süße Träumereien versinkt. Da fallt es ihm dann wie ein Fünfundzwanzig-Pfund-Gewicht aufs Herz, daß er von Jugend auf ans G'wölb' gefesselt war wie ein Blassel an die Hütten. Wenn man nur aus unkompletten Makulaturbüchern etwas vom Weltleben weiß, wenn man den Sonnenaufgang nur vom Bodenfensterl, die Abendröte nur aus Erzählungen der Kundschaften kennt, da bleibt eine Leere im Innern, die alle Ölfässer des Südens, alle Heringfässer des Nordens nicht ausfüllen, eine Abgeschmacktheit, die alle Muskatblüt' Indiens nicht würzen kann.

CHRISTOPHERL Das wird jetzt ein anders G'sicht kriegen als Kompagnon.

WEINBERL Weiß nicht. Der Diener ist Sklav' des Herrn, der Herr Sklav' des Geschäfts. Erhaben ist die zweite Sklaverei, aber so biglem mit Genuß begabt als wie die erste. – Wenn ich nur einen wiffen Punkt wüßt' in meinem Leben, wenn ich nur von ein paar Tag' sagen könnt': da bin ich ein verfluchter Kerl g'wesen – aber nein! Ich war nie verfluchter Kerl. Wie schön wär' das, wenn ich einmal als alter Handelsherr mit die andern alten Handelsherren beim jungen Wein sitz', wenn so im traulichen Gespräch das Eis aufg'hackt wird vor dem Magazin der Erinnerung, wenn die G'wölb'tür der Vorzeit wieder aufg'sperrt und die Budel der Phantasie voll ang'ramt wird mit Waren von ehmals, wenn ich dann beim lebhaften Ausverkauf alter G'schichten sagen könnt': »Oh! Ich war auch

Roglich: locker, wacklig.
Blassel: beliebter Name für Hofhund.
Biglem: selten, schwer zu bekommen.
Ang'ramt: angeräumt.

einmal ein verfluchter Kerl, ein Teuxelsmensch, ein Schwerack!« – Ich muß – ich muß um jeden Preis dieses Verfluchtekerlbewußtsein mir erringen.

CHRISTOPHERL Von mir aus hätten Sie dieses Bewußtsein schon lange; sooft Sie sich in meine Frisur verkrampelt haben, hab' ich mir denkt: »Das is ein verfluchter Kerl, den holt –«

WEINBERL Was Sie denken, geht mich nix an, *ich* muß es denken, muß es fühlen.

CHRISTOPHERL So beuteln S' Ihnen selber den Schopf.

WEINBERL (*von einer Idee ergriffen*) Halt! Ich hab's –!

CHRISTOPHERL Na, was denn?

WEINBERL Ich mach' mir einen Jux.

CHRISTOPHERL Ein' Jux?

WEINBERL Grad jetzt auf der Grenze zwischen Knechtschaft und Herrschaft mach' ich mir einen Jux. Für die ganze Zukunft will ich mir die leeren Wände meines Herzens mit Bildern der Erinnerung schmücken – ich mach' mir einen Jux!

CHRISTOPHERL Wie wer'n Sie aber das anstellen?

WEINBERL Woll'n Sie dabei sein, Mussi Christoph?

CHRISTOPHERL Warum nicht? Ich bin freig'sprochen worden: kann man die Freiheit schöner als durch ein' Jux zelebrieren?!

WEINBERL Wir sperr'n 's G'wölb' zu, während der Prinzipal aus ist! Sind Sie dabei?

CHRISTOPHERL 's G'wölb'zusperr'n war immer meine Leidenschaft, solang ich bei der Handlung bin.

WEINBERL Wir fahren in die Stadt und suchen fidele Abenteuer auf! Sind Sie dabei?

CHRISTOPHERL Freilich! Ich riskier' nix. Sie sind Kompagnon; indem ich Ihnen folg', erfüll' ich nur meine Pflicht. Jetzt, was Sie riskier'n, das tuschiert mich nicht. Ich bin dabei.

WEINBERL Halt, Jüngling! Sie setzen mir da einen Floh ins Ohr, den ich erst fangen und töten muß. Kann es der Prinzipal erfahren? Er kommt nie mit die Nachbarsleut' zusamm', er sitzt immer in der Schreibstub'n, disk'riert nie mit die Kundschaften, geht an keinen öffentlichen Ort, außer alle Quartal' zu der Schützengesellschaft. Er kann es nicht erfahren –

CHRISTOPHERL Wenn uns aber zufällig der Prinzipal in der Stadt sieht?

WEINBERL Er ist ein alter Herr, der heirat't, folglich mit Blind-

Schwerack: gewandter, gerissener Mensch.

heit g'schlagen. Und wissen wir denn auch, ob er in die Stadt fahrt? Und dann geht er auch Geschäften, wir bloß dem Vergnügen nach; sein Weg geht tschihi, unserer dahott, wie die Seeleute sagen, sprich ich, wie die Fuhrleute sagen.

CHRISTOPHERL Wenn uns aber die Fräul'n Marie verrat't?

WEINBERL Die hat Liebesaffären, is folglich froh, wann sie nicht verraten wird.

CHRISTOPHERL Wann aber die alte Gertrud plauscht?

WEINBERL Das Hindernis is unübersteiglich, sie is ein altes Weib, sie muß plauschen. – Aber wenn wir – halt – so geht's – die Alte muß gerade die Assekuranz sein bei unserer Unternehmung. Helfen Sie mir g'schwind in dem Herrn seine Schützenuniform hinein! (*Kleidet sich während des Folgenden schnell mit Christopherls Beihilfe in die auf dem Tische liegende alte Schützenuniform Zanglers, schnallt den Hirschfänger um und setzt den Hut auf.*)

CHRISTOPHERL Wegen was denn?

WEINBERL Weil ich den Herrn Zangler vorstellen will! Damit s' die Stimme nicht kennt, stell' ich mich bös, und Sie sagen ihr den Auftrag, den ich als Zangler geb' und den sie dann an mich ausrichten muß, wenn ich wieder Weinberl bin.

CHRISTOPHERL Ich bin mir nicht g'scheit g'nug.

WEINBERL Stellen Sie 's Licht auf den Tisch hinüber!

CHRISTOPHERL Gleich. (*Nimmt eilig das Licht vom Tische links und stellt es auf den Tisch rechts.*)

(*Weinberl wirft sich in den am Tische links stehenden Stuhl und läutet heftig mit der Tischglocke.*)

Vierzehnter Auftritt

GERTRUD; DIE VORIGEN

GERTRUD (*aus der Seitentüre rechts kommend, für sich*) Das is wieder eine Läuterei, als ob alles taub wär'. (*Laut.*) Was schaffen S', Herr von Zangler? (*Beiseite.*) I war schon froh, hab' glaubt, er is fort.

CHRISTOPHERL (*welchem Weinberl leise etwas erklärt hat, zu Gertrud*) D' Frau Gertrud hat den Herrn wieder kurios bös g'macht.

Plauscht: plaudert (aus).

GERTRUD Ich weiß aber nicht –

(*Weinberl hustet und brummt ärgerlich einige unverständliche Worte.*)

CHRISTOPHERL Hat'n d' Frau g'hört? Er will gar nicht reden mit Ihr, drum gibt er Ihr durch mich den Auftrag, Sie soll morgen in aller Fruh' dem Herrn Weinberl sagen –

GERTRUD Der Christopherl wird doch heut' noch selber den Herrn Weinberl sehn, folglich kann ihm ja der Christopherl –

CHRISTOPHERL Mussi Christoph, bitt' ich mir aus.

(*Weinberl hustet und brummt noch heftiger als früher. Gertrud erschrickt.*)

CHRISTOPHERL Hat'n d' Frau g'hört? Der Herr hat mir andere G'schäft' gegeben, die meinen ganzen Hirnkasten in B'schlag nehmen. Weil ich also drauf vergessen könnt', so soll durchaus die Frau Gertrud –

(*Weinberl hustet und brummt wie vorher.*)

CHRISTOPHERL Hat'n d' Frau g'hört? – Die Frau Gertrud soll also morgen in aller Fruh dem Herrn Weinberl sagen, der Herr Zangler läßt ihm strengstens anbefehl'n, daß er während seiner Abwesenheit durch zwei Tag' das G'wölb' ja nicht aufsperren soll. Verstanden?

GERTRUD Na freilich, 's G'wölb' darf nicht aufg'sperrt wer'n, das wird doch nicht schwer zu verstehn sein.

(*Weinberl murmelt etwas zu Christopherl, welcher sich seinem Stuhle etwas genähert hat.*)

CHRISTOPHERL Frau Gertrud soll schaun, daß s' weiter kommt, und soll ihm nicht mehr vor Augen –

GERTRUD Na ja!

(*Weinberl hustet und brummt noch ungestümer als vorher.*)

CHRISTOPHERL Hat'n d' Frau g'hört?

GERTRUD (*erschrocken zur Seitentüre rechts gehend*) Der Mann is heut' in einer Laune, das is schon aus der Weis'. (*Ab.*)

Fünfzehnter Auftritt

DIE VORIGEN *ohne* GERTRUD

WEINBERL (*lachend vom Stuhl aufstehend*) Sehn Sie, jetzt sind wir gedeckt. Erfahrt im schlimmsten Fall der Prinzipal, daß's

Aus der Weis': ungewöhnlich, arg.

G'wölb' zug'sperrt war, so berufen wir uns auf seinen Befehl, den wir durch die Frau Gertrud erhalten haben.

CHRISTOPHERL Dann glaubt er, die Alte is verruckt.

WEINBERL Das verschlagt ihr nix, denn für g'scheit hat er s' nie g'halten.

CHRISTOPHERL Meiner Seel', pfiffig ausspekuliert! Na, Sie sind ja auch einmal Lehrjung' g'west, sonst könnt' das G'wixte nicht in Ihnen stecken.

WEINBERL Richten Sie sich jetzt das Sonntagsg'wand! Was zur Eleganz fehlt, Krawattel, Schmisel, Handschuh' und Schnopftüchel werd' ich Ihnen leihn.

CHRISTOPHERL Juchhe, das wird ein Jux wer'n morgen! (*Geht zur Mitte ab.*)

(*Man hört von außen Zangler räuspern und husten.*)

CHRISTOPHERL (*erschrocken zurückprallend*) O Jegerl, der Alte kommt!

WEINBERL (*erschrocken*) Der Herr Zangler – wann er mich in dem Aufzug sieht –

CHRISTOPHERL Ich retirier' mich zu der Frau Gertrud hinein.

WEINBERL Aber was tu' denn ich? Ich kann mich so weder vor der Frau Gertrud noch vor 'n Herrn Zangler zeigen.

CHRISTOPHERL Ich geh' zu der Frau Gertrud, ich riskier' nix, aber ich bin dabei. (*Geht zur Seitentüre rechts ab.*)

WEINBERL Mir bleibt nix übrig – (*löscht schnell das Licht aus und eilt hinter den Ofenschirm links im Hintergrunde.*)

Sechzehnter Auftritt

ZANGLER, WEINBERL (*hinter dem Schirm*)

ZANGLER (*zur Mitte eintretend*) Ich hab' mir das Ding anders überlegt, zur Schützentafel komm' ich später auch noch z'recht. Wie leicht könnt' der saubre Herr Sonders diesen Abend zu einem Rendezvous benützen wollen. Ich werd' an meinem Fenster ein wenig aufpassen. Wir haben Vollmond, da seh' ich's prächtig, wenn er allenfalls ins Haus hereinschleichen wollt'! Der saubere Herr Sonders, der! (*Geht in die Seitentüre links ab.*)

Siebzehnter Auftritt

WEINBERL, *dann* MARIE *und* SONDERS

WEINBERL (*kommt hinter dem Schirm hervor*) Er is drin, jetzt kann ich mich ausg'schirren.

SONDERS (*von außen*) Nein, nein Marie! So geh' ich nicht von dir.

WEINBERL (*erschreckend*) Verdammt, da kommt wieder wer – ich komm' als Associé in die Sauce – ich muß abermal – (*läuft wieder hinter den Schirm.*)

MARIE (*mit Sonders zur Mitte eintretend*) Aber, August –

SONDERS Versprich mir, in meinen Plan zu willigen.

MARIE Ich soll dem Vormund durchgehn –?

SONDERS Fliehen sollst du mit mir.

MARIE Das schickt sich nicht.

SONDERS Marie!

MARIE Fliehen, durchgehen und auf und davonlaufen is eins, und das schickt sich nicht!

SONDERS Du hierbleiben, mir entrissen werden und ich mir eine Kugel vor den Kopf brennen, ist auch eins, und das schickt sich so gewiß, wenn du nicht Mut hast –

MARIE August, du bist ein fürchterlicher Mensch.

SONDERS Des Alten Eigensinn läßt uns nichts anderes übrig.

MARIE Wenn ich dir aber sage, es schickt sich nicht! Du sollst eigentlich schon lang fort sein, ich hab' dir nur erlaubt, bis es Abend wird, und hier ist nicht einmal Licht.

SONDERS Haben Liebende je eines andern Lichtes bedurft als des Mondes, der eben freundlich durch die Fenster blickt?

MARIE Der Mondschein schickt sich nicht. Du gehst entweder sogleich fort oder gehst mit mir zur Frau Gertrud hinein, die hat Licht.

SONDERS Die darf ja nicht erfahren –

MARIE Warum nicht? Machen wir sie zur Vertrauten unserer Liebe.

SONDERS Ich traue alten Weibern nie. (*Nach der Türe rechts horchend.*) Da hör; ich jemand an der Türe!

MARIE Am End' gar der neugierige Christoph –

SONDERS Wir wollen einen Augenblick uns hier verbergen.

(*Nimmt Marie bei der Hand und geht mit ihr von der rechten Seite hinter den Schirm.*)

Ausg'schirren: entkleiden.

MARIE (*indem August sie nach sich zieht*) Ach Gott, das schickt sich nicht!

(*Weinberl, der hinter dem Schirm steht, drückt sich soviel als möglich gegen die linke Seite, ohne sich zu getrauen, sein Versteck zu verlassen.*)

Achtzehnter Auftritt

GERTRUD; DIE VORIGEN (*hinter dem Schirm*)

GERTRUD (*aus der Seitentüre rechts kommend*) Was ist das? Kein Licht da? Ah, das wird der Herr ausg'löscht haben, wie er fort is. Ich muß schaun, daß ich dem Mussi Weinberl heut' noch den Befehl ausrichten kann, daß 's G'wölb' zug'sperrt bleibt, bis morgen könnt' ich vergessen, da wär's nachher wieder ein Lärm! O, der Alte – das ist ja ein – (*geht zur Mitte ab.*)

Neunzehnter Auftritt

WEINBERL, SONDERS, MARIE

SONDERS (*Weinberl hervorziehend*) Da hat uns einer belauscht, nur hervor! .

MARIE (*ebenfalls vorkommend, erschrickt, indem sie Weinberl der Schützenuniform wegen für Zangler hält*) Himmel, der Vormund –!

SONDERS (*betroffen*) Herr Zangler –

MARIE (*Weinberl zu Füßen fallend*) Lieber Herr Onkel-Vormund, sein Sie nicht bös, ich kann nichts davor, ich weiß, daß es sich nicht schickt, aber –

SONDERS Ich habe Marien gegen ihren Willen bis in die Stube verfolgt, zürnen Sie daher mir doppelt und dreifach, wenn Sie wollen, doch Marien dürfen Sie keine Schuld zumessen.

MARIE Nein, gar nichts zumessen! – Verzeihung, lieber Herr Onkel und Vormund! – Sie schweigen? Diese schauerliche Stille verkündet einen furchtbaren Sturm.

WEINBERL (*welcher in größter Verlegenheit dagestanden, indem er jeden Augenblick fürchtet, trotz der Dunkelheit von Marien erkannt zu werden, weiß sich nicht anders zu helfen, nimmt zuerst Mariens, dann Sonder's Hand und fügt ihre beiden Händen segnend ineinander*)

SONDERS (*auf höchste erstaunt und freudig überrascht*) Ist's möglich –!? Diese Sinnesänderung –? Sie segnen unsern Bund –?

MARIE Ach, lieber, göttlicher Herr Onkel und Vormund!

WEINBERL (*hebt die noch immer kniende Marie empor und legt sie in Sonders' Arm*)

MARIE August! } *zugleich*
SONDERS Marie! }

(*Weinberl benützt den Moment, während die Liebenden sich in den Armen halten, und eilt leise und mit großen Schritten zur Mitteltüre hinaus.*)

Zwanzigster Auftritt

DIE VORIGEN *ohne* WEINBERL

SONDERS Jetzt bist du meine Braut –

MARIE (*sich aus Sonders' Armen erhebend*) Wie soll ich Ihnen danken, Herr Onkel?

SONDERS (*beinahe zugleich mit voriger Rede*) Vortrefflicher, herrlicher Mann –! (*Beide bemerken mit Staunen, daß niemand mehr da ist.*)

MARIE Was is denn das?

SONDERS Er ist fort!

MARIE Wo ist er denn hin?

SONDERS Ohne Zweifel auf sein Zimmer. Der gute Mann will das erste Entzücken beglückter Liebe nicht stören. Marie, komm in meine Arme!

MARIE Von Herzen gern, jetzt schickt es sich ja.

SONDERS (*sie umarmend*) Liebes, teures Mädchen!

Einundzwanzigster Auftritt

ZANGLER, *später* WEINBERL *und* CHRISTOPHERL; DIE VORIGEN

ZANGLER (*kommt mit Licht aus der Seitentüre links*) Was gibt's denn da –? Ich glaub' gar – (*ergrimmt*) Himmel-Mordtausend-Element –! Herr, Sie unterstehen sich –

MARIE (*wie aus den Wolken gefallen*) Aber, lieber Herr Onkel – Sie haben ja selbst –

ZANGLER Entartetes Mädel! (*Sie zur Seitentüre links schleudernd.*) Da hinein!

SONDERS Haben Sie nicht erst in diesem Augenblick –

ZANGLER (*wütend*) Verwegener Landstreicher! (*Auf die Mitteltüre zeigend.*) Da hinaus!

(*Weinberl tritt, bereits wieder umgekleidet, zur Mitte ein und sieht, im Hintergrunde rechts stehend, dem Auftritte zu, ebenso Christopherl, welcher auf den Lärm neugierig aus der Seitentüre rechts tritt; beide stehen so, daß Sonders ihnen das Gesicht nicht zuwendet.*)

MARIE Das kann Ihr Ernst nicht sein!

ZANGLER (*immer wütender*) Hinein!

SONDERS Entweder Sie halten uns jetzt zum besten oder haben früher –

ZANGLER (*wie oben*) Hinaus!

MARIE (*weinend zur Seitentüre links gehend*) Der Vormund is verhext! (*Ab.*)

ZANGLER (*ihr nachrufend*) Hinein!!

SONDERS Sie sind verrückt, Herr, aber Geduld, ich werde –

ZANGLER (*mit den Füßen stampfend*) Hinaus!

SONDERS Es ist zu arg! (*Geht in großer Aufregung zur Mitte ab.*)

ZANGLER (*indem er in die Seitentüre links abgeht*) Wart', ungeratenes Geschöpf, dich wird meine Schwägerin koramisieren! (*Ab.*)

WEINBERL (*vortretend*) Das is eine Historie –!

CHRISTOPHERL (*in ausgelassener Freude springend*) Ich vergönn' ihr's! Warum heißt s' mich immer einen dalketen Bub'n!

WEINBERL Mir scheint, ich fang' schon an, verfluchter Kerl zu sein! Das is der Vorgeschmack vom Jux.

(*Im Orchester beginnt heitere Musik.*)

Der Vorhang fällt.

Koramisieren: unter vier Augen den Kopf zurechtsetzen (lt. *coram*).

Zweiter Aufzug

Straßendekoration, nur zwei Kulissen tief. Der Prospekt stellt die gerade über die Bühne laufende Häuserreihe einer Gasse vor, ohne alles Perspektiv. An dem mitten im Prospekt sich befindenden Hause ist das Tor offen, so daß man weiter hinten eine praktikable Stiege sieht; in der Einfahrt rechts ist eine Türe, die zur Hausmeisterwohnung führt. Über dem Haustore ist eine Tafel mit großer Aufschrift: »ANNA KNORRS MODEWAREN-VERLAG«

Erster Auftritt

WEINBERL, CHRISTOPHERL

(*Christopherl in seinem Sonntagsanzug von grauem Tuche mit roter Krawatte und blauem Schal geschmacklos geputzt. Weinberl in blauem Frack, weißen Pantalon, aber in geschmackloser Gala, treten von links auf.*)

CHRISTOPHERL Das wär'n Abenteuer? Ich dank' –

WEINBERL Ja, lieber Freund, ich kann Ihnen die Abenteuer nicht herzaubern. Glauben Sie, mir is das ang'nehm, da herumz'gehn wie a Waserl, mir, dem obendrein noch jedes offene G'würzg'wölb einen heimlichen Gewissensbiß macht?

CHRISTOPHERL Den ganzen Vormittag is uns nix unter'kommen, nix aufgestoßen.

WEINBERL Wir wollen die Hoffnung nicht sinken lassen – vielleicht stoßt uns jetzt Nachmittag was auf. Arg wär' das, wenn wir vier Stund' weit herfahreten, einen ganzen Tag in der Residenz zubrächten, ohne einen Jux 's Geld verjuxt –

CHRISTOPHERL Das wär' a Jux! Vor allem andern müssen wir doch wieder unter die Leut' gehn! In dem öden Gassel da wer'n wir nix erleb'n.

WEINBERL O Freund, in die öden Gasseln erlebt man allerhand! Das is ja grad' das Abenteuerliche! Wie oft hab' ich gelesen in die Bücher: »Er befand sich, ohne zu wissen wie, in einem engen, abgelegenen Gäßchen, plötzlich gewahrte er an der Ecke einen Mann in einem Mantel, ihm war's, als ob er ihm gewunken – an der andern Ecke sieht er auch einen Mann,

Waserl: hilfloses Wesen (von *Waise*).

ihm deucht', als hätt' er ihm gewinkt, unentschlossen steht er da, er weiß nicht, soll er dem folgen, der ihm gewinkt, oder dem, der ihm gewunken – da öffnen sich plötzlich die Fenster –«

(*A tempo öffnet Philippine das Fenster im Hause der Madame Knorr im Prospekt.*)

WEINBERL (*ohne dies zu bemerken, fährt fort*) »Und eine zarte weibliche Hand –«

(*Philippine hat eilig am Fenster ein Glas mit Wasser ausgespült, schüttet es, ohne herabzusehen, auf die Straße und schlägt sogleich wieder das Fenster zu.*)

WEINBERL (*den es beinahe getroffen, erschrocken zur Seite springend*) Na, sein S' so gut –

CHRISTOPHERL Das ging' mir grad noch ab –

WEINBERL Wenn ich jetzt einen halben Schritt weiter links g'standen wär', so könnt' ich sagen, daß ich in der Residenz überschüttet worden bin, mit was, das braucht kein Mensch z' wissen.

CHRISTOPHERL Was logiert denn für ein Völkel da drob'n?

WEINBERL (*liest das Schild*) »Anna Knorrs Modewaren-Verlag« –

CHRISTOPHERL Das is eine schöne Mod', daß man d' Leut' anschütt't.

WEINBERL (*nach rechts in die Szene sehend*) Sieh, dort steht ein Mann.

CHRISTOPHERL Winkt uns aber nicht!

WEINBERL Er kommt näher – er bleibt wieder stehn – das is ja –

CHRISTOPHERL Meiner Seel' –

WEINBERL Das is der Herr von Brunninger –

CHRISTOPHERL Der öfters zu unserm Prinzipal kommt?

WEINBERL Der kennet uns gleich –

CHRISTOPHERL Fahr'n wir ab! –

(*Beide wollen links ab.*)

WEINBERL Halt! (*Bleibt wie vom Donner gerührt stehen.*) Das is Blendwerk, das kann nicht sein! – (*Zeigt erstarrt in die Szene links.*)

CHRISTOPHERL (*erschrocken*) Der Herr Zangler!

WEINBERL Der Prinzipal! –

CHRISTOPHERL G'schwind da ins Haus hinein –

WEINBERL Dem Abenteuer weichen wir aus!

(*Beide eilen in das offene Haustor mitten im Prospekt und bleiben unter der Einfahrt, sich links drückend, stehn.*)

CHRISTOPHERL Er wird gleich vorbei sein.

WEINBERL Nur ruhig!

Zweiter Auftritt

HAUSMEISTER; DIE VORIGEN

HAUSMEISTER (*aus der Türe rechts unter dem Tore wegtretend*) Was gibt's da?

CHRISTOPHERL Nix, gar nix.

WEINBERL Wir wollen –

CHRISTOPHERL Nix, gar nix.

HAUSMEISTER Wieder passen auf d' Weibsbilder? – Weiter um a Haus! –

CHRISTOPHERL Nit um a G'schloß! –

WEINBERL Wir müssen da hinauf –

HAUSMEISTER Zu wem?

WEINBERL (*im Zweifel, was er sagen soll*) Zu – zu – na, was da draußt auf der Tafel steht –

CHRISTOPHERL Madame Knorr, Modewarenverlagsniederlagverschleißhändlerin –

HAUSMEISTER Die logiert im ersten Stock und nit unter der Einfahrt.

CHRISTOPHERL Eben deßtwegen gehen wir ja hinauf.

WEINBERL (*zum Hausmeister*) Ja, hab'n Sie glaubt, daß wir nit hinaufgehn? –

HAUSMEISTER Ersten Stock, rechts die Tür!

WEINBERL Dank' Ihnen. (*Geht zögernd die Stiege hinauf.*)

CHRISTOPHERL Also gehn wir! (*Indem er Weinberln folgt.*) Wir können nit fehl'n, rechts die Tür!

(*Man sieht beide die Stiege hinaufgehen.*)

HAUSMEISTER (*nach einer kleinen Pause*) Denen geh' ich nach, i muß sehn, ob's mi nit ang'logen hab'n. (*Geht ebenfalls die Stiege hinauf.*)

Nit um a G'schloß: um keinen Preis (»nicht um ein Schloß«).

Dritter Auftritt

ZANGLER, *dann* BRUNNINGER

ZANGLER (*von links kommend*) Das wär' getan – das auch – zur Schwägerin hab' ich hing'schickt, also – (*geht in das Haus, wo Christopherl und Weinberl hineingegangen sind.*)

BRUNNINGER (*eilig von rechts kommend*) Herr von Zangler! Herr von Zangler!

ZANGLER (*bereits unter dem Torweg, sich wieder umwendend*) Wer ruft denn?

BRUNNINGER (*auf ihn zueilend*) So hab' ich halt doch recht g'sehn! –

ZANGLER Herr von Brunninger! Freut mich!

BRUNNINGER Seit wann in der Stadt? Kommen wie gerufen, müssen gleich jetzt mit mir zum Advokaten, es is wegen der Krüglischen Sache.

ZANGLER Freund, das lassen wir bis später – jetzt muß ich –

BRUNNINGER Nein, Freund, ich lass' Ihnen nicht aus, die Krüglische Sache –

ZANGLER Liegt mir bei weitem nicht so am Herzen als wie –

BRUNNINGER Hat sich aufs vorteilhafteste gestaltet, wir kommen alle zwei zu unserm Geld. –

ZANGLER Ich weiß –

BRUNNINGER Die Krüglische Sache –

ZANGLER Muß jetzt, aufrichtig, g'sagt, einer Herzenssache nachstehn.

BRUNNINGER Was?!

ZANGLER Ich heirat'!

BRUNNINGER Wem? –

ZANGLER Noch weiß es kein Mensch und doch steht's mit großmächtige Buchstaben ang'schrieben auf der Gassen.

BRUNNINGER Wo?

ZANGLER (*auf die Tafel über dem Haustor deutend*) Da – Madame Knorr –

BRUNNINGER Is das die Erwählte? Gratulier', aber –

ZANGLER (*eilig*) Ich muß jetzt zu ihr –

BRUNNINGER Da vergessen S' mir ganz auf die Krüglische Sache – nix da, ich lass' Ihnen nicht aus –

ZANGLER Aber, Freund –

BRUNNINGER In zehn Minuten is es abgetan.

ZANGLER Aber g'wiß nit länger?

BRUNNINGER (*ihn unter dem Arm nehmend*) Nein, sag' ich, kommen S' nur g'schwind!

ZANGLER Meinetwegen, aber –

BRUNNINGER (*mit Zangler abgehend*) Sie werden sich wundern, Freund, ich sag' Ihnen, die Krüglische Sache –

ZANGLER Länger als zehn Minuten kann ich nicht –

(*Beide ab.*)

Verwandlung

Zimmer bei Madame Knorr, mit Mittel- und Seitentüren

Vierter Auftritt

PHILIPPINE, WEINBERL, CHRISTOPHERL

PHILIPPINE Wollen die Herren da hereinspazieren? Ich werd's gleich der Madame sagen. (*Geht in Seitentüre links ab.*)

WEINBERL Da wär'n wir! Sehn Sie, das sieht schon ein' Abenteuer gleich.

CHRISTOPHERL Was sagen wir denn aber, wenn die Madame kommt?

WEINBERL Was uns einfallt!

CHRISTOPHERL Wenn uns aber nix G'scheits einfallt?

WEINBERL So sagen wir was Dumms. Unsere Lag' erfordert mehr Hardiesse als G'scheitheit.

CHRISTOPHERL Freilich, ein g'scheiter Mensch laßt sich auf so Sachen gar nicht ein –

WEINBERL Sie kommt! –

Fünfter Auftritt

MADAME KNORR, PHILIPPINE; DIE VORIGEN

PHILIPPINE (*mit Madame Knorr aus der Seitentüre rechts kommend*) Das sind die Herren! (*Geht zur Mitte ab.*)

(*Weinberl und Christopherl machen Madame Knorr stumme Komplimente.*)

CHRISTOPHERL (*zu Weinberl, leise*) Wenn Sie nit zum Reden anfangen, ich fang' nit an.

Hardiesse: Keckheit (fz.).

WEINBERL Nur Geduld! –

MADAME KNORR Was steht zu Diensten, meine Herren?

WEINBERL Hab' ich die Ehre, Madame Knorr –?

MADAME KNORR O, ich bitte, die Ehr' ist meinerseits!

CHRISTOPHERL (*beiseite*) Der Anfang ist sehr ehrenvoll.

MADAME KNORR Wünschen die Herren vielleicht in meinem Warenlager eine kleine Auswahl zu treffen?

CHRISTOPHERL (*leise zu Weinberl*) Sie, das tut's nit, 's könnt' uns 's Geld z'wenig wer'n.

WEINBERL Wir kommen eigentlich weniger, um zu kaufen –

CHRISTOPHERL Noch eigentlicher, um gar nix zu kaufen.

WEINBERL Sondern vielmehr, gekaufte Sachen zu bezahlen.

MADAME KNORR (*sehr freundlich*) O, ich bitte! –

CHRISTOPHERL Das heißt eigentlich nicht zu bezahlen –

WEINBERL Sondern eigentlich nur, um uns über eine Rechnung zu informieren, wieviel sie betragt, und dieser Tage dann zu bezahlen.

MADAME KNORR Wie es gefällig ist, aber was für eine Rechnung meinen Sie denn eigentlich?

WEINBERL Die Rechnung von – (*beiseite zu Christopherl*) sie wird doch eine Kundschaft haben, die Schmidt heißt. (*Laut*) Die Rechnung nämlich von der Frau von Schmidt –

MADAME KNORR Das muß ein Irrtum sein, ich habe keine Kundschaft, die Frau von Schmidt heißt.

WEINBERL Jetzt is's recht. (*Laut.*) Ich habe mich nur versprochen, Frau von Müller, hab' ich sagen wollen. – (*Beiseite.*) Da wird's doch eine haben? –

MADAME KNORR Verzeihn Sie, ich hab' auch keine Frau von Müller zu bedienen.

WEINBERL (*beiseite*) Da soll doch der Teufel –! (*Laut.*) Ich bin aber heut' so zerstreut, Frau von Fischer heißt diejenige –

MADAME KNORR Ah, Frau von Fischer, ja, das ist was anders, ja, die Frau von Fischer meinen Sie? –

WEINBERL (*leise zu Christopherl*) Sehn S', jetzt hab' ich's halt doch troffen.

CHRISTOPHERL (*leise zu Weinberl*) Es is aber unbegreiflich, wie man nicht gleich Frau von Fischer sagen kann; das gibt doch die Vernunft.

MADAME KNORR Aber wie kommt das? Frau von Fischer ist mehr meine Freundin als bloß Kundschaft –

WEINBERL Bitte, wenn die Freundin was kauft, is sie Kundschaft und muß zahlen; wenn das nicht wär', so hätten die Kaufleut' lauter Freund' und gar keine Kundschaften.

MADAME KNORR Aber es pressiert ja nicht. Frau von Fischer verrechnet sich alle Jahr' mit mir – und jetzt muß ich mir schon die Freiheit nehmen, zu fragen, wer Dieselben sind und wie Sie dazu kommen, für die Frau von Fischer bezahlen zu wollen? –

WEINBERL Sie ist also Ihre Freundin? –

MADAME KNORR Das glaub' ich; noch wie ihr seliger Mann gelebt hat, und gar jetzt die drei Jahr', als sie Witwe ist. –

WEINBERL (*leise zu Christopherl*) Jetzt geben Sie acht, was ich der Sach' für eine Wendung geb'! – (*Laut.*) Drei Jahr' war sie Witwe, ganz recht, aber seit drei Täg' ist sie's nicht mehr.

MADAME KNORR (*erstaunt*) Wieso?

WEINBERL Ich bin ihr Gemahl!

MADAME KNORR (*aufs äußerste überrascht*) Was!? –

CHRISTOPHERL (*für sich*) Ah, das is ein kecker Ding! –

MADAME KNORR Wär's möglich! Vor drei Tagen hat meine Freundin Fischer geheirat't!?

WEINBERL Ich bin der Glückliche von drei Täg'!– (*Leise zu Christopherl, triumphierend.*) Sehn Sie, das heißt halt Geist.

MADAME KNORR (*hat etwas von diesen Worten gehört*) Wer heißt Geist? –

WEINBERL Geist? – Ich heiße Geist. (*Für sich.*) 's is all's eins, ich kann heißen, wie ich will.

MADAME KNORR Ich bin so überrascht, Herr von Geist –

CHRISTOPHERL (*für sich*) Man sähet ihm's nicht an.

MADAME KNORR Und dieser junge Herr? (*Auf Christopherl zeigend.*)

WEINBERL Ein meiniger Verwandter.

MADAME KNORR Aber warum hat man so eine wichtige Sach' vor einer intimen Freundin verheimlicht? –

WEINBERL Sie sollen alles erfahren! Aber wollen Sie jetzt nur wegen der Rechnung nachschaun.

MADAME KNORR Gleich, gleich! (*Will Seitentüre rechts ab, zögert aber.*)

WEINBERL (*leise zu Christopherl*) Derweil fahr'n wir ab! –

CHRISTOPHERL (*leise zu Weinberl*) Recht, dem Alten begegnen wir jetzt nicht mehr.

MADAME KNORR Nein, ich kann mich noch gar nicht erholen von dem Erstaunen und der Überraschung.

Sechster Auftritt

PHILIPPINE; VORIGE

PHILIPPINE (*zur Mitte eintretend*) Madame, die Frau von Fischer is da, sie will aber nicht herein, weil Herren da sind.

CHRISTOPHERL (*für sich*) Jetzt geht's z'samm'!–

WEINBERL (*ganz verblüfft*) Wer is da –?

MADAME KNORR Ihre liebe Frau. (*Zu Philippine.*) Sie soll nur hereinkommen, es is ja ihr Gemahl –

WEINBERL (*verlegen*) Nein, sagen Sie ihr –

MADAME KNORR Zu was diese Sachen? (*Zu Philippine.*) Sie soll kommen, ihr Gemahl, ihr lieber Geist is da.

(*Philippine geht zur Mitte ab.*)

WEINBERL (*in großer Verlegenheit, für sich*) Ich wollt', ich wär' ein Geist, daß ich verschwinden könnt'.

MADAME KNORR Ich begreif' nicht – wozu diese Zurückhaltung, dieses geheimnisvolle Wesen –?

WEINBERL Meine Frau, die hat das, Sie werden sehn, sie wird jetzt noch tun, als ob ich ihr ein fremder Mensch wär'.

CHRISTOPHERL (*für sich*) Ja, sie wird so dergleichen tun.

MADAME KNORR Am End' is sie obstinat und bleibt draußten.

WEINBERL (*für sich*) Das wär' a Glück! –

MADAME KNORR Da muß ich gleich – wär' nicht übel –! (*Geht zur Mitteltüre.*)

WEINBERL (*zu Christopherl*) Ich bin sehr gespannt auf meine Frau.

MADAME KNORR (*Frau von Fischer unter der Türe empfangend*) Nur her da, komm' in meine offenen Arme, du Verschlossene!

Siebenter Auftritt

FRAU VON FISCHER (*tritt befremdet zur Mitte ein*); DIE VORIGEN

PHILIPPINE (*zu Frau von Fischer*) Jetzt sehn Sie, daß ich kein' Spaß hab' g'macht.

MADAME KNORR Nein, es is Ernst, da steht er, dein Gemahl, der Herr von Geist –

FRAU VON FISCHER Mein Gemahl –? Und er hat dir selbst gesagt –?

MADAME KNORR Daß du seit drei Tagen die Seinige bist – jetzt nutzt keine Verstellung mehr. – (*Zu Philippine.*) Philippine, lassen Sie g'schwind Kaffee machen und dann soll – (*gibt ihr leise mehrere Aufträge.*)

(*Frau von Fischer betrachtet Weinberl scharf. Weinberl zieht sich verlegen immer mehr links zur Seite.*)

FRAU VON FISCHER (*nach einer Pause vortretend, für sich*) Das ist entweder eine exzentrische Art, den Anbeter machen zu wollen, oder der Mensch erlaubt sich einen Scherz mit mir; im ersten Fall verdient die Sache nähere Erwägung, im zweiten Fall verdient die Keckheit Strafe; in jedem Fall aber muß ich ins klare kommen, und das kann ich am besten, wenn ich in seine Idee einzugehen scheine, vor meiner Freundin seine Frau spiele und die Gelegenheit abwarte, ihn in die Enge zu treiben.

PHILIPPINE (*zu Madame Knorr*) Schon recht, Madame! – (*Geht zur Mitte ab.*)

MADAME KNORR (*zu Frau von Fischer*) Und jetzt zu dir, du garstige Freundin –

WEINBERL (*leise zu Christopherl*) Die garstige Freundin ist eigentlich sehr sauber.

CHRISTOPHERL (*leise zu Weinberl*) Was nützt das, wir kommen doch in eine wilde G'schicht'. –

MADAME KNORR (*zu Frau von Fischer*) Wie hast du das übers Herz bringen können, zu heiraten, ohne daß ich was weiß? –

FRAU VON FISCHER Es war ein Grund – den dir mein lieber Mann sagen wird.

WEINBERL (*verblüfft für sich*) Sie sagt »lieber Mann« – sie tut richtig so –

MADAME KNORR Nun, Herr von Geist?

WEINBERL (*verlegen*) O, den Grund, den kann Ihnen meine liebe Frau ebensogut sagen.

FRAU VON FISCHER Nein, lieber Mann, sag' du es nur.

WEINBERL (*wie oben*) Ah, geh, liebe Frau, sag' du's!

FRAU VON FISCHER Es war eine Laune von meinem lieben Mann –

WEINBERL (*sich mehr und mehr fassend*) Und zugleich auch eine Laune von meiner lieben Frau –

Sauber: hübsch.

MADAME KNORR Es is aber unerklärbar –

WEINBERL Daß zwei Leut' wie wir bei Laune sind, das is gar nicht unerklärbar.

MADAME KNORR Die Bekanntschaft muß aber doch schon viel länger –

FRAU VON FISCHER Ach, das nicht, wir kennen uns erst sehr kurze Zeit.

WEINBERL Unglaublich kurz! Die G'schicht' war so über Hals und Kopf.

CHRISTOPHERL (*leise zu Weinberl*) Jawohl is s' uns über 'n Hals kommen, den Kopf aber heißt's jetzt aus der Schlinge ziehn.

MADAME KNORR Da kann man sehen, die Ehen werden im Himmel geschlossen.

WEINBERL Richtig bemerkt, im Himmel werden s' g'schlossen, darum erfordert dieser Stand auch meistens eine überirdische Geduld.

FRAU VON FISCHER Sehr unrichtig bemerkt, denn du hast dich hoffentlich nicht über mich zu beklagen.

WEINBERL O nein! –

FRAU VON FISCHER Hab' ich dir schon ein einziges Mal widersprochen?

WEINBERL Nein, das is wahr.

FRAU VON FISCHER (*mit Beziehung*) Suche ich nicht in deine Ideen einzugehn – selbst wenn ich keinen stichhaltigen Grund herausfinde?

WEINBERL Das ist auch wahr! –

CHRISTOPHERL (*leise zu Weinberl*) Das is a feine Kundschaft, fahr'n wir ab!

WEINBERL (*zu Frau von Fischer*) Weil du mir nie widersprichst, so wirst du auch nix dagegen haben, wenn ich dich jetzt bei deiner Freundin lass' und meinen Geschäften nachgehe.

FRAU VON FISCHER O, da würd' ich sehr viel dagegen haben. Du hast für heute kein Geschäft mehr, als für unser Vergnügen zu sorgen! Zum ersten Male muß es jetzt nach meinem Willen gehen.

WEINBERL Aber ich muß –

FRAU VON FISCHER (*imponierend*) Für diesmal unbedingt den Befehlen der Frau gehorchen!

WEINBERL (*verblüfft*) Ja, ja, gehorchen, sag' nur, was du eigentlich schaffst?

CHRISTOPHERL (*leise zu Weinberl*) Aber was treiben S' denn?

WEINBERL (*leise zu Christopherl*) Ich trau' mich nicht zu widersprechen.

CHRISTOPHERL (*wie zuvor*) Zwei Minuten stellen S' jetzt ein' Ehmann vor und sind schon Simandl, Sie haben eine großartige Anlag'.

MADAME KNORR (*welche leise mit Frau von Fischer gesprochen*) Scharmant, dort fahren wir hin, der Garten is prächtig, die Bedienung ist einzig –

FRAU VON FISCHER Mein Mann soll uns dort traktieren.

MADAME KNORR Da hinaus eine Partie zu machen, das ist eine Idee von dir, die wirklich einen Kuß verdient, den dir dein Mann auch allsogleich –

WEINBERL (*zu Madame Knorr*) Glauben Sie? Ja, ich bin der Mann, der niemandem sein Verdienst abstreiten will. Wenn Sie also der Meinung sind, daß sie ein' Kuß verdient –

MADAME KNORR Ohne weiteres! (*Zu Frau von Fischer.*) Nur keine Umständ' g'macht vor einer Freundin!

WEINBERL So geh, Gemahlin! (*Küßt Frau von Fischer, welche verlegen zögert.*)

MADAME KNORR So seh' ich's gern von junge Eheleut'.

WEINBERL (*für sich*) Das is ein Götterweib. (*Zu Frau von Fischer.*) Gemahlin, wenn du recht bald wieder eine Idee hast, die einen Kuß verdient, so gibt ich dir gleich ein paar à conto auf deine nächsten Ideen.

MADAME KNORR Ein Schalerl Kaffee müssen wir aber noch trinken, eh' wir ausfahren. Der Herr Cousin kann gleich um ein Wagen gehen, und Sie (*zu Weinberl*) spazieren indessen (*nach rechts zeigend*) in mein Zimmer hinein, ich muß Ihrer Frau im Atelier draußen eine neue Form von Hauberln zeig'n, von Hauberln –! Wir werden Ihnen nicht zu lang warten lassen, Sie verliebter Gemahl, Sie. (*Geht mit Frau von Fischer und Christopherl durch die Mitte ab.*)

Achter Auftritt

WEINBERL

WEINBERL Ich muß sagen, ich und die Meinige, wir leben sehr gut miteinand'. Es rentiert sich kurios, wenn man a verfluchter Kerl is. – Den Wagen wird wohl die Madame Knorr zah-

Simandl: Pantoffelheld.

len – ah, freilich, sie hat ja drum g'schickt. Übrigens, daß ich jetzt da so aus dem Stegreif einen Gemahl vorstell', das is a verruckte Idee! – Macht nix, ich bin ja nicht der einzige, es gibt mehr Leut', die verruckte Ideen haben.

1.

A Mann führt sein' Frau 's ganze Jahr nirgends hin,
Unterhalt't sich auf andre Art, ganz nach sein' Sinn,
Prätendiert aber, wenn er geht, soll s' freundlich sein,
Weil s' ihm sonst den Humor verdirbt im vorhinein,
Wenn er heimkommt, soll s' lächeln, recht heiter und mild,
Er wird Flegel, sobald sie sich unglücklich fühlt,
Sie soll höchst zufrieden sein in dieser Eh':
Das is a verruckte Idee!

2.

Ein' eitle Mama hat a Tochter wie a Perl',
Der Tochter ihr Amant ist a pfiffiger Kerl.
So wie 'n Haushund der Dieb mit Savlati bestidit,
Wer'n von ihm an d' Mama a paar Flatusen gericht't,
Und d' Alte is selig, die Aug'n tun ihr funkeln,
»Ach Gott«, denkt s', »ich tu' meine Tochter verdunkeln,
Für mich tut sein Herz nur schlagen unterm Gilet«:
Das is a verruckte Idee!

3.

»Den Herrn seh' ich täglich zu Ihrer Frau gehn!«
Ja wissen S', das macht nix, es is ihr Cousin.« –
»In der Dämmrung, da sieht man s' oft beieinand' stehn!« –
»Was schad't denn die Dämmrung, 's is ja ihr Cousin!« –
»Sie tut ihm die Hand drucken und tut ihm schön.« –
»Warum soll s' ihn nit drucken, 's ja ihr Cousin!
Wär er *nit* ihr Cousin, ließ' ich ihr 'n g'wiß nit in d' Näh'«:
Das is a verruckte Idee!

4.

's is jetzt fast Auszeichnung, wenn man sagen kann dahier:
»Mein Sohn is zwölf Jahr' und spielt gar nicht Klavier!«
Wer nicht ferm Doktor-Faust-Stückeln jetzt machen kann,
Sondern nur Virtuos is, den hört man kaum an,
Und doch liest man »Klavierkonzert« fast alle Tag'

Savlati: Zervelatwurst.
Flatusen: Schmeicheleien (fz. *flatterie*).
ferm: fest, fest, schneidig (von fz. *ferme*).

An allen Ecken, aber im Preis geben s' dem Liszt nit viel nach,
Drei Gulden Münz' für ein'n Sperrsitz, zwei Gulden Entree:
Das is a verruckte Idee!

5.

's hat einer ein'n kleinen Gehalt, kommt nicht draus,
Verliebt sich romantisch und rechnet sich's aus:
Als a Lediger kommt mich 's Kaffeehaus hoch,
Da kommt mich ja d' Frau etwas billiger noch!
Denn 's Kinderernähren, meint er, wird sich schon finden.
Das Rechnungsexempel is schön g'fehlt vorn und hinten,
A Familie und sechshundert Gulden W. W.:
Das is a verruckte Idee!

(*In die Seitentüre rechts ab.*)

Verwandlung

Eleganter Gartensalon in einem Gasthausetablissement außer der Stadt. Im Prospekt ist ein großes Fenster, links eine große Glastüre, beide nehmen beinahe den ganzen Prospekt ein, so daß man durch selbe die Aussicht in den Garten hat, wo man an mehreren Tischen Gäste sitzen sieht. Von außen, ganz nahe an dem Fenster am Prospekte, sieht man einen geschlossenen Wagen stehen, dessen Pferde in der Kulisse angenommen werden. Im Gartensalon rechts und links ein Tisch und Stühle, links ein Fenster

Neunter Auftritt

ZANGLER, MELCHIOR

ZANGLER (*erzürnt in den Salon mit Melchior eintretend*) Das also hier is der Ort? –

MELCHIOR Wenn Euer Gnaden recht verstanden hab'n, was der Herr dem Kutscher zug'ruft hat –

ZANGLER Ob ich ihn verstanden hab'! Es war grad in dem Moment, wie er 's Wagentürl zug'schlagen hat, ich schrei': »Halt!« –

MELCHIOR Aber man war nicht so dumm, Ihnen zu gehorchen.

ZANGLER Ich stürz' in mein Gasthaus –

MELCHIOR Ich stürz' Ihnen entgegen, und nach kurzer Erklärung stürzen wir all' zwei fort, stürzen in ein' Wagen, und wenn

W. W.: Wiener Währung.

der Wagen *auch* g'stürzt wär', wären wir noch nicht da. Jetzt denken Euer Gnaden, wenn Sie mich nicht hätten – –

ZANGLER So wär' ein anderer mit mir heraus.

MELCHIOR Es ist ein wahres Glück, daß Euer Gnaden mich haben.

ZANGLER Das Frauenzimmer war offenbar sie.

MELCHIOR Und der Mann war offenbar er.

ZANGLER Durchgehen!

MELCHIOR Das is klassisch!

ZANGLER Schändlich is es, aber ich will ihr zeigen –

MELCHIOR Wenn eine Mündel so den Mündelgehorsam verletzt, wenn eine Nichte so die nichtigen Pflichten vergißt, da muß man –

ZANGLER Da muß man nicht viel reden, sondern schaun, daß man sie kriegt.

MELCHIOR Nur kein Aufsehen! Es is ein wahres Glück, daß Euer Gnaden mich haben.

ZANGLER Meine Mündel will ich haben, Tölpel!

MELCHIOR Gut, aber was täten Euer Gnaden, wenn Sie mich nicht hätten?

ZANGLER Einen G'scheiteren tät' ich schicken, daß er augenblicklich jeden Saal, jedes Salettel, jeden Salon, jede Salaterie durchsucht und mir die Überzeugung bringt, daß sie da sind.

MELCHIOR Aber nur kein Aufsehen! Wir müssen zuerst –

ZANGLER (*den Wagen vor dem Salonfester erblickend*) Ha, das is der Wagen – jetzt haben wir s', sie sind da!

MELCHIOR Das is klassisch! 's ist ein wahres Glück, daß Euer Gnaden mich haben.

ZANGLER (*ruft*) He, Kutscher! He! (*Will ab.*)

MELCHIOR (*ihn zurückhaltend*) Schreien Sie nit so – bleib'n Sie!

ZANGLER Lass' Er mich, oder ich schlag' mein spanisches Rohr an Ihm ab!

MELCHIOR Vermeiden Sie das Aufsehen! Sie entkommen uns ja nicht. Die Pferd' nehmen hier Erfrischungen zu sich, das dauert a Weil'.

ZANGLER (*ruft noch lauter*) He, Kutscher! He!

KUTSCHER (*von außen*) Was schaffen S'?

MELCHIOR Na sehn S', er kommt schon, es is ein wahres Glück, daß Euer Gnaden mich –

Salettel: Gartenhäuschen.

ZANGLER (*grimmig*) Halt' Er 's Maul oder –

MELCHIOR Kein Aufsehen! –

Zehnter Auftritt

KUTSCHER; DIE VORIGEN

KUTSCHER (*tritt ein*) Euer Gnad'n!

ZANGLER Geh' Er her!

KUTSCHER Ich hab' schon a Fuhr.

ZANGLER Eben deine Fuhr will ich –

KUTSCHER Sein denn Euer Gnaden a Kutscher?

ZANGLER Er versteht mich nicht –

MELCHIOR (*zu Zangler*) So reden S' ordentlich mit ihm; ich seh' schon, da hab'n Euer Gnaden kein' Begriff –

ZANGLER Du hast einen Herrn und ein Frauenzimmer geführt?

KUTSCHER Ja, die sitzen im Garten.

ZANGLER Und weißt du, in welcher Absicht dieser Herr und dieses –

KUTSCHER Was geht denn das mich an!

MELCHIOR Wenn a Kutscher in das eingehen wollt'! Ah, da hab'n Euer Gnaden kein' Begriff –

ZANGLER (*zum Kutscher*) Weißt du, Helfershelfer, daß du kriminalistisch bist?

KUTSCHER Lassen S' Ihnen nit auslachen!

MELCHIOR (*zu Zangler*) Sehn S', jetzt lacht er Ihnen aus, Euer Gnaden hab'n keinen Begriff –

ZANGLER (*zum Kutscher*) Hier hat Er zehn Gulden.

MELCHIOR Der Kutscher wird jetzt gleich ein' Begriff krieg'n.

KUTSCHER Euer Exzellenz!

ZANGLER (*zum Kutscher*) Er führt diese zwei Leut', wenn sie wieder einsteigen, nicht wohin *sie* wollen, sondern wohin *ich* Ihm sagen werde.

KUTSCHER Wenn s' mich aber nachher verklag'n?

ZANGLER (*ihm einen Zettel gebend*) Das is die Adress' von meiner Schwägerin, da führst du sie hin, und um dir zu zeigen, daß die Sache im Wege Rechtens vor sich geht, geh' ich jetzt zum Wachter, der muß hint' aufstehen und Gewalt brauchen, wenn sie nicht gutwillig in das Haus wollen, wo ich sie hinbringen lass'. Dem Wachter werd' ich schon erklären –

MELCHIOR (*mit Beziehung auf das Trinkgeld*) O, der Wachter begreift ebenso wie der Kutscher.

ZANGLER (*zum Kutscher*) Bleib' Er jetzt beim Wagen. Er muß jeden Augenblick in Bereitschaft sein.

KUTSCHER Euer Gnaden können sich verlassen. (*Ab.*)

ZANGLER (*grimmig*) Ich fahre dann nach, und hab' ich den kecken Burschen im Haus meiner Schwägerin, dann lass' ich ihn durch einen Herrn Kommissarius ohne Aufsehen –

MELCHIOR Das is ja das, was ich immer sag': ohne Aufsehen! Sehn Euer Gnaden jetzt ein, was das für ein Glück is, daß Sie mich haben?

ZANGLER (*wie zuvor*) Unerträglicher Kerl, ich zerreiß' Ihn!

MELCHIOR Gehn S', Sie machen schon wieder ein Aufsehn.

ZANGLER Schad', daß ich mich ärger', denn Er ist so dumm, so –

MELCHIOR Da haben Sie gar keinen Begriff, wenn Sie sagen –

ZANGLER Daß Er ein Stockfisch ist, den ich zum Teufel jag', wie wir nach Hause kommen, das sag' ich. (*Geht wütend ab.*)

Elfter Auftritt

MELCHIOR, *dann* SONDERS *und* MARIE

MELCHIOR (*allein*) Der wird es nie einsehn, mit dem Mann plag' ich mich umsonst. Er halt't mich partout für einen Stockfisch, und man glaubt gar nicht, was das is, wenn man einmal auf ein' Menschen einen Verdacht hat. – Ich könnt' mich aber doch durch was in Respekt setzen bei ihm: wenn ich die Liebenden, die ich in meinem Leben nicht g'sehen hab', entdecket, ihre Gespräche und Pläne belauschet und so – da kommen zwei –! (*In den Garten hinaussehend.*) Er red't in sie hinein, sie seufzt aus sich selbst heraus – das sind Liebende, jetzt fragt's sich nur, ob es die unsrigen sind, ob's die sind, die wir suchen? (*Zieht sich rechts gegen das Fenster zurück.*)

SONDERS (*mit Marie zur Glastüre eintretend*) Sei doch nicht so ängstlich, liebe Marie!

MARIE (*trägt einen Burnus und Hut mit Schleier*) Ach Gott, die vielen Leut' –

SONDERS Kennen uns nicht, wir sind hier beide fremd.

MARIE Ich glaub', jeder Mensch sieht mir's im G'sicht an –

MELCHIOR (*für sich*) Das is klassisch.

MARIE Und bei jedem Schritt glaub' ich, der Vormund steht vor mir.

MELCHIOR (*für sich*) Sie hat einen Vormund, die sind's schon!

SONDERS Hier ist der Sammelplatz der eleganten Welt, gerade hier sind wir sicher, so einem Spießbürger, wie er ist, nicht zu begegnen.

MARIE Ach, August, wozu hast du mich verleitet?! Und ich hab' dir doch immer gesagt, es schickt sich nicht.

MELCHIOR (*für sich*) Das is klassisch.

SONDERS Mache dir deshalb keine Vorwürfe, dein Vormund ist ein Tyrann.

MELCHIOR (*für sich*) Was? Auf die Art sind die's doch nicht. – Unserer ihr Vormund is a G'würzkramer und der ihrer is a Tyrann. Das sind Liebende, die uns gar nix angehen.

SONDERS Er selbst hat uns gezwungen zu diesem Schritt.

MELCHIOR (*für sich*) Die sind dazu gezwungen worden, und die unsrigen sein freiwillig fort, ja, das sind ganz andere Verhältnisse.

MARIE Du wirst sehen, August, mir geht's im Geist vor –

SONDERS Beruhige dich, liebes Mädchen, wir haben nichts zu befürchten.

MELCHIOR (*für sich*) Die haben nichts zu befürchten, und die unsrigen haben sehr viel zu befürchten – wie gesagt, das sind hier ganz andere Verhältnisse.

MARIE Daß ich aber mit dir in der Welt herumlauf', das schickt sich nicht.

MELCHIOR (*für sich*) Das is klassisch.

SONDERS Dafür ist gesorgt, ich erwarte hier nur die Antwort von einem Freunde, dessen Schloß zwei Stunden von hier gelegen; bei seiner Gattin findest du ein freundliches Asyl, bis ich, nach Beseitigung aller Hindernisse, dich als Gattin in die Arme meiner Tante führe.

MELCHIOR (*für sich*) Die gehen zu einer Tant', und die unsrigen kommen von ein' Onkel – na, ja, das sind ja ganz andere Verhältnisse.

SONDERS (*Melchior bemerkend*) Wer spricht hier?

MELCHIOR Nein, nein, sind Sie ruhig – Ihnen tun wir nix.

SONDERS Er hat uns behorcht!

MELCHIOR Kein Gedanken!

SONDERS Was will Er also hier?

MELCHIOR Sie müssen wissen, sowohl Sie als das Fräulein müssen wissen, ich bin da mit mein' Herrn!

SONDERS Was geht das uns an?

MELCHIOR Na ja, wenn Sie *die* wären, *die* – dann ging's Ihnen wohl sehr viel an, aber wie gesagt, bei Ihnen sind es ganz andere Verhältnisse. –

SONDERS Ich glaube, Er ist betrunken.

Zwölfter Auftritt

EIN KELLNER; DIE VORIGEN

KELLNER Die Schokolade ist serviert.

SONDERS Wo hast du für uns gedeckt?

KELLNER Wo Euer Gnaden früher gesessen sind, in der Laube.

SONDERS Komm, liebe Marie!

MARIE Ach, August, es schickt sich nicht. (*Beide ab, der Kellner folgt.*)

Dreizehnter Auftritt

MELCHIOR

MELCHIOR (*allein*) Die sagt immer: »Es schickt sich nicht«, geht aber doch wieder in die Laube, das is klassisch! (*Ab.*)

Vierzehnter Auftritt

MADAME KNORR, FRAU VON FISCHER, WEINBERL, CHRISTOPHERL

(*Frau von Fischer, von Weinberl, Madame Knorr, von Christopherl geführt, treten ein; Frau von Fischer trägt Hut und Burnus von derselben Farbe, wie Marie hatte.*)

FRAU VON FISCHER (*zu Weinberl*) Ich begreife nicht, mein Lieber, was dir eingefallen ist, daß du den Wag'n fortfahren ließest?

MADAME KNORR Hier bekommen wir ja wieder Wägen, soviel wir wollen.

CHRISTOPHERL O ja, wenn man kein Geld anschaut.

WEINBERL (*leise zu Christopherl*) Ich werd' sehr bald kein Geld anschauen, denn ich werd' gleich keins mehr haben. (*Laut zu

Frau von Fischer.) Weißt du, Liebe, ich hab' geglaubt, es ist angenehmer, wenn wir zu Fuß nach Hause gehen.

FRAU VON FISCHER Zu Fuß?

MADAME KNORR Aha, im Mondenschein mit dir dahinschlendern und schwärmen hat er wollen.

WEINBERL Ja, schlendern und schwärmen.

CHRISTOPHERL (*zu Madame Knorr*) Und wir hätten auch das Unsrige geschwärmt.

MADAME KNORR O, Sie schlimmer Cousin!

WEINBERL Ja, ja, gehen wir zu Fuß, das is so schwärmerisch – (*beiseite*) und so billig!

FRAU VON FISCHER Warum nicht gar, der Abend ist kühl, willst du mich morgen krank wissen?

MADAME KNORR In der Hinsicht soll man wohl nicht sparen. Eine Krankheit kommt höher als zehn Fiaker.

WEINBERL (*für sich*) Mich kommt wieder ein Fiaker höher, als wenns' morgen zehn Krankheiten kriegt.

FRAU VON FISCHER (*zu Weinberl*) Ohne Widerrede, wir fahren.

MADAME KNORR (*zu Frau von Fischer*) War das aber ein guter Rat von mir, daß ich g'sagt hab', du sollst um den Mantel nach Haus schicken.

FRAU VON FISCHER Jawohl, aber hier will ich doch ablegen. (*Geht zu einem am Fenster stehenden Stuhl und legt den Burnus ab, wobei ihr Madame Knorr behilflich ist.*)

WEINBERL (*im Vordergrund zu Christopherl*) Christoph, Sie haben doch etwas Geld bei sich?

CHRISTOPHERL Nein, gar keins.

WEINBERL Sie sind ein – auf Ehr', wenn Sie nicht schon Kommis wären, jetzt beutlet ich Ihnen, daß –

CHRISTOPHERL Und wenn S' mich noch so beuteln, so fallt kein Kreuzer heraus! Ich hab' mich auf Ihnen verlassen, wie viel haben S' denn?

WEINBERL Ich hab' mir von z' Haus zehn Gulden mitg'nommen.

CHRISTOPHERL Und mit zehn Gulden hab'n Sie wollen ein verfluchter Kerl sein?

WEINBERL Hab' ich das ahnen können, wie ich in der Fruh' so ledig aus'gangen bin, daß ich gegen Abend a Frau hab'? Sonst sagt man: 's Unglück kommt über Nacht, mir is es über Mittag kommen! – Und daß ich alles zahlen muß, hab' ich mir auch nicht denkt – jetzt hab' ich grad noch zwei Gulden.

CHRISTOPHERL Und jetzt brauchen wir a Jausen auf vier Person', Wagen nach Haus und unser' Ruckreis' –

WEINBERL Da schaut offenbar a Krida heraus.

FRAU VON FISCHER (*mit Madame Knorr vorkommend*) Nun, lieber Mann, du vergißt ja, den Kellner zu rufen?

WEINBERL Nein, ich hab' grad drauf denkt. – (*Zögernd.*) Du glaubst also wirklich, daß wir hier jausnen sollen?

FRAU VON FISCHER Was sonst?

WEINBERL (*verlegen*) Nein, nein, sonst nix – (*Beiseite.*) Mir is das z'viel!

FRAU VON FISCHER So rufe doch –

WEINBERL (*mit unsicherer Stimme*) He, Kellner!

FRAU VON FISCHER So wird dich niemand hören.

WEINBERL Ich hab' so was Erschöpftes in mir – gar nicht das rechte Organ, ein' Kellner zu rufen. (*Ruft wie früher.*) He, Kellner!

CHRISTOPHERL (*laut*) Kellner!

FRAU VON FISCHER (*zu Madame Knorr*) Mein Mann macht sich öfters den Spaß, den Knickrigen zu spielen, die Jause soll dich vom Gegenteil überzeugen. (*Für sich.*) Ich glaube, der Mensch wollte mich zum besten halten, das soll er mir büßen.

Fünfzehnter Auftritt

KELLNER; DIE VORIGEN

KELLNER Was schaffen Euer Gnaden?

WEINBERL Sie sind der Kellner? Haben Sie die Gewogenheit, nehmen Sie es nicht ungütig, daß wir Sie hieher bemühen –

KELLNER Euer Gnaden scherzen –

WEINBERL O nein, warum soll ich Ihnen nicht mit Achtung behandeln –

CHRISTOPHERL (*leise zu Weinberl*) Was treiben S' denn?

KELLNER (*zu Weinberl*) Bitte, Euer Gnaden, so zart geht kein Gast mit ein' Kellner um.

WEINBERL O, ich bitte –! (*Leise zu Christopherl.*) Jetzt hab' ich doch Hoffnung, daß er mit mir auch zart umgehen wird, wenn es zum Äußersten kommt.

FRAU VON FISCHER (*welche indes mit Madame Knorr gesprochen*): Nun, was ist denn angeschafft worden?

KELLNER Bis jetzt noch nichts.

WEINBERL Wir deliberieren grad, ich glaube, zwei Schalen Kaffee –

FRAU VON FISCHER Kaffee haben wir ja schon bei meiner Freundin getrunken. Du mußt eine Jause bestellen, die gleich als Souper dienen kann.

WEINBERL Aha –! (*Zum Kellner.*) So bringen Sie uns Butter und Rettig und drei Seitel Bier, zwei für uns und eins für die Damen. (*Für sich.*) Das kommt billig.

FRAU VON FISCHER Was wär' das? Du willst uns so ordinär –?

MADAME KNORR Ich trinke nie Bier –

WEINBERL (*zum Kellner*) Also nur für uns Bier, für die Damen Wasser. (*Für sich.*) Das is noch billiger.

FRAU VON FISCHER Aber, Mann!?

MADAME KNORR Ich darf nicht kalt soupier'n.

WEINBERL Also was Warmes? (*Zum Kellner.*) Haben Sie kein Beuschl?

CHRISTOPHERL Oder ein halbes Gulasch?

KELLNER Das möcht' ich nicht raten, es ist schlecht.

WEINBERL (*für sich*) Das wär' eigentlich gut, da esseten s' nicht viel. –

FRAU VON FISCHER (*ernst zu Weinberl*) Mann, jetzt sag' ich dir zum letztenmal –

WEINBERL (*mit Resignation zum Kellner*) Also bringen Sie zwei Schnitzel, für uns Bier und für die Damen ein Seitel Achter. (*Für sich.*) Die zwei Gulden sind überschritten–die Krida geht an.

FRAU VON FISCHER (*zu Madame Knorr*) Heut' hat mein Mann wieder seinen närrischen Tag. (*Zu Weinberl.*) Herr Gemahl, jetzt hab' ich's satt!

WEINBERL (*für sich*) Das wär' ein Glück –

FRAU VON FISCHER So schafft man nicht an, wenn man Damen ausführt. Kellner, Sie bestellen uns ein' Fasan –

KELLNER Den Augenblick kommt einer vom Spieß.

FRAU VON FISCHER Dazu Kompott, dann Torte und sonstiges Dessert, zuerst Rheinwein, am Schluß Champagner.

KELLNER Sehr wohl, Euer Gnaden. (*Ruft, indem er abgeht.*) Anton, vier Gedeck' im Salon. (*Ab.*)

Seitel: ca. ein Drittel-Liter.
Beuschl: Lunge (In Wien eine der billigsten Fleischspeisen).
Achter: Wein für acht Kreuzer, ein ganz billiger Wein.

Sechzehnter Auftritt

DIE VORIGEN *ohne* KELLNER

FRAU VON FISCHER (*zu Madame Knorr*) Nun, hab' ich deinen Gusto getroffen?

MADAME KNORR 's ist aber zu viel.

CHRISTOPHERL (*zu Weinberl*) Wie g'schieht Ihnen denn?

WEINBERL Mir g'schieht gar nicht mehr, ich bin stumpf.

CHRISTOPHERL Und ich bin scharf aufs Abfahr'n bedacht.

WEINBERL (*von dieser Idee ergriffen*) Abfahren? – Sie haben recht, Krida ist da, also verschwinden – das kommt im Merkantilischen häufig vor!

CHRISTOPHERL Der Kellner soll sich dann mit der Zech' an die Frauen halten.

WEINBERL Recht so, wir lassen alles auf die Frauen schreiben, das is wieder merkantilisch.

CHRISTOPHERL Warum stürzen s' uns so in Depensen, diese Weiber!

WEINBERL Das sind ja Verschwenderinnen, reine Gourmaninnen.

CHRISTOPHERL Aber nur kein' Verlegenheit g'spür'n lassen und Cour gemacht aus Leibeskräften!

(*Zweiter Kellner kommt und deckt den Tisch rechts, rückt ihn aber vorher etwas gegen die Mitte der Bühne.*)

WEINBERL (*zu Frau von Fischer*) Du glaubst nicht, meine Liebe, wie wohl mir jetzt ist, es ist ein Vorgefühl in mir –

MADAME KNORR Daß Sie noch viele solche frohe Tage an der Seite Ihrer Frau – das nenn' ich eine Lieb' –

CHRISTOPHERL (*zärtlich zu Madame Knorr*) Können Sie bei diesem Anblick gefühllos bleiben?

MADAME KNORR Junger Mensch, ich hab' Ihnen schon gesagt, daß ich eine Braut bin, ich lebe nur für diesen einen Mann.

CHRISTOPHERL Daß Sie für einen Mann leben, gibt Ihnen das das Recht, einen Jüngling zu töten?

MADAME KNORR Hören Sie auf, Sie sind ein schlimmer Cousin!

Siebzehnter Auftritt

KELLNER; DIE VORIGEN, *dann* MELCHIOR

KELLNER (*Fasan und Rheinwein bringend*) Wenn es Euer Gnaden gefällig ist. (*Stellt alles auf den Tisch.*)

FRAU VON FISCHER O ja! (*Zu Madame Knorr.*) Komm liebe Freundin!

WEINBERL (*zum Kellner*) Sie können auch einen wällischen Salat bringen.

CHRISTOPHERL Überhaupt, was gut und teuer ist –

WEINBERL Uns is das egal, was es kost't, Sie werden sehn, wir binden uns an keinen Preis. (*Für sich.*) Wart't's, Gourmaninnen!

KELLNER Sehr wohl, Euer Gnaden! (*Geht ab.*)

MELCHIOR (*tritt mit dem zweiten Kellner, welcher ein Gedeck trägt, ein*) Was is denn das? Ich will da für mein' Herrn aufdecken lassen und jetzt setzen sich andere herein –

WEINBERL Ich glaub', an einem öffentlichen Ort hat jeder das Recht –

MELCHIOR Ah, das is indiskret!

ZWEITER KELLNER In dem Salon hab'n ja zwanzig Personen Platz.

MELCHIOR Mein Herr will aber allein sein.

CHRISTOPHERL Dann soll er an keinen öffentlichen Ort gehn.

MELCHIOR Ah, das is indiskret! Sie können sich ja hinaus in den Garten setzen.

FRAU VON FISCHER Das kann Sein Herr auch tun.

MELCHIOR Mein Herr muß von hier aus jemand beobachten, und mit einem Wort, mein Herr wird sich nicht wegen Ihnen vieren genieren.

WEINBERL Und wir viere werden uns noch weniger wegen Sein' Herrn genieren.

MELCHIOR Ah, das is aber indiskret. Da muß mein Herr sitzen wegen der Aussicht auf die Tür. – (*Rückt den Tisch, welchen der Kellner deckte, von links gegen die Mitte ziemlich nahe an den Tisch der Gesellschaft.*)

MADAME KNORR Das gilt uns gleich.

MELCHIOR Wenn der dumme Salon nur in der Mitte eine Abteilung hätt' –

WEINBERL Na, ja, Sein Herr soll halt gleich eine Mauer aufführen lassen, wenn er wo einkehrt.

ZWEITER KELLNER Man könnte allenfalls – es zieht manchmal den Gästen zu stark, da wird dann (*auf die zwischen Fenster und Türe lehnende zusammengelegte spanische Wand zeigend*) – die spanische Wand gebraucht. Wenn man die in der Mitte aufstellt, so wäre ja die gewünschte Absonderung geschehn.

FRAU VON FISCHER Machen Sie das, wie Sie wollen! (*Zu Madame Knorr.*) Legen wir unsere Hüte ab und setzen wir uns! (*Geht mit Madame Knorr zu einem Stuhl rechts, wo sie während des Folgenden ihre Hüte ablegen.*)

CHRISTOPHERL (*zu Weinberl*) Das sieht kurios aus, das können wir uns vor den Frauen nicht antun lassen.

WEINBERL (*zu Melchior, welcher die spanische Wand aufstellen will*) Wenn Er mit der spanischen Wand nicht weitergeht, so werf' ich Ihn an die wirkliche! –

MELCHIOR Ah, das is klassisch!

WEINBERL Wir werden uns da wie die wilden Tier' in einer Menagerie absperren lassen!

MELCHIOR Na, warten S', das sag' ich meinem Herrn!

CHRISTOPHERL Was kümmert uns Sein Herr?

WEINBERL Er soll nur kommen, wir werden ihm zeigen –

MELCHIOR Da kommt er grad die Allee herauf. (*Drohend zu Weinberl und Christopherl.*) Warten S'!

WEINBERL (*hinsehend und heftig erschreckend*) Kontinent, tu dich auf! –

CHRISTOPHERL (*der ebenfalls hingesehen*) Auweh! – und verschling' uns! –

WEINBERL *und* CHRISTOPHERL (*zugleich*) Der Prinzipal!

WEINBERL (*zu Melchior*) Lieber Freund, Sie haben erst recht mit der spanischen Wand –

CHRISTOPHERL Ja, 's besser, stell'n wir s' auf.

WEINBERL Aber nur g'schwind, Kellner, helfen S'!

(*Der Kellner, Christopherl, Weinberl und Melchior stellen mit vieler Eile, wobei einer dem andern hinderlich ist, die Wand auf.*)

MELCHIOR Jetzt sehen Sie's ein und eher haben S' so G'schichten – nein, wie Sie indiskret sein!

MADAME KNORR (*zu Frau von Fischer*) Aber schau nur her, was sie da für Umständ' machen!

WEINBERL (*zu den Frauen*) Es ist, wissen Sie – es zieht hier so stark nach der Luft –

FRAU VON FISCHER Ich spüre nichts.

MADAME KNORR Wir sind ja nicht rheumatisch.

WEINBERL (*zu Christopherl*) Aber uns reißt's ungeheuer.

CHRISTOPHERL Setzen wir uns!

(*Alle vier setzen sich zu Tisch, die spanische Wand ist aufgestellt und teilt die Bühne in der Mitte ab. Der Tisch der Gesellschaft und der für Zangler bestimmte Tisch sind ziemlich nahe und nur durch die Wand getrennt.*)

Achtzehnter Auftritt

ZANGLER; DIE VORIGEN

ZANGLER (*eintretend*) Alles in Ordnung! Melchior!

MELCHIOR Euer Gnad'n?

ZANGLER Der Wachter steht schon draußen auf der Pass'. Wie meine Mündel mit ihrem Entführer in Wagen steigt, steigt der Kutscher auf den Bock und der Wachter hint' auf.

MELCHIOR Das ist klassisch!

MADAME KNORR Sehr ein gutes Kompott!

WEINBERL (*mit gedämpfter Stimme*) Ich werd' den Fasan transchieren.

CHRISTOPHERL (*ebenfalls mit gedämpfter Stimme*) Und ich werd schau'n, ob der wällische Salat noch nicht bald kommt. –

MADAME KNORR Ach ja!

ZANGLER Was is denn das mit der spanischen Wand?

MELCHIOR Da darneben sind indiskrete Leut', zwei Weibsbilder mit ihre Liebhaber, damit Euer Gnaden nicht geniert sind.

ZANGLER Gut!

(*Zweiter Kellner bringt Wein und Aufgeschnittenes, stellt es auf den Tisch. Zangler setzt sich.*)

MELCHIOR (*mit dem Finger darauf zeigend*) Das hab' ich für Euer Gnaden ang'schafft.

ZANGLER Gut!

MELCHIOR Gott, was wären Euer Gnaden ohne mich!

ZANGLER Die Zeitung! (*Für sich.*) Wer weiß, wie lang das noch dauert. –

(*Kellner bringt Zangler die Zeitung und geht ab.*)

MELCHIOR Ich werd' patrouillieren. (*Geht in den Garten hinaus.*)

Steht auf der Pass': »paßt . . . ab«, »lauert . . . auf.«

FRAU VON FISCHER Der Fasan scheint sehr gut zu sein. –

WEINBERL (*mit gedämpfter Stimme*) Die Zähigkeit abgerechnet, delikat –

MADAME KNORR Kommt der Kellner noch nicht?

CHRISTOPHERL (*mit gedämpfter Stimme*) Nein, das ist ein langsamer Kerl.

MADAME KNORR Warum reden denn die Herren so still, so heiser?

WEINBERL (*wie oben*) Die Zugluft hat das gemacht.

CHRISTOPHERL (*wie oben*) Es is ein wahres Glück, daß die Wand aufg'stellt is.

WEINBERL (*wie oben*) Ja, sonst hätt's uns die Sprach' gänzlich verschlagen.

MADAME KNORR Nein, wie die Herren jetzt heiklich sind –

MELCHIOR (*hereinlaufend*) Euer Gnad'n! Euer Gnad'n!

ZANGLER Was ist's? –

MELCHIOR Ich seh' noch nichts –

ZANGLER Dummkopf!

MELCHIOR Früher waren zwei da herin, das waren aber andere.

ZANGLER Die ich such', sitzen draußen, ich hab' sie von weitem gesehn. Geh hinaus, stell' dich in einige Entfernung vom Wagen, und wie sie fortfahren, sagst du mir's, wir fahren dann gleich nach. –

MELCHIOR Das wird klassisch! (*Geht ab in den Garten.*)

CHRISTOPHERL (*hat während der letzten Reden schnell den Burnus der Frau von Fischer umgenommen und ihren Hut aufgesetzt*) So kann ich neben unserm Alten vorbeipassier'n.

FRAU VON FISCHER (*zu Weinberl*) Du schenkst ja unserer Freundin gar nichts ein?

WEINBERL (*welcher bemerkt hat, wie Christopherl sich ankleidet, zu Frau von Fischer*) Aber, Liebe, ich kann ja nicht transchieren und einschenken zugleich.

(*Christopherl hat den hinteren Teil der spanischen Wand geöffnet und schlüpft so in die andere Hälfte der Bühne hinüber, wo Zangler sitzt, welcher, in die Zeitung vertieft, ihn nicht bemerkt.*)

ZANGLER (*in der Zeitung lesend*) »Verwegener Kleiderdiebstahl durch einen jungen Purschen.« (*Spricht.*) Nein, was man jetzt alles liest, die Halunken werden immer pfiffiger.

(*Christopherl hat sich an der Rückwand zur Glastüre hin in den Garten hinausgeschlichen.*)

MADAME KNORR Wo ist denn der Cousin hin'kommen?

WEINBERL (*Madame Knorr den Fasan offerierend*) Bitte sich zu bedienen! (*Läßt, indem er nach dem Fenster sieht, eine Gabel von der Schüssel und auf das Kleid der Frau von Fischer fallen.*)

FRAU VON FISCHER Himmel! Mein neues Kleid!

WEINBERL Pardon! Es wird nichts machen als einen fetten Fleck.

FRAU VON FISCHER Der nie mehr herausgeht.

MADAME KNORR Nur gleich mit der Serviett' reiben. (*Ist Frau von Fischer dabei behilflich.*)

(*Christopherl steigt außerhalb dem Glasfenster in Sonders' Wagen.*)

WEINBERL (*dies bemerkend, steht auf und sagt für sich, indem er sich dem Fenster nähert*) Der steigt in den Wagen, da is ein g'scheiter Einfall, der Kutscher muß uns fahren bis aufs Feld hinaus, dann geb' ich ihm einen Gulden und lass' ihn umkehren. – Wie komm' ich aber hinaus? Dort der Prinzipal, da die Frauen – Gott sei Dank, der Fleck is so fett, daß die mich nicht bemerken.

FRAU VON FISCHER Das geht nie mehr aus. –

WEINBERL (*einen raschen Entschluß fassend*) Aber was anders geht aus! – (*Steigt zum Fenster hinaus.*)

MADAME KNORR (*Weinberl bemerkend*) Freundin, da schau her, was dein Mann –

FRAU VON FISCHER (*betroffen*) Er ist aus dem Fenster gestiegen!?

MADAME KNORR Und steigt in den Wagen ein.

(*Man sieht Weinberl in den Wagen steigen.*)

FRAU VON FISCHER (*will hinausrufen*) Mein Herr –!

(*Man sieht den Wächter in Uniform hinten auf den Wagen steigen.*)

MADAME KNORR Was is das, der Ortswachter –!? Er stellt sich hinten auf –

FRAU VON FISCHER Eine Arretierung –!

(*Man hört schnalzen, der Wagen fährt ab.*)

MADAME KNORR Fort ist er!

(*Beide Frauen bleiben erschrocken an ihren Stühlen stehen indem sie starr dem abgefahrenen Wagen nachblicken.*)

MELCHIOR (*zur Glastür eintretend*) Das is klassisch! Wir haben s' schon, der Kutscher und der Wachter lassen s' nimmer aus.

ZANGLER Wir fahren gleich nach. Kellner, zahlen!

Neunzehnter Auftritt

SONDERS, MARIE; DIE VORIGEN

SONDERS (*mit Marie zur Glastüre hereintretend, ohne Zangler zu bemerken*) Kellner, zahlen! Wo stecken denn die Schlingel?

ZANGLER (*springt wütend auf*) Höllen-Element! Da sind s'!

MARIE Ach, der Vormund! – (*Wankt und sinkt Sonders in die Arme.*)
SONDERS Verdammt!
} *zugleich*

MADAME KNORR (*über Zanglers Ausruf betroffen*) Was für eine Stimm'!? –
FRAU VON FISCHER (*über den daneben entstandenen Lärm erschrocken*) Was geht da vor!? –
} *zugleich*

MELCHIOR (*zu Zangler*) Das sind ja die andern! –

ZANGLER Meine Mündel! – Der Teufel soll – (*Will vorstürzen, schiebt den Stuhl wütend zurück, so daß die spanische Wand umfällt. Die beiden Frauen springen, laut schreiend, auf die Seite.*)

ZANGLER (*indem er hinübersieht, äußerst erstaunt, als er Madame Knorr erkennt*) Meine Braut!?

MADAME KNORR (*erschrocken und verlegen*) Zangler –

MELCHIOR (*verblüfft*) Seine Braut – seine Mündel – das die Mündel, das die Braut – das is klassisch!

(*Die zwei Kellner sind hereingekommen. Allgemeine Gruppe des Erstaunens und der Verwirrung, die im Garten sitzenden Gäste haben sich lachend dem Eingang des Salons genähert – im Orchester fällt passende Musik ein.*)

Der Vorhang fällt.

Dritter Aufzug

Elegantes Zimmer im Hause des Fräuleins von Blumenblatt mit zwei Mitteltüren, rechts und links eine Seitentüre. Es ist Abend, Lichter stehen auf dem Tisch.

Erster Auftritt

LISETTE, SONDERS

SONDERS Es war also ein guter Genius, der mir den Gedanken zuflüsterte, ganz unbekannterweise das Stubenmädchen des alten Fräuleins zur Vertrauten zu wählen. Nimm einstweilen diese Börse, mehr noch wird folgen.

LISETTE Sehr verbunden! Übrigens hätte ich auch aus gutem Herzen zwei Liebende in meine Provision genommen, denn wenn es herzlose Väter, Mütter, Tanten, sogar herzlose Liebhaber in Menge gibt, von herzlosen Stubenmädln, glaub' ich, kommt kein Beispiel vor.

SONDERS Wenn nur deine Gebieterin –

LISETTE Hoffen Sie das beste! Sie ist durchaus nicht das, was man sich gewöhnlich unter dem Ausdruck »alte Jungfer« vorstellt. Wo ist aber jetzt Ihre Geliebte?

SONDERS In den Krallen ihres Vormunds, der sie mir auf eine impertinente Weise entrissen und sie vielleicht heute noch hieher bringen wird. – Doch nein, selbst bringen wird er sie kaum, der alte Narr ist, wie ich gesehen, in eine grimmige Eifersuchtsgeschichte mit seiner Braut verwickelt, hat geschworen, ihr nie mehr von der Seite zu gehen. Darum vermut' ich, er wird sein Mündel bloß in sicherer Begleitung euch übersenden.

LISETTE Sei dem, wie ihm wolle, entfernen Sie sich nicht weit vom Hause und überlegen Sie, auf welche Weise Sie sich, wenn Ihre Marie einmal hier ist, bei meiner Gebieterin introduzieren wollen.

SONDERS Ich werde mich sogleich in ein Hotel in der Nähe einlogieren und von dort aus die nötigen Erkundigungen einziehn.

LISETTE (*nach der Türe rechts horchend*) Ich glaube – ja, ja, meine Gebieterin kommt – gehen Sie jetzt!

Provision: »Vorsehung«, Obhut.

SONDERS Auf baldiges Wiedersehn, du liebes, dienstfertiges Wesen! (*Zur Mitte links ab.*)

Zweiter Auftritt

FRÄULEIN VON BLUMENBLATT, LISETTE

FRÄULEIN VON BLUMENBLATT (*aus der Seitentüre rechts kommend*) Wer war denn hier, Lisette?

LISETTE Niemand, Euer Gnaden.

FRÄULEIN VON BLUMENBLATT (*Tabak schnupfend*) Niemand? Und ich hätte darauf geschworen, es war jemand. Wie doch unser ganzes Leben aus Täuschungen besteht! So glaubte ich auch nach dem gestrigen Brief meines Schwagers, das Mädchen würde sicher heute ankommen, ich freute mich, das liebe Kind nach zehn Jahren wiederzusehen – Täuschung, nichts als Täuschung. (*Schnupft.*)

LISETTE Nun, es ist ja noch nicht so spät, wer weiß –

FRÄULEIN VON BLUMENBLATT Die Arme! Mein Schwager Zangler irrt sich, wenn er glaubt, ich werde sie mit Strenge behandeln. Sie hat ja ganz mein Schicksal: ihr Herz ist schwach, ihre Liebe stark, die Hoffnung klein, die Hindernisse groß – ganz mein Schicksal! (*Schnupft.*)

LISETTE Bei Ihrer Liebe, Euer Gnaden, war es aber doch ganz anders.

FRÄULEIN VON BLUMENBLATT Weshalb schickt man sie? Aus keinem andern Grunde, als daß sie ferne vom Gegenstand ihrer Neigung schmachten soll. Ist das nicht ganz mein Schicksal? (*Schnupft.*)

LISETTE Bei Ihnen, Euer Gnaden, ist ja, wie Sie mir erzählt, der Gegenstand Ihrer Neigung von Ihnen geflohn.

FRÄULEIN VON BLUMENBLATT Das ist wahr, aber es kam doch auf eins hinaus, wir waren getrennt, und drum will ich das Mädchen sanft und mit Nachsicht behandeln, wenn auch, wie in dem Briefe steht, ihr Liebhaber sie mit dem obstinatesten Eifer verfolgt, denn das erinnert mich ja wieder an mein Schicksal. (*Schnupft.*)

LISETTE Der Liebhaber von Ihnen, Euer Gnaden, scheint aber sehr eifrig gerade die entgegengesetzte Richtung verfolgt zu haben.

FRÄULEIN VON BLUMENBLATT Wenn auch, Verfolgung war es doch! – Wie gesagt, ganz mein Schicksal. (*Schnupft.*)

LISETTE Euer Gnaden, ich glaube – ich höre Leute im Vorzimmer – am Ende bringt man sie.

FRÄULEIN VON BLUMENBLATT Sieh doch nach!

(*Lisette will zur Mitteltüre links.*)

Dritter Auftritt

WEINBERL, CHRISTOPHERL, KUTSCHER, WACHTER; DIE VORIGEN

(*Christopherl hat von Frau Fischer den Burnus um und den Hut auf dem Kopfe.*)

WACHTER (*von außen*) Nur keine Umständ', ich weiß schon, was ich zu tun hab'! (*Öffnet die Türe und läßt Weinberl und Christopherl vor sich eintreten.*)

WEINBERL Aber erlauben Sie –

WACHTER Hier hat niemand was zu erlauben!

FRÄULEIN VON BLUMENBLATT Ausgenommen ich, drum frag' ich, was der Herr sich hier erlaubt?

WACHTER Da sind zwei Leut', die müssen dableiben.

KUTSCHER Bald hätten wir nicht herg'funden! Was wir umg'fahr'n sein!

FRÄULEIN VON BLUMENBLATT Mit Wache und in männlicher Begleitung – das kann doch nicht – Freund, das ist offenbar ein Irrtum in der Wohnung.

WEINBERL Ich sag', es is auch ein Irrtum in die Personen.

CHRISTOPHERL Ich will den Herrn Wachter nicht beleidigen, aber es scheint hier ein Rausch im Spiel zu sein.

WEINBERL Gewiß, man hält uns für ein Menschenpaar, welches wir nicht sind.

WACHTER (*zu Weinberl*) Das wird sich zeigen, in dem Briefe steht alles drin. (*Gibt Fräulein von Blumenblatt einen Brief.*)

FRÄULEIN VON BLUMENBLATT Ein Brief – (*die Adresse besehend*) an mich –? (*Erbricht den Brief und sieht nach der Unterschrift.*) Von meinem Schwager –? (*Liest still.*)

CHRISTOPHERL Na, also, jetzt wird sich alles aufklären.

WEINBERL Man wird uns freien Abzug bewilligen.

CHRISTOPHERL Auf d' Letzt' krieg'n wir noch eine Entschädigung, daß wir nach Haus fahren können.

WEINBERL Die klettenartige Anhänglichkeit der Damen, die Größe der Zech', die Nähe des Prinzipals, das waren Gefahren! Das hier is eine Kinderei, das hab' ich ja gleich g'sagt, ein wachterischer Balawatsch. (*Zum Wachter.*) Freund, Sie haben uns mit Bedeckung hieher gebracht und sich selbst eine bedeutende Blöße gegeben.

KUTSCHER (*zum Wachter*) Wann das nicht der rechte Ort is, wo krieg' ich dann meine fünf Gulden?

FRÄULEIN VON BLUMENBLATT (*nachdem sie gelesen*) Ah, jetzt bin ich im klaren.

WEINBERL Na also –

KUTSCHER (*zu Fräulein von Blumenblatt*) Euer Gnaden, ich soll fünf Gulden kriegen.

FRÄULEIN VON BLUMENBLATT Lisette, bezahle den Mann!

KUTSCHER (*zum Wachter*) Jetzt is es halt doch der rechte Ort! (*Mit Lisetten links ab.*)

WEINBERL (*zu Fräulein von Blumenblatt*) Nehmen's Euer Gnaden nicht ungütig.

CHRISTOPHERL Wir können nix davor. (*Wollen beide ab.*)

WACHTER (*ihnen entgegentretend*) Halt!

FRÄULEIN VON BLUMENBLATT (*zu Christopherl und Weinberl*) Sie bleiben, beide!

WEINBERL (*erstaunt*) Was –?!

FRÄULEIN VON BLUMENBLATT (*zu Weinberl*) Sie, mein Herr, sind eigentlich der Schuldige, doch auch das Mädchen (*auf Christopherl zeigend*) ist nicht minder strafbar.

CHRISTOPHERL (*verblüfft zu Weinberl*) Ich bin ein strafbares Mädchen?!

WEINBERL (*verblüfft zu Christopherl*) Und ich ein schuldiger Herr?

FRÄULEIN VON BLUMENBLATT (*zum Wachter*) Für das Mädchen steh' ich –

WACHTER Und für den Herrn steh' ich Schildwacht vor der Haustür auf der Stiegen draußt. (*Im Abgehen zu Weinberl.*) Gibt sich so leicht keine Blöße, der Wachter! (*Geht zur Mitteltüre links ab.*)

Balawatsch: Durcheinander, Verwirrung.

Vierter Auftritt

FRÄULEIN VON BLUMENBLATT, WEINBERL, CHRISTOPHERL

CHRISTOPHERL Euer Gnaden!

WEINBERL Wollen Euer Gnaden nicht die Gewogenheit haben –

CHRISTOPHERL Uns mitzuteilen –

WEINBERL Was eigentlich in dem Briefe steht.

FRÄULEIN VON BLUMENBLATT Das können Sie sich wohl denken, was ein Onkel schreibt, dem man die Nichte entführt.

WEINBERL Ja, warum hat der Mann nicht besser acht geben, aber ich seh' nicht ein, warum wir –

CHRISTOPHERL So ein alter Schliffl ist halt meistens sekkant, bis es einem Mädl z'viel wird.

FRÄULEIN VON BLUMENBLATT Mamsell, in welchem Tone sprechen Sie von Ihrem Onkel? Nachdem Sie sein Haus auf eine Weise verließen –

CHRISTOPHERL Ja so, ich bin also die Nichte, die durch'gangen is?

WEINBERL Und ich bin der, der dieses Frauenzimmer (*auf Christopherl deutend*) auf Abwege gebracht hat?

FRÄULEIN VON BLUMENBLATT Wollen Sie mich mit dieser Frage zum besten halten?

WEINBERL Kein Gedanke, aber wir sind einmal hier in einer Art Gefangenschaft, und da möcht' man halt doch gern wissen, warum. (*Leise zu Christopherl.*) Soll'n wir ihr sagen, wer wir sind?

CHRISTOPHERL (*leise zu Weinberl*) Das wär' riskiert, der Teufel könnt' sein Spiel hab'n, daß der Prinzipal durch die dritte Hand was erfahret. (*Laut zu Fräulein von Blumenblatt.*) Der Onkel wird wohl nicht lang ausbleiben?

FRÄULEIN VON BLUMENBLATT Er soll jeden Augenblick hier sein.

WEINBERL (*leise zu Christopherl*) So lang können wir warten.

CHRISTOPHERL (*leise zu Weinberl*) Da kommt dann die Konfusion von selbst ins reine.

WEINBERL (*zu Christopherl*) Freilich, wie dieser Onkel uns sieht, hat die G'schicht' ein End'.

FRÄULEIN VON BLUMENBLATT (*welche die letzten Worte gehört hat*) Und ich sag' Ihnen: nein, sie soll kein Ende haben! Ich kann ja nicht grausam sein, wenn ich Liebende sehe, das Bündnis Ihrer Herzen soll nicht zerrissen werden! (*Schnupft.*)

Schliffl: Grobian.

WEINBERL Es kann eigentlich nichts zerreißen, weil –

FRÄULEIN VON BLUMENBLATT Weil ich, obschon Ihr hartnäckiges Leugnen meine Güte nicht verdient, alles vermitteln und den Zorn meines Schwagers besänftigen will.

WEINBERL Also haben Sie einen Schwager, der zornig is?

FRÄULEIN VON BLUMENBLATT Wie können Sie fragen? Doch fassen Sie Mut, junger Mann!

WEINBERL Wenn Sie erlauben –

FRÄULEIN VON BLUMENBLATT Hoffen Sie, liebes Mädchen!

CHRISTOPHERL Was soll ich denn eigentlich hoffen?

FRÄULEIN VON BLUMENBLATT Das Beste! Ihr seid Flüchtlinge, euer Schicksal rührt mich, denn es ist ja ganz wie mein Schicksal. (*Schnupft.*) Auch ich hab' einst geliebt.

CHRISTOPHERL Das kann ich mir denken.

FRÄULEIN VON BLUMENBLATT Und der Mann, der mich liebte –

WEINBERL (*beiseite*) Das kann ich mir nicht denken.

FRÄULEIN VON BLUMENBLATT War auch fürs Entfliehen eingenommen wie Sie, nur mit dem Unterschied, daß er allein geflohen ist. (*Schnupft.*)

WEINBERL (*für sich*) Ah, jetzt kann ich mir's denken.

FRÄULEIN VON BLUMENBLATT Flucht war es einmal, das ist gewiß. Und wie gesagt, ich will nicht ruhen, bis ich so mit euch (*nimmt beider Hände*) vor den versöhnten Oheim hintreten, eure Hände ineinanderfügen (*tut es*) und ein glückliches Paar segnen kann. (*Macht eine segnende Attitüde.*)

WEINBERL Christopherl!

(*Christopherl kichert laut.*)

FRÄULEIN VON BLUMENBLATT (*zu Weinberl*) Was für ein Scherz? Wie können Sie in einem so ernsten Augenblick zu Ihrer Braut Christopherl sagen?

(*Christopherl platzt in lautes Gelächter aus.*)

FRÄULEIN VON BLUMENBLATT (*sehr ernst zu Christopherl*) Lachen Sie nicht, Mamsell!

Fünfter Auftritt

LISETTE, MELCHIOR; DIE VORIGEN

LISETTE (*mit Melchior zur Mitteltüre links eintretend*) Euer Gnaden, der Mensch läßt sich nicht abweisen. (*Zu Melchior, auf ihre Gebieterin zeigend.*) Hier ist das gnädige Fräulein. (*Geht zur Mitteltüre links ab.*)

MELCHIOR Das is ein Fräule? Das is klassisch.

FRÄULEIN VON BLUMENBLATT Was will Er?

MELCHIOR Mein Herr schickt mich her, ich soll der Euergnadenfräul'n sag'n –

WEINBERL (*sich der Person Melchiors besinnend*) Christopherl, das is ja –

MELCHIOR (*Weinberl und Christopherl betrachtend*) Sie sein 's? Ah, das is stark.

FRÄULEIN VON BLUMENBLATT (*zu Weinberl*) Ist Ihnen der Mensch bekannt, Herr von Sonders?

WEINBERL Das heißt, ich hab' ihn wohl g'sehen. – (*Leise zu Christopherl.*) Herr von Sonders hat s' zu mir g'sagt, wenn ich mich nicht irr' – ich kenn' ihn zwar nicht –

CHRISTOPHERL (*leise zu Weinberl*) Ich auch nicht.

WEINBERL (*leise zu Christopherl*) Aber so heißt ja der –

CHRISTOPHERL (*leise zu Weinberl*) Der unsrer Fräuler z' Haus nachsteigt –

MELCHIOR (*zu Weinberl*) Schamen Sie sich! Das is eine Aufführung!

FRÄULEIN VON BLUMENBLATT Wie kommt Er dazu, diesem Herrn ein Reperement –

MELCHIOR Weil mein Herr dem Herrn seine Zech' hat müssen zahl'n.

FRÄULEIN VON BLUMENBLATT Eine Zeche?

MELCHIOR Ja, sonst hätt' der Kellner die Damen pfänd't.

FRÄULEIN VON BLUMENBLATT Was für Damen?

MELCHIOR Nicht eigentliche Damen, sondern nur, was man so sagt. Dieser Herr – (*zu Weinberl*) schamen Sie sich! – (*zu Fräulein von Blumenblatt*) war in einem Garten mit zwei Frauenzimmern, die ich anfangs für Weibsbilder g'halten hab', wo sich's aber nachher gezeigt hat, daß es Witwen waren. (*Zu Weinberl.*) Schamen Sie sich!

FRÄULEIN VON BLUMENBLATT Wer soll aus diesem Gewäsch klug werden?

MELCHIOR (*in verächtlichem Tone zu Weinberl*) Mit Damen wohin gehen und nicht zahlen! Schamen Sie sich!

Reperement: Zurechtweisung (fz. *réprimande*).

FRÄULEIN VON BLUMENBLATT (*zu Melchior*) Werd' ich jetzt erfahren –?

MELCHIOR (*wie oben zu Weinberl*) Mit Damen und nicht zahlen, das is klassisch!

FRÄULEIN VON BLUMENBLATT (*ärgerlich zu Melchior*) Jetzt frag' ich Ihn zum letztenmal –

MELCHIOR (*wie oben zu Weinberl*) Schamen Sie sich!

FRÄULEIN VON BLUMENBLATT (*wie oben*) Wer ist Sein Herr?

MELCHIOR Der Herr von Zangler.

FRÄULEIN VON BLUMENBLATT Und kommt Sein Herr zu mir?

MELCHIOR Euergnadenfräuler, da hat er nix g'sagt.

WEINBERL (*für sich*) Gott sei Dank!

CHRISTOPHERL (*leise zu Weinberl*) Wenn er aber doch –?

FRÄULEIN VON BLUMENBLATT Was ist also eigentlich Seine Sendung?

MELCHIOR Der Herr von Zangler laßt Ihnen sagen, er hat Ihnen da zwei Leut' g'schickt –

WEINBERL *und* CHRISTOPHERL (*erschrocken*) Der Prinzipal hat uns –?

MELCHIOR Er hat nämlich den (*auf Weinberl zeigend*) für 'n Herrn von Sonders und diese (*auf Christopherl zeigend*) für seine durchgegangene Mündel gehalten; sie sein's aber nicht, drum soll'n s' die Euergnadenfräuler fortlassen.

WEINBERL *und* CHRISTOPHERL Das is g'scheit!

FRÄULEIN VON BLUMENBLATT Wie? Das ist ja das Gegenteil von dem, was in dem soeben erhaltenen Briefe steht. (*Zu Weinberl und Christopherl.*) Ich lasse Sie nicht fort.

CHRISTOPHERL Was?

FRÄULEIN VON BLUMENBLATT Dieser Mensch da scheint mir unter der Maske der Dummheit einen schlauen Plan zu verbergen; scheint mit Ihnen einverstanden, Sie von hier fortzubringen. Draus wird aber nichts, Vermittlerin will ich sein, aber –

MELCHIOR Aber, Euergnadenfräul'n, das is ja der, der sich schamen soll –

CHRISTOPHERL Wenn der Alte selbst sagen laßt –

FRÄULEIN VON BLUMENBLATT Zum letzten Male, Marie, schweigen Sie!

Sechster Auftritt

LISETTE; DIE VORIGEN

LISETTE (*zur Mitteltüre eintretend*) Euer Gnaden, es is ein Herr Weinberl draußen.

WEINBERL Was, draußt is ein Weinberl?

FRÄULEIN VON BLUMENBLATT Und was will der Mensch?

LISETTE Der Mensch kommt von Herrn von Zangler.

MELCHIOR Ich komme von Herrn von Zangler. Das is ja Widerspruch!

FRÄULEIN VON BLUMENBLATT (*zu Lisetten*) Mein Schwager also hat mir den Menschen geschickt?

MELCHIOR (*zu Fräulein von Blumenblatt*) Der Schwager hat *mich* geschickt, und die sagt, er hat einen Menschen geschickt, das ist ja Widerspruch!

LISETTE Euer Gnaden möchten ihm Zutritt in Ihrem Hause gestatten, denn sein Auftrag ist, das Benehmen des Fräulein Zangler (*auf Christopherl zeigend*) zu beobachten und darüber Herrn von Zangler zu rapportieren.

FRÄULEIN VON BLUMENBLATT (*sich besinnend*) Weinberl –? Ach, jetzt erinnere ich mich, das ist ja sein Kommis, den er mir oft als ein Muster von Solidität gerühmt, auf den er sich verlassen kann wie auf sich selbst – o, nur herein, er ist mir willkommen.

(*Lisette geht zur Mitteltüre links ab.*)

WEINBERL (*zu Christopherl*) Jetzt kommt's auf, wie solid ich bin; aber auf den Weinberl bin ich begierig.

MELCHIOR Das sind ja aber lauter Widersprüche!

FRÄULEIN VON BLUMENBLATT (*böse zu Melchior*) Kein Wort mehr! (*Zu Weinberl.*) Für meine Vermittlungspläne ist es mir lieber, daß der Herr Weinberl kommt, als wenn Schwager Zangler selbst gekommen wäre.

WEINBERL Das wär' auf alle Fäll' das Unangenehmste gewesen.

Siebenter Auftritt

SONDERS, LISETTE; DIE VORIGEN

SONDERS (*von Lisetten hereingeführt, zu Fräulein von Blumenblatt*) Gnädiges Fräulein –

FRÄULEIN VON BLUMENBLATT (*zu Sonders*) Ich bin sehr erfreut, Ihre persönliche Bekanntschaft – (*präsentiert dem Weinberl, den sie für Sonders hält, diesen als Herrn Weinberl, und dem wirklichen Sonders, den sie für Weinberl hält, den Weinberl als Herrn von Sonders, folglich verkehrt.*) Hier Herr Weinberl, hier Herr von Sonders – doch die Herren kennen sich wohl?

(*Sonders und Weinberl machen sich gegenseitig sehr befremdet das Kompliment.*)

SONDERS Ich hab' nicht die Ehre, *den* Herrn von Sonders –

WEINBERL Und ich hab' nicht die Ehre, *den* Herrn von Weinberl zu kennen.

MELCHIOR (*welcher links steht, Sonders, der auf der rechten Seite steht, betrachtend*) Den soll ich – das is ja –

SONDERS (*für sich*) Da hat sich einer für mich ausgegeben! Wie kommt er aber dazu, Begleiter meiner Marie zu sein? (*Auf den verschleierten Christopherl hinübersehend.*) Sie gibt mir kein Zeichen –!

FRÄULEIN VON BLUMENBLATT (*zu Sonders*) Wird mein Schwager Zangler zu mir kommen?

SONDERS Ich glaube, nicht so bald. (*Für sich.*) Ich hoffe es wenigstens!

FRÄULEIN VON BLUMENBLATT (*sich zu Weinberl wendend*) Nun sehen Sie, Herr von Sonders – (*spricht leise mit Weinberl weiter.*)

MELCHIOR Ah, das wär' zu keck! (*Schleicht näher zu Sonders.*)

SONDERS (*benützt den Augenblick, wo Fräulein von Blumenblatt mit Weinberl spricht, und ruft mit unterdrückter Stimme auf den an der linken Ecke der Bühne stehenden Christopherl, den er für Marien hält, zu*) Marie! (*Gibt durch Zeichen zu verstehen, daß er nicht wisse, wie sie zu dieser Begleitung gekommen.*)

CHRISTOPHERL (*der dies bemerkt, für sich*) Ich rühr' mich nicht.

SONDERS (*für sich*) Wenn sie nur den Schleier wegtäte, daß ich in ihren Blicken lesen könnt'!

MELCHIOR (*Sonders anpackend*) Das is der Eigentliche! Entdekkung, Betrug, falsche Vorspieglung!

SONDERS (*Melchior zurückstoßend*) Was untersteht Er sich?

FRÄULEIN VON BLUMENBLATT (*über Melchiors Kühnheit entrüstet*) Was soll das?

MELCHIOR Euer Gnad'n! (*Auf Sonders deutend.*) Der hat mit Ihnen falsche Vorspieglung getrieben, hier ist von Weinberl keine Spur.

SONDERS Was will dieser Mensch? Wer ist Er?

FRÄULEIN VON BLUMENBLATT (*zu Sonders*) Was, Sie kennen ihn nicht? Und er hat sich für einen Diener des Herrn von Zangler ausgegeben! Da herrscht Betrug! Da herrscht Betrug! Lisette, schicke sogleich den Wachter herein!

(*Lisette geht zur Mitteltüre links ab.*)

WEINBERL (*zu Christopherl*) Da gibt's Spektakel, währenddem kriegen wir Luft.

MELCHIOR (*zu Fräulein von Blumenblatt*) Euer Gnaden lassen den Wachter holen, ich will doch nicht hoffen –

FRÄULEIN VON BLUMENBLATT (*erzürnt*) Seine Frechheit soll Ihm teuer zu stehen kommen.

MELCHIOR Wer is frech? (*Auf Sonders zeigend.*) Der is frech, denn da is von Weinberl keine Spur – (*auf Weinberl zeigend*) der is frech, denn da is von Zech'zahl'n keine Spur, aber ich –

Achter Auftritt

DER WACHTER; DIE VORIGEN, *dann* LISETTE

WACHTER (*tritt zur Mitteltüre links ein*) Ich soll wem hinauswerfen?

FRÄULEIN VON BLUMENBLATT (*auf Melchior zeigend*) Bemächtige Er sich dieses Betrügers!

MELCHIOR Was?!

WEINBERL (*leise zu Christopherl*) Bei der Gelegenheit fahr'n wir ab.

MELCHIOR Den Wachter schicken S' über mich! Hier wimmelt's von Frevlern, ich bin vielleicht der einzige Unschuldige im ganzen Zimmer, und mich führen s' ein – ah, das is klassisch!

WACHTER Nur nicht viel G'schichten g'macht!

MELCHIOR (*während ihn der Wachter gegen die Mitteltüre links führt*) Wenn das mein Herr sähet! Wachter – lieber Wachter!

(*Christopherl und Weinberl haben sich ebenfalls, um während des Tumultes zu echappieren, derselben Türe genähert.*)

LISETTE (*läuft zur Mitteltüre links herein*) Der Herr von Zangler is da!

WEINBERL, CHRISTOPHERL, SONDERS (*erschrocken, jeder für sich*) Der Zangler –!!? (*Alle drei stürzen a tempo, Sonders zur Mitteltüre rechts, Weinberl zur Seitentüre rechts, Christopherl zu Seitentüre links, ab.*)

MELCHIOR Das ist g'scheit!

LISETTE Aber, Fräul'n –! (*Eilt Christopherl nach.*)

FRÄULEIN VON BLUMENBLATT Mein Schwager – alles läuft davon – Herr Weinberl fort –?

Neunter Auftritt

FRÄULEIN VON BLUMENBLATT, MELCHIOR, WACHTER, *dazu* ZANGLER, MADAME KNORR, FRAU VON FISCHER, MARIE (*Frau von Fischer ist ohne Hut und Mantel in Häubchen und Schal*)

ZANGLER (*mit beiden Frauen am Arme, zur Mitteltüre links eintretend*) Schwägerin, da sind wir – was is das? Der Wachter hat mein' Melchior beim Schößel –?

FRÄULEIN VON BLUMENBLATT (*auf Melchior zeigend*) Also wäre das –?

MELCHIOR (*zu Zangler*) O, sagen S' ihr's, wer ich bin!

ZANGLER (*zu Fräulein von Blumenblatt*) Mein dummer Hausknecht.

MELCHIOR (*zu Fräulein von Blumenblatt*) Sehn Sie, Schwägerin meines Herrn? (*Zu Zangler.*) Hab'n Sie einen Kommis, der Weinberl heißt?

ZANGLER Ja.

MELCHIOR Und wo is der Weinberl?

ZANGLER Zu Haus, beim G'schäft.

MELCHIOR (*zu Fräulein von Blumenblatt*) Sehn Sie, Schwägerin meines Herrn?

ZANGLER (*zu Fräulein von Blumenblatt*) Aber jetzt sag' mir –

MELCHIOR (*zu Zangler, ihn unterbrechend*) Ruhig! War das nicht ein unrechts Paar Leut', die Sie herg'schickt hab'n?

ZANGLER Freilich!

MELCHIOR (*zu Fräulein von Blumenblatt*) Sehn Sie, Schwägerin meines Herrn?

FRÄULEIN VON BLUMENBLATT Ja, wenn's so ist –

ZANGLER (*zu Fräulein von Blumenblatt*) Jetzt muß ich dir aber vor allem hier meine Braut und hier ihre Freundin, Frau von Fischer, vorstellen.

FRÄULEIN VON BLUMENBLATT Ah, scharmant!

FRAU VON FISCHER *und* MADAME KNORR Freut uns unendlich, die Ehre zu haben.

ZANGLER Morgen ist Hochzeit.

FRÄULEIN VON BLUMENBLATT Du weißt, ich geh' zu keiner Hochzeit, denn mein Schicksal –! (*Schnupft.*) Aber wie kommt das so schnell?

ZANGLER Ja, ich geh' der Meinigen nicht mehr von der Seiten, es sind Gründe –

MADAME KNORR (*leise zu Zangler*) Blamieren Sie mich doch nicht!

ZANGLER (*zu Melchior*) Du fahrst jetzt gleich zu mir nach Haus, rebellst alles auf, daß schleunigst zu die Hochzeitsanstalten g'schaut wird. (*Zu den beiden Frauen.*) Wir soupieren bei meiner Schwägerin und fahr'n dann gleich nach. (*Zu Melchior.*) Mit Tagesanbruch kommen wir an.

MELCHIOR Wird alles besorgt, aber –

FRÄULEIN VON BLUMENBLATT (*zu Melchior*) Freund, nimm Er das, weil ich Ihm Unrecht getan. (*Reicht ihm Geld.*)

MELCHIOR Sie sehn es ein, das ist mir genug. (*Nimmt das Geld. Zu Zangler.*) Aber sagen Sie ihr nur das noch –

ZANGLER Daß du ein Esel bist.

MELCHIOR (*will Zangler etwas sagen, unterdrückt es aber*) Die Schwägerin sieht es ein, das ist mir genug! (*Geht zur Mitte links ab.*)

Zehnter Auftritt

DIE VORIGEN *ohne* MELCHIOR

FRÄULEIN VON BLUMENBLATT Aber wie ist denn das? Du hast mir also nicht deine Mündel geschickt?

ZANGLER (*auf Marien zeigend*) Nein, hier bring' ich dir die Mißratne und übergeb' sie deiner Obhut.

MARIE Gnädige Frau Tant' –! (*Küßt ihr die Hand.*)

FRÄULEIN VON BLUMENBLATT (*zu Zangler*) Was waren denn das hernach für Leute?

ZANGLER Das weiß ich nicht.

Rebellst auf: aufrebellen = durch Lärm aufwecken oder aus der Ruhe bringen.

FRÄULEIN VON BLUMENBLATT Sie sind noch hier.

ZANGLER So? Bei denen muß ich mich ja entschuldigen.

FRÄULEIN VON BLUMENBLATT Wie sie hörten, daß du kommst, sind sie, jedes zu einer andern Tür, hinausgestürzt.

ZANGLER Das is kurios!

Elfter Auftritt

LISETTE; DIE VORIGEN

LISETTE (*einen Schleier in der Hand, kommt aus der Seitentüre links*) Die Fräul'n Zangler ist in das gelbe Kabinett gelaufen und hat von innen zugeriegelt. Sie macht um keinen Preis auf; der Schleier von ihrem Hute ist an der Türschnalle hängengeblieben.

FRÄULEIN VON BLUMENBLATT (*zu Zangler*) Was sagst du dazu?

ZANGLER Hm! Hm! –

FRAU VON FISCHER (*den Schleier besehend*) Das ist der Schleier von meinem Hut.

MADAME KNORR (*ebenfalls den Schleier betrachtend*) Freilich, da ist der Rostfleck.

FRAU VON FISCHER Hat die Person nicht auch einen Mantel, gerade so (*auf Marie deutend*) wie die Fräul'n hier?

FRÄULEIN VON BLUMENBLATT Ja, braun quadrilliert, ganz so.

MADAME KNORR 's sind beide in meinem Magazin gekauft.

FRAU VON FISCHER (*zu Fräulein von Blumenblatt*) Sie müssen wissen, ich bin schändlich bestohlen worden.

ZANGLER Da müssen wir auf den Grund – (*zu Lisette*) Mamsell, sperr'n Sie die Türe, wo die Person drin is, g'schwind von auswendig zu.

LISETTE Sogleich. (*Eilt zur Seitentüre links ab.*)

ZANGLER Und dann – he, Wachter!

WACHTER Befehl'n?

ZANGLER Er holt Assistenz und sperrt von außen die Haustür' zu.

WACHTER Sehr wohl. (*Zur Mitteltüre links ab.*)

FRÄULEIN VON BLUMENBLATT Ich zittere.

ZANGLER Kommen Sie, meine Damen, hier gibt's eine Spitzbüberei, die ins Abnorme geht. (*Mit sämtlichen Frauenzimmern zur Seitentüre rechts ab.*)

Verwandlung

Garten im Hause des Fräuleins von Blumenblatt, im Hintergrunde zieht sich die Gartenmauer über die ganze Bühne. Rechts ist ein vorgebauter praktikabler Teil des Hauses, ein Stock hoch, mit Glasfenstern sowohl nach vorne als gegen die Seite. Durch die Fenster sieht man in das früher besprochene gelbe Kabinett, welches jedoch nicht erleuchtet ist; die Bühne ist ganz finster.

Zwölfter Auftritt

WEINBERL, *später* CHRISTOPHERL *am Fenster*

WEINBERL (*allein, aus dem Hintergrunde links auftretend*) Es ist umsonst, der Ort, wo der Zimmermann 's Loch g'macht hat, is nicht zu finden. Fluch dem Schlosser, der dieses Haustor vollendet, dreimal Fluch dem Maurer, der diesen Garten umzäunt, und hundertfünfzigmal Fluch denen anderthalb Zenten Leib'sg'wicht, die mich hindern, auf den Flügeln der Angst hinüber zu saltomortalisieren. In jedem Schatten seh' ich einen Zangler, in jedem Geräusch hör' ich einen Zangler, die ganze Natur hat sich für mich in ein Schrecknis aufgelöst, und das heißt Zangler! Diese Mauer muß eine weitschichtige Mahm von der chinesischen sein – ich muß doch noch amal (*versucht die Mauer zu erklettern*) – es ist zu hoch, ich kann nicht hinauf.

CHRISTOPHERL (*im Frauenzimmer-Mantel und Hut, wie früher, öffnet das Fenster und sieht heraus*) Es ist zu hoch, ich kann nicht herab.

WEINBERL Christoph, sind Sie's?

CHRISTOPHERL Ja, ich bin's. Herr Weinberl, sind Sie's?

WEINBERL Ja, ich bin's.

CHRISTOPHERL Helfen S' mir, ich riskier' jeden Augenblick, daß man die Türe einsprengt und mich vor den Prinzipal schleppt.

WEINBERL Mein Risiko ist dasselbe.

CHRISTOPHERL Wir sind also vorderhand verloren.

WEINBERL Wenn keine Leiter vom Himmel fällt, wenn nicht durch ein Wunder sich Sprisseln in der Luft gestalten, rettungslos verloren.

Sprisseln: Sprossen.

CHRISTOPHERL (*sich zum Fenster herausbeugend*) Da kommt wer –

WEINBERL (*erschrocken*) Der Zangler –! (*Verbirgt sich links hinter einem Gebüsch.*)

Dreizehnter Auftritt

SONDERS; DIE VORIGEN, *später* ZANGLER, WACHTER *und* MEHRERE LEUTE

SONDERS (*kommt mit einer Leiter aus dem Vordergrunde rechts*) Der Fund kam zur gelegenen Zeit, auf dieser Gartenleiter gelang' ich über die Mauer, dann heißt es wieder einen günstigen Moment, wo ich mich meiner Marie nähern kann, mit Geduld abwarten. Geduld – verdammtes Wort! – Im Wörterbuch der Liebenden ist's nicht zu finden. (*Will sich der Mauer nähern.*)

WEINBERL (*für sich*) Soll ich ihn anreden –?

CHRISTOPHERL Pst! Pst!

SONDERS Geht das mich an –? (*Sieht zum Fenster hinauf.*) Ein Frauenzimmer! – Täuscht mich die Dunkelheit –!? Nein, Marie, du bist's, meine geliebte Marie!

CHRISTOPHERL (*mit gedämpfter, verstellter Stimme*) Ja, ich bin's!

WEINBERL (*für sich*) Das is auf die Art niemand anderer als der Herr von Sonders.

SONDERS O, komm herab, die Leiter soll dich in meine Arme und dann uns beide ins Freie führen.

CHRISTOPHERL (*wie oben*) Wohlan!

SONDERS (*lehnt die Leiter an das Haus*) So steig nur mutig zum Fenster heraus.

(*Christopherl steigt herab.*)

SONDERS Zittre nicht, ich werde die Leiter halten. Und nicht wahr, liebe Marie, das Paket mit den Dokumenten, die wir zur Trauung brauchen, hast du?

CHRISTOPHERL Nein. (*Ist eben auf der untersten Sprosse angelangt.*)

SONDERS (*bestürzt*) Wo ließest du's?

CHRISTOPHERL (*auf das Fenster hinaufzeigend*) Dort –

SONDERS Vergessen dort oben? – Das muß ich holen. (*Eilt die Leiter hinan und steigt rasch zum Fenster hinein.*)

CHRISTOPHERL Auf'n Tisch rechts. (*Nachdem Sonders ins Fenster gestiegen.*) G'schwind, Weinberl, die Leiter is erobert!

WEINBERL (*hervorkommend*) Die Nächstenlieb' fangt bei sich selbst an.

CHRISTOPHERL (*indem er mit Weinberl die Leiter zur Gartenmauer trägt*) Ich bring' unser Fräuler Marie ihren Liebhaber in die Brisil, das is Satisfaktion für das, daß sie mich immer einen dalketen Bub'n heißt. (*Hat mit Weinberl die Leiter an die Gartenmauer gelehnt.*)

WEINBERL Ich steig' voran.

CHRISTOPHERL Nur g'schwind!

WEINBERL (*steigt sehr schnell die Leiter hinauf und schwingt sich von derselben auf die Mauer, auf welcher er in reitender Stellung sitzenbleibt*) Kraxeln S' nach, Christopherl!

(*A tempo tritt der Mond aus den Wolken, es wird heller auf der Bühne.*)

CHRISTOPHERL (*ebenfalls eilig die Leiter hinaufsteigend*) Da bin ich schon. (*Wie er oben auf der Leiter ist, nimmt er den Frauenzimmer-Mantel und Hut ab und wickelt beides in einen Knäuel zusammen.*)

WEINBERL Was machen S' denn?

CHRISTOPHERL Geduld, jetzt kann uns nix mehr g'schehen.

SONDERS (*ans Fenster kommend*) Marie! Ich kann das Paket nicht finden.

CHRISTOPHERL (*in natürlicher Stimme*) Nicht finden können Sie's? No, so nehmen S' das derweil. (*Wirft Mantel und Hut zum Fenster hinein und steigt von der Leiter auf die Mauer, auf welcher er in sitzender Stellung bleibt.*)

SONDERS Was seh' ich, ein Mann –?! Ich bin schmählich betrogen.

WEINBERL Jetzt ziehn wir die Leiter herauf und lassen s' auf der andern Seiten herunter. (*Tut es mit Christopherls Beihilfe.*)

SONDERS Die Leiter – wo ist die Leiter? (*Langt zum Fenster heraus und merkt, daß die Leiter fortgetragen ist.*) Verdammt! –

(*Man hört im Hause mehrere Stimmen untereinander.*)

SONDERS Man kommt –!

(*Man hört im Zimmer oben die Türe einbrechen, Zangler mit dem Wachter und noch ein paar Leuten erscheinen mit Lichtern im Kabinett.*)

ZANGLER Ein Mann ist's –!

Brisil: Verlegenheit.

WACHTER Nur angepackt!
ZANGLER Herr Sonders –! Teufel, jetzt wird's mir zu arg!
WACHTER *und die* ÜBRIGEN Angepackt! Nur angepackt!
CHRISTOPHERL Sie hab'n ihn schon. Das ist ein Jux!
(*Im Orchester fällt passende Musik ein. – Weinberl und Christopherl verschwinden während dem im Kabinett statthabenden Tumulte außerhalb der Mauer.*)

Der Vorhang fällt.

Vierter Aufzug

Straße vor Zanglers Haus – der Mond beleuchtet die Bühne; links im Vordergrunde ist Zanglers Haus, ein Stockwerk hoch. Vorne ein praktikables Glasfenster, unter dem Fenster sieht man die verschlossene Gewölbetüre, darüber die Tafel mit der Aufschrift: »B. ZANGLERS VERMISCHTE WARENHANDLUNG«. Etwas weiter zurück als die Gewölbetüre ist das Haustor.

Erster Auftritt

MELCHIOR, *dann* GERTRUD

MELCHIOR (*allein, tritt von der Seite rechts aus dem Hintergrunde auf*) Ah – den ganzen Weg hab' ich superb verschlafen – (*gähnt*) und bin jetzt so munter, als wann's hellichter Tag wär'. – Da is ja 's Haus – richtig – ich muß anläuten. (*Sucht an beiden Seiten des Haustores.*) Was is denn das –? Keine Glocken? – Ah, da hab' ich Respekt, hier hab'n s' noch keine Hausmeister, die werden doch schön z'ruck sein in der Kultur. (*Klopft an das Tor.*) He, aufg'macht! (*Klopft stärker.*) Aufg'macht! – Es hört kein Mensch. – Wenn ich nur die Wirtschafterin aufrebell'n könnt', das is die einzige Person, die mich kennt im Haus. Auf d' Letzt' lassen s' mich gar nicht hinein – ich werd' mit einem Sandkörndl ans Fenster werfen. (*Nimmt eines vom Boden auf und wirft an das Glasfenster vorn.*) Es hört mich niemand – ich muß ein Steinl nehmen. (*Nimmt eines vom Boden auf und wirft es ans Fenster.*) 's nutzt noch nix – ich muß's mit ein' größern Steinl probier'n. (*Nimmt einen Stein auf und wirft ihn ins Fenster, die Scherben fallen herab, man hört von innen einen Schrei von Gertrud.*) Jetzt, glaub' ich, hat mich wer g'hört. Frau Gertrud! – Frau Gertrud!

GERTRUD (*von innen*) Wo brennt's?

MELCHIOR Nirgends! Komm' d' Frau Gertrud nur zum Fenster!

GERTRUD (*eine Nachthaube auf dem Kopf, schaut zum Fenster heraus*) Was is's denn, um alles in der Welt!?

MELCHIOR Sein S' so gut, machen S' mir 's Tor auf.

GERTRUD Impertinenter Mensch, wer is Er?

Auf d' Letzt: »am Ende«.

MELCHIOR Der neue Hausknecht bin ich, der Melchior.

GERTRUD Den Tod könnt' man haben durch den Schrocken!

MELCHIOR Von Tod is gar kein' Red', Hochzeit is! Vor Tagesanbruch kommt der Herr.

GERTRUD Er hat einen Rausch.

MELCHIOR Den müßt' er sich erst trunken haben, ich hab' ihn alser nüchterner verlassen. Machen S' nur auf!

GERTRUD Mir is es in alle Glieder g'fahr'n! Das is doch gar entsetzlich! Was glaubt denn so ein Mensch? (*Entfernt sich brummend vom Fenster.*)

MELCHIOR (*allein*) Das sind die Folgen, wenn in ein' Haus kein Hausmeister is! Mir is das alles eins, ich zahl' die Fensterscheiben nicht. Mir scheint, ich hör' s' schon.

GERTRUD (*man hört sie von innen das Haus aufsperren und dabei brummen*) Das werd' ich dem Herrn sagen, ob das recht is, daß man jemanden so aus 'n Schlaf –

MELCHIOR (*von außen, am Haustor stehend*) Nur gelassen, Frau Gertrud!

GERTRUD (*von innen, wie oben*) Das ist keine Manier, das is keine Art, bei später Nacht dieser Schrocken!

MELCHIOR (*von außen*) Schaun S', der Zorn schad't Ihnen.

(*Das Haustor öffnet sich, Melchior geht hinein.*)

GERTRUD (*von innen, indem man sie wieder zuschließen hört*) Wer'n wir schon sehen, was der Herr dazu sagt, das lass' ich nicht so hingehn.

MELCHIOR (*von innen*) Ah, hör'n S' auf!

(*Man hört beider Stimmen immer schwächer, bis es ganz ruhig wird.*)

Zweiter Auftritt

CHRISTOPHERL *und* WEINBERL (*kommen rechts aus dem Hintergrund*)

WEINBERL Hab'n S' g'hört, Christoph? Wenn sich der Hahn nicht verkräht hat um a Stund', so geht's schon auf 'n Tag los.

CHRISTOPHERL Macht nix, wir sind einmal da, wir können sagen, wir haben das Ziel erreicht.

WEINBERL Ja, was denn eigentlich für ein Ziel, wenn man's recht betracht't?

Alser nüchterner: als einen Nüchternen.

CHRISTOPHERL No, wir hab'n uns ein' Jux g'macht und kommen im übrigen grad so g'scheit wieder z' Haus, als wir aus'gangen sein.

WEINBERL Jetzt frag' ich aber, zahlt sich so ein Jux aus, wenn man ihn mit einer Furcht, mit drei Schrocken, fünf Verlegenheiten und sieben Todesängsten erkauft? Is so a G'schäft nicht noch weit dümmer, als wenn man für a Lot Salami ein' Gulden, für ein Vierting Bockshörndl ein' Taler, für a halbete Sardellen ein' doppelten Dukaten zahlt? Wann wir aber das jetzt gehörig einsehn, dann kommen wir ja doch um ein Alzel g'scheiter nach Haus.

CHRISTOPHERL Ich bin ja noch zu jung, um das richtig zu beurteil'n.

WEINBERL Ah – ich bin ganz zerlext von die Gemütsbewegungen.

CHRISTOPHERL Ich auch! Und für mich ist das noch weit gefährlicher, weil ich so stark im Wachsen bin. Schaun wir, daß wir ins Bett kommen! Soll ich anpumpern beim Haustor?

WEINBERL Warum nicht gar! Wir schleichen uns ganz in der Still' ins Gewölb' und duseln ein bißl auf der Budel. In zwei Stund' wird's ohnedem Zeit zum Aufsperr'n sein. Ich hab' den G'wölb'schlüssel bei mir. (*Sucht in den Taschen.*) Da – nein, da – oder da – Teufel hinein, ich hab' den Schlüssel verlor'n.

CHRISTOPHERL Sein S' so gut!

WEINBERL Wie ich den Kutscher, der uns herg'führt hat, mit meiner silbernen Uhr aus'zahlt hab', muß er mir heraus-g'fall'n sein.

CHRISTOPHERL Na, das is ja keine dreihundert Schritt! Warten S', ich geh' z'ruck, ich weiß 's Platzl genau, werd' ihn gleich finden. (*Geht in den Hintergrund rechts ab.*)

Dritter Auftritt

WEINBERL (*allein*)

WEINBERL Jetzt habe ich das Glück genossen, ein verfluchter Kerl zu sein, und die ganze Ausbeute von dem Glück is, daß ich um keinen Preis mehr ein verfluchter Kerl sein möcht'. Für einen Kommis schickt sich so was nicht! Das kommt mir vor

Zerlext: erschöpft.

wie unser Fräule, die sagt auch immer: »Es schickt sich nicht«, und derweil – es g'schieht halt allerhand bei der Zeit, was sich nicht schickt.

Lied

1.

's hat einer a Geld herg'liehen ohne Interessen,
Der Schuldner tut aber aufs Zahl'n rein vergessen.
Der Gläubiger mahnt ihn stets mit Höflichkeit,
Doch der Schuldner, der find't sich beleidigt und schreit:
»Pressier'n Sie mich nicht, Sie wer'n 's Geld schon noch krieg'n,
Sie Esel, ich werf' Ihnen gleich über d'Stieg'n!«
Man glaubt nicht, wie häufig das g'schicht,
Und es schickt sich doch offenbar nicht.

2.

Man muß sehn im Kaffeehaus, wenn Karten g'spielt wird,
Wie s' zuschaun und dreinplauschen ganz ungeniert,
Schaun zwei'n in die Karten und raten dem dritten,
Ob er Karo oder Pick spiel'n soll – da muß i bitten!
Und tut sich bei ein' Spieler ein Ultimo zeig'n,
Dem tun d' Zuschauer völlig am Buckel auffisteig'n.
Diese Unart fast überall g'schicht,
Und es schickt sich doch offenbar nicht.

3.

A jungs und schlanks Töchterl, na, der steht es gut,
Wann s' auch wie a B'sessene umtanzen tut,
Doch was soll man sag'n, wenn d' Mama mit fufz'g Jahr'n
Umafludert mit frische Kamelien in Haar'n.
So a Frau wägt drei Zentner oft – Sie, das is viel! –
Hupft aber noch neckisch mit in der Quadrill'.
Man glaubt nicht, wie häufig das g'schicht,
Und es schickt sich doch offenbar nicht.

4.

's gibt Leut', die ein' gern nur was Unang'nehms sag'n:
»Ach, Sie schaun schlecht aus, Ihnen hat's schön beim Krag'n!« –
»Gestern hat auf ein' andern g'schmacht't Ihre Herzensdam'.« –
»Wer hat Ihnen den Rock g'macht, Sie, der steht infam!« –
»Der Wag'n, den Sie kauft hab'n, ach, das is a Karr'n!« –
»Ihr Stück hab' ich g'lesen, Sie, das is a Schmarn!«

Umafludert: tanzt mit fliegenden Röcken.
Steht infam: »paßt schändlich«.

So sagen s' alles den Leuten ins G'sicht,
Na, das schickt sich doch offenbar nicht.

5.

Das steht so gut, wann die gebildeten Herrn
Recht freundlich und zärtlich mit Dienstboten wer'n
Und ganz franchement rennen beim hellichten Tag
Wie die Windspiel' ein' schlampeten Kuchelbär'n nach
Und drucken ihr d' Bratzen und lassen s' nit aus:
»O Engel, sagen S' mir's, sein S' allein heut' zu Haus?«
Man glaubt nicht, wie häufig das g'schicht,
Und es schickt sich doch offenbar nicht.

6.

Bei einer Art G'schwufen is viel Witz jetzt zu Haus,
Sie lassen ihn sogar an Godscheberbuben aus,
Sie kaufen a Pomeranzen und stecken s' in Sack
Und sagen: »Wannst dein Geld willst, so rauch' erst Tabak!«
Der Bua raucht, die Herren lach'n und machen sich brad,
Bis ihr Witz dem Godscheber den Magen umdraht,
's soll erst unlängst g'schehn sein, so a G'schicht',
Und es schickt sich doch offenbar nicht.

(*Im Hintergrund rechts ab.*)

Vierter Auftritt

KRAPS *und* RAB (*kommen links aus dem Hintergrund. Rab trägt eine Blendlaterne, Kraps hat einen Mantel um und eine dunkle Larve vor dem Gesicht*)

RAB Mir scheint gar, Kerl, du zitterst?

KRAPS Nein, ich klappr' nur mit die Zähn'.

RAB Hasenfuß, da hättest du mich sehen soll'n, wie ich oft –

KRAPS Das will ich wohl glauben, aber – du, lassen wir's auf ein anders Mal –

RAB Schämst du dich nicht? Hat der Kerl den genial'n Einfall, den Schlüssel in Wachs abzudrücken, und bei der Ausführung verliert er die Courage!

Schmarrn: (eine Mehlspeise); wertloses Zeug.
Franchement: (fz.) freimütig, unbefangen.
Bratzen: große Hand.
G'schwuf: ordinärer, schein-eleganter junger Mann.
Godscheberbuben: Junge Männer aus Gottschee (Krain), in Gasthäusern Verkäufer von Obst und Erfrischungen.

KRAPS Es ist nur heut', schau, ein anders Mal –
RAB Nichts da! Nimm die Latern' und leuchte mir!
KRAPS (*zitternd die Laterne nehmend*) Schau, Brüderl –
RAB Frisch ans Werk! (*Sperrt während des Folgenden die Schlösser an den Gewölbestangen auf.*)

Fünfter Auftritt

WEINBERL *und* CHRISTOPHERL; DIE VORIGEN

(*Beide kommen aus dem Hintergrundstücke rechts und sehen, was an der Gewölbetüre vorgeht.*)

WEINBERL *und* CHRISTOPHERL (*erschrocken mit unterdrückter Stimme*) Was ist das –!?
RAB (*ohne die eben Angekommenen zu bemerken, in seinem Geschäft und in seiner Rede fortfahrend*) So leuchte doch daher! Siehst du denn nicht –? Aber, Narr – hahaha, wozu, Strohkopf, nimmst du denn eine Larve?
KRAPS Wann's schelch geht, es sehet uns wer, und wir müßten echappier'n – mein G'sicht ist zu bekannt in dem Haus!
RAB (*der immer fortgearbeitet hat, macht einen Flügel der Gewölbetüre auf*) Die Tür ist offen! Jetzt hinein und vor allem der Kassa eine Visit' gemacht! Gib mir die Latern' – die Schreibstube ist hinten links?
KRAPS (*ihm die Laterne gebend*) Ja.
(*Weinberl und Christopherl, die anfangs wie versteinert stehengeblieben sind, sich aber dann rechts nach dem Vordergrunde gezogen, zugleich*)
WEINBERL Christoph!
CHRISTOPHERL Weinberl!
KRAPS Aber, Brüderl, lassen wir's auf ein anders Mal!
RAB Wäre nicht übel! Umkehren auf halbem Weg! Du bleibst noch ein paar Minuten hier stehen und siehst dich um, ob nicht etwa über unser Geräusch sich irgendwo ein Licht zeigt, dann kommst du mir nach! Aber zittre doch nicht, du Hasenfuß! Klugheit im Kopf, Schnaps im Magen und Pistolen in der Tasche, da geht alles gut. (*Geht ins Gewölbe ab.*)

Schelch: schief.

Sechster Auftritt

DIE VORIGEN *ohne* RAB

KRAPS Ich hab' kein Wort g'hört, was er g'sagt hat. – Die Angst! Ich hab' glaubt, ich hab' Anlag', aber ich bin nix zu dem G'schäft – wenn er nur wenigstens – ich sag' halt, es wär' besser gewesen, ein anders Mal –

WEINBERL (*ihn an der Gurgel fassend*) Nein, jetzt is's am besten!

KRAPS Barmherzigkeit –!

CHRISTOPHERL (*hat ihn ebenfalls gepackt*) Still, oder –

WEINBERL Ich erdrossel' dich.

KRAPS Herr Weinberl – Mussi Christoph –

WEINBERL Das is ja –

KRAPS (*die Larve abnehmend*) Der Hausknecht, der Kraps.

WEINBERL *und* CHRISTOPHERL Du Spitzbub' –

KRAPS Ich will ein ehrlicher Mann wer'n.

WEINBERL Ich seh's, du bist grad auf 'n Weg dazu.

KRAPS Das war mein Anfang und mein B'schluß – so wahr als – Barmherzigkeit!

CHRISTOPHERL (*zu Weinberl*) Lassen wir'n laufen.

WEINBERL Das müssen wir jetzt wohl, sonst lamentiert er uns den andern heraus. (*Zu Kraps.*) Dein' Mantel, Hut und Larven her!

KRAPS Da, da is alles, mein bester, edelster, großmütigster Herr von Weinberl. (*Gibt ihm, was er verlangt.*)

WEINBERL Jetzt fahr ab!

KRAPS (*ihm die Hand küssend*) Sie glauben's nicht, aber ich werd' jetzt schrecklich ehrlich wer'n! (*Läuft im Hintergrunde links ab.*)

Siebenter Auftritt

DIE VORIGEN *ohne* KRAPS

WEINBERL Den ehrlichen Mann wer'n s' schon durch die Aussagen seines Spießg'sellen kriegen. – (*Hüllt sich in Kraps' Mantel ein und setzt sich dessen Hut auf.*)

CHRISTOPHERL Was tun S' denn da?

WEINBERL Den andern muß ich erwischen.

CHRISTOPHERL Sperr'n wir 's G'wölb' zu, so is er g'fangt!

WEINBERL Daß er drin eine Tür eintritt, wen totschießt und doch am Ende ein' Ausweg findet! Nix, ich weiß schon, was ich tu'. Wecken Sie nur derweil den Nachtwachter auf und machen S' g'schwind Arretierungsanstalten.

CHRISTOPHERL Gut! Aber is das a Glück – auf unserm Bodenkammerl hätten wir den Einbruch rein verschlafen.

WEINBERL Jetzt war der Jux doch zu was gut!

RAB (*von innen, sich der Tür nähernd*) Wo zum Teufel bleibst denn du so lang?

WEINBERL (*nimmt die Larve vor, wodurch sich seine Stimme ändert*) Ich komm' schon, ich komm' schon! (*Winkt Christopherl, daß er forteilen soll, und geht ins Gewölbe ab.*)

(*Christopherl läuft im Hintergrunde rechts ab.*)

Verwandlung

Zanglers Wohnzimmer, rechts eine Seitentüre, im Prospekt eine Tür, welche in das Gewölbe hinabführt. Rechts vorne steht ein Silberkasten, links vorne ein Fenster mit Vorhang. Am Prospekt ist Zanglers Bett.

Achter Auftritt

MELCHIOR (*allein, tritt mit Licht aus der Seitentüre rechts*)

MELCHIOR Da soll man Anstalten zur Hochzeit machen! Die Wirtschafterin sperrt sich ein in ihr Zimmer, gibt mir gar kein Gehör und schimpft so lang, bis s' zum Schnarchen anfangt! Die Köchin hab' ich g'funden, ah, das Weibsbild hat gar einen klassischen Schlaf! Ich muß sagen, das is mir noch nicht unter'kommen. Wenn ich mein Kammerl wüßt', ging' ich auch schlafen. Ich könnt' mich zwar da in'n Herrn sein Bett legen, aber wer weiß, wär's ihm recht, 's tut's ja da im Armsessel auch. (*Man hört ein Geräusch im Hintergrunde.*) Was war denn das? – Ah, ich weiß schon – nix wird's g'wesen sein. 's is völlig entrisch, allein wach sein in so ein' verschlafnen Haus. (*Das Geräusch wiederholt sich.*) Jetzt war's aber – ja, es war was! (*Nach dem Hintergrunde zeigend.*) Von da unten hört man's herauf! Mensch oder Geist, was steht mir bevor? –

entrisch: unheimlich.

Wenn es ein Mensch ist, o, da bin ich ein Kerl, der Courage hat, wann's aber a Geist – da wär's aus mit mir, Geist ist mir ein zu fremdartiges Wesen.

(*Ängstlich herumsehend.*) Wo kann ich denn –? Aha – (*läuft zum Fenster und setzt sich, während man außen dumpfe Stimmen hört, schnell auf das Fensterbrett, so daß ihn die herabhängenden Gardinen bedecken.*)

Neunter Auftritt

RAB, WEINBERL (*mit Mantel, Hut, Larve und Blendlaterne*); DER VORIGE

(*Rab und Weinberl kommen auf den Zehen zur Mitteltüre herein.*)

MELCHIOR (*hinter den Fenstergardinen hervorguckend, schaudernd für sich*) Den leichten Tritt, man hört's gar nicht: es sind Geister!

RAB Wirklich, Bursche, das überrascht mich von dir, 's ist ein Wagstück, bis hierher zu dringen, und du hast's proponiert.

WEINBERL 's is wegen dem Silberkasten, dort is er!

RAB Ich meinesteils mache mich immer gleich aus dem Staub, wenn ich das Geld habe, denn nur Geld, Geld –

MELCHIOR (*für sich*) Sie gehn aufs Geld, es sind Menschen.

RAB Mit Pretiosen befass' ich mich nicht so gern. (*Nimmt von Weinberl die Laterne und nähert sich dem Silberkasten.*)

WEINBERL Ah was, Silber is auch nicht zu verachten, je mehr, desto besser, man hat nie genug.

MELCHIOR (*für sich*) Sie haben nie genug – es sind Menschen!

RAB Der Schlüssel steckt, räumen wir aus! (*Öffnet die Glastüre des Kastens.*) Da hab' ich aus dem Gewölb' einen Sack mit heraufgenommen, da pack' alles hinein! (*Wirft ihm einen Leinwandsack zu, nimmt während des Folgenden aus dem Kasten Kaffeemaschine, Leuchter, Löffel usw. heraus und gibt es Weinberl, welcher es in den Leinwandsack steckt.*)

MELCHIOR (*für sich*) Sie packen ein, es sind Menschen, aber was für eine!

RAB Nur schnell!

WEINBERL (*beiseite*) Nur langsam, sag' ich, ich muß ihn aufhalten, bis der Christopherl mit die Arretierer kommt.

RAB (*scherzend*) Einen Kaffeelöffel sollten wir ihm liegen lassen, als Souvenir de Silberkasten.

MELCHIOR (*für sich*) Der hat doch noch menschliches Gefühl.

WEINBERL Ah was, nur alles mitg'nommen! Im andern Zimmer drin wär' auch noch was!

MELCHIOR (*für sich*) Der mit der Larven is ganz Teufel.

RAB Nein, das wäre zu riskiert, mich überfällt schon eine Unruhe – und das ist immer ein Zeichen –

MELCHIOR (*für sich*) Bei dem is noch Besserung möglich.

WEINBERL Die Stockuhr da drin sollten wir nicht auslassen.

MELCHIOR (*für sich*) Der hat ein verhärtetes Gemüt!

RAB Nichts da, wir müssen fort! – (*Bleibt stehen.*) Hörst du? – (*Horcht gespannt.*)

WEINBERL Es is nix, es kann nix sein!

MELCHIOR (*über Weinberl erbost, die Faust ballend, für sich*) Wenn ich nur den – (*wirft durch seine unvorsichtige Bewegung einen Blumentopf vom Fenster herab.*)

RAB Man kommt zum Fenster herein – schnell das Fersengeld! (*Läuft zur Mitteltüre ab.*)

WEINBERL (*für sich*) Du därfst mir nicht auskommen! (*Läßt den Sack liegen und läuft Rab nach.*)

MELCHIOR (*springt aus seinem Versteck hervor und packt Weinberl, als er eben die Türe erreicht hat, am Genick*) Hab' ich dich?!

WEINBERL Au weh! Was ist das?!

MELCHIOR Weil ich nur den hab'! (*Zieht ihn mehr nach vorne.*)

WEINBERL Auslassen, sag' ich! Der andere is ja –

MELCHIOR Ein Schnipfer, der zu Hoffnungen berechtigt. Du aber bist ein Scheusal –

WEINBERL Er erwürgt mich – zu Hilf'! Zu Hilf'!

MELCHIOR Mir gehen vor Wut die Kräften aus – zu Hilf'! Zu Hilf'!

BEIDE Zu Hilf'! Zu Hilf'!

Schnipfer: schnipfen = milder Ausdruck für »stehlen«.

Zehnter Auftritt

ZANGLER, MADAME KNORR, FRAU VON FISCHER, CHRISTOPHERL, SONDERS, MARIE; DIE VORIGEN *ohne* RAB

CHRISTOPHERL (*mit einer Laterne*) Der Rauber is solo g'fangt, die Wachter hab'n ihn schon! (*Zündet auf dem Tische rechts Licht an.*)

MELCHIOR Ich hab' den wahren. –

ZANGLER Was gibt's denn da für ein' Rumor?!

WEINBERL (*hat die Larve abgenommen*) Herr Prinzipal –

ZANGLER (*Melchior, welcher Weinberl noch immer festhalten will, beiseite schleudernd*) Pack' du dich und nicht den da! (*Zu Weinberl.*) Der Christopherl hat mir alles gesagt – an mein Herz, edler Mann! (*Umarmt Weinberl.*)

MELCHIOR Der umarmt den entlarvten Bösewicht! Das is klassisch!

CHRISTOPHERL (*zu Madame Knorr, bittend*) Verschwiegenheit, Prinzipalin!

MADAME KNORR (*Christopherl erkennend*) Ah, das is stark –!

MELCHIOR (*zu Zangler*) Aber schaun S' nur, wie er Ihr Silber –

ZANGLER Durch dieses Silber hat er mir das Gold seiner Treue bewährt.

MELCHIOR Das is klassisch!

FRAU VON FISCHER *und* MADAME KNORR (*Weinberl erkennend*) Was is denn das –!? Das is ja –

ZANGLER (*der Madame Knorr und Frau von Fischer Weinberl vorstellend*) Mein ehemaliger Kommis, gegenwärtig mein Associé, Herr Weinberl, der während meiner Abwesenheit mein Haus so treu bewacht.

FRAU VON FISCHER *und* MADAME KNORR (*zu Zangler*) Erlauben Sie, das ist –

MELCHIOR (*zu den Frauen*) O, sag'n *Sie* ihm's, auf meine Reden gibt er nichts.

WEINBERL (*in ängstlicher Verlegenheit bittend, leise zu Frau von Fischer und Madame Knorr*) Verschwiegenheit und Schonung, meine Gnädigen!

FRAU VON FISCHER (*böse*) Was –? (*Zu Zangler.*) Das ist der Mensch, der es gewagt hat –

WEINBERL (*hat einen raschen Entschluß gefaßt und fällt ihr in die Rede*) Ja, ich bin der, der es gewagt hat, wie Sie, Herr

Prinzipal, mich einmal in die Stadt geschickt haben, hab' ich es gewagt, mich in diese reizende Witwe zu verlieben, und jetzt als Associé wag' ich es, ihr Herz und Hand zu Füßen zu legen.

FRAU VON FISCHER (*überrascht*) Wie –? Wenn das Ihr Ernst wäre –

WEINBERL So wahr ich Weinberl bin.

ZANGLER Na, das freut mich –

MELCHIOR (*zu Zangler*) Aber, Euer Gnaden!

ZANGLER Noch ein Wort und ich jag' Ihn aus 'n Dienst.

MELCHIOR (*bemerkt in dem Augenblick, als er sich wendet, Sonders, welcher Marien umschlungen hält*) O je, da schaun S' her!

ZANGLER (*auf die Liebenden deutend*) Aus diesem Grunde freut's mich doppelt, Herr Weinberl, daß Sie schon eine Wahl getroffen, denn Ihnen hab' ich meine Mündel zugedacht, aber 's Mädl hat sich in den Herrn vergafft, und grad, wie ich ihn als Entführer arretieren lassen will, klärt sich's durch den Herrn Kommissarius auf, daß seine Tante bereits gestorben und die große Erbschaft gerichtlich für ihn hier deponiert is. No, da hab' ich dann nicht anders können.

SONDERS Der liebe Herr Zangler! } *zugleich*
MARIE Der gute Vormund! }

WEINBERL Also hat sich der Fall schon wieder ereignet? Nein, was 's Jahr Onkel und Tanten sterben müssen, bloß damit alles gut ausgeht –!

MELCHIOR Das is klassisch!

ZANGLER (*Madame Knorr bei der Hand nehmend und auf die beiden Paare zeigend*) Mit einem Wort: es gibt eine dreifache Hochzeit.

WEINBERL Dreifache Hochzeit, das is der wahre Jux!

(*Unter einigen Takten fröhlicher Musik fällt der Vorhang.*)

Ende

Liebesgeschichten und Heiratssachen

Posse mit Gesang in drei Akten

Personenverzeichnis

FLORIAN FETT, ehemals Fleischselcher, jetzt Partikulier
FANNY, dessen Tochter
ULRIKE HOLM, mit Herrn von Fett entfernt verwandt
LUCIA DISTEL, ledige Schwägerin des Herrn von Fett
ANTON BUCHNER, Kaufmannssohn
MARCHESE VINCELLI
ALFRED, dessen Sohn
DER WIRT »Zum Silbernen Rappen«
DIE WIRTIN
PHILIPPINE, Stubenmädchen bei Herrn von Fett
GEORG,
HEINRICH, } Bediente bei Herrn von Fett
KLING, Kammerdiener des Marchese
NEBEL
SCHNECK, ein Landkutscher
EIN WÄCHTER
EIN HAUSKNECHT
EINE MAGD
LOUIS,
NIKLAS, } Kellner } im Gasthof »Zum Silbernen Rappen«

Die Handlung spielt in einem Dorfe in einiger Entfernung von der Hauptstadt, teils in dem Gasthofe, teils im Hause des Herrn von Fett.

Liebesgeschichten und Heiratssachen wurde zum ersten Mal am 23. März 1843 aufgeführt, »zum Vorteile« Nestroys. Er spielte den Nebel, Scholz den Partikulier Florian Fett. Die Musik war von Michael Hebenstreit.

Erster Akt

Speisesaal im Gasthof »Zum Silbernen Rappen«, auf jeder Seite zwei Türen, eine Mitteltüre

Erste Szene

ALFRED, WIRT

(*Alfred geht an den Tisch, um zu schreiben, der Wirt setzte ihm eine Flasche Wein vor.*)

ALFRED (*für sich*) Ich muß nur schnell die Adresse –

WIRT Es is eigentlich eine Keckheit von mir, daß ich frag' –

ALFRED Wenn Sie das fühlen, dann müssen Sie es unterlassen.

WIRT Der Herr Sekretär schreiben immer erst hier die Adresse auf die Brief'.

ALFRED Ein Zeichen, daß ich zu Hause darauf vergesse.

WIRT Der Herr Sekretär geben die Brief' nicht auf die Post, sondern geben s' dem Landkutscher.

ALFRED Ein Zeichen, daß sie keine Eile haben.

WIRT Der Herr Sekretär lassen das Seitl Wein stehen und werfen drei bis vier Zwanziger auf 'n Tisch – so was fallt auf und macht einen Mann wie mich neugierig.

ALFRED Sie sehen Ihren Fehler ein, ein sicheres Zeichen, daß Sie ihn ablegen und mich nie mehr fragen werden. (*Man hört Wagengerassel.*) Ein Wagen fährt ins Haus – das wird der Landkutscher Schneck sein. Schicken Sie mir ihn sogleich herauf!

WIRT Sehr wohl! (*Im Abgehen für sich.*) Ein kurioser Herr das, über den seine Korrespondenz kommt der Teufel ins klare. (*Ab.*)

Zweite Szene

ALFRED, *dann* SCHNECK

ALFRED (*allein, schreibt die Adresse auf meinen Brief*) »An Seine Hochgeboren, den Herrn Marchese Vincelli.« Der gute Vater glaubt mich abwechselnd in Triest und in Venedig, und ich sitze hier als – wenn er erst alles wüßte – mir fällt es schwer, ihn zu täuschen, aber liebe, himmlische Ulrike, was kannst du

Seitl: ca. ein Drittel-Liter.

dafür, daß dich das Schicksal in die Familie eines so greulichen Philister geschleudert!?

SCHNECK (*durch die Mitte eintretend*) Euer Gnaden, haben Euer Gnaden den Brief?

ALFRED Hier ist er, du weißt, was du zu tun hast. (*Gibt ihm den Brief.*)

SCHNECK Wie gewöhnlich, ich geb' ihn, wie ich nach Triest komm', auf die Post –

ALFRED Ich hab' ihn um sechs Tage vorausdatiert.

SCHNECK Der alte gnädige Herr kriegt dann in Wien den Brief, sieht 's Postzeichen von Triest drauf und kommt sein Lebtag nit drauf, daß der junge gnädige Herr da auf 'n Land –

ALFRED Du bist ein kluger Kauz; ich wünsche nur, daß deine Verschwiegenheit gleichen Schritt mit der Klugheit hält –

SCHNECK 's gibt nix Verschwiegeneres als mich und meinen Schwagern. Der kommt heut' acht Tag' um die nämliche Stund' hier durch.

ALFRED Und wird meinen nächsten Brief in Empfang nehmen; hier für deine Mühe! (*Gibt ihm Geld.*)

SCHNECK Küss' d' Hand. Ich fahr' gleich wieder weiter, ich hab' nur einen Paschischör da abg'setzt.

ALFRED Adieu, Freund!

Dritte Szene

BUCHNER, WIRT, EIN HAUSKNECHT; DIE VORIGEN

BUCHNER (*mit dem Wirt zur Mitte eintretend und Schneck erblickend*) Da ist er ja; ich hab' dir dein Trinkgeld noch nicht gegeben. (*Gibt ihm Geld*)

SCHNECK Empfehl' mich schönstens! (*Durch die Mitte ab.*)

WIRT (*zu Buchner, auf den Hausknecht zeigend, der einen Mantelsack trägt*) Der Hausknecht wird gleich die andere Bagage von Euer Gnaden heraufbringen.

BUCHNER Das is schon meine ganze Bagage!

WIRT In dem Felleisen da? (*Zum Hausknecht.*) Seppel, da wird nur ein Hofzimmer aufg'sperrt. (*Mit dem Hausknecht zur Mitte ab.*)

Vierte Szene

ALFRED, BUCHNER

ALFRED Seh' ich recht? Buchner –?

BUCHNER Das is ja der Herr Chevalier – oder Marchese – ah, zu was denn, wir sein ja alte Schulkameraden!

ALFRED Nun, das denk' ich, Duzbrüder seit Jahren her.

BUCHNER Du bist jetzt ein gnädiger Herr, und ich bin ein armer Teufel, das hat aber auf die Freundschaft kein' Einfluß.

ALFRED Bei mir wenigstens nicht, mein lieber Anton. Übrigens sprichst du von Armut – ist dein Vater nicht ein wohlhabender Kaufmann?

BUCHNER Gewesen! Viele Gläubiger haben sein Vermögen – und einer, der unerbittlichste, hat sogar ihn selbst in B'schlag g'nommen.

ALFRED Der unerbittlichste –?

BUCHNER Der Tod – dem war er das bisserl Leben schuldig, und der Kerl is glei da mit 'n Personalarrest. Ich hab' die Nachricht kriegt, während ich auf Reisen war. Meine Reisen, das war 's letzte hinausgeworfene Geld. Ich hab' sollen die Welt kennenlernen, und ich hab' g'funden, die Welt is grad so, wie ich mir s' vorg'stellt hab'.

ALFRED Dann kannst du sie nicht kennengelernt haben, denn kein Mensch stellt sich's vor, wie die Welt ist. – Du hast also gar kein Vermögen?

BUCHNER Nix!

ALFRED Und was bist du eigentlich?

BUCHNER Nix!

ALFRED Und was gedenkst du nun zu tun?

BUCHNER Ich werd' heiraten!

ALFRED Und wovon leben?

BUCHNER Von der Frau ihrem Geld.

ALFRED Schämst du dich nicht?

BUCHNER Ja, das is nicht a so. Wie wir uns kenneng'lernt haben, hat *sie* nix g'habt, und *ich* war reich, jetzt is *sie* reich, und *ich* hab' nix, das macht in der Lieb' grad soviel Unterschied, als ob sich eine Gelsen auf 'n rechten oder auf 'n linken Wadl setzt. Der Vater hat mir 's damals versprochen, sie natürlich

Gelse(n): Mücke, Schnake.

auch, folglich wird sie jetzt den Armen mit offenen Armen empfangen, der Vater wird natürlich sein Wort halten –

ALFRED Freund, du bist gereist, um die Welt kennenzulernen?

BUCHNER Zwei Jahr'!

ALFRED Das war wirklich hinausgeworfenes Geld. Und wo ist denn deine Geliebte?

BUCHNER Da! Sie is die leibliche Tochter von dem ehemaligen Fleischselcher und jetzigen Rentierer Fett, der da sein Schloß hat.

ALFRED Wie? Fanny?

BUCHNER Kennst du s'?

ALFRED Ich bin ja seit zwei Monaten bei Fett im Hause.

BUCHNER Hast aber nix ang'fangt mit ihr? Na, freilich nicht, sonst tät'st mir's ja sagen.

ALFRED Warum soll ich vor *dir* ein Geheimnis haben? Ich liebe Ulrike.

BUCHNER Die weitschichtige Anverwandte, die bei ihr is?

ALFRED Dieselbe. Ich bin im Hause als Sekretär des Alten und nur unter dem Namen Alfred, den man für meinen Familiennamen hält, bekannt. In dieser bescheidenen Gestalt hab' ich die Neigung der liebenswürdigen Ulrike gewonnen.

BUCHNER Und dein Vater –?

ALFRED Weiß bis jetzt noch nichts, wird aber, wenn er's erfährt, aufs entschiedenste meiner Wahl entgegen sein.

BUCHNER Was wirst denn nacher tun?

ALFRED Ich werde alles dransetzen, ihn zur Einwilligung zu bewegen.

BUCHNER Wenn er aber »Nemam« sagt?

ALFRED Dann setze ich alles an Ulrikens Liebe und bringe ihr mein Erbe, meine Aussichten, selbst die Liebe meines Vaters zum Opfer.

BUCHNER Das g'fallt mir, was du für ein romantischer Kerl bist, grad wie ich. Also gehn wir hin!

ALFRED Nicht zugleich! Wir sind uns dort fremd – wohlgemerkt, fremd! Ich geh' jetzt voraus, in einer halben Stunde kommst du aufs Schloß.

BUCHNER Is recht, so is es pfiffiger. Ich begleit' dich nur bis vors Haus, ich muß dich nur was wegen der Fanny fragen. (*Beide gehen zur Mitte ab.*)

Nemam: (tschechisch): ich habe nichts, »nichts zu machen«.

Fünfte Szene

NEBEL *(kommt während dem Ritornell des folgenden Liedes durch die zweite Seitentüre links)*

Lied

1.

Man soll allweil angeb'n, von was als man lebt,
Und das is doch a Sach', die in Dunkeln oft schwebt.
Wenn man sieht, was d' Leut' aussgeb'n, und wenn man dann waß,
Was s' einz'nehmen hab'n, ja, da fallt man in d' Fras!
's is mit Händen zu greifen, daß Schulden g'macht wer'n,
Aber alls laßt sich doch nicht durch Schulden erklär'n;
's is völlig, als ob Zauberei im Spiel wär',
Soviel Leut' leb'n prächti – und man weiß nicht, woher.

2.

Von manchem weiß man für b'stimmt, daß er nix hat,
Er macht aber G'schäft wie ein Bankier in der Stadt,
Und G'schäfte, zu die man doch braucht einen Fonds,
Baut Häuser in der Stadt, kauft Palais auf 'n Land.
Und 's is weder von Onkeln in Indien was z' hör'n,
Noch daß öfters Postwagen wo ausgeraubt wer'n;
Und doch sieht man ihn leb'n ganz als Millionär –
Ja, ka Mensch weiß, woher, ja, ka Mensch weiß, woher.

3.

Fünf großg'wachsne Töchter und a klane Pension
Hat a Mutter, den Zins könnt' s' nicht b'streiten davon,
Wo soll da was bleib'n noch auf d' Kost und aufs G'wand?
Und doch trag'n s' schwer von Seiden jeds Kleid und jeds Band.
's wird auf'trag'n z' Mittag, daß der Tisch völlig kracht,
Und d' Alte trinkt sich extra ihr'n Affen auf d' Nacht,
Im Theater haben s' Sperrsitz' auf 'n ersten Parterre –
Und ka Mensch weiß, woher, und ka Mensch weiß, woher.

Wenn der Mensch dasteht, mit siebzehn Schulen in Leib, unzählige Wissenschaften in klein' Finger, fünf lebendige Sprachen in Mund und einen totschlachtigen Soliditätsgeist in

Fras: Fraisen, Konvulsionen.
Affen: Rausch.
totschlachtigen: stumpfen.

Kopf, da kann er mit einiger Zuversicht erwarten, daß ihm das Schicksal ein saubres Stückel Existenz auf 'n Teller entgegentragt, das is keine Kunst. – Wenn man aber nix g'lernt und nirgends gutgetan hat, wenn man dabei eine spezielle Abneigung gegen die Arbeit und einen Universalhang zur Gaudee in sich tragt und dennoch die Idee nicht aufgibt, ein vermöglicher Kerl zu wer'n, darin liegt was Grandioses. Der Fortuna als Mittelding zwischen Bettler und Guerilla entgegentreten, das Maximum von ihr begehren, wenn man auch gar keine Ansprüche drauf hat, das is die wahre Anspruchslosigkeit, das zeugt von edler Suffisance, von fabelhaftem Selbstgefühl, mit einem Wort, es ist ein schönes Streben. – Ich werd' mich jetzt auf den Eh'stand verlegen und dabei allen Anforderungen der Ästhetik entsprechen. Meine Auserwählte is nämlich reich und dabei nicht ohne Unliebenswürdigkeit, ich schließe also eine Vernunftheirat, eine Geldheirat, und zugleich eine Heirat aus Inklination, weil ich eine unendliche Inklination zum Geld hab'. Der Klang von dreißigtausend Gulden, das sind die lockenden Töne, die einem vor dem Hymentempel zurufen: »Belieben Sie hereinzuspazieren, es wird gleich anfangen!« Freilich, Geld macht nicht glücklich, sagt ein Philosoph, der Gott dankt hätt', wenn ihm wer eins g'liehen hätt'. Von dieser Weisheit kann ich keinen Gebrauch machen. Wenn ich aber einmal der Meinigen das Ihrige durchgebracht hab' und sie drüber in Ohnmacht fallen sollte, dann will ich ihr diese geistreiche Sentenz als Rauberessig unter d' Nasen halten. – Ich muß jetzt nur schauen – (*den durch die Mitte eintretenden Wirt bemerkend*) o je, der Wirt –!

Sechste Szene

DER WIRT, NEBEL

WIRT (*Nebel erblickend, für sich*) Jetzt lass' ich ihn nimmer aus! – (*Laut.*) Herr Baron –

NEBEL Was soll's?

WIRT Allen Respekt, aber ich wünschte einmal eine Ausgleichung.

NEBEL Muß das grad jetzt sein, wo ich promenieren will? Was

Gaudee: Lustbarkeit.

seids denn ös für Wirt'? Wenn ihr die Gäste nicht ungestört Bewegung machen laßts, wo soll man da einen Appetit hernehmen und was verzehren bei euch?

WIRT O, wegen Verzehren hätt' ich bei Euer Gnaden keine Klag', aber – die Rechnung is bereits –

NEBEL Wo haben Sie Ihre lumpige Rechnung?

WIRT O, ich bitt', die Rechnung betragt jetzt zweihundertsechsundachtzig Gulden sechsunddreißig Kreuzer, is folglich nicht lumpig, und selbst das, daß sie noch nicht bezahlt ist, wag' ich vorderhand nicht so zu nennen, kann aber demungeachtet die Bemerkung nicht unterdrücken, daß ich noch keinen Zwanziger von Euer Gnaden gesehen hab'.

NEBEL (*für sich*) Die Wahrheit dringt doch am Ende immer siegreich durch, ich will ihr diesen Triumph gönnen und in Ermangelung eines anderen Auswegs einmal aufrichtig sein. (*Zum Wirt.*) Freund, Sie sagen, daß sie noch keinen Zwanziger von mir gesehen haben. Da sind Sie in meiner Lag', ich seh auch keinen, weil ich – wozu so einen Mann täuschen? – weil ich keinen hab'.

WIRT (*höchst betroffen*) Sagen Sie das im Ernst?

NEBEL Parol'! Sie können sich volle Überzeugung aus meinen leeren Säcken holen.

WIRT (*für sich*) Das hab' ich wieder mein' Weib zu danken, die hat immer so ein blindes Zutrauen zu die Paschischör. (*Zu Nebel.*) Und Sie, Mann ohne Zwanziger, Sie haben sich unterstanden, da zu zehren wie ein Lord?!

NEBEL Das geschah aus Schonung für den Ruf Ihres Hotels. Wäre es Ihnen denn angenehm, wenn's heißet, das is ein Beisel, da kehrt lauter pauvres G'sindel ein? Der Ruf eines Gasthauses ist in der Heiklichkeit das nächste an dem Ruf einer Jungfrau, und der Unterschied is nur der, ein Gasthaus kommt in ein schlechts Renommee, wenn man mehrere aussiwerfen, und eine Jungfrau, wenn man mehrere einigehn sieht.

WIRT Das nutzt mich alles nix; ich lass' einmal keinen Gast fort, bis er bezahlt hat.

NEBEL Scharmant, dann bin ich ewig Ihr Gast und hab' endlich einmal eine lebenslängliche Versorgung g'funden.

WIRT Das sind Faxen! Sie sind am End' gar kein Baron?

NEBEL Ich war von all'n Anfang keiner!

Beisel: Schenke, kleines, ordinäres Gasthaus.

WIRT (*böse*) Erlauben Sie mir –

NEBEL Sind Sie ein Baron? Nein! Also wie können Sie von einem andern Menschen etwas prätendieren, was Sie selbst nicht zu leisten imstande sind?

WIRT Sie hab'n aber g'sagt –

NEBEL Was g'sagt! Wenn sich zu ein' Baron nix anders g'höret, als daß man's sagt – 's is lächerlich!

WIRT Er heißt also auch nicht Nebelstern?

NEBEL Nein, bloß Nebel. Der Stern is nur ang'hängt, um dumme Menschen durch seinen Strahl zu blenden.

WIRT So? Weiß Er, daß man solche lockre Subjekte festsetzen laßt?

NEBEL Sie sprechen arrestierlich? Ich glaub' aber nicht, daß Sie so streng gegen einen Menschen verfahren werden, der gewissermaßen durch die Bande des Blutes mit Ihnen verknüpft is.

WIRT Er wird doch nicht ein Verwandter von mir sein wollen?

NEBEL Die Umstände bestimmen mich dazu. Denken Sie zurück an mehr als dreißig Jahre?

WIRT O, ich hab' a sehr guts Gedächtnis, mir kann man nix weismachen.

NEBEL Natürlich; was is etliche dreißig Jahre Rückerinnerung für einen Mann, der um mehr als hundert Jahr' z'ruck is? Sie werden sich also erinnern, daß vor soundso viel dreißig Jahr' eine Nina Nebel Kellnerin in Ihrem väterlichen Wirtshaus war.

WIRT Als wenn's gestern g'schehn wär'.

NEBEL Dem Herrn seine verblichene Frau Mutter is damals noch eine brennrote Frau Wirtin g'west und hat damals dieser Nina Nebel versprochen, wenn sie heiratet und ein Mädl kriegt, so wird sie die Taufgodl sein. Nun hat später diese Nina Nebel mutmaßlich geheiratet, ich bin aber zufällig ihr Sohn und nicht ihre Tochter geworden, dafür kann kein Mensch. Jenseits aber sind alle Menschen gleich, Ihre Frau Mutter is jenseits, und nichts soll mich daher hindern, die Verblichene als Godl zu verehren.

WIRT Die Verwandtschaft wär' weit herg'holt. Lebt Seine Mutter noch?

NEBEL Frecher Freigeist, zweifelst du an der Unsterblichkeit der Seele? Sie lebt dort oben, wo meine Godl lebt, und alle zwei

Taufgodl: Taufpatin.

blicken jetzt herab und denken sich: Das is infam, wie der Wirt mit dem Jüngling verfahrt!

WIRT Larifari! Wer war denn Sein Vater?

NEBEL Ahnenstolz war nie meine Sache, so weit zurück hab' ich auch deßtwegen meinen Stammbaum nie untersucht.

WIRT Mit einem Worte, Er kann nicht zahlen, und es is auch keine Hoffnung, daß wer anderer für Ihn zahlt, folglich bleibt's beim Einsperren!

NEBEL Halt, Sie haben eine eigene Manier, mein Vertrauen zu erringen. Die Hoffnung, daß jemand für mich zahlt, grenzt schon stark an die Gewißheit.

WIRT Für Ihn wird wer bezahlen, wer is so dumm?

NEBEL Ein Frauenzimmer! Finden Sie nicht, daß ich ein äußerst reizender Kerl bin?

WIRT Das find' ich grad nicht.

NEBEL Macht nix, wann's nur diejenige find't!

WIRT Also wär' Er ein Bräutigam?

NEBEL Seit dem letzten Hernalser Kirtag; dort hab' ich das politische Opfer meiner Finanzpläne kennengelernt. Ich war damals vazierender Markör, nachdem ich früher längere Zeit Lakai außer Diensten gewesen bin.

WIRT Wer is denn die Glückliche?

NEBEL Niemand anderer als die eh'malige Fleischselchersschwägerin des jetzigen Herrn von Fett.

WIRT (*erstaunt*) Was? Die dreißigtausend Gulden reiche Fräul'n Distel aus der Familie des gnädigen Herrn von Fett?

NEBEL Ich bin der, der die Distel zum Fressen gern hat, eine höchst ominöse Leibspeis', die zu Anspielungen führen könnte. Ich hab' erfahren, daß sie längere Zeit bei ihrem Schwager hier zubringen will, bin ihr gefolgt, und diesem Umstand verdanken Sie's, daß ich Ihr Gast bin.

WIRT Auf das Glück hätt' ich Verzicht geleist't.

NEBEL Nein, hören Sie, wenn Ihnen das noch nicht einleucht't, wie leicht man von dreißigtausend Gulden eine Rechnung von dreihundert bezahlt, dann müßt' ich Ihnen wirklich für so dumm halten, als d' Leut' sagen.

WIRT Wer sagt das?

Hernalser Kirtag: das jährliche Kirchweihfest in der Vorstadt Hernals war eine vielbesuchte Volksbelustigung.
Markör: Zahlkellner.

NEBEL Jeder Mensch hat seine Feinde. Kurzum, Sie werden mich noch einige Tage anständig mit Leibesnahrung versorgen und strengste Verschwiegenheit über meine Person beobachten, das rat' ich Ihnen im guten.

WIRT (*für sich*) Es bleibt mir wohl nix anders übrig. (*Zu Nebel.*) Aber das sag' ich Ihnen gleich, ich bin ein ehrenwerter Gastwirt, ich weiß von gar nichts – will gar nichts wissen. (*Für sich, im Abgehen.*) Wenn ich nur zu mein' Geld komm, mir is es egal, woher 's kommt. (*Durch die Mitte ab.*)

Siebente Szene

NEBEL, *dann* BUCHNER

NEBEL (*allein*) Es muß jetzt durchaus mehr Ernst hineinkommen in mein Verhältnis mit der Lucia. Die Gartensituationen und Mondscheinszenen nutzen mich nix, wenn sie nicht mit einem Trauungsakt schließen. Sie liebt mich, aber sie hat Vermögen, folglich is es nicht das polypenartige Anklammern eines geldlosen Wesens an einen Mann, dem das Wort »Heirat« entschlüpft! Sie weiß, die unauflöslichen Seligkeiten kommen ihr nicht aus. Ich muß daher –

(*Buchner tritt, ohne Nebel zu bemerken, zur Mitte ein.*)

NEBEL (*Buchner betrachtend, für sich*) Was Teufel, in welches Schubladel meines Erinnerungskastens tu' ich denn diese Physiognomie hinein?

BUCHNER (*für sich*) Ich geh' jetzt franchement zum Herrn von Fett!

NEBEL (*für sich*) So? Dort möcht' ich mich auch introduzieren.

BUCHNER (*für sich*) Mein Freund hat mich völlig ängstlich g'macht wegen meiner Weltkenntnis. Sollt' denn die Welt wirklich so sein, daß der nix mehr gilt, der nix mehr hat? Das wär' schlecht von der Welt, und meine Fanny gehört doch auch zu der Welt, is eigentlich meine ganze Welt. – Nein, sie is mehr, sie is mein Himmel, und der Himmel muß auf alle Fäll' honetter sein als die Welt.

NEBEL (*für sich*) Das is ja einer von meine eh'maligen Herrn!

BUCHNER (*für sich*) Nein, meine Hoffnungen täuschen mich gewiß nicht! (*Will zur Mitte ab.*)

NEBEL (*ihm entgegentretend*) Wär' zu wünschen!

BUCHNER Was wollen Sie?

NEBEL Pardon, ich hab' Ihr Selbstgespräch belauscht –

BUCHNER Dann sind Sie ein impertinenter Mensch!

NEBEL Möglich, und aus diesem Grund kann ich Ihnen vielleicht von Nutzen sein. – Euer Gnaden, Herr von Buchner, kennen S' mich denn nicht mehr, den Nebel, Ihren eh'maligen Bedienten auf Reisen?

BUCHNER Meiner Seel' der Nebel, der liederliche Pursch', den ich voriges Jahr in Nürnberg davongejagt hab'.

NEBEL Ich bin der nämliche, nehmen S' mich wieder in Ihren Dienst! Mir is drum z' tun, zum Herrn von Fett ins Haus zu kommen, auch ich muß dort mit männlicher Kühnheit weibliche Absichten mit einem ungewissen Ausgang realisieren, wir dienen also einer dem andern.

BUCHNER Das wär' wohl so übel nicht, aber ich bin nicht mehr in die Umständ', wo man sich einen Bedienten halten kann.

NEBEL Ich verlang' keine Besoldung, Kost und Quartier muß uns einstweilen der Herr von Fett geben –

BUCHNER Auf die Art fehlet freilich nix als die Livree.

NEBEL Die wer'n wir gleich haben. (*Zieht seinen blauen Frack aus und nimmt ein Messer vom Tisch.*) Vor vierzehn Tagen hat man mich wo hinausg'worfen, und bei dieser Gelegenheit hat eine unsanfte Anfassung gezeigt, daß mein Rockkragen mit gelber Steifleinwand unterlegt is. Wenn man also das Tuch heruntertrennt (*tut es sehr schnell mit dem Messer*), so kriegt der Frack gleich ein livreeartiges Ansehn. Ihr Wappen sollt' freilich auf die Knöpf' sein, und ich hab' lauter Viehköpf' drauf, aber das nimmt man nicht so genau. Und erlauben Euer Gnaden Ihr Reis'kappel! Diese Borten tritt ja alle Gesetze der Feschheit mit Füßen. (*Trennt selbe schnell herab.*) Der Herr in einfache Nonchalance gekleidet, der Bediente vergold't wie eine Nuß an ein' Weihnachtsbaum, das is Nobless'! (*Hat die Borte um seinen Hut befestigt.*) So, jetzt halten wir unseren Einzug beim Herrn von Fett! (*Wollen zur Mitte ab.*)

Achte Szene

WIRT; DIE VORIGEN

WIRT (*zur Mitte eintretend, zu Buchner*) Soll ich – (*die Veränderung an Nebels Anzug bemerkend*) was is denn das –?

BUCHNER Mein Bedienter, der mich begleiten wird.

WIRT Ja, aber –

NEBEL (*leise zum Wirt*) Still, das g'hört ja alles zu meinem Dreißigtausendguldenplan.

BUCHNER Herr Wirt, ich hab' nix verzehrt bei Ihnen. (*Leise zu Nebel.*) Was soll ich ihm denn geben? Das is mein letzter Silbertaler.

NEBEL (*leise zu Buchner*) Werfen S' ihm 'n hin als so ganzer!

BUCHNER (*zum Wirt*) Da is meine Zech'! (*Gibt ihm den Taler.*)

WIRT O, ich bitt'!

NEBEL (*zu Buchner*) So, jetzt stehn wir da, frisch, wie die spanischen Eroberer, die die Schiff' hinter sich verbrennt haben. Kein Rückweg, »Vorwärts!« heißt's! Die Zukunft is die neue Welt, in die der Mensch seine Entdeckungsreisen macht, wir sind zwei Ferdinand Cortezer, Herz und Kassa unsrer Auserkornen sind das Mexiko, was wir erobern soll'n. (*Mit Buchner durch die Mitte ab.*)

WIRT (*allein*) Hm, hm! Das is zu kurios! Der eine zehrt nix und zahlt nobl, der andere zehrt nobl und zahlt nix! Wenn das nicht verdächtig is, nachher weiß ich's nicht. (*Zur Mitte ab.*)

Verwandlung

Elegantes Zimmer auf der Villa des Herrn von Fett, zwei Mittel- und zwei Seitentüren

Neunte Szene

FETT *und* LUCIA (*treten in heftigem Gespräch aus der Seitentüre rechts auf*)

FETT Ich sag' Ihnen 's Schwägerin, machen Sie mir den Kopf nicht voll!

LUCIA Wenn er immer leer war, so wird er's auch –

FETT Mein Kopf is seit dem Tod meiner Frau an nix mehr gewöhnt als an Ruhe.

LUCIA Sie haben dem Gärtner verboten, mir abends den Gartenschlüssel zu geben.

FETT Expree verboten!

LUCIA Das is meiner Ehre nachteilig!

Stehn . . . frisch: sind wir in Verlegenheit.

FETT Ich find' wieder, daß es Ihrer Ehre weit nachteiliger wär', wenn ich Ihnen den Gartenschlüssel erlaubet. (*Sie scharf fixierend.*) Wer schlagt denn immer Gitarr' unter Ihrem Fenster und heult dazu als wie ein Pintsch, der in ein' Quartier allein eing'sperrt is?

LUCIA (*scharf, in beleidigtem Tone*) Es ist mein Anbeter, der mir Serenaden bringt. Ich hab' in seinem Herzen ein Feuer angezunden.

FETT Und ich schütt' ihm ein Wasser auf 'n Kopf.

LUCIA Sie sind ein –

FETT Ich bin ein nobler Mann, das is was Alts!

LUCIA Und ich bin ein liebendes Mädchen!

FETT Das is auch was Alts. Allein Sie waren früher die Schwägerin eines Fleischselchers und jetzt sind Sie die weibliche Seitenlinie einer Partikulierfamilie. Eine Fleischselcherische kann herumschmieren, wie sie will, darnach fragt niemand, aber eine Partikulierische – da müßt' ich bitten. Unsere ehemaligen Verhältnisse und unsere jetzigen, das is grad ein Verhältnis als wie Kreuzerwürstel und Dudelsack!

LUCIA Mein Geliebter is ein Kavalier!

FETT O Anplauschung über Anplauschung!

LUCIA Sagen Sie, was Sie wollen, ich bin einmal majorenn!

FETT Einmal? Sie sind, seit Sie majorenn waren, neuerdings ein erwachsenes Frauenzimmer geworden, um so mehr sollten Sie meiner Fräul'n Tochter ein Vorbild sein, nach dem sie sich nachbildt't, und derweil – ah, es is ja gar – an Ihnen sieht meine Fräul'n Tochter nix Gutes, und wenn eine Fräul'n nix Gutes sieht, so kann sie leicht durch das böse Beispiel – mit einem Wort, eine Fräul'n is bald verdorb'n.

LUCIA Hören S' auf mit die Sachen!

FETT Fangen Sie lieber die Sachen nicht an! Was werden sich die Schloßleut' denken, es is ein Skandal vor der Populace!

LUCIA Sie haben keinen Sinn für zarte Empfindungen!

FETT Ich dulde keine Empfindungen! Mein Haus is ein nobles Haus, da darf nix empfunden werden.

Herumschmieren: abstoßende Liebesbeziehungen.
Kreuzerwürstel: die billigste und kleinste Wurstgattung.
Populace: (fz.) Pöbel, »das gemeine Volk«.

Zehnte Szene

FANNY, ULRIKE; DIE VORIGEN; *später* GEORG

FANNY (*mit Ulrike durch die Mitteltüre rechts kommend*) Papa! Papa! Die Freud'! Wissen S', wer an'kommen is?

FETT Kann mir's nicht denken –

FANNY Der Anton Buchner, mein Geliebter, is da!

FETT Wär' mir nit lieb! Der Kridamacherssohn, der – na, mit dem wer'n wir auspacken!

FANNY Papa, war ich nicht immer Ihre gehorsame Tochter?

FETT Freilich!

FANNY Hab' ich nicht immer Ihre Befehle befolgt?

FETT Natürlich!

FANNY Sie werden also auch künftighin nicht an meinem Gehorsam zweifeln?

FETT Will's hoffen!

FANNY Wenn aber ein Vater gar so eine gehorsame Tochter hat, dann soll er ihr auch nix befehlen, was sie nicht tun mag.

FETT Dir befehl' ich gar nix, aber zu ihm werd' ich sagen: »Weiter um ein Haus!«

FANNY Gut, lassen Sie ihm ein Haus neben dem Ihrigen bauen und sagen Sie dann: »Weiter um ein Haus!« Wir ziehen augenblicklich ein!

FETT (*auffahrend*) Was? Du unterstehst dich, wär' das deine Folgsamkeit?

FANNY Aber, Papa, werden Sie doch nicht so heftig gegen Ihre gehorsame Tochter! Ich sag' Ihnen ja ganz in gutem, daß ich keinen andern lieben und heiraten kann als meinen Anton.

FETT Na, wart'! Wart' –!

LUCIA So ein Tyrann is mir noch nicht vorgekommen. Wo er eine Lieb' sieht, zerstört er s'! (*Geht durch die Seitentüre links ab.*)

ULRIKE Zürnen Sie Ihrer Tochter nicht, Herr von Fett! Sie wurde vor Veränderung Ihrer Glücksumstände vom jungen Buchner geliebt, von ihm hat sie die Überzeugung, daß nicht Eigennutz –

FANNY Daß seine Umstände sich geändert haben –

FETT Ist Grund genug für einen noblen Vater, ihm die noble Tochter zu verweigern! Dein Geliebter ist jetzt in andern Umständen, folglich mach' ich gar keine Umständ' mit ihm. (*Zu

Ulrike.) Mit Ihnen, Mamsell, hab' ich auch noch ein Wort von Liebe zu reden.

ULRIKE Mit mir?

FETT Ja, Sie haben sich unterfrecht, eine Amourschaft mit mein' Sekretär anzufangen, ohne mich zu fragen.

ULRIKE (*verlegen*) Es war – ich habe –

FETT Sie haben ein unbedeutendes Vermögen, er hat eine nicht bedeutende Besoldung.

ULRIKE Herr von Fett –

FETT Ruhig! Der Herr von Fett gibt seine Einwilligung zu dieser magern Verbindung, aber morgen schon muß geheiratet werden, denn Liebe leide ich nicht in meinem Haus, keine Spur von Liebe!

GEORG (*zur Mitte eintretend*) Der Herr von Buchner laßt fragen, ob er seine Aufwartung machen darf.

FETT Muß 's gleich sein?! Wer aufwarten will, muß sich aufs Warten verstehn! Ich lass' ihm sagen –

FANNY Aber, Papa, is denn das auch vornehm, einen Menschen beleidigen, der –

FETT Schau, da hast du recht! (*Zum Bedienten.*) Er werde vorgelassen! (*Georg geht ab.*) Ich werd' das Ding anders machen, ich werde ihm mit nobler Ironie meine volle Pracht und Herrlichkeit zeigen, damit ihn dann das eigene Betteltuttigefühl doppelt niederprackt und er sich gar nicht zu mucksen traut mit einem Mariagegedanken.

Elfte Szene

BUCHNER, NEBEL; DIE VORIGEN *ohne* LUCIA

BUCHNER (*mit Nebel, welcher Buchners Felleisen unter dem Arme trägt, zur Mitte links eintretend*) Na, mein lieber Herr Fett – Herr *von* Fett muß man jetzt schon sagen –

FETT Wird wohl nicht z'viel sein!

BUCHNER Mich g'freut's vom Herzen –

NEBEL (*respektvoll sich Fett nähernd*) Is einem simplen Diener vergönnt, die hocherlauchte Hand zu küssen?

FETT (*vornehm schmunzelnd, ihm die Hand hinhaltend*) Na, na, gar so arg is es nicht.

Betteltutti: ohne irgendwelche finanzielle Mittel.

NEBEL Eine höchst interessante fünffingrige Hand da, die mit gleicher Fertigkeit jetzt in die Dukaten umarbeit't, wie sie's früher in schweinernem Schmalz getan. Da kann man sagen: »Tempus mutampus«, wörtlich übersetzt: »Vom Esel aufs Roß!«

FETT (*für sich*) Recht ein galanter Kerl!

BUCHNER (*der mittlerweile Fanny begrüßt*) Sie haben also oft gedacht an mich in die zwei Jahr'?

FANNY Nur einmal, denn ich hab' gar nicht aufgehört, an Ihnen zu denken.

NEBEL (*für sich*) Das is der wasserdichteste Liebeswitz, so abstrapaziert und noch allweil z' brauchen!

FETT (*zwischen die Liebenden tretend, vornehm zu Buchner*) Sie haben *mir* aufwarten wollen!

BUCHNER Und zugleich –

FETT Ruhig! Hier (*auf sich zeigend*) aufwarten und da – (*auf Fanny zeigend*) 's Bratzel geben, das tut's nicht, ich müßt' sonst auf Ihr eh'maliges Vermögen anspielen, müßte sagen: »Such'! Verloren!« und nach der Türe weisen; daß diese Ihnen dann nicht mehr geöffnet wird, bis Sie eine mordionische Rente als Apportel bringen, versteht sich von selbst.

BUCHNER Herr von Fett, ich hab' –

FETT Sie haben nix, darin liegt alles, Sie sind eine Art fahrender Ritter –

NEBEL (*zu Fett*) Das sind Sie und nicht mein Herr!

FETT Was, Er untersteht sich –?

NEBEL Sie sind ein Herr *von* und haben Equipage, folglich sind Sie ein fahrender Ritter, ich wollt', mein Herr wär' einer!

FETT G'fallt mir recht gut, der Pursch'! (*Zu Buchner.*) Den könnten Sie mir abtreten, denn Sie und ein Bedienter, das macht sich ohnedem so, als wie eine arme Familie, die nichts z' fressen hat und halt't sich drei Hund'.

BUCHNER Sie wollen mich beleidigen, Herr von Fett, aber –

FETT Na, sein S' so gut und wer'n S' noch empfindlich auch! Ein armer Mensch darf nix empfinden als den Hunger, und für den woll'n wir heut' sorgen. Ich lad' Ihnen ein, da können S' Ihnen tüchtig anfressen einmal! (*Spricht leise mit Nebel weiter.*)

BUCHNER (*entrüstet*) Das soll ertragen, wer will, aber ich –

Tempus mutampus: für lat. *tempora mutantur* ... = die Zeiten ändern sich ...
's Bratzel geben: wird zu einem Hund gesagt, der die Pfote reichen soll.
Apportel: der zu apportierende Gegenstand.

ULRIKE (*zu Fanny*) Such' ihn zu besänftigen!

FANNY (*zu Buchner*) Mir zulieb', Anton, mir zulieb' müssen Sie's ertragen!

FETT (*zu Fanny und Ulrike*) Was ist das für eine Wispelei? Dort ist die Fermez la porte! Verstanden?!

FANNY Papa, treib'n Sie Ihre gehorsame Tochter nicht aufs äußerste!

FETT Ich treib' dich nur in dein Zimmer hinein!

ULRIKE Komm, Fanny, komm! (*Geht mit Fanny durch die Mitte links ab.*)

FETT (*zu Buchner*) Jetzt führ' ich Ihnen zu meinem Sekretär, der muß sich derweil mit Ihnen abgeben, mir wär' das zu fad, Ihnen überall herumz'schleppen. Nachher wird gegessen, um das wird Ihnen am meisten z' tun sein; na, ich lass' Ihnen schon extra was Unverdaulichs kochen, daß S' auskommen auf a acht Tag'. (*Geht zur Mitte links ab.*)

BUCHNER (*indem er ihm folgt, für sich*) Fanny, ich bring' dir da wirklich ein großes Opfer! (*Zur Mitte ab.*)

Zwölfte Szene

NEBEL, *dann* LUCIA

NEBEL (*allein*) Schon Seneka sagt: »Zwischen Eingeladenwerden und Eingeladenwerden is ein Unterschied als wie zwischen Kuß und Ohrfeig'n.« Die Art und Weise, wie man eingeladen wird, is wirklich ein Zauberspruch, denn es werden dadurch oft Knödl in Ananas, oft aber auch Fasan' in Kuttelfleck' verwandelt. – Was wird denn aber mein Herr anlegen zu der Tafel? Muß doch schaun, wie's mit seiner Garderob' ausschaut. (*Öffnet das mitgebrachte Felleisen und mustert den Inhalt.*) Ein quadrillierter Bonjour, ein brauner Quäker und eine rauhe Außenseite von Tüffel – blutwenig! Ja, es glaubt's kein Mensch, was der Mensch alles braucht, bis er halbwegs ein' Menschen gleichsieht. Kurios, der Mensch, heißt's, is das Meisterstuck der Schöpfung, und man muß sich völlig arm zahl'n

Fermez la porte: (fz.) Schließen Sie die Tür.
Kuttelfleck: gehackter Magen, Innereien.
Quadrillierter: aus Quadraten bestehendes Muster.
Bonjour: kurzer Morgen- oder Hausrock.
Quäker: eine Art Frack.
Tüffel: grobes Wollzeug.

an Schneidern, daß man das Meisterstuck nur gehörig verstekken kann. (*Nimmt eine Bürste aus dem Felleisen und bürstet den braunen Quäker aus.*) Halt di, Bräunl, laß dich striegeln!

LUCIA (*tritt aus der Seitentür links*) Der Schwager soll mir nicht – (*erblickt Nebel*) ha – was is das –!?

NEBEL Lucia!

LUCIA Nebelstern!? Is es möglich –?

NEBEL Du staunst, weil ich bürste, was würdest du erst sagen, wenn ich wichset, das heißt Stiefel putzet!?

LUCIA Die Verkleidung –?

NEBEL Aus Liebe!

LUCIA Aber als Bedienter!

NEBEL Für die Liebe ist keine Verkleidung zu schlecht, wenn sie nur zweckmäßig is. Darin hat Jupiter allen Liebhabern ein gutes Beispiel gegeben. Das war ein Gott – ein Gott is doch offenbar mehr als ein Baron – und in was für Verkleidungen is der erschienen, namentlich dazumal, wie er unserm Weltteil die ungeheure Sottise angetan hat.

LUCIA Eine Sottise?

NEBEL Du wirst wissen, in welcher ochsigen Gestalt er sich vor der Europa gezeigt hat. Er hat also vorausgesetzt, daß da als Ochs am meisten Glück zu machen is, und es hat sich nachderhand hie und da ausgewiesen, daß der gute Donnerer nicht so ganz unrecht hat g'habt.

LUCIA Weißt du, Geliebter, wie lange wir uns nicht gesehen haben?

NEBEL Drei Täg', das sind 72 Stunden oder 4320 Minuten oder 259.200 Sekunden, in zwei Sekunden schlagt das Herz dreimal, mein Herz schlagt nur für dich, folglich hat es 388.800 mal umsonst g'schlagen, denn der Gegenstand dieser unzähligen Schläg' war fern!

LUCIA Und ich muß dir's offen sagen, ich wär' so gern allweil bei dir!

NEBEL Diese Idee laßt sich durch das Band der Eh' realisieren. Das Eheband is das kürzeste an Raum, das längste in der Zeit.

LUCIA Wenn das wahr wär', gingen nicht so viel Eh'leut' auseinand'.

NEBEL Gehn doch z'samm'!

LUCIA O, gar viel' haben sich schon für immer getrennt!

Sottise: (fz.) Grobheit, Beleidigung.

NEBEL Macht nix, wenn s' alt werd'n, gehn s' doch zusamm', mögen s' tun, was s' wollen. Übrigens hoff' ich, du wirst mich keiner Schnödigkeit für fähig halten.

LUCIA Könnt' mir nicht im Schlaf einfallen, nein, an dir is nix auszusetzen, du bist, was man sagt, ein Mandel mit Kren.

NEBEL Lucia! (*Für sich.*) Jetzt weiß ich meiner Seel' nix Romantisches drauf z' sagen, der Kren beißt mir die ganze Schwärmerei z'samm'. (*Zu Lucia.*) Du därfst mir's glauben, an mir is jeder Zoll verliebter Verlobter! Jetzt muß ich aber einige Worte als dein künftiger Zukünftiger sprechen.

LUCIA Red', geliebter Kavalier, wie dir der Schnabel g'wachsen is.

NEBEL Du weißt, daß meine Liebe nicht auf schofler Basis ruht, daß meine Leidenschaft ohne metallischen Beigeschmack, daß mein Interesse nicht auf dein Kapital gegründet is. In einem Moment, der dem gegenwärtigen an Aufrichtigkeit gleichkommt, hab' ich dir vertraut, daß ich von vornehmem Stand bin, und dieser Umstand is es, der uns manchen Anstand machen wird, wegen dem Abstand unserer Stände. Mein Vater tragt natürlich die Nasen sehr hoch und wird daher den Rauchfang eurer eh'maligen Selchkuchel gleich erschnuppert haben, und du weißt, es gibt einmal ständische Vorurteile, gegen die sich nicht ankämpfen laßt.

LUCIA Was wär' denn das? Das klingt ja wie ein Abschied?!

NEBEL Wird gleich einen ganz andern Klang kriegen. Eine Mesalliance is immer ein Verstoß, und da dürfte mein Vater leicht auch einen Verstoß begehen und mich verstoßen. Vielleicht, daß er mir flucht, vielleicht auch, daß er mir bloß kein Geld gibt, und es is doch das schon ein verfluchter Fluch. Übrigens frag' ich nach meinem Vermögen nicht *so* viel, um so mehr aber muß ich nach dem deinigen fragen. Eine Volkssage taxiert dich auf dreißigtausend Gulden.

LUCIA Da irrt man sich um zehntausend Gulden.

NEBEL Daß doch das Volk alles vergrößert!

LUCIA Jetzt irrst du dich um zwanzigtausend Gulden, ich bin vierzig reich!

NEBEL Daß doch das Volk alles verkleinert! Is ein rechtes Volk, das Volk! Also vierzig zählst du, Geliebte?!

LUCIA Ja, vierzigtausend!

Mandel mit Kren: ein Mann, der Respekt einflößt. Kren = Meerrettich.

NEBEL O, du tausendschöner Schatz, du süße Vierz'gerin!

LUCIA Da kann man schon von 'n Interessen leben, auf 'n Land gar brillant!

NEBEL Ach nein, gehn wir nur in die Stadt! Mit dem Land, das is ein Aberglauben. Ich kenn' eine Familie in der Stadt, die war auf einen kleinen Gehalt beschränkt, da sind s' manchmal nicht draus'kommen; nacher sind s' alle Sommer aufs Land zogen, da sind s' erst ganz z'grundgangen. – Jetzt hoff' ich, du wirst mir einen Abstecher vom Romantischen ins Pekuniäre nicht übel deuten!

Dreizehnte Szene

FETT; DIE VORIGEN

(*Fett tritt durch die Mitteltüre rechts ein und bleibt, als er die beiden bemerkt, lauschend im Hintergrunde stehen.*)

NEBEL (*in seiner Rede fortfahrend*) Denn siehst du, die Kollisionsverhältnisse – es is was Genantes, wenn man ein hoher Sprößling is.

FETT (*erstaunt, für sich*) Hoher Sprößling –? Sollt' er wirklich –?

LUCIA Laß gut sein, 's wird uns nix abgehn, wenn auch dein g'spreizter Papa nix auslaßt!

FETT (*wie oben*) G'spreizter Papa –? Kein Zweifel mehr!

LUCIA (*Fett bemerkend, zu Nebel*) O je, wir sind behorcht!

NEBEL Wer wagt es –? (*Sieht Fett und verneigt sich respektvoll*) O, ich bitte –

FETT (*für sich*) Jetzt is ihm unverhofft der Kavalier ausg'rutscht. (*Laut zu Lucia.*) Fräulein Schwägerin, gehen Sie auf Ihr Chambre!

LUCIA Das is aber doch – die b'ständige Herumschafferei –!

FETT Ich hab' hier ein paar vieraugige Worte zu reden. (*Lucia geht unwillig zur Seitentüre links ab.*)

Vierzehnte Szene

FETT, NEBEL

FETT (*sich Nebel mit wichtigem Gesichte nähernd*) Chevalier –

NEBEL Aber, Euer Gnaden –

FETT Keine Kindereien! Reichen Sie dem Standesgenossen die Bruderhand!

NEBEL Sie sind also –?

FETT Darüber im klaren, daß Sie was Großes sind. Is Ihnen schon was Ähnliches unter'kommen von einem Scharfblick?

NEBEL Da kann man nur sagen: ihr beschämten Adler und Falken, laßts euch gutwillig einschreiben ins Blindeninstitut!

FETT Warum haben Sie sich aber als ordinären, gemeinen Menschen verkleid't?

NEBEL Bloß, um bei Ihnen Eingang zu finden und unerkannt den glücklichen Ausgang meiner Lieb' zu präparieren.

FETT Muß doch alles verliebt sein? Schaun Sie, ich liebe die Liebe nicht, find' nichts Nobles darin.

NEBEL Wenn man (*mit verächtlicher Betonung*) bedenkt, was oft für Leut' verliebt sind, da möcht' ich Ihnen wohl recht geben; wenn man aber andrerseits (*mit erhabener Betonung*) bedenkt, was oft für Leut' verliebt sind, dann kann ich wieder nicht Ihrer Meinung sein. Soviel is g'wiß, heimliche Lieb' is immer was Nobles, die Liebe zur Schau tragen, das is etwas Ordinärs, und wenn zwei Liebende, die z' Haus Gelegenheit genug hab'n, sich vor d' Leut' hinstellen mit ihre Zärtlichkeiten und G'schichterln und Händedrückerln und Busserln und abgestochene Kalbsaugerln, das is drei Grad unter pintscherlgemein.

FETT Sie scheinen schon bedeutend geliebt zu haben?

NEBEL Nicht stark, aber oft!

FETT Darf ich um Ihren Namen bitten?

NEBEL Den wahren sag' ich nicht gern, und ein falscher nutzt Ihnen nichts.

FETT (*für sich*) Der muß schon was sehr Großes sein! (*Laut.*) Und Dieselben wünschen meine Schwägerin zu heiraten?

NEBEL Je eher, desto lieber!

FETT Die Hochzeit kann morgen sein!

NEBEL O seliger Morgen!

FETT Das heißt, erst morgen nachmittag!

NEBEL O seliger Abend! Ein paar Stunden ändern nichts an der Seligkeit.

FETT Ich verlange aber eine Gegeng'fälligkeit!

NEBEL Verlangen Sie!

Pintscherlgemein: »scherzhafte Verstärkung von hundsgemein« (R.).

FETT Ich habe eine Tochter –

NEBEL Soll ich die auch heiraten?

FETT (*ihm schalkhaft drohend*) Vokativus! Sie hat eine Liebschaft.

NEBEL Mit wem?

FETT Mit einem gemeinen Menschen, mit Ihrem Herrn, das heißt –

NEBEL Das heißt, mit dem unscheinbaren Herrn Buchner, der scheinbar mein Herr is und dessen Bedienter ich zu sein scheine.

FETT Richtig! Und diese Leidenschaft möcht' ich halt gern, daß Sie s' durch eine noble Intrige zerstöreten.

NEBEL Nix leichter als das!

FETT Es wird nicht so leicht gehn!

NEBEL Kinderei! Ich werd' schon das rechte Mittel finden. »Homo sum«, sagt der Lateiner, das heißt auf deutsch: »Ich bin ein Viechkerl.«

FETT Ich hab' mich also nicht in Ihnen getäuscht?

NEBEL Mein Herr darf aber nix davon wissen, wer ich eigentlich bin.

FETT Ich weiß es selber noch nicht!

NEBEL Das is recht, nur Verschwiegenheit! Es is überhaupt gut, wenn über mich sehr viel Verschwiegenheit herrscht.

FETT Von mir aus können Sie ruhig sein, es is aber –

Fünfzehnte Szene

GEORG; DIE VORIGEN

GEORG (*zur Mitte links eintretend*) Der Wirt vom »Silbernen Rappen« is draußt, Euer Gnaden.

FETT Der Wirt?

NEBEL (*betroffen, für sich*) Der Wirt –? (*Zu Fett.*) Herr von Fett, ein Mann von Ihrem Rang wird sich doch nicht so weit herablassen, einen Menschen aus einer so untergeordneten Klasse vorzulassen?

FETT 's is wahr, man weiß nicht, wie man sich gegen so einen Menschen benehmen soll. Was is ein Wirt gegen einen

Vokativus: leichtfertiger Gesell.
Homo sum: (lat.) ich bin ein Mensch.

Fleischsel – sprich ich, gegen einen Partikulier? (*Zu Georg.*) Frag' ihn, was er will!

GEORG Er hat g'sagt, er hat Euer Gnaden eine wichtige Entdekkung zu machen.

FETT Entdeckung? – Er soll hereinkommen!

(*Georg zur Mitteltüre ab.*)

NEBEL (*für sich*) Jetzt wird er gleich hin sein, der mystische Makintosh, der meine Wesenheit verhüllt! (*Zu Fett.*) Ich warne Sie!

FETT Vor wem?

NEBEL (*geheimnisvoll*) Vor dem Wirt, er ist ein Filou, tut immer, als ob er alles wüßt', alle Leut' kennet, auf d' Letzt' sagt er, er kennt mich auch.

FETT Lächerlicher Kerl!

NEBEL Ich kündige es Ihnen derweil in voraus an, beachten Sie das, es ist beachtenswerter als manche Buchhändlerannonce mit der xylographischen Bratzen. – Ich werd' jetzt zu der Schwägerin gehen. (*Indem er durch die Seitentüre links geht.*) Wenn ich dasmal gut drauskomm' –! (*Ab.*)

Sechzehnte Szene

WIRT, FETT

WIRT (*durch die Mitteltüre rechts eintretend und den eben abgehenden Nebel erblickend*) Aha –!

FETT Was is denn das für eine Art, daß man »Aha!« sagt, wenn man zu einem gnädigen Herrn ins Zimmer tritt?

WIRT Bitt' um Verzeihn, is nicht Euer Gnaden angegangen!

FETT Wollt' Ihm's auch nicht raten, zu mir »Aha!« zu sagen. Gar ein dummes Wort, aber viele Leut' haben die dalkete G'wohnheit, auf alles sagen s': »Aha!«

WIRT Der Grund is der, es is mir einer eine Zech' schuldig geblieben.

FETT Aha –

WIRT Und diese Zech' betragt zweihundertsechsundachtzig Gulden sechsunddreißig Kreuzer.

FETT Aha –

Makintosh: wasserdichter Mantel.
Xylographischen Bratzen: Hand in Holzschnitt.

WIRT Und derjenige hat noch die Keckheit, Euer Gnaden Haus zu betreten!

FETT Aha –

WIRT Sehn S', Euer Gnaden sagen selber allweil: »Aha!«

FETT Wer sagt das? Will Er mir was aufdisputieren? Ich lass' Ihn augenblicklich –

WIRT Nein, nein, bei Euer Gnaden is das nicht der Fall; aber es gibt viel Leut', denen rutscht so ein Wort heraus, ohne daß sie 's selber merken!

FETT Aha! Aber was hat Er mir denn entdecken wollen?

WIRT Es sind heut' zwei Leut' auf Euer Gnaden Schloß gekommen.

FETT No, das weiß ich ja!

WIRT Der eine is mehr, als er scheint.

FETT No, das weiß ich ja. (*Für sich*) Trägt Livree und is ein geborener Gottweißwas!

WIRT Der andere aber is noch weniger, als er scheint.

FETT Na, das weiß ich ja! (*Für sich.*) Da meint er den Buchner! (*Zum Wirt.*) Und sonst hat Er mir nichts zu sagen?

WIRT Wegen die heimlichen Absichten, die man auf Dero Fräulein Schwägerin hat –

FETT Er is ein abgeschmackter Mensch, sagt mir lauter Sachen, die ich schon weiß!

WIRT Ja, aber –

FETT Was will Er denn noch, odioser Untertan?!

WIRT Um Erlaubnis hab' ich bitten wollen, ob ich nicht den arretieren lassen dürft', der mir die Zech' schuldig ist!

FETT Gut, tu' Er das, Freund! (*Für sich.*) Das is sehr g'scheit, so wird er am sichersten von meiner Fräul'n Tochter losgerissen, und der Chevalier braucht sich nicht erst mit einem Plan zu strapizieren. (*Zum Wirt.*) Schon recht! Nur ungeniert arretiert!

WIRT Tun Euer Gnaden derweil gar nix dergleichen, ich geh' jetzt –

FETT Gut!

WIRT In einer halben Stund' bin ich mit die Wachter da.

FETT (*indem er sich gegen die Seitentüre rechts zum Abgehen wendet*) Aha –

WIRT Und da kommt er mir nicht mehr aus!

FETT Gut, sehr gut! (*Geht zur Seitentüre rechts ab.*)

WIRT (*allein*) In einer halben Stund' fallt der Nebel in meine Gewalt, und mit die zweihundertsechsundachtzig Gulden sechsunddreißig Kreuzer soll es fürchterlich tagen. (*Geht zur Mitteltüre links ab.*)

Siebzehnte Szene

ALFRED, ULRIKE, BUCHNER, FANNY (*treten im Gespräch durch die Mitteltüre rechts auf*)

ULRIKE Mir schien es fast, als ob es dich nicht aufs angenehmste überraschte, als ich dir den Machtspruch des Herrn von Fett mitgeteilt?

ALFRED Wie kannst du zweifeln –?

BUCHNER (*zu Fanny*) Wir haben keine Hoffnung –

FANNY Wer sagt denn das! Mein Papa is wohl ein bissel eigensinnig, aber das scheitert alles an meinem Gehorsam.

ULRIKE (*zu Alfred*) Ich habe keine Eltern mehr, auch du hast mich oft versichert, daß du niemandem Rechenschaft über deine Handlungen zu geben hast. Ist's nicht so?

ALFRED (*zögernd*) Ja!

ULRIKE Warum sprichst du das »Ja« so zögernd aus?

ALFRED (*verlegen*) Ich habe allerdings – einen Freund – einen Verwandten – von dem ich etwas zu erwarten habe – und –

ULRIKE Davon hast du mir bis jetzt nichts gesagt.

ALFRED Weil – es wäre deshalb gut, wenn ich auf zwei Tage nach der Residenz reiste.

ULRIKE Alfred, täuschest du mich nicht?

ALFRED Nein, Ulrike, gewiß nicht!

BUCHNER Der Herr Fett will aber partout, daß morgen schon deine Hochzeit is!

Achtzehnte Szene

FETT, GEORG; DIE VORIGEN

FETT (*aus der Seitentüre rechts kommend*) Mussi Alfred, Mamsell Ulrik', Sie wissen meinen Ausspruch, da drinnen is der Herr Amtmann, der wird Ihnen als Notarius alles aufsetzen, was zur Ehe notwendig is! Wohlgemerkt, der Notarius setzt alles auf. Das scheinen aber die meisten Eh'leut' nicht einzusehn, drum setzt dann extra eins dem andern was auf. (*Selbstgefällig lächelnd.*) Schlaue Bemerkung! (*Zu Alfred und Ulrike.*) Also, Brautpaar!

ALFRED (*nach kurzem Besinnen zu Fett*) Zu Befehl! (*Will Ulriken durch die Seitentüre rechts führen.*)

ULRIKE (*welche Alfreds nicht ganz zu verbergende Unruhe beobachtete*) Alfred –

GEORG (*tritt zur Mitte links ein*) Euer Gnaden, da is ein Brief.

FETT (*den Brief nehmend*) Woher?

GEORG Aus der Stadt. (*Geht zur Mitteltüre links ab.*)

FETT Mit einem Livreeknopf gesiegelt.

BUCHNER Nein, das is ja ein Wappenpetschaft!

FETT (*den Brief erbrechend, zu Alfred*) Sekretär, lesen Sie mir das Geschreibsel vor! (*Gibt ihm den Brief.*)

ALFRED (*den Brief nehmend und einen Blick hineinwerfend, für sich*) Himmel, von meinem Vater –!

ULRIKE (*welche Alfred beobachtet, für sich*) Er erschrickt – was soll ich denken –?

FETT Frauenzimmer verlassen bei solchen Gelegenheiten alsogleich das Gemach –

FANNY (*leise zu Buchner*) Sie werden mir hernach buchstäblich erzählen, was in dem Brief steht.

FETT (*in seiner Rede fortfahrend*) Und kommen nicht eher, bis sie gerufen werden. (*Scharf zu Fanny.*) Verstanden?

FANNY (*ärgerlich*) Na ja, ich geh', Sie wissen ja doch schon längst, daß ich eine gehorsame Tochter bin. – Das is doch gar schrecklich, das! (*Geht mit Ulrike, welche forschende Blicke auf Alfred zurückwirft, durch die Mitteltüre rechts ab.*)

Neunzehnte Szene

FETT, ALFRED, BUCHNER

FETT Wer schreibt denn eigentlich an mich?

ALFRED Marchese Vincelli ist unterzeichnet.

FETT Was, der reiche Millionbesitzer, der Güterinhaber, der Herrschaften kauft, als ob 's Plutzerbirn' wär'n? Lesen Sie, Sekretär, lesen Sie!

Plutzerbirn': eine Sorte Birnen (*Plutzer* = Kürbis, Kopf).

ALFRED (*liest*) »Mein Herr! Ein ganz unglaubliches Gerücht ist mir zu Ohren gekommen, daß nämlich mein Sohn sich in Ihrem Hause befinden soll, wo er unter einem angenommenen Namen sich um die Gunst eines Frauenzimmers in Ihrer Familie bewirbt –«

FETT (*erstaunt, für sich*) Jetzt wissen wir, wer der is, der auf d' Schwägerin tipfelt; nein, macht die Person in ihre übertragenen Täg' so eine Eroberung! (*Zu Alfred.*) Na, Sekretär, lesen Sie, stehen Sie nicht da als wie ein Sekretär, auf dem man schreibt!

ALFRED (*weiterlesend*) »Da Sie gewiß von der Absurdität jeder Erwartung überzeugt sein müssen, welche Sie etwa in bezug auf meine Einwilligung in eine solche Erniedrigung des Hauses Vincelli hegen könnten –«

FETT Erniedrigung? Glaubt er, weil er ein altes Geschlecht is und ich noch ein junger Anfänger in der Nobless' bin, so kann –? Mit die Hopatatschichkeiten kommt er mir grad z'recht –

ALFRED (*weiterlesend*) »– so werden Sie Ihrerseits Ihr Ansehen aufbieten, damit diese Torheit nicht weitergetrieben werde, wenn nämlich an dem Gerüchte etwas Wahres sein sollte. Ich will mich indessen selbst überzeugen –« (*Höchst betroffen, für sich.*) Wie, er selbst –?

FETT Weiter, weiter!

ALFRED (*weiterlesend*) »– und Sie können mich eine Stunde nach Empfang dieser Zeilen erwarten. Ich empfehle Ihnen vorderhand strengste Verschwiegenheit gegen meinen Sohn. Ihr ergebener Marchese Vincelli.«

BUCHNER (*leise zu Alfred*) Armer Freund, jetzt stehst frisch!

FETT (*wohlgefällig lächelnd, auf und nieder gehend*) Er kommt, das is g'scheit, auf meine Eleganz, auf meine Vornehmität is er gar nicht gefaßt. Wart', altes Haus, du sollst staunen über meine neue Villa. Eine Tafel soll das werden, an die Leckerbissen aller Weltteile soll er sich anschoppen, nur kein G'selchts kriegt er, damit er gar keine Anspielung machen kann.

ALFRED (*zu Buchner*) Ich muß ihm entgegen, alles bekennen und seine Nachsicht erflehen.

Auf ... tipfelt: »auf .... abgesehen hat«.
Übertragenen: ältlichen, bejahrten.
Hopatatschichkeiten: hochmütige Allüren, Umstände-Macherei.

FETT (*zu Buchner*) Sie haben's glücklich getroffen, Sie kommen heut' zu einem Traktament, Sie wissen gar nicht, wie –

BUCHNER (*über dieses Benehmen entrüstet*) Erlauben Sie –

FETT Ja, ich erlaube, daß Sie an der Tafel sitzen, aber das sag' ich Ihnen, Anstand und keinen Haarbeutel! Ich geb' Ihnen lieber morgen beim Abschied ein paar Flaschen, als daß heut' ein Skandal g'schieht. (*Wendet sich gegen Alfred.*)

BUCHNER (*sich mäßigend, beiseite*) Da kann man nix mehr sagen.

FETT Sekretär, gehen Sie dem vornehmen Gast entgegen. Er wird beim »Silbernen Rappen« absteigen woll'n, lassen Sie das nicht zu, sondern bringen Sie ihn sogleich hierher auf mein Villaschloß!

ALFRED Sehr wohl!

BUCHNER (*leise zu Alfred*) Ich begleit' dich! (*Beide durch die Mitteltür links ab.*)

Zwanzigste Szene

FETT, *dann* NEBEL

FETT Den Amtmann muß ich auf morgen bestellen, denn heut' is keine Zeit zu solchen Lappalien. (*Öffnet die Seitentüre rechts und spricht hinein.*) Lieber Amtmann – (*Spricht dann leise weiter.*)

NEBEL (*ängstlich durch die Seitentüre links kommend*) Es kommen Wachter übern Hof – wenn die etwan mich – der Wirt is infam genug dazu –

FETT (*sich von der Seitentüre entfernend und Nebel erblickend*) Lieber Baron – (*für sich*) der därf mir nicht zusamm'kommen mit sein' Alten. (*Zu Nebel.*) Wollten Sie mir nicht die Gefälligkeit erzeigen, sich nur auf kurze Zeit zu verstecken?

NEBEL (*die Gelegenheit gierig ergreifend*) O, mit größtem Vergnügen!

FETT Es hat einen Grund.

NEBEL O ja, es hat einen Grund!

FETT Im linken Flügel meiner Villa –

NEBEL Mir is ein Flügel wie der andere. (*Für sich.*) Ich bedaure nur, daß ich nicht zwei Flügel hab'. (*Zu Fett.*) Also nur g'schwind!

FETT Na, so pressant is es nicht –

NEBEL Ah, ja, mir scheint –

FETT Wir können aber auch gleich – (*will ihn nach der Mitteltüre links führen.*)

NEBEL Sie, nicht da hinaus, wir könnten wem begegnen.

FETT Wir können auch von dieser Seiten – (*Geht nach der Seitentüre rechts.*)

NEBEL Is besser!

FETT Mich g'freut es, daß Sie ohne Widerrede – Sie sind wirklich ein lieber Kavalier! (*Umarmt ihn.*)

Einundzwanzigste Szene

WIRT, VIER WÄCHTER, BEDIENTE; DIE VORIGEN

WIRT (*mit den Wächtern zur Mitte links eintretend*) Nur angepackt! (*Auf Nebel zeigend.*) Der is's!

DIE WÄCHTER (*sich Nebel nähernd*) Der Herr geht mit uns!

FETT Wa – was!? Ah, das is zu stark! (*Zu den Wächtern.*) Seids ihr besoffen?

WIRT (*zu Fett*) Das is ja der –

FETT Wirt, ich zerhau' Ihn auf ein Faschierts!

WIRT Aber meine zweihundertsechsundachtzig Gulden sechsunddreißig Kreuzer?

FETT Wenn dieser Herr die Zech' nicht gezahlt hat, so wird er seine Ursachen haben.

NEBEL Na, ich glaub's!

FETT (*zu Nebel*) So was sieht der Plebs nicht ein! (*Zu den Wächtern.*) Her da! (*Führt die Wächter vor und sagt ihnen leise, auf Nebel deutend.*) Dieser Herr is ein – ich därf nicht sagen, was, aber er is ein – (*macht die Pantomime, daß er was Hohes ist, und wispelt den Wächtern einige Worte ins Ohr.*) Das weiß dieser Dummkopf nicht. (*Deutet auf den Wirt.*)

DIE WÄCHTER Ja, wann's so is –! (*Nehmen die Hüte ab und verneigen sich tief vor Nebel.*)

WIRT (*zu den Wächtern*) Was fallt euch denn ein, meine Herrn? Das is ja –

FETT (*zum Wirt*) 's Maul gehalten! (*Läutet.*)

WIRT Wenn ich aber Euer Gnaden versichere – (*Georg, Heinrich und noch zwei Bediente treten zur Mitte links ein.*)

Faschierts: kleingehacktes Fleisch.

FETT Domestiken, werft mir diesen Flegel hinaus! (*Auf den Wirt zeigend.*)

WIRT Wär' mir nicht lieb!

FETT (*zu Nebel*) Diese Satisfaktion bin ich Ihnen schuldig!

NEBEL Wozu? Er wird sich gutwillig und beschämt entfernen.

FETT Nein, das lass' ich mir nicht nehmen, ohne Hinauswerfen hat das Ganze keine Kraft.

WIRT Aber –

FETT (*zu den Bedienten*) Allez-vous en!

DIE BEDIENTEN Marsch hinaus!

(*Im Orchester fällt lebhafte Musik ein. Die Bedienten transportieren den sich grimmig wehrenden Wirt zur Türe hinaus, die Wächter lachen. Fett schließt Nebel in seine Arme.*)

Der Vorhang fällt.

Zweiter Akt

Speisesaal im Gasthofe »Zum Silbernen Rappen« wie im Anfange des ersten Aktes

Erste Szene

WIRTIN, KELLNER, EIN HAUSKNECHT, EINE MAGD

(*stauben in größter Eilfertigkeit Tisch und Stühle ab und ordnen Verschiedenes im Zimmer*)

WIRTIN Das is a schöne G'schicht', so ein Paschischör, und mein Mann nit z' Haus!

KELLNER Vier Pferd' an' Reis'wagen!

WIRTIN Was Reis'wagen! Herrschaftswagen!

HAUSKNECHT Ich sag', das muß schon mehr als eine Herrschaft sein!

WIRTIN Nur g'schwind, ich glaub', sie kommen schon!

Zweite Szene

MARCHESE VINCELLI, EIN BEDIENTER, EIN JÄGER, EIN KELLNER, EIN HAUSKNECHT; DIE VORIGEN

(*Die mit dem Marchese zur Mitteltüre Eintretenden tragen Mantelsäcke und sonstiges Gepäck.*)

VINCELLI (*im Reiseanzug zu den Dienstleuten*) Man lege alles hier ab! Wo ist der Aubergiste?

WIRTIN (*mit tiefen Knixen*) Verzeih'n Euer Exlenz, es is dermalen kein Paschischör da. Heut' früh war einer da, der hat aber nicht Oberschist g'heißen.

VINCELLI Albernheit – ich meine den Wirt!

WIRTIN Verzeih'n, mein Mann ist gegenwärtig nicht gegenwärtig – muß aber den Augenblick –

VINCELLI (*zu den Dienstleuten*) Man entferne sich! (*Zur Wirtin.*) Madame, auf ein Wort!

(*Alle bis auf die Wirtin gehen zur Mitteltüre ab.*)

Dritte Szene

VINCELLI, WIRTIN

WIRTIN Hochfürstliche Gnaden befehlen –

VINCELLI (*immer sehr stolz und abgemessen*) Ich bin nicht hochfürstliche Gnaden. Sagen Sie mir – ist hier im Orte nicht ein gewisser – Florian Fett, glaub' ich, heißt der Mann?

WIRTIN Eine kleine halbe Stund' von hier is sein Schloß, er is unser gnädiger Herr.

VINCELLI (*ärgerlich*) Schloß – gnädiger Herr – man könnte rasend werden – ein ehemaliger Schinkenverkäufer, Würstemacher – 's ist empörend!

WIRTIN (*für sich*) Der red't sehr despektierlich von unserm Gutsherrn!

VINCELLI Was ist der Mann für eine Art von Person?

WIRTIN Gar nix Nobles, Euer Exlenz, Durchlaucht! Was eine wirkliche Standesperson is, das kennt unsereins gleich.

VINCELLI Hat die Madame nie – (*für sich*) Weiber wissen da immer am besten Bescheid – (*sich wieder zur Wirtin wendend*) etwas gehört von einem absurden Liebesverhältnis zwischen einem fremden jungen Herrn und einem Frauenzimmer aus der Familie des ignoblen Wurstkrämers?

WIRTIN (*für sich*) Aha, das geht den abscheulichen Menschen, den Nebel, an! (*Zu Vincelli.*) Mein Mann hat mir davon was g'sagt. (*Für sich.*) Was kann aber das einen so vornehmen Herrn intressieren?

VINCELLI Nun?

WIRTIN Man spricht allgemein von einer heimlichen Entführung.

VINCELLI (*auffahrend*) Entführung!?

WIRTIN (*erschrocken*) Mit Euer Exlenz Erlaubnis, ja.

VINCELLI (*seinen Grimm verbeißend, für sich*) Mit meiner Erlaubnis! Na, wartet, ich will euch – (*zur Wirtin*) wohnt der junge Mann in Fetts Hause?

WIRTIN Jetzt, glaub' ich, ja, früher aber hat er bei uns logiert und is meinem Mann eine Rechnung schuldig von zweihundertsechsundachtzig Gulden sechsunddreißig Kreuzer.

VINCELLI Lapperei! Wäre das das Schlimmste! Er hat sich wohl bei Fetts unter einem falschen Namen introduziert?

WIRTIN O gewiß, unter dem falschesten Namen von der ganzen

Welt! (*Für sich, mit einem unterdrückten Seufzer.*) Das is überhaupt gar ein falscher Mensch, der Nebel!

VINCELLI Man schicke mir sogleich einen von meinen Leuten!

WIRTIN In dem geschwindesten Augenblick, Euer Exlenz, den man sich nur denken kann! (*Eilt zur Mitte ab.*)

Vierte Szene

VINCELLI, *dann* KLING

VINCELLI (*allein*) Also Wahrheit! Heillose, schmachbringende, stammbaumbedrohende Wahrheit!? Gut, daß ich noch zur rechten Zeit – und wenn es mich mein halbes Vermögen kosten sollte –

KLING (*eilig durch die Mitte hereinkommend*) Euer Gnaden, der Herr Sohn –

VINCELLI (*erstaunt*) Wie – was? Er kommt hierher? Ich will ihn jetzt nicht sehen, den Ungeratenen – den – den – sag' ihm das! Er soll mich hier im Hause erwarten, ich werde, wenn ich zurückkomme, das gebührende Ungewitter über seinem Haupte losbrechen lassen, früher aber fahre ich zu Fetts! (*Geht durch die Seitentüre rechts ab.*)

KLING Da ist er schon!

Fünfte Szene

KLING, ALFRED

ALFRED (*zur Mitte eintretend*) Ging nicht mein Vater eben von dir, guter Alter?

KLING In der übelsten Stimmung! Sie haben schöne Geschichten angefangen, junger Herr!

ALFRED Nur eine, Freund, aber die schönste, eine Liebesgeschichte, die die Geschichte meines Lebens, meines Glückes werden soll. Ich muß sogleich mit meinem Vater –

KLING Tun Sie das nicht, Sie würden nur noch mehr verderben. Ich kenne den alten Herrn am besten!

ALFRED Du hast recht –! (*Überlegend.*) Weißt du, lieber Kling – dir ist bei ihm manch freies Wort vergönnt – du hast mir ja selbst erzählt, daß mein Vater, eh' er sich verehelicht, in ähnlicher Lage sich befand wie ich jetzt –

KLING Daran will er nicht gern erinnert sein.

ALFRED Tu es mir zuliebe!

KLING Auch hat ja Ihr Vater diese Jugendliebe dem kindlichen Gehorsam aufgeopfert und der ihm bestimmten Braut die Hand gereicht.

ALFRED Und hat ihn das glücklich gemacht?

KLING Darüber sprach er nicht, solange die gnädige Frau Marchesa lebte, selbst später –

ALFRED Er fährt jetzt aufs Schloß –?

KLING So sagte er mir.

ALFRED Nun, dann hoffe ich alles, er wird meine Ulrike sehen – das Zusammentreffen mit dem Plebejer Fett wird ihn wohl unangenehm berühren, um so mehr muß der Kontrast, wenn er diesen Engel erblickt, die günstigste Wirkung – (*Im Seitenzimmer rechts vorne wird die Klingel gezogen.*)

KLING Der gnädige Herr – ich muß zu ihm!

ALFRED Und ich werde hier seine Zurückkunft erwarten. (*Kling geht durch die Seitentüre rechts vorne, Alfred durch die Seitentüre links vorne ab.*)

Verwandlung

Zimmer auf der Villa des Herrn von Fett; im Hintergrunde ein Bogen, rechts und links eine Seitentüre; ganz vorne rechts ein Fenster

Sechste Szene

NEBEL (*durch die Seitentür links kommend*)

NEBEL Ich bin zwar hier nicht unter Schloß und Riegel, aber ein Versteckter und G'fangener geht, was die Unterhaltung anbelangt, so ziemlich auf eins hinaus. Die drei Viertelstunden kommen mir wie acht Tag' vor, wie müßt' es erst sein – und man kann nicht wissen, Zeit und Weil' is ungleich – wenn man mich einmal auf längere Zeit aufz'heb'n gibt. So ein Jahr muß der Ewigkeit den Rang streitig machen. Auf diese Art hat der Hufeland in seiner »Kunst, das menschliche Leben zu verlängern«, doch nicht den Nagel auf den Kopf getroffen. Zehn, fufzehn Jahr' eing'sperrt muß man sein, nacher kann man was

Hufeland: Christoph Wilhelm H. (1762–1836).

reden über die Länge der Existenz. 's Schönste is aber, ich weiß gar nicht, warum der Herr von Fett mich da versteckt –! Wann er etwan – es is nicht wahrscheinlich – wann er aber doch mich heimlich übern Daum drahn und mir derweil einen Strich durch meine Lucische Rechnung machen wollt' –? (*Die auf einem Tisch liegende Gitarre erblickend.*) Da is a Gitarr', das is g'scheit, ich bin hier im Schloß im linken Flügel, folglich muß da drüben unten das rechte Bügel sein, und da logiert meine Lucia. (*Die Gitarre nehmend.*) Werde ihr gleich eine Andeutung geben, daß sie mich z' finden weiß. (*Öffnet das Fenster und setzt sich auf die Brüstung*). Es is halt doch immer schön, wenn man's in der Musik auf eine Stufe gebracht hat! (*Arpeggiert auf der Gitarre abwechselnd immer dieselben zwei Akkorde eine Weile fort.*)

Siebente Szene

BUCHNER; DER VORIGE

BUCHNER (*tritt durch den Bogen ein*) Da hab'n wir's, da steckt der Pursch', und ich such' ihn im ganzen Haus.

NEBEL Ah, das is stark – schaun S', ich hab' jetzt im Tod drauf vergessen, daß ich Ihr Bedieneter bin. Sie kommen wie gerufen!

BUCHNER Ich zu dir?

NEBEL Ja, ich muß Ihnen aufsagen.

BUCHNER So? Na, du warst ja ohnedies nur zum Scheine in meinem Dienst.

NEBEL Nehmen wir also zum Schein an, daß morgen meine vierzehn Täg' aus sind. – Ich heirat'!

BUCHNER So g'schwind?

NEBEL Jawort der Braut, Heiratsgut, Einwilligung des Herrn von Fett, alles in Ordnung!

BUCHNER Ist das die Möglichkeit –? Mancher Mensch hat ein Glück –! Und ich hab' auf einmal gar keins mehr. Ich weiß meiner Seel' nicht –

NEBEL Wollen Euer Gnaden vielleicht morgen zu mir in Dienst gehn?

BUCHNER Du, sei nicht z' keck!

Bügel: Schenkel eines Vogels.

NEBEL Ich mein' nur, aus Dankbarkeit, weil ich in Ihren Diensten mein Glück hab' g'macht; wer weiß –?

BUCHNER Ich bin voll guten Muts hergegangen in das Haus, und ich weiß nicht, ich hab' alles anders g'funden, als ich mir's vorgestellt hab'. Dieser Fett, wie der impertinent worden is!

NEBEL NatürlicheFolge des Reichtums! Eine ähnliche Veränderung werden Sie heut' schon an mir bemerken, jetzt morgen erst –!

BUCHNER Und meine Fanny – die is eigentlich eine seelengute Seel' – unverändert, die liebe, herzliche Fanny –!

NEBEL Das is ja gut!

BUCHNER An der zu zweifeln, hab' ich gar keinen Grund –

NEBEL Das is ja sehr gut!

BUCHNER Ich kann sagen, sie gibt mir nicht die geringste Veranlassung –

NEBEL Das is ja äußerst gut!

BUCHNER Und doch kommen mir so g'wisse Skrupeln – man kann just nicht sagen »Skrupeln«, aber –

NEBEL (*für sich*) Das is noch besser – das kommt mir a tempo zu meinem Entzweiungsplan, den ich dem Herrn von Fett versprochen –

BUCHNER Sag' mir, Nebel, du bist ein g'scheiter Kerl, was halt'st du vom weiblichen Geschlecht?

NEBEL (*die Achsel zuckend*) Ja, von einem Geschlecht, was nicht zu halten is, is schwer was zu halten.

BUCHNER Und was halt'st du von meiner Fanny?

NEBEL Die Fräul'n Fanny, Ihre Geliebte? O, ich bitt', wie könnt' ich da – natürlich, es ließe sich – jetzt, wie gesagt – (*Begleitet seine Worte immer mehr mit geheimnisvollen, Argwohn erregenden Nuancen.*)

BUCHNER Sie scheint unverändert, aber grad, weil sie es scheint, so könnte ja das Ganze nur auf 'n Schein sein.

NEBEL Sehr scharfsinnig bemerkt, allein warum sollte man – wiewohl in dieser Hinsicht – jetzt übrigens keineswegs, daß –

BUCHNER Du hast tiefe Blicke in das weibliche Herz getan, blindes Zutrauen darf man zu keiner hab'n.

NEBEL Na, jetzt, das heißt – es ist wohl allerdings – wenn man aber wiederum –

BUCHNER Was sagst denn du dazu, wenn man ein Frauenzimmer auf die Prob' stellt, wenn man sie prüft?

NEBEL Bei solche Prüfungen überzeugt man sich meistens, daß

die Frauenzimmer sehr gut unterrichtet sind, daß sie mehr wissen, als man denkt, und man kommt oft in Verlegenheit, was man ihnen eigentlich für ein Prämium geben soll.

BUCHNER (*von der Idee festgehalten*) Du, ich stell' die Fanny auf die Prob'!

NEBEL Ja, aber wie?

BUCHNER Da mußt du was ausstudier'n, das is der letzte Dienst, den ich von dir verlang'.

NEBEL (*nachsinnend*) Man könnte – ja – ja – ich hab's!

BUCHNER So red', Nebel, red' –

NEBEL Gehn S' ein Stünderl im Garten spazieren, vermeiden Sie es, unter dieser Zeit mit ihr zusamm'zukommen, und kommen S' nachher wieder daher.

BUCHNER Und was wirst du –?

NEBEL (*hat nach dem Hintergrund geblickt*) Da kommt 's Stubenmadl von der Fräul'n Fanny – sagen Sie jetzt, daß sie's hört, »Baron« zu mir!

BUCHNER Ja, aber ich begreif' nit –

NEBEL Sie is schon da – in einer Stund' kommen S' her, und jetzt sagen S': »Adieu, lieber Baron!« – aber recht laut!

BUCHNER Was soll denn –? (*Als er Philippinen durch den Bogen eintreten sieht.*) Adieu, lieber Baron! (*Geht durch den Bogen links ab, durch den Philippine eingetreten.*)

NEBEL (*mit vornehmer Nonchalance*) A revoir!

Achte Szene

NEBEL, PHILIPPINE

PHILIPPINE (*erstaunt*) Entweder ich hab' nicht recht g'hört, oder der arme Herr Buchner is wahnsinnig wor'n.

NEBEL (*vornehm*) Wie meint Sie das?

PHILIPPINE »Baron« hat er zu Ihm g'sagt –?

NEBEL (*mit affektiertem Ärger*) So ist man doch stets von Domestiken behorcht!

PHILIPPINE Was, der Herr wär' ein Baron?

NEBEL Nun ja doch – aber –

PHILIPPINE Das mach' Er einem Narren weis!

NEBEL (*stolz*) Wieso? Ich hab' es bereits dem Herrn vom Haus entdeckt!

PHILIPPINE Na, der wird's auch glaubt hab'n, aber –

NEBEL Ich seh' schon, die Livree täuscht Sie, (*mit vornehmer Vertraulichkeit*) Verkleidung, liebe Kleine, pure Verkleidung!

PHILIPPINE Eine Livree wäre an Seinem Leibe eine Verkleidung? Das kommt mir grad so vor, als wenn ein Paperl saget, daß er sich die rot' und grün' Federn ausg'liehen hat, oder wenn ein gewisses vierfüßiges Tier sein graues Fell für eine Maskerade ausgeben wollt'!

NEBEL Mamsell, Sie stichelt, oder eigentlich –

PHILIPPINE Eigentlich hat mich mein Fräul'n herg'schickt, daß ich Ihn im Vertrauen fragen soll, wie sich der Herr Buchner aufg'führt hat in der zweijährigen Trennung.

NEBEL Mein Freund Buchner? – Nun, ich habe ihn in Dresden kennengelernt, wie ich eben bei den Dragonern quittierte –

PHILIPPINE Dragoner? Na ja, warum soll ein gemeiner Dragoner nicht Bedienter wer'n, wenn s' ihm bei der Armee den Laufpaß geben.

NEBEL Gemeiner? Kind, ich war Kommandant, der Erste in der Schwadron.

PHILIPPINE Der erste Schwadroneur, das will ich glauben.

NEBEL (*für sich*) Mit dem Stubenmädl hab' ich einen harten Stand.

PHILIPPINE Also was war's mit 'n Buchner seiner Aufführung?

NEBEL Sage Sie Ihrem Fräulein, er habe stets den Sturm äußrer Lockung siegreich abgeschlagen und dem Andrang der Versuchung auf eine felsimmeerische Weise getrotzt. Sind das bei Ihr auch Livreeworte, zweifelt Sie noch an meiner Baronheit?

PHILIPPINE Die Noblesse muß sich nicht in Worten, sondern in Handlungen zeigen.

NEBEL (*für sich*) Werden wir gleich mit einer edlen Handlung vorfahren! (*Zu Philippine.*) Ja, ja, mein Schatz, ich bin von hoher Familie, aber ohne – wie soll ich sagen – Geld –

PHILIPPINE Dies Geständnis einem fremden Dienstboten zu machen, is schon der schönste Beweis von Gemeinheit!

NEBEL Warum soll ich's verschweigen, ich bin einmal derangiert.

PHILIPPINE Ein derangierter Baron drückt die letzten paar Dukaten noch einem Stubenmädl in die Hand!

NEBEL Das war auch der Fall bei dem letzten Stubenmädl, mit dem ich z'samm'kommen bin, Malör, Sie kommt grad um ein Stubenmädl zu spät! Wie gesagt, eine reiche Heirat könnt' mich herausreißen!

Paperl: Papagei.

PHILIPPINE (*lachend*) Eine reiche Heirat könnt' Ihn herausreißen – is das eine Red'? Wenn Er noch g'sagt hätt': eine brillante Partie könnte den gesunkenen Glanz Seines Hauses wieder herstellen!

NEBEL Merkt Sie denn nicht, daß ich nur deßtwegen so red', um mich einer Domestikin verständlich zu machen?

PHILIPPINE Sorg' sich der Herr um das, daß ein Stubenmädl einen Baron nicht versteht, wenn er sich nobel ausdrückt!

NEBEL Nun also, eine solche brillante Partie hat sich mir angetragen.

PHILIPPINE Das sind schon die wahren Partien, die sich selber antragen.

NEBEL (*für sich*) Hat ein lästerlichs Maul, die Person! (*Zu Philippine.*) Der Vater hat mir's angetragen, mit einem Wort, der Herr von Fett will mir seine Tochter geben.

PHILIPPINE (*mit Verwunderung*) Die Fräul'n Fanny?

NEBEL Ich hab' sie ausgeschlagen, sie ist die Geliebte meines Freundes –

PHILIPPINE (*stutzend und den Ton ändernd*) Sie sind arm und schlagen eine reiche Braut aus, um den Freund nicht zu kränken –?

NEBEL Wäre auch das nicht – ich könnte den Gedanken nicht ertragen, von dem Gelde meiner Frau zu leben. Nein, nein – lieber will ich arm sein als durch eine zweideutige Handlung meinen Charakter beflecken.

PHILIPPINE (*ihn mit einem in Respekt übergehenden Staunen betrachtend*) Jetzt fang' ich's an zu glauben, daß Sie einer sind!

NEBEL Was?

PHILIPPINE Ein Baron.

NEBEL (*für sich*) Endlich einmal! (*Laut.*) Der alte Bürger wird wüten, er ist ohnedies höchst aufgebracht über das ungehorsame Wesen seiner Tochter!

PHILIPPINE Das hab' ich ihr oft g'sagt, sie sollt' ihm wenigstens scheinbar öfters nachgeben!

NEBEL Weiß Sie was –? (*Für sich, überlegend.*) Ich muß nur noch – (*laut*) sag' Sie dem Fräulein, sie soll in einer Stund' zu mir herüberkommen, ich werde ihr Mittel angeben, wie sie den Vater versöhnen und ihn zu einer Buchnerischen Einwilligung bewegen kann.

PHILIPPINE Ja, tun S' das, Herr Baron – aber jetzt muß ich noch um Verzeihung bitten, daß ich –

NEBEL Hat nichts zu sagen!

PHILIPPINE (*für sich, im Abgehen*) Wie man jetzt achtgeben muß mit die wirklichen und falschen Baron', das is noch über die lucketen Zwanz'ger. (*Durch den Bogen rechts ab.*)

NEBEL Adieu!

Neunte Szene

NEBEL (*allein*)

NEBEL Schad', daß i dem Buchner g'sagt hab', erst in einer Stund'. Jetzt kann i derweil zum Zeitvertreib auf und ab gehn in die Zimmer, und i tu' dös nit gern; denn da komm' ich immer in die Gedanken, und mit die Gedanken vom Hundertsten ins Tausendste 'nein.

Lied

D' Seel' hat a breits Maul, sagt sich oft was in d' Ohr'n,
Geht man so auf und ab, in Gedanken verlor'n;
Die Leut' und die Welt und die Menschen, ich hoff',
Die geb'n zu Gedanken in Überfluß Stoff.

D' Schöpfung war zu verschwend'risch mit d' Händ', 's liegt am Tag,
Denn mancher braucht s' nie, steckt s' nur all'weil in Sack.
Und mit d' Füaß war s' so geizig, 's zeigt 's tägliche Leb'n,
Wie viel'n s' offenbar um zwa z'wenig hat geb'n.

Wie dumm wird oft über ein' Rausch a Lärm g'macht,
Und a paar Maßl Wein sein verschmerzt über Nacht.
Da gibt's Leut', denen 's Rindfleisch in Kopf g'stieg'n is,
Und der Zustand verschlaft sich nit, soviel is g'wiß.

Es verdammt der Mensch manches und nennt manches gut,
Der Mensch tut oft was und weiß nit, was er tut.
's schlagt ein Eh'mann vor d' Stirn sich und denkt nicht dabei,
Das, was er jetzt tut, das is Tierquälerei.

Lucket: durchlocht (von »Lücke«); ungültig gemacht.
Zwanz'ger: Zwanzig Kreuzer-Münze.

Und da wird sehr drauf g'schaut jetzt, und das wohl mit Recht,
Allein 's geht den Tier'n ohnedem nit so schlecht.
Schon daß s' kane Schuld'n hab'n, is ja ein Trost,
Und das Gute, daß ihnen der Schneider nix kost't.

Der Fiaker peitscht d' Ross', doch laßt s' leid'n keine Not,
Das Schicksal peitscht d' Menschen und nimmt ihnen 's Brot.
Wann's kalt wird, fliegt der Vogel nach Afrika schön,
Der Mensch muß mit 'n Geld auf die Holzg'stett'n gehn.

Von Vereinen geg'n Tierquälerei wird drauf g'schaut,
Daß s' kein' Fripon beim Pudlscher'n zwicken in d' Haut:
Und wie zwick'n sich d' Menschen oft im Lebenslauf,
D' blauen Fleck', die die Seel' kriegt, die fall'n halt nicht auf.

Wie wer'n d' Madeln gequält durch die Kälte der Männer!
Freili sein s' selber schuld dran, das weiß jeder Kenner,
Durch zu wenig Widerstand lassen s' ein' nie
Die Zeit, daß ma g'hörig verliebt wurd' in sie. –

Der Löw', der is großmütig, voll Edelmut,
Nur schad', daß der Löw' nicht auch Geld herleihn tut.
Der Löw' tät' als Gläubiger edel auch sein,
Und die Tugend, die bringt man in die Menschen nicht h'nein.

Der Hund, na, das is was Bekannts, der is treu,
Und is doch zugleich kriechende Bestie dabei.
Ma find't auch unter d' Menschen so manchen, der kriecht,
Dann kann man aber schwören drauf, treu is er nicht.

Es is übrigens bei keinem Hund noch entdeckt,
Was er denkt, wann er d' Hand seines Schläggebers leckt.
Doch i tu' mi hinüber ins Tierreich verirr'n,
Und hab' über d' Menschheit woll'n philosophier'n!
Die Gedank'n unt'reinand' machen im Kopf ein' a G'summs,
Ach, das dalkerte Denken is wirkli was Dumms. (*Ab.*)

Holzg'stett'n: Holzlagerplatz.
Fripon (fz. Schelm), ein häufiger Hundename.
Dalkerte: dumme.

Verwandlung

Prunkzimmer im Schlosse. Eine Mitteltüre; links eine Seitentüre

Zehnte Szene

FETT, GEORG *und* HEINRICH

FETT (*tritt aus der Seitentüre auf, die Bedienten folgen ihm*) Ihr wißts also alles! (*Zu Heinrich.*) Du schaust beim Fenster hinaus und machst gleich ein unsinnigs Spektakl, wie du die Equipage kommen siehst. Und wenn er absteigt, daß nur alles wie besessen umschießt! Das steht gut, wenn ein Gast kommt.

HEINRICH Sehr wohl! (*Geht durch die Mitte ab.*)

FETT Ich wär' der Schwägerin völlig neidig, wenn sie's durchsetzet beim alten Marquis. Mit meiner Tochter hätt' der junge Kavalier anbandeln sollen! Wer weiß, wenn ich ihm die Zähn' lang mach' auf sie, ob er nicht – 's Mädl is ja ein Bild – wenn er nur erst die Liebschaft mit 'n Buchner auseinanderbringt – ich werd' derweil mit 'n Alten intim – 's kann sich alles noch machen!

HEINRICH (*schreit durch die Türe herein*) Er kommt schon, er is schon da! (*Entfernt sich wieder.*)

FETT Sakerlott, jetzt muß ich mich in Positur setzen! Er soll mich in Lektüre überraschen! Georg!

GEORG Euer Gnaden!

FETT Gib mir den »Hans Jörgel« herüber! (*Georg tut es eilig.*) Und jetzt stell' dich zu der Tür und meld' ihn an, aber laut, nicht wispeln, als ob du einen Schneider anmeldest!

GEORG Weiß schon! (*Öffnet die Mitteltüre und stellt sich unter dieselbe.*)

FETT Wenn ich nur gleich recht einen vornehmen Eindruck auf ihn – ich mach' halt alles, was er macht, nachher is's g'wiß nit g'fehlt!

GEORG (*unter der Türe meldend*) Der Herr Marquis von Vincelli!

FETT Lauter, du Esel!

GEORG (*schreit aus vollem Halse, daß der eben eintretende Marchese beinahe erschrocken zurückprallt*) Der Herr Marquis von Vincelli!

»Hans Jörgel«: Name einer humoristischen Zeitschrift.

Elfte Szene

VINCELLI; DIE VORIGEN

VINCELLI (*im Eintreten für sich*) Plumpheit ohnegleichen! (*Zu Fett, eintretend und mit stolzem Kopfnicken grüßend.*) Herr Fett vermutlich?

FETT Habe die Ehre! (*Vincellis Gruß und Kopfnicken imitierend.*) Herr Vincelli vermutlich!?

VINCELLI Marchese Vincelli, so ist es!

FETT Herr *von* Fett, so ist es! (*Für sich.*) Auf die Art kann's nicht g'fehlt sein – und jetzt will ich zeigen, daß ich ein gebietender Herr bin. (*Zu Georg.*) Na, du Dalk, siehst nicht, daß wir Sesseln brauchen, laßt uns dastehn als wie ein paar Maulaffen und – ah, es is schrecklich –

(*Georg stellt die verlangten Stühle.*)

FETT (*zu Georg*) Und jetzt pack' dich und horch' nit wieder bei der Tür, das geht dich ein' Klenkas an, was wir da miteinander abz'kacheln haben.

(*Georg geht durch die Mitte ab.*)

VINCELLI (*für sich*) Welche Pöbelhaftigkeit –! Mir vergehen fast die Sinne! (*Beide setzen sich.*)

FETT Ich sag' Ihnen's, mein lieber Herr von Bintschelli, was man mit die Dienstboten für ein Kreuz hat – na, Sie werden das auch empfinden – wie viel so Lackeln haben Sie denn?

VINCELLI Das gehört nicht zur Sache! Lassen Sie uns von der Angelegenheit sprechen, die mich hierhergeführt.

FETT Aha, wegen der Heirat von Ihrem Sohn mit meiner –

VINCELLI Heirat –? Ich hoffe, Sie werden so vernünftig sein, einzusehn, daß so eine Verbindung unmöglich ist.

FETT Na, Unmöglichs is just nix dran – es is wohl ein kurioser Gusto von ihm, aber wenn die zwei Leut' einmal aufeinander versessen sein, da fressen wir zwei alten Schweden uns 's Leben umsonst hinab.

VINCELLI (*für sich*) Mit diesem Menschen wollte mein Sohn mich in Verbindung – (*zu Fett*) mein Herr, vergessen Sie nicht, wie groß der Unterschied unseres Ranges, unserer –

FETT Larifari, tschiritschari – Sie hab'n a no weit hin, bis S' Kaiser von Marokko sein. Und sie is eine, die Maxen hat.

Klenkas: Schmierkäse, »Quark«.
Abz'kacheln: auszumachen.
Kurioser: merkwürdiger.

VINCELLI (*für sich*) Schatten meiner Ahnen – Maxen – 's ist abominable!

FETT Übrigens muß ich Ihnen sagen, ich kümmer' mich um den ganzen Balawatsch nicht so viel!

VINCELLI (*für sich*) Balawatsch – ich komme von Sinnen!

FETT Das is der Lucia Distel ihre Sach', da soll sie –

VINCELLI Lucia Distel – welch ein Name!

FETT Na, weg'n Namen, das wär's geringste, wenn s' Ihren Sohn heirat't, nacher is sie eine Bintschelli!

VINCELLI (*heftig*) Daraus wird nichts! (*Für sich.*) Um jeden Preis muß da vorgebeugt werden! (*Zu Fett, in freundlicherem Tone.*) Hören Sie, mein Lieber –

FETT (*für sich*) Aha, jetzt zieht er schon andere Saiten auf! (*Zu Vincelli, indem er ihn derb-vertraulich aufs Knie schlägt.*) So is recht, nur zu in der Dicken, den Ton lass' ich mir g'fall'n.

VINCELLI (*für sich*) Geister meiner Vorfahren –! (*Sich wieder fassend, zu Fett.*) Sagen Sie mir aufrichtig, suchen Sie vielleicht pekuniären Gewinn bei der Sache?

FETT Sie – jetzt hätt' ich bald g'sagt, Sie Dappschädl, Sie – ich bin eh' ein reicher Kampl. Wissen S' was, ich will Ihnen ein' Rat geben: wann Sie durchaus nicht anbeißen wollen, so waschen S' Ihrem Buben tüchtig den Kopf – oder noch besser – reden S' z'erst mit ihr, ich schick' Ihnen s' her.

VINCELLI Ja, ganz recht, tun Sie das, mein Bester! (*Steht auf.*)

FETT (*ebenfalls aufstehend*) Na, bin ich a Kerl, der in d' Welt taugt, oder nicht? Sixt, Alter, nur reden muß m'r! Jetzt laß dir derweil die Zeit nicht lang wer'n, Bruder Tschinelli, ich schick' dir s' her, wart' nur ein' Augenblick, du Teuxels-Tschinelli, du! (*Geht durch die Seitentüre links ab.*)

Zwölfte Szene

VINCELLI (*allein*)

VINCELLI Das kostet mich zehn Jahre von meinem Leben. Die Gemeinheit dieses Menschen hat mir völlig die Glieder verrenkt – ich bin dem Ersticken nahe, ich muß Blut lassen, in

Balawatsch: Konfusion, Durcheinander.
Nur zu in der Dicken: »Nur so weiter!«
Dappschädl: Dummkopf.
Kampl: Kerl.

Dampfbädern schwitzen, Brunnen trinken und mich durch langanhaltende Etikette wieder purifizieren. – Ich ließ mich von meinem Sohne bewegen, die Person zu sehen – soll bezaubernd sein, die Person – darauf baut der Entartete schnöde Hoffnung – er täuscht sich, ich bin gepanzert, bin bereit, auch einer Überirdischen den Eingang in das Haus Vincelli zu verwehren – still – bah – ich glaube, ich vernehme die Tritte des Ideals!

Dreizehnte Szene

LUCIA; DER VORIGE

LUCIA (*zur Seitentüre links eintretend, als sie Vincelli erblickt, für sich*) Also das is dem Meinigen sein Alter? Ein spanischer Grand is er, sagt der Schwager – ich weiß nicht, wie man einen grantigen Spanier anred't. (*Mit einem Knix zu Vincelli.*) Ich küss' die Hand, Euer Gnaden.

VINCELLI (*leichthin grüßend*) Guten Tag! (*Für sich.*) Wer mag die sein –?

LUCIA Der Schwager hat mit schon g'sagt, daß Sie alles herausgebracht haben wegen Ihrem Sohn und wegen – und daß Sie halt nit recht dran wollen –

VINCELLI (*beiseite*) Die malheureuse Geschichte wird sich noch im ganzen Lande verbreiten! (*Zu Lucia.*) Sie sind bekannt mit meinem Sohne?

LUCIA (*sich zierend*) O, so ziemlich –! (*Beiseite.*) Das is aber a dalkete Frag'!

VINCELLI (*für sich*) Ich seh' es, er hat alle Mitglieder dieser Pöbelfamilie zu Vertrauten gemacht. (*Zu Lucia.*) Sie haben meinen Sohn erst hier im Ort kennengelernt?

LUCIA Nein, Euer spanischen Gnaden, schon in vorigen Sommer auf 'n Hernalser Kirtag –

VINCELLI (*für sich*) Ich schaudre –!

LUCIA Und wie das schon geht, von Stein is der Mensch nit, es is ein Mordbürschel – er hat da einen G'strampften getanzt –

VINCELLI Geister meiner Väter! Ein Vincelli tanzt einen G'strampften! (*Verhüllt sich mit den Händen das Gesicht.*)

Grantigen: mißlaunigen.
G'strampften: bäurischer Tanz, bei dem die Füße geräuschvoll niedergestellt werden.

LUCIA Na, mein Gott, warum soll ein junger Mensch nicht fidel sein – der Heurige macht lustig!

VINCELLI Der Heurige! (*Die Hände ringend.*) Der Sprosse eines uralten Hauses trinkt einen Heurigen! Zu viel – zu viel!

LUCIA Das kann man nicht sagen – Sie glauben gleich wieder, er hat einen Rausch g'habt!

VINCELLI (*sich mühsam fassend*) Entschuldigen Sie, meine Zeit ist gemessen – ich erwarte hier ein Frauenzimmer namens Distel.

LUCIA Na ja, so heiß' ich –

VINCELLI Dann muß es Ihre Tochter sein, die ich erwarte –

LUCIA Was – Tochter –?

VINCELLI Ein *junges* Mädchen, Lucia Distel.

LUCIA Ich bin die einzige in der ganzen Familie, die so heißt.

VINCELLI Dann muß ein Irrtum obwalten. Das junge Mädchen, welches ich zu sprechen wünschte, ist jene, der mein ungehorsamer Sohn unter falschem Namen den Hof macht, und wurde mir als ein sanftes, liebliches Wesen von ungewöhnlicher Schönheit beschrieben.

LUCIA Na, ja – (*für sich*) was will denn der Mann –? (*Zu Vincelli.*) Es is alles recht, *ich* bin das junge Frauenzimmer, mit der Ihr Sohn eine Bekanntschaft –

VINCELLI Unmöglich!

LUCIA (*ärgerlich werdend*) Warum unmöglich? Das möcht' ich doch wissen! Und – das geht mir jetzt erst in die Nasen – (*heftiger*) meine Tochter, hab'n Sie g'sagt – wie können Sie mir eine Tochter aufdisputieren? Das ging' mir noch ab!

VINCELLI (*beiseite*) Sanft und lieblich – Himmel –! (*Zu Lucia.*) Ich wollte Sie nicht beleidigen – aber beantworten Sie mir nur eine Frage: Hat mein Sohn Ihnen wirklich ernstlich die Ehe versprochen?

LUCIA Na, ich glaub's, ernstlich, kurios ernstlich – in so Sachen, da versteh' ich kein' G'spaß!

VINCELLI (*desperat auf und nieder gehend*) Mein Sohn ist wahnsinnig geworden!

LUCIA Ich kenn' mich schon aus, Sie suchen Ausstellungen an mir, weil S' Ihre Einwilligung nicht geben wollen.

VINCELLI Beim Himmel! Die gebe ich nun und nimmermehr! Ich habe es bereits Herrn Fett erklärt –

LUCIA So? Dann muß ich Ihnen auch was erklären – wir heiraten uns ohne Einwilligung! Ihr Sohn is majorenn, und ich –

ich hab' meinen Taufschein verloren, es kann mir also kein Mensch beweisen, daß ich zu jung bin. Ihr Sohn laßt sich mit Vergnügen enterben, wir leben von mein' Interessen! – Schauts – meine Tochter – ah, so eine Blamasch' hat mir noch kein Mensch angetan! Ich sag' Ihnen's in guten, mein bester Herr von Violoncelli, so kommen Sie mir nicht mehr! (*Mit einem kurzen Knix.*) Dienerin von Ihnen! (*Geht durch die Seitentüre links ab.*)

Vierzehnte Szene

VINCELLI (*allein*)

VINCELLI Träum' ich –? Diese Personage zu lieben – 's ist unmöglich! Und doch, sein eigenes Bekenntnis – die Erklärung der Personage selbst –! Monströses Unglück, ein Vincelli hat den Verstand verloren! Das ist noch keinem in unserer Familie geschehn! (*Nachsinnend auf und nieder gehend.*) Alfred ist hartnäckig in seinen Entschlüssen – da gibt's nur ein Mittel, einem Unglück vorzubeugen – der Personage scheint es nicht um Rang und Vermögen, sondern nur um einen jungen Mann zu tun zu sein; – Fett muß einen derart gestalteten Plebejer-Purschen auftreiben, dem ich zwanzig- bis dreißigtausend Gulden unter der Bedingung gebe, daß er mir die Personage vom Fleck weg heiratet. Fett wird gewiß behilflich sein, denn er buhlt um meine Gnade; aber ich spreche mich zu schwer mit dem Mann – ich will ihm schreiben, herablassend, milde schreiben, daß er mir diese Gefälligkeit – ja, ja, so ist's am besten – ich kehre allsogleich in das Hotel zurück. Ach Gott, warum muß ich jetzt in ein Wirtshaus?! Ich möchte mich lieber ein Stündchen in die Gruft meiner Ahnen setzen, um, von edlem Moder umgeben, die pöbelhafte Luft zu verschmerzen, die ich hier geatmet. (*Geht, mit dem Taschentuche fächelnd, durch die Mitte ab.*)

Verwandlung

Zimmer im linken Flügel des Schlosses wie in der sechsten Szene dieses Aktes

Fünfzehnte Szene

BUCHNER *und* NEBEL *(kommen aus dem Bogen)*

BUCHNER Das is nicht wahr, das kann nicht sein! Gesteh's jetzt den Augenblick, daß du ein Lugenschibl bist.

NEBEL Nicht ich, sie hat gelugenschibelt! Wie sie Ihnen Sehnsucht geschworen und Treue geseufzt, das war Lugenschiblerei!

BUCHNER (*die Hände ringend*) Meine Fanny – is es denn denkbar –?

NEBEL Hätt' mir's selber nicht denkt. Aber kaum hab' ich ihr weisg'macht, daß ich ein Baron bin, gleich war der schwarze Gedanke zur Untreue in der Ordnung. Hochrot war ihr Gesicht von innerer Glut, eine Leidenschaft hat sich graviert, die ins Himmelblaue geht, und Ihr Hoffnungsgrün ist in das Gelb der Eifersucht hinübergewelkt. Diese Gegenwart ist so vielfarbig, daß Ihnen jetzt vermutlich die ganze Zukunft farblos vorkommen wird.

BUCHNER Es kann nicht sein! Ich bin nicht eitel, aber ich bin doch, was man sagt, ein lieber Mensch – und der mit dem konfiszierten G'sicht, mit dem Storcheng'stell – nein – nein!

NEBEL Das ist die Gewalt der Baronie!

BUCHNER Jetzt will ich aber Beweise hab'n, sonst – du weißt, was sich g'hört auf eine Lug, und diese Lug wägt zehntausend andre auf!

NEBEL Erwachs'ner Blinder! Is das der Dank für den gestochenen Star? (*Hat nach dem Hintergrunde rechts geblickt.*) Still, da kommt sie den Gang herauf!

BUCHNER Die Fanny –?

NEBEL Wie mir das Frauenzimmer nachsetzt –!

BUCHNER Ich zerberst', ich erstick' – wenn –

NEBEL Gehn S' g'schwind in das Kabinett hinein, legen Sie die Ohrmuschel an das Schlüsselloch, und jedes Wort, was hier gewechselt wird, wird Ihnen den Wechsel assekurieren, der in der Fanny ihr'm Herzen vorgegangen is.

BUCHNER Gut, ich geh' –

NEBEL (*schon an der Seitentüre links*) Aber ich riegle Ihnen ein, daß Sie nicht herausplumpsen, bis sie wieder fort is!

BUCHNER Mein Ehrenwort! (*Geht schnell durch die Seitentüre links ab.*)

Lugenschibl: einer, der oft lügt.

NEBEL Auf ein' Riegel hab' ich noch mehr Vertrauen! (*Riegelt die Seitentüre links zu.*)

Sechzehnte Szene

NEBEL, *dann* FANNY; BUCHNER (*im Kabinett*)

NEBEL (*allein*) Jetzt kommt die doppelte Überdaumdrahung, die wir erst kriegt hab'n. (*Geht Fanny bis an den Bogen entgegen.*)

FANNY Herr Baron – die Philippin' hat mir g'sagt –

NEBEL (*sie rasch nach dem Vordergrund rechts vorführend und mit gedämpfter Stimme sprechend*) Still, dort lauscht der Urheber Ihrer Tage! (*Zeigt nach der Seitentüre links, wo Buchner abgegangen. Das Folgende wird von beiden Seiten rasch und leise gesprochen.*)

FANNY Mein Papa?

NEBEL Wer sonst? Er ist rabiat, 's raucht oben aus. Er tobt Worte aus von einer bedientenhändigen Entfernung Ihres Geliebten, sogar von einem Schilling, Ihre zarte Person betreffend –

FANNY (*erschreckend, ebenfalls leise*) Wär' nicht übel, eine gehorsame Tochter –

NEBEL Meinen Bitten ist es gelungen, ihn zu besänftigen –

FANNY Sie sind ein guter Baron –

NEBEL Ihn sogar für Ihre Verbindung mit Freund Buchner geneigt zu machen –

FANNY O, Sie englischer Baron!

NEBEL Aber nur unter der ausdrücklichen Bedingung, daß Sie ihm den allerkindlichsten Gehorsam zeigen.

FANNY Das tu' ich ja gerne!

NEBEL Daß Sie sich bereit erklären, Ihrem Geliebten zu entsagen und mir Ihre Hand einzuhändigen!

FANNY Das is aber stark!

NEBEL Versteht sich, nur zum Schein!

FANNY Aha!

NEBEL Er will einmal diese Satisfaktion, also macht man ihm die Freud'. Gehn wir jetzt näher zu der Türe, ich muß Ihnen

Überdaumdrahung: übern Daum drah'n = übervorteilen.
Schilling: Prügel (als Strafe).

die verfänglichsten Fragen stellen, vergessen Sie nicht, daß Sie ein Rigorosum im Gehorsam ablegen und daß der Doktorhut in dem gewünschten Brautkranz besteht. (*Er führt sie zur Seitentüre links und spricht sehr laut.*) Sie sind also bereit, mein Fräulein, den Befehlen Ihres würdigen Herrn Vaters sich zu fügen?

FANNY (*ebenfalls laut*) Wie es einer gehorsamen Tochter geziemt.

NEBEL (*leise*) Recht scharmant, nur ein bissel lauter! (*Laut.*) Sie wissen, daß man mir eine Ihrer schönen Hände angetragen?

FANNY (*seufzend*) Ach ja!

NEBEL (*leise*) Vergessen Sie sich nicht! (*Laut.*) Aber meine Grundsätze vertragen keine Hand, wenn nicht, wie bei modernen Brasseletten, auch ein Herz dran klankelt.

FANNY Das ist recht schön von Ihnen!

NEBEL Darf ich also hoffen, daß auch Ihr liebes Herz mir angehört? Sie sehen mich zärtlich an? Sie erröten? Sie drücken meine Hand an Ihren Wallungsbusen? Ein liebeatmender, halb unterdrückter und dennoch bedeutend entschlüpfter Seufzer drängt sich aus der beklommenen Brust?

FANNY (*leise*) Sie reden aber kuriose Sachen zusamm'!

NEBEL (*leise*) Muß so sein wegen Papa! (*Laut.*) Ha, ich verstehe dich, geliebtes Wesen. Du sprichst die Sprache des Gefühls, du sprachst die Sprüche, die der Mund sonst spricht, mit der Augensprache und versprichst mir unaussprechliche Seligkeit.

(*Man hört Geräusch wie von einem umgeworfenen Stuhl im Kabinett.*)

FANNY (*leise zu Nebel*) Was treibt denn der Vater?

NEBEL (*leise*) Nur ruhig, er gibt mir das verabredete Zeichen seiner Zufriedenheit. (*Laut.*) Aber eine Zweifeltortur folterquält mich noch. Herr Buchner, ein Jüngling von den fürtrefflichsten Gemütsgaben und Eigenschaftsqualitäten, liebt Sie ebenfalls und trägt Gattenwünsche in seinem Herzen. Drum sagen Sie mir aufrichtig –, (*leise und schnell*) daß er Ihnen gleichgültig ist –, (*laut*) was empfinden Sie für ihn?

FANNY Er ist mir gleichgültig!

NEBEL (*leise*) Brav, brav! (*Laut*) Sie lieben ihn also nicht?

FANNY (*sich vergessend*) O ja!

Rigorosum: Bezeichnung der Prüfungen an österreichischen Universitäten.
Klankelt: baumelt.

(*Nebel winkt ihr zurechtweisend.*)

FANNY (*laut*) Nein, hab' ich sagen wollen. Ein Kind darf ja niemand ohne Erlaubnis des Vaters lieben. (*Man vernimmt im Kabinett ein ähnliches, aber stärkeres Geräusch als zuvor.*)

NEBEL (*leise*) Hören Sie die Steigerung der väterlichen Zufriedenheit? (*Laut.*) Ich werde also Ihrem Herrn Papa andeuten, daß Sie ohne Widerrede auf Herrn Buchner Verzicht leisten.

FANNY (*laut*) Ohne Widerred'!

NEBEL (*laut*) Heut' noch den Eh'kontrakt unterzeichnen!

FANNY (*laut*) Wie der Vater schafft!

NEBEL Mir willig in das Kämmerlein folgen?

FANNY (*leise*) Nein, da sag' ich nix!

NEBEL (*laut*) Sie schweigen? Die Augensterne senken sich? Und eine holde Scham-Aurora kündet der Liebe Morgenstrahl?

FANNY (*leise, unruhig*) Aber Herr Baron –!

NEBEL (*mit immer wärmerem Gefühle fortfahrend*) Eine Schmachtträne quillt aus dem Verwirrungsblick? O, lassen Sie mich sie wegküssen, diese der Perlen kostbarste, diesen überhimmlischen Zeugen eines ungeheuchelten Leidenschaftsausbruchsandranges! (*Hat ihre Hand ergriffen und küßt sie mehrmals sehr laut.*)

FANNY (*leise und sehr unruhig*) Mir wird ganz – (*Im Kabinett hört man heftiges Getöse.*)

NEBEL (*leise*) Hören Sie? Der Papa halt't's gar nicht aus vor Entzücken. (*Für sich.*) Jetzt muß ich schaun, daß ich s' fortbring', sonst schlagt der drinnen die ganze Einrichtung z'samm'! (*Laut.*) Genug, holde Braut, Ihr Geständnis muß auch den größten Zweifler bekehren. Machen Sie, daß Sie jetzt wieder auf Ihr Gemach kommen. Sie haben als gehorsame Tochter gehandelt (*leise, indem er sie nach dem Bogen zurückführt*) und haben weiter nichts als eine Komödie gespielt, deren reiner Ertrag Ihrer hilfsbedürftigen Liebe gewidmet ist. Beobachten Sie aber das strengste Silenzio facciasi!

FANNY Ganz recht, Herr Baron, ganz recht! (*Eilt durch den Hintergrund rechts ab.*)

NEBEL (*für sich*) Diese Tour hat mir warm g'macht, dem da

Schafft: befiehlt.
Silenzio facciasi: (ital.) »Schweigen wird auferlegt«, trete ein. Beginn eines als Text und Melodie beliebten Quartetts aus Salieris Oper »Palmyra« (R.).

drinnen wird noch wärmer sein worden. (*Die Seitentüre links öffnend.*) Sie ist schon fort, kommen der Herr von Buchner heraus!

Siebzehnte Szene

BUCHNER, NEBEL

BUCHNER (*stürzt mit aufgelöstem Halstuche, gezausten Haaren und offener Weste, eine Pistole in der Hand, aus dem Kabinett*) Himmel und Erde, was hab' ich gehört! Hab' ich denn noch einen Kopf, kann ich strampfen mit die Füß', kann ich noch knirschen mit die Zähn'?

NEBEL Sehn der Herr von Buchner, wie die Frauenzimmer sind?

BUCHNER Die enormste Untat is geschehn, und die Erden tragt's und der Himmel schaut zu! Für was hängts denn da droben, ihr dummen Wolken, wenn's nicht blitzen könnts zur rechten Zeit!

NEBEL Was sagen der Herr von Buchner zu der G'schicht'?

BUCHNER Gott sei Dank, da drin is Blitz und Donner an der Wand gehängt, (*die Pistole erhebend*) sie is scharf geladen!

NEBEL (*die Pistole gewahr werdend*) Mir wird angst!

BUCHNER (*außer sich*) Geschossen wird, ich weiß nur nicht, wen ich erschießen soll.

NEBEL (*immer ängstlicher*) Wen glauben denn der Herr von Buchner?

BUCHNER Sie, die Treulose, mich oder dich!

NEBEL Wär' nicht übel!

BUCHNER Drei Personen und eine Pistolen; drei Ansprüche auf Tod und eine einzige Kugel!

NEBEL (*will ihm die Pistole nehmen*) Erlauben der Herr von Buchner!

BUCHNER Ich kann nicht leben, jeder is sich selbst der Nächste – mich – mich selber schieß' ich z'samm'.

NEBEL (*ihm in den Arm fallend*) Machen S' keine Dummheiten –!

BUCHNER Laß mich los! (*Ringt mit ihm, die Pistole geht los, der Schuß fährt in die Höhe.*)

NEBEL Ach! (*Schreit ängstlich auf und stürzt vor Schreck bewußlos zu Boden.*)

BUCHNER Was hab' ich getan –? Nebel – Nebel – gib ein Zeichen – ich hab' ihn erschossen! (*Läßt die Pistole fallen.*)

Achtzehnte Szene

FETT, *dann* LUCIA, ULRIKE, *dann* FANNY; DIE VORIGEN

FETT (*kommt eiligst durch den Bogen links*) Was is geschehn –? Ein Schuß – ha, der junge Kavalier! – Tot! Mord – auf meiner Villa! (*Grimmig zu Buchner.*) Das haben Sie getan, Sie Mordkerl, Sie! Heda! Dienerschaft! Familie! Hauswesen!

LUCIA (*mit Ulrike durch den Bogen herbeieilend*) Da is geschossen worden. Ah, mein Bräutigam! (*Sinkt Ulriken in die Arme.*)

FETT Der hohe Sprößling – niedergeschossen!

NEBEL A jede Kugel trifft nit, aber (*sich aufrichtend*) nur a Haar hat g'fehlt!

LUCIA Seine Stimm' –? Er is ja lebendig –!?

NEBEL Total, teure Lucia –!

FETT Also sein Sie nur aus Schrecken umg'fallen?

NEBEL (*etwas verlegen*) Das kann man nicht sagen, aber es bleibt immer für mich ein eigenes Gefühl, wenn einer so in 'n Nebel hineinschießt.

FANNY (*durch den Bogen rechts hereineilend*) Was geht denn da vor?

BUCHNER (*wie aus einer Betäubung erwachend*) Du – du kommst mir in die Näh' –?

FANNY Anton –!! Laß dir sagen –!

BUCHNER (*wütend*) Heuchlerin! Ungeheuerin! Schlangin! Es is aus, alles is aus! (*Stürzt durch den Bogen links ab.*)

FANNY Er geht fort –! (*Sinkt Ulriken in die Arme.*)

ULRIKE Fanny – da muß ein Mißverständnis –

FETT Ich versteh' gar nix – Kind – sie rührt sich nicht! Fanny, mach' Bewegungen –! Was bedeut't denn das alls –?

NEBEL (*ihn auf die Seite ziehend*) Ich hab' den Trennungsplan dieser Liebe ausgeführt –

FETT (*äußerst überrascht*) So schnell –? Chevalier, (*ihm respektvoll die Hand reichend*) meine Hochachtung!

NEBEL (*mit affektierter Bescheidenheit*) Geschwindigkeit is keine Hexerei.

(*Im Orchester fällt die Musik ein, während der allgemeinen Gruppe fällt der Vorhang.*)

Dritter Akt

Saal im Gasthof »Zum Silbernen Rappen« wie im Anfang des ersten und zweiten Aktes

Erste Szene

NEBEL (*tritt eilig durch die Mitte ein*), WIRTIN (*folgt ihm*)

NEBEL Der Wirt nit da? Desto besser!

WIRTIN Aber um was handelt sich's denn?

NEBEL Um Kleinigkeiten, um ein Kügerl und um ein Löcherl in mein' Hirnschalerl.

WIRTIN (*erschrocken*) Doch nicht –?

NEBEL (*mit der Pantomime des Schießens*) Doch! Mein Herr hat diese Idee gehabt. Jetzt, sagen mir die Gartenknecht', die seine Monologe im Schloßpark belauscht haben, will er sich mit mein' Kreuz und einigen Rippen begnügen, aber selbst diese Milderung hat für mich so wenig Lockendes, daß ich lieber beschlossen hab', mich zu flüchten und bis auf weiteres zu verschlupfwinkeln. Ich hab' überlegt, wohin? Da hat es mich wie ein Strahl von oben erleuchtet – (*in feierlichem Tone*) der Ort, wo du die zweihundertsechsundachtzig Gulden sechsunddreißig Kreuzer schuldig bist, dort bist du am sichersten, dort wird dich niemand suchen! (*In gewöhnlichem Tone.*) Sehn Sie, so muß ein akkurater Mensch selbst seine Schulden zu benützen wissen.

WIRTIN Was wird aber mein Mann dazu sagen?

NEBEL Was ein Wirt zu einem Gast meinesgleichen sagt, das gibt der Verstand! Was aber die Wirtin zu ihrem Manne sagen wird, damit er so einen Gast behalt't, das muß ihr das Herz eingeben.

WIRTIN (*grollend*) Gehn S', Sie garstiges Mannsbild, Sie verdienen gar nicht –

NEBEL Durch Reue kann man selbst die Götter breitschlagen, (*mit Galanterie*) sollte eine Göttin unversöhnlich sein?

WIRTIN O, gehn S', Sie Schmeichelhafter, Sie!

NEBEL Wirtin, sei edel!

WIRTIN Es wäre nur *ein* Mittel, Sie müßten meinem Manne eine Akontozahlung –

NEBEL Ich merk', was du vorhast, handle ohne Beschränkung der Großmut!

WIRTIN Ich werd' Ihnen heut' noch hundert Gulden leihen.

NEBEL Über höhere Beträge wird besonders quittiert. Sie handeln nobel und sparsam zugleich!

WIRTIN Sparsam, sagen Sie?

NEBEL Ja, denn ich kann Ihnen das Zeugnis geben, daß Sie eine gute Wirtin sind. Der Mann soll sich ja nicht beklagen, ein Geschäftsmann soll Gott danken, wenn er ein Weib hat, die eine gute Wirtin is.

WIRTIN Hören S' auf! (*Schalkhaft drohend*) Gehn S' jetzt in Ihr Zimmer und lassen S' Ihnen nicht sehn, bis der fremde Herr fort is.

NEBEL Was geht denn der mich an?

WIRTIN Das werd' ich Ihnen schon sagen, ich habe jetzt notwendig zu tun.

NEBEL Auf Wiedersehen, gute Wirtin!

(*Geht durch die Seitentüre links rückwärts, Wirtin durch die Seitentüre rechts rückwärts ab.*)

Zweite Szene

VINCELLI, ALFRED

VINCELLI (*im heftigen Gespräch mit Alfred aus Seitentüre rechts vorne kommend*) Ich will nichts mehr hören!

ALFRED Unbegreiflich – und Sie haben sie wirklich gesehen?

VINCELLI Leider gesehn und gehört, Entarteter!

ALFRED Vater, ich habe –

VINCELLI Du hast nicht die Augen, du hast nicht die Ohren deines Vaters. Dir fehlt Geschmack, dir fehlt – entferne dich!

ALFRED Sie sind in einem Grade gegen sie eingenommen –

VINCELLI Du wagst es noch, zu verharren, Stammbaumbemakler? – (*Fürchterlich drohend.*) Denk' an Hernals –

ALFRED (*erstaunt*) Beim Himmel –!

VINCELLI Was kümmert mich der Schild jener Butike! Denk' an den Gestrampften!

ALFRED Auf Ehre –!

VINCELLI Jawohl hast du auf unsrer Ehre mit Füßen gestrampft!

ALFRED Da herrscht Irrtum! Sie können sie unmöglich gesehen haben, Vater!

VINCELLI Hat sie mir doch selbst gestanden, daß du ihr die Ehe versprochen. Aber da mach' dir keine Hoffnung!

ALFRED Vater! Mein Leben hängt an dieser Verbindung! Mir blutet das Herz, daß ich gerade bei dem wichtigsten Schritte den kindlichen Gehorsam verletze, und doch – ich kann nicht anders! (*Geht zur Mitte ab.*)

Dritte Szene

VINCELLI *(allein), dann* WIRT

VINCELLI Wahnsinniger –! Was ist zu tun? (*Einen offenen Brief hervorziehend.*) Fett antwortet mir da, daß er einen pauvre diable weiß, der um die gebotene Summe die Person ohne weiteres heiraten wird. Hier muß mit Energie gehandelt werden, rasch – so sehr es mich anwidert, ich muß nochmal zu dem Plebejer, und das sogleich! (*Will zur Mitte ab und begegnet unter der Türe dem Wirt.*)

WIRT (*einen Brief in der Hand, zur Mitte eintretend*) Bitt' um gehorsamste Vergebung, ich hab' nicht gewußt –

VINCELLI Ist der Brief an mich?

WIRT Im Gegenteil, Euer Gnaden; er is von der Fräul'n Lucia Distel an –

VINCELLI An den jungen Mann, der ihr den Hof macht?

WIRT Aufzuwarten, Exlenz!

VINCELLI Sie schreibt an ihn wohl nicht unter seinem wahren Namen?

WIRT Nein, der Mensch gibt sich für einen Baron Nebelstern aus!

VINCELLI So? (*Für sich.*) Ich habe noch nicht einmal nach seinem angenommenen Namen gefragt.

WIRT Sein eigentlicher Name is –

VINCELLI O, sprechen Sie ihn nicht aus, ich will um jeden Preis vermeiden, daß viel davon geredet wird –

WIRT (*befremdet, für sich*) Was kann so einem Herrn an einem Nebel gelegen sein?

VINCELLI Geben Sie mir den Brief!

WIRT Exlenz demütigst um Verzeihung flehend, da hab' ich kein Recht dazu und muß zugleich devotest bemerken, daß selbst Exlenz –

VINCELLI Ich habe leider nur zu sehr das Recht – geben Sie mir den Brief – ich bin sein Vater.

WIRT (*äußerst erstaunt*) Wie? – Exlenz – sein Vater!?

VINCELLI Wie oft soll ich's wiederholen, was ich so gerne verschweigen möchte, der junge Mann ist mein Sohn!

WIRT Wenn's so ist, dann kann ich nur sagen: Exlenz! – (*Überreicht ihm mit einem tiefen Kompliment den Brief, für sich.*) Der Nebel hat mir g'sagt, daß er vielleicht einen sehr noblen Vater hat, jetzt is er auf einmal zum Vorschein kommen.

VINCELLI Verlassen Sie mich jetzt!

WIRT Zu Befehl – nur möcht' ich noch, wenn es ohne unangenehme Aufregung geschehn könnte, in submisseste Anregung bringen, daß mir der junge Herr zweihundertsechsundachtzig Gulden sechsunddreißig Kreuzer schuldig ist.

VINCELLI Setzen Sie den Betrag auf meine Rechnung!

WIRT Jetzt hätt' ich bei einem Haar »Juhe!« g'sagt, wenn es nicht (*sich tief verneigend*) gegen den Respekt wäre! (*Beiseite.*) Das is ein Vater, der sich g'waschen hat; hat der Nebel ein Glück! (*Im Abgehen.*) Die Nachricht is wieder was für die Meinige, denn das is gar eine teilnehmende Seel'. (*Durch die Mitte ab.*)

Vierte Szene

VINCELLI (*allein*)

VINCELLI Was für Horreurs werd' ich da lesen!? (*Öffnet den Brief und wirft das Kuvert auf den Boden.*) Die Menge Streusand – nasse Oblate – allem der Stempel der Gemeinheit aufgedrückt. (*Liest.*) »Innig und einzig Geliebter! Du bist fort ohne (*buchstabiert*) P, f, i, r, t, i – Pfirtigott und ich hab' dir noch gar nicht erzählt, daß ich und dein Alter einen fermen Disput g'habt hab'n miteinand'« – Schauderhaft! (*Liest weiter.*) »Er will unsere Absichten zuschanden machen, wir wollen ihm aber eine Nuß aufzubeißen geb'n.« – Gräßlich! (*Weiterlesend.*) »'s is 's g'scheiteste, wir paschen ab, und das noch heut' nacht, sonst könnt' der Alte noch seine Nasen dazwischenstecken. Der Wirt hat recht gute Ross'. Deine sich gern entführen lassende Lucia Distel.« – (*In heftiger Aufregung.*)

Pfirtigott: »behüt' dich Gott«, üblich für »Adieu«.
Fermen: festen, heftigen (fz. *ferme*).

Skandal! – Er ist toll – Entführung! (*Er läutet.*) Da muß vorgebeugt werden!

Fünfte Szene

WIRT; DER VORIGE

WIRT Exlenz!

VINCELLI Hat mein Sohn Pferde und Wagen bei sich?

WIRT Keine Ahnung von ein' Wagen, keinen Gedanken von ein' Pferd hat der Herr Sohn!

VINCELLI (*für sich*) Das ist gut! (*Laut.*) Sie haben aber Pferde?

WIRT Vier Stück, echt slowakisches Vollblut, vielseitig gebildet, geniale Bräundln, Pflug, Reitsattel, Postchaise oder Ziegelwagen, das is ihnen ganz egal.

VINCELLI Ich brauche keine Pferde.

WIRT Natürlich, Hochdieselben sind selbst damit versehen.

VINCELLI Mein Sohn wird aber welche bestellen, ich befehle Ihnen aber strengstens, ihm selbe zu verweigern. Ich habe wichtige Gründe, daß er nicht fort soll von hier.

WIRT Mein ganzer Marstall wird eine Unpäßlichkeit fingieren, keins kann auftreten.

VINCELLI So ist's gut. (*Für sich.*) Jetzt, mein sauberer Herr Sohn, habe ich, um den zarten Ausdruck deiner Flamme zu gebrauchen, meine Nase dazwischengesteckt. (*Abgehend.*) Nun muß ich zu Fetts.

(*Der Wirt öffnet mit tiefer Verbeugung die Mitteltüre, draußen sieht man den Bedienten stehen, welcher Vincelli begleitet.*)

Sechste Szene

WIRT *allein, dann* NEBEL

WIRT Wer hätt' sich das denkt, daß hinter dem Nebel so was Großes steckt.

NEBEL (*durch die Seitentüre links kommend, für sich*) Ich hab' vergessen, ihr zu sagen – (*den Wirt erblickend*) o jegerl, der Wirt! (*Laut.*) Ich weiß alles, was Sie mir sagen können. Zweihundertsechsundachtzig Gulden sechsunddreißig Kreuzer is auf jeden Fall der groben Rede feiner Sinn!

WIRT O ich bitt', da woll'n wir gar nicht sprechen davon!

NEBEL Ich bin gewiß bereit, es mit Stillschweigen zu übergehn, aber –

WIRT Wenn ich Ihnen heut' vormittag mit zweideutigen Anspielungen –

NEBEL Sie haben, glaub' ich, von Arrest und Lump was g'sagt – wüßt' es, auf Ehre, nicht mehr so genau –

WIRT So bitte ich, es zu vergessen.

NEBEL Sein Sie ruhig, ich hab' für alles, was auf meine Schulden Bezug hat, nie ein besonderes Gedächtnis gezeigt. Wem verdank' ich aber diese neue Behandlung?

WIRT Dem alten Herrn!

NEBEL Was für ein'n alten Herrn?

WIRT Nu, Ihrem Papa!

NEBEL (*befremdet*) Meinem Papa –?

WIRT Dem reichen Marchese Vincelli –

NEBEL Freund, wenn Sie mich foppen, so halten S' Ihnen nur selber für ein' Narr'n, denn Sie sind ja in der Soß', daß ich Ihnen zweihundertsechsundachtzig Gulden schuldig bin.

WIRT O, ich wünschet, Sie wären mir das Doppelte schuldig.

NEBEL (*die Hand hinhaltend*) Den Wunsch können Sie leicht befriedigen!

WIRT Das wär' zu indiskret gegen den gnädigen Herrn, der schon für Ihnen gutg'standen is.

NEBEL (*entzückt*) Für einen Menschen gutstehen, der so schlecht steht wie ich, der überall schwarz ang'schrieben is außer auf der Tafel des Wirtes, dessen blendendweiße Doppelkreiden die Schulden mit der Farbe der Unschuld notiert, das kann nur ein Papa tun, jetzt glaub' ich's. (*Bemerkt das am Boden liegende Kuvert.*) Was iegt denn da für ein Brief –? (*Hebt es auf und liest.*) »An den Wohledlen Baron Nebelstern.« – An mich? – Erbrochen? Und nur das Kuvert? – Das is der Lucia ihre Hand, wo is das übrige?

WIRT Der Herr Papa hat's in 'n Sack g'steckt!

NEBEL Und wissen Sie nicht den Inhalt?

WIRT Der muß sehr entführerisch gewesen sein, denn Seine marchesischen Gnaden haben mir den strengsten Roßverbot auferlegt.

NEBEL Was der Mann sich um meine Angelegenheiten interessiert – ja, natürlich, als Vater –

WIRT Er hat über Ihre Liebschaft aus der Haut fahren wollen!

NEBEL Diesen Desertionsplan haben schon viele gefaßt und noch keiner hat ihn ausgeführt.

WIRT Is aber auch jetzt keine anständige Partie mehr für Ihnen, die Lucia Distel.

NEBEL Freilich nicht anständig, denn ich steh' jetzt nicht mehr auf sie an. Ich geh' jetzt gleich aufs Schloß –

WIRT Wollten Sie aber nicht Ihren Rockkragen –?

NEBEL Richtig, das mahnt an Livree – hab'n Sie den Sammet g'funden, den ich herunter'trennt hab'?

WIRT Die Meinige hat ihn aufg'hoben.

NEBEL Sie wird wohl so gut sein und wird ihn mir g'schwind draufnähen, nur oberflächlich! (*Wie er sich nach rechts wendet, um in die Seitentüre rückwärts abzugehen, tritt Alfred zur Mitte ein. Nebel grüßt ihn sehr stolz und flüchtig.*) Guten Tag, Sekretär, guten Tag! (*Geht durch die Seitentüre rechts rückwärts ab.*)

Siebente Szene

WIRT, ALFRED

ALFRED (*für sich, Nebel nachblickend*) Welch familiäres Benehmen?! Ist der Mensch betrunken? (*Zum Wirt.*) Sie halten Pferde?

WIRT Brauchen Sie s' zum Ausfahren oder zum Z'hausbleiben? Zum Z'hausbleiben sind sie bereits an den Herrn Marchese vergeben.

ALFRED Ich versteh' Sie nicht – (*für sich*) sollte er entdeckt haben, wer ich bin?

WIRT Er hat einen Brief von einem gewissen Frauenzimmer an seinen Sohn aufgefangen –

ALFRED (*befremdet, für sich*) Einen Brief von Ulriken an mich?

WIRT Und hat mir strengstens befohlen, ihm keine Pferde zu geben.

ALFRED (*zögernd*) Mir werden Sie aber doch welche geben?

WIRT Ihnen? O, mit größtem Vergnügen!

ALFRED (*für sich*) Er kennt mich nicht! (*Laut.*) Sobald es dunkel wird, lassen Sie eine Kutsche hinter dem Schloßgarten halten! Sein Sie pünktlich und verschwiegen! (*Gibt ihm Geld.*)

WIRT Dankzerfließend, pünktlich und verschwiegen!

ALFRED (*für sich*) Mein Vater ist zwar aufs Schloß gefahren –

aber was kann Ulrike mir geschrieben haben –? Ich muß sie alsbald sprechen. (*Geht zur Mitte ab.*)

WIRT Der muß auch was haben im Schloß. Daß aber der Herr von Fett nix merkt – oder will er nix merken –? Da kommt man gar nicht drauf. Das is das Rätsel, was täglich hunderttausendmal aufgegeben und das so selten erraten wird: will der nix merken oder is er wirklich so dumm, daß er nix merkt? (*Geht kopfschüttelnd zur Mitte ab.*)

Achte Szene

NEBEL (*kommt aus der Seitentüre rechts rückwärts*)

NEBEL Die Livreespuren sind vertilgt. Ich hol' mir jetzt die Überzeugung. Die Dame Lucia wird erst dann skartiert, wenn ich gewiß weiß, daß der Scüspapa im Talon is. Die Prekärität is ein arabischer Sandboden, und wer wie ich darauf pilgrimisiert, der darf das schmutzige Wasser nicht eher wegschütten, bis er ein klares hat. Es is was Eigenes mit diese Lieb'sg'schichten, sie drehen sich doch immer ums Nämliche herum, aber die Art und Weise, wie s' anfangen und aus werden, ist so unendlich verschieden, daß's gar nicht uninteressant is, selbe zu beobachten!

Lied

1.

»O Holde, ich liebe dich mit heißem Sehnen,
's perlet das Auge mir vor Sehnsuchtstränen.« –
»Mein Adolf –!« – »O Nina, o Göttin, o Stern!«
Und einige Seufzer, sonst is nicht viel z' hör'n.
»Mein bist du!« – »Ewig dein!« – »Du mein Lebenslicht!« –
  Na, so macht sich die G'schicht'!
  Na, so macht sich die G'schicht'!
Nach einiger Zeit kommt s', die Augen rot g'weint:
»Verhältnisse trennen, was Liebe vereint,
Es zwingt mich der Vater zu einer Partie,
Wohl glänzend, allein ich vergesse dich nie.« –
»So lebe denn glücklich«, sagt er resigniert,
»Und denk', daß mir Ruhe im Grabe nur wird.«
Er geht und verhüllt sich das G'sicht mit die Händ' –

Skartiert, Scüspapa, Talon: Ausdrücke des Tarockspiels. (*Sküs* zählt als höchste Karte).

Und die G'schicht' hat ein End'!
Und die G'schicht' hat ein End'!

2.

»Sie haben kein Geld, junger Mann?« – »Nicht ein'n Groschen,
Der Wirt und der Schneider, die hab'n schon a Goschen,
Sie sperr'n mich noch ein, wenn ich länger hier bleib'.« –
»No, da sind hundert Gulden!« – »O göttliches Weib!
Dich lieb' ich so lang, bis das Auge mir bricht!«
Na, so macht sich die G'schicht'!
Na, so macht sich die G'schicht'!
Nach drei Tägen kommt er ganz melancholisch daher:
»Bin zweihundert Guld'n schuldig.« – Sie gibt ihm noch mehr.
's Tags drauf bringt er einen Wechsel und sagt: »Akzeptier'!«
Jetzt wird's ihr zu arg, sie sagt: »Dort is die Tür,
Sie Schmutzian lieben mich bloß wegen ein' Präsent.« –
Und die G'schicht' hat ein End'!
Und die G'schicht' hat ein End'!

3.

»Schwöre mir, daß du nur mein allein bist,
Schwöre mir, daß dich noch keiner geküßt,
Schwöre mir Treu', bis der Grabesruf hallt,
Schwöre, daß jenseits auch keiner dir g'fallt,
Schwöre!« – »Ich schwör'!« – »Heilig sei dir die Pflicht!« –
Na, so macht sich die G'schicht'!
Na, so macht sich die G'schicht'!
Bald drauf lehnt er so an ihr'm Fenster – »Ha, seht,
Was will denn der G'schwuf, der dort vis-à-vis steht?«
»Laß'n stehn, wann's ihn g'freut«, sagt s' im Unschuldsgefühl.
»Der steht weg'n dir, du falschs Krokodil!
Wo krieg' ich denn billig nur g'schwind a Hyäne,
Die, dich zu zerfleischen, mir leiht ihre Zähne,
Ha, Fluch dir, du Schlange, Fluch für immerdar!«
Er zerreißt sich 's Krawattl, zerzaust sich die Haar',
Indem er mit 'n Kopf a paar Glastür'n einrennt –
Und die G'schicht' hat ein End'!
Und die G'schicht' hat ein End'!

4.

»Ich bin Witiber, Schatz«, sagt ein buckliger Schneider. –
»A Witiber sein S', und was is's nachher weiter?«

G'schwuf: fragwürdiger Stutzer, Liebhaber.

»'s könnt' allerhand sein, denn ich lieb' dich unsinni',
Gehn wir morgen spazieren hinaus vor die Lini.«
Die Hoffnung, Frau Meist'rin z' werd'n, s' Madl bestricht –
Und so macht sich die G'schicht'!
Und so macht sich die G'schicht'!
Er führt s' in ein' Garten weit außer der Stadt,
's wird Wein bracht, ein Antl und a Hapelsalat,
Da steht, wie s' im schönsten Diskurs sein, ganz nah
Mit ein' Scheckel d' langmächtige Schneiderin da.
»O Weib, ich tu's nimmer, ich war nur verblend't.« –
Und die G'schicht' hat ein End'!
Und die G'schicht' hat ein End'!«

5.

»No, Schatzerl, wie wird's denn mit uns a so sein?«
»No, weg'n meiner, du Gausrab', so g'hör' ich halt dein!«
»Komm, gehn wir zu der Musik oder magst etwan nicht?«
Na, so macht sich die G'schicht'!
Na, so macht sich die G'schicht'!
Den folgenden Tag b'sucht s' ihr früherer Schatz,
Mit dem spienzelt s', die Nachbarin sieht's und verrat't s',
Der gestrige kommt und sagt: »Bin ich dein Narr?« –
»Aber, Josef, ich sag' dir's, es is ja nit wahr!«
Da rutscht ihm was aus, und ihr wackeln die Zähnd' –
Und die G'schicht' hat ein End'!
Und die G'schicht' hat ein End'! (*Ab.*)

Verwandlung

Gartenpartie im Schlosse. Vorne rechts der Eingang in einen Gartensalon, links vorne ein Teil der Gartenmauer mit Eingangstüre.

Neunte Szene

PHILIPPINE, BUCHNER (*im Gespräch aus dem Hintergrund links auftretend*)

PHILIPPINE Was fallt Ihnen ein, so was sieht meiner Fräul'n gar nicht gleich!

Lini: der die inneren Vorstädte Wiens umgebende Wall.
Hapelsalat: Häuptelsalat = Kopfsalat.
Scheckel: Stock.
Spienzelt: liebäugelt.

BUCHNER Leider! Wenn sie so häßlich als ihr Charakter wär', so hätt' ich mich nie verliebt in sie. Aber jetzt will ich sie auch meiden, meiden wie –

PHILIPPINE Steigen Sie deßtwegen wie ein Wahnsinniger hier im Garten herum?

BUCHNER Wie sie herunterkommt, geh' ich in Park hinaus!

PHILIPPINE Da wird sie Ihnen folgen!

BUCHNER So? – Dann geh' ich auf die Straßen.

PHILIPPINE Das wird sie vielleicht auch noch tun!

BUCHNER Dann lauf' ich in ein anderes Land.

PHILIPPINE Da wird sie sich dann denken: wenn er durchaus nicht Räson annehmen will, laßt man ihn laufen, den – grad bis hierher trau' ich mich, ihre Gedanken zu erraten, weiter mag ich nix sag'n!

BUCHNER Glauben Sie wirklich, daß sie das imstand' wär'? – Freilich, sie is ja alles imstand', ich hab' mich überzeugt!

PHILIPPINE Überzeugt? Wie und wo?

BUCHNER Ich war im Kabinett versteckt, wie sie –

PHILIPPINE Sie waren im Kabinett? Ich krieg' eine Ahnung –

BUCHNER Ich hab' mit eigenen Ohren gehört –

PHILIPPINE (*ihn zweifelhaft betrachtend*) Nichts am Menschen täuscht mehr als die Ohren.

BUCHNER Sie schaun mich so messend an, als ob Ihnen die meinigen zu kurz vorkämen.

PHILIPPINE Auf verfängliche Fragen antwort' ich nicht, hab'n Sie mir eine Post aufzugeben an die Fräul'n?

BUCHNER Sagen Sie ihr, ich bin auf ewig für sie verloren und hab' mir diese düstre Partie des Gartens, weil sie mit meiner Gemütsstimmung harmoniert, zum einstweiligen Aufenthalt erwählt. Hier in der Gegend dieses schauerlichen Salettels halt' ich mich auf, um sie nimmer wieder zu sehen; sagen Sie ihr das!

PHILIPPINE Ich werd' ihr's ausrichten! (*Ihn halb mitleidig, halb spöttisch fixierend.*) O ihr auf ewig verlorenen Männer, ihr maskiert's das viel zu schlecht, wie sehr euch darum zu tun is, daß man euch wiederfind't. (*Geht durch den Hintergrund ab.*)

Salettel: Gartenhäuschen aus Lattenwerk oder Metall.

Zehnte Szene

BUCHNER, *dann* FETT

BUCHNER (*allein*) Hat sie was g'sagt, was auf mich geht?

FETT (*aus dem Gartensaal kommend*) Mussi Buchner, auf ein Wort!

BUCHNER Ich muß noch um Entschuldigung bitten, Herr von Fett!

FETT Wegen was?

BUCHNER Ich hab' die Ruhe Ihres Hauses durch einen Pistolenschuß gestört –

FETT Macht nix, s' is Ihnen unverhofft los'gangen, dafür kann man niemand zur Rechenschaft ziehen –

BUCHNER Ich bin von Ihrer Güte ganz überrascht!

FETT Werden gleich noch überraschter sein. Was sagen Sie, Freunderl, zu zwanzigtausend Gulden?

BUCHNER Was ich zu zwanzigtausend Gulden sag'? Das is eine kitzliche Frag'.

FETT Kann's noch kitzlicher machen! Was sagen Sie zu dreißigtausend?

BUCHNER Ich begreif', auf Ehr', nicht –

FETT Wär' z' haben das Geld, kost't Ihnen nur a Silb'n.

BUCHNER Sie foppen mich, und das kitzelt mich nicht, sondern das krallt mich!

FETT Spaß apart, mögen S' heiraten? Sie kriegen dreißigtausend Gulden Heiratsgut oder Schmerzensgeld, wie Sie's nennen wollen.

BUCHNER Himmel –! Das wär' arg – was hat sie getan –?

FETT Was soll s' denn getan hab'n?

BUCHNER (*die Hände ringend*) So weit is es gekommen, daß Sie dreißigtausend Gulden aufzahl'n wollen auf das liebe, schöne Geschöpf, daß man s' nur nimmt?

FETT Was lieb und schön – aufs Geld müssen S' denken, und das zahl' nicht ich, sondern der alte Tschinelli.

BUCHNER Was kann denn dem alten Tschinelli dran g'legen sein, daß ich Ihre Tochter heirat'?

FETT Wer red't denn von meiner Tochter, Sie – Sie Meerbewohner von der Brandstatt!

BUCHNER (*verblüfft*) Wen soll ich denn nacher heiraten?

Mussi: (von fz. *Monsieur*) weniger respektvolle Anrede als Herr; gewöhnlich für junge Leute.
Brandstatt: Straße in der Inneren Stadt.

FETT Die Geliebte des jungen Tschinelli. Der Alte is dagegen, dafür zahlt er das Geld, wenn sich ein g'schwinder Heirater find't.

BUCHNER (*mit Befremdung und Erstaunen*) Die soll ich heiraten –? (*Beiseite.*) Sie is schön, die Ulrike – wunderschön – aber –

FETT Überlegen Sie?

BUCHNER Grad fang' ich an!

FETT Überlegen Sie zu!

BUCHNER (*beiseite*) Nein, Alfred, wenn auch die Lieb' nicht wär', so einen Verrat an der Freundschaft brächt' ich nit übers Herz – aber –

FETT (*ungeduldig*) Überlegen Sie noch lang?

BUCHNER Gleich bin ich fertig! (*Beiseite.*) Eine Rache wär' aber das an der Fanny – eine echte Rache an der falschen Seel', wenn ich – versteht sich, nur zum Schein –

FETT (*ärgerlich*) Jetzt werd' ich Ihnen gleich helfen überlegen!

BUCHNER Nur noch einen Augenblick – (*tritt einen Schritt beiseite und sinnt gestikulierend nach.*)

FETT (*schnurrt ihn in einer kleinen Pause an*) Sie – glauben Sie – ich bin Ihr Narr – oder ich hab' nix Bessers zu tun – oder ich hab' meine Zeit g'stohlen – oder ich steh' anstatt 's Teufels da –?

BUCHNER (*für sich*) 's gibt eine wahre Triumph-Revanche – ich sag': Ja! (*Zu Fett.*) Sagen Sie dem Herrn Marchese –

FETT (*unwillig*) Ja oder nein?

BUCHNER Ja!

FETT Na, also!

BUCHNER Ich bin bereit –

FETT Halten Sie 's Maul! Ich werd' Ihr Jawort meinem Exlenz-Freund überbringen, und bleiben Sie hübsch in der Näh', damit man Ihnen gleich bei der Hand hat, wenn man Ihnen zum Heiraten braucht. (*Geht in den Gartensalon ab.*)

Elfte Szene

BUCHNER, *dann* ULRIKE

BUCHNER (*allein*) Mir wird völlig ängstlich – ah, warum denn? Ohne Altar kann man schon Ja sagen, da macht's nix! Wenn nur nicht etwa die Mamsell Ulrike –

ULRIKE (*von rechts aus dem Hintergrund kommend*) Herr von Buchner, ich suchte Sie auf –

BUCHNER (*erschrocken, für sich*) Da hab'n wir's, sie is schon informiert!

ULRIKE Um Sie um einen Freundschaftsdienst zu bitten!

BUCHNER (*beiseite*) Das nennt sie einen Freundschaftsdienst, daß ich s' heiraten soll.

ULRIKE Alfred hat mich über seinen Stand getäuscht, ich weiß nun alles, das Bewußtsein seiner Schuld scheint ihn von mir ferne zu halten. Sagen Sie ihm, daß ich zurücktrete!

BUCHNER (*beiseite*) Die haben s' schon ganz für mich gestimmt.

ULRIKE Ich tue dies nicht etwa, als fühlte ich mich seiner unwert jetzt; keineswegs – welcher Mann steht denn so hoch, daß ihm die reine, uneigennützige Liebe eines tugendhaften Mädchens Schande brächte? – Allein ich will nicht störend zwischen ihn und seines Vaters Liebe treten.

BUCHNER (*gerührt*) Sie sind ein edles Geschöpf – das heißt wirklich die Freundschaft auf eine harte Prob' stellen.

ULRIKE (*befremdet*) Wie meinen Sie das?

BUCHNER (*etwas verlegen*) Na, Sie wissen doch, was der alte Marchese mit 'n Fett aus'kocht hat?

ULRIKE Kein Wort!

BUCHNER 's handelt sich auch nur um eine Silben, um ein »Ja!«

ULRIKE Wir sollen uns doch nicht etwa –?

BUCHNER Ja, ja, wir soll'n uns, und das zwar heut' noch, heiraten!

ULRIKE Sie scherzen –

BUCHNER Der alte Vincelli macht kein' G'spaß, er zahlt mich unbändig, daß ich mich herbeilass'.

ULRIKE Nun durchschau' ich den saubern Plan. Mit welcher Sicherheit doch diese Herren mit ihrem Gelde über die Herzen verfügen.

BUCHNER Es g'rat't ihnen halt auch meistens.

ULRIKE Doch nicht immer!

BUCHNER Ich für meinen Teil hab' eingewilligt –

ULRIKE (*befremdet einen Schritt zurücktretend*) Herr von Buchner!

BUCHNER Der Fanny zum Possen. Ich lass' es aufs Äußerste ankommen. Es is auch, wie gesagt, eine Aufgab', Ihnen zu verschmähen!

ULRIKE Sie sind so galant, daß ich Sie noch mit einer Bitte zu belästigen wage.

BUCHNER Alles, was Sie –

ULRIKE Geben Sie dem alten Marchese, wenn Sie ihn allein sprechen, dieses Bild! (*Gibt ihm ein Medaillon.*)

BUCHNER (*es nehmend*) Wird pünktlich besorgt!

ULRIKE (*beiseite*) Erfahren soll er, daß er jetzt das Glück derjenigen feindlich zerstört, deren Mutter einst durch ihn ein ähnlich Los zuteil geworden. (*Zu Buchner.*) Nun will ich, zum Dank für Ihre Güte, zwischen Ihnen und der armen Fanny als Vermittlerin auftreten!

BUCHNER (*aufbrausend*) O, da vermittelt sich nichts mehr!

ULRIKE Wir wollen sehn, ich schicke sie hierher!

BUCHNER Nein, nein, Sie, da geh' ich lieber gleich. Ich versteck' mich in ein Gebüsch, wo mich kein Mensch mehr find't, und geh' zeitlebens nicht mehr heraus aus dem Gebüsch! (*Eilt im Hintergrund links ab.*)

ULRIKE (*allein*) Närrischer Mensch! (*Sich nach rechts wendend und in die Szene sehend.*) Geht dort nicht Alfred? Vermeidet er mich? Nein, nein, er eilt mir entgegen – Alfred! (*Geht durch den Hintergrund rechts ab.*)

Zwölfte Szene

Wie die Bühne leer ist, hört man links vorne außerhalb der Türe an der Gartenmauer Nebel dieselben zwei Akkorde wie im zweiten Akte, oft wiederholt, auf der Gitarre arpeggieren.

FETT, *dann* NEBEL

FETT (*kommt eilig aus dem Gartensalon*) Himmel! Der unvorsichtige Virtuos! Wie leicht könnt' ihn sein Vater an der Melodie erkennen! (*Eilt über die Bühne zur Türe links vorne in der Gartenmauer, schiebt den Riegel zurück und öffnet sie.*)

NEBEL (*eine andere, aber schlechtere Gitarre in der Hand, tritt rasch ein*) Lucia! An mein Herz –!

FETT Still, um alles in der Welt!

NEBEL Sie sein's?

FETT Sie wissen doch schon, wer da is?

NEBEL Ich habe Väterliches wispeln gehört.

LUCIA (*rechts im Hintergrunde, inner der Szene*) Wo bist denn, mein Schatz?

NEBEL Da, Lucia! (*Arpeggiert schnell wieder seine zwei Akkorde.*)

FETT (*für sich*) Muß die der Teufel –! (*Zu Nebel.*) Ums Himmels willen, keine Musikalien! (*Hält die Hand auf die Saiten der Gitarre.*) Dort vorm Salon sitzt die Exlenz unterm Zelt.

NEBEL Soll ich vielleicht –? (*Will nach dem Salon.*)

FETT Nix! Schaun S', daß S' die Person weiter bringen! Ich kann meinen Exlenz-Spezi nicht allein lassen – warten S' da auf mich! (*Eilt mit großen Schritten in den Salon.*)

Dreizehnte Szene

NEBEL, *dann* LUCIA

NEBEL (*allein*) Es is schwer, eh' man gewiß weiß –

LUCIA (*von rechts aus dem Hintergrunde kommend*) Da bin ich, siehst, wie gut ich abg'richt't bin auf die Gitarr'?

NEBEL Wie eine Diana auf 'n Pfiff, verzeih' diese mythologische Anspielung!

LUCIA Das is so schön, wenn du Gitarr' schlagst, is's Phantasie oder is es eine Etude?

NEBEL 's is eine Variation, einmal so – (*arpeggiert den einen Akkord*) dann so – (*arpeggiert den zweiten Akkord*) in dieser Abwechslung liegt es!

LUCIA Du bist ein einziges Mannsbild!

NEBEL (*sehr zärtlich*) O du himmlischer Schneck, du überirdisches Mauserl, du! (*Beiseite.*) Ich hör' nicht auf, Liebhaber zu sein, bis ich g'wiß weiß, daß ich Sohn bin.

LUCIA Meinen Brief hast also kriegt?

NEBEL (*äußerst zärtlich*) Nein, Seelentrutschi!

LUCIA Is das möglich?

NEBEL Ja, Engelspauxerl, er is aufg'fangt wor'n.

LUCIA Ich kann mir's denken, wer das getan hat.

NEBEL Wer, Sphärengoscherl, wer?

LUCIA Dein barbarischer Papa, der g'spandelte Marquis.

NEBEL Du weißt also, daß der Marchese Vincelli mein Papa is? (*Wird nach und nach kälter.*)

Exlenz-Spezi: Spezi = Kumpan, enger Freund.
Seelentrutschi: Trutscherl = liebes, junges, einfältiges Mädchen.
Engelspauxerl: Pauxerl = pausbäckiges, drolliges kleines Kind.
G'spandelte: steife (*spandeln* = mit Stecknadeln zusammenfügen).

LUCIA Er hat mir selber alles g'sagt!

NEBEL Du hast g'red't mit ihm?

LUCIA Freilich, er gibt um keinen Preis seine Einwilligung, wir müssen uns schon heimlich heiraten!

NEBEL (*gedehnt*) Heimlich, glaubst du also?

LUCIA (*der Nebels verändertes Benehmen aufzufallen anfängt*) Na, ja, was denn sonst? (*Pause, während welcher beide Teile sich betrachten.*) Wie g'schieht dir denn? – Warum red'st denn nix?

NEBEL Mein Herz schwankt zwischen Liebe und Pflicht! (*Affektiert leichthin einen inneren Kampf.*)

LUCIA Na, sei so gut –!

NEBEL (*entschlossen*) Ja, ich bin so gut – (*mit Affektation*) so gut, als nur ein folgsamer Sohn sein kann.

LUCIA Hörst es, du –!

NEBEL Ja, ich hör' es, was die Vernunft spricht: ein Kind darf nur dann heiraten, wenn es die Eltern erlauben; sagen die Eltern: »'s wird nicht geheiratet!«, dann muß das Kind ledig bleiben, sonst is es ein schlimmes Kind, und ein schlimmes Kind verdient, daß man ihm – (*mit Pantomime*) ich will nicht sagen, was.

LUCIA Also is's um *die* Zeit –?

NEBEL Ja, es is zehn Minuten über drei Viertel auf Trennungsstund'.

LUCIA So leicht weg'blasen is Ihre Lieb', Ihre Zärtlichkeit? Bei der meinigen is das nicht der Fall, ich hab' ein schriftliches Eh'versprechen von Ihnen in Händen, meine Zärtlichkeit wird klagen, meine Zärtlichkeit geht durch alle Instanzen, meine Zärtlichkeit dringt auf Urteilsspruch, und der muß zu meinen Gunsten ausfallen, wenn Gerechtigkeit im Land is! (*Geht in großer Aufregung im Hintergrunde rechts ab.*)

NEBEL (*allein*) Das soll mein Papa ausgleichen; ich greif' ihm gewiß nicht in seine Vaterrechte – was Klagen, Schulden und so Sachen anbelangt, das will ich ihm alles auf die unmündigste Weise überlassen. Ein Sohn muß nicht glauben, wenn er majorenn is, daß er deßtwegen auf'n Vatern nicht mehr anzustehn braucht.

Vierzehnte Szene

NEBEL; FETT (*aus dem Salon kommend*)

FETT Auf ein Wort, Sohn der Nobleß – es is zu Ihrem Besten. Wissen Sie, was das heißt, ein' Vater verlieren?

NEBEL Nein! (*Für sich.*) Es is noch gar nicht lang, daß ich weiß, was das heißt, einen finden. (*Zu Fett.*) Sie, hat er nicht auch auf meine selige Mutter ang'spielt, auf die Nina?

FETT In keinerlei Gestalt.

NEBEL Also, das bleibt Nebelschleier.

FETT Ohne Schenierer, junger Aristokrat! Sie reden mit einem Mann, der auch weiß, was Frauenzimmer is – finden Sie denn an meiner Schwägerin was Anziehendes?

NEBEL Ich glaub', daß sie außer ihrem Stubenmädl gar nichts Anziehendes hat.

FETT Geheilter Exlenzsohn, jetzt haben Sie ein gesundes Wort gesprochen. Ihr Papa hätt' nie eingewilligt. Gut, daß sich bei Ihnen die Lieb' so g'schwind gibt.

NEBEL Ach, ja, ich bin da nicht gar so –

FETT Gehn S', Sie sind ein Schwärmer, Sie haben ja völlig mit der Person sterben wollen.

NEBEL Sterben is kein' Kunst, das is in ein' Augenblick vorbei, aber ich hab' jahr'lang mit ihr leben wollen, das is ein anderes Numero!

FETT Wie hab'n Sie s' denn fort'bracht?

NEBEL Frauenzimmer beseelt der Geist des Widerspruchs, ich hab' ihr g'sagt, daß ich s' sitzen lass', gleich is sie gegangen!

FETT Wär' ja nichts g'wesen, die dumme Gans, die!

NEBEL Erlauben Sie, diese Anmerkung kommt mir zu, das is der Hausbrauch der Welt: wenn man eine ansetzt, dann sagt man: »Die dumme Gans!« – das is eine der schönsten Anmerkungen des Setzers.

FETT (*mit seinem Plan herausrückend*) Was anders wär' es, wenn Sie auf meine Tochter gespitzt hätten.

NEBEL Glauben Sie, ich bin abgestumpft gegen solche Reize?

FETT Da könnt' sich auch der alte Herr nicht so weigern. Er hat den Titel Exzellenz, und 's Mädl is wirklich exzellent, folglich –

NEBEL Die Götterfanny! Derweil wir davon reden, fühl' ich glühende Liebe für sie.

Das is ein anderes Numero: »Das ist etwas ganz anderes«.

FETT Nein, wie Sie g'schwind lieben, das is merkwürdig!

NEBEL Übung!

FETT 's Madl is aber auch ein Bild, ich red' da nicht als Vater –

NEBEL Wohl möglich!

FETT Aber da gibt's kein' Ausdruck als: »Bild«. Kommen S', wir wollen weiterreden über den Punkt! (*Nimmt ihn unter dem Arm.*)

NEBEL Schön, ich liebe malerische Diskurse.

FETT (*vertraulich mit ihm abgehend*) Das is ein Bissen für einen jungen Tschinelli, aber nicht die Schwägerin! (*Beide links durch den Hintergrund ab.*)

Fünfzehnte Szene

BUCHNER, *dann* VINCELLI

BUCHNER (*kommt durch den Hintergrund links, um zwei Kulissen tiefer, als die beiden Vorigen abgingen*) Der Alfred wird mich für einen Kalfakter halten und wird glauben, daß mich 's Geld – nein, ich muß einen Gewaltstreich zu seinen Gunsten ausüben.

VINCELLI (*aus dem Hintergrunde auftretend*) Was nur Fett zögern mag? Der Pastor loci muß heute noch –

BUCHNER (*vortretend*) Euer Gnaden, ich bin der, der ums Geld heiraten soll!

VINCELLI Ah, wie gerufen! (*Ihn musternd.*) Nun, mit Ihnen, denk' ich, kann die Person doch zufrieden sein.

BUCHNER Sie hat mich ersucht, Euer Gnaden das Medaillonkapsel zu übergeben! (*Überreicht ihm das von Ulrike erhaltene Medaillon.*)

VINCELLI Die Person, mit der mein Sohn –?

BUCHNER Ja, die Person, mit der Ihr Sohn –!

VINCELLI (*für sich*) Der Pflichtvergessene hat ihr gewiß sein Porträt – ich bin froh, daß sie es in meine Hände – (*öffnet das Medaillon*) Himmel, seh' ich recht –?! (*In großer innerer Bewegung.*) Das ist Amaliens Bild – ja – ja – so war –! (*Zu Buchner.*) Auf welche Art –? (*Sich wegwendend, für sich.*) Verdammt, ich werde weich –! (*Sich zusammennehmend, zu Buch-*

Kalfakter: Hund, der seinem Herrn nicht treu ist, wankelmütig.
Pastor loci: Ortsgeistlicher.

ner.) Sagen Sie ihr, ich will – (*sich wieder abwendend, für sich*) der fremde Pursche sieht's am Ende, daß ich weich werde – (*zu Buchner*) ich will das Frauenzimmer namhaft honorieren für das Bild, es mag auf was immer für eine Weise in ihre Hände gekommen sein. Und hier empfangen Sie in Wechseln die für die Heirat bedungene Summe. (*Zieht ein Portefeuille hervor und will es an Buchner übergeben.*)

BUCHNER (*für sich*) Jetzt muß ich den Schreckschuß auf die Festung riskieren. (*Zu Vincelli.*) Mir is leid, Euer Gnaden, daß dieser Eh'standspreis nicht mehr zu erringen is.

VINCELLI (*befremdet*) Wieso?

BUCHNER Der Herr Sohn is bereits heimlich mit ihr getraut.

VINCELLI (*höchst betroffen*) Wie –?! Was?! Unmöglich –!

BUCHNER Vergangenen Mittwoch waren es neun Tag' –

VINCELLI (*die Hände ringend*) Entsetzlich –!! (*Vom Zorne übermannt.*) Wo ist er, daß ich ihm meinen Fluch –

Sechzehnte Szene

FETT, NEBEL; DIE VORIGEN

FETT (*mit Nebel durch den Hintergrund hervorstürzend*) Das is zu arg –!

NEBEL Ich ruf' den Himmel zum Zeugen meiner Jungg'sellenschaft! Ich bin ledig, das is das einzige Gute an mir!

FETT (*grimmig zu Buchner*) Sie infamer Lugenschibl, Sie!

NEBEL Herr Buchner, das is eine übertriebene Rache, die Sie an mir nehmen –

VINCELLI (*für sich, erstaunt*) Was haben die Leute –?

BUCHNER (*zu Nebel*) Rache? Für was?

NEBEL Weil ich Ihrer ehemaligen Fanny weisgemacht hab', ihr Vater steckt in dem Kabinett, wo –

BUCHNER (*den Betrug ahnend*) Wo ich g'steckt bin?

NEBEL Ja, ich hab' sie zu einer G'horsamskomödie verleit't, um zwischen Ihnen einen Verdruß –

BUCHNER (*in Wut*) Das hast du getan –!?

NEBEL Deßtwegen darf man einem Menschen noch nicht das Vaterherz rauben.

BUCHNER Jetzt gib gutwillig den Geist auf, eh' ich dir'n aus der Gurgel beut'l! (*Will Nebel grimmig packen.*)

NEBEL (*retiriert sich eiligst hinter Vincelli*) Vater, schützen Sie Ihren Sohn!

FETT (*Buchner zurückdrängend*) Zurück! Auf meinen Ruf fliegen die Domestiken dutzendweis' zum Sukkurs –

VINCELLI (*äußerst erstaunt auf Nebel deutend*) Ist der Mensch betrunken –?

NEBEL Ja, freudetrunken vor Kindeswonne! Ich habe die Ehre, Ihnen meinerseits die Folgen einer Jugendverirrung Ihrerseits vorzustellen.

VINCELLI Man schaffe mir den Purschen vom Halse!

FETT Pfui, Tschinelli, nicht grausam sein! Er hat ja als gehorsamer Sohn meine Schwägerin verstoßen.

VINCELLI (*entrüstet*) Was für Pöbelscherze erlaubt man sich hier mit mir?

Siebzehnte Szene

ALFRED, *dann* ULRIKE, *dann* FANNY, *dann* LUCIA; DIE VORIGEN

ALFRED (*aus dem Hintergrunde rechts auftretend*) Noch einmal, Vater, lassen Sie mich Ihr Herz –

VINCELLI Fort von mir, für immer! Dein Anblick ist mir ein Greuel!

ALFRED Ist's möglich, so den Sohn zu hassen, weil er einen Engel liebt?

VINCELLI Engel – 's ist zum Rasendwerden! *Die* Person ein Engel! Da sieh her, gemeine Seele, *so* muß ein Wesen aussehn, das man einen Engel nennt! (*Zeigt ihm das Bild.*) Solche Reize können Inkonvenienzen entschuldigen, bei solcher Schönheit kann man verzeihend durch die Finger sehn, aber –

ALFRED (*entzückt, das stattgehabte Mißverständnis ahnend*) Vater, ich nehme Sie beim Wort! (*Eilt rechts im Hintergrunde ab.*)

FETT (*verblüfft zu Vincelli*) Was? Das is der Sohn?

VINCELLI Ja doch, wer sonst?

FETT Der Sekretär? (*Zu Nebel.*) Was sind denn Sie hernach für ein Sohn?

NEBEL Ich bin ein Sohn, der (*auf Vincelli deutend*) notwendig so einen Vatern brauchen könnt'!

(*Alfred, mit Ulriken aus dem Hintergrunde rechts kommend, führt selbe seinem Vater entgegen.*)

VINCELLI Was ist das?

ALFRED Solche Reize entschuldigen, haben Sie selbst gesagt – so drücken Sie verzeihend nun mich und die Erwählte an das Vaterherz.

VINCELLI (*mit höchstem Staunen Ulrike betrachtend*) Diese ist's – das ist ja – sie selbst – Zug für Zug gleicht sie –

ULRIKE (*auf das Medaillon zeigend, welches Vincelli in der Hand hält*) Dem Bilde ihrer Mutter, die einst lang vorher, eh' sie gezwungen die Gattin meines Vaters ward, von Ihnen geliebt –

VINCELLI (*in sanftem Tone, etwas verlegen*) Schweigen Sie davon – ich habe – verdammt, ich werde weich, und die Leute sehen's.

ALFRED Zögern Sie noch, unsern Bund zu segnen?

VINCELLI Ihr habt – (*für sich*) sie sind bereits vermählt, was nützt da –? (*Laut, doch etwas zögernd.*) Wohlan denn –

ALFRED Morgen soll unsere Hochzeit sein!

VINCELLI (*befremdet*) Wie oft wollt ihr euch denn noch heiraten?

ALFRED Wie meinen Sie das?

VINCELLI Ja, seid ihr denn noch nicht –?

ALFRED Nein, Vater, wer hat Ihnen –?

VINCELLI (*auf Buchner zeigend*) Dieser Herr da – (*zu Alfred und Ulriken*) also noch nicht verheiratet? Ja, da sollt' ich eigentlich –

ALFRED Nichts, als segnend unsre Hände ineinander legen!

VINCELLI (*beiseite*) Wenn ich nur nicht das Malheur hätte, weich zu werden vor den Leuten – (*zu Alfred*) nun, so nimm sie, du obstinater Junge! (*Fügt die Hände der Liebenden zusammen.*)

ALFRED (*entzückt*) Vater! Sie machen mich unaussprechlich glücklich!

VINCELLI (*leise, vertraulich zu Alfred*) Vielleicht wär' ich's auch geworden, wenn ich so obstinat gewesen wäre wie du.

FETT (*zu Nebel*) Und Ihnen, Sie ordinärer Kerl, habe ich meine noble Tochter an'tragen? Blamasch'! Wenn das unter d' Leut' kommt, is 's Mädel verschlagen auf zeitlebens. Das schnürt mir die Brust zusamm', ich hab' eine verschlagene Tochter!

NEBEL Um einige tausend Gulden will ich mich gern zu diskretem Stillschweigen verpflichten.

BUCHNER (*Fanny entgegeneilend, welche eben durch den Hintergrund rechts auftritt*) Fanny, geliebte Fanny!

FANNY Anton!

BUCHNER Verzeih mir –!

FETT (*einen raschen Entschluß fassend, zu Buchner*) Freund, mögen Sie s'? Da hab'n Sie s'! Bündiger kann sich ein Vater nicht mehr ausdrücken! (*Fügt mit großer Eilfertigkeit ihre Hände zusammen.*)

LUCIA Die Klag' auf Eh'versprechen ist schon beim Amtmann eingeleit't.

FETT Wär' schad' um die Prozeßkosten, der Mensch is nix als ein herg'loffener Filou!

LUCIA Was?

NEBEL Pfiffikus, wollen Sie sagen?

BUCHNER Der, Gott sei Dank, mit alle seine Spekulationen ab'brennt is; so sollt's jedem gehn, der sich deßtwegen einen Pfiffikus nennt, weil er einen passablen Kopf mit einem schlechten Herzen vereint.

NEBEL Ich werd' mir's merken. (*Zu Lucia.*) Und du schwingst kein Pardontüchel über den Delinquenten der Liebe?

LUCIA (*sehr böse*) Aus meinen Augen!

NEBEL Meine Empfehlung! (*Beiseite.*) Jetzt muß ich schauen, daß mich der guten Wirtin ihr Mann als Oberkellner nimmt. (*Zu den Anwesenden.*) Also drei Lieb'sg'schichten waren in diesem Haus, zwei haben sich zu Heiratssachen gestaltet. Somit verhält sich hier Hymen zu Amor wie zwei zu drei, ein großes, seltnes Resultat in einer Zeit, wo auf fünfhundert Liebschaften nur eine Hochzeit kommt – meine Gratulation! (*Geht ab.*)

FETT Apage! – Tschinelli – jetzt lassen wir die Brautpaar' leben!

ALLE Ja, ein Freudenfest sei der heutige Tag!

(*Allgemeine Gruppe, im Orchester fällt rasch eine heitere Musik ein.*)

Der Vorhang fällt.

Apage: Apage Satanas (lat.) = Hinweg, Satan! (Teufelsbeschwörung).

Der Zerrissene

Posse mit Gesang in drei Akten

Zerrissene: zeitgenössischer Ausdruck für die Stimmung des »Weltschmerzes« in der ersten Hälfte des Jahrhunderts.

Personenverzeichnis

HERR VON LIPS, ein Kapitalist

STIFLER, SPORNER, WIXER, – seine Freunde

MADAME SCHLEYER

GLUTHAMMER, ein Schlosser

KRAUTKOPF, Pächter auf einer Besitzung des Herrn von Lips

KATHI, seine Anverwandte

STAUBMANN, Justitiarius

ANTON, JOSEF, CHRISTIAN, – Bediente bei Herrn von Lips

ERSTER, ZWEITER, DRITTER, VIERTER – Knecht bei Krautkopf

GÄSTE, BEDIENTE, LANDLEUTE

Die Handlung geht im ersten Akt auf dem Landhause des Herrn von Lips vor. Der zweite und dritte Akt spielt auf Krautkopfs Pachthofe um acht Tage später.

Der Zerrissene wurde zum ersten Mal am 9. April 1844 aufgeführt. Nestroy spielte den »Kapitalisten« Herr von Lips, Scholz den Schlosser Gluthammer. Die Musik war von Adolf Müller.

Erster Akt

Die Bühne stellt einen eleganten Gartenpavillon vor. Im Prospekte rechts und links Türen, zwischen beiden in der Mitte des Prospektes eine große Glastüre, welche nach einem Balkon führt. Seite links Glastüre, Seite rechts ein Fenster. Durch die Glastür, welche auf den Balkon führt, hat man die Aussicht in eine pittoresk-gigantische Felsengegend. Rechts und links Tische und Stühle. Hinter der Mitteltüre rechts ein Ruhebett.

Erste Szene

ANTON, CHRISTIAN, JOSEF (*kommen durch die Türe links aus dem Hintergrunde vor*)

ANTON (*zu Christian und Josef, welche jeder drei Champagnerbouteillen tragen*) So, tragt sie nur hinein, 's werden nicht die letzten sein! Wenn die einmal ins Trinken kommen –

JOSEF Is doch ein guter Herr, was der für seine Gäst' alles springen laßt.

CHRISTIAN Wer sagt denn, daß er nur für die Gäst' g'hört? Er trinkt schon selber auch sein honettes Quantum.

JOSEF Und is doch immer so übel aufg'legt dabei; unbegreiflich bei *dem* Wein!

ANTON Das versteht ihr nicht! Er hat ein zerrissenes Gemüt, da rinnt der Wein durch und kann nicht in Kopf steigen. Jetzt kümmerts euch nicht um Sachen, die euch nix angehn, und schauts zum Servieren!

CHRISTIAN (*indem er mit Josef abgeht*) Ein zerriss'nes Gemüt mit *dem* Geld!

JOSEF 's is stark!

(*Beide in die Türe nach dem Speisesalon Mitte rechts ab.*)

Zweite Szene

ANTON, *dann* GLUTHAMMER *und* EIN BURSCHE (*der einen Teil eines eisernen Geländers trägt*)

ANTON (*nach dem Balkon, Mitte des Hintergrundes, sehend*) Wenn s' nacher herauskommen, die ganze G'sellschaft, und der Herr sieht, daß die Altan' noch kein G'länder hat, da krieg' ich wieder d' Schuld.

GLUTHAMMER (*tritt durch die Mitteltüre links herein und trägt mit Anstrengung ein eisernes Balkongeländer; ein Bursche, der einen Teil des Geländers trägt, kommt mit und geht, nachdem er es auf den Balkon gestellt hat, sogleich ab*) Meiner Seel', so ein eisernes G'länder wägt über sieben Lot.

ANTON Na, endlich! Ich hab' schon glaubt, der Herr Gluthammer laßt uns sitzen.

GLUTHAMMER Von unserm Ort bis da herüber is 's über a halbe Stund', wenn man leer geht; jetzt, wenn man so ein G'wicht tragt und a paarmal einkehren muß, da is a halber Tag weg, man weiß nicht, wo er hin'kommen is.

ANTON Ja, das Einkehren, das hat mich auch schon oft in der Arbeit geniert.

GLUTHAMMER Wir werden gleich fertig sein. (*Öffnet die Balkontüre, tritt hinaus und stellt das Geländer auf.*)

ANTON Nicht wahr, das is völlig schauerlich, wenn man über die Altan' ins Wasser hinunterschaut?

GLUTHAMMER 's Wasser is halt immer ein schauerlicher Anblick.

ANTON Und was 's da draußt für ein' Zug hat!

GLUTHAMMER Mir scheint, von dem Zug hat der Fluß so 's Reißen kriegt, das Ding schießt als wie a Wasserfall!

ANTON Ich hätt' eher das Fenster, was da war, zumauern lassen, unser Herr aber laßt's zu einer Tür ausbrechen und eine Altan' baun, wegen der Aussicht! Lauter so verruckte Gusto!

GLUTHAMMER So, jetzt werden wir gleich – (*fängt an, tüchtig draufloszuhämmern.*)

ANTON Aber, Freund, was fallt Ihm denn ein, so einen Lärm zu machen! Da drin is Tafel!

GLUTHAMMER Ja, glaubt denn der Mussi Anton, ein eisernes Geländer pickt man mit Heftpflaster an?

ANTON Da darf jetzt durchaus nicht klopft werd'n!

GLUTHAMMER Na, so lassen wir's halt derweil stehen, bis später. (*Läßt das unbefestigte Geländer auf dem Balkon stehen und verläßt denselben.*)

(*Man hört im Speisesalon, Mitte rechts, den Toast ausbringen: »Der Herr vom Hause lebe hoch!«*)

GLUTHAMMER Da geht's zu! Ihr müßts einen recht fidelen Herrn haben.

ANTON Seine Gäst' sein fidel, aber er – keine Spur! Ich muß

Reißen: Rheumatismus.

jetzt nachschaun, ob s' kein' frischen Champagner brauchen. (*Geht in den Speisesalon, Mitte rechts, ab.*)

Dritte Szene

GLUTHAMMER; *dann* KATHI

GLUTHAMMER (*allein*) Die reichen Leut' haben halt doch ein göttliches Leben. Einen Teil vertrinken s', den andern Teil verschnabulieren s', a paar Teil' verschlafen s', den größten Teil verunterhalten s'! – Schad', ich hätt' zum Reichtum viel Anlag' g'habt; wenn sich so ein Millionär meiner ang'nommen hätt', hätt' mich ausg'bild't und hätt' mir mit der Zeit 's G'schäft übergeben – aus mir hätt' was werden können.

KATHI (*tritt zur Mitte links ein*) Da werd' ich den gnädigen Herrn finden, haben s' g'sagt. (*Gluthammer bemerkend.*) Das is ja – is's möglich!? – Meister Gluthammer –!?

GLUTHAMMER (*Kathi betrachtend und seine Ideen sammelnd*) Geduld – ich hab' noch nicht den rechten Schlüssel zum Schloß der Erinnerung.

KATHI Ich bin's – die Krautkopfische Kathi!

GLUTHAMMER Richtig – die Kathi! Na, was macht denn mein alter Freund Krautkopf?

KATHI Was wird er machen? Bös is er auf 'n Meister Gluthammer, daß er sich seit anderthalb Jahren nicht bei ihm sehen laßt, und da hat er recht! Pichelsdorf is doch nur vier Stund' weit von der Stadt.

GLUTHAMMER Ich bin ja nicht mehr in der Stadt. Aber wie kommt denn die Jungfer Kathi da her? G'wiß das Pachtgeld vom Freund Krautkopf dem gnädigen Herrn überbringen?

KATHI Muß denn ich nur Gäng' für 'n Herrn Vettern machen, kann denn ich nicht meine eig'nen Angelegenheiten haben?

GLUTHAMMER Freilich! Ich kenn' der Jungfer Kathi ihre Angelegenheiten nicht.

KATHI Um eine Zahlung handelt sich's aber doch, das hat der Meister erraten. Der gute gnädige Herr von Lips – er hat mich aus der Tauf' gehoben –

GLUTHAMMER Das kann so schwer nicht g'wesen sein –

KATHI Meine Mutter hat einmal gedient im Haus, wie noch der alte Lips, der Fabrikant, g'lebt hat. Wie dann der junge Herr die vielen Häuser und Landgüter gekauft hat – das Pachtgut vom Vetter Krautkopf war auch dabei – da haben ich und meine Mutter uns gar nicht mehr in seine Nähe getraut als noblen Herrn, aber – (*traurig*) vor drei Jahren – wie's uns gar so schlecht gangen is, die Weißnähterei wird zu schlecht bezahlt –

GLUTHAMMER Wie überhaupt die weiblichen Arbeiten; wenn man selbst Marchandmode war, kann man das am besten beurteil'n.

KATHI Das wohl, aber ein Schlossermeister wird da nicht viel davon verstehn.

GLUTHAMMER (*seufzend*) O, ich war auch Marchandmode!

KATHI Hör'n S' auf mit die G'spaß!

GLUTHAMMER Nein, 's is furchtbarer Ernst, ich war Marchandmode, im Verlauf der Begebenheiten wird dir das alles klar werden.

KATHI Da bin ich neugierig drauf.

GLUTHAMMER Erzähl' nur erst deine G'schicht' aus.

KATHI Die is schon so viel als aus. Wie's uns so schlecht gangen is und d' Mutter war krank, da bin ich zu meinem gnädigen Herrn Göden und hab' hundert Gulden z' leihen g'nommen; er hat mir's an der Stell' geben und hat g'lacht, wie ich vom Z'ruckzahlen g'red't hab'! Meiner Frau Mutter hab' ich aber noch auf 'n Tot'nbett versprechen müssen, recht fleißig und sparsam zu sein und auf die Schuld ja nicht zu vergessen; und das hab' ich auch g'halten. Ich bin nach der Frau Mutter ihr'n Tod zum Vetter Krautkopf kommen, da hab' ich gearbeitet und gearbeitet und gespart und gespart, und nach dritthalb Jahren waren die hundert Gulden erübrigt! Jetzt bin ich da, beim Herrn Göden Schulden zahl'n.

GLUTHAMMER Schulden zahl'n –?! An so was denk' ich gar nicht mehr.

KATHI Wie kann der Meister so reden als ordentlicher Handwerksmann und Meister?

GLUTHAMMER Meister? Ich bin ja seit fünf Monaten wieder G'sell' und nur mit Krebsaugen blick' ich auf meine Meisterschaft zuruck.

KATHI (*erstaunt und mitleidvoll*) Is's möglich!

Marchandmode: Putzmacher, Modewarenhändler (fz. *»marchand de modes«*).
Göden = *Göd:* Taufpate, Taufpatin.

GLUTHAMMER Wenn man Marchandmode war, is alles möglich.

KATHI Das is aber das Unbegreifliche –

GLUTHAMMER Im Verlauf der Begebenenheiten wird alles klar. Ich hab' mich verliebt – jetzt wird's bald zwei Jahr', in eine Putzerin, in eine reine, schneeblühweißgewasch'ne Seele.

KATHI (*mit gutmütiger Ironie*) Und aufs Waschen scheint der Herr große Stück' zu halten.

GLUTHAMMER Hab' es noch keinen Samstag unterlassen. Daß ich also weiter sag': sie hat mich ang'red't, ich soll ihr d' Marchandmoderei lernen lassen. Ich hab' sie also gleich in die Lehr' geb'n, und in kurzer Zeit hat sie alles in klein' Finger g'habt – was man nur von einer Mamsell wünschen kann – und so war sie Mamsell. Da stirbt die alte Marchandmode, 's Heirat'n is uns von Anfang schon in Kopf g'steckt – so hat sie mir zug'red't, ich soll ihr das G'schäft von der toten Madame kaufen. Um viertausend Gulden war's z' hab'n, d' Hälfte hab' ich gleich bar aus'zahlt, und so war die Meinige Madame, nur 's Heiraten hat noch g'fehlt zur vollständigen Glückseligkeit. Da – (*seufzt.*)

KATHI Sie wird doch nicht g'storben sein?

GLUTHAMMER Im Verlauf der Begebenheiten wird das alles klar. Die Hochzeit war bestimmt, 's Brautkleid war fertig, mein blauer Frack g'wend't, (*mit Schluchzen*) die Anginene begelt, d' Gäst' eing'laden – Person à zwei Gulden – (*beinahe in Tränen ausbrechend*) ohne Wein –

KATHI (*tröstend*) Na, g'scheit, Herr Gluthammer!

GLUTHAMMER Den Tag vor der Hochzeit geh' ich zu ihr, sie war aber nicht z' Haus.

KATHI War sie eine Freundin vom Spazier'ngehn?

GLUTHAMMER Im Verlauf der Begebenheiten wird das alles klar. Sie is von der Stund' an nicht mehr nach Haus kommen, ich hab' s' g'sucht, ich hab' s' g'meld't, ich hab' s' woll'n austrommeln lassen, aber 's derf nur a Feuerwerk aus'trommelt wer'n in der Stadt – mit *ein'* Wort, es war alles umsonst, ich war Strohwitiber, bin Strohwitiber geblieben, und das Stroh bring' ich auf *der* Welt nicht mehr aus 'n Kopf.

KATHI Mein Gott, man muß sich gar viel aus 'n Kopf schlagen.

GLUTHAMMER O, so was bleibt! Und dann die Folgen: 's

Mamsell: Gehilfin.
Anginene: anginen = aus Nankingstoff.

G'schäft war einmal kauft, zweitausend Gulden war ich drauf schuldig – denk' ich mir, zu was brauch' ich zwei G'werber, es is das g'scheiteste, ich verkauf' eins. Da hab' ich mein Schlosserg'werb' verkauft und bin Marchandmode blieben.

KATHI Das war aber auch ein Gedanken –

GLUTHAMMER Wär' kein schlechter Gedanken g'wesen, aber man war ungerecht gegen mich. Die Kundschaften haben g'sagt, ich hätt' keinen Geschmack, weil ich alles in Schwarz und Hochrot hab' arbeiten lassen. Nach vier Monat' war ich nix als eine zugrund'gegangene Marchandmode, und um meinen Gläubigern aus 'n G'sicht zu kommen, hab' ich müssen auf's Land als Schlosserg'sell gehn. Das is der vollständige Verlauf der Begebenheiten, wie sie sich nacheinander verloffen haben. O, meine Mathilde –!

KATHI Die Person war eine Undankbare, is gar nicht wert, daß sich der Herr Gluthammer kränkt um sie.

GLUTHAMMER Was!? Sie liebt mich! Sie is offenbar mit Gewalt fortgeschleppt worden, wird wo als Gefangene festgehalten und hat keinen andern Gedanken, als nur in meine Arme zurückzukehren.

KATHI Da g'hört sich ein starker Glauben dazu.

GLUTHAMMER O Gott! Wenn ich alles so g'wiß wüßt' –! Wenn ich den Räuber so g'wiß ausfindig z' machen wüßt' – Jungfer Kathi – (*nimmt sie bei der Hand*) dem ging's schlecht! – (*Ihre Hand heftig schüttelnd.*) Der wurd' auf schlosserisch in die Arbeit g'nommen –

KATHI Na, na –! Denk' der Herr nur, daß ich kein Rauber bin.

GLUTHAMMER Nehmen Sie's nicht übel, aber wenn ein Schlosser in die Aufwallung kommt –

Vierte Szene

ANTON; DIE VORIGEN

ANTON (*aus der Mitte rechts des Speisesalons kommend; die Türe bleibt offen*) Leuteln, machts, daß 's fortkommts, der Herr kommt gleich mit die Gäst' heraus.

KATHI Das is g'scheit, ich kann also da sprechen mit 'n gnädigen Herrn?

ANTON Beileib nicht! Das wär' jetzt höchst ungelegen!

KATHI So werd' ich halt draußen warten.

ANTON Geh' d' Jungfer in Garten spazieren!

GLUTHAMMER Meine Arbeit mach' ich halt später.

ANTON Freilich!

GLUTHAMMER Komm' die Kathi! Die Mathilde is verloren – (*nimmt sie beim Arm*) aber *ihn* werd' ich finden, den Mathildenschnipfer – (*grimmig*) und dann werden wir was erleben von einer nagelneuen Zermalmungsmethod' –

KATHI (*aufschreiend*) Ah, probierts die Methode, wo Ihr wollt, aber nicht an mein' Arm!

GLUTHAMMER Nehmen Sie's nicht übel, aber es gibt Momente, wo der ganze Schlosser in mir erwacht, und da merkt man keine Spur, daß ich jemals Marchandmode g'wesen bin. (*Geht mit Kathi durch die Glastüre links ab.*)

ANTON (*nach dem Speisesalon sehend, dessen Türe offen geblieben*) Da kommt der Herr – und das G'sicht, was er macht – ich geh'! (*Geht ebenfalls durch die Glastüre links ab.*)

Fünfte Szene

LIPS (*allein*)

LIPS (*tritt zur Mitte rechts während dem Ritornell des folgenden Liedes aus der Türe des Speisesalons auf*)

Lied

1.

Ich hab' vierzehn Anzüg', teils licht und teils dunkel,
Die Frack' und die Pantalon, alles von Gunkel,
Wer mich anschaut, dem kommet das g'wiß nicht in Sinn,
Daß ich trotz der Garderob' ein Zerrissener bin.
Mein Gemüt is zerrissen, da is alles zerstückt,
Und ein z'riss'nes Gemüt wird ein' nirgends geflickt.
Und doch – müßt' i erklär'n wem den Grund von mein' Schmerz,
So stundet ich da als wie 's Mandl beim Sterz;
Meiner Seel', 's is a fürchterlichs G'fühl,
Wenn man selber nicht weiß, was man will!

Mathildenschnipfer: schnipfen = mildes Wort für stehlen.
Gunkel: Name eines der elegantesten Wiener Schneider.
Dastehen wie's Mandel beim Sterz: ganz ratlos dastehen.

2.

Bald möcht' ich die Welt durchflieg'n, ohne zu rasten,
Bald is mir der Weg z' weit vom Bett bis zum Kasten;
Bald lad' ich mir Gäst' a paar Dutzend ins Haus,
Und wie s' da sein, so werfet ich s' gern alle h'naus.
Bald ekelt mich 's Leben an, nur 's Grab find' ich gut,
Gleich drauf möcht' ich so alt wer'n als der ewige Jud';
Bald hab' ich die Weiber alle bis daher satt,
Gleich drauf möcht' ich ein Türk' sein, der s' hundertweis' hat;
  Meiner Seel', 's is a fürchterlichs G'fühl,
  Wenn man selber nicht weiß', was man will!

Armut is ohne Zweifel das Schrecklichste. Mir dürft' einer zehn Millionen herlegen und sagen, ich soll arm sein dafür, ich nehmet s' nicht. Und was schaut anderseits beim Reichtum heraus? Auch wieder ein ödes, abgeschmacktes Leben. Langweile heißt die enorm horrible Göttin, die gerade die Reichen zu ihrem Priestertum verdammt, Palais heißt ihr Tempel, Salon ihr Opferaltar, das laute Gamezen und das unterdrückte Gähnen ganzer Gesellschaften ist der Choral und die stille Andacht, mit der man sie verehrt. – Wenn einem kleinen Buben nix fehlt und er is grantig, so gibt man ihm a paar Braker, und 's is gut. Vielleicht helfet das bei mir auch, aber bei einem Bub'n in meinem Alter müßten die Schläg' vom Schicksal ausgehn, und von da hab' ich nix zu riskier'n; meine Gelder liegen sicher, meine Häuser sind assekuriert, meine Realitäten sind nicht zum Stehlen – ich bin der einzige in meiner Familie, folglich kann mir kein teurer Angehöriger sterben, außer ich selber, und um mich werd' ich mir auch die Haar' nicht ausreißen, wenn ich einmal weg bin – für mich is also keine Hoffnung auf Aufrieglung, auf Impuls. – Jetzt hab' ich Tafel g'habt – wenn ich nur wüßt', wie ich bis zu der nächsten Tafel die Zeit verbring'! – Mit Liebesabenteuer? – Mit Spiel –? Das Spielen is nix für einen Reichen; wem 's Verlier'n nicht mehr weh tut, dem macht 's Gewinnen auch ka Freud'! – Abenteuer –? Da muß ich lachen! Für einen Reichen existieren keine

Kasten: Schrank.
Gámezen: gähnen.
Braker: Klopfer; Schläge auf das Gesäß als Strafe für Kinder.
Aufrieglung: Umstimmung.

Liebesabenteuer. Können wir wo einsteigen? Nein, sie machen uns so überall Tür und Tor auf! – Werden wir über a Stieg'n g'worfen? Nein, Stubenmädl und Bediente leuchten uns respektvoll hinab. Werden auf uns Sulteln gehetzt? Wird was hinabg'schütt't auf uns? Nein, Papa und Mama bitten uns, daß wir ihr Haus bald wieder beehren. – Und selbst die Eh'männer – sind auch meistens gute Leut'. Wie selten kommt eine Spanische-Rohr-Rache ins Spiel? Die korsische Blutrache liegt gar ganz in Talon. Wann hört man denn, daß ein Eh'mann einen Kugelstutzen nimmt und unsereinem nachschießt? Ja, anreden tun s' ein', daß man ihnen was vorschießt. (*Deutet Geldgeben.*) Das is die ganze Rache! Wo sollen da die Abenteuer herkommen? Man is und bleibt schon auf fade Alletagsgenüsse reduziert, die man mit Hilfe der Freundschaft hinunterwürgt. Das is noch das Schönste, über Mangel an Freunden darf sich der Reiche nicht beklagen. Freunde hab' ich und das, was für Freunde! Den warmen Anteil, den sie nehmen, wenn s' bei mir essen, das heiße Mitgefühl, wenn s' mit mir z'gleich einen Punschdusel kriegen, und die treue Anhänglichkeit! Ob einer zum Losbringen wär'! – Keine Möglichkeit! Ich bin wirklich ein beneidenswerter Kerl, nur schad', daß ich mich selber gar nicht beneid'! –

Sechste Szene

STIFLER, SPORNER, WIXER (*kommen aus der Mitte rechts*); DER VORIGE

STIFLER (*zu Lips*) Aber, Herr Bruder, sag' doch, was ist's mit dir? Die Gesellschaft wird immer lauter, du wirst immer stiller, alle Gesichter verklären sich, das deine verdüstert sich, endlich lassest du uns ganz in Stich –

WIXER Sein auch richtig alle ang'stochen!

STIFLER (*zu Lips*) Es herrscht eine allgemeine Bestürzung unter den Gästen, weil sie dich nicht sehn.

LIPS Sie sollen sich trösten, früher haben s' mich alle doppelt g'sehn, also gleicht sich das wieder aus.

WIXER Wenn s' sehn, du kommst nicht, so verlier'n sie sich halt

Sultel: Verkleinerung von »Sultan«, beliebter Hundename.
Ang'stochen: beschwipst.

schön stad, die Anhänglichkeit, die wir haben, die kann man nicht prätendieren von so gewöhnliche Tischfreund'.

LIPS Freilich!

WIXER Bist du lustig, ist's recht, bist du traurig, sind wir auch da und essen stumm in uns hinein, das heißt Ausdauer im Unglück!

STIFLER, SPORNER Auf uns kannst du zählen!

LIPS An euch drei hab' ich wirklich einen Terno g'macht.

STIFLER Komm, trink noch ein Glas Champagner mit uns!

LIPS Ich hab' keine Freud' mehr dran. Wie ich noch zwanzig Jahr' alt war, damals ja – aber jetzt!

STIFLER Ich finde jetzt alles am schönsten.

LIPS Ja, wenn man so jung is als wie du!

STIFLER Nu, gar so jung – ich bin wohl erst im Vierundfünfzigsten.

LIPS Ich aber schon im Achtunddreißigsten!

STIFLER Das schmeckt ja noch nach dem Flügelkleide!

LIPS Und doch schon Matthäi am letzten!

STIFLER Laß dir nichts träumen!

LIPS Eben die Träum' verraten mir's, daß es auf die Neig' geht, ich mein', die wachen Träum', die jeder Mensch hat. Bestehen diese Träum' in Hoffnungen, so is man jung, bestehen sie in Erinnerungen, so is man alt. Ich hoff' nix mehr und erinnere mich an vieles, ergo: alt, uralt, Greis, Tatl!

WIXER Du mußt dich zerstreuen.

LIPS Das is leicht g'sagt, aber mit was?

WIXER Wir begleiten dich, geh auf Reisen!

LIPS Um zu sehn, daß es überall so fad is als hier?

STIFLER Nein, er meint Naturgenuß, Alpen, Vulkane, Katarakte –

LIPS Sag' mir ein Land, wo ich was Neues seh'; wo der Wasserfall einen andern Brauser, der Waldbach einen andern Murmler, die Wiesenquelle einen andern Schlängler hat, als ich schon hundertmal g'sehn und gehört hab'! – Führ' mich auf einen Gletscher mit schwarzem Schnee und glühende Eiszapfen, segeln wir in einen Weltteil, wo das Waldesgrün lilafarb, wo die Morgenröte paperlgrün is! – Laßts mich aus', die Natur kränkelt auch an einer unerträglichen Stereotypigkeit.

Matthäi am letzten: zu Ende, aus.
Paperlgrün: Paperl = Papagei.

WIXER (*zu Sporner*) Gib ihm doch auch einen Rat, du Engländer ex propriis.

SPORNER Ich sage: Pferde, nichts als Pferde! (*Zu Lips.*) Halte dir zehn bis fünfzehn Stück Vollblut, verschreibe dir Jockeis, besuche alle Wettrennen, und du wirst ganz umgewandelt!

LIPS Am End' gar selbst zum Roß! Nein, Freund', ich reit' gern aus zur Bewegung, ich fahr' gern aus zur Bequemlichkeit, und meine Pferd' hab'n g'wiß nix Fiakrisches an sich – aber wie man alle seine Gedanken und Ideen bloß auf Rasse, Vollblütigkeit und Familienverhältnisse der Pferd' konzentrieren kann, dafür hab' ich keinen Sinn, so leer is weder mein Kopf noch mein Herz, daß ich Stallungen draus machen möcht' –

WIXER So mach' sonst verruckte G'schichten, begeh Narrenstreich', das is auch eine Unterhaltung.

SPORNER Und überdies englisch!

LIPS (*zu Sporner*) Freund, blamier' dich nicht, du kennst die Nation schlecht, die du so mühselig kopierst, wenn du glaubst, daß die Narrheit eine englische Erfindung is. An Narren fehlt's nirgends, aber es sind meist arme Narren, folglich red't man nicht von ihnen, und dann sind's Narren, die mit einer erbärmlichen Ängstlichkeit sich in den Nimbus der G'scheitheit einhüllen! Der Engländer hat das Geld, seine narrischen Ideen zu realisieren, und hat den Mut, seine Narrheit zur Schau zu tragen; darin liegt der Unterschied, von daher stammt das Renommée.

STIFLER Bruder, jetzt treff' ich das Rechte. Eins ist dir noch neu – der Eh'stand.

LIPS Eh'stand? Das is, glaub' ich, wenn man heirat't? Darüber existieren so viele Beschreibungen, so viele Sagen der Vorzeit und Memoiren der Gegenwart – was soll ich da Neues finden?

STIFLER Treffe nur eine originelle Wahl!

LIPS Eine originelle Wahl? Wie is das möglich? Wähl' ich vernünftig, so haben schon Hundert' so gewählt, und wähl' ich dumm, so haben schon Millionen Leut' so gewählt; aber wenn ich – ja, freilich – (*von einer Idee ergriffen*) ich hab's!

STIFLER *und* WIXER Was?

LIPS Die originelle Wahl! Ich wähle ohne Wahl, ich treffe eine Wahl, ohne zu wählen.

STIFLER Erkläre mir, o Örindur, diesen Zwiespalt der Natur!

Erkläre mir . . .: leicht verändertes Zitat aus dem Trauerspiel *Die Schuld* von Müllner.

LIPS (*mit festem Entschluß*) Das erste fremde Frauenzimmer, welches mir heut' begegnet, wird meine Frau!

STIFLER Bist du toll –? } *zugleich*
WIXER Laß nach –! }

LIPS Schön oder wild, gut oder bös, jung oder alt – alles eins – ich heirat' sie!

SPORNER Das ist echt englisch!

STIFLER Wenn aber – setzen wir den Fall –

LIPS (*in heiterer Stimmung*) Kein Aber, kein positus! Unbedingt die erste, die mir begegnet! Ich sag' euch, Freunde, ich g'spür' jetzt schon die heilsame Wirkung von diesem Entschluß, die Spannung, die Neugierd', wer wird die erste sein?

Siebente Szene

ANTON; DIE VORIGEN

ANTON (*zur Mitte links eintretend, meldend, zu Lips*) Die Frau von Schleyer wünscht ihre Aufwartung zu machen.

LIPS Schicksal, du hast gut pausiert, du fallst a tempo ein!

ANTON Sie hat g'sagt, sie möchte unbekannterweis' die Ehre haben.

STIFLER Wer ist sie denn, diese Unbekannte?

WIXER Sollt' mich wundern, wenn ich s' nit kenn'.

ANTON Sie hat heraußt ihre Sommerwohnung in der Feldgassen –

LIPS Das is egal, nur herein, sie is willkommen!

ANTON Sehr wohl! (*Geht nach der Türe Mitte links.*)

LIPS (*Anton nachrufend*) Halt, du mußt erst fragen, ob sie Witwe is.

ANTON Sehr wohl!

LIPS Wohlgemerkt, nur im Witwenfall wird sie vorgelassen.

ANTON Sehr wohl! (*Geht zur Mitte links ab.*)

Achte Szene

DIE VORIGEN *ohne* ANTON

LIPS (*in sehr aufgeregter Stimmung*) Brüderln, was sagt ihr dazu?

STIFLER Die Sache spielt sich ins Verhängnisvolle hinüber.

Positus: (lat.) gesetzt den (als Ausnahme zu betrachtenden) Fall.

LIPS (*nach dem Garten sehend*) Am End' – richtig – sie kommt – sie is also Witwe!

STIFLER Meiner Seele –!

LIPS Gehts jetzt, meine Freunde, laßt mich mit meiner Zukünftigen allein!

STIFLER Du wirst doch nicht des Teufels sein?

LIPS Vielleicht auch des Engels, das muß sich erst zeigen, aber der ihrige werd' ich auf alle Fäll'.

SPORNER Goddam!

WIXER (*zu Sporner*) Das is ein guter Rat.

STIFLER Promenieren wir ein wenig durch den Garten! (*Geht mit Sporner und Wixer durch die kleine Glastüre links nach dem Garten ab.*)

LIPS (*allein*) Das is Aufregung, so ein Moment reißt ei'm die Schlafhauben vom Kopf, das is Senf für das alltägliche Rindfleisch des Lebens.

Neunte Szene

ANTON, MADAME SCHLEYER, LIPS

ANTON (*tritt zur Mitte links, meldend, mit Madame Schleyer ein*) Die verwitwete Frau von Schleyer. (*Geht wieder in den Garten ab.*)

LIPS Unendlich erfreut –

MADAME SCHLEYER (*sehr elegant und auffallend gekleidet*) Herr von Lips entschuldigen –

LIPS Was verschafft mir das Vergnügen?

MADAME SCHLEYER Ich komm' als Ballgeberin – es wird sehr glänzend werden.

LIPS Der Glanz alles Glänzenden wird durch schwarze Unterlag' gehoben, drum sind immer die Bälle die glänzendsten, denen das Unglück den dunklen Grund abgibt, für welches dann der Glanz des Balles zum Strahl des Trostes wird. So wird auch ohne Zweifel Ihr Ball einen wohltätigen Zweck haben.

MADAME SCHLEYER Das heißt' – mein Ball hat allerdings einen wohltätigen Zweck, insofern das Vergnügen wohltätig auf den Menschen wirkt –

LIPS Aha, und insofern der Ballertrag wohltätig auf die Finanzen der Ballgeberin wirkt.

MADAME SCHLEYER Insofern es ferner eine Wohltat für die Leut' ist, die einem kreditiert haben, wenn sie zu ihrem Geld kommen.

LIPS Mit einem Wort, zu Ihrem Besten und zum Besten Ihrer Gläubiger wird der Ball gehalten; jetzt brauchen Sie nur noch die Gäste mit dem Ball zum besten zu halten, so is ein allgemeines Bestes erzweckt.

MADAME SCHLEYER Der Herr von Lips machen Spaß mit einer Witwe, die im Drang der Verhältnisse –

LIPS Haben Sie so viele Verhältnisse, daß ein förmlicher Andrang daraus entsteht?

MADAME SCHLEYER Mir hätt' nie die Idee kommen sollen, den Schleyer zu nehmen.

LIPS Was? Sie haben den Schleier nehmen wollen?

MADAME SCHLEYER Ich hab' ihn genommen, der Himmel hat mir 'n aber wieder genommen.

LIPS Ja so! Der selige Herr Gemahl hat Schleyer geheißen?

MADAME SCHLEYER Aufzuwarten!

LIPS Und hat Ihnen nichts hinterlassen?

MADAME SCHLEYER Nichts als das kleine Haus da heraußen, von dem ich die Hälfte an eine Sommerpartei verlass'. Jetzt hab'n mir die Gläubiger auf das Haus greifen wollen.

LIPS Fatal, vorm Feuer kann man ein Haus assekurieren lassen, aber an eine Assekuranzanstalt vor Gläubigern hat man noch immer nicht gedacht, und doch werden offenbar mehr Häuser den Gläubigern als den Flammen zum Raube.

MADAME SCHLEYER In der Desperation hab' ich den Entschluß gefaßt, einen Ball zu geben; denn das Haus, worin mein Mann g'storben is, lass' ich mir nicht entreißen.

LIPS Natürlich, so was is als Tempel süßer Erinnerung unschätzbar.

MADAME SCHLEYER Konträr, Herr von Lips, daß ich ihn in dem Haus los'worden bin, das is die unschätzbare Erinnerung.

LIPS Also unglückliche Ehe und wahrscheinlich ohne Delikatesse?

MADAME SCHLEYER O! Der Schleyer war kotzengrob.

LIPS Wer war denn der Herr Gemahl?

MADAME SCHLEYER Ein alter Streich- und Projektenmacher. Sie glauben nicht, wie der mich hinters Licht geführt hat. Herr von Lips müssen wissen, ich war in der Stadt bei der Handlung.

LIPS Bei was für einer Handlung?

MADAME SCHLEYER Putzhandlung.

LIPS Eine schöne Handlung, die durch Wechsel floriert, während so manche andre Handlung durch Wechsel falliert.

MADAME SCHLEYER Er is öfters in Equipage zu mir kommen – zu einer unerfahrnen Marchandmode gefahren kommen, is das sicherste Verfahren, ihr Herz in Gefahr zu bringen.

LIPS Mit einem Wort, Sie wurden geblendet, ohne weder Fink noch Belisar zu sein.

MADAME SCHLEYER Die Equipage war ausg'liehen – das Vermögen Schein – das heißt nicht etwa Wiener Währung –

LIPS Wir kommen aber ganz vom Ball ab.

MADAME SCHLEYER Hier hab' ich die Ehre, ein Billett – (*übergibt ihm ein Ballbillett*).

LIPS (*es besehend*) Der Preis is fünf Gulden –

MADAME SCHLEYER Der Drucker hat vergessen, draufzusetzen: »Ohne Beschränkung der Großmut«, was ich ihm doch so aufgeboten hab'.

LIPS »Standespersonen zahlen nach Belieben« wär' besser, denn das Prädikat »großmütig« reizt die allgemeine Eitelkeit weit weniger als der Titel »Standesperson«. Ich hab' nicht gewechselt, Madame Schleyer müssen schon gütigst diesen Hunderter annehmen.

MADAME SCHLEYER Herr von Lips – Ihre Großmut – Ihre – (*eilfertig*) ich verharre mit untertänigstem Dank die tiefergebenste Dienerin! (*Verneigt sich und geht rasch durch die Mitte links ab.*)

LIPS (*allein*) Mein Kompliment! Wie sich die tummelt, die muß einen Abscheu vor dem Herausgeben hab'n. (*Sich besinnend.*) Aber halt, ich vergess' ja ganz, daß sie meine Braut is. (*Eilt zur Türe und ruft ihr nach.*) Ich bitt', Madame – hab'n S' die Güte – auf ein' Augenblick – (*für sich*) sie kommt zurück.

MADAME SCHLEYER (*zurückkommend*) Herr von Lips haben gerufen? Ich hätte vielleicht herausgeben sollen –?

LIPS O nein, das war's nicht.

MADAME SCHLEYER Oder wünschen vielleicht noch ein Billett?

LIPS Nein, das ebensowenig. Für einen Ledigen is ein Billett ge-

Fink: Finken wurden geblendet, damit sie schöner sängen.
Belisar: Blendung unhistorisch, aber Stoff zeitgenössischer Theaterstücke.

nug, und selbst wenn ein Lediger die Ballgeberin heirat't, braucht er nur eins, denn die Ballgeberin hat ja freies Entree auf ihrem eig'nen Ball.

MADAME SCHLEYER Ich versteh' Ihnen nicht –

LIPS Werd' mich gleich ganz verständlich machen; ich hab' Ihnen auf einen Augenblick zurückgerufen, weil ich mich auf ewig mit Ihnen verbinden will.

MADAME SCHLEYER Fünf Gulden kommen aufs Ballbillett, fünfundneunzig auf den Spaß, den Sie sich machen, das kann man sich schon g'fallen lassen.

LIPS Ich mach' aber Ernst, und das is eigentlich der Hauptspaß –

MADAME SCHLEYER (*äußerst erstaunt*) Ich trau' mein' Ohren nicht –

LIPS Is es denn so wunderbar? Mir is der Schuß zum Heiraten kommen, und der Schuß trifft zufällig Sie. Besser als ein anderer Schuß, der bald mich selbst getroffen hätt'.

MADAME SCHLEYER Wie das!?

LIPS Sie müssen wissen, mein Inneres is zerrissen wie die Nachtwäsch' von einem Bettelmann – da hab' ich mich also unlängst erschießen wollen, und derweil ich so im Schuß ein Testament aufsetz' zugunsten meiner Freunde, is mir der Schuß zum Erschießen vergangen.

MADAME SCHLEYER So einen veränderlichen Herrn tät' auch 's Heiraten bald reuen.

LIPS Dafür is ja eben 's Heirat'n erfunden, daß's nix mehr nutzt, wenn's einem reut; wenn die Reue nicht wär', wär' ja die Liebe genug. Also jetzt in vollem Ernst: Ihre Antwort!

MADAME SCHLEYER (*für sich, in Freude und Ungewißheit schwankend*) Ich weiß nicht, träumt mir – oder –

LIPS Spielen Sie mir jetzt die Komödie vor, als ob nicht mein Reichtum, sondern meine liebenswürdige Persönlichkeit Ihren Entschluß bestimmet!

MADAME SCHLEYER Komödie würden Sie das nennen – wenn –?

LIPS Aha, Sie gehn schon drauf ein, das is recht. Wir Reichen verdienen's, daß man mit uns Komödie spielt, weil uns unsere Eitelkeit undankbar gegen den Reichtum macht. Glauben Sie denn, ein alter Millionist, wenn er aus einer G'sellschaft nach Haus kommt, knieet sich nieder vor seine Obligationen, küsset diese himmlischen Bilder und saget: »Euch nur verdank'

Schuß: Stimmung.

ich's, daß diese Frau auf mich gelächelt, diese Tochter mit mir kokettiert hat. Euch nur, ihr göttlichen Papiere, daß diese Cousine mich heiraten will!«? – Kein Gedanken! Er stellt sich voll Selbstgefühl vor 'n Spiegel, find't in seine Hühnertritt' interessante Markierungen und meint, er is ein höchst gefährlicher Mann. Mit Recht hat die Nemesis für diesen Undank an den Papieren den Reichen zum Papierltwerden verdammt. Also heraus jetzt mit dem Entschluß, meine Holde!

MADAME SCHLEYER (*sich zierend*) Aber, Herr von Lips, ich muß ja doch erst –

LIPS Ich versteh', vom Neinsagen keine Red', aber zum Jasagen finden Sie eine Bedenkzeit schicklich! Gut, wie Sie wünschen!

Zehnte Szene

KATHI; DIE VORIGEN

KATHI (*zur Mitte links eintretend*) Ah, da is ja der Herr Göd!

LIPS (*zu Kathi*) Wen sucht Sie?

KATHI Kenn S' mich denn nicht mehr, ich bin die Kathi, die Euer Gnad'n aus der Tauf' g'hoben haben.

LIPS (*sie erkennend*) Richtig, aber du bist g'wachsen seit der Zeit, das heißt, nicht seit der Tauf', sondern seit die drei Jahr' –

KATHI Wo ich 's letztemal bei Euer Gnaden war, wo Euer Gnaden Herr Göd so hilfreich –

LIPS Na, 's is schon gut, mein Kind, aber jetzt hab' ich hier – (*macht eine Bewegung, daß sie sich entfernen soll.*)

MADAME SCHLEYER Entfernen Sie sich doch, meine Gute, Sie sehen ja, daß Herr von Lips über und über beschäftigt is.

KATHI (*zu Lips*) Ich bin wegen der gewissen Schuld gekommen, die hundert Gulden, die Euer Gnaden Herr Göd meiner verstorbenen Mutter so großmütig geliehen haben –

LIPS Später, später – jetzt hab' ich durchaus keine Zeit. Geh nur, Kind, geh! (*Zu Madame Schleyer.*) Ich geb' Ihnen also Bedenkzeit, aber nicht mehr als eine Viertelstund'!

MADAME SCHLEYER Was kann man in einer Viertelstund' bedenken? Im Grund is eigentlich gar nichts zu bedenken – und der

Hühnertritt: Krähenfüße = Fältchen um die Augen.
Papierltwerden: zum besten gehalten werden.

Herr von Lips durchschauen ohnedies jede Ziererei – ich könnte also gleich –

LIPS Ich weiß, Sie könnten gleich Ja sagen, aber mir g'fallt das jetzt mit der Bedenkzeit, diese Spannung, ich bild' mir jetzt ein, ich bin in einer ängstlichen Erwartung – das unterhalt't mich. Sehn S', so muß sich der Mensch selber für ein' Narren halten. Glauben Sie mir, das is eine schöne und nicht so leichte Kunst. Um andere für einen Narr'n zu halten, braucht man nix als Leut', die einem an Dummheit übertreffen; um aber mit Vorsatz sich selbst für ein' Narren zu halten, muß man sich selbst an G'scheitheit übertreffen. Also in einer Viertelstund', Angebetete – ich werde die Sekunden zählen – das Blut drängt sich zum Herzen, das Hirn pulsiert – der Atem stockt! – In einer Viertelstunde – Leben oder Tod! (*Eilt in den Speisesalon Mitte rechts ab.*)

Elfte Szene

MADAME SCHLEYER, KATHI

MADAME SCHLEYER (*für sich*) Ich mach' da ein Glück! – Wenn er mir nur nicht mehr auskommt – ein verruckter Millionär is was G'fährliches bis nach der Kopulation.

KATHI (*für sich*) Ich wart' halt doch, bis er wiederkommt, das Geld will ich nicht wieder nach Hause tragen.

MADAME SCHLEYER (*sehr vornehm zu Kathi*) Der Herr von Lips is also Ihr Göd oder eigentlich Pate, wie wir Noblen uns ausdrücken.

KATHI (*schüchtern*) Ja, Euer Gnaden.

MADAME SCHLEYER Er hat das Geld nicht zurückverlangt, und du bringst es aus eig'nem Antrieb!?

KATHI Freilich, wenn man was schuldig is, muß man zahlen.

MADAME SCHLEYER (*für sich*) In dem Hause gehen lauter ungewöhnliche Sachen vor.

KATHI (*nach und nach mehr Mut fassend, nähert sich Madame Schleyer*) Euer Gnaden sind so herablassend, mit mir zu reden, werden mir also eine Frag' erlauben, 's is vielleicht eine dumme Frag' – (*etwas ängstlich*) hab' ich recht, mir is vor'kommen, als wenn mein Herr Göd heiraten möcht'?

MADAME SCHLEYER Er projektiert so was dergleichen.

KATHI (*etwas betroffen*) Er heirat't? – Und wen will er denn heirat'n?

MADAME SCHLEYER (*stolz und kurz angebunden*) Mich!

KATHI (*ihre innere Bewegung verbergend*) Ihnen! – Nicht wahr, Sie haben ihn recht gern? Er is so gut – so ein herzensguter Herr – er verdient's, und ihm fehlt ja nix zu seinem Glück als ein treues Herz – o, Euer Gnaden werden ihn g'wiß recht glücklich machen.

MADAME SCHLEYER (*schroff*) Ich glaub' gar, Sie will mir Lektion geben, wie man einen Mann glücklich macht?

KATHI (*eingeschüchtert*) O, ich bitt', nur nicht bös' werden, wenn ich was Dalkets g'sagt hab'.

Zwölfte Szene

STIFLER; DIE VORIGEN

STIFLER (*zur kleinen Glastüre links eintretend*) Nun! Schon alles in Ordnung? – (*Lips suchend.*) Er is nicht da?

MADAME SCHLEYER (*sich rasch umwendend*) Wen suchen Sie?

STIFLER (*sie erkennend*) Was tausend! Sie sind's?

MADAME SCHLEYER (*angenehm überrascht*) Ah! Das ist wirklich unverhofft! Wie kommen Sie daher?

STIFLER Das muß ich Sie fragen, liebenswürdige und so plötzlich verschwundene Mathilde.

KATHI (*welcher der Name auffällt, für sich*) Mathilde?

MADAME SCHLEYER Mit mir haben sich wohl merkwürdige Schicksale zugetragen in die anderthalb Jahr', und das neueste Schicksal is das, daß ich seit fünf Minuten dem Herrn von Lips seine Braut bin.

STIFLER Das is allerdings merkwürdig.

MADAME SCHLEYER So einen Goldfisch zu fangen bei der Zeit, wo jede Gott dankt, die einen Hechten erwischt!

KATHI (*für sich*) Aber das is eine abscheuliche Frau! –

MADAME SCHLEYER Übrigens wird's gut sein, lieber Papa Stifler –

STIFLER Scharmant – Papa Stifler, so hat mich die aimable Mathilde Flinck immer genannt.

MADAME SCHLEYER Es wird aber gut sein, hier nichts von früheren Zeiten zu erwähnen.

STIFLER Natürlich! Wir sehen uns zum erstenmal. Es sind aber noch ein paar Ihrer ehemaligen Anbeter hier, die müssen wir avisieren; ein indiskretes Wort könnte viel – suchen wir sie im Garten auf! Die werden staunen!

MADAME SCHLEYER Ich muß aber in zehn Minuten wieder da sein.

STIFLER Das versteht sich, lassen Sie uns eilen! (*Bietet ihr den Arm.*)

MADAME SCHLEYER Einen Millionär, der die Sekunden zählt, darf man nicht eine Minute warten lassen.

(*Beide Seite links durch die kleine Glastüre ab.*)

Dreizehnte Szene

KATHI; *dann* GLUTHAMMER

(*Während dieser Szene wird es rückwärts und in den Kulissen zugleich sehr langsam Nacht.*)

KATHI (*allein*) Ich versteh' blutwenig vom Heiraten, aber daß so eine einen Mann glücklich macht, das glaub' ich mein Lebtag nit.

GLUTHAMMER (*links hereineilend*) Kathi! – Kathi! – Ich lass' mir's nicht nehmen, ich hab' was g'sehn.

KATHI Wer will Ihm was nehmen? Und was hat Er g'sehn?

GLUTHAMMER Ich hab' von weiten was g'sehn, was mich sehr nahe angeht, und das lass' ich mir nicht nehmen.

KATHI Er is ja ganz außer sich!

GLUTHAMMER Nit wahr? O, ich hab' wie ein Wütender mit allen vieren um mich geschlagen; der dumme Anton hat mir den Hammer wegg'nommen.

KATHI Das war recht g'scheit von ihm. Aber jetzt red' der Herr, über was is Er denn wütend worden?

GLUTHAMMER War nicht früher eine da?

KATHI Grad den Augenblick is eine fort'gangen.

GLUTHAMMER Jetzt schlag' die Kathi d' Händ' über 'n Kopf z'samm', diese eine war in der Entfernung deutlich die Meine.

KATHI Warum nit gar! Es war ja die Braut vom gnädigen Herrn.

GLUTHAMMER Kann's nicht glauben, der Anton hat mir offenbar einen falschen Nam' g'sagt.

KATHI Hier hat ein Herr mit ihr g'red't und hat s' Mathilde Flinck g'nennt.

GLUTHAMMER (*laut aufschreiend*) Mathilde Flinck –!? Flinck!? Mathilde!? Sie is's! Sie is's!!

KATHI Wer?

GLUTHAMMER (*außer sich*) Meine Geraubte! Hier halt't man sie gefangen, die treue Seele, hier hat sie zwei Jahre lang allen Rauberkünsten getrotzt! O Gott – o Gott!!

KATHI Die da war, hat sehr freundlich mit 'n Herrn vom Haus disk'riert.

GLUTHAMMER Aha! Das war, um den Rauber zu beschwichtigen. O Mathilde! Zur List nimmst du die Zuflucht!? Geduld, Engel, ich komm' dir mit Gewalt zu Hilf'! (*Rennt wütend zur Türe des Speisesalons Mitte rechts.*)

KATHI (*erschrocken ihn zurückhaltend*) Was will denn der Herr Gluthammer –!?

GLUTHAMMER (*grimmig*) Sein Leben will ich, nix als sein Rauberleben. Is denn nirgends ein Mordinstrument? Mein Hab und Gut für einen Taschenfeidl! Eine Million für a halbe Portion Gift! Ein Königreich, wenn mir ein Tandler a alte Guillotine verschafft!

KATHI Is Er rasend?

GLUTHAMMER Ja, rasend dumm, daß ich mich um ein Instrument alterier'; diese Fäust' sind Dietrich genug, um einem die Pforten der Ewigkeit aufzusperren.

KATHI Was? Ich sag' Ihm's, meinem Herrn Göden lass' ich nix g'schehn!

GLUTHAMMER (*mit zunehmendem Ungestüm*) Wo is er?

KATHI (*ängstlich*) Er is – er is in Garten gangen.

GLUTHAMMER (*außer sich vor Grimm*) Gut, dort will ich ihm zur Hochzeit gratulieren! (*Indem er wütend während der folgenden Worte alle Hiebe, Stiche, Stöße und Tritte pantomimisch ausdrückt.*) Glück – Freud' – Gesundheit – langs Leb'n – und alles Erdenkliche, was er sich selbst wünschen kann. Wart', Rauber!! (*Rennt wütend durch die Mitte links ab.*)

(*Es ist mittlerweile etwas dunkel geworden.*)

Taschenfeidl: Taschenmesser.

Vierzehnte Szene

KATHI; MADAME SCHLEYER, STIFLER, SPORNER, WIXER (*treten Seite links durch die Glastüre ein*)

KATHI Gott, was hab' ich getan? Ich hab' mein' Herrn Göden verraten! Ich bin eine unglückselige Person –

STIFLER (*mit Mathilde, Sporner und Wixer zur kleinen Glastüre Seite links aus dem Garten eintretend*) Kommen Sie, liebenswürdige Mathilde, die Abendluft ist kühl.

WIXER Auf unsern Freund seine Braut müssen wir ja weiter nit schaun!

MADAME SCHLEYER Zu gütig, meine Herren!

KATHI (*welche erst ängstlich nach der Mitteltüre links gelaufen, läuft jetzt Mitte rechts an die Türe, welche in den Speisesalon führt, und ruft an der zugemachten Türe*) Herr Göd –! Lieber gnädiger Herr Göd!!

STIFLER Was macht denn das Geschöpf für einen heillosen Rumor?

KATHI Ach, meine Herren, ich muß mit mein' Herrn Göden sprechen, und das an der Stell'!

STIFLER Das geht jetzt nicht an!

MADAME SCHLEYER Geh, Kind, geh und komm ein andersmal!

KATHI O Madame, ich muß!

MADAME SCHLEYER (*ungeduldig und gebieterisch*) Ein andersmal, hab' ich gesagt! Und jetzt bitt' ich mir's aus – (*zeigt nach der Türe Mitte links*).

STIFLER (*zu Madame Schleyer*) Ärgern Sie sich nicht! –

KATHI (*eingeschüchtert, für sich, indem sie sich rückswärts nach der Türe zieht*) Der alte Bediente muß ihn warnen – den muß ich schaun, daß ich find'. (*Eilt in die Mitte links ab.*)

Fünfzehnte Szene

DIE VORIGEN *ohne* KATHI

STIFLER Wir bringen also heute noch der baldigen Gebieterin dieses Hauses ein Lebehoch.

MADAME SCHLEYER Meine Herren, Ihre Huldigung erfreut mich unendlich, und ich werde Ihnen stets eine freundliche Hauswirtin sein.

WIXER Wirtin, das is das echte Wort.

MADAME SCHLEYER Wir wollen einen kleinen, aber um so fröhlicheren Zirkel bilden.

WIXER Das is das Wahre. Klein muß a G'sellschaft sein, aber honett, nacher is's a Passion.

STIFLER Jetzt lassen wir aber Freund Lips nicht länger schmachten.

MADAME SCHLEYER Nicht wahr, die Viertelstund' is schon vorbei?

(Zwei Bediente treten, jeder mit zwei angezündeten Armleuchtern, zur Mitte links ein und stellen jeder einen davon auf den Tisch rechts und links. In den Kulissen Tag, im Hintergrunde bleibt es Nacht.)

STIFLER *(zu Madame Schleyer)* Erlauben Sie mir, daß ich ihm sein Glück verkünde. *(Er öffnet Mitte rechts die Türe nach dem Speisesalon, und man sieht Lips auf einem Diwan ausgestreckt liegen und schlafen.)* Er schlaft –!?

(Die zwei Bedienten, welche die beiden andern Armleuchter nach dem Speisezimmer tragen wollten, haben sich in dem Moment der Türe genähert, als Stifler selbst öffnete, so daß sie unwillkürlich den schlafenden Lips beleuchten.)

SPORNER *und* WIXER *(erstaunt)* Er schlaft –!?

MADAME SCHLEYER *(überrascht und ihren Ärger kaum bezwingend)* Er schlaft! – Das is etwas stark –

STIFLER Ohne Zweifel hat ihn infolge der Gemütsaufregung und der eingetretenen Dunkelheit ein leiser Schlummer überfallen.

(Lips schnarcht.)

MADAME SCHLEYER Das scheint schon mehr als ein Schlummer zu sein.

WIXER Was man sagt, ein Roßschlaf.

STIFLER *(zu den Bedienten)* Stellt nur die Lichter hinein!

(Die Bedienten stellen die Lichter in den Speisesalon.)

MADAME SCHLEYER Lassen S' mich jetzt allein, meine Herren, mit dem – *(halbleise)* Murmeltier.

STIFLER Gehn wir zu den übrigen ins Billardzimmer!

WIXER *(indem er mit Stifler und Sporner durch Mitte rechts in den Speisesalon nach rechts ab- und an dem schlafenden Lips vorübergeht, den Bedienten, welche die Lichter in den Speisesalon gestellt, zurufend)* G'schwind, Bediente, aufzünden beim Billard, eine à la guerre geht los.

(Die Bedienten folgen ihm.)

's is a Passion: es ist eine Lust.

Sechzehnte Szene

MADAME SCHLEYER, LIPS

MADAME SCHLEYER Die poltern an ihm vorbei, und er rührt sich nicht! – (*Dem schlafenden Lips nähertretend.*) Herr von Lips –

(*Lips schnarcht sehr stark.*)

MADAME SCHLEYER (*erschrocken einen Schritt zurücktretend*) Nein, wie der schnarcht – wie mein Seliger – liebenswürdige Eigenschaft! (*Tritt ihm näher und ruft laut.*) Herr von Lips! Herr von Lips!

LIPS (*erwachend und aufspringend*) Was gibt's –? Ah, Madame, Sie sind's – entschuldigen!

MADAME SCHLEYER Sie schnarchen ja, daß einem die Haar' zu Berg stehn.

LIPS Da bitt' ich um Vergebung, das kommt vom Träumen, ich hab' g'rad so einen g'spaßigen Traum g'habt.

MADAME SCHLEYER Sonst is das nur bei beängstigenden Träumen der Fall, oder wenn die Trud –

LIPS Mir hat von Ihnen geträumt. Sie haben mich verschmäht, haben meine Hand ausgeschlagen.

MADAME SCHLEYER Und das is Ihnen gar so spaßig vorgekommen?

LIPS Im Traume kommt einem ja alles anders vor als in der Wirklichkeit.

MADAME SCHLEYER Träume bedeuten auch gewöhnlich das Konträre. Die Viertelstunde, die Sie mir gegeben, is vorüber und –

LIPS (*zerstreut*) Was für eine Viertelstund'?

MADAME SCHLEYER (*pikiert*) Na, die Bedenkzeit!

LIPS Ah, ja so, richtig – das hätt' ich bald verschlafen. Sie verschmähen mich also nicht?

MADAME SCHLEYER Beinahe hätten Sie's verdient; demungeachtet will ich diesmal –

LIPS (*im ruhigen, gleichgültigen Tone*) Gnade für Recht ergehen lassen, weil – etcetera, gut! Wir wollen also, weil mein Traum nicht ausgeht, weiter träumen, das heißt, von der Zukunft diskurier'n; das is auch ein Traum, der selten ausgeht. Is Ihnen nicht gefällig, Platz zu nehmen? (*Rückt einen Stuhl zurecht.*)

MADAME SCHLEYER (*für sich*) Is das eine Hindeutung, daß er mich sitzen lassen will?

Trud: ein Alp.

LIPS (*sich setzend, ohne in der Zerstreuung zu bemerken, daß Madame Schleyer sich nicht setzt*) Bis wann glauben Sie also, daß unsere Verlobung –?

MADAME SCHLEYER Hm! Da eben Gäste, folglich auch Zeugen anwesend sind, so meinet ich – heut' abends.

Siebzehnte Szene

GLUTHAMMER; DIE VORIGEN

GLUTHAMMER (*tritt, von beiden unbemerkt, zur Mitteltüre links ein und bleibt, im Hintergrunde lauschend, in heftiger Aufregung stehen, für sich*) Sie is's!! – Das Lamm steht vor dem Opferer.

LIPS Und bis wann meinen Sie die Hochzeit?

MADAME SCHLEYER Ich glaub', das wär' wohl an Ihnen, den Tag zu bestimmen.

GLUTHAMMER (*betroffen, für sich*) Was? Dem Lamm is's recht, wann's dem Opferer gefällig is.

LIPS So können wir also in sechs Wochen ein Paar sein.

MADAME SCHLEYER (*beleidigt*) Sechs Wochen?! – Ich glaub', wenn die Braut in einer Viertelstund' den Entschluß faßt, so könnt' der Bräutigam doch längstens in acht Tagen mit die Anstalten fertig sein.

GLUTHAMMER (*furchtbar enttäuscht*) Wie g'schieht mir denn? 's Lamm kann's nicht erwarten, bis's geopfert wird –!?

LIPS (*mit forcierter Laune*) Acht Tag', sagen Sie? Zu was? Das wär' traurig, wenn man einen Geniestreich nicht in vierundzwanzig Stund' zusamm'brächt'. Morgen muß die Hochzeit sein.

GLUTHAMMER (*vorstürzend*) Und heut' noch is die Leich'!

LIPS (*erstaunt*) Was will denn –?

MADAME SCHLEYER (*aufschreiend*) Ah! Der Gluthammer! (*Hält sich an einen Stuhl.*)

GLUTHAMMER Ja, Elende, der Gluthammer in der furchtbarsten Hitz'!

LIPS Und sie erstarret zu Eis!

GLUTHAMMER (*wütend zu Lips*) Mach' dein Testament, Glückzerstörer! Seligkeitsvernichter!

MADAME SCHLEYER Ich bin verloren! –

LIPS Für mich keineswegs. Glauben Sie, dieses schmutzige Verhältnis (*auf Gluthammer deutend*) schreckt mich ab? Glauben Sie denn, ich hab' Ihnen für eine reine Seele gehalten? Eine Narrheit will ich begehn, und ich sehe immer mehr und mehr, ich hätte keine würdigere Wahl treffen können. (*Schließt sie in seine Arme.*)

GLUTHAMMER (*grimmig*) Ha, dieser Anblick –!!

MADAME SCHLEYER (*zu Lips*) Rufen S' Ihre Bedienten!

LIPS Zu was? Ich krieg' selbst einen Gusto, eine alte Gymnastik regt sich in mir.

GLUTHAMMER (*sein Schurzfell aufrollend, zu Lips*) Heraus, wennst Courage hast!

LIPS (*zu Gluthammer*) Prahlhans, ich bin ein g'lernter Boxer. (*Zieht den Rock aus.*)

GLUTHAMMER (*die Fäuste ballend*) A solche Lektion hast aber sicher noch keine kriegt. (*Beide stürzen aufeinander los und ringen.*)

MADAME SCHLEYER (*während dem Kampf*) Aber Herr von Lips – geben Sie sich nicht ab – (*ängstlich*) zu Hilf'! Bediente!

GLUTHAMMER (*im Ringen zu Lips, den er gegen die Mitte links gedrängt*) Dir hilft kein Bedienter mehr!

LIPS (*indem er seine Kraft zusammennimmt*) Ich will dir zeigen, daß ich keinen brauch'. (*Drängt Gluthammer in die Mitte links zur Türe hinaus.*)

MADAME SCHLEYER (*ängstlich*) Is denn niemand da?

GLUTHAMMER (*Mitte links zurückkommend*) Ich bin wieder da!

LIPS Noch keine Ruh'? Na, wart' – Kerl, g'freut' dich! (*Stürzt ihm entgegen und beide kommen, indem sie ringen, in die Nähe der Balkontüre, die offensteht; unwillkürlich drängt einer den andern hinaus auf den Balkon. Beide stürzen während eines Schreckensrufes, indem sie sich umklammert halten, samt dem noch nicht festgemachten Eisengitter über den Balkon hinab.*)

MADAME SCHLEYER (*laut aufschreiend*) Ah –!! Er is des Todes! (*Stürzt zum Balkon.*) Himmel –! Ins Wasser! – Rettung! – Tod! Hilf'!

Achtzehnte Szene

MADAME SCHLEYER, STIFLER, SPORNER, WIXER, MEHRERE HERREN (*aus Mitte rechts*). ANTON, CHRISTIAN, JOSEF (*aus Mitte links*)

STIFLER (*mit den übrigen eilig und in ängstlicher Verwirrung aus der Türe des Speisesalons kommend*) 's ist nicht möglich!

WIXER Vom Billardzimmer hat man's deutlich g'sehn.

MADAME SCHLEYER In Abgrund g'stürzt, alle zwei –! (*Sinkt auf einen Stuhl links.*)

STIFLER Der Mörder mit?

WIXER Nur g'schwind, Schinakeln, Schiffleut'! (*Mitte links ab.*)

DIE HERREN Ja, Schiffleute! Stricke! Stangen! (*Eilen mit den Bedienten zur Mitte links ab.*)

Neunzehnte Szene

MADAME SCHLEYER, STIFLER, SPORNER

STIFLER Erholen Sie sich, schöne Frau!

MADAME SCHLEYER Das is zuviel! Vor zwei Minuten haben noch zwei Männer um mich g'rauft, und jetzt macht mich ein zweifacher Tod zur dreifachen Witib.

STIFLER Beruhigen Sie sich, Herr von Lips muß gerettet werden. (*Zu Sporner.*) Sie könnten sich auch ein wenig tätiger annehmen!

SPORNER (*ganz ruhig*) Goddam!

STIFLER Damit ist ihm nicht geholfen.

Zwanzigste Szene

WIXER (*mit mehreren Herren durch die Mitte links eintretend*); DIE VORIGEN

WIXER Beim Mondschein hat man einen Kopf ober'n Wasser g'sehn, sie rudern schon nach.

STIFLER Treten wir auf den Balkon.

DIE HERREN Von hier kann man's sehen.

(*Alle, auch Madame Schleyer, drängen sich auf den Balkon.*)

WIXER Dort – sehn S' –

Schinakel: Kahn.

ALLE Wo? Wo?

WIXER Dort! Sieht man nix mehr?

DIE HERREN Da ist keine Rettung!

STIFLER Offenbar Mord –!

WIXER Ein Glück für 'n Mörder, wann er auch ersoffen is.

Einundzwanzigste Szene

LIPS *und* DIE VORIGEN (*auf dem Balkon*)

LIPS (*ist, ohne von den Anwesenden, welche, um die Balkontüre gedrängt, ihre Blicke nach außen richten und folglich Lips den Rücken kehren, bemerkt zu werden, ganz durchnäßt zur Mitteltüre links eingetreten und hat die letzten auf dem Balkon geführten Reden gehört*) Schauderhaft, er is nicht ersoffen, der Mörder lebt – lebt fürs Kriminal –! (*Faßt sich verzweifelt mit beiden Händen an den Kopf.*)

DIE HERREN (*auf dem Balkon*) Tot ist tot!

LIPS (*in größter Angst*) Flucht! – Flucht! – Schleunige Flucht! – (*Eilt zur Seite links ab.*)

(*Im Orchester fällt passende Musik ein.*)

Der Vorhang fällt.

Zweiter Akt

Die Bühne stellt das Innere eines Wirtschaftsgebäudes und Getreidespeichers auf dem Pachthofe Krautkopfs vor. Rechts, links und in der Mitte des Fußbodens befinden sich drei praktikable Falltüren. Rechts führt eine Seitentüre nach dem Wohngebäude, links eine Seitentüre ins Freie. Im Hintergrunde in der Mitte ist ein großes Tor, welches zur Dreschtenne führt; im Hintergrunde derselben liegen Getreidegarben hoch aufgeschichtet, rechts im Vordergrunde stehen ein Tisch und zwei Stühle, links zwei Stühle.

Erste Szene

KRAUTKOPF, KATHI, ZWEI BAUERNKNECHTE

KRAUTKOPF (*zu den Knechten*) Is der Kleeacker schon g'mäht?

ERSTER KNECHT Das g'schieht heut'.

KRAUTKOPF Is 's Heu schon aufg'schobert?

ZWEITER KNECHT Das g'schieht heut'.

KRAUTKOPF (*ärgerlich*) Heut', heut', alles g'schieht heut'!

ERSTER KNECHT Wir können's auf morgen auch lassen.

KRAUTKOPF Ich werd' dich gleich umbringen; gestern, gestern hätt's schon soll'n g'schehn sein. Gedroschen muß auch werd'n – au weh, mein Kopf! – Auf alls soll man denken! – Die Drescher soll'n kommen, sonst bring' ich s' auch um.

ERSTER KNECHT Sie wer'n noch beim Fruhstuck sein. (*Die beiden Knechte gehen zur Seite links ab.*)

KRAUTKOPF (*zu Kathi*) Und du kommst wieder gar nicht von Fleck? Rühr' dich, lustig, lebendig!

KATHI (*welche traurig im Vordergrunde rechts gestanden*) Ich soll lebendig sein, und er – er is tot! (*Bricht in Tränen aus.*)

KRAUTKOPF Alles mit Maß, die Weinerei is z'viel! Wenn ein Göd stirbt, so weint man in der ersten Stund' und in der zweiten fragt man, ob er ei'm was vermacht hat, und is das nicht der Fall, so schimpft man in der dritten Stund' über ihn und in der vierten arbeit't man wieder darauf los wie vor und eh'.

KATHI Der Herr Vetter kann das Gefühl nicht haben, der Vetter hat ihn nicht kennt, hat ihn gar nie g'sehn, den guten Herrn, aber ich – (*weint*).

KRAUTKOPF Warum war er nie heraußt? Wann hätt' ich Zeit zu

Visitenmachen g'habt? Ich weiß eh' nicht, wo mir der Kopf steht.

DRITTER KNECHT (*tritt mit einer hochaufgetürmten Butten von Krauthäupteln Seite links ein*) Wo kommt denn das Kraut hin?

KRAUTKOPF (*eilig die Falltüre rechts öffnend*) Da in den Keller herunter! Leer' die Butten um!

(*Dritter Knecht stürzt die Butten um und läßt die Krauthäupteln in den Keller hinabrollen.*)

KRAUTKOPF So –

(*Der Knecht geht Seite links ab.*)

(*Vierter Knecht tritt Seite links ein mit einer Butten voll weißer Rüben.*)

KRAUTKOPF Was bringt denn der?

VIERTER KNECHT Ruben haben wir ausg'nommen.

(*Will die Butten in denselben Keller hinableeren.*)

KRAUTKOPF Halt! Nicht da herein! (*Eilt zur Falltüre links.*) Da g'hören die Ruben her! (*Indem er die Falltüre öffnet.*) An keine Ordnung g'wöhnt sich das Volk. – Kraut und Ruben werfeten s' untereinand' als wie Kraut und Ruben!

(*Vierter Knecht hat abgeleert, wie ihm befohlen, und geht Seite links ab.*)

KRAUTKOPF (*zu Kathi*) Und du, Kathi, schau nach wegen Fruhstuck – und jetzt soll ich noch wegen Robotausweis – und wenn extra heut' noch die Herrn mit 'n Herrn Justitiarius – auf was soll ich noch alles denken! Au weh, mein Kopf! (*Eilt in die Seitentüre rechts ab.*)

Zweite Szene

KATHI; *dann* LIPS

KATHI (*allein*) Manchen Augenblick is mir g'rad nicht anders, als ob die ganze Welt g'storben wär', und manchen Augenblick denk' ich mir wieder, es kann nicht sein, er muß leben, er muß wieder zum Vorschein kommen.

LIPS (*als Bauernknecht verkleidet, mit ängstlicher Vorsicht durch die Türe Seite links hereinkommend*) Kathi! Kathi!

KATHI (*zusammenfahrend*) Gott im Himmel –! Das war seine Stimm' –!

Krauthäupteln: Krautköpfe.

LIPS (*vortretend*) Es is mehr, es is der ganze Herr von Lips!

KATHI (*im höchsten Ausbruch der Freude*) Is's möglich! Ja – ja, er lebt! Mein Herr Göd is nicht ertrunken –!!

LIPS Nein, das Wasser hat mich verschont, ich scheine eine andere Bestimmung zu haben.

KATHI Gott – die Freud' –! Herr Vetter, der gnädige Herr als Bauer verkleid't –! Ich ruf's ganze Haus z'samm'!

LIPS Still, um alles in der Welt – ich bin ja kriminalisch!

KATHI Ah, gehn S' doch –!

LIPS Ja, ja, Kathi, in Ernst, was du da siehst, (*auf sich zeigend*) das is dem Kriminal verfallen.

KATHI Warum nicht gar! Weil a paar dumme Leut' aussprengen, Sie haben absichtlich –

LIPS 's waren Zeugen! Meine G'sellschaft hat 's Fenster auf-g'rissen in Billardzimmer – in dem Augenblick, wie ich auf 'n Balkon zum Schlosser g'sagt hab': »Wart', Kerl, g'freu' dich!« – In dem »Wart', Kerl, g'freu' dich!« liegt scheinbar vorsätzlicher Mord, das »Wart', Kerl, g'freu' dich!« bricht mir 's G'nack und wird zum furchtbaren »Wart', Kerl, g'freu' dich!« für mich selbst.

KATHI Ich darf also dem Vetter Krautkopf nix sagen?

LIPS Keine Silb'n, ich bin ersoffen für die ganze Welt! Auf dem allgemeinen Glauben, daß ich bereits den Grundeln Magenbeschwerden verursach', gründet sich meine Existenz. 's fatalste is aber, mir is 's Geld aus'gangen, bei einer so unverhofften Wasserreis' steckt man nicht besonders was zu sich. Dieses Bauerng'wand war meine letzte Dépense.

KATHI Lieber Himmel, wenn ich nur die hundert Gulden noch hätt', die ich Ihnen schuldig war, aber ich hab' s' Ihrem alten Bedienten übergeben.

LIPS Da haben wir einen Beweis, was das für üble Folgen haben kann, wenn man zu voreilig is im Schuldenzahlen.

KATHI Ein Glück, daß Euer Gnaden so viel Freunde haben.

LIPS Freunde? Kind, ins Wasser g'fall'n bin ich eh schon, soll ich jetzt abbrennen auch noch wie jeder, der im Unglück auf Freunde baut?

KATHI Wer hat Ihnen denn gerettet?

LIPS Ich selbst war der edle Mann, dem ich so hoch verpflichtet bin; ich bin ans Land geschwommen, aber jetzt erst, seitdem

abbrennen: enttäuscht werden.

ich im Trocknen bin, fang' ich an unterzugehn. Ich hab' zwar drei Freunde, das sind treue Freund', die drei! Die werden viel für mich tun, das kann aber erst in einige Wochen g'schehn! Dann flücht' ich ins Ausland. Jetzt soll'n s' aber noch gar nix erfahren –

KATHI Also haben Sie doch Hoffnungen für die Zukunft?

LIPS Das wohl, aber die Zukunft is noch nicht da, und wie hinüberkommen in die Zukunft? Ohne Essen kommt man nicht durch die Gegenwart. Wenn ich jetzt das Geld hätt', was ich so oft auf ein einziges Garçondiner ausgegeben hab'! Heut' z' Mittag komm' ich auf den Punkt, wo ich jeden vierfüßigen Garçon um sein Diner beneiden werde.

KATHI (*die Hände ringend*) Mein Herr Göd in Not –! Nein, das kann, das derf nicht sein!

LIPS Ich hab' da heraußt so ein schönes Schloß, ich war schon jahrelang nicht da, weil's mir zu fad war. Wenn ich jetzt einbrechen könnt' in mein Schloß, wie ich mir alle wertvollen Gegenstände raubet –! Aber 's geht nicht, mein Inspektor tät' mich erwischen, mein eigener Amtmann liefert' mich ins Kriminal.

KATHI Gott, wenn ich jetzt eine Millionärin wär' –! Aber ich hab' nichts – gar nichts – 's is schrecklich! Was werden S' denn jetzt anfangen, mein lieber, guter gnädiger Herr?

LIPS Sag' deinem Vetter, du kennst mich, ich war Geschäftsführer bei deiner Mutter ihrem ehemaligen Miliweib, und leg' ein gutes Wort ein, daß er mich in Dienst nimmt.

KATHI Was? Euer Gnaden wollen dienen auf dem Grund und Boden, wo Sie Herr sind?

LIPS Red' nicht, Kathi, ich bin ja kriminalisch!

KATHI Aber bedenken S' doch – (*nach der Seitentüre rechts sehend*) der Vetter Krautkopf –

LIPS Jetzt, Kathi, red'!

Dritte Szene

KRAUTKOPF; DIE VORIGEN

KRAUTKOPF (*aus der Seitentüre rechts kommend*) Au weh, mein Kopf – g'schwind, Kathi, schau nach – (*Lips bemerkend*) wer is denn das?

KATHI Es is – (*für sich*) ich trau' mir's nicht zu sagen – (*stokkend*) es is –

LIPS Ein Knecht.

KATHI Er möcht' gern hier bei Ihnen, Herr Vetter, in Dienst.

KRAUTKOPF Mir sind die z'wider, die ich schon in Dienst hab', der ging' mir g'rad noch ab!

KATHI Sie haben ja vorgestern zwei fortgejagt.

KRAUTKOPF Richtig, hast recht. Man kann nicht auf alles denken –

KATHI Und der is so brav, so gut –

KRAUTKOPF Woher kennst du ihn denn?

KATHI Ich – ich kenn' ihn – (*stockend*) aus der Stadt.

KRAUTKOPF Aus der Stadt?

LIPS (*ganz bäurisch*) Ich hab' d' Mili einig'führt.

KRAUTKOPF Bei wem war Er denn?

LIPS (*grob*) Wo werd' ich denn g'wesen sein? Bei ein' Miliweib.

KRAUTKOPF (*über Lips' Ton aufgebracht*) Wie red't denn Er mit mir?

LIPS G'rad so, wie ich mit mein' Miliweib g'redt't hab'.

KATHI (*ihn leise zurechtweisend*) Aber, Euer Gnaden –

KRAUTKOPF (*zu Lips*) Möglich, daß 's Miliweib ihre Ursachen hat g'habt, ich vertrag' aber Seinen Ton nit – (*für sich*) und wo nur die Kerl'n wieder bleiben – (*ruft zur Seitentüre links hinaus*) he, Seppel, Martin!

LIPS (*zu Kathi*) Ich hab' glaubt, auf 'n Land is die Grobheit z' Haus, und nach dem Grad von Flegelei, der in der Stadt Mode is, hab' ich mir denkt, muß ich recht –

KATHI Ach nein, bei die Bauern halt't man doch auf Art!

KRAUTKOPF (*Lips messend*) Der Pursch schaut mir so ung'schickt aus. (*Laut zu Lips.*) Versteht Er was? Kann Er ordentlich akkern?

LIPS (*erschrocken*) Ackern –? Werden hier Menschen vor den Pflug gespannt –?

KRAUTKOPF Red' Er nicht so einfältig! Kann Er anbauen?

LIPS An'baut hab' ich wohl schon viel –

KRAUTKOPF Aber auch ordentlich, daß was aufgehn kann?

LIPS Bei mir is sehr viel auf'gangen.

KRAUTKOPF Aber noch kein Licht über d' Landwirtschaft.

Miliweib: Milchfrau.
anbauen: Geld ohne Ertrag ausgeben, vergeuden, etwas verlieren.

LIPS Ich war zehn Jahr' bei einem Miliweib.

KRAUTKOPF Also paßt er vermutlich mehr zum Vieh.

LIPS Soll das eine Kränkung für mich oder fürs Miliweib sein?

KRAUTKOPF Ich mein', ob Er Kenntnis für den Viehstand hat. Was habts denn für Küh' g'habt?

LIPS Eine Schweizer Kuh, die hat alle Tag' sechs Maß Obers gegeben.

KRAUTKOPF Warum nicht gar ein' Milirahm!

LIPS Für die g'wöhnliche Mili haben wir ordinäre Küh' g'habt.

KRAUTKOPF (*für sich*). Ich werd' nicht klug aus dem Menschen. (*Zu Lips.*) Habts ihr Stallfütterung g'habt? –

LIPS G'schlafen haben wir im Stall, aber gegessen in Zimmer.

KRAUTKOPF Wer red't denn von euch? Ich mein' die Küh'.

LIPS Die hab' ich alle Tag' auf die Wiesen begleit't.

KRAUTKOPF Schlechte Manipulation! Warum war die Milifrau gegen die Stallfütterung?

LIPS Vermutlich hat sie den Jodl nicht beleidigen wollen.

KRAUTKOPF Er is a Narr. Von die Schaf' und von die Ziegen wird Er wohl auch nicht zuviel verstehen?

LIPS Hm! Die Schaf', wenn s' fromm sein, gehn viele in einen Stall, und wenn's donnert, stecken s' die Köpf' z'samm'; sonst is an ihnen nichts Bemerkenswertes. Um die Geißböck' hab ich mich nie umg'schaut, die sind mir zu fad.

KRAUTKOPF Fad? Warum sollen g'rad die Geißböck' fad sein?

LIPS Daß s' b'ständig den nämlichen Witz anbringen mit 'n Schneider-Ausspotten, das heißt nix.

KATHI Nehmen S' ihn nur, Herr Vetter – was er nicht kann, wird er schon noch lernen.

LIPS Freilich, bedenken S' nur meine Jugend!

KRAUTKOPF Na, meintwegen, probieren will ich's mit Ihm, Er kann gleich beim Dreschen mithelfen, das wird Er doch können?

LIPS Lassen S' a Fruhstuck bringen, nach dem Sprichwort: »Der ißt wie ein Drescher« werd' ich Ihnen gleich zeigen, daß ich als solcher zu großen Erwartungen berechtige.

KRAUTKOPF Bei mir wird zuerst gearbeit't und nachher gegessen.

Obers: Sahne.
Milirahm: »Milchsahne«.
Jodl: Knecht, Geselle.

Vierte Szene

DREI KNECHTE; DIE VORIGEN

(*Die drei Knechte treten zur Türe links herein.*)

KRAUTKOPF Na, seids einmal da? G'schwind dazu g'schaut, sonst bring' ich euch um!

(*Die Knechte sind zur Tenne gegangen und fangen zu dreschen an.*)

KRAUTKOPF (*zu Lips, welcher zögert*) Is's Ihm g'fällig –?

LIPS Na, ich glaub's, das is ja sehr eine angenehme Beschäftigung. (*Geht zur Tenne und nimmt einen Dreschflegel zur Hand.*)

KATHI (*ängstlich für sich*) Wenn er's nur trifft, wie sich's g'hört!

KRAUTKOPF (*zu Lips*) Aber, Mensch, was treibt Er denn? Er nimmt ja den Flegel verkehrt.

LIPS Das derf man ja nur sagen, die größten Künstler haben schon manches vergriffen. (*Wendet den Dreschflegel um und drischt mit den übrigen, ohne sich in den taktmäßigen Schlag dieser Arbeit finden zu können.*)

KRAUTKOPF (*zu Kathi*) Du, mir scheint, mit dem wird's es nicht tun. (*Zu Lips.*) Nicht einmal g'schwind, einmal langsam! Das muß nach 'n Takt gehn.

LIPS (*indem er drischt, zu Krautkopf*) Die sollen mir nachgeben! Schreiben Sie ihnen ein colla parte vor! (*Trifft den einen Knecht mit dem Dreschflegel auf den Kopf.*)

ERSTER KNECHT (*schreit*) Ah! Der haut uns auf d' Köpf' –

ZWEITER *und* DRITTER KNECHT Zum Teufel hinein!

KRAUTKOPF (*ärgerlich zu Lips*) Aber Er haut ja die Leut' auf die Köpf', was is denn das?

LIPS (*nach vorne kommend*) Ich hab' halt in Gedanken leers Stroh gedroschen, das hab'n schon gar viele getan.

ERSTER KNECHT (*zu Krautkopf*) Der kann ja nicht dreschen. Schick' ihn der Herr Krautkopf lieber aufs Feld zum Aufladen hinaus.

KRAUTKOPF Was? Is noch nicht alles hereing'führt?

ERSTER KNECHT Freilich nit!

KRAUTKOPF Nit? Ich muß euch umbringen. Laufts nur gleich aufs Feld und helfts z'samm', daß noch alles hereinkommt vor 'n Regen.

Colla parte: (ital.) mit der Hauptstimme.

DIE DREI KNECHTE Schon recht, gleich! (*Gehen durch die Türe Seite links ab.*)

KRAUTKOPF Auf was ich alles z' denken – halt, das darf ich nit vergessen. – (*Lips, welcher den übrigen folgen will, nachrufend.*) He – hört Er nicht –? Dummkopf!

LIPS (*sich umwendend*) Was schaffen S'?

KRAUTKOPF Wenigstens versteht Er's doch gleich, wenn man Ihn bei sein' Nam' nennt.

LIPS Eigentlich heiß' ich Steffel.

KRAUTKOPF Er geht jetzt an der Stell' zum Herrn Justitiarius.

LIPS (*erschrocken*) Zu was für einen Arius?

KRAUTKOPF Zum Justitiarius, mach' Er die Ohren auf!

LIPS (*für sich*) Das Wort »Justiz« verursacht mir so ein halsweh-artiges Gruseln –

KRAUTKOPF Und sag' Er, ich lass' fragen, ob die Herren schon da sein und bis wann er mit ihnen herkommen wird.

LIPS (*stutzend*) Was denn für Herrn?

KRAUTKOPF Geht Ihn das was an? Tu' Er, was man Ihm schafft. (*Zu Kathi.*) Kathi! Führ' ihn bis ans Eck, da kannst ihm von weitem 's Amtshaus zeigen.

LIPS (*für sich*) Wenn s' mich erkenneten auf 'n Amt! (*Zu Krautkopf.*) Aber was es in Ihrem Stadl für einen Zug hat, (*nimmt ein Schnupftuch hervor*) die Türen, scheint mir, schließen so schlecht! (*Bindet sich mit dem Schnupftuche das Gesicht ein.*)

KRAUTKOPF Was wären denn das für Heiklichkeiten –?

LIPS Ich hab's Reißen – mein rechter Weisheitszahn is in einem elendigen Zustand. (*Zu Kathi.*) So, Kathi, jetzt gehn wir zum Justitiarius. (*Geht mit Kathi Seite links ab.*)

Fünfte Szene

KRAUTKOPF; *dann* GLUTHAMMER

KRAUTKOPF (*allein*) So ein Knecht is mir noch nicht vorgekommen. Das muß mir auch noch g'schehn, wo ich ohnedem – au weh, mein Kopf!

GLUTHAMMER (*steckt aus dem Getreideschober nur den Kopf heraus*) Krautkopf!

KRAUTKOPF (*sich umwendend und Gluthammers Gesicht erblikkend*) Was is das für ein Kopf –!?

GLUTHAMMER (*sich aus den Getreidegarben herauswühlend*) Der meinige –!

KRAUTKOPF (*staunend*) Gluthammer –!?

GLUTHAMMER Ein Kopf, den 's Gericht gleich beim Kopf nehmen wird – Brüderl, versteck' mich! (*Sinkt an Krautkopfs Brust.*)

KRAUTKOPF Ich hab' glaubt, du bist ersoffen!

GLUTHAMMER Nicht ich, der Herr von Lips.

KRAUTKOPF Ich hab' glaubt, alle zwei.

GLUTHAMMER 's Gericht weiß das besser, man forscht mir nach – in jedem Dorf hab' ich einen Wachter g'sehn. (*Aufschreiend.*) Ha, sie kommen – Rettung –! Verschluf –!

KRAUTKOPF (*erschrocken*) Wer –? Wo –? Es is ja nix!

GLUTHAMMER (*sich erholend*) Nein, es is nix – mir war nur so –

KRAUTKOPF Ich bin erschrocken, daß ich keinen Tropfen Blut gäbet.

GLUTHAMMER So erschreck' ich schon seit acht Täg! – Wie ich herausg'schwommen bin, bin ich ins Gebüsch gekrochen, die Lipsische Dienerschaft is an mir vorbei mit den Worten: »Er is tot, er is tot!« – Seitdem is das ganze Land mit Wachtern übersät – man forscht – man spürt – ich glaub' sogar, das Unglaublichste is geschehn –

KRAUTKOPF Was denn?

GLUTHAMMER Man hat einen Preis auf meinen Kopf gesetzt.

KRAUTKOPF Ah, 's Gericht wirft 's Geld nicht so hinaus. Aus welchem Grund sollten sie denn glauben, daß du mit Vorsatz –

GLUTHAMMER Ich bin Schlosser, ich muß verstehn, was ein unangenageltes Geländer is. (*Aufschreiend.*) Ha – da sind sie –! Stricke – Ketten! Zurück! Zurück! (*Umfaßt Krautkopf krampfhaft.*)

KRAUTKOPF (*erschrocken*) Wer –? Wo –?

GLUTHAMMER (*sich erholend*) Es is nix – mir war nur so –

KRAUTKOPF Ich krieg' völlig 's Herzklopfen – hörst, wenn du mich nochmal so erschreckst –

GLUTHAMMER Brüderl, du hast keinen Begriff, was das is, wenn man nix als Wachter in Kopf hat.

KRAUTKOPF Wo hast dich denn aufgehalten, was hast denn g'macht in die acht Täg?

GLUTHAMMER (*seufzend*) Ich hab' ein sehr freies Leben geführt, aber ganz ohne Wonne, der Wald war mein Nachtquartier, der Mond war meine Sonne – (*heftig zusammenfahrend*) ha –!!

KRAUTKOPF (*ebenfalls zusammenfahrend*) Was?

GLUTHAMMER (*aufatmend*) Nix! – Gestern abend bin ich in diese Gegend kommen, du warst nicht z' Haus, so hab' ich mich da in deinem Stadl ins Getreid' verkrochen, bin eing'schlafen, mir hat von nix als Gericht geträumt, man hat mich verhört, man hat die Bank bringen lassen – da hat mich 's Dreschen aufg'weckt.

KRAUTKOPF Und was soll denn jetzt g'schehn?

GLUTHAMMER Brüderl, versteck' mich!

KRAUTKOPF (*ängstlich*) Wenn aber –

GLUTHAMMER Und wenn's dein Tod wär', du bist mein Freund, du mußt mich verstecken!

KRAUTKOPF Wenn ich nur wüßt', wo – ich muß erst derweil – übermorgen wird gebacken – ich versteck' dich in die Backstub'n. Komm!

GLUTHAMMER Gut, schieb' mich in Backofen hinein! Wenn s' ihn auch heizen, ich rühr' mich nit. Alles eher, nur kein Gericht, nur kein – (*heftig aufschreiend*) ah!! Ha, dort – Schergen – Hochgericht – Rad!! (*Klammert sich in großer Angst an Krautkopf.*)

KRAUTKOPF (*sich von ihm losmachend*) Du bist ja narrisch. Wie kommt denn auf mein' Traidboden a Hochgericht –?

GLUTHAMMER (*vergeblich bemüht, sich zu sammeln*) Siehst es, diese Anwandlungen wandeln immer mit mir auf der Flucht. – Die Knie schnappen z'samm', (*matt*) ich schnapp' auf –! (*Sinkt.*)

KRAUTKOPF (*ihn im Zusammensinken auffangend*) So wart' nur, bis wir in der Backstuben sind.

GLUTHAMMER (*sehr matt*) Schlepp' mich, Brüderl – du bist mein Freund – du mußt mich schleppen.

KRAUTKOPF (*indem er mühsam Gluthammer in die Seitentüre rechts hineinzieht*) Das is a gute Kommission – ich weiß mich nicht aus – au weh, mein Kopf!

(*Beide Seite rechts ab; es wird nicht abgeräumt, Tisch und Stühle bleiben in der Verwandlung stehen, die Seitentüren bleiben in der Verwandlung ebenfalls stehen. Verwandlung fällt vor. Die Bühne stellt eine Stube in Krautkopfs Pachthof vor. Mitteltüre,*

Schnapp' auf: tue den letzten Atemzug.

Seitentüren, Tisch und Stühle von früher. Rechts changiert ein Kasten heraus, links im Hintergrunde ein Bett, welches mit Vorhängen ganz geschlossen ist, im Kasten ist eine große Flasche Wein, ein kälberner Schlegel, eine Laterne, Feuerzeug und Brot.)

Sechste Szene

KATHI (*allein*)

(*Aus Mitteltüre kommend, bringt Milch und Brot.*)

KATHI Da hab' ich ihm sein Frühstück gericht't, so gut als wir's halt haben auf 'n Land. (*Stellt das Mitgebrachte in einen Schrank rechts.*) Jetzt muß ich nur g'schwind hier, weil der Vetter Krautkopf g'schafft hat – mir geht alles so g'schwind von der Hand, ich leb' neu auf, weil mein Herr Göd nicht mehr tot is. Wenn ich ihm nur –

Siebente Szene

KRAUTKOPF; DIE VORIGE

KRAUTKOPF (*aus der Seitentüre links kommend und in dieselbe zurücksprechend*) Bleib nur ruhig, ich werd' dir gleich – (*bemerkt Kathi*) was machst denn du da?

KATHI Ich mach' Ordnung.

KRAUTKOPF Ich brauch' keine Ordnung. Hinaus, geh dem neuen Knecht entgegen, schau, wo er bleibt.

KATHI (*halb für sich*) O, das lass' ich mir nicht zweimal sagen. (*Geht zur Mitteltüre ab.*)

Achte Szene

KRAUTKOPF; *dann* GLUTHAMMER (*inner der Szene*)

KRAUTKOPF (*allein, indem er zu einem Schranke rechts geht*) Das is a Verlegenheit mit dem Gluthammer! Wenn er nur nicht mein Freund wär', ich werfet ihn für mein Leb'n gern hinaus, aber –

GLUTHAMMER (*von innen links*) Was z' essen, Freund! Was z' essen!

KRAUTKOPF Gleich, Brüderl, gleich! (*Hat aus dem Schranke eine Schüssel mit den Überresten eines Kalbsschlegels und ein Stück Brot genommen und eilt damit in die Seitentüre links ab, spricht dann inner der Szene*) So, da stopf' dir 's Maul! (*Aus der Türe herauskommend und noch zurücksprechend.*) Und verhalt dich still, bis ich wiederkomm'. (*Macht die Türe zu. Ängstlich, für sich.*) Wann das verraten wurd', daß ich mich untersteh' und einen Unterstandgeber mach' –

GLUTHAMMER (*von innen*) Was z' trinken, Brüderl! Was z' trinken!

KRAUTKOPF Gleich, Freund, gleich! Schrei nur nicht so! (*Eilt zum Schranke rechts, wie früher, und nimmt eine große Flasche Wein heraus.*) Macht der a Spektakel, als wenn er schon verdursten müßt'! (*Eilt in die Seitentüre links ab, spricht inner der Szene.*) Jetzt iß und trink und gibt mir einmal ein' Ruh'! (*Tritt wieder aus der Türe, in welche er noch zurückspricht.*) Meine Leute merken's ja sonst. (*Macht die Türe zu.*) Das is ein Kerl, mein Freund, so eine Einquartierung hat mir noch g'fehlt! – Was hab' ich denn jetzt –? Ich werd' ganz konfus.

GLUTHAMMER (*von innen*) Brüderl, ein Polster! Bring' mir ein Polster!

KRAUTKOPF (*die Hände zusammenschlagend*) Nein, was der alles braucht –! Gleich! (*Eilt zu seinem im Hintergrunde links stehenden Bette.*) Es is zum Fraiskriegen –! (*Nimmt ein Polster.*) Kann der nicht so auf der Ofenbank liegen? (*Eilt in die Seitentüre links ab, spricht inner der Szene.*) Da hast, mach' dich kommod! Wennst jetzt aber noch einen Muxer machst, (*tritt wieder aus der Türe*) meiner Seel', ich geh' aufs Gericht und geb' dich an. – (*Schließt die Türe ab.*) Ich glaub', wenn s' in einem Haus Drilling' kriegen, es is kein solches Spektakel. – Ich weiß wirklich nicht – au weh, mein Kopf! (*Geht zur Seitentüre rechts ab.*)

Neunte Szene

LIPS *und* KATHI

KATHI (*mit Lips durch die Mitte eintretend*) Ich kann mir's denken, daß Euer Gnaden müd' sind; wer g'wohnt is, in Equipagen z' fahr'n und nur auf Teppich' zu gehn –

Unterstandgeber: Amtssprache für Vermieter, Gastgeber.

LIPS Wenn ich nur die Dichter, die die Wiesen einen Blumenteppich, die den Rasen rasenderweise ein schwellendes grünes Sammetkissen nennen – wenn ich nur die a drei Stund' lang barfuß herumjagen könnt' in der so vielfältig und zugleich so einfältig angeverselten Landnatur – ich gebet was drum.

KATHI (*Milch und Brot aus dem Schrank rechts bringend und auf den Tisch rechts setzend*) Um so besser, hoff' ich, wird Ihnen 's Fruhstuck schmecken.

LIPS Was servierst du mir denn da?

KATHI Brot und Milch.

LIPS Kipfeln habts ihr nicht?

KATHI Das is unser schönstes Brot.

LIPS Und euer einziger Kaffee besteht in Milich? Wenigstens hat man keine Wallungen zu riskieren. Frische Beeren und kristallhelles Quellwasser ging' jetzt noch ab.

KATHI Ich wär' glücklich, wenn ich Euer Gnaden alle Leckerbissen der Erde vorsetzen könnt', aber –

LIPS Du liebe Kathi, du bist so eine liebe Kathi, daß mir dieses Fruhstück, von deiner Hand gereicht, zum allerleckersten Lekkerbissen wird.

KATHI Nein, nein, das Leben hier muß Ihnen schrecklich sein.

LIPS Na, so viel merk' ich wohl, daß's mir früher zu gut gangen is und daß nur diese Einförmigkeit des b'ständigen Gutgehens die Sehnsucht nach besonderer Gemütsaufregung in mir erzeugt hat. Jetzt geht's aber schon acht Tag' so, und acht Tag' Aufregung wäre genug Aufregerei; und jetzt hab' ich erst noch eine ganze aufgeregte Zukunft zu erwarten. Und dann is noch was – noch was –

KATHI (*teilnehmend*) Was denn? Sag'n S' mir alles, Herr Göd!

LIPS O du liebe Kathi, du kommst mir allweil lieber vor! (*Will sie ans Herz drücken.*)

KATHI Aber, Göd –

LIPS Gleich a Milich drauf, das kühlt. (*Frühstückt gierig und spricht währenddem weiter.*) Was mir außerdem is, das kannst du gar nicht beurteilen. Nicht wahr, du hast noch niemanden umgebracht?

KATHI Was fallt Ihnen nicht noch ein!

LIPS Na, wenn sich zum Beispiel einer aus Lieb' zu dir was angetan hätt', wärst du seine indirekte Mörderin, Todgeberin par distance.

KATHI Gott sei Dank, so eine grimmige Schönheit bin ich nicht.

LIPS O Kathi! Du weißt gar nicht, was du für eine liebe Kathi bist! (*Umfaßt sie.*)

KATHI (*sich losmachend*) O, gehn S' doch –

LIPS Gleich wieder a Milich drauf! (*Trinkt.*) So, jetzt bin ich wieder ein braves Bubi. – Daß ich dir also sag', ich hab' Visionen.

KATHI Die Krankheit kennen wir nicht auf 'n Land.

LIPS Das sind Phantasiegespinste, in den Hohlgängen des Gehirns erzeugt, die manchmal heraustreten aus uns, sich krampusartig aufstellen auf dem Niklomarkt der Einsamkeit – erloschne Augen rollen, leblose Zähne fletschen und mit drohender Knochenhand aufreiben zu modrigen Grabesohrfeigen, das is Vision.

KATHI Nein, was die Stadtleut' für Zuständ' haben –

LIPS Wenn's finster wird, seh' ich weiße Gestalten –

KATHI Wie is das möglich? Bei der Nacht sind ja alle Küh' schwarz.

LIPS Und 's is eigentlich eine Ochserei von mir, hab' ich ihn denn absichtlich ertränkt? Nein! Und doch allweil der schneeweiße Schlossergeist! – Du machst dir keine Vorstellung, wie schauerlich ein weißer Schlosser is.

KATHI So was müssen S' Ihnen aus 'n Sinn schlagen.

LIPS Selbst diese Milch erinnert mich – wenn s' nur a bisserl kaffeebraun wär' – aber weiß is mein Abscheu. (*Stoßt die Milchschüssel von sich, daß einiges davon auf den Tisch herausläuft.*)

Zehnte Szene

KRAUTKOPF; DIE VORIGEN

KRAUTKOPF (*welcher bei den letzten Worten aus der Seitentüre rechts getreten ist, mit einem Schreibzeug in der Hand*) Der pritschelt ja mein' ganzen Tisch an, was wär' denn das für a Art?

LIPS Ich hab' g'frühstückt.

Krampus: groteske Teufelsfigur, oft aus gedörrten Pflaumen.
Niklomarkt: auf dem zur Weihnachtszeit errichteten Niklo (= St. Nikolaus)-Markt werden Krampuse verkauft.
Aufreiben: den Arm zum Schlag erheben.
Pritschelt . . . an: spritzt, schüttet (aus Versehen) an.

KRAUTKOPF Das tun die Knecht' bei mir in Vorhaus. (*Zu Kathi.*) Ich glaub', du bist b'sessen, daß du den Purschen da herein –

KATHI Weil er Zahnweh hat.

KRAUTKOPF Na ja, wickel ihn lieber gar in Baumwoll' ein, den lieb'n Narr'n.

KATHI (*den Tisch abwischend*) Wird gleich wieder alles sauber sein.

KRAUTKOPF Weiter mit der Milchschüssel, da g'hört 's Tintenzeug her. (*Stellt das mitgebrachte Schreibzeug auf den Tisch.*)

LIPS Der Herr Justitiarius laßt sagen, die Herren sind schon da, und er wird gleich kommen mit ihnen.

KRAUTKOPF So? Komm, Kathi, wir gehn ihnen entgegen.

KATHI Wem denn?

KRAUTKOPF Den lachenden Erben des seligen Herrn von Lips.

LIPS (*erschrocken aufschreiend*) Des seligen –!?

KRAUTKOPF Na, was is? Was schreit Er denn?

LIPS Der Lipische Tod geht mir so z' Herzen, 's war so ein lieber, scharmanter Mann.

KATHI Ein herzensguter, vortrefflicher Herr!

LIPS 's is ewig schad' –

KRAUTKOPF Warum nit gar! Jetzt is halt um ein' Narr'n weniger auf der Welt – den Schaden kann die Welt verschmerzen.

LIPS Erlaub'n S' mir, er war –

KRAUTKOPF Halt' Er 's Maul, ich weiß's besser, was er war, er war ein Verruckter –

LIPS Er war ein Zerrissener –

KRAUTKOPF Nit wahr is's! Er war ein *ganzer* Dalk, darüber is nur *eine* Stimm'. Komm, Kathi – und Er (*zu Lips*) bleibt da zur Bedienung bei der Amtshandlung, wann die Herren was schaffen. (*Geht mit Kathi zur Mitteltüre ab.*)

Elfte Szene

LIPS (*allein*)

LIPS Der red't recht hübsch über mich, ich muß das alles anhören und tun dabei, als ob ich's gar nit wär'! Da braucht man schon eine Portion Verstellung. Übrigens is es nicht gar so arg; mein Trost is, es gibt Situationen, wo die Verstellung eine noch weit schwierigere Aufgabe ist –

Lied

1.

's betrügt ein' die Frau, 's wird ein' g'steckt von die Leut'.
»Ha, Elende, jetzt mach' zum Tod dich bereit!«
So möcht' man ihr donnern ins Ohr in der Hitz'
Und ihr antun zehn Gattungen Tod auf ein' Sitz.
Doch halt – lieber nachspionieren ohne G'säus,
Sonst lacht s' ein' noch aus, sagt, man hat kein' Beweis.
Jetzt kommt s' auf'putzt ins Zimmer. »Ich geh' in d' Visit',
's hat a Freundin mich eing'lad'n!« – »No ja; warum nit!
A Busserl, mein Herz, unterhalte dich nur!«
[: Sich so zu verstell'n, na, da g'hört was dazur.:]

2.

Man red't mit ein' Herrn, der kann nutzen und schad'n,
Mit dem sich z' verfeinden, das möcht' ich kein' rat'n,
Sein Benehmen is stolz, was er spricht, das is dumm,
Den ein' Esel zu heißen, man gäbet was drum! –
Doch halt – für den Esel müßt' teuer man büßen
Lieber legt man sich ihm untertänig zu Füßen:
»Euer Gnaden, Dero Weisheit und hoher Verstand
Geht mit Hochdero Edelsinn stets Hand in Hand,
Euer Gnad'n strahl'n als Musterbild uns allen vur!«
[: Sich so zu verstell'n, na, da g'hört was dazur.:]

3.

Ein Herr, der macht Musik, blast fleißig Fagott,
Seine Frau, die macht Vers', man möcht' krieg'n d' Schwer'not,
Der Sohn patzt in Öl. – »Leut', wo habts euer Hirn?«
Möcht' man ihnen gern sag'n, »ös tuts euch nur blamier'n!«
Doch halt – man is ja in die Tochter verliebt,
Und die kriegt a drei Häuser, wann 's Elternpaar stirbt,
Jetzt muß man dem Alten sein' Blaserei lob'n,
Der Frau sag'n: »Sie stehen auf dem Parnaß ganz ob'n«,
Dem Lackel: »Sie sein ein' Correggio-Natur« –
[: Sich so zu verstell'n, na, da g'hört was dazur.:]

4.

Man liebt eine Schwärmerin, jausent bei ihr,
Sie bringt ein' a Mili, und im Leib hat man Bier,
Dann kommt s' noch mit Erdbeer'n, die sie selber tut pflücken,

G'steckt: heimlich mitgeteilt.
G'säus: Lärm, Aufsehen.

Man möcht' ihr gern sag'n: »Kind, da krieg' i ja 's Zwicken!«
Doch halt – das zerstöret die Illusion,
Der Schwärmerin z' lieb muß man essen davon –
Und ausrufen während dem Schmerzenverbeißen:
»Ach, sieh dort die Taube, die Lämmer, die weißen,
O wie reizend der Abend auf der blumigen Flur!«
[: Sich so zu verstell'n, na, da g'hört was dazur.:]

5.

Ein' dramatischen Künstler wird mitg'spielt oft übel,
Und dann hat man Täg, wo man b'sonders sensibel,
Man feind't d' ganze Welt an, sich selber am meisten,
Nein, in dieser Stimmung, da kann ich nichts leisten –
Doch halt – glaubst denn, Dalk, daß das wen int'ressiert,
Ob ein Unrecht dich kränkt oder sonst was tuschiert?
's is simi, 's wird auf'zog'n, jetzt renn' auf die Szen'!
(*Im Thaddädl-Ton.*) »O jegerl, mein' Trudl, die is gar so schön,
Und i g'fall' ihr, ich bin ein kreuzlustiger Bur!«
[: Sich so zu verstell'n, na, da g'hört was dazur.:]

(*Seite rechts ab.*)

Zwölfte Szene

STIFLER, SPORNER, WIXER, JUSTITIARIUS, KRAUTKOPF, KATHI; *dann* LIPS (*kommen zur Mitteltüre herein*)

KRAUTKOPF (*im Eintreten zu den Herren*) Bitte untertänigst, meine niedrige Wohnung zu beehren.

STIFLER Wir werden Sie nicht lange inkommodieren.

JUSTITIARIUS Nach nunmehro gepflogener Besichtigung des Schlosses wolle es den verehrlichen pleno titulo Herren Erben des verewigten Herrn von Lips beliebsam sein, zur Beaugenscheinigung der Pachthöfe zu schreiten.

KRAUTKOPF He, Steffel!

LIPS (*das Gesicht mit dem Schnupftuch verbunden, aus der Seite rechts kommend, mit verstellter Stimme*) Was schaffen S'?

KRAUTKOPF Den Tisch in d' Mitte und noch a paar Sesseln herg'stellt!

(*Lips stellt die Stühle und den Tisch mit Hilfe des Krautkopf und der Kathi in die Mitte.*)

Simi: sieben
Thaddädl: »läppischer Mensch« (nach einem traditionellen Rollen-Typus).

WIXER Auf Ehr', so a Gut is nit übel.

SPORNER Goddam!

JUSTITIARIUS Pächter Krautkopf, Ihr könnt den morgen fälligen Pachtzins sogleich an die laut hier in Händen habenden Testamenti (*zieht eine Schrift hervor*) neuen Gutsherren Stifler, Sporner und Wixer pleno titulo erlegen. Lest hier den Paragraphum primum! (*Zeigt Krautkopf das Testament und legt es auf den Tisch.*)

WIXER (*zu Stifler und Sporner, ohne den ganz nahe stehenden Lips zu beachten*) Ich bin nit bös drüber, daß der Lips ersoffen is.

STIFLER Ich auch nicht, bei Gott!

SPORNER Sein Spleen war unerträglich.

STIFLER Die passendste Grabschrift für ihn wäre: »Er war zu dumm für diese Welt.«

WIXER 's is eigentlich a Schand' für uns, daß wir so einen Freund g'habt haben.

LIPS (*erstaunend, für sich*) Meine Ohren kriegen den Starrkrampf.

KATHI (*für sich*) Sind das auch Menschen –! (*Leise zu Lips.*) Und denen haben Sie Ihr Vermögen vermacht?

LIPS (*leise zu Kathi*) Alles; 's war an dem Tag, wie ich mich hab' erschießen woll'n.

KRAUTKOPF (*zu Lips*) Nimm Er doch 's Tüchel vom G'sicht!

LIPS (*zu Krautkopf*) Ich kann nicht, mein Weisheitszahn zeigt sich immer miserabliger.

STIFLER Also vorwärts! Sehen wir uns alles an! (*Will die Seitentüre links öffnen und findet selbe verschlossen.*) Oho –

KRAUTKOPF (*verlegen*) Ich werd' gleich den Schlüssel – wo hab' ich ihn denn nur hing'legt –? Wollten die gnädigen Herren indessen die Wirtschaftslokalitäten besehn? Kathi, führ' die Herren!

STIFLER Ja, ja, schönes Kind, führ' uns herum!

JUSTITIARIUS Wenn es den verehrlichen pleno titulo –

LIPS (*für sich*) Halunken!

JUSTITIARIUS Gefällig ist –

WIXER Gut, schaun wir die Lokalitäten an!

(*Stifler, Sporner, Wixer, Justitiarius und Kathi gehen zur Mitteltüre ab.*)

KRAUTKOPF (*nachrufend*) Ich werd' die untertänige Ehre haben, nachzufolgen! – (*Zu Lips.*) Was hat Er da Maulaffen feil?

LIPS (*zögernd*) Ich hab' nur –

KRAUTKOPF Marsch, begleit' Er die Herren!

(*Lips geht zur Mitteltüre ab.*)

KRAUTKOPF (*allein*) Wo steck' ich jetzt den Freund Gluthammer hin –? (*Indem er die Seitentüre links aufschließt.*) Wenn ich nochmal auf d' Welt komm' – alles – nur keinen Freund! (*Geht zur Seitentüre links ab.*)

Dreizehnte Szene

LIPS (*allein, zur Mitteltüre vorsichtig eintretend*)

LIPS Herr Krautkopf! Er is nicht da! G'scheit! Also so betrauern die Erben einen Dahingeschiedenen? Den möcht' ich sehen, dem da nicht der Gusto zum Sterben vergeht! – Ha – der Gedanke is Gold wert! – (*Er setzt sich an den Tisch und schreibt auf der anderen Seite des daselbst liegengebliebenen Testamentes.*) Über den Artikel sollt ihr euch wundern! Wart'ts, meine guten Freund', weil ihr gar so gute Freund' seids – muß ich euch eine kleine Überraschung machen. – So, den 19. Juni – am 20. bin ich ins Wasser g'fall'n, am 19. war ich noch Mann und Bürger. Punktum, aber keinen Streusand drauf! (*Er steht auf.*) Jetzt is mir um einige Zenten leichter ums Herz! (*Eilt durch die Mitteltüre ab.*)

Vierzehnte Szene

KRAUTKOPF, GLUTHAMMER

KRAUTKOPF (*aus der Seitentüre links tretend und in dieselbe zurücksprechend*) Wart' nur, ich mach' dir ein Licht. (*Indem er eine auf dem Schranke stehende Laterne und Feuerzeug nimmt und Licht macht*) Ich werd' den Augenblick –

GLUTHAMMER (*Weinflasche und Schlüssel in der Hand, das Polster unter dem Arm, kommt aus der Seitentüre links*) Aber du, Brüderl –

KRAUTKOPF Was bleibst denn nicht drin, wir müssen ja bei der drinnigen Türe hinaus in Stadl.

GLUTHAMMER Du mußt nit etwan glauben, daß ich den ganzen Tag auskomm' mit dem Lackerl Wein und dem bisserl Schlegel.

KRAUTKOPF Wirst schon mehr krieg'n, fürcht' dich nit!

GLUTHAMMER Für einen Freund is nix zuviel.

KRAUTKOPF Merk' auf jetzt, in mein' Getreid'stadl, wo ich dich g'funden hab', sind drei Falltüren; 's is alles eins, in welche du hinuntersteigst, denn die Türen von einem Keller in andern sind offen.

GLUTHAMMER Brüderl, das treff' ich nicht, du mußt mich begleiten.

KRAUTKOPF (*ärgerlich*) Ich soll ja aber – hörst, mit dir hab' ich viel Keierei!

GLUTHAMMER Was man für einen Freund tut, darf einem nie schwer ankommen. Und in deinem Keller wird's weiter keine Kälte haben! Du, ich nehm' mir noch was mit. (*Geht zu Krautkopfs Bett, nimmt Bettdecke, Schlafhaube und die noch übrigen zwei Pölster.*)

KRAUTKOPF (*wie oben*) Du nimmst mir ja mein ganz's Bett –!

GLUTHAMMER Mußt dich halt so behelfen.

KRAUTKOPF Der Kerl raubt mich förmlich aus.

GLUTHAMMER Für einen Freund derf ei'm 's Leben nicht z'viel sein.

KRAUTKOPF (*die Laterne, dann die Weinflasche und Schüssel, welche Gluthammer, als er die Betten nahm, auf den Tisch gesetzt, mitnehmend*) Jetzt schau, daß d' weiterkommst!

GLUTHAMMER (*im Abgehen*) Für so erhabene Gefühle hat halt mancher Mensch keinen Sinn! (*Mit Krautkopf zur Seitentüre links ab.*)

Fünfzehnte Szene

STIFLER, SPORNER, WIXER, JUSTITIARIUS, LIPS
(*treten zur Mitteltüre ein*)

STIFLER (*mit seinen Freunden in Streit*) Ich werde der Erbschaft wegen nicht zum Bauer werden, ich verkaufe das Gut.

SPORNER Und ich behalte es der Jagd wegen.

WIXER Da hab' ich, glaub' ich, auch was dreinz'reden; Eigenmächtigkeiten leid' ich nicht.

STIFLER Die Stimmenmehrheit entscheidet.

SPORNER Goddam!

WIXER Ich werd' euch gleich zeigen, daß meine Stimm' die ausgiebigste is!

STIFLER Du hast uns gar nichts zu zeigen, verstanden!
WIXER Mir wird's jetzt gleich a paar Grobheiten herauslassen.
STIFLER Du bist ein gemeiner Mensch!
JUSTITIARIUS Erlauben die pleno titulo Herren Erben –
WIXER (*aufgebracht*) Ei was –!
JUSTITIARIUS Wir wollen sehen, ob nicht vielleicht ein Paragraphus testamenti die in Rede stehende Causam litis entscheidet.
WIXER Mein'twegen, schaun S' nach, aber das sag' ich gleich –

Sechzehnte Szene

KRAUTKOPF; DIE VORIGEN

KRAUTKOPF (*zur Seite links eintretend*) Ich hab' schon den Schlüssel untertänigst gefunden.
JUSTITIARIUS (*hat im Testamente gelesen*) Hm, sonderbar – diesen Artikulum hab' ich doch früher gar nicht bemerkt –
KRAUTKOPF (*zu den drei Herren*) Wenn es den sämtlichen Euer Gnaden jetzt gefällig is –
JUSTITIARIUS (*kopfschüttelnd*) Hm! Hm!
STIFLER Was ist's, Herr Justitiarius?
WIXER Was bedeutet der juridische Humser?
JUSTITIARIUS Hier steht ja ein förmlicher Widerruf des Testamentes.
STIFLER, SPORNER, WIXER *und* KRAUTKOPF Widerruf –!?
JUSTITIARIUS Eigene Handschrift des Wohlseligen, unterzeichnet den neunzehnten Juni – alles richtig! (*Liest.*) »Da es möglich ist, daß ich morgen mein Grab in den Wellen finde, so erkläre ich hiermit obiges Testament für null und nichtig und ernenne zur Erbin meines sämtlichen Vermögens sowohl im Baren wie in Realitäten: meines Pächters Peter Krautkopf Nichte, Katharina Walter.«
KRAUTKOPF (*in größtem Staunen aufschreiend*) Die Kathi –!?
STIFLER, SPORNER, WIXER (*ebenso*) Was für eine Kathi –!??
KRAUTKOPF Die Kathi –!!
(*Allgemeine Gruppe des höchsten Erstaunens, Lips schleicht sich mit triumphierendem Lächeln nach dem Hintergrunde. Im Orchester fällt passende Musik ein.*)

Der Vorhang fällt.

Causam litis: (lat.) Streitsache.

Dritter Akt

Dieselbe Stube wie am Ende des vorigen Aktes

Erste Szene

STIFLER, SPORNER, WIXER, JUSTITIARIUS, KRAUTKOPF, LIPS (*im Hintergrunde*)

(*Beim Aufrollen des Vorhangs sind alle in derselben Gruppe des Erstaunens wie am Ende des vorigen Aktes.*)

STIFLER, SPORNER, WIXER, KRAUTKOPF Die Kathi –!!

SPORNER (*zum Justitiarius*) Und können wir da nicht prozessieren?

JUSTITIARIUS (*die Achseln zuckend*) Prozessieren wohl –

WIXER Aber g'winnen tät' am End' nur der Advokat dabei.

JUSTITIARIUS Der hier geschriebene Widerruf ist vollkommen rechtskräftig.

(*Alle verlassen den Tisch.*)

KRAUTKOPF Und der Herr Justitiarius is der Mann, der's versteht. Meine Kathi erbt universal.

STIFLER (*für sich*) Das Mädchen is hübsch, jetzt sogar schön – wenn es mir gelänge –

SPORNER (*für sich*) Wenn ich sie zu meiner Lady machte –

WIXER (*für sich*) Wann ich mich ansetz', g'hört d' Kathi und 's ganze Gerstel mein.

KRAUTKOPF (*für sich*) Schon viele Vettern haben ihre Muhmen geheirat't.

JUSTITIARIUS (*für sich*) Ich Dummkopf mußte gerade vergangenen Winter die dritte Frau nehmen!

KRAUTKOPF Der Kathi muß ich aber vor allem ihr Glück verkünden.

LIPS (*im Hintergrunde für sich*) Jetzt, feines Gehör, lausch' hinter dem groben Vorhang. (*Versteckt sich hinter Krautkopfs Bettvorhang.*)

KRAUTKOPF (*ist zur Seitentüre rechts gegangen und ruft hinein*) Kathi –!

Mich ansetz': mich beharrlich bewerbe.

Zweite Szene

KATHI; DIE VORIGEN

KATHI (*trägt einen Präsentierteller mit Weinflasche und Gläsern, tritt durch die Seitentüre rechts ein*) Da bin ich schon, Herr Vetter! (*Setzt das Mitgebrachte auf den Tisch.*)

STIFLER Reizendes Wesen!
SPORNER Schöne Miß!
WIXER Engel von ein' Schatz!
KRAUTKOPF Meine liebe Kathi! –
} *zugleich, indem sie sich scherwenzelnd um Kathi drängen*

KATHI (*auf den Wein zeigend*) Wann's den gnädigen Herrn beliebt –

STIFLER Von deiner Hand kredenzt, muß jeder Trank zum süßen Nektar werden.

KATHI Nektar? Da wachst keiner bei uns.

WIXER (*ihre Hand ergreifend*) Liebes Handerl das! (*Hält seine Hand zu der ihrigen.*) Was glaubst a so? Stund' gar nit übel z'samm' das Paar Händ'?

SPORNER (*sich ihr zärtlich nähernd*) Mistreß Kitty –!

WIXER (*Sporner wegdrängend*) Du wirst gleich ein Schupfer bis London krieg'n!

STIFLER (*zu Kathi*) Die elegantesten jungen Leute werden sich bemühn – ich zum Beispiel – man sieht mir's nicht an: ich bin fünfundvierzig! Die Vierzig sind das schönste Alter für den Ehemann.

KRAUTKOPF (*zu Kathi, kokettierend*) Ich bin noch schöner in die Vierzig, ich bin siebenundvierzig.

KATHI (*halb für sich*) Ich weiß gar nicht, was die Herrn alle woll'n? Sie schaun mich an mit ganz halbverdrehte Augen –

JUSTITIARIUS Sie wünschen samt und sonders die reizende pleno titulo Universalerbin des seligen Herrn von Lips zu eh'lichen.

KATHI (*verwundert*) Wer is Universalerbin?

KRAUTKOPF Du, meine Kathi, du!

JUSTITIARIUS (*auf das in Händen haltende Testament zeigend*) Unbestreitbare Heres ex asse, hier steht's geschrieben.

KATHI (*mit Entzücken*) Seine Erbin –?! – Ich – ich bin seine Erbin – Gott, diese Freud' –!!

Schupfer: Wurf.
Heres ex asse: (lat.) Gesamterbe.

KRAUTKOPF Ich g'freu' mich mit dir und will mich ewig mit dir g'freun, du mein Augapfel, du!

KATHI (*in freudigster Aufregung*) Wo ist denn der Steffel? – Ich muß mit 'n Steffel reden!

STIFLER, SPORNER, WIXER (*befremdet*) Steffel –!?

KRAUTKOPF (*ärgerlich*) Zu was mit 'n Steffel? Ich glaub' gar –

KATHI Wo is er? – Ich muß ihm's sagen!

KRAUTKOPF Ich glaub' gar – mir war schon früher so – du, ich wollt' dir's nicht raten, in den Purschen verliebt zu sein.

STIFLER, SPORNER, WIXER Wo ist der Steffel?

WIXER (*die Reitgerte schwingend*) Ich hab' ein Hausmittel, ihm die Lieb' z' vertreib'n.

KRAUTKOPF Wo steckt denn der Kerl?

KATHI (*ängstlich, für sich*) Wenn s' über ihn herfallen, erkennen sie ihn, und er is verloren –

STIFLER, SPORNER, WIXER Den Steffel aufgesucht! (*Wollen zur Mitteltüre links ab.*)

KATHI (*hat eine Idee erfaßt*) Halt – halt, meine Herrn!!

STIFLER, SPORNER, WIXER (*umkehrend*) Was ist's, Kathi?

KATHI Wer sagt Ihnen denn, daß ich in Steffel verliebt bin?

STIFLER Du willst ihm ja so eilig dein Glück verkünden.

KATHI Das hat ganz einen andern Grund! Muß man denn gleich in jeden Steffel verliebt sein, wenn man ihm was zu sagen hat?

STIFLER, SPORNER, WIXER Also nicht –?

KRAUTKOPF Steffelt sich nix in dein' Herzerl?

KATHI Könnt' mir nicht einfall'n. Is denn was Schöns an ihm?

STIFLER Die tölpelhafte Haltung!

KATHI Nicht wahr?

KRAUTKOPF Das Kopfhinunterstecken!

KATHI Keinen aufrichtigen Blick!

SPORNER Ein Maul wie ein Bulldogg!

WIXER Mir kommt er auch kralewatschet vor.

KATHI Das hab' ich alles auch bemerkt. Wie können Sie mir so einen Gusto zutrau'n?

STIFLER, SPORNER Verzeih, holdes Kind! } *zugleich*
WIXER Nur kein' Verschmach deßtwegen! }

KRAUTKOPF Ich hab' dir Unrecht getan.

KATHI (*beiseite*) Ich muß alles anwenden, daß sie mir nicht über

Kralewatschet: knieverdreht, wegen krummer Beine schwankend gehen.
Verschmach: Hauptwort zu »verschmähen«.

den armen Herrn kommen. (*Laut.*) Um Ihnen einen Beweis zu geben, kündig' ich Ihnen allerseits an, daß ich mir noch heut' meinen Zukünftigen wähl'.

STIFLER, SPORNER, WIXER Scharmant! (*Jeder für sich.*) Ich bin der Glückliche.

KRAUTKOPF (*zu Kathi*) Könntest du undankbar sein für alle Wohltaten –?

KATHI (*mit Beziehung*) Undankbar –? Das soll mir kein Mensch nachsag'n.

KRAUTKOPF (*zärtlich*) Also hab' ich Hoffnung?

KATHI (*für sich*) Der geniert mich am wenigsten und muß mir helfen, daß ich die andern los werd'! – (*Laut und etwas kokett zu Krautkopf.*) Ich will noch nix verraten – aber – 's hat stark den Anschein – man kann nicht wissen, Herr Vetter, was g'schieht. (*Läuft zur Mitteltüre ab.*)

KRAUTKOPF (*sich vor Freude mit beiden Händen am Kopf fassend*) Glücklichster aller Krautköpf' –!!

STIFLER, SPORNER, WIXER (*betroffen*) Was wär' das? Wär' nicht übel – Kathi! (*Eilen ihr nach, zur Mitteltüre ab.*)

JUSTITIARIUS (*für sich*) Bin neugierig, ob sie was ausrichten, die pleno titulo Herrn. (*Geht den Vorigen nach.*)

Dritte Szene

KRAUTKOPF; *dann* LIPS

KRAUTKOPF (*allein*) Wenn die mir s' umstimmeten – ich lass' 's Madl nicht mehr aus 'n Augen. (*Will mit großen Schritten zur Mitteltüre abeilen.*)

LIPS (*aus seinem Versteck hervorstürzend, hält Krautkopf am Rockschoß fest*) Halt! Nicht von der Stell'!

KRAUTKOPF (*erschrocken aufschreiend*) Ah! (*Steffel erkennend.*) Er is's!? Impertinenter Pursch, Er wird gleich was fangen.

LIPS (*durchaus in heftiger Aufregung*) Ich hab' schon was g'fangt, Sie kommen mir nicht mehr aus.

KRAUTKOPF Kecker Knecht –!

LIPS Wahnsinniger Herr!

KRAUTKOPF (*sich losmachen wollend*) Er untersteht sich, sich zu vergreifen?

LIPS Sie unterstehn sich, sich zu vereh'lichen?

KRAUTKOPF Ich sag' Ihm's in guten –

LIPS Ich sag' Ihnen's in bösen.

KRAUTKOPF Er wagt es, zu drohen?

LIPS Sie wagen es, zu lieben?

KRAUTKOPF Geht das Ihn was an?

LIPS Heiraten –? Greis, was ficht dich an?!

KRAUTKOPF Was Greis? Ich bin ein rüstiger Mann in besten Jahren.

LIPS (*grimmig*) Werden wir gleich sehn – gut für dich, wenn du rüstig bist! (*Streckt sich die Ärmel auf.*)

KRAUTKOPF (*ängstlich werdend, für sich*) Er is aus Lieb' rasend worden – ich muß andre Saiten aufziehn. – (*In freundlichem Tone, indem er die Türe zu gewinnen sucht.*) Aber, Steffel –!

LIPS (*ihm den Weg abschneidend*) Wart', Pachter, deine Seel' wird jetzt gleich ihren irdischen Pachthof verlassen.

KRAUTKOPF (*immer ängstlicher*) Steffel – gewissenloser Steffel, du willst meine Altersschwäche mißbrauchen –?

LIPS Aha, jetzt is er auf einmal alt und schwach! Warum, du rüstiges Bräutigamml du in die besten Jahre! Das Jahr ist dein schlechtestes, denn es enthalt't deinen Todestag!

KRAUTKOPF (*für sich*) Einem Narr'n muß man nachgeben – (*laut, in sehr begütigendem Tone*) sag' nur, Steffel, was d' willst?

LIPS (*gebieterisch*) Sie werden die Kathi nicht heiraten!

KRAUTKOPF (*sehr nachgiebig*) Mein'twegen, so heirat't s' ein andrer.

LIPS (*wie oben*) Die andern derfen s' auch nicht heiraten.

KRAUTKOPF Weißt was? Wirf s' hinaus, die andern.

LIPS Das is Ihr Geschäft, Sie sind Herr im Haus, drum befehl' ich Ihnen –

KRAUTKOPF Ich sag' den Herrn, du laßt sie hinauswerfen.

LIPS Auf meine Verantwortung!

KRAUTKOPF Siehst, ich tu' dir ja alles z'lieb'. (*Für sich.*) Der soll sich g'freun! (*Laut.*) Adieu! (*Geht zur Mitteltüre ab.*)

LIPS (*barsch*) Adieu! (*Für sich.*) Imponieren muß man dem Bauernvolk –

KRAUTKOPF (*den Kopf zur Türe hereinsteckend*) Schaffst vielleicht sonst noch was? Derfst es nur sagen!

LIPS (*sehr barsch*) Nein, sonst nix!

KRAUTKOPF (*den Hohn durchblicken lassend*) Siehst, Stefferl, ich bin ganz zu dein' Willen. (*Zieht den Kopf zurück.*)

Vierte Szene

LIPS (*allein*)

LIPS Ich glaub', der halt't mich für ein' Narr'n –? Egal; weit g'fehlt hat er auf kein' Fall, in meiner Lag' wär's G'scheitbleib'n ein Mirakel. Ich hab' zu viel Malheur mit meine Erben – so red't die Kathi über mich in dem Augenblick, wo ich ihr Allesvermacher bin? Tölpel, kralewatschet, Bulldogg – diese Bemerkungen hat sie auch gemacht, 's is zu arg! Meiner Seel', wenn ich nochmal stirb, so vermach' ich alles dem Taubstummeninstitut, diese Erben können mir doch nix nachreden. Ja, solche Leut' wie die Kathi und meine Erben muß's auch geben; es muß a Unterschied sein unter d' Menschen, das laßt sich die Welt nicht streitig machen; es is ja eine ihrer famosesten Eigenschaften, daß allerhand Leut' herumgehen auf ihr.

Lied

1.

Zwei hab'n miteinander gehabt einen Streit
Und hassen sich bitter seit dieser Zeit,
's red't keiner, 's schimpft keiner, doch lest man den Pick
Nach zwanzig Jahr'n noch ganz frisch in die giftigen Blick'! –
Zwei andere, die schimpfen sich Spitzbub', Filou,
Betrüger und Lump, Gott weiß, was noch dazu,
Jetzt zahlt ein Vermittler a Champagnerboutelli,
Beim zweiten Glas lächeln die Todfeind' schon seli,
Beim dritten schluchzt jeder: »Freund, ich hab' g'fehlt!« –
So gibt es halt allerhand Leut' auf der Welt.

2.

's hat einer von d' Güter sechstausend Guld'n Renten
Und extra ein Pack Metallique noch in Händen,
Er zahlt alls komptant, und doch sagt er zum Schneider:
»Hab'n S' die Güte, bis morgen machen S' mir den Rock weiter!«
Ein andrer, der grad aus 'n Schuldenarrest kummt,
Macht Spektakl im Gasthaus, daß alles verstummt,
Er wirft jedem Kellner die Teller an 'n Kopf,
Er beutelt den Schusterbub'n jedesmal den Schopf,

Pick: Groll.
Metallique: ein bekanntes Wertpapier.
Komptant: bar.
beutelt: schüttelt.

Und doch sieht der Wirt und der Schuster kein Geld! –
So gibt es halt allerhand Leut' auf der Welt.

3.

Ein Herr, der sieb'n Sprachen hat gründlich studiert,
Der Französisch als wie Deutsch sowohl schreibt als parliert,
Der setzt sich hinein ins französische Theater,
Sein Lächeln ist still und sein Beifall ein stader. –
Ein andrer, der, wenn er nit Deutsch zur Not kunnt',
Sich rein müßt' verleg'n drauf, zu bell'n wie a Hund,
Der tut, wie die Leut' über einen französischen Spaß lachen,
Der für ihn spanisch is, gleich einen Mordplärrer machen,
Schreit: »Très-bien!« und: »Charmant!«, wie von Wohlg'fall'n beseelt! –
So gibt es halt allerhand Leut' auf der Welt.

4.

's geht einer um neune aus 'n Wirtshaus. »Schau, schau,
Der traut sich nit, dasz'bleib'n«, sag'n d' Freund', »wegen der Frau!« –
»Der Frau zulieb' g'schieht's allerdings«, antwortet er,
Trotzdem aber weiß man, er is z' Haus der Herr. –
Ein andrer, der haut mit der Faust auf 'n Tisch:
»Wie die Meine an Mukser macht, kriegt sie glei Fisch,
Ich bin rein Tyrann!« – Jetzt versagt ihm die Stimm',
Im Spiegel hat er's g'sehn, 's steht sein Weib hinter ihm,
Drauf laßt sich beim Ohrwaschel heimführ'n der Held! –
So gibt es halt allerhand Leut' auf der Welt.

5.

Ein Mädl is fröhlich, ohne sich viel z' genieren,
Sie lacht mit, wenn d' Herren etwas Lustigs disk'rieren,
Unterstund' sich aber wer, sie nur z' nehmen beim Kinn,
Der derf schaun, daß er fortkommt, sonst hat er eine drin. –
A andre schlagt d' Aug'n allweil nieder – o Gott!
Wenn a Mann sie nur anschaut, so wird s' feuerrot,
Sie lacht nit, sie red't nit, sie flüstert nur scheuch,
Doch wie man ihr d' Hand drückt, erwidert sie's gleich
Und sagt verschämt: »Ja«, wenn man sie wohin bestellt! –
So gibt es halt allerhand Leut' auf der Welt.

Fisch: Schläge.
Ohrwaschel: Ohrmuschel, Ohr.

Verwandlung

Die Bühne stellt denselben Getreidespeicher vor wie im Anfang des zweiten Aktes. Es ist Abend. Das Mitteltor der Dreschtenne ist geschlossen, ein Rechen lehnt an demselben.

Fünfte Szene

KATHI (*allein*)

KATHI (*kommt mit einer Laterne aus der Seitentüre rechts*) Mein gnädiger Herr Göd is nirgends zu finden, und die Stadtherrn verfolgen mich überall. Da, hoff' ich doch, werd' ich Ruh' hab'n vor ihnen. (*Indem sie die Laterne auf den Tisch stellt, nach der Türe links sehend.*) Ich glaub' gar – (*freudig*) richtig, er is's –!!

Sechste Szene

LIPS; DIE VORIGE

LIPS (*zur Seitentüre links eintretend, für sich, ohne Kathi zu bemerken*) Dableiben mag ich nit und fort kann ich nit, das ist die schönste Lag' –

KATHI Herr Göd! Na endlich –!!

LIPS (*betroffen*) Du bist da –?

KATHI O, Herr Göd! Das war g'scheit von Ihnen, daß Sie Ihre habsüchtigen Freund' enterbt haben.

LIPS (*frostig*) Na, wann du's nur g'scheit find'st, das is ja sehr schmeichelhaft für mich.

KATHI (*ohne seinen veränderten Ton zu bemerken*) Jetzt muß ich Ihnen gleich meinen Plan anvertraun.

LIPS (*wie oben*) Hast recht, zieh mich ins Vertrauen, vertrau mir's halt an, daß der Vetter Krautkopf noch halbwegs ein Mann is, den man halb aus Neigung, halb aus Dankbarkeit für ein' ganzen nehmen kann, und weil halt – und da schon einmal – und etc.! Warum traust dich denn nit heraus mit 'n Vertraun?

KATHI (*befremdet*) Aber, Herr Göd, wer sagt Ihnen denn, daß ich den Vettern will? Ich betracht' den Vettern als einen Vater, weil ich keinen Vater, sondern nur einen Vetter hab'.

LIPS Also haben wir eine jugendliche Inklination? Nur anvertraut, schenk' mir das gar angenehme Vertraun! Unter welchem Militär steckt er, wo muß er los'kauft wer'n? Du bist Erbin, 's Vermögen is da! Oder is er desertiert, willst ihm nach? Heirat' mit Namensveränderung in der Schweiz, oder ohne Namensveränderung Vereinigung in die Vereinigten Staaten! 's geht alls, 's Vermögen is da!

KATHI Sie glauben also, ich bin in einen jungen lüftigen Purschen verliebt? (*Sieht Lips an und schüttelt verneinend den Kopf.*)

LIPS Also in kein' Alten und in kein' Jungen? Du hast aber doch g'sagt, du hast einen Plan.

KATHI O, einen Plan hab' ich freilich. Ich nehm' all Ihr bares Geld, verkauf' Ihre Häuser, Ihre Güter und petschier' das Ganze ein in einen großmächtigen Brief, den schick' ich Ihnen dann nach, daß's Ihnen recht gut geht in Ausland – das is mein Plan.

LIPS (*in freudiger Verwunderung*) Kathi –! Das wolltest du –!? Aber (*sich mäßigend*) wen heirat'st denn hernach?

KATHI Niemand.

LIPS Also g'fallt dir gar keiner !?

(*Kathi will sprechen, unterdrückt aber, was sie sagen wollte, und schweigt gedankenvoll.*)

LIPS Hat denn die ganze Welt ein Bulldoggmaul oder kommt dir unser ganzes G'schlecht kralewatschet vor?

KATHI Ich glaub' gar, Sie haben gehorcht, wie ich über Ihnen los'zogen hab'? Dann müssen S' aber auch g'merkt haben, daß das nur aus Besorgnis um Ihnen g'schehen is.

LIPS (*seinen Irrtum einsehend*) Ja – ja – ich hab's aber nicht g'merkt.

KATHI Müssen nicht bös sein, Herr Göd, Sie merken überhaupt vieles nit.

LIPS Eine Bemerkung möcht' ich für mein Leben gern machen, aber –

KATHI (*schalkhaft*) Welche denn zum Beispiel?

LIPS (*in freudiger Aufwallung*) Und ich bemerk' wirklich – ein klopfendes Herz – ein' verstohlnen Blick – einen wogenden – o Gott! Ich trau' mir 'n nicht aufz'lösen, diesen Rebus! (*Seine Bewegung unterdrückend.*) In meine Jahr' blamiert man sich zu leicht und verschmerzt Blamagen zu schwer. (*Man hört links die später Kommenden*). Was is denn das –!?

Siebente Szene

STIFLER, SPORNER, WIXER, DIE VORIGEN; *dann* JUSTITIARIUS, KNECHTE

STIFLER (*mit Sporner und Wixer rasch zur Seitentüre links eintretend*) Da is der freche Pursche –!

WIXER Der Pachter Krautkopf hat uns deine Post ausg'richt't.

JUSTITIARIUS (*hereineilend*) Mäßigung, meine Herrn!

WIXER (*zu Lips*) Jetzt wer'n wir dir eine Cachucha einstudier'n.

SPORNER Unsre Reitgerten sollen die Kastagnetten sein.

STIFLER (*auf Lips eindringend*) Infamer –! (*Erkennt ihn, als er ihn eben am Kragen fassen will, und ruft, ganz starr vor Erstaunen.*) Ha –!

WIXER (*der ebenfalls näher getreten*) Was is's? (*Erkennt Lips.*) Ha!

STIFLER Freund Lips –?!

SPORNER *und* WIXER Du lebst –!

LIPS Ja, ich leb', meine undankbaren, heuchlerischen, jämmerlichen Freund'!

STIFLER (*verlegen*) Verzeih –!

SPORNER *und* WIXER (*verlegen*) Wir konnten nicht wissen –

STIFLER Ein unbedachtes Wort –

JUSTITIARIUS (*erstaunt*) Lipsius redivivus! (*Ihm respektvoll nähertretend.*) Euer Gnaden erlauben, daß ich mich von Dero Identität überzeuge.

LIPS Lassen S' mich ung'schoren! Ich will von der Welt und ihren Faxen nix mehr wissen, ich zieh' mich zurück in eine stille, reizende Verborgenheit.

JUSTITIARIUS Still kann Dero Verborgenheit allerdings werden, aber reizend –? Quod nego.

LIPS Wie meinen Sie das?

JUSTITIARIUS Auf Hochdenenselben lastet die Inkulpation einer Schlossersäufungs-Inzicht, weshalb ich mich Dero vielwerter Person versichern muß.

LIPS Sie unterstehn sich –!?

JUSTITIARIUS Ich handle amtlich nach höhernortiger Instruktion.

LIPS Mein Gegner is zufällig ertrunken, ich bin unschuldig.

Cachucha: spanischer Tanz der damals berühmten Tänzerin Fanny Elßler.
Redivivus: (lat.) zum Leben zurückgekehrt.
Quod nego: (lat.) das bestreite ich.

JUSTITIARIUS Diesfalls wird Ihnen eine Beweisführung obliegen, welche nach den absichtverratenden Worten des Testamentswiderrufes, die da lauten: »Da es möglich ist, daß ich morgen mein Grab in den Wellen finde –« sich einer bedeutenden Schwierigkeit erfreuen dürfte.

LIPS (*sich vor die Stirn schlagend*) Das hab' ich dumm g'macht – Kathi, ich bin verloren!

JUSTITIARIUS (*zum Tore hinausrufend*) Heda, Knechte! Leute! Famuli!

KATHI (*in großer Angst um Lips*) Gott, was tu' ich jetzt!?

JUSTITIARIUS (*zur Seitentüre gehend*) Diese Türe ist von innen zu verschließen. (*Sperrt selbe zu und steckt den Schlüssel zu sich.*) Die Bauern müssen von außen Wache halten.

KATHI (*leise zu Lips*) Sei'n S' ruhig, der Vetter Krautkopf muß Ihnen retten. (*Läuft zur Türe links ab.*)

JUSTITIARIUS (*zu Lips*) Hochdieselben werden gnädigst bemerken, daß jeder Fluchtversuch vergeblich wäre. Wir lassen den pleno titulo Gefangenen allein. (*Verneigt sich tief und geht mit Stifler, Sporner und Wixer durch die Seitentüre links ab; die Knechte folgen. Man hört die Türe links von innen schließen.*)

Achte Szene

LIPS (*allein, wie aus einem Traume erwachend*)

LIPS Wie g'schieht mir –? Ich war so selig – ich hab' gar nicht nach'zählt, im wievielten Himmel als ich war – aber nur einen Augenblick bin ich in Wolken g'schwebt, jetzt steh' ich wieder da mit der Aussicht auf jahrelanges Sitzen. – Der Abstand is zu groß – Paradies und Untersuchung, Kathi und Kerker – Liebe und Kriminal! Das is Eiswassersturz im russischen Dampfbad des Geistes. Mich beutelt was, und weil ich allein bin, so kann's nur das Fieber sein. – 's is Abend – Licht und Wärme geht dem Übeltäter immer zugleich aus; wie's dämmert, fangt das unheimliche Frösteln an. Die Seel' eines Verbrechers is eine Nachteulen, beim Tag is sie stumpfsinnig, aber wie's dunkel wird, flattert s' auf, und mit der Finsternis wachst die Klarheit ihrer Katzenaugen – in jedem Winkel eine bleiche Gestalt. (*Nachdem er sich unheimlich umgesehen, nach einer*

Famuli: (lat.) Gehilfen, Diener.

Ecke starrend.) Steht nicht dort –? Ja, er is's –!! Nein – nein – 's is nix als ein Rechen, und ich hab' glaubt, es is sein Geist, der mich zur Rechenschaft zieht. – Wenn die Leut' wüßten, was das heißt, einen Schlosser ertränken, es ließ's g'wiß jeder bleiben. Mir scheint gar, d' Latern' geht mir aus. (*Öffnet die Laterne und geht dabei über die Mitte der Bühne.*) Das ging' mir noch ab! – (*Stolpert über etwas.*) Stock an! – Was ist denn das? (*An den Boden leuchtend.*) Ein eiserner Ring –? Eisen, unheimliches Metall für den, der Anspruch auf Ketten hat! (*Untersuchend.*) Das is ja – (*am Ring ziehend*) richtig, eine Falltür' – da komm' ich in einen Keller hinab. – Da kann ich mich verstecken. – Alte Fässer – neue Erdäpfeln – vergebliche Durchforschung – Kathi um Mitternacht – vielleicht unterirdischer Gang – Rettung – Freiheit! Die ganze praktische Romantik liegt da vor meinem Blick –! (*Öffnet die Falltüre in der Mitte der Bühne.*) Da schaut's schauerlich aus – ah, was! Was sein muß, muß sein! (*Steigt mit der Laterne hinab, im Orchester beginnt dumpfe Musik.*)

Neunte Szene

GLUTHAMMER; DER VORIGE

LIPS (*unten, stößt einen durchdringenden Schrei aus*) Ah –!!

GLUTHAMMER (*unten, ebenfalls erschrocken aufschreiend*) Ah –!!

LIPS (*unten*) Höllengespenst –!

GLUTHAMMER (*unten*) Satanas –!

LIPS (*eilig mit der Laterne ganz verstört heraufkommend*) Zu Hilf'! Zu Hilf'! (*Schlägt die Falltüre hinter sich zu.*) Da drunt' – sein Geist – so deutlich hab' ich die Gestalt noch nie gesehn!

GLUTHAMMER (*die Falltüre von unten öffnend und heraufkommend. Nur bis an die Brust sichtbar; er ist in Krautkopfs Bettdecke eingehüllt und hat die Schlafhaube auf. In großer Angst*) Sein Geist verfolgt mich – Luft – Luft!

LIPS Der Schatten steigt herauf – hinab mit dir! (*Läuft mit dem Mute der Desperation auf die Falltüre zu und tritt dieselbe mit den Füßen nieder.*) Wart', Abgrund! Ich werd' dich lernen, Kobolde heraufschicken! – (*Schwer aufatmend.*) Haben wir auf der Oberfläche nicht so schon Schauerliches in Überfluß –?

Stock an: Ausruf beim Anrennen an eine Person oder ein Hindernis.

GLUTHAMMER (*erscheint wie früher, aber unter der Falltüre links*) Mich bringt die Angst um! –

LIPS (*entsetzt*) Dort wieder –!? Höllisches Gaukelspiel –! (*Eilt wie früher darauf los und tritt die Falltüre zu.*) Ich hab' ja nur einen umgebracht, (*kleinlaut werdend*) zu was diese gräßliche Multiplikation!?

GLUTHAMMER (*erscheint wie früher unter der Falltüre, aber in der Mitte der Bühne*) Ich muß herauf –

LIPS (*außer sich*) Hinab mit dir! Was tot is, g'hört unter die Erd'! (*Wirft sich mit ausgebreiteten Armen auf die Falltüre nieder, drückt dieselbe auf diese Art zu und Gluthammer wieder hinab.*) Der ganze Erdboden is unterminiert, die Schlosser schießen wie d' Spargel in d' Höh'! Das halt' aus, wer will! (*Will sich mühsam aufraffen.*) Meine Knie – meine Sinne – meine Kraft – ich bin tot! (*Sinkt wieder zusammen.*)

(*Man hört einen zahlreichen Jubelruf von innen: »Es lebe der gnädige Herr!«*)

(*Hier endet die Musikbegleitung.*)

LIPS (*auffahrend*) Was war das –!?

(*Ruf von innen: »Es lebe der gnädige Herr!!«*)

LIPS (*matt*) Ich soll leben!? – Dummköpf', ich hab' keine Zeit, ich bin grad mit 'n Tod beschäftigt! (*Rafft sich mühsam auf. Man hört die Türe Seite links öffnen.*)

Zehnte Szene

KRAUTKOPF, JUSTITIARIUS, STIFLER, SPORNER, WIXER, KATHI, MEHRERE BAUERN *kommen mit*; DER VORIGE *ohne* GLUTHAMMER

(*Alle eilen Seite links herein, der Justitiarius zuletzt.*)

KRAUTKOPF (*in freudiger Verwirrung*) Hab' ich ein' Kopf? Hab' ich kein'?! Hab' ich ein' gnädigen Herrn, hab' ich kein'?!

KATHI (*auf Lips zeigend*) Da is er!

JUSTITIARIUS (*zu Krautkopf*) Wie kann Er die Leute zu Vivatrufen alarmieren?

KRAUTKOPF (*ohne auf den Justitiarius zu hören*) Und ich verworfener Grobian – erlauben mir Euer Gnaden, Ihnen im zerknirschtesten Triumph aufs Schloß zu tragen.

JUSTITIARIUS (*zwischen Lips und Krautkopf tretend*) Halt! Ihre Gnaden gehören der Justiz.

KRAUTKOPF Er ist unschuldig, das werd' ich gleich beweisen.

JUSTITIARIUS Der Schlosser ist einmal tot!

Elfte Szene

GLUTHAMMER; DIE VORIGEN

GLUTHAMMER (*hat die Falltür rechts von unten aufgehoben und kommt herauf*) Wer hat Ihnen denn das gesagt? Der gnädige Herr ist tot!

KRAUTKOPF Wer hat dir denn das g'sagt? Der gnädige Herr lebt!

GLUTHAMMER Plausch' nicht! (*Zum Justitiarius.*) Nehmen S' mich, ich will lieber ein Gefangener als ein Lebendigbegrabener sein.

LIPS (*Gluthammer mit freudigem Staunen betrachtend*) Der Schlosser!? – Er is's wirklich –!? Er lebt!?

GLUTHAMMER (*ebenso*) Der gnädige Herr –!? Er is's richtig –!? Er is nicht tot!?

LIPS (*ihm freundlich die Hand reichend*) Nein, lieber Ermordeter!

GLUTHAMMER Ich auch nicht, Euer umgebrachten Gnaden!

JUSTITIARIUS Keiner is tot, dann hat auch keiner den andern umgebracht, der Kriminalfall zerfällt in nichts.

STIFLER (*sich Lips mit devoter Freundlichkeit nähernd*) Wirst du unsern Glückwunsch verschmähn –?

LIPS Im Gegenteil, ihr könnt sehr viel zu meinem Glück beitragen.

STIFLER, SPORNER, WIXER (*äußerst zuvorkommend*) O sag' nur, wie?

LIPS Wenn ihr euch an der Stell' zum Teufel packt!

JUSTITIARIUS Prosit!

(*Stifler, Sporner, Wixer ziehen sich betroffen zurück und entfernen sich Seite links.*)

LIPS (*zu Gluthammer*) Ich bin jetzt nicht mehr dein Nebenbuhler, nimm deine Witwe samt einer reichen Aussteuer von mir!

GLUTHAMMER Die Aussteuer nehm' ich und kauf' mir ein Schlosserg'werb', aber für d' Witwe dank' ich; mir is die ganze Mathildenlieb' vergangen.

Plausch' nicht: Entgegnung, wenn bloß eingebildete oder unwahre Dinge erzählt werden.

LIPS Und in mir is eine Kathilieb' erwacht. Jetzt seh' ich's erst, daß ich nicht bloß in der Einbildung, daß ich wirklich ein Zerrissener war. Die ganze eh'liche Hälfte hat mir g'fehlt, aber gottlob, jetzt hab' ich s' g'funden, wenn auch etwas spät. – Kathi! Hier steht dein Verlebter, Verliebter, Verlobter, hier steht meine Braut! (*Umarmt Kathi.*)

KRAUTKOPF Seine Braut! Schreits Vivat!

ALLE (*zusammen*) Vivat!!

Der Vorhang fällt.

Ende

Anhang

Bemerkungen und Quellen

Das Haus der Temperamente

Ein englisches Stück von Edward Fitzball, *Jonathan Bradford* (1833), als Melodrama bezeichnet, hatte eine vierfach geteilte Bühne. Mit Nestroys Idee, dadurch *grundsätzlich* Kontrastierendes darzustellen, scheint es nichts zu tun zu haben.

Die Konzeption und Durchführung dieser Idee, angewendet auf die herkömmlichen »vier Temperamente«, zeigt aufs deutlichste Nestroys extrem intellektuelle, abstrahierende Sehweise. Typenpsychologie macht den Menschen hier zur Marionette seiner Anlage. *Das Haus der Temperamente* ist bis ins kleinste Detail des Handelns und Sprechens analogisch und gegensätzlich durchkonstruiert und wird so zum Lehrstück. Aus solcher Abstraktion ist echter Realismus verbannt und dies macht die Lektüre indifferent. Auf der Bühne dagegen sollte der *anschauliche* Kontrast der verschiedenen Reaktionsweisen den unterhaltsamsten Anblick gewähren. Ein Kritiker schrieb nach der Erstaufführung: »Wie sehr das denkende ... Publikum den Wert dieses Stückes aufgefaßt, geht aus dem Umstande hervor, daß es Herrn Nestroy nach mehreren Szenen, welche keinen andern Effekt als den des Kontrastes oder der Situation hatten und bei welcher er nicht einmal beschäftigt war, lärmend ein- und zweimal hervorrief« (Theaterzeitung, 18. November 1837, zit. S.W.X, S. 526). Dennoch war das Stück nicht einer seiner großen Erfolge.

Die verhängnisvolle Faschingsnacht

ist eine kritisch-possenhafte Parodie von Karl von Holteis sehr erfolgreichem Drama »Ein Trauerspiel in Berlin« (1837). Es folgt dessen Handlung ziemlich genau, mit Ausnahme der Exposition und des Endes.

Während das Berliner Stück radikal verwienert wird, besteht hierin nicht das Wesen dieser Parodie: Nestroy hat sich in der Figur des stets prestigebedachten Holzhackers Lorenz das pathetisch überspannte, nur auf Äußeres gerichtete »Ehrgefühl« des Holteischen Taglöhners Franz zum Ziel genommen. Darüber hinaus hat er eine spannende Kriminalkomödie und eine zugleich meisterhafte und amüsante Studie exzessiver Eifersucht und Egozentrik geschrieben. Das alles geschieht auf einem neuen höheren Niveau gestaltender und witziger Sprachkunst in den Reden Lorenz', aber auch sonst da und dort, zum Beispiel im mimischen Rhythmus des Chors der Marktleute und der schnippischen Dienstboten in der Eingangsszene. Auf die verbal-syntaktische Gestaltungskraft der zwei, drei kurzen Sätze der Szene mit Frau von Schimmerglanz (I, 9) hat Karl Kraus hingewiesen.

Der Erfolg der Posse war stürmisch; die Kritik sah in ihr trotz des einmütig getadelten »Kindsraubes« ein »kerngesundes lebensfrisches Lokalbild«, spottete ihrer selbst und wußte nicht wie.

Der Färber und sein Zwillingsbruder

Der Theaterzettel vermerkt: »Die Handlung ist einem französischen Originale nachgebildet.« Gemeint war die Oper *Le brasseur de Preston* der gewandten Librettisten de Leuven und Brunswick, Musik von Adolphe Adam, zum ersten Mal aufgeführt in der Opéra Comique am 3. Oktober 1838. Nach dem ausführlichen Bericht in S.W. X, S. 556–562 habe Nestroy das geschichtlich-romantische Milieu (England und Schottland im 18. Jahrhundert) durch das modern bürgerliche ersetzt, aus einem Krieg Kämpfe zwischen Gendarmen und Wilderern gemacht, die Charaktere entscheidend verändert und die Rolle des verliebten Peter neu eingefügt.

Das vollkommen Nestroysche Gepräge des Dialogs verdankt natürlich nichts der englischen Vorlage. Er ist meisterhaft, sprachlich und sachlich, schon durch seinen Kontrast zwischen der natürlich-wienerischen Redeweise Kilians, eines deutlichen Vorläufers des braven Soldaten Schwejk, in ihrer Mischung aus Witz und unmilitärisch unbeholfener Menschlichkeit, und der klischeehaft geschraubten, pseudosoldatischen Phraseologie Löwenschluchts und seiner Gendarmen. Die vielfach opernhafte Handlung trägt dazu bei, ein Gilbert und Sullivansches Milieu heraufzubeschwören. Was Kilian, verglichen mit Schwejk, an Verschmitztheit abgeht, wird wettgemacht durch seine Gutherzigkeit. Das ihm davonrennende Pferd macht ihn ganz ähnlich zum Sieger und Helden wie der Dorn in der Fußsohle den geängstigten »Verwundeten Sokrates« Brechts. Die militärische Denkart hat Nestroy noch öfter mit Ironie behandelt.

Der Talisman

Den drei Akten des *Talisman* liegt eine im Frankreich von 1806 spielende dreiaktige Comédie-Vaudeville, *Bonaventure* von Dupeuty und F. de Courey (1840), zugrunde, Musterbeispiel der neuen von Dutzenden Liedern und Liedchen gefüllten Gattung, die als Vorläufer der Operette gelten kann.[1]

Obwohl Nestroy in die Handlung seiner Vorlage einige neue Rollen und eine große Anzahl neuer Dialogpartien und Szenen eingefügt hat, darunter die so überaus witzigen und bühnenwirksamen mit dem Bierversilberer Spund und die milieuhaften ersten drei Szenen, ist *Der Talisman* die am straffsten gebaute aller seiner Possen (mit Ausnahme der kurzen Ein- und Zweiakter), unübertrefflich auch in der Präzision und Geistigkeit des sich banal gebärdenden Dialogs und der Brillanz der drei Couplets. Zugleich ist sie wohl die witzigste unter den Komödien. Aber der gedankliche und sprachliche Witz der Reden des arbeitslosen Barbiergesellen überflutet nicht die Handlung wie in eini-

[1] Eine ungedruckte Wiener Dissertation von L. Tönz, Nestroys künstlerische Eigenständigkeit und Eigenart (1967), ausschließlich dem *Talisman* gewidmet, sucht im einzelnen zu zeigen, auf welche Weise Nestroy mittelmäßige Bühnenware seinen eigenen Ansprüchen und seiner Geistesart angepaßt hat. Vgl. auch Nestroy, *Der Talisman* von F. H. Mautner in B. von Wiese, Das Deutsche Drama, II (1958), S. 23–32.

gen anderen Stücken Nestroys, ja die Handlung selbst ist witzig. Sie dient, was sonst bei ihm nie der Fall ist, gleichnishaft einer These, doch ohne die Posse zu einem Thesenstück zu machen: Nämlich wie sehr das Schicksal des einzelnen von den Vorurteilen der Menge abhängig ist. Dies macht er auch durch witzige Situationen und symbolisch wirkende »Tableaux« sinnfällig.

»Die Sexualkomik der Schlußpointe stammt aus der Tradition der Hanswurstiade und Kasperliade«, bemerkt Rommel (S.W.X, S. 625). »In jedem dieser Stücke heiratete Hanswurst ... am Schluß und gab in anzüglichen Worten der Hoffnung auf ... Vaterfreuden Ausdruck«. Aber auf welche Weise und zu welchem Zweck Nestroy diese »Tradition« hier ausnahmsweise übernommen hat, darin zeigt sich beispielhaft sein sich ins dramatisch Wirksame übersetzender Intellekt: Ohne psychologisierendes oder soziologisches Getu, mit bloßem *common sense,* macht er aus dem lustigsten Schlußwort einer Komödie, das je geschrieben wurde, auch das überzeugendste Schlußwort der Demonstration seiner These, indem er den Ursprung des Übels aufdeckt. – Vgl. Bd. I, S. XXV f. dieser Ausgabe.

Das Mädl aus der Vorstadt
oder
Ehrlich währt am längsten

Nestroys Quelle ist wieder eine Comédie-Vaudeville: *La Jolie Fille du Faubourg* von Paul de Kock und Varin, zum ersten Mal aufgeführt in Paris am 13. Juli 1840. Die Posse gleicht dem französischen Singspiel mit seinen 22 Liedern fast nur in der Handlung. (Über wichtigere Abweichungen berichtet Rommel, XI, S. 488). Aus blassen Typen hat Nestroy völlig andersartige Charaktere gemacht, aus glatter einförmiger Sprache gestaltenden, wortbewußten Dialog. Die zwei Couplets Schnoferls mit den Refrains »Na, der Mensch muß nit alles auf einmal begehr'n« und »Na, laßt ma ein'm jeden sein Freud'« sind bezeichnend für diesen Außenseiter der wohlsituierten Gesellschaft. Armselig an Erscheinung, schüchtern und erfolglos mit Frauen, innerlich jedoch überlegen all den fragwürdigen Gestalten an Geist, Witz und Güte, ist er eine der liebenswertesten Rollen Nestroys. Die innere, ins Verbrecherische übergehende Ordinärheit des reichen Schürzenjägers Kauz, dieser Stütze der Gesellschaft, bringt er nonchalant an die Oberfläche. Der Witz des Stücks ist nicht mehr so blendend wie im *Talisman,* aber der Dialog gleitet in Schnoferls Reden mehr als je vorher entlang am Leitseil der Sprache, in unaufhörlichem leichtem Spiel mit den Worten.

Das Publikum, mit nun schon geschultem Ohr, lauschte ihm enthusiastisch und »quittierte den Empfang eines jeden trefflichen Einfalls ... mit einem Sturm von Applaus ... Man rief [Nestroy] nicht, man jubelte ihn hervor«. (Wiener Theaterzeitung, 26. November 1841, zit. S. W. XI, S. 519).

Einen Jux will er sich machen

geht auf eine einaktige Farce von John Oxenford (1812–1877), *A Day Well Spent*, zurück, erstmals aufgeführt im English Opera House am 4. April 1834. Nestroys Stück verhält sich laut Rommel zu ihr wie »eine reife Durcharbeitung zu einer Skizze ... Das Tatsachenmaterial der Handlung ist gegeben, aber nur in den gröbsten Umrissen und ohne jede Rücksicht auf innere Motivierung der Handlung. Die Charaktere sind bei Oxenford durchwegs nur farblose ›Rollen‹, der Dialog dient nur der Weiterführung der Handlung«[1]. Die berühmte Scholzische Rolle Melchiors fehlt.

Die Posse war der größte oder zweitgrößte Erfolg Nestroys zu seinen Lebzeiten. (Sie wurde 161mal gespielt; *Lumpazivagabundus*, 9 Jahre älter, 259mal.) Nestroy »dürfte niemals früher noch so vielfache und stürmische Beweise von Anerkennung gefunden haben« hieß es nach der Erstaufführung im »Sammler« vom 12. März 1842. Schwankhafte und knappe, aber eindringliche Milieuschilderung vertragen sich hier ausgezeichnet innerhalb einer technischen Meisterleistung. Die Charaktere sind rasch umrissen, und rasch rollt faschinghaft fröhliches Geschehen ab, gebremst und überstürzt durch unvorhergesehene, geschickt herbeigeführte und noch geschickter aufgelöste Verwicklungen. Flucht und Verfolgung, Auftauchen der gefürchteten, Verschwinden der gesuchten Personen nehmen Wirkungen des frühen Films vorweg. In der leichten Tragikomik des lebenshungrigen philosophischen Kommis, der den Jux des Lebens erst vergeblich sucht und dann von ihm beinah überrannt wird, hat Nestroy die mit der Figur Schnoferls im *Mädl aus der Vorstadt* begonnene Linie zum »Natürlichen« und Versöhnlich-Humoristischen wiederaufgenommen. Seit der nach dem Zweiten Weltkrieg einsetzenden Nestroy-Renaissance, die im Satirischen und im Sprachwitz Nestroys wahres Wesen zu sehen begann, ist die Beliebtheit des *Jux* zugunsten angriffslustigerer Stücke zurückgegangen. Seine Qualitäten als äußerst unterhaltendes Theaterstück bekunden sich aber noch immer in den Bearbeitungen Thornton Wilders, *The Merchant of Yonkers* (1938) und *The Matchmaker* (1954), (die auch verfilmt wurden) und dem auf ihnen beruhenden Musical *Dolly*, einem unzerstörbaren Zugstück.

Liebesgeschichten und Heiratssachen

Die Handlung von *Liebesgeschichten* ist der Posse *Patrician and Parvenu* von John Poole (1786–1872) nachgebildet[2]. Sie kann Nestroy aus der Sammlung »British Theatre« (Berlin, 1836–41) bekannt gewesen sein. Er machte aus ihr eine explizite, breit ausgeführte, das Stück fast beherrschende Aussage gegen die kapitalistische Weltauffassung und

[1] S. W. XI, S. 550. Auf den S. 550–554 sind die beiden Stücke ausführlich miteinander verglichen.

[2] Vgl. Anton Wallner, »Die Quellen zu zwei Komödien Nestroys« in Dichtung und Volkstum XLI (1941), S. 496 ff.

Standesdünkel; früher hatte er Parvenütum und Adelsstolz nur gelegentlich mit Sarkasmus behandelt. Als Theaterstück zeigt *Liebesgeschichten und Heiratssachen* mehr den Virtuosen im Kompositionell-Technischen, im Sprachlichen und Witzigen als den Meister echter Komödie. Nestroys Leidenschaft für Verstrickung, Verknüpfung und Entwirrung zahlreicher Handlungen und seine Lust am Spiel mit der Sprache, besonders in Wortbildungen, sind hier auf die Spitze getrieben. Unzart wirkungssüchtig in der Behandlung der alten Jungfer, hat er gleichwohl hier zum ersten Mal die zynische Zentralfigur vom fast allgemeinen Happy-End ausgeschlossen: »So sollt's jedem gehn, der sich deßtwegen einen Pfiffikus nennt, weil er einen passablen Kopf mit einem schlechten Herzen vereint.«

Der Zerrissene

Aus dem Theaterzettel des *Zerrissenen* erfuhren die Zuschauer: »Die Handlung ist dem Französischen (›*L'homme blasé*‹) nachgebildet.« Zuerst am 18. November 1843 am Théâtre du Vaudeville aufgeführt, hatte das Pariser Stück auch im Ausland Aufsehen erregt. Es konnte in Wien in deutscher Übersetzung am Abend der Premiere von Nestroys Umarbeitung im Josefstädter Theater gesehen werden, verschwand aber nach wenigen Aufführungen vom Spielplan.[1]

Der Zerrissene ist bis heute eines der meistgespielten Stücke Nestroys geblieben. Es ist mehr eine witzige Charakterstudie mit burlesken Zügen als eine Satire auf den »Weltschmerz« der Zeit, Thema einer Novelle von Alexander von Ungern-Sternberg mit dem Titel *Die Zerrissenen* (1832). Herr von Lips ist blasiert, weil es ihm zu gut geht; als er tödliche Furcht kennenlernt und einfache menschliche Güte, ist er kuriert. Seine aus Resignation erwachsende Ironie beschränkt sich auf seine Beziehungen zu den andern Personen des Stücks, stößt nicht als Satire aus seinem Umkreis hinaus, wie etwa die des Titus im *Talisman*. Die stärksten komischen Wirkungen entspringen aus der an Entsetzen streifenden Begegnung der beiden Totgeglaubten im Keller und der kontrastreichen Scholz-Rolle Gluthammers. Die inneren Gegensätze des *Zerrissenen* spiegeln sich in denen seiner Sprache; Ironie verhüllt sich im Doppelsinn der Reden Lipsens, verständlich nur ihm selbst, Kathi und den über die wahre Sachlage informierten Zuschauern.

[1] Vgl. S. W. XII, S. 618. Darüber, wie die wesentlichsten Unterschiede zwischen dem *Homme blasé* und dem *Zerrissenen* ein neues Stück machen, berichtet Rommel ebda. S. 619–624.

Alphabetisches Verzeichnis aller Stücke und Szenenreihen in Band I–III

Das Haus der Temperamente . . . . II, 5
Das Mädl aus der Vorstadt oder Ehrlich währt am längsten . . . . II, 355
Der alte Mann mit der jungen Frau . . . . III, 275
Der böse Geist Lumpazivagabundus oder Das liederliche Kleeblatt . . . . I, 191
Der Färber und sein Zwillingsbruder . . . . II, 205
Der gefühlvolle Kerkermeister oder Adelheid, die verfolgte Witib . . . . I, 5
Der konfuse Zauberer oder Treue und Flatterhaftigkeit I, 129
Der Talisman . . . . II, 275
Der Unbedeutende . . . . III, 5
Der Zerrissene . . . . II, 599
Die beiden Nachtwandler oder Das Notwendige und das Überflüssige . . . . I, 427
Die Familien Zwirn, Knieriem und Leim (Szenenreihe) III, 549
Die schlimmen Buben in der Schule . . . . III, 83
Die verhängnisvolle Faschingsnacht . . . . II, 137
Einen Jux will er sich machen . . . . II, 435
Eine Wohnung ist zu vermieten in der Stadt, eine Wohnung ist zu verlassen in der Vorstadt, eine Wohnung mit Garten ist zu haben in Hietzing . . . . . . I, 493
Freiheit in Krähwinkel . . . . III, 129
Frühere Verhältnisse . . . . III, 479
Häuptling Abendwind oder Das greuliche Festmahl . . III, 509
Höllenangst . . . . III, 195
Judith und Holofernes (Szenenreihe) . . . . III, 552
Kampl oder Das Mädchen mit Millionen und die Nähterin . . . . III, 349
Liebesgeschichten und Heiratssachen . . . . II, 521
Nagerl und Handschuh oder Die Schicksale der Familie Maxenpfutsch . . . . I, 61
Weder Lorbeerbaum noch Bettelstab . . . . I, 251
Zu ebener Erde und erster Stock oder Die Launen des Glückes . . . . I, 311

Inhalt

Das Haus der Temperamente 5
Die verhängnisvolle Faschingsnacht 137
Der Färber und sein Zwillingsbruder 205
Der Talisman 275
Das Mädl aus der Vorstadt oder Ehrlich währt am längsten 355
Einen Jux will er sich machen 435
Liebesgeschichten und Heiratssachen 521
Der Zerrissene 599

Anhang
Bemerkungen und Quellen 665

Theater

Beaumarchais. Die Figaro-Trilogie
Deutsch von Gerda Scheffel. Nachwort von Norbert Miller. Mit zeitgenössischen Illustrationen. it 228

Georg Büchner. Leonce und Lena
Mit Illustrationen von Karl Walser und einem Nachwort von Jürgen Schröder. it 594

Federico García Lorca. Die dramatischen Dichtungen
Deutsch von Enrique Beck. it 3

Johann Wolfgang Goethe. Frühes Theater
Mit einer Auswahl aus den dramaturgischen Schriften 1771–1828. Herausgegeben und mit einem Nachwort von Dieter Borchmeyer. it 675
– Klassisches Theater
Herausgegeben und mit einem Vorwort von Dieter Borchmeyer. it 700
– Faust. Drei Fassungen
Urfaust – Faust. Ein Fragment – Faust. Eine Tragödie. Herausgegeben und mit einem Nachwort von Werner Keller. Zwei Bände. it 625
– Faust. Erster Teil. Mit Illustrationen von Eugène Delacroix und einem Nachwort von Jörn Göres. it 50
– Faust. Zweiter Teil. Mit Federzeichnungen von Max Beckmann. Mit einem Nachwort zum Text von Jörn Göres. it 100

Griechisches Theater. Aischylos. Sophokles. Aristophanes. Menander. Deutsch von Wolfgang Schadewaldt. it 721

Henrik Ibsen. Ein Puppenheim
Herausgegeben und übersetzt von Angelika Gundlach. Mit zeitgenössischen Abbildungen. it 323

Kasperletheater für Erwachsene
Herausgegeben von Norbert Miller und Karl Riha. Mit Abbildungen. it 339

Heinrich von Kleist. Der zerbrochene Krug
Ein Lustspiel. Mit Radierungen von Adolph Menzel. Mit einem Nachwort von Hans Joachim Piechotta. it 171

Gotthold Ephraim Lessing. Dramen. Herausgegeben und mit einem Nachwort von Kurt Wölfel. Mit einer Bibliographie und einer Zeittafel im Anhang. it 714

Theater

Der Menschenfeind
Nach dem Französischen des Molière von Hans Magnus Enzensberger. it 401

Johann Nestroy. Lumpazivagabundus und andere Komödien. Mit einem Nachwort von Franz-Heinrich Hackel. it 710

Friedrich Schiller. Wallenstein-Trilogie. Mit einem Nachwort von Oskar Seidlin. it 752

William Shakespeare. Hamlet
Aus dem Englischen von August Wilhelm von Schlegel. Mit Illustrationen von Eugène Delacroix. Herausgegeben und mit einem Essay versehen von Norbert Kohl. it 364

Sophokles. Antigone
Herausgegeben und übertragen von Wolfgang Schadewaldt. Mit einem Nachwort, einem Aufsatz, Wirkungsgeschichte, Literaturhinweisen und Illustrationen. it 70
– König Ödipus
Übertragen und herausgegeben von Wolfgang Schadewaldt. Mit einem Nachwort, drei Aufsätzen, Wirkungsgeschichte und Literaturnachweisen. it 15

Oscar Wilde. Salome
Dramen, Gedichte, Schriften und die »Ballade vom Zuchthaus zu Reading«. Aus dem Englischen von F. Blei u. a. it 107

Romane, Erzählungen, Prosa

Hans Christian Andersen. Glückspeter
Mit Scherenschnitten von Alfred Thon. it 643

Bettina von Arnim. Bettina von Arnims Armenbuch
Herausgegeben von Werner Vordtriede. it 541
– Dies Buch gehört dem König
Herausgegeben von Ilse Staff. it 666
– Die Günderode
Mit einem Essay von Christa Wolf. it 702

Apuleius. Der goldene Esel
Mit Illustrationen von Max Klinger zu »Amor und Psyche«. Aus dem Lateinischen von August Rode. Mit einem Nachwort von Wilhelm Haupt. it 146

Jane Austen. Emma
Aus dem Englischen von Charlotte Gräfin von Klinckowstroem. it 511

Honoré de Balzac. Die Frau von dreißig Jahren
Deutsch von W. Blochwitz. it 460
– Das Mädchen mit den Goldaugen
Aus dem Französischen von Ernst Hardt. Vorwort Hugo von Hofmannsthal. Illustrationen Marcus Behmer. it 60

Joseph Bédier. Tristan und Isolde
Roman. Deutsch von Rudolf G. Binding. Mit Holzschnitten von 1484. it 387

Harriet Beecher-Stowe. Onkel Toms Hütte
In der Bearbeitung einer alten Übersetzung herausgegeben und mit einem Nachwort versehen von Wieland Herzfelde. Mit 27 Holzschnitten von George Cruikshank aus der englischen Ausgabe von 1852. it 272

Ambrose Bierce. Aus dem Wörterbuch des Teufels
Auswahl, Übersetzung und Nachwort von Dieter E. Zimmer. it 440
– Mein Lieblingsmord
Erzählungen. Aus dem Amerikanischen von G. Günther. it 39

Die Blümlein des heiligen Franziskus von Assisi
Aus dem Italienischen nach der Ausgabe der Tipografia Metastasio, Assisi 1901, von Rudolf G. Binding. Mit Initialen von Carl Weidemeyer. it 48

Romane, Erzählungen, Prosa

Blumenschatten hinter dem Vorhang. Von Ting Yao Kang. Aus dem Chinesischen übertragen und mit einem Nachwort versehen von Franz Kuhn. Mit 18 Holzschnitten. it 744

Giovanni di Boccaccio. Das Dekameron
Hundert Novellen. Ungekürzte Ausgabe. Aus dem Italienischen von Albert Wesselski und mit einer Einleitung versehen von André Jolles. Mit venezianischen Holzschnitten. Zwei Bände. it 7/8

Hermann Bote. Ein kurzweiliges Buch von Till Eulenspiegel aus dem Lande Braunschweig. Wie er sein Leben vollbracht hat. Sechsundneunzig seiner Geschichten.
Herausgegeben, in die Sprache unserer Zeit übertragen und mit Anmerkungen versehen von Siegfried H. Sichtermann. Mit zeitgenössischen Illustrationen. it 336

Clemens Brentano. Gedichte, Erzählungen, Briefe
Herausgegeben von Hans Magnus Enzensberger. it 557

Emily Brontë. Die Sturmhöhe
Aus dem Englischen von Grete Rambach. it 141

Giordano Bruno. Das Aschermittwochsmahl
Übersetzt von Ferdinand Fellmann. Mit einer Einleitung von Hans Blumenberg. it 548

Gottfried August Bürger. Wunderbare Reisen zu Wasser und zu Lande. Feldzüge und lustige Abenteuer des Freiherrn von Münchhausen
Mit Holzschnitten von Gustave Doré. it 207

Hans Carossa. Eine Kindheit. it 295
– Verwandlungen einer Jugend. it 296

Lewis Carroll. Geschichten mit Knoten
Herausgegeben und übersetzt von W. E. Richartz. Mit Illustrationen von Arthur B. Frost. it 302
– Alice im Wunderland
Mit 42 Illustrationen von John Tenniel. Übersetzt und mit einem Nachwort versehen von Christian Enzensberger. it 42
– Alice hinter den Spiegeln
Mit Illustrationen von John Tenniel. Übersetzt von Christian Enzensberger. it 97

Romane, Erzählungen, Prosa

Lewis Carroll. Briefe an kleine Mädchen
Aus dem Englischen übersetzt und herausgegeben von Klaus Reichert. Mit Fotografien des Autors. it 172

Miguel de Cervantes Saavedra. Der scharfsinnige Ritter Don Quixote von der Mancha
Mit einem Essay von Iwan Turgenjew und einem Nachwort von André Jolles. Mit Illustrationen von Gustave Doré. 3 Bände. it 109

Adelbert von Chamisso. Peter Schlemihls wundersame Geschichte
Nachwort von Thomas Mann. Illustriert von Emil Preetorius. it 27

Matthias Claudius. Der Wandsbecker Bote
Mit einem Vorwort von Peter Suhrkamp und einem Nachwort von Hermann Hesse. it 130

James Fenimore Cooper. Die Lederstrumpferzählungen
In der Bearbeitung der Übersetzung von E. Kolb durch Rudolf Drescher. Mit Illustrationen von O. C. Darley. Vollständige Ausgabe. 5 Bände in Kassette.
Der Wildtöter · Der letzte Mohikaner · Der Pfadfinder · Die Ansiedler · Die Prärie. – it 760

Alphonse Daudet. Montagsgeschichten
Aus dem Französischen von Eva Meyer. it 649
– Briefe aus meiner Mühle
Aus dem Französischen von Alice Seiffert. Mit Illustrationen. it 446
– Tartarin von Tarascon. Die wunderbaren Abenteuer des Tartarin von Tarascon. Mit Zeichnungen von Emil Preetorius. it 84

Daniel Defoe. Moll Flanders. Herausgegeben und mit einem Essay versehen von Norbert Kohl. it 707
– Robinson Crusoe. Mit Illustrationen von Ludwig Richter. it 41

Deutsche Künstlernovellen des 19. Jahrhunderts
Herausgegeben von Jochen Schmidt. it 656

Charles Dickens. David Copperfield. Mit Illustrationen von Phiz. it 468
– Große Erwartungen. Aus dem Englischen von Margit Meyer. Mit Illustrationen von F. W. Pailthorpe. it 667
– Der Raritätenladen. Aus dem Englischen von Leo Feld. Mit Illustrationen von Cruikshank u. a. it 716

Romane, Erzählungen, Prosa

Charles Dickens. Oliver Twist
Aus dem Englischen von Reinhard Kilbel. Mit einem Nachwort von Rudolf Marx und 24 Illustrationen von George Cruikshank. Vollständige Ausgabe. it 242
– Weihnachtserzählungen
Mit Illustrationen von Cruikshank u. a. it 358

Denis Diderot. Die Nonne
Mit einem Nachwort von Robert Mauzi. Der Text dieser Ausgabe beruht auf der ersten deutschen Übersetzung von 1797. it 31
– Erzählungen und Gespräche
Aus dem Französischen von Katharina Scheinfuß. it 554

Die drei Reiche. Roman. Aus dem Chinesischen von Franz Kuhn. Mit 24 Holzschnitten. it 585

Fjodor M. Dostojewski. Der Idiot. Aus dem Russischen von Hermann Röhl. Mit einem Nachwort von Hermann Hesse. it 740
– Schuld und Sühne. Roman in sechs Teilen. Aus dem Russischen von Hermann Röhl. Illustrationen von Theodor Eberle. it 673
– Der Spieler. Aus den Erinnerungen eines jungen Mannes. Aus dem Russischen von Hermann Röhl. it 515

Annette von Droste-Hülshoff. Bei uns zulande auf dem Lande. Prosaskizzen. Herausgegeben von Otto A. Böhmer. it 697
– Die Judenbuche. Ein Sittengemälde aus dem gebirgichten Westfalen. Mit Illustrationen von Max Unold. it 399

Alexandre Dumas. Der Graf von Monte Christo. Bearbeitung einer alten Übersetzung von Meinhard Hasenbein. Mit Illustrationen von Pavel Brom und Dagmar Bromova. Zwei Bände. it 266
– Die Kameliendame. Aus dem Französischen von Walter Hoyer. Mit Illustrationen von Paul Garvani. it 546

Joseph Freiherr von Eichendorff. Aus dem Leben eines Taugenichts
Mit Illustrationen von Adolf Schrödter und einem Nachwort von Ansgar Hillach. it 202
– Novellen und Gedichte. Herausgegeben von Hermann Hesse. it 360

Romane, Erzählungen, Prosa

Eisherz und Edeljaspis
Aus dem Chinesischen von Franz Kuhn. Mit Holzschnitten einer alten chinesischen Ausgabe. Mit einem Nachwort und Anmerkungen von Franz Kuhn. it 123

Paul Ernst. Der Mann mit dem tötenden Blick und andere frühe Erzählungen. Herausgegeben von Wolfgang Promies. it 434

André Ficus/Martin Walser. Heimatlob
Ein Bodenseebuch. it 645

Harry Fielding. Die Geschichte des Tom Jones, eines Findlings
Mit Stichen von William Hogarth. it 504

Gustave Flaubert. Bouvard und Pécuchet
Mit einem Vorwort von Victor Brombert und einem Nachwort von Uwe Japp. Mit Illustrationen von András Karakas. it 373
– Die Versuchung des heiligen Antonius
Aus dem Französischen übersetzt von Barbara und Robert Picht. Mit einem Nachwort von Michel Foucault. it 432
– Lehrjahre des Gefühls
Geschichte eines jungen Mannes, übertragen von Paul Wiegler. Mit einem Essay »zum Verständnis des Werkes« und einer Bibliographie von Erich Köhler. it 276
– Madame Bovary
– Revidierte Übersetzung aus dem Französischen von Arthur Schurig. it 167
– Salammbô
Herausgegeben und mit einem Nachwort versehen von Monika Bosse und André Stoll. Mit Abbildungen. it 342
– Ein schlichtes Herz. it 110
– Drei Erzählungen/Trois Contes
Zweisprachige Ausgabe. Neu übersetzt von Cora von Kleffens und André Stoll. it 571
– November. Aus dem Französischen von Ernst Sander. it 411

Theodor Fontane. Allerlei Glück
Plaudereien, Skizzen, Unvollendetes. Ausgewählt und herausgegeben von Otto Drude. it 641
– Cécile. Roman. Mit einem Nachwort von Walter Müller-Seidel. it 689

Romane, Erzählungen, Prosa

Theodor Fontane. Effi Briest
Mit Lithographien von Max Liebermann. it 138
– Frau Jenny Treibel. Roman. Mit einem Nachwort von Richard Brinkmann. it 746
– Meine Kinderjahre. Autobiographischer Roman. Mit zahlreichen Abbildungen und einem Nachwort von Otto Drude. it 705
– Der Stechlin
Mit einem Nachwort von Walter Müller-Seidel. it 152
– Unwiederbringlich
Roman. it 286
– Vor dem Sturm. Roman aus dem Winter 1812 auf 13
Mit einem Nachwort von Hugo Aust. it 583

Georg Forster. Reise um die Welt
Mit einem Nachwort von Gerhard Steiner. it 757

Anatole France. Blaubarts sieben Frauen und andere Erzählungen
Aus dem Französischen von Irmgard Nickel. Mit Illustrationen von Lutz Siebert. it 510

Johann Wolfgang Goethe. Erfahrung der Geschichte
Historisches Denken und Geschichtsschreibung in einer Auswahl herausgegeben von Horst Günther. Mit Zeichnungen des Autors. it 650
– Dichtung und Wahrheit
Mit zeitgenössischen Illustrationen, ausgewählt von Jörn Göres. Drei Bände in Kassette. it 149/150/151
– Italienische Reise
Mit vierzig Zeichnungen des Autors. Herausgegeben und mit einem Nachwort von Christoph Michel. Zwei Bände. it 175
– Maximen und Reflexionen
Text der Ausgabe von 1907 mit den Erläuterungen und der Einleitung Max Heckers. Nachwort von Isabella Kuhn. it 200
– Reise-, Zerstreuungs- und Trostbüchlein
Herausgegeben von Christoph Michel. it 400
– Über die Deutschen
Erweiterte Ausgabe mit Illustrationen, einem Nachwort, Nachweisen und Register. Herausgegeben von Hans J. Weitz. it 325
– Goethes Letzte Schweizer Reise
Dargestellt von B. Schnyder-Seidel. Mit zeitgenössischen Abbildungen. it 375

Romane, Erzählungen, Prosa

Johann Wolfgang Goethe. Anschauendes Denken
Goethes Schriften zur Naturwissenschaft. In einer Auswahl herausgegeben von Horst Günther. Mit Zeichnungen des Autors. it 550
– Wilhelm Meisters Lehrjahre
Herausgegeben von Erich Schmidt. Mit sechs Kupferstichen von F. L. Catel. Sieben Musikbeispiele und Anmerkungen. it 475
– Wilhelm Meisters theatralische Sendung. Mit einem Nachwort von Wilhelm Voßkamp. it 725
– Wilhelm Meisters Wanderjahre oder Die Entsagenden. Mit einem Nachwort von Adolf Muschg. it 575
– Novellen
Herausgegeben und mit einem Nachwort versehen von Katharina Mommsen. Mit Federzeichnugen von Max Liebermann. it 425
– Reineke Fuchs. Mit Stahlstichen von Wilhelm von Kaulbach. it 125
– Das römische Carneval. Mit farbigen Figurinen. Herausgegeben von Isabella Kuhn. it 750
– Die Wahlverwandtschaften
Mit einem Essay von Walter Benjamin. it 1
– Die Leiden des jungen Werther
Mit einem Essay von Georg Lukács »Die Leiden des jungen Werther«. Nachwort von Jörn Göres »Zweihundert Jahre Werther«. Mit Illustrationen von David Chodowiecki und anderen. it 25

Goethe – warum? Ein Almanach. Herausgegeben von Katharina Mommsen. it 759

Gogol. Der Mantel und andere Erzählungen
Aus dem Russischen übersetzt von Ruth Fritze-Hanschmann. Mit einem Nachwort von Eugen und Frank Häusler. Mit Illustrationen von András Karakas. it 241
– Die Nacht vor Weihnachten. Mit farbigen Bildern von Monika Wurmdobler. it 584

Iwan Gontscharow. Oblomow
Mit Illustrationen von Theodor Eberle. it 472

Franz Grillparzer. Der arme Spielmann. Mit einem Nachwort von Richard Brinkmann. it 690

Maxim Gorki. Der Landstreicher und andere Erzählungen. Mit einer Einleitung von Stefan Zweig und Illustrationen von András Karakas. it 749

Romane, Erzählungen, Prosa

Grimmelshausen. Der abenteuerliche Simplizissimus. Mit Illustrationen von Fritz Kredel. it 739
– Trutz-Simplex oder Ausführliche und wunderseltzame Lebensbeschreibung der Erzbetrügerin und Landstörtzerin Courasche
Mit einem Nachwort von Wolfgang Koeppen. Mit Abbildungen aus dem 17. Jahrhundert. it 211

Manfred Hausmann. Der Hüttenfuchs. Erzählung. Mit farbigen Illustrationen von Rolf Köhler. it 730

Nathaniel Hawthorne. Der scharlachrote Buchstabe
Mit Illustrationen von Renate Sendler-Peters. it 436

Johann Peter Hebel. Kalendergeschichten
Ausgewählt und mit einem Nachwort von Ernst Bloch. Mit neunzehn Holzschnitten von Ludwig Richter. it 17
– Das Schatzkästlein des rheinischen Hausfreundes. Herausgegeben und mit einem Nachwort versehen von Jan Knopf. it 719

Heinrich Heine. Aus den Memoiren des Herren von Schnabelewopski
Mit Illustrationen von Julius Pascin. it 189
– Shakespeares Mädchen und Frauen
Mit Illustrationen der Ausgabe von 1838. Herausgegeben von Volkmar Hansen. it 331

Hermann Hesse. Bäume. Betrachtungen und Gedichte. Mit Fotographien von Imme Techentin. it 455
– Dank an Goethe
Betrachtungen, Rezensionen, Briefe. Mit einem Essay von Reso Karalaschwili. it 129
– Schmetterlinge
Betrachtungen, Erzählungen, Gedichte. Zusammengestellt und mit einem Nachwort versehen von Volker Michels. it 385
– Hermann Lauscher
Mit frühen, teils unveröffentlichten Zeichnungen und einem Nachwort von Gunter Böhmer. it 206
–/Walter Schmögner. Die Stadt
Ein Märchen von Hermann Hesse, ins Bild gebracht von Walter Schmögner. it 236
– Knulp
Mit dem unveröffentlichten Fragment »Knulps Ende« und Steinzeichnungen von Karl Walser. it 394

Romane, Erzählungen, Prosa

Hermann Hesse. Magie der Farben
Aquarelle aus dem Tessin mit Betrachtungen und Gedichten. it 482
– Morgenländische Erzählungen. Herausgegeben von Hermann Hesse. it 409
– Der Zwerg
Ein Märchen. Mit Illustrationen von Rolf Köhler. it 636

Hölderlin. Hyperion oder Der Eremit in Griechenland
Herausgegeben und mit einem Nachwort versehen von Jochen Schmidt. it 365

E. T. A. Hoffmann. Der Elementargeist
Mit Illustrationen von Emil Preetorius. it 706
– Die Elixiere des Teufels
Mit Illustrationen von Hugo Steiner-Prag. it 304
– Das Fräulein von Scuderi
Erzählung aus dem Zeitalter Ludwig des Vierzehnten. Mit Illustrationen von Lutz Siebert. it 410
– Der goldne Topf
Mit Illustrationen von Karl Thylmann. Herausgegeben und mit einem Nachwort versehen von Jochen Schmitt. it 570
– Lebensansichten des Katers Murr
nebst fragmentarischer Biographie des Kapellmeisters Johannes Kreisler in zufälligen Makulaturblättern. Mit Illustrationen von Maximilian Liebenwein. it 168
– Nachtstücke
Mit einem Nachwort von Lothar Pikulik und Illustrationen von Renate Sendler-Peters. it 589
– Prinzessin Brambilla
Ein Capriccio nach Jacques Callot. Mit Illustrationen, einem Nachwort und Anmerkungen. it 418
– Die Serapions-Brüder
Mit farbigen Illustrationen von Monika Wurmdobler und einem Nachwort von Hartmut Steinecke. it 631
– Der Unheimliche Gast
und andere phantastische Erzählungen. Herausgegeben von Ralph-Rainer Wuthenow. Mit Illustrationen. it 245

Homer. Ilias
Neue Übertragung von Wolfgang Schadewaldt. it 153

Ricarda Huch. Der Dreißigjährige Krieg
Mit Illustrationen von Jacques Callot. it 22/23